D1723274

Handbuch Betriebsvereinbarung

Handbücher für den Betriebsrat

Heinz-Josef Eichhorn
Helmut Hickler
Rolf Steinmann

Handbuch
Betriebsvereinbarung

Mit zahlreichen Mustervereinbarungen

3., überarbeitete und
erweiterte Auflage

Bund-Verlag

Die Deutsche Bibliothek – CIP-Einheitsaufnahme

Eichhorn, Heinz-Josef:
Handbuch Betriebsvereinbarung : mit zahlreichen
Mustervereinbarungen / Heinz-Josef Eichhorn ; Helmut Hickler ; Rolf
Steinmann. – 3., überarb. und erw. Aufl. – Frankfurt/Main :
Bund-Verl., 2002
(Handbücher für den Betriebsrat)
ISBN 3-7663-3302-X

3., überarbeitete und erweiterte Auflage 2002
© 1995 by Bund-Verlag GmbH, Frankfurt/Main
Satz: Druckerei C. H. Beck, Nördlingen
Druck: Freiburger Graphische Betriebe, Freiburg
Printed in Germany 2002
ISBN 3-7663-3302-X

Alle Rechte vorbehalten,
insbesondere die des öffentlichen Vortrags,
der Rundfunksendung
und der Fernsehausstrahlung,
der fotomechanischen Wiedergabe,
auch einzelner Teile

www.bund-verlag.de

Vorwort

Auf der Grundlage der Betriebsverfassung nimmt der Betriebsrat gestaltenden Einfluss auf die Arbeitsbedingungen, die Arbeitsorganisation und den Arbeitsablauf in Betrieb und Verwaltung. Seine Tätigkeit erfolgt dabei im Rahmen der geltenden Gesetze und der für den Betrieb bzw. die Verwaltung bestehenden Tarifverträge. Die Betriebsvereinbarung ist dabei die wichtigste Form der Ausübung von Mitbestimmungsrechten. Umfang und Art der Betriebsvereinbarungen, die in den Betrieben und Verwaltungen für die Arbeitnehmer und Arbeitnehmerinnen geltendes Recht schaffen, können somit zugleich ein wichtiger Gradmesser für die Ausschöpfung von Mitbestimmungsrechten sein.

Die Bedeutung einer Betriebsvereinbarung geht aber noch darüber hinaus. Mit spezifischen Rationalisierungsstrategien und neuen Managementkonzepten versuchen die Unternehmen permanent, ihre Wettbewerbssituation zu verbessern und kostensenkende Maßnahmen einzusetzen.

Es ist daher umso wichtiger, dass Gewerkschaften und Betriebsräte gemeinsam gegen den Abbau von Arbeitnehmerrechten und für eine fortschrittliche Weiterentwicklung der Arbeitsbedingungen kämpfen. Die Tarifverträge sind dabei eine wichtige Arbeits- und Existenzgrundlage für eine effektive Interessenvertretung in den Betrieben und Verwaltungen durch die Betriebsräte, weshalb aus gewerkschaftlicher Sicht von zentraler Bedeutung ist, dass der Tarifvorbehalt nicht verändert wird.

Auch die Bedeutung von Betriebsvereinbarungen hat zugenommen. Die wachsenden Anforderungen an die inhaltliche Gestaltung von Betriebsvereinbarungen sowie der häufig anzutreffende Gestaltungsspielraum im Rahmen von Tarifverträgen bedeutet für die Betriebsräte mehr Verantwortung bei der Entwicklung, Konzeption und Formulierung von Betriebsvereinbarungen. In der betrieblichen Praxis zeigt sich immer wieder, dass trotz guten Willens bei der Gestaltung von Betriebsvereinbarungen erhebliche Mängel, sei es in formaler oder inhaltlicher Sicht, auftreten. Die Arbeitsgerichte müssen nicht selten Betriebsvereinbarungen, selbst wenn sie von der Zielsetzung her noch so positiv sind, wegen bestehender Mängel ganz oder teilweise für unwirksam erklären.

Hier bietet das vorliegende Handbuch eine gute Arbeitshilfe und eine zuverlässige Orientierung bei der Erstellung rechtlich einwandfreier Betriebsvereinbarungen. Seine Bedeutung liegt in der verständlichen und praxisgerechten Darstellung, wobei Rechtsprechung und Literatur umfassend berücksichtigt worden sind. Die nunmehr vorliegende dritte Auflage ist noch praxisorientierter und zeigt den Weg bis zum Abschluss einer Betriebsvereinbarung Schritt für Schritt ergänzt mit Bausteinen, Checklisten und Formulierungshilfen. Im Dokumentationsteil werden Vereinbarungen dargestellt, wobei gegenüber der zweiten Auflage, die rasch vergriffen war, der Dokumentationsteil erweitert worden ist. Neben den bereits bekannten werden neue Themenfelder durch dokumentierte Vereinbarungen behandelt, wie z.B.:

- sozialer Umgang im Betrieb (Mobbing, Beschwerderecht, Abmahnungen, Frauen- und Familienförderung und andere)
- neue Arbeitsformen (Telearbeit, Projekt- und Teamarbeit, Arbeit zu Hause, individuelle Teilzeit und andere)
- Standort und Beschäftigungssicherung, Struktur-, Kurzarbeit, Beschäftigungs- und Qualifizierungsgesellschaften
- Informations- und Kommunikationstechnologien (Internet etc.)

Dieses Handbuch gehört nicht nur in jedes Betriebsratsbüro. Er ist jedem zu empfehlen, der sich – in welcher Weise auch immer – mit dem Inhalt und dem Aufbau einer Betriebsvereinbarung sowie den einzelnen Verfahrenschritten zu ihrem Abschluss befassen muss.

Dr. Ursula Engelen-Kefer
Stellvertretende Vorsitzende
des Deutschen Gewerkschaftsbundes

Inhaltsverzeichnis

15

Abkürzungsverzeichnis

In das Abkürzungsverzeichnis sind nur durchgängig verwandte Abkürzungen aufgenommen. Im Übrigen kann die Bedeutung dem Zusammenhang entnommen werden.

a. A.	anderer Ansicht
a. a. O.	am angegebenen Ort
Abs.	Absatz
AFG	Arbeitsförderungsgesetz
AG	Aktiengesellschaft
AiB	Arbeitsrecht im Betrieb (Zeitschrift)
ArbG	Arbeitsgericht
ArbGG	Arbeitsgerichtsgesetz
ARGE	Arbeitsgemeinschaft
AZO	Arbeitszeitordnung
BAG	Bundesarbeitsgericht
BDE-Systeme	Betriebsdatenerfassungssysteme
BetrVG	Betriebsverfassungsgesetz
bez.	bezüglich
BGB	Bürgerliches Gesetzbuch
BUrlG	Bundesurlaubsgesetz
bzw.	beziehungsweise
d. h.	das heißt
DIN	Deutsche Industrienorm
DM	Deutsche Mark
DÜVO	Datenübermittlungs-Verordnung
EDV	elektronische Datenverarbeitung
EG	Europäische Gemeinschaft
etc.	et cetera
EU	Europäische Union
e. V	eingetragener Verein
evtl.	eventuell
EZA	Entscheidungssammlung zum Arbeitsrecht
ff.	fortfolgende

GBA	Gesamtbetriebsausschuss
GBR	Gesamtbetriebsrat
gem.	gemäß
GewO	Gewerbeordnung
GK	Gemeinschaftskommentar
GLAZ	gleitende Arbeitszeit
GmbH	Gesellschaft mit beschränkter Haftung
h. A.	herrschende Ansicht
HGB	Handelsgesetzbuch
h. M.	herrschende Meinung
Hrsg.	Herausgeber
i. d. R.	in der Regel
IuK-Systeme	Informations- und Kommunikationssysteme
IuK-Technologien	Informations- und Kommunikationstechnologien
i. V. m.	in Verbindung mit
JAV	Jugend- und Auszubildendenvertretung
KAPOVAZ	kapazitätsorientierte variable Arbeitszeit
KBA	Konzernbetriebsausschuss
KBR	Konzernbetriebsrat
m. w. N.	mit weiteren Nachweisen
Nr.	Nummer
o. a.	oben angegeben
PC	Personalcomputer
PersR	Der Personalrat (Zeitschrift)
PKW	Personenkraftwagen
Refa	Verband für Arbeitsstudien
Rn.	Randnummer
RVO	Reichsversicherungsordnung
S.	Seite
SGB	Sozialgesetzbuch
SiBe	Sicherheitsbeauftragte/r
TOP	Tagesordnungspunkt
TÜV	Technischer Überwachungsverein
TVG	Tarifvertragsgesetz
u. a.	unter anderem
usw.	und so weiter
UVV	Unfallverhütungsvorschriften
vgl.	vergleiche
z. B.	zum Beispiel
z. Zt.	zurzeit

Literaturverzeichnis

Däubler/Kittner/Klebe, Betriebsverfassungsgesetz, 8. Auflage 2002

Däubler, Erosion des Flächentarifs?, AuA 9/1996, 310

DGB, Arbeit und Recht 1996, Thesen zum 61. Deutschen Juristentag 1996

Eichhorn/Hickler/Steinmann, Handbuch Betriebsvereinbarung, 2. Auflage 1998

Eichhorn/Steinmann, Abmahnung – Was tun?, 2. Auflage 2000

Eichhorn, AiB 1996, 643 ff.

Esser/Wolmerath, Mobbing (Ratgeber), 4. Auflage 2001

Fabricius/Kraft/Wiese/Kreutz, Betriebsverfassungsgesetz, 5. Auflage

Fitting/Kaiser/Heither/Engels, Betriebsverfassungsgesetz, 20. Auflage 2001

Hanau, NZA-Beilage 2/85, 10

Hanau/Preis, NZA 1991, 81 ff.

Herbst/Bertelsmann/Reiter, Handbuch zum arbeitsgerichtlichen Beschlußverfahren, 2. Auflage 1998

Hilger, Festsschrift für Gaul, 1992, 327, 333 ff.

Hilger/Stumm, BB 1990, 929

Kittner/Zwanziger (Hrsg.), Arbeitsrecht, Handbuch für die Praxis 2001

Kempen/Zachert, Tarifvertragsgesetz, 3. Auflage 1997

Mattes, Münchner Handbuch zum Arbeitsrecht

Matusche, Die Betriebsvereinbarung (Rechtsprechungsübersicht), AiB 1995, 176 ff.

Säcker, ZfA 1972, Sonderheft

Schaub, Formularsammlung, 7. Auflage

Schaub, BB 1990, 289 ff.

Schaub, Arbeitsrechtshandbuch, 9. Auflage

Schoof, Betriebsratspraxis von A–Z, 5. Auflage 2000

Schoof/Schmidt, Betriebsratspraxis von A–Z, Aktuelle Rechtsprechung, 3. Auflage 2000

Siebert/Becker, Betriebsverfassungsgesetz, 7. Auflage

Waltermann, Rechtsetzung durch Betriebsvereinbarung zwischen Privatautonomie und Tarifautonomie, 1996

Wendeling-Schröder, Thesen zum 61. Deutschen Juristentag 1996

1. Grundlagen

1.1 Vorbemerkung

Die ökonomische Entwicklung der letzten Jahre, die Globalisierung der Wirtschaft, der technische und soziale Wandel sowie die Flexibilitätsanforderungen haben dazu geführt, dass die Bedeutung und Aufgabenstellung der Betriebsverfassung in Frage gestellt wird. Dabei wird ständig übersehen, dass bis zur Veränderung der politischen und ökonomischen Lage, Ende der 80er-, Anfang der 90er-Jahre, die Betriebsparteien mit diesem Gesetz überwiegend einträglich und im Konsens haben leben können. Diese Verpflichtung zum Konsens und nicht zum Konflikt hat den Erfolg der Betriebsverfassung in den letzten 29 Jahren ausgemacht.

Mit Beginn der Globalisierung, der Frage des Standortes Deutschland und der Konkurrenzfähigkeit wurde der Ruf immer lauter, den Betriebsräten und damit den Betriebsparteien mehr Regelungskompetenz zu geben. Dies wurde vielfach damit begründet, dass die von den Gewerkschaften abgeschlossenen Flächentarifverträge zu starr seien und überhaupt nicht die betrieblichen Belange berücksichtigen bzw. auf sie anwendbar seien. Daraus entwickelte sich das Schlagwort von der »betrieblichen Öffnung der Tarifpolitik«. Die das propagierten, forderten dann auch, in der Folge die Sperrwirkung des § 77 Abs. 3 BetrVG dahingehend zu verändern, dass der Tarifvorbehalt des § 77 Abs. 3 BetrVG zukünftig nicht mehr gegeben sein soll.

Hierdurch soll den Arbeitgebern die Möglichkeit geschaffen werden, zukünftig mit dem Betriebsrat Regelungen z.B. über Arbeitsentgelte oder sonstige Arbeitsbedingungen zu treffen. Dass eine solche Öffnung einen unmittelbaren Einfluss auf das gewerkschaftliche Gestaltungsprivileg hat und dies durchaus zu einer Schwächung der Gewerkschaften führt, muss als gewollt unterstellt werden.

Daneben werden von den Deregulierern folgende Überlegungen angeführt:

Bei einer Verlagerung der Regelungskompetenz, die, wie gesagt, der Aufhebung der Sperrwirkung des § 77 Abs. 3 BetrVG gleichkommen würde, seien mehr betriebliche Flexibilisierung und Anpassung möglich. Damit hätten die Betriebsparteien größere Chancen, sich den Modalitäten des Marktes und damit auch des Wettbewerbes schneller anpassen zu können und zu reagieren. Weiterhin wäre es nach Meinung der Deregulierer möglich, eine stärkere Individualisierung der Arbeitsbedingungen herzustellen bzw. diese zu erleichtern.

Hiermit würde man das Prinzip des Tarifvorranges umkehren, wonach die Tarifautonomie der Betriebsverfassung überlegen ist, weil sie in sozialpolitischer Hinsicht gewährleistet, dass die Arbeitnehmerinteressen effizient im Rahmen der gewerkschaftlichen Organisation vertreten werden. Aber auch, weil sie sich gewerkschaftspolitisch am Gemeinwohl orientiert und dem Egoismus und damit dem Individualismus der einzelnen Betriebe widersprechen würde.

Übersicht 1
Welche Rechtsquellen wirken auf das Arbeitsverhältnis ein?

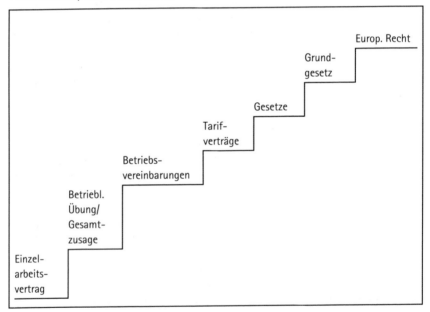

Das Befriedungselement des Flächentarifvertrages wird erheblich unterschätzt. Denn bei den Abschlüssen muss man sich an der Gesamtsituation der davon betroffenen Arbeitgeber und Arbeitnehmer orientieren und nicht an der einzelnen betrieblichen Situation, die davon erheblich abweichen kann.

Eine Veränderung der Tarifautonomie würde darum nicht ohne Auswirkungen auf die gesamtwirtschaftliche Situation bleiben, weil die Interessenbalance der Arbeitsbeziehungen, die sich beim Flächentarifvertrag auf der Ebene Gewerkschaft und Arbeitgeberverband abspielt, dann in die Betriebe verlagert würde und sich dort mit ganz anderen Prämissen und Entwicklungen auseinandersetzen muss. Die Ausgewogenheit zwischen Arbeitgeber und Arbeitnehmer würde sich zu Lasten des Arbeitnehmers letztendlich verschlechtern.

Somit stellt sich die Frage bei Betrachtung dieser gesamten Argumente, ob wirklich »Waffengleichheit« zwischen Betriebsrat und Arbeitgeber bestehen würde, wenn die Regelungskompetenz auf die Betriebsparteien verlagert würde. Bei gründlicher Überlegung kann die Antwort nur Nein sein.

Welche Informationen, welche Rechte, aber auch welches Wissen hat der Betriebsrat, z. B. um die ökonomische Situation des Unternehmens beurteilen zu können? Hat er die Freiheit, aus seiner ökonomischen Abhängigkeit heraus Sachentscheidungen, z. B. über Löhne, Urlaub, Arbeitszeit, zu treffen oder wird er diese Entscheidung nicht doch, geprägt durch diese Abhängigkeit, beeinflusst treffen? Dies auch deswegen, weil das System unserer Betriebsverfassung den Betriebsrat auf die einzelbetriebliche Ebene orientiert. Der damit in der Regel Überlegungen, die den gesamten Wirtschaftszweig oder aber auch nur die Region betreffen, in denen das Unternehmen tätig ist, nicht oder kaum in seiner einzelbetrieblichen Entscheidung berücksichtigen wird.

Wie geht er mit »Druck- und Erpressungspotenzial« um, wenn auf das Nachbarunternehmen, das billiger ist, verwiesen wird?

Welche Möglichkeiten hat er wiederum, diese Argumentationskette nachvollziehen zu können? Wenn er diesem »Druckpotenzial« aber nachgibt, setzt er damit nicht selber eine Abwärtsspirale in Gang, die ein eingespieltes Tarif- und Sozialgefüge einer ganzen Region durcheinander bringen kann? Ist er bei diesem Vergleich nur darauf angewiesen, Entgelte und Arbeitszeiten zu verteilen, oder sind nicht Dinge wie z. B. Arbeitsorganisation, Logistik, Facharbeiterpotenzial, Finanzpolitik bei solchen Entscheidungen mit einzubeziehen?

Das Gleiche gilt beim Verweis auf den Subunternehmer oder auf die Menschen, die ohne Arbeit sind und damit vor der Tür stehen.

Diese wenigen Beispiele machen deutlich, wie schwierig es sein wird, eine Tariffindung auf der betrieblichen Ebene zwischen den Betriebsparteien zu vollziehen. Wenn dies aber, theoretisch bei gutem Willen beider Seiten, möglich ist, auf welcher Basis orientiert sich dann der Angebotsmarkt in der Stadt, Region oder auch im Land? Wird dieser Angebotsmarkt nicht völlig undurchschaubar und unübersichtlich?

Muss dann nicht auch der Betriebsrat bei der Angebotserstellung mit einbezogen werden, um zu sehen, dass die Zugeständnisse, die er ggf. aus seiner ökonomischen Abhängigkeit heraus gemacht hat, sich dann auch beim Angebot selber wieder positiv niederschlagen? Dies würde eine sehr hohe Offenheit und Kommunikation der Betriebsparteien erforderlich machen, die aufgrund der Unternehmens-Wirtschaftsphilosophie in der Bundesrepublik Deutschland wohl kaum möglich wäre.

Neben den ökonomischen Fragen sind aber bei einer Verlagerung der Tarifzuständigkeit auf die Betriebsparteien auch rechtliche Fragen zu stellen und zu beantworten.

Nach wie vor dürfte unstrittig sein, dass die Tarifautonomie zu den Kernelementen der Arbeitsbeziehungen gehört. Dieses Kernelement findet seine Absicherung im Artikel 9 Abs. 3 Grundgesetz und ist dadurch verfassungsrechtlich garantiert. Gerade der Abschluss von Tarifverträgen ist ein wesentliches Mittel der vom Artikel 9 Abs. 3 Grundgesetz geschützten Koalitionsfreiheit. Sie dient der Selbstbestimmung der Lebens-, Arbeits- und Wirtschaftsbedingungen der abhängig Beschäftigten, die sie im Rahmen der Koalitionsfreiheit über ihre gewerkschaftliche Organisation wahrnehmen. Nur so ist das bereits vorher beschriebene ökonomische und strukturelle Ungleichgewicht der Verhandlungspartner auszugleichen und damit »Waffengleichheit« herzustellen. Das Grundrecht, sich gewerkschaftlich zu organisieren, schafft die Basis, zu einer kollektiven vertraglichen Regelung zu kommen, die für beide Parteien die Grundbasis bzw. die Mindestarbeitsbedingungen festlegt.

Diese Regelungskompetenz zwischen den Gewerkschaften und den Arbeitgeberverbänden ist die Wahrnehmung von Mitgliederinteressen, die sich auf bestimmten Ebenen, aber auch auf Branchen, in dem Abschluss von Tarifverträgen wiederfinden. Diese Regelungskompetenz ist ganz bewusst nicht durch staatliche Vorgaben geregelt, sondern den Koalitionsparteien und damit den Direktbeteiligten, die sich in Verbänden zusammengeschlossen haben, überlassen. Gerade diese verbandliche Stärke, zu Abschlüssen zwischen den Tarifvertragsparteien zu kommen, die der allgemeinen Situation der Branche, dem Wirtschaftszweig oder auch der Region gerecht werden und sich nie am Stärksten, aber auch nie am Schwächsten ausrichten, stellt eine Konsenslinie dar, die für die Betroffenen akzeptabel und vertretbar ist. Diese Konsenslinie durch die Verlagerung auf die Betriebsparteien zu durchbrechen, würde zu den bereits vorher beschriebenen Auswirkungen führen. Darum ist zu appellieren, dass, bevor eine Verlagerung der Regelungen der Lebens- und Arbeitsbedingungen von den Tarifvertragsparteien auf die Betriebsparteien stattfindet, die gerade in den letzten Jahren geschaffenen Möglichkeiten, die Tarifverträge eröffnen, um Lösungen, die betriebsnäher und betrieblich umzusetzen sind, herbeizuführen, auch wahrgenommen und angewendet werden. Aber obwohl weiterhin die Öffnung des § 77 Abs. 3 BetrVG propagiert wird, was einen Eingriff des Gesetzgebers in die Tarifautonomie bedeutet, ist die Frage zu stellen, ob dann in der Folge nicht auch dem Betriebsrat der Status einer »Ersatzgewerkschaft« zugebilligt werden muss. Wobei nach unserer Auffassung die bisherige Abgrenzung, auch unter dem Gesichtspunkt der Bewegung, die sich im Tarifvertrag, in der Tariflandschaft der Bundesrepublik Deutschland widerspiegelt, unter den veränderten ökonomischen Bedingungen ausreichend ist. Die logische Konsequenz einer solchen Entscheidung »Ersatzgewerkschaft« wäre dann, dass dem Betriebsrat die Verhandlungskompetenz und die Regelungsmacht zum Abschluss von »betrieblichen Tarifverträgen«, wie z.B. Arbeitsentgelte, Arbeitszeit, Urlaub, Sonderzahlungen, zugestanden würde. Eine solche Kompetenzverlagerung kann aber nur dann funktionieren und »Waffengleichheit« herstellen, wenn das Verbot des § 74 Abs. 2 Satz 1 BetrVG aufgehoben wird. Das wollen aber diejenigen, die die Sperrwirkung des § 77 Abs. 3 BetrVG beseitigen wollen, beibehalten.

Bisher besteht der Grundsatz der betrieblichen Friedenspflicht, der Arbeitskämpfe zwischen Arbeitgeber und Betriebsrat untersagt.

Dieser Grundsatz des Arbeitskampfverbotes im Betrieb und damit für die Betriebsparteien verschiebt das Verhandlungsgleichgewicht einseitig zu Lasten des Betriebsrates und damit der Arbeitnehmer, wobei die Argumentation für die Beibehaltung des Arbeitskampfverbotes von den Öffnungsbefürwortern damit begründet wird, dass ansonsten eine Schwächung der Gewerkschaften stattfinden würde. Sie plädieren weiterhin dafür, dass tarifvertragliche Regelungen im Wege des Arbeitskampfes nur durch Tarifvertragsparteien durchgesetzt werden können, wobei sie die Antwort schuldig bleiben, was Gewerkschaften noch übrig bleibt, wenn ich Regelungskompetenz auf die Ebene der Betriebsparteien verlagere.

Wie soll aber der Betriebsrat als »Ersatzgewerkschaft« seine und die Forderungen der Belegschaft durchsetzen, wenn ihm dazu keine Maßnahmen ermöglicht werden? Dies können aber letztendlich nur Kampfmaßnahmen sein, die auf den Arbeitgeber einen dementsprechenden wirtschaftlichen Druck ausüben, um damit zum Abschluss zu kommen. Dies geschieht üblicherweise, wenn alle Verhandlungsmöglichkeiten ausgeschöpft sind, mit dem Mittel des Streiks.

Eine solche Vorgehensweise, Vermischung von Tarifautonomie und Mitbestimmung, würde die bisherige ausgewogene und klare Interessenbalance in den Arbeitsbeziehungen schwer belasten. Die bisherigen Erfahrungswerte mit dem Abschluss von Haustarifverträgen machen dies sehr deutlich. Auch die betriebliche Auseinandersetzung um die Lohn-/Entgeltfortzahlung im Krankheitsfall hat dies aufgezeigt und deutlich gemacht. Mit einer solchen Öffnung wird die Landschaft des Flächentarifvertrages erheblich verändert, und es würde in der Umsetzung der Öffnung des § 77 Abs. 3 BetrVG zu einem permanenten »Häuserkampf« kommen. Ob eine solche Entwicklung für den »Standort« Deutschland in wirtschaftlicher, aber auch sozialer Hinsicht förderlich wäre, muss bezweifelt werden. Dem Kommentar von Hans Mundorf im Handelsblatt, in dem er Politiker und

Arbeitgeber fragt, ob sie aus dem »Fiasko der Reduzierung der Lohnfortzahlung« nichts gelernt haben, ist nichts hinzuzufügen. Bei einer ernsthaften Abwägung aller Argumente muss man zu dem Ergebnis kommen, dass eine Verlagerung von Regelungskompetenzen der Tarifvertragsparteien auf die Betriebsparteien nicht sinnvoll und richtig erscheint.

Die Anwendung der Möglichkeiten, die bereits jetzt in bestehenden Tarifverträgen vorhanden sind, schafft Raum für Lösungen, die den betrieblichen Gegebenheiten entgegenkommen bzw. entsprechen. Allerdings ist in der täglichen Praxis festzustellen, dass gerade die Arbeitgeber, die am lautesten nach Deregulierung rufen, am wenigsten bereit sind, sich ernsthaft mit den gegebenen Spielräumen des Tarifvertrages auseinanderzusetzen. Darum ist es sinnvoll, anstatt nach Öffnungen zu rufen, im Rahmen der systemkonformen Mittel, die der Tarifvertrag hergibt, eine Weiterentwicklung stattfinden zu lassen.

Eine Weiterentwicklung, die die tarifpolitische Regelungskompetenz der Gewerkschaften respektiert. Die eben aber auch, wie schon vielfach tariflich verankert, Spielräume lässt, um Regelungen zu treffen, die aus dem Rahmen des Flächentarifvertrages auf die betrieblichen Gegebenheiten umgesetzt werden können. Für dieses Miteinander von tariflicher und betrieblicher Regelungskompetenz auf der bestehenden gesetzlichen und ökonomischen Grundlage gibt der Flächentarifvertrag die Sicherheit. Die dann daraus abzuleitenden betrieblichen Regelungen müssen auf der bestehenden Grundlage des § 77 Abs. 3 BetrVG getroffen werden.

Nur im Rahmen dieser Regelungskompetenz können Betriebsräte zu den Verhandlungspartnern der Arbeitgeber werden. Nach § 2 des BetrVG sind sie zur vertrauensvollen Zusammenarbeit verpflichtet. Diese vertrauensvolle Zusammenarbeit würde aber erheblich gefährdet bei einer Öffnung des § 77 Abs. 3 BetrVG. Wenn dies aufgehoben wird, wären die Grundbestimmungen der Betriebsverfassung zwangsläufig ausgehöhlt, denn der Betriebsrat ist, wie schon ausgeführt, aufgrund seiner Stellung und seiner Möglichkeiten kein echter Verhandlungspartner, wie es zur Aushandlung einer tarifvertraglichen Regelung erforderlich ist.

Anstatt über eine Veränderung des § 77 Abs. 3 BetrVG nachzudenken, sollte besser nach erweiterten Mitbestimmungsrechten der Betriebsräte gesucht werden, damit sie gerade im Interesse der Sicherung von Beschäftigung, aber auch von mehr Innovation und mehr Beteiligung, die Mitbestimmung am Arbeitsplatz voran bringen können. Das Engagement von Betriebsräten ist hier vorhanden. Dieses ist zu fördern und durch mitbestimmungspolitische Möglichkeiten und damit auch die weitere Einbeziehung der Belegschaften sicherzustellen.

Darum wird der Schwerpunkt der Gewerkschaften auch zukünftig in der Forderung nach einer Erweiterung der Initiativ- und Mitbestimmungsrechte der Betriebsräte gerade im Hinblick auf die Sicherung von Beschäftigung, Innovation und Zukunftsperspektiven liegen.

Hierzu geben der Flächentarifvertrag und der § 77 Abs. 3 BetrVG die Grundlage, um die Zukunft gestalten zu können.

1.2 Vereinbarungen zwischen Arbeitgeber und Betriebsrat

1.2.1 Allgemeines

Das Betriebsverfassungsgesetz räumt dem Betriebsrat in personellen, sozialen, organisatorischen und wirtschaftlichen Angelegenheiten Beteiligungsrechte in unterschiedlicher Intensität ein. Ziel ist es, den Arbeitnehmern in den sie berührenden Angelegenheiten und bei der Gestaltung der betrieblichen Ordnung eine gewisse Mitsprachemöglichkeit zukommen zu lassen. Für die Inanspruchnahme der im Betriebsverfassungsgesetz enthaltenen Beteiligungsrechte ist die Bildung eines Betriebsrats unverzichtbare Voraussetzung. Als gesetzlicher Interessenvertreter repräsentiert er den Willen der Belegschaft gegenüber dem Arbeitgeber (auf Zeit) und hat dabei vertrauensvoll mit den im Betrieb vertretenen Gewerkschaften und dem Arbeitgeber zusammenzuwirken. Darüber hinaus haben Arbeitgeber und Betriebsrat über strittige Fragen mit dem ernsten Willen zur **Einigung** zu verhandeln und Vorschläge für die Beilegung von Meinungsverschiedenheiten zu machen.

Die so formulierten Grundsätze für die (vertrauensvolle) Zusammenarbeit lassen erkennen, dass das Betriebsverfassungsgesetz im Wesentlichen von der »Einigungs-Maxime« geprägt ist, wenn gleich der interessenabhängige Konflikt durchaus gesehen wird und Konfliktlösungsmechanismen im Gesetz angeboten werden.

§ 77 Abs. 1 BetrVG spricht allgemein von »Vereinbarungen zwischen Arbeitgeber und Betriebsrat« und erfasst damit alle Formen der betrieblichen Einigungen. Gemeint sind insbesondere die formlosen Betriebsabsprachen wie:
- Einigung,
- Einvernehmen,
- Einverständnis,
- Zustimmung etc.

Mit Ausnahme der gesetzlichen Billigungsfiktion ist Schweigen kein Unterfall der betrieblichen Einigung.

Die Bezeichnung der formlosen betrieblichen Vereinbarungen ist nicht einheitlich. In Rechtsprechung und Literatur überwiegt jedoch die Bezeichnung als Regelungsabrede bzw. Regelungsabsprache.

1.2.2 Durchführungspflicht des Arbeitgebers

Während § 80 Abs. 1 Nr. 1 BetrVG dem Betriebsrat eine umfangreiche Überwachungspflicht hinsichtlich der zugunsten der Arbeitnehmer geltenden Gesetze, Verordnungen, Unfallverhütungsvorschriften, Tarifverträge und Betriebsvereinbarungen auferlegt, räumt § 77 Abs. 1 BetrVG dem Betriebsrat einen unmittelbaren (erzwingbaren) Anspruch auf Durchführung der getroffenen Vereinbarungen ein. Der Anspruch auf Durchführung der in einer Betriebsvereinbarung getroffenen Regelung beinhaltet zugleich einen Anspruch auf Unterlassung solcher Maßnahmen, die mit der Regelung nicht vereinbar sind. Derartige Unterlassungsansprüche bestehen insbesondere, wenn die Betriebsvereinbarung einen bestimmten Bereich abschließend regelt. Dem Anspruch des Betriebsrats auf Unterlassung betriebsvereinbarungswidriger Maßnahmen steht die in Voraussetzung und Rechtsfolgen engere Norm des § 23 Abs. 3 BetrVG nicht entgegen. Der Anspruch auf Durchführung einer Betriebsvereinbarung hängt nicht davon ab, ob und in welchem Umfang ein Mitbestimmungsrecht des Betriebsrats hinsichtlich der in ihr geregelten Materie bestand. Die Betriebsvereinbarung kann auch eine freiwillige im Sinne von § 88 BetrVG sein (Arbeitsgericht Köln, Beschluss vom 10. 12. 1991 – 16 BV 239/91, AiB 1995, 185).

Der Betriebsrat hat gegen den Arbeitgeber nach § 77 Abs. 1 BetrVG einen Anspruch auf Durchführung von Einigungsstellensprüchen. Dieser Anspruch besteht auch bei Anfechtung des Spruchs durch den Arbeitgeber. Eine zeitweilige Aufhebung (Suspendierung) kann nur in Betracht kommen, wenn der Spruch offensichtlich rechtswidrig ist. Bei Regelungen über Arbeitszeiten durch Einigungsstellenspruch ergibt sich der erforderliche Verfügungsgrund für eine einstweilige Verfügung bereits daraus, dass Arbeitszeiten schon aus tatsächlichen Gründen nicht korrigiert werden können. Der Spruch der Einigungsstelle muss während der Dauer des arbeitsgerichtlichen Beschlussverfahrens, in dem die Rechtswirksamkeit überprüft wird, vollzogen werden. Das Mitbestimmungsrecht würde sonst in unzumutbarer Weise beeinträchtigt (LAG Berlin, Beschluss vom 8. 11. 1990 – 14 TaBV 5/90, AiB 1995, 185). Verpflichtet sich der Arbeitgeber in einer Betriebsvereinbarung dergestalt, die Einhaltung eines mit dem Betriebsrat vereinbarten Alkoholverbots nur mit den ebenfalls in der Betriebsvereinbarung genannten Mitteln (z.B. Kontrolle durch Vorgesetzte, freiwilliger Alkoholtest durch Werksarzt) zu überwachen, so muss er die Betriebsvereinbarung so durchführen, wie sie abgeschlossen wurde. Betriebsvereinbarungswidrige Maßnahmen können dem Arbeitgeber vom Gericht auf Antrag des Betriebsrats (Unterlassungsantrag) untersagt werden (BAG, Beschluss vom 10. 11. 1987 – 1 ABR 55/86, AiB 1995, 184).

Streiten die Betriebsparteien über Art und/oder Umfang der durchzuführenden Vereinbarung, so sind die erforderlichen Feststellungen im Beschlussverfahren zu treffen.

Der Betriebsrat verwirkt seinen Durchführungsanspruch auch nicht dadurch, dass er ein vertragswidriges Verhalten des Arbeitgebers über einen längeren Zeitraum hinweg unbeanstandet hingenommen hat.

Der Anspruch des Betriebsrats auf Durchführung einer Betriebsvereinbarung hat jedoch nicht die Befugnis des Betriebsrates zum Inhalt, vom Arbeitgeber aus eigenem Recht die Erfüllung von Ansprüchen der Arbeitnehmer aus dieser Betriebsvereinbarung zu verlangen (BAG, Beschluss vom 17. 10. 1989 – 1 ABR 75/88).

1.2.3 Ausnahmen

Von dem Grundsatz der arbeitgeberseitigen Durchführungspflicht kann im »Einzelfall« abgewichen werden. Bei dieser Ausnahmeregelung hat sich der Gesetzgeber einer betrieblichen Praxis gebeugt, wonach Betriebsräten nicht selten die Verwaltung von Sozialeinrichtungen bzw. die Durchführung von Betriebsausflügen und Sportveranstaltungen übertragen wird. Bei der Verwaltung von Sozialeinrichtungen stehen die Kantinenverwaltung, betriebliche Altersversorgungseinrichtungen, Werkmietwohnungen sowie so genannte Freud-und-Leid-Kassen im Vordergrund. Da mit der Verwaltung von Sozialeinrichtungen in der Regel auch die finanzielle Verantwortung übertragen wird, sollte der Betriebsrat seine Bereitschaftserklärung äußerst sorgsam prüfen. Ein Weiteres gilt es zu beachten: Der für die Verwaltung zu erbringende Zeitaufwand steht für die wichtigeren Betriebsratsaufgaben nicht mehr zur Verfügung.

Die Durchführung von Vereinbarungen gem. § 77 Abs. 1 BetrVG lässt sich nicht gegen den Willen des Betriebsrats auf diesen übertragen. Erforderlich ist vielmehr ein zustimmender Beschluss des Betriebsrats gem. § 33 BetrVG.

1.2.4 Durchsetzungsmöglichkeiten des Betriebsrats

Kommt der Arbeitgeber seiner Durchführungspflicht nicht nach, stellt sich für den Betriebsrat die Frage nach der geeigneten Vorgehensweise. Zunächst einmal ist der Betriebsrat gehalten, den Arbeitgeber aufzufordern, das vereinbarungswidrige Verhalten aufzugeben. Diese Aufforderung unter Fristsetzung sollte den Hinweis enthalten, dass der Betriebsrat nach fruchtlosem Ablauf der eingeräumten Frist eine rechtliche Prüfung veranlassen wird. Äußert sich der Arbeitgeber nicht innerhalb der zuerkannten Äußerungsfrist oder weist er die Forderung unbegründet zurück, sollte der Betriebsrat durch rechtskundige Stellen (z. b. Einzelgewerkschaft, DGB oder Rechtsanwalt) die Erfolgsaussichten rechtlicher Schritte prüfen lassen. Werden diese positiv beurteilt, kommt in aller Regel ein Antrag auf Erlass einer einstweiligen Verfügung in Betracht (Muster bei: Herbst, Bertelsmann, Reiter, Arbeitsgerichtliches Beschlussverfahren, Handbuch für Verfahrensbevollmächtigte und Gerichte, Bund-Verlag, Frankfurt 1998).

Natürlich kann der Betriebsrat auch das »normale« Beschlussverfahren zur Durchsetzung seiner Forderungen einleiten. Verstößt der Arbeitgeber beharrlich und/oder mit krimineller Energie gegen seine Durchführungpflichten, käme zur »Läuterung« unter Umständen auch ein Strafantrag gem. § 119 Abs. 1 Nr. 2 BetrVG in Betracht. Der Strafantrag kann zusätzlich zu einem bereits eingeleiteten Beschlussverfahren gestellt werden.

Beruht der Streit auf einer der erzwingbaren Mitbestimmung unterworfenen Regelungsmaterie (z. B. § 87 Abs. 1 Nr. 1–13 BetrVG), so kann bei Regelungsfragen die Einigungsstelle angerufen werden.

1.2.5 Durchsetzungsmöglichkeiten des Arbeitnehmers

Wie bereits dargestellt, beinhaltet der Anspruch des Betriebsrats auf Durchführung einer Vereinbarung nicht die Befugnis, vom Arbeitgeber aus eigenem Recht die Erfüllung von Ansprüchen der Arbeitnehmer aus einer Vereinbarung zu verlangen. Dies hat für den betroffenen Arbeitnehmer zur Folge, dass dieser seinen Anspruch zunächst einmal geltend machen muss. Dabei sind unter Umständen Ausschlussfristen zu beachten. Fruchtet auch hier weder die Geltendmachung noch die Hinzuziehung des Betriebsrats, bleibt dem Arbeitnehmer nur der Klageweg. Zuvor sollte er sich gewerkschaftlich bzw. anwaltlich beraten lassen.

1.2.6 Gewerkschaftliche Möglichkeiten

Neben der Beratung und Rechtsschutzgewährung für Mitglieder bei der Durchsetzung von Forderungen liegt das gewerkschaftliche Interesse zuförderst im Anwendungsverbot tarifwidriger Vereinbarungen.

1.2.7 Verbot des Eingriffs in die Betriebsleitung

Der Betriebsrat darf nicht durch **einseitige Handlungen** in die Leitung des Betriebs eingreifen. Das Betriebsverfassungsgesetz will damit sicherstellen, dass der

Arbeitgeber seine Leitungsmacht ungestört ausüben kann. Dies soll selbst dann Geltung haben, wenn der Arbeitgeber in erkennbar rechtswidriger Absicht handelt. Das Verbot des Eingriffs erstreckt sich nicht nur auf die in § 77 Abs. 1 BetrVG genannten Vereinbarungen, sondern gilt generell (Fitting/Kaiser/Heither/Engels, § 77 Rn. 8). Das »Vollzugs-Privileg« des Arbeitgebers überantwortet diesem auch das Haftungsrisiko. Eine Haftung des Betriebsrats als Kollektivorgan kommt nicht in Betracht.

Vom Verbot des Eingriffs in die Betriebsleitung nicht erfasst sind Handlungen, die der Betriebsrat aufgrund seiner Aufgabenstellung vornehmen muss.

Beispiele:

- Durchführung von Betriebsratssitzungen
- Durchführung von Betriebsversammlungen
- Durchführung von Sprechstunden
- Aushänge am schwarzen Brett
- Bestellung eines Wahlvorstandes
- Durchführung der Überwachungspflicht nach § 80 Abs. 1 Nr. 1 BetrVG
- Arbeitnehmer an ihren Arbeitsplätzen aufsuchen
- Verteilung von Informationsmaterialien
- Bildung von Ausschüssen
- Hinzuziehung von internen und/oder externen Sachverständigen

Die Ausübung dieser Rechte stellt grundsätzlich keinen unzulässigen Eingriff in die Betriebsleitung dar. Dies gilt selbst dann, wenn dadurch die Interessen des Arbeitgebers berührt werden.

Der verbotswidrige Eingriff in die Betriebsleitung führt unter Umständen zu einem Auflösungs- bzw. Ausschlussverfahren. Dies setzt allerdings einen wiederholten und schwer wiegenden Eingriff voraus. Das einzelne Betriebsratsmitglied kann sich daneben auch schadensersatzpflichtig machen.

1.3 Die Betriebsvereinbarung

1.3.1 Allgemeines

Zwischen der tarifvertraglichen Kollektivgewalt und dem arbeitsvertraglichen Individualwillen regelt das Betriebsverfassungsgesetz in § 77 Abs. 2 bis 6 die wohl wichtigste Ausübungsform von Beteiligungsrechten im Rahmen der Betriebsautonomie, die **Betriebsvereinbarung.** Mit ihr nimmt der Betriebsrat auf der Grundlage der Betriebsverfassung im Rahmen der geltenden Gesetze und der für den Betrieb bestehenden Tarifverträge gestaltenden Einfluss auf die Arbeitsbedingungen, die Arbeitsorganisation und den Arbeitsablauf. Damit kommt der Betriebsvereinbarung eine herausragende Bedeutung als Rechtsinstitut und betrieblicher Gestaltungsfaktor zu. Die Regelungsdichte der Betriebsvereinbarungen, die in den Betrieben für die Beschäftigten geltendes Recht schaffen, kann zugleich ein wichtiger Gradmesser für die Ausschöpfung von Mitbestimmungsrechten sein. In erster Linie geht es jedoch um die Beachtung der Inhalte und Zielsetzung von Betriebsvereinbarungen. Unabdingbar ist aber auch, Betriebsvereinbarungen abzuschließen, die in ihrer rechtlichen Form und der Ausgestaltung den gesetzlichen Anforderungen genügen. In der betrieblichen Praxis zeigt sich immer wieder, dass wegen unzureichender Kenntnisse bei der Gestaltung von Betriebsvereinbarungen, sei es in formaler oder inhaltlicher Hinsicht, erhebliche Mängel auftreten. Die Arbeitsgerichte müssen nicht selten Betriebsvereinbarungen, selbst wenn sie von der Zielsetzung her noch so positiv sind, wegen bestehender Mängel ganz oder teilweise für unwirksam erklären.

Die nachfolgenden Ausführungen bieten eine zuverlässige Orientierung bei der Erstellung rechtlich einwandfreier Betriebsvereinbarungen. Ihre Bedeutung liegt nicht zuletzt in der verständlichen und praxisgerechten Darstellung, wobei Rechtsprechung und Literatur umfassend berücksichtigt worden sind. Damit wird dem in der Fachliteratur festzustellenden Trend, die Problematik des Abschlusses von Betriebsvereinbarungen und anderer innerbetrieblicher Gestaltungsabreden rechtlich-abstrakt zu betrachten, eine praxisorientierte Alternative gegenübergestellt.

1.3.2 Begriff und Rechtsnatur

Das Betriebsverfassungsgesetz verwendet den Begriff »Betriebsvereinbarung«, ohne ihn explizit zu erläutern. Es begnügt sich im Wesentlichen mit den Modalitäten ihres Zustandekommens und der Regelung ihrer Rechtswirkung (Vorläufer und Entstehungsgeschichte: Fabricius/Kraft/Wiese/Kreuz, GK-BetrVG, § 77 Rn. 28; Waltermann, Rechtsetzung durch Betriebsvereinbarung zwischen Privatautonomie und Tarifautonomie 1996, S. 191 ff.).

Wenngleich im Zusammenhang mit der Rechtsnatur der Betriebsvereinbarung in der Literatur immer wieder auf einen vorherrschenden Meinungs- und Theorienstreit hingewiesen wird, so ist dieser theoretischer Natur und für die praktische Betriebsratsarbeit ohne Belang. Nach herrschender Meinung ist die Betriebsvereinbarung ein privatrechtlicher Normenvertrag besonderer Art, der nach den Regeln des BGB zwischen Arbeitgeber und Betriebsrat abgeschlossen wird. In erzwingbaren Mitbestimmungsangelegenheiten kann die Betriebsvereinbarung auch auf einem Spruch der Einigungsstelle beruhen.

Die durch Willensübereinkommen oder Spruch der Einigungsstelle zustande gekommene Betriebsvereinbarung erzeugt, wie der Tarifvertrag, objektives Recht. Dabei kommt es weder auf die Billigung noch die Kenntnis der (Betriebsvereinbarungs-)Unterworfenen an.

Übersicht 2
Die Betriebsvereinbarung

- ersetzt betriebliche Maßnahmen, die sonst der Arbeitgeber kraft Direktionsrechts allein treffen konnte und die nun dem Mitbestimmungsrecht durch Betriebsvereinbarung oder Regelungsabrede unterliegen.
- regelt materielle Arbeitsbedingungen, die bei Fehlen einer kollektiven Regelung einzelvertraglich vereinbart werden müssten.

1.3.3 Parteien der Betriebsvereinbarung

Betriebsvereinbarungen können nur zwischen Arbeitgeber und Betriebsrat abgeschlossen werden. In betriebsratslosen Betrieben kann weder eine Gruppe noch die Gesamtbelegschaft eine Betriebsvereinbarung abschließen. Das Betriebsverfassungsgesetz wendet den Begriff der Betriebsvereinbarung unterschiedslos auf allen Beteiligungs-Ebenen an. Gleichwohl werden die auf Unternehmens-Ebene abgeschlossenen Betriebsvereinbarungen als Gesamtbetriebsvereinbarungen, auf Konzern-Ebene als Konzernbetriebsvereinbarungen bezeichnet. Die Regelungszuständigkeit und das damit einhergehende Gestaltungsprivileg liegen überwiegend auf örtlicher Ebene. In Rechtsprechung und Literatur wird dies mit dem betriebsverfassungsrechtlichen Subsidiaritätsprinzip begründet. Vor dem Hintergrund sich verändernder Unternehmensstrukturen kann dieser Grundsatz allerdings so nicht mehr uneingeschränkt aufrecht erhalten werden.

Der Betriebsrat kann seine Regelungszuständigkeit auch auf den Gesamtbetriebsrat (§ 50 Abs. 2 BetrVG) übertragen. Gleiches gilt für den Gesamtbetriebsrat, der seine Regelungszuständigkeit nach § 58 Abs. 2 BetrVG auf den Konzernbetriebsrat übertragen kann. Beauftragt der Betriebsrat den Gesamtbetriebsrat vorbehaltlos, so hat dieser in Verhandlungen mit der Unternehmensleitung einzutreten und erforderlichenfalls das Einigungsstellenverfahren gegen diese durchzuführen. Gleiches gilt auf der Konzernbetriebsrats-Ebene. Dieses Ergebnis rechtfertigt sich jedenfalls dann, wenn mehrere Betriebsräte den Gesamtbetriebsrat mit der Erledigung beauftragen. Das BAG verkennt, dass das Betriebsverfassungsgesetz eine asymmetrische Verhandlungs- und Entscheidungsebene nicht kennt, woran auch die Auftragszuständigkeit nach §§ 50 Abs. 2, 58 Abs. 2 BetrVG nichts ändert. Eine asymmetrische Verhandlungs- und Entscheidungsebene findet auch in den Gesetzesmaterialien keine Stütze.

Bei Vertragsschluss wird der Betriebsrat durch den Vorsitzenden, im Verhinderungsfall durch seinen Stellvertreter, vertreten. Ausschüsse des Betriebsrats sind nicht befugt, Betriebsvereinbarungen mit dem Arbeitgeber abzuschließen. Gleichwohl kann ihnen das Verhandlungsmandat übertragen werden. Die Jugend- und Auszubildendenvertretung sowie die Gesamtjugend- und Auszubildendenvertretung können ebenfalls keine Betriebsvereinbarungen abschließen. Auch die Betriebsversammlung ist nicht befugt, eine Betriebsvereinbarung nach § 77 Abs. 2 BetrVG abzuschließen.

1.3.4 Arten von Betriebsvereinbarungen

Betriebsvereinbarungen sind nicht gleich Betriebsvereinbarungen. Zu unterscheiden sind insbesondere die **erzwingbaren** von den **freiwilligen** Betriebsvereinbarungen. Während § 77 Abs. 2–5 BetrVG die Modalitäten des Zustandekommens, Formvorschriften und Rechtswirkungen von Betriebsvereinbarungen unterschiedslos definiert, eröffnet § 88 BetrVG den Betriebsparteien die Möglichkeit, freiwillige Betriebsvereinbarungen abzuschließen. Demgegenüber befindet sich der (nicht abschließende) Katalog der erzwingbaren Betriebsvereinbarungen in § 87 Abs. 1 Nrn. 1–13 BetrVG unter der Überschrift »Soziale Angelegenheiten«. Darüber hinaus räumt das Gesetz an weiteren Stellen dem Betriebsrat die Möglichkeit ein, Betriebsvereinbarungen auch gegen den Willen des Arbeitgebers durchzusetzen. Ein besonderes Gebilde stellt die **teilmitbestimmte** Betriebsvereinbarung dar, auf die weiter unten (S. 38) eingegangen wird.

1.3.4.1 Erzwingbare Betriebsvereinbarungen

Von einer erzwingbaren Betriebsvereinbarung ist stets dann die Rede, wenn sie in einer mitbestimmungspflichtigen Angelegenheit auch gegen den Willen des Arbeitgebers durch Spruch der Einigungsstelle durchgesetzt werden kann.

Beispiele:

§ 39 Abs. 1 BetrVG	Betriebsvereinbarung über Sprechstunden des Betriebsrates
§ 47 Abs. 5, 6 BetrVG	Betriebsvereinbarung über die Mitgliederzahl des Gesamtbetriebsrates
§ 55 Abs. 4 letzter Satz BetrVG	Betriebsvereinbarung über die Mitgliederzahl des Konzernbetriebsrates

§ 69 BetrVG	Betriebsvereinbarung über Sprechstunden der Jugend- und Auszubildendenvertretung
§ 72 Abs. 5, 6 BetrVG	Betriebsvereinbarung über die Mitgliederzahl der Gesamt-Jugend- und Auszubildendenvertretung
§ 87 Abs. 1 BetrVG	Betriebsvereinbarungen über soziale Angelegenheiten
§ 91 BetrVG	Betriebsvereinbarung über die menschengerechte Gestaltung des Arbeitsplatzes
§ 94 Abs. 1, 2 BetrVG	Betriebsvereinbarungen über Personalfragebogen und persönliche Angaben in schriftlichen Arbeitsverträgen
§ 95 Abs. 2 BetrVG	Betriebsvereinbarung über Auswahlrichtlinien
§ 97 Abs. 2 BetrVG	Betriebsvereinbarung über Einrichtungen und Maßnahmen der Berufsbildung
§ 98 Abs. 4 BetrVG	Betriebsvereinbarung über die Durchführung betrieblicher Bildungsmaßnahmen und bei der Auswahl von Teilnehmern
§ 112 Abs. 4 BetrVG	Betriebsvereinbarung über die Aufstellung eines Sozialplanes

Die Regelungsbereiche der erzwingbaren Betriebsvereinbarung sind im Betriebsverfassungsgesetz abschließend geregelt. Ob der Betriebsrat sein Mitbestimmungsrecht durch Abschluss einer Betriebsvereinbarung zu realisieren sucht, wird entscheidend von der Regelungsmaterie abhängig sein (wird ausgeführt). Das Betriebsverfassungsgesetz überlässt es insoweit den Betriebsparteien, den Gestaltungsrahmen zu wählen.

1.3.4.2 Freiwillige Betriebsvereinbarungen

Neben den erzwingbaren Betriebsvereinbarungen können gemäß § 88 BetrVG durch Abschluss freiwilliger Betriebsvereinbarungen »insbesondere« geregelt werden:
1. Zusätzliche Maßnahmen zur Verhütung von Arbeitsunfällen und Gesundheitsschädigungen;
1 a. Maßnahmen des betrieblichen Umweltschutzes;
2. Die Errichtung von Sozialeinrichtungen, deren Wirkungsbereich auf den Betrieb, das Unternehmen oder den Konzern beschränkt ist;
3. Maßnahmen zur Förderung der Vermögensbildung;
4. Maßnahmen zur Integration ausländischer Arbeitnehmer sowie zur Bekämpfung von Rassismus und Fremdenfeindlichkeit im Betrieb.
Die in der Vorschrift enthaltene Aufzählung der regelbaren Gegenstände ist nicht abschließend, wie sich aus der Formulierung »insbesondere« ergibt. Im Rahmen

der funktionellen Zuständigkeit fällt so den Betriebsparteien eine umfassende Regelungskompetenz zu, die nicht auf soziale Angelegenheiten beschränkt ist. Eine Regelungsschranke bildet allerdings § 77 Abs. 3 BetrVG, wonach »Arbeitsentgelte und sonstige Arbeitsbedingungen, die durch Tarifvertrag geregelt sind oder üblicherweise geregelt werden, nicht Gegenstand einer Betriebsvereinbarung sein können. Dies gilt nicht, wenn ein Tarifvertrag den Abschluss ergänzender Betriebsvereinbarung ausdrücklich zulässt.«

Der in § 87 Eingangssatz BetrVG normierte Gesetzesvorrang steht der Regelungskompetenz der Betriebsparteien gemäß § 88 BetrVG nicht entgegen, da dieser ausschließlich auf den in § 87 Abs. 1 BetrVG enthaltenen Katalog der sozialen Mitbestimmungsangelegenheiten zielt. Gleichwohl haben die Betriebsparteien auch beim Abschluss freiwilliger Betriebsvereinbarungen höherrangige (zwingende) Rechtsnormen zu beachten.

Die Regelungsmaterie einer freiwilligen Betriebsvereinbarung kann nur dann Gegenstand eines Einigungsstellenverfahrens werden, »wenn beide Seiten es beantragen oder mit ihrem Tätigwerden einverstanden sind. In diesen Fällen ersetzt ihr Spruch die Einigung zwischen Arbeitgeber und Betriebsrat, wenn beide Seiten sich dem Spruch im Voraus unterworfen oder ihn nachträglich angenommen haben« (§ 76 Abs. 6 BetrVG).

Das Spektrum der denkbaren freiwilligen Betriebsvereinbarungen soll nachfolgend auf die gängigsten reduziert werden.

Beispiele:

§ 2 Abs. 1 BetrVG	Betriebsvereinbarung über die Modalitäten der vertrauensvollen Zusammenarbeit
§ 28 Abs. 1 BetrVG	Betriebsvereinbarung über die Bildung und Zusammensetzung eines paritätischen Ausschusses
§ 38 Abs. 1 BetrVG	Betriebsvereinbarung über eine abweichende Freistellungsregelung
§ 44 Abs. 2 BetrVG	Betriebsvereinbarung über Art und Zeit sonstiger Betriebs- und Abteilungsversammlungen
§ 47 Abs. 4 BetrVG	Betriebsvereinbarung über die Mitgliederzahl des Gesamtbetriebsrats
§ 55 Abs. 4 BetrVG	Betriebsvereinbarung über die Mitgliederzahl des Konzernbetriebsrats
§ 71 BetrVG	Betriebsvereinbarung über den Zeitpunkt einer betrieblichen Jugend- und Auszubildendenversammlung
§ 72 Abs. 4 BetrVG	Betriebsvereinbarung über die Mitgliederzahl der Gesamt-Jugend- und Auszubildendenvertretung

§ 74 Abs. 1 BetrVG	Betriebsvereinbarung über die Modalitäten der monatlichen Besprechung
§ 76 Abs. 1, 4, 6 BetrVG	Betriebsvereinbarung über die Einrichtung einer ständigen Einigungsstelle; Betriebsvereinbarung über das Verfahren vor der Einigungsstelle; Betriebsvereinbarung über die Modalitäten im freiwilligen Einigungsstellenverfahren
§ 76a Abs. 5 BetrVG	Betriebsvereinbarung über eine Vergütungsordnung
§ 80 Abs. 3 BetrVG	Betriebsvereinbarung über die Hinzuziehung sachverständiger Personen
§ 83 BetrVG	Betriebsvereinbarung über die Führung von Personalakten
§ 86 BetrVG	Betriebsvereinbarung über die Einzelheiten des Beschwerdeverfahrens
§ 88 Abs. 1, 2, 3 BetrVG	Betriebsvereinbarung über zusätzliche Maßnahmen zur Verhütung von Arbeitsunfällen und Gesundheitsschädigungen; Betriebsvereinbarung über die Errichtung von Sozialeinrichtungen, deren Wirkungsbereich auf den Betrieb, das Unternehmen oder den Konzern beschränkt ist; Betriebsvereinbarung über Maßnahmen zur Förderung der Vermögensbildung (sowie sonstige freiwillige Betriebsvereinbarungen)
§ 92 Abs. 2 BetrVG	Betriebsvereinbarung über die Personalplanung
§ 93 BetrVG	Betriebsvereinbarung über die Ausschreibung von Arbeitsplätzen
§ 96 Abs. 1, 2 BetrVG	Betriebsvereinbarung über die Förderung und Teilnahme an betrieblichen und außerbetrieblichen Maßnahmen der Berufsbildung
§ 97 BetrVG	Betriebsvereinbarung über die Errichtung und Ausstattung betrieblicher Einrichtungen zur Berufsbildung
§ 102 Abs. 1, 6 BetrVG	Betriebsvereinbarung über die Verlängerung der Äußerungsfrist; Betriebsvereinbarung über das Zustimmungserfordernis bei Kündigungen
§ 106 Abs. 3 BetrVG	Betriebsvereinbarung über die Art der Unterrichtung des Wirtschaftsausschusses
§ 110 Abs. 2 BetrVG	Betriebsvereinbarung über die Unterrichtung der Arbeitnehmer

1.3.4.3 Betriebsvereinbarungen mit Mischcharakter

Die teilmitbestimmte Betriebsvereinbarung erwähnt das Gesetz an keiner Stelle. Von der erzwingbaren Betriebsvereinbarung unterscheidet es lediglich die freiwillige. Die Besonderheit der teilmitbestimmten Betriebsvereinbarung liegt darin, dass sie Elemente der erzwingbaren Mitbestimmung mit solchen der mitbestimmungsfreien in sich vereint.

Beispiel:
Der Arbeitgeber will allen Arbeitnehmern eine jährliche Erfolgsbeteiligung einräumen. Er verspricht sich davon eine stärkere Motivation der Mitarbeiter sowie eine stärkere Anbindung der Fachkräfte an das Unternehmen.
Da der Arbeitgeber über das »ob« alleine entscheidet und der Betriebsrat über das »wie« (z.B. Leistungsplan, Verteilungsgrundsätze etc.) mitbestimmt, bezeichnet man die so ausgestaltete Betriebsvereinbarung als teilmitbestimmt.
Bei der Frage der Nachwirkung treten die Unterschiede zur erzwingbaren Betriebsvereinbarung besonders deutlich hervor.

Übersicht 3
Regelungsbereiche von Betriebsvereinbarungen

- Fragen der Betriebsverfassung (Verhältnis Arbeitgeber – Betriebsrat z.B. Sprechstunden § 39 Abs. 1 BetrVG, zusätzliche Freistellungen)
- Regelung der betrieblichen Ordnung (z.B. Arbeitsordnung, Zugangskontrollen)
- Normen für Arbeitsverhältnisse (materielle Arbeitsbedingungen)

1.3.5 Zustandekommen

Das Zustandekommen einer Betriebsvereinbarung vollzieht sich in mehreren Schritten. Zunächst einmal beendet der Betriebsrat den Willensbildungsprozess über den Abschluss einer Betriebsvereinbarung durch Beschlussfassung gem. § 33 BetrVG. Gegenstand der Beschlussfassung ist entweder die Annahme einer vom Arbeitgeber vorgelegten Betriebsvereinbarung oder das Angebot einer selbst entworfenen Betriebsvereinbarung an den Arbeitgeber. Die Beschlussfassung hat in einer ordnungsgemäß einberufenen Betriebsratssitzung unter Beachtung des Gebots der Nichtöffentlichkeit zu erfolgen. Soweit § 77 Abs. 2 BetrVG das Zustandekommen durch einen gemeinsamen Beschluss von Arbeitgeber und Betriebsrat abhängig macht, darf darunter nicht in einer Betriebsratssitzung unter Anwesenheit des Arbeitgebers zustande gekommene gemeinsame Beschlussfassung verstanden werden. Eine derartige Beschlussfassung ist dem Betriebsverfassungsgesetz fremd. Gemeint ist vielmehr die Abgabe übereinstimmender Willenserklärungen, wie sie für privatrechtliche Verträge erforderlich sind.

Im Bereich der erzwingbaren Betriebsvereinbarungen kann das Zustandekommen auch auf einem Spruch der Einigungsstelle beruhen. Entbehrlich dabei sind sowohl die übereinstimmende Willenserklärung als auch die Unterzeichnung durch Arbeitgeber und Betriebsrat. Beantragt beispielsweise der Betriebsrat das Zustandekommen einer Betriebsvereinbarung durch Spruch der Einigungsstelle und folgt die Einigungsstelle mehrheitlich diesem Antrag, so unterzeichnet der Vorsitzende der Einigungsstelle diesen Spruch, der die Wirkung einer Betriebsvereinbarung hat. Dies gilt allerdings nur im Bereich der erzwingbaren Mitbestimmung. Im Bereich der freiwilligen Betriebsvereinbarungen ersetzt der Spruch der Einigungsstelle nur dann die fehlende Einigung, wenn Arbeitgeber und Betriebsrat mit dem Tätigwerden der Einigungsstelle einverstanden sind und vorab erklären, dass sie sich dem Spruch unterwerfen.

Übersicht 4
Zustandekommen von Betriebsvereinbarungen

Die Betriebsvereinbarung ist im Streitfall »wie ein Gesetz auszulegen« (z.B. bei nicht eindeutigen Formulierungen oder sog. Regelungslücken)
Deshalb schreibt § 77 Abs. 2 BetrVG zwingend vor:
- vorherige Beschlussfassung
- schriftliche Niederlegung
- beiderseitige Unterzeichnung derselben Urkunde
- Auslegen des Textes an »geeigneter Stelle« im Betrieb durch den Arbeitgeber

1.3.6 Formvorschriften

Betriebsverfassungsrechtliche Formvorschriften sind gesetzliche Formvorschriften. Verstoßen die Betriebsparteien bei Abschluss einer Betriebsvereinbarung gegen wesentliche Formvorschriften gemäß § 77 Abs. 2 BetrVG, kann dies Nichtigkeit bzw. Anfechtbarkeit zur Folge haben. Ob diese Nichtigkeit von Anfang an oder Unwirksamkeit nur für die Zukunft zu gelten hat, muss im Einzelfall ermittelt werden. Formvorschriften können auch durch abgeschlossene Betriebsvereinbarung selbst begründet werden.

1.3.6.1 Schriftformerfordernis
Nach § 77 Abs. 2 Satz 1 BetrVG sind die Betriebsparteien verpflichtet, ihren Regelungswillen durch (getrennte) Beschlussfassung kundzutun und schriftlich nie-

derzulegen. Betriebsvereinbarungen sind grundsätzlich an die Schriftformen gebunden, damit ihre Rechtsnormen festgehalten, klargestellt und im Betrieb bekannt gemacht werden. Dieser gesetzgeberischen Intention würde die gleichzeitige Zulassung mündlicher Betriebsvereinbarungen zuwiderlaufen. Auch mittels sonstiger (Betriebs-)Vereinbarungen kann auf das gesetzliche Schriftformerfordernis nicht verzichtet werden.

1.3.6.2 Einheitliche Urkunde
Die schriftlich niedergelegte Betriebsvereinbarung stellt nach ihrer Unterzeichnung eine einheitliche Urkunde dar. Betriebsvereinbarungen, deren einzelne Blätter inhaltlich aufeinander Bezug nehmen und mittels Heftklammern zusammengeheftet sind, genügen dem Formerfordernis des § 77 Abs. 2 BetrVG und erfüllen damit die Voraussetzung einer Gesamturkunde. Eine Gesamturkunde ist dann gegeben, wenn mehrere Blätter zusammengehören und auch äußerlich erkennbar eine Einheit bilden. Die Einheit der Urkunde kann dadurch hergestellt werden, dass ihre Bestandteile zusammengeheftet sind und einen Sinnzusammenhang erkennen lassen. Bei einer Gesamturkunde muss nicht jedes Blatt unterschrieben werden (BAG vom 11. 11. 1986 – 3 ABR 74/85).

1.3.6.3 Von Arbeitgeber und Betriebsrat zu unterzeichnen
Arbeitgeber und Betriebsrat haben die Betriebsvereinbarung auf derselben Urkunde zu unterzeichnen. Der Austausch einseitig unterschriebener Betriebsvereinbarungen der Betriebsparteien ist ebenso unzureichend wie die Unterschrift auf einer bloßen Fotokopie der von dem anderen Betriebspartner unterzeichneten Vereinbarung (LAG Berlin, DB 1991, 2593; Däubler/Kittner/Klebe, § 77 Rn. 30; Fitting/Kaiser/Heither/Engels, § 77 Rn. 21; Fabricius/Kraft/Wiese/Kreuz, § 77 Rn. 37; Siebert/Becker, § 77 Rn. 7).

Betriebsvereinbarungen, die auf einem Spruch der Einigungsstelle beruhen, unterzeichnet der Vorsitzende der Einigungsstelle. Die zusätzliche Unterzeichnung durch Betriebsrat und Arbeitgeber ist nicht erforderlich.

Für den Betriebsrat unterzeichnet der Vorsitzende, im Verhinderungsfall sein Stellvertreter die Betriebsvereinbarung. Auf Arbeitgeberseite unterzeichnet entweder der Arbeitgeber persönlich oder ein Vertreter mit (ausreichender) Vertretungsmacht.

1.3.6.4 Bekanntmachung (z. B. Aushang am »schwarzen Brett«)
§ 77 Abs. 2 BetrVG verpflichtet den Arbeitgeber, »die Betriebsvereinbarung an geeigneter Stelle im Betrieb auszulegen.« Die Vorschrift zielt in erster Linie auf den Arbeitgeber. Kommt dieser der Auslegungspflicht nicht nach, kann auch der Betriebsrat, z. B. durch Aushang am »schwarzen Brett«, bekannt machen. Der Ar-

beitgeber kann die für den Betrieb geltenden Betriebsvereinbarungen auch bei der Einstellung aushändigen, so dass der Arbeitnehmer stets einen Überblick über die aktuellen und für ihn relevanten Betriebsvereinbarungen hat. Auch die Auslage im Personalbüro (z. B. zusammen mit den einschlägigen Tarifverträgen) dürfte dann als ausreichend anzusehen sein, wenn der Arbeitnehmer über die Auslage im Personalbüro informiert worden ist. Selbstverständlich kann der Arbeitnehmer auch im Betriebsratsbüro (ggf. nach Voranmeldung) oder in der Sprechstunde des Betriebsrats Einblick nehmen. Die gewerkschaftlichen Vertrauensleute verfügen in aller Regel ebenfalls über entsprechende Exemplare und können darüber hinaus Erläuterungen geben. Der Betriebsrat kann den Abschluss einer Betriebsvereinbarung auch auf einer Betriebsversammlung behandeln und erläutern. Ebenso kommt die Veröffentlichung in der Betriebszeitung bzw. einer Informationsschrift an die Beschäftigten in Frage. In welcher Weise schlussendlich die Bekanntmachung erfolgt, hängt sicherlich auch von den örtlichen Gegebenheiten ab. Die arbeitgeberseitige »Publizitätspflicht« soll sicherstellen, dass alle Arbeitnehmer Gelegenheit zur Kenntnisnahme erhalten. Insbesondere im Hinblick auf die Beachtung etwaiger Ausschlussfristen, soweit sie zulässiger Inhalt der Betriebsvereinbarung sind, kommt der Auslegungspflicht besondere Bedeutung zu. Denn die Versäumung dieser Fristen, die durch Mängel im Zusammenhang mit der Bekanntmachung bedingt sind, können den Arbeitgeber schadensersatzpflichtig machen.

Verstößt der Arbeitgeber gegen die Pflicht zur ordnungsgemäßen Auslegung, berührt dies die Wirksamkeit der abgeschlossenen Betriebsvereinbarung nicht.

1.3.7 Abschlussmängel

Das Zustandekommen von Betriebsvereinbarungen vollzieht sich nach den Regeln des BGB, d. h., ihnen liegen rechtsgeschäftliche Erklärungen zugrunde. Diese Erklärungen können mit erheblichen oder weniger erheblichen Rechtsmängeln behaftet sein. Das rechtliche Schicksal derartiger Betriebsvereinbarungen gestaltet sich dementsprechend unterschiedlich.

1.3.7.1 Nichtigkeit
Die Nichtigkeit einer Betriebsvereinbarung dürfte regelmäßig dann vorliegen, wenn die Betriebsparteien z. B.
- eine Betriebsvereinbarung abschließen, obwohl der die Arbeitsverhältnisse überlagernde Tarifvertrag den Regelungsgegenstand bereits abschließend geregelt hat (§ 77 Abs. 3 BetrVG),
- eine mündliche Betriebsvereinbarung unter Missachtung des Schriftformerfordernisses abschließen (§ 77 Abs. 2 BetrVG),

- eine Betriebsvereinbarung abschließen, obwohl der Gesamtbetriebsrat für die Regelungsmaterie eine originäre Zuständigkeit besitzt (§ 50 Abs. 1 BetrVG),
- durch Abschluss einer Betriebsvereinbarung gegen höherrangiges (z. b. Arbeitnehmerschutz-)Recht verstoßen,
- durch Abschluss einer Betriebsvereinbarung eine sachfremde Schlechterstellung der Arbeitnehmer herbeiführen,
- die Unterschriftsleistung des Betriebsratsvorsitzenden ohne Gremiumsbeschluss genügen lassen (ohne dass der Betriebsrat dies im Nachhinein durch Beschlussfassung heilt),
- eine Betriebsvereinbarung abschließen, obwohl das Arbeitsgericht die Nichtigkeit der Betriebsratswahl festgestellt hat,
- durch Abschluss einer Betriebsvereinbarung einen sittenwidrigen Zustand aufrechterhalten oder herbeiführen.

Eine nichtige Betriebsvereinbarung erzeugt keinerlei Rechtswirkungen. Auf die festgestellte Nichtigkeit kann sich jeder Arbeitnehmer zu jeder Zeit berufen. Anweisungen aus einer nichtigen Betriebsvereinbarung muss der Arbeitnehmer nicht Folge leisten. Ob Nichtigkeit von Anfang an oder nur mit Wirkung für die Zukunft zu gelten hat, entscheiden die Einzelumstände.

1.3.7.2 Teilnichtigkeit

Erfüllt nur ein Teil der Betriebsvereinbarung die die Nichtigkeit herbeiführenden Voraussetzungen, so bleibt der gültige Teil voll wirksam. Davon ist jedenfalls dann auszugehen, wenn der wirksame Teil der Betriebsvereinbarung auch ohne die unwirksame Bestimmung eine sinnvolle und in sich geschlossene Regelung enthält. Der durch die Betriebsvereinbarung geschaffene Rechtszustand soll insoweit aufrechterhalten werden, als er auch ohne den unwirksamen Teil eine ordnende Funktion entfaltet (BAG vom 23. 6. 1992 – 1 ABR 9/92, AP Nr. 55 zu § 77 BetrVG 1972; BAG vom 12. 10. 1994 – 7 AZR 398/93).

1.3.7.3 Anfechtung und Umdeutung

Kommt die Betriebsvereinbarung als privatrechtlicher Vertrag besonderer Art zwischen den Betriebsparteien zustande, so stellt sich die Frage nach dem rechtlichen Schicksal, wenn der Abschluss der Betriebsvereinbarung auf Willensmängeln (Irrtum, arglistige Täuschung, Drohung) beruht. Für diesen Fall eröffnet das BGB die Möglichkeit der Anfechtung (§§ 119, 123 BGB). Wegen ihres Normencharakters kann die Betriebsvereinbarung jedoch nicht rückwirkend beseitigt werden. Die Anfechtung wirkt deshalb nur für die Zukunft. Auch die **Teilanfechtung** wird in der Literatur als zulässiges Mittel angesehen, wenn z. B. nur ein Teil der Betriebsvereinbarung mit einem Willensmangel behaftet ist und der übrige Teil noch eine sinnvolle und in sich geschlossene Regelung enthält.

Ob eine nichtige Betriebsvereinbarung im Wege der Umdeutung (§ 140 BGB) auf individualrechtlicher Trägerschaft ihre Fortgeltung erfahren kann, hängt nach herrschender Meinung davon ab, in welchem Umfang der Bindungswille nach Kenntnisnahme der für die Nichtigkeit maßgeblichen Gründe aufrechterhalten wird. Kommt es für den Bindungswillen erkennbar nicht auf das zugrunde liegende kollektive Rechtsinstitut der Betriebsvereinbarung an, wird der nichtige Teil individualrechtlicher Inhalt (z. B. des Arbeitsvertrages) mit der Folge, dass eine einseitige Lossagung ausschließlich mit dem Mittel der rechtsgestaltenden Erklärung erzielt werden kann.

1.3.8 Wegfall der Geschäftsgrundlage

Dem Rechtsinstitut des Wegfalls der Geschäftsgrundlage kommt im Betriebsvereinbarungsrecht, insbesondere bei Sozialplänen, eine besondere Bedeutung zu. Gegenüber den vorerwähnten Abschlussmängeln haftet diesem Rechtsinstitut weder ein Rechts- noch ein Willensmangel bei Abschluss einer Betriebsvereinbarung an. In Rechtsprechung und Literatur ist anerkannt, dass Betriebsvereinbarungen in Gestalt von Sozialplänen eine Geschäftsgrundlage haben können, bei deren Wegfall die getroffene Regelung den geänderten tatsächlichen Umständen anzupassen ist, wenn dem Vertragspartner im Hinblick auf den Wegfall der Geschäftsgrundlage das Festhalten an der Vereinbarung nicht mehr zuzumuten ist. Dabei wird gerade für einen Sozialplan darauf verwiesen, dass ein Wegfall der Geschäftsgrundlage insbesondere in den Fällen angenommen werden könne, in denen beide Betriebspartner bei Abschluss des Sozialplans von irrigen Vorstellungen über die Höhe der für den Sozialplan zur Verfügung stehenden Finanzmittel ausgegangen sind (BAG vom 17. 2. 1981, BAGE 35, 80 = AP Nr. 11 zu § 112 BetrVG 1972; BAG vom 10. 8. 1994 – 10 ABR 61/93). Der Wegfall der Geschäftsgrundlage einer Betriebsvereinbarung bzw. eines Sozialplans führt nicht dazu, dass diese bzw. dieser von selbst und ggf. rückwirkend unwirksam wird. Der Wegfall der Geschäftsgrundlage hat vielmehr nur zur Folge, dass die Regelung im Sozialplan den geänderten tatsächlichen Umständen insoweit anzupassen ist, als dem Vertragspartner das Festhalten an der getroffenen Regelung auch unter den geänderten tatsächlichen Umständen noch zuzumuten ist. Damit unterscheidet sich der Wegfall der Geschäftsgrundlage einer Betriebsvereinbarung von der außerordentlichen Kündigung, was vielfach nicht beachtet wird, wenn ein Recht zur außerordentlichen Kündigung für den Fall bejaht wird, dass die Geschäftsgrundlage der Betriebsvereinbarung bzw. des Sozialplans weggefallen ist. Der Wegfall der Geschäftsgrundlage führt nicht zur Beendigung der Betriebsvereinbarung, sondern lässt diese – wenn auch mit einem jetzt anzupassenden Inhalt – fortbestehen. Die Anpassung der Regelung müssen die Betriebsparteien vereinbaren. Derjenige Betriebspartner, der sich auf den Wegfall der Geschäftsgrundlage beruft, hat gegenüber dem anderen einen Anspruch auf Aufnahme von Verhandlungen über die Anpassung der im Sozialplan getroffenen Regelung. Verweigert der andere Betriebspartner eine solche Anpassung oder kommt es nicht zu einem Einvernehmen über eine solche, kann er die Einigungsstelle anrufen, die verbindlich entscheidet (BAG, a. a. O.).

1.3.9 Auslegung

Nach der ständigen Rechtsprechung des Bundesarbeitsgerichts sind Betriebsvereinbarungen wie Tarifverträge auszulegen. Maßgeblich ist dabei – entsprechend den Grundsätzen der Gesetzesauslegung – zunächst der Wortlaut. Über den reinen Wortlaut hinaus ist sodann der wirkliche Wille der Betriebsparteien und der damit von ihnen beabsichtigte Sinn und Zweck der Regelung mit zu berücksichtigen, sofern und soweit sie z. B. im Sozialplan erkennbar geworden sind. Abzustellen ist ferner auf den Gesamtzusammenhang der Regelung, der häufig schon deswegen einzubeziehen ist, weil daraus auf den wirklichen Willen der Betriebsparteien geschlossen und nur so der Sinn und Zweck der Regelung ermittelt werden kann (BAG vom 28. 4. 1993 – 10 AZR 222/92, EzA § 112 BetrVG 1972 Nr. 68). Betriebsvereinbarungen unterliegen ferner der gerichtlichen Billigkeitskontrolle. Maßstab ist die Verpflichtung der Betriebsorgane, dem Wohl des Betriebes und der Arbeitnehmer unter Berücksichtigung des Gemeinwohls zu dienen; innerhalb dieser Verpflichtung haben sie den billigen Ausgleich zwischen den Interessen der Belegschaft und dem Betrieb sowie den Ausgleich zwischen den verschiedenen Teilen der Belegschaft selbst zu suchen. Stuft beispielsweise ein Sozialplan die Abfindungen für von einer Betriebsstilllegung betroffene Arbeitnehmer nach dem Alter und der Dauer der Betriebszugehörigkeit ab und bestimmt er zugleich, dass bei einer Unterbrechung der Betriebszugehörigkeit, die länger als sechs Monate gedauert hat, die davor liegenden Betriebszugehörigkeitsjahre nicht angerechnet werden, so ist eine solche Regelung aus Billigkeitserwägungen nicht zu beanstanden (BAG vom 11. 6. 1975 – 5 AZR 217/74).

1.3.10 Geltungsbereich

Durch Abschluss einer Betriebsvereinbarung bestimmen die Betriebsparteien auch ihren Wirkungsbereich. Schweigt die Betriebsvereinbarung zum Geltungsbereich, so ist im Zweifelsfall anzunehmen, dass alle Beschäftigungsverhältnisse, für die der Betriebsrat eine Regelungskompetenz besitzt, erfasst werden. Der Geltungsbereich wird in der Regel in räumlicher, persönlicher, fachlicher (oder beruflicher) sowie zeitlicher Hinsicht fixiert.

1.3.10.1 Räumlicher Geltungsbereich

Räumlich gilt die Betriebsvereinbarung für den Betrieb, dessen Betriebsrat sie abgeschlossen hat. Dies kann sowohl ein einheitlicher stationärer Betrieb als auch ein Betrieb mit mehreren Filialen sein. Auch die Arbeitszeit auf einer einzelnen Bau- oder Montagestelle (z. B. in Bayern) kann räumlich fixiert werden. Festlegungen betreffend den räumlichen Geltungsbereich der Betriebsvereinbarung dürfen nicht sachwidrig erfolgen.

1.3.10.2 Persönlicher Geltungsbereich

Der **persönliche** Geltungsbereich der Betriebsvereinbarung erstreckt sich grundsätzlich auf alle Arbeitnehmer des Betriebs, einschließlich der in Heimarbeit Beschäftigten (Däubler/Kittner/Klebe, § 77 Rn. 35; Fitting/ Kaiser/Heither/Engels, § 77 Rn. 33; Fabricius/Kraft/Wiese/Kreutz, § 77 Rn. 147 BetrVG). Der persönliche Geltungsbereich muss nicht zwangsläufig alle Belegschaftsmitglieder erfassen. Ähnlich wie beim räumlichen Geltungsbereich kann auch hier der Wirkungsbereich auf bestimmte Gruppen (z. B. Schichtdienst, Auszubildende, Auswärtsbeschäftigte, Abteilung, Heimarbeiter, Schwerbehinderte, weibliche Arbeitnehmer, Innendienst) beschränkt werden. Erforderlich ist ein sachlich rechtfertigender Grund. Auch gesetzliche Bestimmungen können dazu führen, dass bestimmte Gruppen vom persönlichen Geltungsbereich ausgespart bleiben (z. B. Mutterschutz, Jugendarbeitsschutz).

In den Betrieb eintretende Arbeitnehmer werden ebenfalls vom persönlichen Geltungsbereich der abgeschlossenen Betriebsvereinbarung erfasst. Die Anwendbarkeit der Betriebsvereinbarung hängt nicht davon ab, ob der vom persönlichen Geltungsbereich erfasste Arbeitnehmer in Vollzeit oder Teilzeit beschäftigt wird. Auch geringfügig Beschäftigte (sog. 325-Euro-Kräfte) sind der Betriebsvereinbarung unterworfen.

Die Betriebsvereinbarung gilt jedoch nicht für den in § 5 Abs. 2 und 3 BetrVG genannten Personenkreis (z. B. in organschaftlicher Stellung und leitende Angestellte). Fremdfirmenbeschäftigte, die auf Werkvertragsbasis bzw. nach dem Arbeitnehmerüberlassungsgesetz im Betrieb des Werkbestellers bzw. Entleihers tätig werden, fallen ebenfalls nicht unter den persönlichen Geltungsbereich. Ausnahmsweise dann, wenn bei der vertraglichen Durchführung unerlaubte Arbeitnehmerüberlassung bzw. scheinwerkvertragliches Handeln offenkundig wird, gilt auch für diesen Personenkreis der persönliche Geltungsbereich.

Personen, die zum Zeitpunkt des Inkrafttretens der Betriebsvereinbarung nicht mehr dem Betrieb angehören, können in der Regel nicht vom persönlichen Geltungsbereich eben dieser erfasst werden. Hier sind jedoch Fallgestaltungen denkbar, die eine andere Beurteilung ermöglichen: so z. B. eine Sozialplanregelung, die dem Ausgeschiedenen zugute kommt, ebenso im Bereich von Wohnräumen, über die der Arbeitgeber verfügt und deren Widmung, Zuweisung, Kündigung oder Festlegung der Nutzungsbedingungen Bestandteil einer Betriebsvereinbarung ist. Zielt der Abschluss einer Betriebsvereinbarung im persönlichen Geltungsbereich auch auf Personen, die als Rentner, Ruheständler oder Pensionäre bezeichnet werden, so stellt sich die Frage, ob der Geltungsbereich sich auch auf diese erstrecken kann. In der Literatur wird dies überwiegend verneint. Diesem Ergebnis ist zuzustimmen, wenn es sich um eine Verschlechterungsabsicht bereits entstandener Ansprüche handelt.

1.3.10.3 Fachlicher Geltungsbereich

Der **fachliche** Geltungsbereich zielt in erster Linie auf schulische, berufliche und/oder funktionsgebundene Eigenschaften bzw. Verrichtungen. Nicht selten werden diese auch unter dem persönlichen Geltungsbereich erfasst.

Beispiele:
- Poliere
- Kraftfahrer
- medizinisches Personal
- technische Zeichner
- Ingenieure
- Akademiker (in nicht leitender Position z. B. in Forschungseinrichtungen)

1.3.10.4 Zeitlicher Geltungsbereich

Der **zeitliche** Geltungsbereich kann zwischen den Betriebsparteien frei festgelegt werden. Gemeint ist die Zeit zwischen dem Inkrafttreten und der Beendigung. Enthält die Betriebsvereinbarung keine zeitliche Festlegung, so gilt sie mit dem Tage des Abschlusses als in Kraft getreten. Sie kann mit einer Frist von drei Monaten gekündigt werden (§ 77 Abs. 5 BetrVG). Der zeitliche Geltungsbereich kann auch durch das Mitbestimmungsrecht selbst bestimmt sein. In diesen Fällen endet die Betriebsvereinbarung mit dem Wegfall des Regelungsbedürfnisses (z. B. Betriebsvereinbarung über die Arbeitszeit auf der Baustelle X; Betriebsvereinbarung über Betriebsferien im Kalenderjahr 2001). Vom zeitlichen Geltungsbereich ist die Nachwirkung zu unterscheiden (wird ausgeführt). Die rückwirkende Inkraftsetzung einer Betriebsvereinbarung wird in der Literatur unterschiedlich beurteilt (vgl. zum Meinungsstand Fabricius/Kraft/Wiese/Kreutz, § 77 Rn. 165 f.; Fitting/Kaiser/Heither/Engels, § 77 Rn. 38 f. BetrVG). Die Vorverlegung der Geltungswirkung dürfte jedenfalls dann ausgeschlossen sein, wenn die Arbeitnehmer mit einer rückwirkenden Verschlechterung nicht mehr rechnen mussten und der

Grundsatz des Vertrauensschutzes eine höherrangige Stellung einnimmt als das Bedürfnis nach rückwärts gerichteter Verschlechterung. Demgegenüber können günstigere Regelungen auch rückwirkend in Kraft treten (Günstigkeitsprinzip). Die Geltungswirkung einer Betriebsvereinbarung kann auch für einen in der Zukunft liegenden Zeitpunkt (oder Ereignis) bestimmt werden. In Frage käme insbesondere der vorsorgliche Sozialplan, dessen zugrunde liegende Betriebsänderung der Arbeitgeber zeitlich noch nicht bestimmen kann, weil z. B. die Verhandlungen mit den Gesellschaftern sich unvorhersehbar in die Länge ziehen oder die Zustimmung einer außenstehenden Stelle noch nicht vorliegt.

1.3.11 Regelungsgegenstand

Sucht man im Betriebsverfassungsgesetz einen abschließenden Katalog der durch Betriebsvereinbarungen zu regelnden Angelegenheiten, so wird man feststellen, dass es einen solchen nicht gibt. Lediglich in negativer Hinsicht bestimmt § 77 Abs. 3 BetrVG, dass Arbeitsentgelte und sonstige Arbeitsbedingungen, die durch Tarifvertrag geregelt sind oder üblicherweise geregelt werden, nicht Gegenstand einer Betriebsvereinbarung sein können. Dies gilt nicht, wenn ein Tarifvertrag den Abschluss ergänzender Betriebsvereinbarungen ausdrücklich zulässt. Hieraus schlussfolgert ein Teil der Literatur, dass den Betriebsparteien eine fast schrankenlose Regelungsbefugnis zukommt. Diesem Ergebnis kann in dieser Grundsätzlichkeit nicht beigetreten werden. Auch wenn das betriebsverfassungsrechtliche Subsidiaritätsprinzip den Betriebsparteien eine allumfassende (kollektive) Regelungskompetenz suggeriert, so darf nicht verkannt werden, dass die Legitimation an zahlreiche Bedingungen anknüpft. Einig ist man sich mittlerweile darin, dass Gegenstand einer Betriebsvereinbarung sowohl materielle als auch formelle Arbeitsbedingungen sein können. Damit kommt der Betriebsvereinbarung im Wesentlichen die einem Tarifvertrag innewohnende Bedeutung zu. Die Regelungsbefugnis der Betriebsparteien erstreckt sich auf alle Fragen, die auch Inhalt des Arbeitsvertrages sein können, soweit nicht der Vorbehalt einer tariflichen Regelung nach § 77 Abs. 3 BetrVG eingreift (wird ausgeführt). Regelungen über Inhalt, Abschluss und Beendigung von Arbeitsverhältnissen sowie betriebliche und betriebsverfassungsrechtliche Fragen werden stets mit normativer Wirkung abgeschlossen. Die zu regelnden Angelegenheiten müssen einen kollektiven Bezug aufweisen, auch wenn sie im Anwendungsfall nur das einzelne Arbeitsverhältnis berühren (z. B. Anordnung von Überstunden). Betriebsvereinbarungen wirken nur normativ, wenn sie im Rahmen der funktionellen Zuständigkeit der Betriebsparteien wirksam abgeschlossen sind. Angelegenheiten, die in den originären Zuständigkeitsbereich des Gesamt- bzw. Konzernbetriebsrats fallen, können selbst dann nicht durch den örtlichen Betriebsrat geregelt werden, wenn der Gesamt- bzw. Konzernbetriebsrat untätig bleibt.

1.3.11.1 Unzulässige Regelungen

Von einer unzulässigen Regelung durch Betriebsvereinbarung ist auszugehen, wenn die Betriebsvereinbarung z. B.

- gegen höherrangiges Recht verstößt;
- gegen den Tarifvorrang bzw. Tarifvorbehalt verstößt;
- eine Regelung enthält, für die der Gesamt- bzw. Konzernbetriebsrat originär zuständig ist;
- in unzulässiger Weise das Persönlichkeitsrecht der Arbeitnehmer verletzt;
- in unzulässiger Weise auf den privaten Lebensbereich einwirkt;
- unzulässige Lohnverwendungsabreden enthält;
- unbegründet auf einzelne Arbeitnehmer zielt;
- gegen den Grundsatz des Vertrauensschutzes verstößt;
- gegen den Gleichbehandlungsgrundsatz verstößt;
- Nebentätigkeiten grundsätzlich untersagt;
- die Teilnahme an Betriebsfeiern oder -ausflügen (auch während der Arbeitszeit) grundsätzlich vorschreibt;
- gegen den Grundsatz der Verhältnismäßigkeit verstößt;
- einen Impfzwang auferlegt;
- eine Vertragsstrafen-Regelung enthält, wonach einzelvertragliche Vertragsstrafen-Versprechen der Betriebsvereinbarung auch dann vorgehen, wenn sie für den Arbeitnehmer ungünstiger sind;
- individualrechtliche Versorgungszusagen schmälert bzw. Versorgungsanwartschaften grundlos kürzt;
- dem Arbeitnehmer (materielle) Lasten bzw. Gefahren aufbürdet, für die der Arbeitgeber gesetzlich bzw. üblich einzustehen hat;
- den Arbeitnehmer verpflichtet, vor Aufnahme einer auswärtigen Beschäftigung außerhalb der Arbeitszeit und ohne Gegenleistung die Organisation der Unterkunftsnahme zu realisieren;
- auf den **jeweils** geltenden Rahmentarifvertrag (sog. dynamische Blankettverweisung) verweist. Die Unwirksamkeit der Verweisung auf den **jeweils geltenden Tarifvertrag** führt aber nicht zur Unwirksamkeit der Verweisung auf den Tarifvertrag, der zum Zeitpunkt des Abschlusses der Betriebsvereinbarung galt;
- eine niedrigere Altersgrenze über das Ende des Arbeitsverhältnisses festlegt als zuvor individualvertraglich bestimmt;
- auf eine Abänderung des arbeitsvertraglichen Inhalts zielt;
- vollständig oder teilweise die Wirkung eines Tarifvertrages auch auf nicht organisierte oder anders organisierte Arbeitnehmer eines Betriebes ausdehnt;

- Regelungen über den Wohnsitz der Arbeitnehmer enthält;
- Regelungen über die Urlaubsgestaltung enthält;
- ein grundsätzliches Rauchverbot ohne Raucherzonen regelt.

(Es versteht sich von selbst, dass die vorstehende Aufzählung nicht abschließend sein kann.)

Eine unwirksame Betriebsvereinbarung kann ggf. durch Umdeutung analog § 140 BGB zum Inhalt der Einzelverträge der Arbeitnehmer werden. Das setzt jedoch voraus, dass besondere tatsächliche Umstände vorliegen, aus denen Arbeitnehmer nach Treu und Glauben schließen durften, dass der Arbeitgeber über die betriebsverfassungsrechtliche Verpflichtung hinaus sich für eine bestimmte Leistung binden wollte (BAG vom 23. 8. 1989 – 5 AZR 391/88). Die Rechtsprechung hat jedoch strenge Anforderungen an die Annahme eines Verpflichtungswillens des Arbeitgebers gestellt und immer wieder betont, bei einer irrtümlichen fehlerhaften Normanwendung allein könne ohne das Vorhandensein besonderer Umstände von einem solchen Verpflichtungswillen nicht ausgegangen werden. Darüber hinaus fällt die Frage der Umdeutung nur dann ins Gewicht, wenn die unzulässige Regelung den Arbeitnehmer auch tatsächlich begünstigt.

1.3.11.2 Zulässige Regelungen

Soweit nicht durch staatliches oder tarifliches Gestaltungsprivileg erfasst, kann – wie bei einem Tarifvertrag – die Betriebsvereinbarung Regelungen über Inhalt, Abschluss und Beendigung von Arbeitsverhältnissen sowie betriebliche und betriebsverfassungsrechtliche Fragen treffen. Ob es sich dabei um freiwillige, teilmitbestimmte oder erzwingbare Regelungsinhalte handelt, ist für die Frage der Zulässigkeit ohne Bedeutung. Ebenso wenig kommt es darauf an, ob die Betriebsvereinbarung mit unmittelbarer und zwingender Wirkung auf die Arbeitsverhältnisse einwirkt oder bloß schuldrechtliche Verpflichtungen zwischen den Betriebsparteien (Arbeitgeber und Betriebsrat) regelt.

Beispiele zulässiger Regelungsinhalte:

- Betriebsvereinbarung über die Art der vertrauensvollen Zusammenarbeit (Informations- und Kommunikationsmodalitäten)
- Betriebsvereinbarung über die Zusammensetzung der Belegschaft (z.B. Arbeiter, Angestellte und Auszubildende im Verhältnis zueinander)
- Betriebsvereinbarung über Abgrenzungskriterien zu den leitenden Angestellten
- Betriebsvereinbarung über die Errichtung eines paritätischen Ausschusses
- Betriebsvereinbarung über Ort und Zeit der Durchführung von Betriebsratssitzungen (oder Betriebsversammlungen) außerhalb des Betriebes
- Betriebsvereinbarung über die berufliche Entwicklung freigestellter Betriebsratsmitglieder (fiktive Laufbahnentwicklung)

- Betriebsvereinbarung über die Teilnahme an Schulungsveranstaltungen nach § 37 Abs. 6 und 7 BetrVG
- Betriebsvereinbarung über die aktualitätsbezogene Erledigung von Betriebsratsaufgaben nach § 37 Abs. 2 BetrVG (Freistellungsfragen)
- Betriebsvereinbarung über Freistellungen unterhalb der Schwellenwerte gemäß § 38 Abs. 1 BetrVG
- Betriebsvereinbarung über Ort und Zeit der Durchführung von Sprechstunden
- Betriebsvereinbarung über den Geschäftsbedarf des Betriebsrats gem. § 40 BetrVG. Insbesondere die Räumlichkeiten nebst Ausstattung, die Anschaffung von Literatur (z. B. durch den Betriebsrat), Auswahl und zeitliche Überlassung des Büropersonals etc.
- Betriebsvereinbarung über die Durchführung sonstiger Betriebs- oder Abteilungsversammlungen während der Arbeitszeit gem. § 44 Abs. 2 BetrVG
- Betriebsvereinbarung über eine abweichende Mitgliederzahl des Gesamtbetriebsrats gem. § 47 Abs. 4 BetrVG
- Betriebsvereinbarung über Zuständigkeitsfragen des Gesamtbetriebsrats (Achtung: durch eine derartige Vereinbarung darf nicht in die originäre Zuständigkeit der örtlichen Betriebsräte eingegriffen werden.)
- Betriebsvereinbarung über die Behandlung einer Auftragsangelegenheit nach §§ 50 Abs. 2, 58 Abs. 2 BetrVG (auch als Gesamt- bzw. Konzernbetriebsvereinbarung)
- Betriebsvereinbarung über die abweichende Mitgliederzahl des Konzernbetriebsrats gem. § 55 Abs. 4 BetrVG
- Betriebsvereinbarung über Zuständigkeitsfragen des Konzernbetriebsrats gem. § 58 Abs. 1 BetrVG (Achtung: durch eine derartige Vereinbarung darf nicht in die originäre Zuständigkeit der Gesamtbetriebsräte bzw. Betriebsräte eingegriffen werden.)
- Betriebsvereinbarung über die Bildung eines Ausschusses für wirtschaftliche Angelegenheiten auf Konzernbetriebsrats-Ebene
- Betriebsvereinbarung über die Durchführung von Sprechstunden der Jugend- und Auszubildendenvertretung nach Ort und Zeit
- Betriebsvereinbarung über die Mitgliederzahl der Gesamt-Jugend- und Auszubildendenvertretung gem. § 72 Abs. 4 BetrVG
- Betriebsvereinbarung über das Monatsgespräch gem. § 74 Abs. 1 BetrVG (z. B. Ort und Zeit)
- Betriebsvereinbarung über die Errichtung einer ständigen Einigungsstelle gem. § 76 Abs. 1 BetrVG
- Betriebsvereinbarung über betriebliche Aushänge am »schwarzen Brett« (z. B. Ort und Beschaffenheit der Aushangflächen)
- Betriebsvereinbarung über die Auslage von z. B. einschlägigen Tarifverträgen, Arbeitsschutzgesetzen, Unfallverhütungsvorschriften, etc.
- Betriebsvereinbarung über die zahlenmäßige Beschäftigung von schwerbehinderten Menschen (soweit nicht bereits unter »BV über die Zusammensetzung der Belegschaft« geschehen)
- Betriebsvereinbarung über die Hinzuziehung von internen und externen Sachverständigen
- Betriebsvereinbarung über die Führung von Personalakten
- Betriebsvereinbarung über das Beschwerdeverfahren gem. §§ 82 ff. BetrVG
- Betriebsvereinbarung über eine (Arbeits-)Kleiderordnung

- Betriebsvereinbarung über die Benutzung der auf dem Betriebsgelände gelegenen Parkplätze
- Betriebsvereinbarung über Tor- und Taschenkontrollen
- Betriebsvereinbarung über die Zulässigkeit von Radiohören
- Betriebsvereinbarung über Rauchverbote und -gebote
- Betriebsvereinbarung über ein betriebliches Alkoholverbot
- Betriebsvereinbarung über die private Benutzung betrieblicher Telefonanlagen, PC-, Internet- und Handy-Nutzung bzw. Nutzung sonstiger Informations- und Kommunikationseinrichtungen
- Betriebsvereinbarung über die Führung arbeitsbegleitender Papiere
- Betriebsvereinbarung über Kranken(rückkehr)gespräche bzw. Krankenbriefe
- Betriebsvereinbarung über die Festlegung von Beginn und Ende der täglichen Arbeitszeit einschließlich der Pausen sowie die Verteilung der Arbeitszeit auf die einzelnen Wochentage
- Betriebsvereinbarung über die Einführung von Kurzarbeit, Schichtarbeit, Gruppen- bzw. Projektarbeit
- Betriebsvereinbarung über die Anordnung, Entgegennahme bzw. Duldung von Überstunden
- Betriebsvereinbarung über die Feststellung witterungsbedingter Arbeitsausfälle
- Betriebsvereinbarung über die Flexibilisierung der Arbeitszeit
- Betriebsvereinbarung über die pauschale Erstattung von Kontoführungsgebühren sowie die bezahlte Freizeitgewährung zum Aufsuchen der kontoführenden Stelle
- Betriebsvereinbarung über Urlaubsgrundsätze und Urlaubsplan (Betriebsferien)
- Betriebsvereinbarung über die Einführung von Bildschirmarbeitsplätzen bzw. Telefonanlagen, die dazu geeignet sind, das Verhalten oder die Leistung der Arbeitnehmer zu überwachen
- Betriebsvereinbarung über den Arbeits- und Gesundheitsschutz im Betrieb
- Betriebsvereinbarung über (z. B. Kantinenbetrieb, verbilligten Wohnraum, Sozialkassen, Betriebs- und Sportgemeinschaften, verbilligte Mahlzeiten, Werksverkehr mit Bussen, Kindergärten, etc.)
- Betriebsvereinbarung über die Zuweisung und Kündigung von Wohnräumen, über die der Arbeitgeber verfügt (soweit nicht bereits unter »BV über verbilligtes Wohnen« enthalten) sowie die Festlegung der Nutzungsbedingungen
- Betriebsvereinbarung über die Organisation der Unterkunftsnahme bei auswärtiger Beschäftigung
- Betriebsvereinbarung über Erschwerniszuschläge (soweit nicht bereits im Tarifvertrag geregelt)
- Betriebsvereinbarung zur Regelung über- und/oder außertariflicher Zulagen
- Betriebsvereinbarung über betriebliche Lohn- und Gehaltsgruppen (auch für AT-Angestellte)
- Betriebsvereinbarung über Prämien und Gratifikationen aller Art
- Betriebsvereinbarung über Leistungen der betrieblichen Altersversorgung, soweit sie nicht tariflich geregelt sind
- Betriebsvereinbarung über die Festsetzung der Akkord- und Prämiensätze

- Betriebsvereinbarung über das betriebliche Vorschlagswesen bzw. Arbeitnehmererfindungen
- Betriebsvereinbarung über die Vermögensbildung
- Betriebsvereinbarung über die Mitarbeiterbeteiligung z.B. durch Vorzugsaktien (Belegschaftsaktien)
- Betriebsvereinbarung über die Personalbedarfs- und Entwicklungsplanung
- Betriebsvereinbarung über beschäftigungssichernde Maßnahmen
- Betriebsvereinbarung über teilzeitbeschäftigte Arbeitnehmer und deren Volleingliederung
- Betriebsvereinbarung über die unternehmens- bzw. konzernweite Ausschreibung von Arbeitsplätzen
- Betriebsvereinbarung über den Inhalt von Personalfragebogen
- Betriebsvereinbarung über das Beurteilungswesen
- Betriebsvereinbarung über Auswahlrichtlinien
- Betriebsvereinbarung über die Durchführung betriebliche und außerbetrieblicher (Aus-) Bildungsmaßnahmen
- Betriebsvereinbarung über das Zustimmungserfordernis des Betriebsrats bei ordentlichen Kündigungen
- Betriebsvereinbarung über die Unterrichtungsmodalitäten des Wirtschaftsausschusses
- Betriebsvereinbarung über einen (Rahmen-)Sozialplan
- Betriebsvereinbarung über eine Beschäftigungs- und Qualifizierungsgesellschaft (BQG) bzw. Transfergesellschaft

Weitere Beispiele finden sich bei Däubler/Kittner/Klebe, 7. Auflage; Fitting/Kaiser/Heither/Engels, 20. Auflage; Fabricius/Kraft/Wiese/Kreutz, 6. Auflage; Siebert/Becker, 8. Auflage; Schaub, Arbeitsrechtshandbuch, 9. Auflage; Schaub, Formularsammlung, 7. Auflage.

1.4 Die Betriebsvereinbarung zwischen Tarif- und Privatautonomie

1.4.1 Grundsätzliche Bedeutung der Tarifautonomie

Hintergrund der aktuellen Diskussion um Effektivität und Zukunftsfähigkeit der tarifrechtlichen Strukturen, insbesondere des Flächentarifvertrages, sind die neuen ökonomischen Herausforderungen und der technologische und soziale Wandel. Maßgeblich sind vor allem die Standortkonkurrenz unter den Bedingungen des verstärkten internationalen Wettbewerbs, die Umstrukturierung der Wirtschaft hin zu mehr Dienstleistung, Probleme der ostdeutschen Wirtschaft, die anhaltende Beschäftigungskrise generell und die u.a. daraus resultierende Veränderung des Kräftegleichgewichts der Sozialparteien, die neuen Produktionskonzepte und die

Tendenz zur Individualisierung. Modernisierungsbedarf wird zum einen hinsichtlich einer generellen Senkung der Löhne, zum anderen hinsichtlich einer Anpassung der Arbeitsbedingungen an die konkreten Anforderungen der Betriebe geltend gemacht. Auf der anderen Seite wird betont, dass der technische und soziale Wandel nur auf der Basis von durch die Arbeitnehmer akzeptierten Arbeitsbedingungen bewältigt werden kann und dass deren individuelle Prioritäten mehr Realisierungschancen benötigen (ausführlich: Wendeling-Schröder, 61. Deutscher Juristentag). Vor diesem Hintergrund wurde auf dem 61. Deutschen Juristentag (Abteilung Arbeitsrecht) die Frage aufgeworfen, ob es sich empfehle, Regelungsbefugnisse der Tarifparteien im Verhältnis zu den Betriebsparteien neu zu ordnen. Der Deutsche Juristentag hat hierzu ein überwältigendes Votum zugunsten des Flächentarifvertrages ausgesprochen und folgende Beschlüsse gefasst:

- *Es empfiehlt sich nicht, die Regelungsbefugnisse der Tarifparteien im Verhältnis zu den Betriebsparteien neu zu ordnen; vielmehr sollten die Tarifparteien selbst in allen Wirtschaftsbereichen entsprechend den positiven Erfahrungen mancher Branchen von ihrer Regelungsbefugnis in der Weise Gebrauch machen, dass den unterschiedlichen Verhältnissen in den Betrieben besser entsprochen werden kann.*
- *Die Tarifparteien sollten insbesondere die zu hohe Regelungsdichte zurückführen. Die materiellen Tarifvertragsinhalte müssen wieder mehr dem Charakter von Mindestbedingungen im ökonomischen Sinn entsprechen. Vor allem müssen die Tarifparteien von den bestehenden gesetzlichen Möglichkeiten tariflicher Öffnungsklauseln in wesentlich stärkerem Maße Gebrauch machen.*
- *Das in § 4 Abs. 3 TVG verankerte Günstigkeitsprinzip soll unverändert beibehalten werden.*

Die »Wahrung und Förderung der Arbeits- und Wirtschaftsbedingungen« ist wesentlicher Gehalt der Koalitionsfreiheit und fundamentaler Verfassungsauftrag an die Tarifvertragsparteien (Artikel 9 Abs. 3 GG). Mit der Tarifautonomie ist die soziale und wirtschaftliche Selbstbestimmung in einem von staatlicher Rechtssetzung freigelassenen Raum in eigener Verantwortung und im Wesentlichen ohne staatliche Einflussnahme für die unselbständige Arbeit zu gewährleisten. Der Staat hat sich in Tarifauseinandersetzungen neutral zu verhalten und die Ergebnisse der Tarifpolitik zu respektieren bzw. bei der Gesetzgebung zu berücksichtigen. Zur staatlichen Garantie der Tarifautonomie gehört nicht nur die freie tarifliche Rechtssetzung, sondern auch ihre gerichtliche Durchsetzung.

Die Fundamentalkritik am derzeitigen Tarifvertragssystem stützt sich vordergründig auf die Behauptung, das damit gegebene Arbeitsmarktkartell verletze durch die Herausbildung überhöhter Arbeitsentgelte und zu kurze Arbeitszeiten die Interessen der Tarifaußenseiter und der Allgemeinheit. Sie verkennt, dass die interne Konkurrenz durch arbeitslose und tariffreie Bereiche wie auch die Konkurrenz durch ausländische Billiganbieter durchaus Druck auf die Lohnhöhe und die Arbeitszeitregelungen ausüben. Sowohl durch tarifliche Öffnungsklauseln als auch durch Flexibilisierungs-Varianten haben die Tarifvertragsparteien branchen- und betriebsspezifische Lösungen ermöglicht, ohne dass die vorhandenen Spielräume genutzt worden sind.

Eine gesetzliche, zeitlich begrenzte Öffnung für ein Unterschreiten der tarifvertraglichen Arbeitsbedingungen durch Vereinbarungen der Betriebsparteien oder durch Belegschaftsentscheidungen kann nicht unter dem Gesichtspunkt einer schwierigen Situation legitimiert werden. Die Möglichkeit, Tarifbedingungen in einer Betriebsvereinbarung zu unterschreiten, würde das Tarifgefüge insgesamt gefährden und aus Konkurrenzgründen zu einem Wettlauf nach unten führen. Notwendigerweise müsste dem Betriebsrat auch dann das Recht eingeräumt werden, Maßnahmen des Arbeitskampfes gegen den Arbeitgeber durchzuführen.

Nach der gegenwärtigen Rechtslage ist in der Unternehmenskrise gleichwohl eine Abweichung von der Unabdingbarkeit möglich, aber auch nur im Einvernehmen der Tarifvertragsparteien (§ 4 Abs. 4 Satz 1 TVG). Denkbar sind beispielsweise rechtlich abgesicherte und befristete Regelungen, die dazu führen, dass ggf. gestundete Beträge nach einem bestimmten Zeitraum ausgezahlt werden müssen. Als Verzicht kommt eine derartige Regelung nicht in Betracht. Diese Flexibilisierungsmöglichkeiten müssen als ausreichend bezeichnet werden. Aufgrund der Erpressbarkeit durch Drucksituationen kann Betriebsräten das Recht zum Abschluss von Verzichtsvereinbarungen nicht übertragen werden. Zudem stehen ehrenamtlichen Betriebsräten Arbeitgeber gegenüber, die in der Regel über ein größeres kaufmännisches und juristisches Potenzial verfügen.

Wegen der strukturellen Unterlegenheit der Arbeitnehmer im Arbeitsverhältnis muss die Unverzichtbarkeit tariflicher Ansprüche erhalten bleiben. Im Verhältnis von Tarifvertrag und Arbeitsvertrag eignet sich das Günstigkeitsprinzip nur zur Gegenüberstellung und zum Vergleich quantitativer Faktoren i.S.v. »mehr oder weniger« aus Sicht der Arbeitnehmer, nicht aber zum Vergleich unterschiedlicher qualitativer Regelungsinhalte. Insbesondere in Zeiten wirtschaftlicher Krisen und Massenarbeitslosigkeit kann die strukturelle Unterlegenheit der Arbeitnehmer nur durch ihren freiwilligen kollektiven Zusammenschluss kompensiert werden. Durch den kontinuierlichen Abbau des bundesgesetzlichen Arbeitsrechts gewinnt so die Garantie des Tarifvertrages für die Arbeitnehmer verstärkte Bedeutung.

Einigkeit besteht darin, dass die Tarifautonomie nur dann funktionieren kann, wenn die Beteiligten sich einsichtig, gemeinwohlorientiert und verantwortlich verhalten.

1.4.2 Regelungssperre gem. § 77 Abs. 3 BetrVG

Gemäß § 77 Abs. 3 BetrVG können Arbeitsentgelte und sonstige Arbeitsbedingungen, die durch Tarifvertrag geregelt sind oder üblicherweise geregelt werden, nicht Gegenstand einer Betriebsvereinbarung sein. Eine Ausnahme gilt nur dann, wenn der Tarifvertrag ausdrücklich den Abschluss einer ergänzenden Betriebsvereinbarung zulässt. § 77 Abs. 3 BetrVG regelt das Verhältnis der Tarifvertragsparteien und der Betriebsparteien in ihrer Befugnis, Arbeitsbedingungen mit normativer Wirkung zu regeln. Der Gesetzgeber hat dabei im Interesse des Funktionierens der Tarifautonomie der Regelungsbefugnis der Tarifvertragsparteien den Vorrang eingeräumt. Die Befugnis der Tarifvertragsparteien zur Regelung von Arbeitsentgelten und sonstigen Arbeitsbedingungen soll nicht dadurch ausgehöhlt werden, dass Arbeitgeber und Betriebsrat ergänzende oder abweichende Regelungen vereinbaren (vgl. BAG, Beschluss vom 18. 8. 1987 – 1 ABR 30/86, AP Nr. 23 zu § 77 BetrVG 1972; BAG, Beschluss vom 23. 2. 1988 – 1 ABR 75/86, AP Nr. 9 zu § 81 ArGG 1979).

§ 77 Abs. 3 BetrVG stellt damit eine Grundnorm der betriebsverfassungsrechtlichen Ordnung dar. Sie weist dieser ihren Platz innerhalb der arbeitsrechtlichen Rechtsordnung zu und verpflichtet die Betriebsparteien, diese Ordnung bei der Regelung von Arbeitsbedingungen durch Betriebsvereinbarungen zu beachten. In entsprechender Anwendung von § 139 BGB stellen Betriebsvereinbarungen jedenfalls dann eine insgesamt unwirksame Regelung dar, wenn sie mit ihrem zentralen Regelungsanliegen dem Tarifvertrag zuwiderlaufen und sich die zulässigen Einzelregelungen nur auf einige wenige, isoliert bleibende Festlegungen beschränken. Sicherlich stellt nicht jeder Verstoß gegen § 77 Abs. 3 BetrVG im Grenzbereich dieser Norm ohne weiteres auch einen Verstoß gegen die betriebsverfassungsrechtliche Ordnung dar. Es würde den Begriff der betriebsverfassungsrechtlichen Ordnung überdehnen, verstünde man hierunter auch jede Fehlinterpretation des Tarifvertrages und jede unbewusste Abweichung von den tarifvertraglichen Regelungen durch die Betriebsparteien. Eine Betriebsvereinbarung aber, die gerade darauf zielt, anstelle tariflicher Regelungen von Arbeitsentgelten und sonstigen Arbeitsbedingungen i.S. von § 77 Abs. 3 BetrVG eigene zu setzen, betrifft den Kernbereich der Rechtsbeziehung zwischen den Tarifvertragsparteien einerseits und den Betriebsparteien andererseits (Arbeitsgericht Berlin, Beschluss vom 13. 8. 1997 – 14 BV 16 747/97).

Ein derartiger Verstoß gegen die betriebsverfassungsrechtliche Ordnung ist als grob zu qualifizieren. Ob ein Verstoß i.S. von § 23 Abs. 3 BetrVG grob ist, richtet sich danach, ob die Pflichtverletzung unter Berücksichtigung aller Umstände, insbesondere der betrieblichen Gegebenheiten, objektiv und erheblich und offensichtlich schwer wiegend ist (vgl. BAG, NZA 1994, 184, 185, Arbeitsgericht Ber-

lin, a.a.O.). Objektiv erheblich ist die Pflichtverletzung dann, wenn sie dem Tarifvertrag in seinem zentralen Regelungsbereich, nämlich den Vereinbarungen über
Vergütungen und Vergütungsbestandteilen, zuwiderläuft. Schwer wiegend ist sie,
wenn die Betriebsparteien die Tarifwidrigkeit erkannt und sich damit bewusst
über die betriebsverfassungsrechtliche Ordnung hinwegsetzen. Auch eine wirtschaftliche Zwangssituation rechtfertigt es nicht, geltendes (Tarif-)Recht zu bre-
chen. Denn ließe man einseitige Abweichungen vom geltenden Recht mit der
Begründung zu, der betroffene Arbeitgeber könne die Anforderungen des Rechts
nicht erfüllen, so bedeutet dies die Preisgabe des Rechtsstaates bzw. – bezogen
auf das Tarifrecht – die Aufgabe jeglicher tarifvertraglicher bzw. betriebsverfas-
sungsrechtlicher Ordnung. Kann ein tarifgebundener Arbeitgeber die Anforderungen der Tarifverträge faktisch nicht erfüllen, so ist er darauf zu verweisen,
durch Geltendmachung des Einflusses bei der für ihn auftretenden Tarifvertrags-
partei zu erreichen, dass künftig günstigere Tarifverträge geschlossen werden. Er
darf aber nicht eigenmächtig den Tarifvertrag, so lange er gilt, bei dem Abschluss
von Betriebsvereinbarungen in dessen wesentlichen Regelungen außer Betracht
lassen.

Das vorstehende Ergebnis kann auch auf die Regelungsabrede übertragen werden, da nach zutreffender Auffassung auch eine Regelungsabrede der Betriebsparteien von dem Tarifvorbehalt erfasst wird (vgl. hierzu Matthes in Münchener
Handbuch zum Arbeitsrecht, § 318 Rn. 71 m.w.N.). Der Normzweck von § 77
Abs. 3 BetrVG geht dahin, das Gestaltungsprivileg der Tarifvertragsparteien zu sichern und eine betriebliche Konkurrenzordnung zum Tarifvertragssystem auszuschließen. Vor diesem Hintergrund kann es nicht darauf ankommen, in welcher
Form es zu Regelungen kommt, die einen Verstoß gegen einen Tarifvertrag beinhalten. In der Regel dürfte es auch so sein, dass die Bezeichnung als Regelungsabrede – bei Dauerfragen – lediglich auf Umgehung zielt (siehe auch unter »Regelungsabrede«).

1.4.3 Regelungssperre gem. § 87 Abs. 1 Eingangssatz BetrVG

Besteht für eine mitbestimmungspflichtige Angelegenheit gem. § 87 Abs. 1
Nrn. 1–13 BetrVG eine gesetzliche Regelung, so entfällt das Mitbestimmungsrecht. Der Gesetzesvorrang zielt nicht nur auf eine Regelungssperre für Betriebsvereinbarungen. Gemeint ist vielmehr das Mitbestimmungsrecht im jeweiligen
Anwendungsfall, unabhängig davon, in welcher Ausübungsform dieses realisiert
werden soll.

Die den Gesetzesvorrang auslösende Norm kann neben den Gesetzen auch in
Verordnungen und Satzungen öffentlich-rechtlicher Körperschaften enthalten sein

(z. B. Unfallverhütungsvorschriften der Berufsgenossenschaften). Das Mitbestimmungsrecht des Betriebsrats entfällt allerdings nur dann, wenn der Gesetzesvorrang durch zwingende Rechtsnormen (z. B. Gesetz über den Mindestlohn, Arbeitszeitgesetz, zwingender Arbeitsschutz) zu beachten ist. Erlaubt das Gesetz lediglich den Tarifvertragsparteien ein völliges oder teilweises Abweichen, so verbleibt es für die Betriebsparteien bei der Regelungssperre. Zusammenfassend lässt sich Folgendes sagen: Der Gesetzesvorrang ist zu beachten, wenn

- die gesetzliche Regelung abschließend und zwingender Natur ist und
- auch der Arbeitgeber daran gehindert ist, ausfüllend bzw. gestaltend tätig zu werden.

Der in § 87 Abs. 1 Eingangssatz BetrVG ebenfalls enthaltene Tarifvorrang stellt sicherlich eine bedeutsamere Regelungssperre insofern dar, als sie der Gesetzesvorrang einzunehmen vermag. Der Tarifvorrang lässt das Mitbestimmungsrecht des Bctriebsrates dann entfallen, wenn der Tarifvertrag selbst im Regelungsbereich eine abschließende und aus sich heraus handhabbare Regelung enthält, die dem Sozialschutzzweck des § 87 Abs. 1 BetrVG entspricht. Dagegen ist eine Tarifbestimmung, die das einseitige Bestimmungsrecht des Arbeitgebers wiederherstellt, keine Tarifnorm im Sinne von § 87 Abs. 1 Eingangssatz BetrVG, so dass das Mitbestimmungsrecht des Betriebsrats nach § 87 BetrVG in diesem Falle bestehen bleibt (BAG vom 18. 4. 1989 – 1 ABR 100/87).

Der zu beachtende Tarifvorrang des § 87 Abs. 1 Eingangssatz BetrVG ist nur dann von Bedeutung, wenn ein gültiger Tarifvertrag für den Betrieb vorliegt. Ein nur noch nachwirkender Tarifvertrag soll dem Mitbestimmungsrecht des Betriebsrats nicht entgegenstehen. Für den Tarifvorrang und die damit verbundene Regelungssperre genügt die Tarifbindung des Arbeitgebers, unabhängig davon, ob und wie viele Arbeitnehmer tarifgebunden sind.

Üblicherweise wird durch Tarifvertrag den Betriebsparteien die Möglichkeit eingeräumt, ausfüllend bzw. gestaltend auf branchenspezifische und/oder regionale Markterfordernisse durch Abschluss von Betriebsvereinbarungen tätig zu werden. Derartige tarifliche **Öffnungsklauseln** lassen zuweilen sogar ein Abweichen von tariflichen Mindestarbeitsbedingungen zu. Insbesondere die Diskussion um die Reform des Flächentarifvertrages hat die Bedeutung von Öffnungsklauseln in den Vordergrund gestellt.

1.4.3.1 »Vorrangtheorie« und »2-Schranken-Theorie«

Die auf *Säcker* zurückzuführende Vorrangtheorie lehrt im Wesentlichen, dass in Angelegenheiten, die nach § 87 Abs. 1 BetrVG der Mitbestimmung unterliegen, nicht § 77 Abs. 3 BetrVG, sondern vorrangig der Einschränkungssatz des § 87 Abs. 1 BetrVG gelte. Dies führt zu dem Ergebnis, dass Betriebsvereinbarungen nach § 87 Abs. 1 BetrVG nur dann ausgeschlossen sind, wenn eine abschließende und aus sich heraus handhabbare tarifliche Regelung existiert. Damit räumt die Vorrangtheorie, weil sie auf die mitbestimmungspflichtigen Angelegenheiten nach § 87 Abs. 1 die Vorschrift des § 77 Abs. 3 nicht anwendet, den Betriebsparteien einen umfassenderen Regelungsspielraum ein, als es unter Berücksichtigung von § 77 Abs. 3 BetrVG möglich wäre. Gegenüber der Vorrangtheorie schränkt die 2-Schranken-Theorie den Regelungsspielraum der Betriebsparteien nicht unerheblich ein, indem auch in Angelegenheiten des § 87 Abs. 1 BetrVG die Zulässigkeit zum Abschluss von Betriebsvereinbarungen davon abhängig gemacht wird, ob der Mitbestimmungstatbestand üblicherweise tarifvertraglich geregelt ist oder nicht. Der Große Senat des BAG hat sich in seiner Entscheidung vom 3. 12. 1991 – GS 2/90 – der Auffassung des ersten Senats angeschlossen, wonach § 77 Abs. 3 BetrVG einem Mitbestimmungsrecht nach § 87 Abs. 1 BetrVG nicht entgegensteht und dieses Mitbestimmungsrecht durch Abschluss einer Betriebsvereinbarung wahrgenommen werden kann. Zur Begründung verweist der Große Senat darauf, dass nach seinem Wortlaut die Sperrwirkung des § 77 Abs. 3 BetrVG nicht die Mitbestimmung ergreift, sondern lediglich den Abschluss von Betriebsvereinbarungen untersagt, wenn Arbeitsentgelt und sonstige Arbeitsbedingungen durch Tarifvertrag geregelt sind oder üblicherweise geregelt werden. Nach der Begründung zum Regierungsentwurf für das BetrVG 1972 sollte hierdurch insbesondere verhindert werden, »dass der persönliche Geltungsbereich von Tarifverträgen auf einem anderen als dem hierfür vorgesehenen Weg der Allgemeinverbindlicherklärung nach dem TVG ausgedehnt wird«. Insbesondere mit dem Ausschluss der Möglichkeit, den Inhalt eines Tarifvertrages durch Betriebsvereinbarung zu übernehmen, sollte also die Tarifautonomie geschützt werden. Auch wenn das Verhältnis von § 77 Abs. 3 zu § 87 Abs. 1 Eingangssatz BetrVG Gegenstand der Beratungen im Gesetzgebungsverfahren war, ist ein bestimmter Wille des Gesetzgebers – nach Auffassung des Großen Senats – nicht mehr erkennbar geworden. Deshalb sei die Entstehungsgeschichte für das Verhältnis von § 77 Abs. 3 zu § 87 Abs. 1 Eingangssatz BetrVG unergiebig. Auch der systematische Zusammenhang spreche nicht zwingend für die eine oder andere Lösung (BAG – GS 2/90). Entscheidend sei aber die Gewichtung der Normzwecke: Während durch § 77 Abs. 3 BetrVG die Funktionsfähigkeit der Tarifautonomie gewährleistet sein soll, sei Zweck des Tarifvorrangs nach § 87 Abs. 1 Eingangssatz BetrVG, das Mitbestimmungsrecht nur dann entfallen zu lassen, wenn bereits die Arbeitnehmerinteressen durch im Betrieb anwendbare tarifliche oder gesetzliche Regelungen ausreichend berücksichtigt seien. Dieser Zweck wäre aber vereitelt, wenn bei bloßer Tarifüblichkeit oder fehlender Tarifbindung des Arbeitgebers die Mitbestimmung entfallen würde.

Das Betriebsverfassungsgesetz habe in § 77 BetrVG die Betriebsvereinbarung als das geeignete Regelungsinstrument den Betriebsparteien zur Verfügung gestellt.

Die Betriebsparteien bedürfen ihrer auch bei der Regelung einer mitbestimmungspflichtigen Angelegenheit, da sie im Gegensatz zur Regelungsabrede unmittelbar und zwingend auf die Arbeitsverhältnisse der im Betrieb beschäftigten Arbeitnehmer einwirke, so dass es keiner Umsetzung der vereinbarten Regelung in das Einzelarbeitsverhältnis mehr bedarf. Dies sei für die Betriebsparteien ein so großer Vorteil, dass die Aussage des ersten Senats im Beschluss vom 24. Febr. 1987 berechtigt sei, wonach die Frage, ob Mitbestimmungsrechte in einer bestimmten Angelegenheit bestehen und ob diese Angelegenheit durch eine Betriebsvereinbarung geregelt werden kann, untrennbar miteinander verbunden ist (BAG GS, a.a.O.; BAG vom 24. 2. 1987 – 1 ABR 18/85).

Durch die Entscheidung des Großen Senats des BAG ist der Theorienstreit praktisch zugunsten der Vorrangtheorie entschieden. Seine Bedeutung hat sich damit auf die Frage der Tarifüblichkeit reduziert (Fitting/Kaiser/Heither/Engels, § 87 Rn. 58 f. BetrVG).

1.4.4 Betriebsvereinbarung und Arbeitsvertrag

Gegenüber dem Arbeitsvertrag nimmt die Betriebsvereinbarung eine höherrangige Rechtsstellung ein. Sie verdrängt – soweit entgegenstehend – den arbeitsvertraglichen Inhalt für die Dauer der Laufzeit, in dem sie unmittelbar (wie ein Gesetz) und zwingend (nicht dispositiv) auf die Arbeitsverhältnisse einwirkt. Dabei ist jedoch zu beachten, dass nach dem »**Günstigkeitsprinzip**« der arbeitsvertragliche Inhalt nicht zuungunsten des Arbeitnehmers abgeändert werden darf. Dies gilt sowohl für freiwillige als auch für erzwingbare Betriebsvereinbarungen. Für den Arbeitnehmer günstigere Regelungen sind stets zulässig. Ist der Arbeitsvertrag »betriebsvereinbarungsoffen« gestaltet, so kann durch Betriebsvereinbarung sowohl eine günstigere als auch eine ungünstigere Regelung den vertraglichen Inhalt ablösen. Für die Anwendung des Günstigkeits-Prinzips ist es Voraussetzung, dass zwei miteinander konkurrierende Regelungen zu dem betreffenden Gegenstand auch tatsächlich bestehen. Nur dann kann der Günstigkeitsvergleich mittels eines objektiven Beurteilungsmaßstabs durchgeführt werden. Bei der Frage, »was für den Arbeitnehmer günstiger ist«, kann es zu unterschiedlichen Wertungen kommen. Aktuelles Beispiel liefert die Diskussion über so genannte Beschäftigungssicherungsklauseln (z.B. zeitlich befristetes Verbot der betriebsbedingten Kündigung). Aber auch das Volumen der Arbeitszeit und der damit korrespondierende Entgeltanspruch stehen im Mittelpunkt der derzeitigen Diskussion über das Günstigkeitsprinzip.

Das BAG hat in seiner Entscheidung vom 20. 4. 1999 – 1 ABR 72/98 – dazu festgestellt, dass bei einem Günstigkeitsvergleich von tariflichen und vertraglichen

Regelungen nach § 4 Abs. 3 TVG nur sachlich zusammenhängende Arbeitsbedingungen vergleichbar und deshalb zu berücksichtigen sind. § 4 Abs. 3 TVG lässt es nicht zu, dass Tarifbestimmungen über die Höhe des Arbeitsentgelts und über die Dauer der regelmäßigen Arbeitszeit mit einer betrieblichen Arbeitsplatzgarantie verglichen werden.

Die unterschiedlichen Arbeitnehmerinteressen erschweren nicht selten die Beurteilung einer Regelung als »günstiger« oder »ungünstiger«. Hier hat der Betriebsrat als Vertreter der Gesamtinteressen unter Beachtung des Grundsatzes der Billigkeit die sozialen und wirtschaftlichen Belange der Arbeitnehmer zu berücksichtigen. Eine sicherlich nicht immer einfache Aufgabe.

1.4.5 Gesamtzusage, betriebliche Einheitsregelung, betriebliche Übung

- **Gesamtzusage:** Das heißt, dass der Arbeitgeber allen Arbeitnehmern oder abgrenzbaren Arbeitsnehmergruppen ein Angebot unterbreitet (z. B. Aushang am Schwarzen Brett), ohne dass diese eine ausdrückliche Annahmeerklärung abgeben müssen.
- **Betriebliche Einheitsregelung:** Hiervon ist dann die Rede, wenn der Arbeitgeber allen Arbeitnehmern oder abgrenzbaren Arbeitnehmergruppen ein Angebot unterbreitet, das von diesen ausdrücklich angenommen wird.
- **Betriebliche Übung:** Hierunter wird die regelmäßige Wiederholung bestimmter Verhaltensweisen des Arbeitgebers verstanden, aus denen die Arbeitnehmer schließen können, ihnen solle eine Leistung oder Vergünstigung auf Dauer gewährt werden. Aufgrund einer Willenserklärung, die von Arbeitnehmern stillschweigend angenommen wird (§ 151 BGB), erwachsen vertragliche Ansprüche auf die üblich gewordenen Vergünstigungen. Bei der Anspruchsentstehung ist nicht der Verpflichtungswille des Arbeitgebers entscheidend, sondern wie der Erklärungsempfänger die Erklärung oder das Verhalten nach Treu und Glauben unter Berücksichtigung aller Begleitumstände verstehen musste. Will der Arbeitgeber verhindern, dass aus der Stetigkeit seines Verhaltens eine in die Zukunft wirkende Bindung entsteht, muss er unmissverständlich einen Vorbehalt erklären (BAG vom 28. 2. 1996 – 10 AZR 516/95).

Der kollektive Charakter einer betrieblichen Einheitsregelung, einer betrieblichen Gesamtzusage oder einer betrieblichen Übung lässt noch nicht den Schluss zu, das geltende Regelungswerk könne von seiner vertraglichen Grundlage gelöst und zum Nachteil der Arbeitnehmer durch ein betriebsverfassungsrechtliches Regelungswerk ersetzt werden. Vertraglich begründete Ansprüche der Arbeitnehmer auf betriebliche Sozialleistungen können im Grundsatz nicht gegen den

Willen der begünstigten Arbeitnehmer eingeschränkt werden. Für das Verhältnis vertraglicher Ansprüche zu den Normen einer nachfolgenden Betriebsvereinbarung hat das BAG in seiner Entscheidung vom 28. 3. 2000 – 1 AZR 366/99 – ausgeführt:

1. Regelt eine Betriebsvereinbarung die bisher auf arbeitsvertraglicher Einheitsregelung beruhenden wesentlichen Arbeitsbedingungen insgesamt neu, kommt ihr auch hinsichtlich vertraglich gewährter Sozialleistungen keine ablösende Wirkung in dem Sinne zu, dass ihre Normen an die Stelle der vertraglichen Vereinbarung treten würden. In einem solchen Fall ist kein kollektiver Günstigkeitsvergleich möglich.

2. Normen der Betriebsvereinbarung, die gegenüber der arbeitsvertraglichen Regelung nicht ungünstiger sind, können allenfalls für die Dauer ihres Bestandes die individualrechtlichen Vereinbarungen verdrängen.

(AiB Telegramm 2000, 96).

1.5 Normwirkung der Betriebsvereinbarung

Nach § 77 Abs. 4 Satz 1 BetrVG wirken Betriebsvereinbarungen ebenso wie Tarifverträge nach § 4 Abs. 1 TVG unmittelbar und zwingend. Die unmittelbare Wirkung einer Betriebsvereinbarung (oder eines Tarifvertrages) bedeutet, dass die Bestimmungen des normativen Teils der Betriebsvereinbarung – wie anderes objektives Recht auch – den Inhalt der Arbeitsverhältnisse unmittelbar (automatisch) gestalten, ohne dass es auf die Billigung oder Kenntnis der Vertragsparteien ankommt. Es bedarf dazu keiner Anerkennung, Unterwerfung oder Übernahme dieser Normen durch die Parteien des Einzelarbeitsvertrages. Das bedeutet zunächst nur, dass das Arbeitsverhältnis auch durch die Normen der Betriebsvereinbarung oder des Tarifvertrages gestaltet wird, diese Normen also neben die anderen das Arbeitsverhältnis gestaltenden Normen, wie der Arbeitsvertrag oder das Gesetz, treten. Über das weitere Schicksal dieser anderen Normen besagt die unmittelbare Wirkung der Normen einer Betriebsvereinbarung nichts. Die Frage nach dem Zurücktreten einer Norm stellt sich erst, wenn Normen unterschiedlicher Rangstufe den gleichen Gegenstand regeln, also eine Normenkollision vorliegt. Auf diesen Fall einer Normenkollision bezieht sich die **zwingende Wirkung** einer Betriebsvereinbarung. Sie besagt, dass die Parteien des Arbeitsvertrages nichts vereinbaren können, was gegen den Tarifvertrag oder die Betriebsvereinbarung verstößt. Inhaltsnormen einer Betriebsvereinbarung oder eines Tarifvertrages müssen sich gegenüber allen vertraglichen Abreden durchsetzen (BAG vom 16. 9. 1986 – GS 1/82). Dieser Wertentscheid kann nur durch das Günstigkeitsprinzip eine Einschränkung erfahren.

Die unmittelbare und zwingende Wirkung gilt nur für Betriebsvereinbarungen. Regelungsabreden sowie sonstige Abmachungen werden nicht von diesem Unabdingbarkeitsgrundsatz erfasst. Werden Arbeitnehmern durch die Betriebsvereinbarung Rechte eingeräumt, so ist ein Verzicht auf sie nur mit Zustimmung des Betriebsrats zulässig (§ 77 Abs. 44 Satz 2 BetrVG). Dies gilt selbst dann, wenn der Arbeitnehmer über einen längeren Zeitraum hinweg seine Rechte aus der Betriebsvereinbarung nicht realisiert.

Betriebsvereinbarungswidrige Abmachungen zwischen Arbeitgeber und Arbeitnehmer werden in jüngster Zeit häufiger festgestellt. Insbesondere bei der Arbeitszeit, Eingruppierung sowie im Bereich der Gratifikationen und Zulagen nehmen die Verstöße zu. Nicht selten erfährt der Betriebsrat – wenn überhaupt – erst nach Monaten von dieser Handhabung. Und nicht selten glaubt der Arbeitnehmer eine günstigere Regelung akzeptiert zu haben, beispielsweise dann, wenn der Arbeitgeber die unentgeltliche Erbringung von Überstunden fordert und als Gegenleistung eine zwölfmonatige »Arbeitsplatzgarantie« anbietet.

1.6 Beendigung der Betriebsvereinbarung

1.6.1 Kündigung

Im Mittelpunkt des Ablaufs einer Betriebsvereinbarung steht die Kündigung. Betriebsvereinbarungen können, soweit nichts anderes vereinbart ist, mit einer Frist von drei Monaten gekündigt werden (§ 77 Abs. 5 BetrVG). Das Kündigungsrecht steht den Betriebsparteien gleichermaßen zu. Allerdings kann die Ausübung des ordentlichen Kündigungsrechts ausschließlich oder zeitlich beschränkt dem Betriebsrat eingeräumt werden. Eine derart vom Grundsatz abweichende Regelung muss sich eindeutig oder aus den näheren Umständen erkennen lassen. Kündigt der Arbeitgeber nicht persönlich oder in seiner organschaftlichen Stellung eines Arbeitgebers, muss im Einzelfall die Kündigungsberechtigung geprüft werden. Der Betriebsrat erklärt die Kündigung durch den Vorsitzenden nach vorausgegangener ordnungsgemäßer Beschlussfassung. Erklärt der Betriebsratsvorsitzende dem Arbeitgeber die Kündigung der Betriebsvereinbarung ohne Beschlussfassung und verweigert das Betriebsratsgremium auch die nachträgliche Beschlussfassung, kommt u. U. die Schadenshaftung des Betriebsratsvorsitzenden in Betracht.

Die Betriebsparteien können sowohl kürzere als längere Kündigungsfristen, als in § 77 Abs. 5 BetrVG enthalten, vereinbaren. Ebenso können kalendarische oder ereignisbezogene Kündigungstermine gewählt werden.

Die Kündigung ist eine einseitige empfangsbedürftige rechtsgestaltende Willenserklärung mit auflösender Wirkung für die Zukunft. Eines sachlichen Grundes bedarf es bei der ordentlichen Kündigung nicht. Allerdings können die Betriebsparteien das Recht zur ordentlichen Kündigung an Voraussetzungen oder Bedingungen knüpfen. In der Literatur wird zwar versucht, eine Einschränkung der Kündigungsmöglichkeit von Betriebsvereinbarungen zu begründen, um auf diese Weise das Vertrauen der Arbeitnehmer darauf zu schützen, dass die in der Betriebsvereinbarung vereinbarten Leistungen nicht ohne sachlichen Grund entfallen (Schaub, BB 1990, 289 ff.; Hanau/Preis, NZA 1991, 81 ff.; Hilger/Stumpf, BB 1990, 929; Hilger; Festschrift für Gaul, 1992, S. 327, 333 ff.). Begründet wird diese Überlegung damit, dass der Arbeitgeber vor Ausspruch einer Beendigungskündigung der Betriebsvereinbarung die Möglichkeit einer Änderungskündigung prüfen müsse. Nach einer weiteren Auffassung ist die Kündigung einer Betriebsvereinbarung durch einen nach Dringlichkeit der Kündigung gestuften Vertrauensschutz eingeschränkt.

Das BAG hat sich keiner dieser Auffassungen anschließen können. Für eine Beschränkung der Kündigungsmöglichkeit von Betriebsvereinbarungen gebe es im Betriebsverfassungsgesetz keine Anhaltspunkte (BAG vom 26. 10. 1993 – 1 AZR 46/93). So lasse sich aus dem verfassungsrechtlichen Ultima-ratio-Prinzip und dem Grundsatz der Verhältnismäßigkeit nicht herleiten, dass der Arbeitgeber vor einer Beendigungskündigung die Möglichkeit einer Änderungskündigung der Betriebsvereinbarung zu prüfen habe. Hierzu bedürfe es eines gesetzlichen Anknüpfungspunktes, der im Gegensatz zum Kündigungsschutzgesetz im Betriebsverfassungsgesetz fehle.

Einer Einschränkung der Kündigungsmöglichkeit von Betriebsvereinbarungen stehe auch entgegen, dass das Betriebsverfassungsgesetz die Beendigung von Betriebsvereinbarungen in § 77 BetrVG ausdrücklich regele und mit der Nachwirkungsregelung des § 77 Abs. 6 BetrVG für mitbestimmungspflichtige Betriebsvereinbarungen auch einen besonderen Schutz für die anspruchsberechtigten Arbeitnehmer gewähre. Dies stehe einer weitergehenden allgemeinen Einschränkung der Kündigungsmöglichkeiten entgegen. Insbesondere scheide aus diesem Grunde auch die Annahme einer unbewussten Regelungslücke als Voraussetzung für die analoge Anwendung des im Kündigungsschutzrecht anerkannten Vorrangs der Änderungskündigung vor der Beendigungskündigung aus. Im Übrigen bezweifelt das BAG, ob diese Grundsätze, die speziell für die Kündigung von Arbeitsverhältnissen entwickelt wurden, analogiefähig seien und auf die Kündigung von Betriebsvereinbarungen übertragen werden können (BAG, a. a. O.).

In Literatur und Rechtsprechung ist anerkannt, dass eine Betriebsvereinbarung auch ohne Rücksicht auf gesetzliche oder anderweitige vereinbarte Kündigungsfristen stets fristlos aus wichtigem Grund gekündigt werden kann, wenn Gründe vorliegen, die unter Berücksichtigung aller Umstände und unter Abwägung der Interessen der Betroffenen ein Festhalten an der Betriebsvereinbarung bis zum Ablauf der Kündigungsfrist nicht zumutbar erscheint (Däubler/Kittner/Klebe,

§ 77 Rn. 54; Fitting/Kaiser/Heither/Engels, § 77 Rn. 135; Fabricius/Kraft/Wiese/ Kreutz, § 77 Rn. 314; BAG vom 17. 1. 1995 – 1 ABR 29/94; BAG vom 28. 4. 1992 – 1 ABR 68/91).

Die Teilkündigung einer Betriebsvereinbarung dürfte – wenn überhaupt – nur dann in Betracht kommen, wenn mehrere Regelungsgegenstände aus Vereinfachungsgründen in einer Betriebsvereinbarung zusammengefasst worden sind und ausgeschlossen werden kann, dass ihr Zustandekommen in einem inneren Zusammenhang steht (Kompensations- bzw. Kompromisscharakter).

Die Kündigungserklärung ist nicht an Formvorschriften gebunden. Sie kann mithin auch mündlich erfolgen. Aus Beweisgründen ist dem Betriebsrat die Schriftform zu empfehlen.

1.6.2 Fristablauf

Der Kündigung einer Betriebsvereinbarung bedarf es nicht, wenn der zeitliche Geltungsbereich durch die Betriebsparteien bestimmt wird. Eine derartige Befristungsregelung ist uneingeschränkt zulässig. Insbesondere bei Sozialplanregelungen wird davon regelmäßig Gebrauch gemacht. Auch saisonale und witterungsbedingte Umstände können für die Befristung maßgeblich sein.

1.6.3 Zweckerreichung

Zielt der Inhalt einer Betriebsvereinbarung auf ein bestimmtes Ereignis bzw. auf einen bestimmten Zweck, so endet die Betriebsvereinbarung – ohne dass es einer Kündigung bedarf – mit dem Eintritt des Ereignisses bzw. der Zweckerreichung (z.B. Überstundenregelung für den Monat Mai, Betriebsferien 2001, Arbeitszeitregelung für die Baustelle X etc.). Ob der Eintritt des Ereignisses bzw. die Zweckerreichung tatsächlich die Aufrechterhaltung der Betriebsvereinbarung entbehrlich machen, muss im Einzelfall geprüft werden.

1.6.4 Ablösende Betriebsvereinbarung

Die Betriebsparteien können das Ende einer Betriebsvereinbarung auch dadurch herbeiführen, indem sie über den abzulösenden Regelungsgegenstand eine neue Betriebsvereinbarung abschließen. Soweit ältere Betriebsvereinbarungen durch jüngere abgelöst werden sollen, gilt die Zeitkollisionsregel. Damit verdrängt die jüngere die ältere Regelung mit Wirkung für die Zukunft (BAG vom 17. 3. 1987 – 3 AZR 64/84). Greift die ablösende Betriebsvereinbarung in Besitzstände ein, so können diese nur in den Grenzen von Recht und Billigkeit beschnitten werden. Das zu beachtende Günstigkeitsprinzip gilt nur im Verhältnis von Betriebsvereinbarungen zu (arbeits-)vertraglichen Regelungen.

Achtung:
Eine Regelungsabrede kann grundsätzlich keine Betriebsvereinbarung ablösen!

1.6.5 Ablösender Tarifvertrag

Die Betriebsvereinbarung endet auch dadurch, dass der Regelungsgegenstand nunmehr von den Tarifvertragsparteien durch eine abschließende Regelung in den Tarifvertrag aufgenommen wurde.

Beispiel:
Mit der Einführung der bargeldlosen Lohn-/Gehaltszahlung vereinbarten die Betriebsparteien die Erstattung von Kontoführungsgebühren sowie die bezahlte Freistellung für den Bankbesuch. Im Verlaufe der Tarifverhandlungen einigten sich die Tarifvertragsparteien dahingehend, auch die tatsächlichen Kosten der bargeldlosen Lohn-/Gehaltszahlung durch eine Pauschale abzugelten.

Hierdurch entfällt der Regelungsbedarf auf betrieblicher Ebene mit der Folge, dass der Aufrechterhaltung der Betriebsvereinbarung § 87 Abs. 1 Eingangssatz BetrVG entgegensteht. Damit endet die Betriebsvereinbarung mit Inkrafttreten des Tarifvertrages.

1.6.6 Aufhebungsvereinbarung

Die Betriebsparteien können mit der Aufhebungsvereinbarung ebenfalls die Geltung einer Betriebsvereinbarung beenden. Die Aufhebungsvereinbarung bedarf allerdings der Schriftform des § 77 Abs. 2 BetrVG (Fabricius/Kraft/Wiese/Kreutz, § 77 Rn. 307; Fitting/Kaiser/Heither/Engels, § 77 Rn. 128).

1.6.7 Betriebsstilllegung

Mit der Stilllegung des Betriebes endet die Betriebsvereinbarung dann, wenn sie keinen über die Stilllegung hinausgehenden Zweck verfolgt. Nur beispielhaft sei hier auf folgende Regelungstypen hingewiesen: Sozialplanregelungen, Werkmietwohnungen, Altersversorgung und nachvertragliche Wettbewerbsverbote.

Wird der Betrieb in einem aufnehmenden Betrieb eingegliedert, so kommt die Fortgeltung der Betriebsvereinbarungen nur dann in Betracht, wenn der aufnehmende Betrieb zur gleichen Regelungsmaterie keine Betriebsvereinbarung abgeschlossen hat. Ansonsten gelten die Betriebsvereinbarungen des aufnehmenden Betriebes.

1.6.8 Gerichtliche Entscheidung

Arbeitgeber und Betriebsrat können im arbeitsgerichtlichen Beschlussverfahren die Unwirksamkeit bzw. Nichtigkeit einer Betriebsvereinbarung feststellen lassen. Stellt ein Arbeitnehmer diesen Antrag, entscheidet das Arbeitsgericht im Urteilsverfahren. Mit der rechtskräftigen Entscheidung des Arbeitsgerichts endet die Betriebsvereinbarung, ohne dass es eines Umsetzungsaktes bedarf. Verstößt die Betriebsvereinbarung in ihrem tragenden Anliegen gegen einen Tarifvertrag, so kann sich jeder Arbeitnehmer zu jeder Zeit auf ihre Unwirksamkeit bzw. Nichtigkeit berufen. Das heißt, der Arbeitnehmer ist nicht verpflichtet, dem tarifwidrigen Inhalt der Betriebsvereinbarung zu folgen. Um Repressalien zu vermeiden, sollte sich der organisierte Arbeitnehmer jedoch unverzüglich und ratsuchend an seine zuständige Gewerkschaft wenden.

Endet während der Laufzeit einer Betriebsvereinbarung die Amtszeit des Betriebsrats oder löst sich der Betriebsrat auf Dauer auf, so berührt dies die Wirksamkeit der Betriebsvereinbarung nicht. Will der Arbeitgeber die Betriebsvereinbarung beenden, so hat der Arbeitgeber eine Kündigung der Betriebsvereinbarung mangels Bestehens eines Betriebsrats allen betroffenen Arbeitnehmern des Betriebs gegenüber zu erklären (Fitting/Kaiser/Heither/Engels, § 77 Rn. 149; Däubler/Kittner/Klebe, § 77 Rn. 52; Fabricius/Kraft/Wiese/Kreutz, § 77 Rn. 324).

Übersicht 5
Wodurch werden Betriebsvereinbarungen beendet?

- Kündigung
- Zeitablauf
- Zweckerreichung
- Ablösende (neue) BV
- Ablösung durch TV
- Aufhebungsvereinbarung
- Wegfall der Geschäftsgrundlage (Notlage)
- Gerichtliche Entscheidung

1.7 Nachwirkung

Nach Ablauf einer Betriebsvereinbarung gelten ihre Regelungen in Angelegenheiten, in denen ein Spruch der Einigungsstelle die Einigung zwischen Arbeitgeber und Betriebsrat ersetzen kann, weiter bis sie durch eine andere Abmachung ersetzt werden kann (§ 77 Abs. 6 BetrVG). Zweck der Nachwirkungsregelung ist es, nach Fristablauf bzw. Kündigung einer Betriebsvereinbarung zumindest vorübergehend einen gewissen Schutz gegen den Abbau von Rechtspositionen und sozialem Besitzstand zu ermöglichen.

1.7.1 Voraussetzungen

Die Nachwirkung einer Betriebsvereinbarung setzt voraus, dass die durch Fristablauf bzw. Kündigung beendete Betriebsvereinbarung eine Angelegenheit der erzwingbaren Mitbestimmung regelte. Dabei ist es unerheblich, ob die Betriebsvereinbarung durch gemeinsame Unterzeichnung zustande kam oder auf einem Spruch der Einigungsstelle beruhte. Endet die Betriebsvereinbarung durch Zweckerreichung, kommt eine Nachwirkung nicht in Betracht. Für die Nachwirkung spielt es keine Rolle, ob der Regelungsgegenstand der Betriebsvereinbarung Inhaltsnormen, betriebliche oder betriebsverfassungsrechtliche Normen erfasst, soweit nur ein Spruch der Einigungsstelle die Einigung zwischen Arbeitgeber und Betriebsrat ersetzen kann.

1.7.2 Nachwirkungszeitraum

Der Nachwirkungszeitraum beginnt mit dem Fristablauf bzw. dem Ablauf der Kündigungsfrist und endet, wenn die nachwirkenden Regelungen durch eine andere Abmachung (Tarifvertrag, Betriebsvereinbarung, Arbeitsvertrag) über denselben Regelungsgegenstand ersetzt werden (Fabricius/Kraft/Wiese/Kreutz, § 77 Rn. 345). Arbeitsverhältnisse, die im Nachwirkungszeitraum begründet werden, unterfallen ebenfalls den nachwirkenden Regelungen der abgelaufenen Betriebsvereinbarung (Schoof, Betriebsratspraxis von A–Z, 5. Auflage, S. 428). Die Betriebsparteien sind nicht daran gehindert, den Nachwirkungszeitraum zeitlich zu befristen oder differenzierende Regelungen für die Nachwirkung festzuschreiben, z.B. dahingehend, dass einzelne Regelungen von der Nachwirkung ausgenommen werden oder eine Nachwirkung sich nicht auf solche Arbeitsverhältnisse erstreckt, die erst im Nachwirkungszeitraum begründet werden (Fitting/Kaiser/Heither/Engels, § 77 Rn. 154; Fabricius/Kraft/Wiese/Kreutz, § 77 Rn. 345). Ein von der gesetzlich angeordneten Nachwirkung abweichender Regelungswille muss eindeutig erkennbar und sachgerecht sein.

1.7.3 Nachwirkung bei freiwilligen Betriebsvereinbarungen

Kündigt der Arbeitgeber eine Betriebsvereinbarung über eine freiwillige Leistung, so endet die normative Wirkung der kollektiven Regelung mit Ablauf der Kündigungsfrist. Die Arbeitnehmer können dann keine Ansprüche mehr auf der Grundlage der Betriebsvereinbarung erwerben (BAG vom 17. 1. 1995 – ABR 29/94). So wie bei der erzwingbaren Betriebsvereinbarung die Nachwirkung ausgeschlossen werden kann, kann bei der freiwilligen Betriebsvereinbarung die Nachwirkung ausdrücklich vereinbart werden. Aber auch hier muss ein derartiger Regelungswille eindeutig zum Ausdruck kommen.

1.7.4 Nachwirkung bei teilmitbestimmten Betriebsvereinbarungen

Die Regelungen einer teilmitbestimmten Betriebsvereinbarung über freiwillige Leistungen gelten nach Ablauf der Kündigungsfrist nicht weiter, wenn der Arbeitgeber mit der Kündigung beabsichtigt, die freiwillige Leistung vollständig entfallen zu lassen. Soll demgegenüber mit der Kündigung die Verringerung des Volumens für die freiwillige Leistung aus der Betriebsvereinbarung und die Änderung des Verteilungsplans erreicht werden, ist der mitbestimmungspflichtige Teil der Betriebsvereinbarung betroffen. Sinn der Nachwirkung nach § 77 Abs. 6 BetrVG ist es aber, aus der Mitbestimmungspflicht einer Regelung die Konsequenz zu ziehen, dass trotz Kündigung der Betriebsvereinbarung die mitbestimmte Regelung weitergilt (BAG vom 21. 8. 1990, BAGE 66, 8 = AP Nr. 5 zu § 77 BetrVG 1972 Nachwirkung). Da nur die gesamte Betriebsvereinbarung nachwirken kann, führt die Anwendung von § 77 Abs. 6 BetrVG bei teilmitbestimmten Betriebsvereinbarungen zur Nachwirkung auch des mitbestimmungsfreien Teils (BAG vom 26. 10. 1993 – 1 AZR 46/93; Arbeitsgericht Aachen vom 6. 9. 1994 – 4 BV 45/93; LAG Köln vom 27. 4. 1995 – 10 TaBV 69/94; Däubler/Kittner/Klebe, § 77 Rn. 59; Hanau, NZA-Beilage 2/85, S. 10).

1.7.5 Keine zwingende Wirkung

Im Nachwirkungszeitraum kommt es zur Fortgeltung der Regelungen einer Betriebsvereinbarung mit unmittelbarer, aber nicht mehr zwingender Wirkung. Das heißt, auch wenn die durch Betriebsvereinbarung gesetzte Anspruchsgrundlage erhalten bleibt, kann sie jederzeit durch eine andere Abmachung (z. B. Betriebsvereinbarung, Arbeitsvertrag) beseitigt werden. Will der Betriebsrat also die Erstreckung der Anspruchsgrundlage auf möglichst alle Arbeitsverhältnisse (z. B. bis zur kollektiven Neuregelung) erhalten, muss er die Belegschaft in diesem Sinne informieren und vor individualvertraglichen Abmachungen – die in der Regel Verschlechterungen mit sich bringen – warnen. Der Arbeitgeber kann die Nachwirkungsvorschrift des § 77 Abs. 6 BetrVG sowie das der Betriebsvereinbarung zugrunde liegende Mitbestimmungsrecht nicht dadurch umgehen, dass er mit allen Arbeitnehmern gleich- oder ähnlich lautende Einzelvereinbarungen abschließt. Denn damit gibt er zu erkennen, dass er an der kollektiven Aufrechterhaltung der Regelungsmaterie interessiert ist.

1.8 Regelungsabrede (Regelungsabsprache)

Neben der formgebundenen Betriebsvereinbarung sieht das Betriebsverfassungsgesetz auch andere Formen betrieblicher Einigungen vor. So spricht § 77 Abs. 1 BetrVG ausdrücklich (und abweichend gegenüber § 77 Abs. 2 BetrVG) von Vereinbarungen zwischen Arbeitgeber und Betriebsrat. In Rechtsprechung und Literatur wird dabei die Regelungsabrede (Regelungsabsprache) hervorgehoben. Auch die Regelungsabrede bedarf der vorherigen Beschlussfassung durch das Kollektivorgan Betriebsrat.

1.8.1 Anwendungsfall

Während die Betriebsvereinbarung überwiegend auf Dauerregelungen (z. B. Privatgespräche, (Arbeits-)Kleidung, Rauchverbote, Arbeitszeit, bargeldlose Lohn-/Gehaltszahlung, SAP-Arbeitsplätze, Arbeitsschutzbestimmungen, Sozialeinrichtungen, Werkmietwohnungen, Zulagen bzw. Prämien, Leistungslohn, betriebliches Vorschlagswesen) zielt, wird mit der Regelungsabrede überwiegend der vorübergehende (nicht wiederkehrende) Regelungsbedarf realisiert. In Betracht kommen beispielsweise der Überstundenbedarf an einem Arbeitstag, Betriebsferien im laufenden Kalenderjahr, Vereinbarung von Brückentagen, Vereinbarung über einen Betriebsausflug, Hinzuziehung eines Sachverständigen gem. § 80 Abs. 3 BetrVG, Festsetzung der zeitlichen Lage des Urlaubs für einen einzelnen Arbeitnehmer und Zuweisung einer Werkwohnung.

Wenn auch Zweckmäßigkeitserwägungen die Regelungsabrede nur für vorerwähnte Beteiligungsangelegenheiten prädestinieren, beschränkt der Gesetzgeber die Regelungsabrede nicht auf bestimmte Beteiligungsangelegenheiten. So räumt beispielsweise § 87 BetrVG dem Betriebsrat erzwingbare Mitbestimmungsrechte ein, verlangt jedoch nicht, dass diese stets durch Abschlug von Betriebsvereinbarungen ausgeübt werden.

1.8.2 Form

Die Regelungsabrede (Regelungsabsprache) kommt formlos zustande. Da jedoch – wie bereits oben erwähnt – auch für die Regelungsabrede die vorherige Beschlussfassung durch das Betriebsratsgremium erforderlich ist, muss zumindest die Beschlussfassung bzw. die Sitzungsniederschrift (Protokoll) die wesentlichen Inhalte dokumentieren. Insbesondere aus Beweisgründen ist ein Mindestmaß an schriftlich fixierten Eckpunkten zweckmäßig. Wird den Arbeitnehmern durch die Regelungsabrede (Regelungsabsprache) eine Anspruchsgrundlage verschafft und ist der Arbeitgeber der Durchführungspflicht noch nicht nachgekommen, so empfiehlt sich die Bekanntgabe am »Schwarzen Brett« bzw. in einer Betriebs- oder Abteilungsversammlung.

1.8.3 Normwirkung

Die Regelungsabrede ist ein schuldrechtlicher Vertrag der Betriebsparteien. Sie wirkt lediglich zwischen Arbeitgeber und Betriebsrat und hat keine normative Wirkung auf den Inhalt der Arbeitsverhältnisse. Das heißt, mit der Regelungsabrede können keine unmittelbar (»automatisch«) wirkenden Rechte und Pflichten von Arbeitnehmern begründet werden. Berechtigt und verpflichtet werden durch die Regelungsabrede vielmehr lediglich die Vertragsparteien selbst, also Arbeitgeber und Betriebsrat (Schoof, a.a.O., S. 430). Bezweckt die Regelungsabrede, den Arbeitnehmern einen Anspruch zu verschaffen, so verpflichtet dies den Arbeitgeber zur Umsetzung in die Einzelarbeitsverhältnisse. Soll vor dem Hintergrund der Regelungsabrede eine Verschlechterung für die Arbeitnehmer herbeigeführt werden, bedarf es der Änderungskündigung, die der Arbeitnehmer (unter dem in § 2 KSchG enthaltenen Vorbehalt!) in die arbeitsgerichtliche Überprüfung stellen kann. Führt der Arbeitgeber die Regelungsabrede vereinbarungswidrig nicht durch, kann der Betriebsrat die Durchführungspflicht im arbeitsgerichtlichen Beschlussverfahren durchsetzen. Ein Eilverfahren kommt ebenfalls in Betracht.

1.8.4 Beendigung der Regelungsabrede (Regelungsabsprache)

Die Regelungsabrede endet (wie die Betriebsvereinbarung) durch
• Zweckerreichung,
• Fristablauf,

- Kündigung,
- Ablösende Betriebsvereinbarung,
- Tarifvertragliche Regelung.

Da die Regelungsabrede überwiegend eine einzelfallbezogene Einigung darstellt, dürfte über die Beendigung nur ausnahmsweise Streit entstehen. Beschränkt sich der Inhalt der Regelungsabrede über die Ausübung des Mitbestimmungsrechts des Betriebsrats nicht auf einen Einzelfall, sondern soll die Regelung die Betriebsparteien für längere Zeit binden, muss sich jede Partei wie bei jedem anderen Dauerschuldverhältnis bürgerlichen Rechts durch Kündigung von dem schuldrechtlichen Vertrag lösen können. Denn auch bei der Regelungsabrede muss der kündigende Vertragsteil dem anderen die Möglichkeit geben, sich auf eine Änderung der Verhältnisse einzustellen. Danach können die Betriebsparteien eine formlose Regelungsabrede, durch die für einen längeren Zeitraum eine mitbestimmungspflichtige Angelegenheit im Sinne von § 87 Abs. 1 BetrVG geregelt wird, ordentlich mit einer Frist von drei Monaten (analog § 77 Abs. 5 BetrVG) kündigen, sofern keine andere Kündigungsfrist vereinbart worden ist (BAG vom 10. 3. 1992 – 1 ABR 31/91; BAG vom 23. 6. 1992 – 1 ABR 53/91, AiB 1992, 583; Matusche, AiB 1995, 176 ff.).

1.8.5 Nachwirkungen

Eine gekündigte Regelungsabrede wirkt analog zu § 77 Abs. 6 BetrVG zwischen Arbeitgeber und Betriebsrat bis zum Abschluss einer neuen Betriebsvereinbarung weiter, wenn Gegenstand der Regelungsabrede eine mitbestimmungspflichtige Angelegenheit ist (BAG vom 23. 6. 1992 – 1 AZR 53/91; Däubler/Kittner/Klebe, § 77 Rn. 82; Fitting/Kaiser/ Heither/Engels, § 77 Rn. 192).

Übersicht 6
Begriffsbestimmung und Rechtsnatur einer Regelungsabrede

Rechtsgrundlage für die Regelungsabrede ist § 77 Abs. 1 BetrVG.
Die Regelungsabrede begründet nur schuldrechtliche Beziehungen zwischen Arbeitgeber und Betriebsrat bzw. wahrt das Beteiligungsrecht des Betriebsrats.
Rechtliche Folgen:
- keine Änderung der Arbeitsverträge
- keine unmittelbaren Ansprüche der Arbeitnehmer
- nicht unabdingbar

1.9 Interessenausgleich/Sozialplan

In Rechtsprechung und Literatur wird allgemein davon ausgegangen, dass der Interessenausgleich eine besondere Vereinbarung kollektiver Art zwischen den Betriebsparteien ist. Unabhängig davon, welche Rechtsfolgen im Übrigen aus diesem Rechtscharakter herzuleiten sind, besteht Einigkeit darüber, dass dem Interessenausgleich eine unmittelbare und zwingende Wirkung auf die Einzelarbeitsverhältnisse nach § 77 Abs. 4 BetrVG nicht zukommt. Inhalt des von § 112 BetrVG geforderten Interessenausgleichs ist die Regelung der Frage, ob überhaupt, ggf. wann und in welcher Weise die vom Arbeitgeber geplante Betriebsänderung durchgeführt werden soll (BAG vom 20. 4. 1994 – 10 AZR 186/93, EzA § 113 BetrVG Nr. 22). Nach § 112 Abs. 1 Satz 1 BetrVG ist der zwischen Arbeitgeber und Betriebsrat gefundene Interessenausgleich über die geplante Betriebsänderung schriftlich niederzulegen und von beiden Betriebsparteien zu unterschreiben. Die Wahrung dieser Schriftform ist nach der Rechtsprechung des Bundesarbeitsgerichts Wirksamkeitsvoraussetzung für einen Interessenausgleich. Ist eine Einigung über die Betriebsänderung nicht schriftlich niedergelegt, fehlt es an einer solchen Einigung und der Arbeitgeber muss den Versuch eines Interessenausgleichs im vorgeschriebenen Verfahren bis hin zur Einigungsstelle betreiben, will er Ansprüche auf Nachteilsausgleich nach § 113 BetrVG vermeiden (herrschende Meinung). § 112 Abs. 1 Satz 1 BetrVG fordert nicht, dass der Interessenausgleich in einer gesonderten Urkunde niedergelegt und als solche ausdrücklich bezeichnet wird. Es ist in der Betriebspraxis vielfach üblich, Interessenausgleich und Sozialplan in einer Urkunde niederzulegen, diese auch nur als Sozialplan zu bezeichnen oder andere Überschriften zu wählen (BAG, a.a.O., EzA § 113 BetrVG Nr. 22).

Kann im Wege des Interessenausgleichs nicht verhindert werden, dass Arbeitnehmern bei der Umsetzung der Unternehmerentscheidung wirtschaftliche Nachteile, insbesondere den Verlust des Arbeitsplatzes, erleiden, kann der Betriebsrat im Rahmen des § 112 BetrVG mit dem Arbeitgeber Regelungen meist finanzieller Art treffen, die diese Nachteile ausgleichen oder zumindest mildern. Im Falle der Massenentlassung kann der Betriebsrat, wenn die Zahl der zu entlassenden Arbeitnehmer die Quote des § 112a Abs. 1 BetrVG erfüllt, die Aufstellung eines Sozialplans im Wege des Einigungsstellenverfahrens auch gegen den Willen des Arbeitgebers erzwingen, es sei denn, dass es sich bei dem Unternehmen um eine Neugründung im Sinne des § 112a Abs. 2 BetrVG handelt (AiB 1992, 349). § 112 Abs. 1 Satz 3 BetrVG weist dem Sozialplan ausdrücklich die Wirkung einer Betriebsvereinbarung gem. § 77 Abs. 4 BetrVG zu. Von den Beschränkungen des § 77 Abs. 3 BetrVG ist der Sozialplan befreit. Das heißt, die Sozialplanregelung kann auch über eine tarifliche Regelung hinausgehen, sie aber nicht unterschreiten

(Fitting/Kaiser/Heither/Engels, §§ 112, 112a Rn. 72). Ein für eine bestimmte Betriebsänderung vereinbarter Sozialplan kann, soweit nichts Gegenteiliges vereinbart ist, nicht ordentlich gekündigt werden. Anderes kann für Dauerregelungen in einem Sozialplan gelten. Im Falle einer zulässigen ordentlichen und auch außerordentlichen Kündigung eines Sozialplanes wirken seine Regelungen nach, bis sie durch eine neue Regelung ersetzt werden. Ist die Geschäftsgrundlage eines Sozialplanes weggefallen und ist einer Betriebspartei das Festhalten am Sozialplan mit dem bisherigen Inhalt nach Treu und Glauben nicht mehr zuzumuten, so können die Betriebsparteien die Regelungen des Sozialplanes den veränderten tatsächlichen Umständen anpassen. Verweigert die andere Betriebspartei die Anpassung, entscheidet die Einigungsstelle verbindlich (AiB 1995, 471). Sozialpläne unterliegen wie alle anderen Betriebsvereinbarungen der Billigkeitskontrolle durch die Arbeitsgerichte (§ 75 BetrVG, § 154 BGB).

1.10 Gesamtbetriebsrat/Konzernbetriebsrat

1.10.1 Regelungszuständigkeit (originäre Zuständigkeit)

Der Gesamtbetriebsrat ist zuständig für die Behandlung von Angelegenheiten, die das Gesamtunternehmen oder mehrere Betriebe betreffen und nicht durch die einzelnen Betriebsräte innerhalb ihrer Betriebe geregelt werden können (§ 50 Abs. 1 BetrVG). Beide Voraussetzungen – überbetrieblicher Bezug und fehlende betriebliche Regelungsmöglichkeit – müssen kumulativ vorliegen (BAG vom 26. 1. 1993 – 1 AZR 303/92). Der Begriff des »Nicht-regeln-Könnens« setzt nicht eine objektive Unmöglichkeit der Regelung durch den Einzelbetriebsrat voraus. Ausreichend, aber auch zu verlangen ist, dass ein zwingendes Erfordernis für eine unternehmenseinheitliche oder zumindest betriebsübergreifende Regelung besteht, wobei auf die Verhältnisse des einzelnen konkreten Unternehmens und der konkreten Betriebe abzustellen ist. Reine Zweckmäßigkeitsgründe oder das Koordinierungsinteresse des Arbeitgebers allein genügen nicht (BAG, a.a.O.). § 50 Abs. 1 BetrVG erfasst darüber hinaus auch Fälle der subjektiven Unmöglichkeit. Subjektiv unmöglich ist den Einzelbetriebsräten beispielsweise eine Regelung freiwilliger Leistungen dann, wenn der Arbeitgeber deren Zweck so definiert, dass dieser nur mit einer überbetrieblichen Regelung erreichbar ist.

Die Konzentration der Entscheidungskompetenz bei der Unternehmensleitung kann allein noch nicht dazu führen, dass eine an sich gegebene Zuständigkeit des Einzelbetriebsrats entfällt. Andernfalls könnte der Arbeitgeber durch bloße Organisationsanweisung die Zuständigkeit des Einzelbetriebsrats nach seinem Belieben wegfallen lassen. Es ist grundsätzlich Sache des Arbeitgebers, die Leitungsstruktur des Unternehmens so zu organisieren, dass dem Betriebsrat ein kompetenter Verhandlungspartner gegenüber steht (BAG vom 18. 10. 1994 – 1 ABR 17/94; Fitting/Kaiser/Heither/Engels, § 50 Rn. 23; Däubler/Kittner/Klebe, § 50 Rn. 25). Das dem Betriebsverfassungsgesetz innewohnende Subsidiaritätsprinzip (d. h. grundsätzliche Primärzuständigkeit des örtlichen Betriebsrats) soll gewährleisten, dass die gesetzliche und (betroffene) Interessenvertretung auch tatsächlich gestaltend auf den Entscheidungsträger einwirken kann.

1.10.2 Auftragszuständigkeit (§ 50 Abs. 2 BetrVG)

Während § 50 Abs. 1 die gesetzliche Zuständigkeit des Gesamtbetriebsrats definiert, ermöglicht § 50 Abs. 2 BetrVG dem Betriebsrat die Möglichkeit, mit der Mehrheit der Stimmen seiner Mitglieder den Gesamtbetriebsrat zu beauftragen, eine Angelegenheit für ihn zu behandeln. Der Betriebsrat kann sich dabei die Entscheidungsbefugnis vorbehalten. Mit der Beauftragung kann sich der Betriebsrat die besseren Kontakte des Gesamtbetriebsrats zur Unternehmensleitung zunutze machen. Voraussetzung für die Beauftragung des Gesamtbetriebsrats ist ein Beschluss des Betriebsrats, mit dem die qualifizierte Mehrheit der Mitglieder des Betriebsrats der Übertragung zustimmen. Der Übertragungsbeschluss bedarf darüber hinaus der Schriftform. Beauftragt der Betriebsrat den Gesamtbetriebsrat beispielsweise, eine Betriebsvereinbarung über die Erstattung von Kontoführungsgebühren für ihn abzuschließen, so hat der Gesamtbetriebsrat diesen Auftrag zu erfüllen. Dem Gesamtbetriebsrat kann der Abschluss sowohl freiwilliger als auch erzwingbarer Betriebsvereinbarungen übertragen werden. Auf die Intensität des Beteiligungsrechts kommt es mithin nicht an. Wird der Gesamtbetriebsrat vorbehaltlos beauftragt, steht ihm auch das Recht zur Durchführung eines erforderlich werdenden Einigungsstellenverfahrens zu. Widerruft der Betriebsrat die Auftragszuständigkeit, so hat dies – wie bei der Beauftragung – durch Beschlussfassung der Mehrheit der Mitglieder des Betriebsrats zu geschehen. Der Widerrufsbeschluss ist dem Gesamtbetriebsrat ebenfalls in Schriftform mitzuteilen.

Der Konzernbetriebsrat ist zuständig für die Behandlung von Angelegenheiten, die den Konzern oder mehrere Konzernunternehmen betreffen und nicht durch die einzelnen Gesamtbetriebsräte innerhalb ihrer Unternehmen geregelt werden können (§ 58 Abs. 1 BetrVG). Die Zuständigkeitsregelung für den Konzernbetriebsrat ist der für den Gesamtbetriebsrat nachgebildet. Dies gilt auch für die Möglichkeit der Übertragung von Aufgaben eines Gesamtbetriebsrats auf den Konzernbetriebsrat (§ 58 Abs. 2 BetrVG). Besteht in einem Konzernunternehmen nur ein Betriebsrat, so kann dieser den Konzernbetriebsrat unmittelbar beauftragen. Wird der Konzernbetriebsrat beauftragt, eine Angelegenheit für den Gesamtbetriebsrat (oder Betriebsrat) zu behandeln, ist Verhandlungs- und Entscheidungspartner die Konzernleitung (a. A. BAG vom 12. 11. 97, AP Nr. 2 zu § 58 BetrVG 1972). Ausnahmsweise dann, wenn die Unternehmensleitung ermächtigt wird, mit dem Konzernbetriebsrat zu verhandeln und zu entscheiden, kann eine andere Erörterungs- und Entscheidungsebene in Betracht kommen.

1.11 Die Einigungsstelle

Zur Beilegung von Meinungsverschiedenheiten zwischen Arbeitgeber und Betriebsrat, Gesamtbetriebsrat oder Konzernbetriebsrat ist bei Bedarf eine Einigungsstelle zu bilden (§ 76 Abs. 1 BetrVG). Im Vordergrund steht dabei das gesetzgeberische Anliegen, Pattsituationen im Bereich der paritätischen Mitbestimmung des Betriebsverfassungsgesetzes aufzulösen.

1.11.1 Errichtung

Nach dem Betriebsverfassungsgesetz ist die Einigungsstelle keine ständige Einrichtung. Allerdings kann durch Betriebsvereinbarung zwischen den Betriebsparteien eine ständige Einigungsstelle eingerichtet werden (§ 76 Abs. 1 letzter Satz BetrVG). In den Fällen, in denen der Spruch der Einigungsstelle die Einigung zwischen Arbeitgeber und Betriebsrat ersetzt, wird die Einigungsstelle auf Antrag einer Seite tätig (§ 76 Abs. 5 erster Satz BetrVG). Zuvor ist es jedoch erforderlich, dass Arbeitgeber oder Betriebsrat das Scheitern der Verhandlungen erklärt. Nicht erforderlich ist, dass tatsächlich Verhandlungen (Gespräche) stattgefunden haben. Lehnt der Arbeitgeber z. B. den Abschluss einer Betriebsvereinbarung über Beginn und Ende der täglichen Arbeitszeit kategorisch ab, so bedarf es keines weiteren Verhandlungsangebotes mehr. Die Verhandlungen sind als gescheitert anzusehen. Will der Betriebsrat aus diesem Ergebnis die Angelegenheit der Einigungsstelle übertragen, bedarf es folgender Vorgehensweise:

- Beschlussfassung über das Scheitern der Verhandlungen;
- Beschlussfassung über die Anrufung der Einigungsstelle;
- Beschlussfassung über den/die vorgeschlagenen Vorsitzenden;
- Beschlussfassung über die Zahl der Beisitzer;
- Beschlussfassung über die Hinzuziehung eines externen Beisitzers;
- Beschlussfassung dass wenn bis zum ... keine Stellungnahme des Arbeitgebers vorliegt, Rechtsanwalt ... /Rechtssekretär ... (DGB) das arbeitsgerichtliche Bestellungsverfahren gem. § 98 Arbeitsgerichtsgesetz einleiten wird;

- Beschlussfassung über z.B. den beantragten Betriebsvereinbarungstext zur Arbeitszeitregelung gegenüber der Einigungsstelle.

Der Betriebsrat kann die vorgenannten Beschlusspunkte auch in einem Beschluss zusammenführen.

1.11.2 Zusammensetzung

Für das Ergebnis des Einigungsstellenverfahrens kann die Zusammensetzung von entscheidender Bedeutung sein. Deshalb sollte der Betriebsrat die Zusammensetzung nicht dem Zufall überlassen. Insbesondere die Person des Vorsitzenden hat im Einigungsstellenverfahren eine besondere Bedeutung. Die Einigungsstelle besteht aus einer gleichen Anzahl von Beisitzern, die vom Arbeitgeber und Betriebsrat bestellt werden, und einem unparteiischen Vorsitzenden, auf dessen Person sich beide Seiten einigen müssen. Kommt eine Einigung über die Person des Vorsitzenden nicht zustande, so bestellt ihn das Arbeitsgericht. Dieses entscheidet auch, wenn kein Einverständnis über die Zahl der Beisitzer erzielt wird (§ 76 Abs. 2 BetrVG). Nimmt eine Seite nicht am Einigungsstellenverfahren teil, behindert dies die Beschlussfähigkeit der Einigungsstelle nicht. Die Zahl der Beisitzer für normale Regelungsstreitigkeiten hat das BAG für jede Seite mit zwei Beisitzern als ausreichend erachtet. Ausnahmsweise dann, wenn es sich um eine schwierige Regelungsmaterie handelt, kommt eine Erhöhung der Beisitzerzahl in Betracht (z.B. im Arbeits- und Gesundheitsschutz, zu Fragen des betrieblichen Vorschlagswesens, bei Entlohnungsgrundsätzen/Leistungslohn, bei Einführung und Anwendung technischer Einrichtungen).

Lässt sich der Arbeitgeber im Einigungsstellenverfahren durch einen Verfahrensbevollmächtigten vertreten, so steht dieses Recht auch der Arbeitnehmerseite zu. Des Weiteren kann die Einigungsstelle Sachverständige hinzuziehen.

1.11.3 Verfahren vor der Einigungsstelle

Das Verfahren vor der Einigungsstelle wird im Betriebsverfassungsgesetz nur unvollkommen geregelt. § 76 Abs. 3 BetrVG schreibt lediglich die mündliche Beratung, die Abstimmung durch den Spruchkörper, den Abstimmungsmodus und die Niederlegung sowie die Zuleitung der Beschlüsse vor. § 76 Abs. 4 BetrVG sieht die Möglichkeit vor, die Einzelheiten des Verfahrens vor der Einigungsstelle durch Betriebsvereinbarung festzulegen. Zu den elementaren Verfahrensgrundsätzen gehört, dass die Einigungsstelle ihre Beschlüsse aufgrund nicht öffentlicher mündlicher Beratung fasst. Die Einigungsstelle ist kein Gericht. Sie übt auch im verbindlichen Verfahren keine richterliche Tätigkeit aus. Die Einigungsstelle ist ein betriebsverfassungsrechtliches Hilfsorgan eigener Art zu dem Zweck, die Mitbestimmung der Arbeitnehmer bei der Gestaltung der betrieblichen Ordnung zu gewährleisten (BAG vom 18. 1. 1994 – 1 ABR 43/93). Die Einigungsstelle soll die Einigung zwischen Arbeitgeber und Betriebsrat ersetzen. Deshalb ist es nicht nur sinnvoll, sondern notwendig, dass die Beteiligten vor der Einigungsstelle selbst zu Wort kommen und ihre Positionen darlegen können. Soweit die Einigungsstelle die Einigung der Parteien ersetzt, ist es von besonderer Bedeutung, dass die Betriebsparteien die Möglichkeit haben, ihre unterschiedlichen Auffassungen zu der Regelungsfrage und Lösungsvorschläge zunächst ungefiltert selber darstellen zu können, damit der unparteiische Vorsitzende sich ein Bild über den Streitstoff und die Lösungsmöglichkeiten machen kann. Das ist insbesondere dann von Bedeutung, wenn die von beiden Seiten benannten Beisitzer in der Einigungsstelle betriebsfremd sind. Dementsprechend ist es weitgehend einhellige Meinung, dass die mündliche Verhandlung vor der Einigungsstelle parteiöffentlich ist. Das ändert aber nichts daran, dass das Organ Einigungsstelle – und nicht die Betriebsparteien – über die Regelungsfrage zu entscheiden hat, wenn Arbeitgeber und Betriebsparteien sich in einer mitbestimmungspflichtigen Angelegenheit nicht einigen können. Deshalb hat der Vorsitzende, nachdem der Regelungsstreit und die denkbaren Lösungsmöglichkeiten erschöpfend mit den Betriebsparteien erörtert worden sind, sich mit den Beisitzern der Einigungsstelle zur Schlussberatung und Abstimmung zurückzuziehen. Verstöße gegen die vorerwähnten Grundsätze führen zur Unwirksamkeit des Spruchs der Einigungsstelle (BAG, a. a. O.).

Der unparteiische Vorsitzende einer Einigungsstelle hat sich bei der ersten Abstimmung nicht an der Beschlussfassung zu beteiligen. Hierdurch wird den Betriebsparteien die letztmalige Gelegenheit eingeräumt, sich gütlich zu einigen. Kommt es aufgrund dieser Abstimmung nicht zu einem mehrheitlichen Beschluss, wird in der zweiten Beschlussfassung die Stimme des Vorsitzenden den Ausschlag geben. Dies begründet auch die bereits weiter vorne erörterte herausragende Stellung des unparteiischen Vorsitzenden.

Die Einigungsstelle ist bei ihrer Entscheidung nicht an die Anträge der Betriebsparteien, wohl aber an den ihr unterbreiteten Streitgegenstand gebunden (Fitting/Kaiser/Heither/Engels, § 76 Rn. 42 m. w. N.). Sind die unterschiedlichen Interessen erkennbar nicht auf einen Kompromiss zusammenzuführen, wird der Einigungsstellenvorsitzende in der Regel einen am Streitstoff orientierten eigenen Kompromissvorschlag unterbreiten. Lassen sich dabei die Beisitzer wechselseitig auf Beratungen mit dem Vorsitzenden ein, so bestehen hiergegen keine Bedenken. Besteht eine Seite allerdings grundsätzlich auf gemeinsamer Beratung, so kommt nur diese in Frage.

1.11.4 Erzwingbares und freiwilliges Einigungsstellenverfahren

Der grundlegende Unterschied zwischen dem erzwingbaren und dem freiwilligen Einigungsstellenverfahren liegt darin, dass die Betriebsparteien zum einen die Anrufung und das Tätigwerden gemeinsam wollen (freiwilliges Einigungsstellenverfahren) und zum anderen die Anrufung und das Tätigwerden auch gegen den Willen des anderen (erzwingbares Einigungsstellenverfahren) durchsetzen können. Während im freiwilligen Einigungsstellenverfahren die Betriebsparteien sich im Voraus dem Spruch der Einigungsstelle unterwerfen, beendet im erzwingbaren Einigungsstellenverfahren der Spruch der Einigungsstelle für beide Seiten verbindlich das Verfahren. Auch wenn die Anrufung der Einigungsstelle in der Regel sowohl durch den Arbeitgeber als auch durch den Betriebsrat möglich ist, ist an einigen Stellen im Betriebsverfassungsgesetz das Recht zur Anrufung ausschließlich dem einen oder anderen eingeräumt worden.

In nachfolgenden Angelegenheiten kann ein erzwingbares Einigungsstellenverfahren eingeleitet werden:

§ 37 Abs. 6, 7 BetrVG	Schulungs- und Bildungsveranstaltungen für BR-Mitglieder
§ 38 Abs. 2 BetrVG	Freistellung von BR-Mitgliedern
§ 39 Abs. 1 BetrVG	Festlegung der Sprechstunden des BR
§ 47 Abs. 6 BetrVG	Herabsetzung der Zahl der Mitglieder des Gesamtbetriebsrats
§ 55 Abs. 4 BetrVG	Herabsetzung der Zahl der Mitglieder des Konzernbetriebsrats
§ 65 Abs. 1 BetrVG	Schulungs- und Bildungsveranstaltungen für JAV Mitglieder
§ 69 BetrVG	Festlegung der Sprechstunden der JAV-Mitglieder
§ 72 Abs. 6 BetrVG	Herabsetzung der GJAV-Mitglieder
§ 85 Abs. 2 BetrVG	Entscheidung über Arbeitnehmerbeschwerde
§ 87 Abs. 2 BetrVG	Mitbestimmung in sozialen Angelegenheiten
§ 91 BetrVG	Maßnahme zur Abwendung, Milderung oder zum Ausgleich der Belastung
§ 94 Abs. 1, 2 BetrVG	Mitbestimmung über Personalfragebogen, persönliche Angaben in Formularverträgen und Aufstellung allgemeiner Beurteilungsgrundsätze

§ 95 Abs. 1, 2 BetrVG	Auswahlrichtlinien bei Einstellungen, Versetzungen, Umgruppierung und Kündigungen
§ 97 Abs. 2 BetrVG	Einrichtungen und Maßnahmen der Berufsbildung
§ 98 Abs. 4 BetrVG	Durchführung betrieblicher Bildungsmaßnahmen
§ 109 BetrVG	Auskunft über wirtschaftliche Angelegenheiten
§ 112 Abs. 4 BetrVG	Aufstellung eines Sozialplanes bei Betriebsänderungen
§ 116 Abs. 3 BetrVG	Angelegenheiten des See-BR

Durch Tarifvertrag kann die Zuständigkeit erweitert werden.

1.11.5 Ermessensrahmen

Die Einigungsstelle fasst ihre Beschlüsse unter angemessener Berücksichtigung der Belange des Betriebs und der betroffenen Arbeitnehmer nach billigem Ermessen (§ 76 Abs. 5 Satz 3 BetrVG). Übt die Einigungsstelle das ihr eingeräumte Ermessen nicht oder fehlerhaft aus, so begründet dies regelmäßig die Anfechtbarkeit bzw. Unwirksamkeit. Die Überschreitung des Ermessens kann durch den Arbeitgeber oder den Betriebsrat nur binnen einer Frist von zwei Wochen, vom Tage der Zuleitung des Beschlusses angerechnet, beim Arbeitsgericht geltend gemacht werden (§ 76 Abs. 5 letzter Satz BetrVG). Entscheidet der Spruch jedoch eine Rechtsfrage, unterliegt er in vollem Umfang und zeitlich unbefristet der gerichtlichen Rechtskontrolle.

1.11.6 Spruch der Einigungsstelle

Dem Spruch der Einigungsstelle kommt je nach Gegenstand eine unterschiedliche Rechtsnatur zu. War Gegenstand des Einigungsstellenverfahrens eine Regelungsstreitigkeit, so kommt dem Spruch die Rechtsnatur einer Betriebsvereinbarung zu. War Gegenstand des Einigungsstellenverfahrens eine allgemeine Maßnahme im Rahmen des Direktionsrechts, so kommt dem Spruch die Rechtsnatur einer Regelungsabrede zu. War Gegenstand des Einigungsstellenverfahrens eine Rechtsfrage, so kommt dem Spruch eine rechtsfeststellende Wirkung zu (Fitting/Kaiser/Heither/Engels, § 76 Rn. 68 f.).

1.11.7 Durchführungspflicht von Einigungsstellensprüchen

Der Betriebsrat hat gegen den Arbeitgeber nach § 77 Abs. 1 BetrVG einen Anspruch auf Durchführung von Einigungsstellensprüchen. Dieser Anspruch besteht auch bei Anfechtung des Spruchs durch den Arbeitgeber. Eine zeitweilige Aufhebung (Suspendierung) kann nur in Betracht kommen, wenn der Spruch offensichtlich rechtswidrig ist. Der Spruch der Einigungsstelle muss während der Dauer des arbeitsgerichtlichen Beschlussverfahrens, in dem die Rechtswirksamkeit überprüft wird, vollzogen werden. Das Mitbestimmungsrecht würde sonst in unzumutbarer Weise beeinträchtigt. Bei Regelungen über Arbeitszeiten durch Einigungsstellenspruch hat das LAG Berlin (Beschluss vom 8. 11. 1990 – 14 Ta BV 5/90, AiB 1991, 110) entschieden, dass der für eine einstweilige Verfügung erforderliche Verfügungsgrund sich bereits daraus ergebe, dass Arbeitszeiten schon aus tatsächlichen Gründen nicht korrigiert werden können. Damit ist der Spruch zunächst einmal verbindlich geworden und auszuführen. Insoweit kann auf die Grundsätze zur Durchführungspflicht des Arbeitgebers nach § 77 Abs. 1 BetrVG verwiesen werden.

1.12 Checkliste: Inhaltliche und strategische Vorbereitung einer Betriebsvereinbarung

1. Welchen Regelungsgegenstand soll die Betriebsvereinbarung haben? Was ist das Regelungsziel?

....

....

....

....

Soll mit der Betriebsvereinbarung eine Rahmenvereinbarung des Gesamtbetriebsrats oder Konzernbetriebsrats ausgefüllt oder ergänzt werden?

Ja ☐ .... Nein ☐

2. Geht die Initiative zu der Betriebsvereinbarung vom Arbeitgeber aus? Entspricht die Regelung dieser Angelegenheit einer Anregung oder Forderung der Geschäftsleitung?

Ja ☐ .... Nein ☐

Wenn nein: Weiter mit Ziffer 3

Wenn ja:

Welche Interessen verfolgt die Geschäftsleitung damit?

....

....

....

Welche Arbeitnehmerinteressen sind davon betroffen? Welche Vorteile/Nachteile bringt eine solche Betriebsvereinbarung den Beschäftigten?

....

....

....

Hat der Arbeitgeber schon einen Betriebsvereinbarungs-Entwurf vorgelegt?

Ja ☐ .... Nein ☐

Hinweis:
Wenn ja, sollte der Betriebsrat grundsätzlich nicht versuchen, den Arbeitgeberentwurf in den bevorstehenden Verhandlungen an der einen oder anderen Stelle aufzubessern, sondern einen eigenen Entwurf des Betriebsrats erarbeiten und dem Arbeitgeber zuleiten!

Welche Interessen und Inhalte sind hierbei für den Betriebsrat unabdingbar oder könnten als Vorbedingung vor entsprechenden Verhandlungen gegenüber dem Arbeitgeber gestellt werden?

....

....

....

Welche Kompensationsmöglichkeiten könnte der Betriebsrat mit der Zustimmung zu der vom Arbeitgeber gewollten Betriebsvereinbarung verbinden?
Welche Zugeständnisse oder Regelungen könnte der Betriebsrat dafür in anderen Bereichen fordern?

....

....

....

3. Welche Beschäftigtengruppen werden von der Betriebsvereinbarung betroffen?

Anzahl der AN:

Gewerbliche ....

Angestellte ....

Best. Berufsgruppe(n) ....

Sind besondere Personengruppen betroffen (z. B. Außendienstmitarbeiter, Teilzeitbeschäftigte, schwerbehinderte Menschen, Auszubildende)?

....

....

....

In welcher Weise werden die jeweiligen Beschäftigten von der Betriebsvereinbarung betroffen? Welche Auswirkungen hat die Betriebsvereinbarung auf ihre Arbeitsbedingungen?

....

....

....

4. Betrifft der vor gesehene Regelungsgegenstand auch einen oder mehrere andere Betriebe des Unternehmens oder Konzerns?
Ja ☐ .... Nein ☐

Wenn ja:
Gibt es bereits in anderen Betrieben des Unternehmens oder Konzerns zu dieser Angelegenheit abgeschlossene Betriebsvereinbarungen?

Wenn ja: Beschaffen bis ....
Wenn nein: Ggf. Rücksprache mit betroffenen Betriebsräten zur Feststellung der Gründe

5. Ist der Betriebsrat für die Regelung dieser Angelegenheit zuständig?
Ja ☐ .... Nein ☐

Wenn ja:
Will der Betriebsrat die Angelegenheit selber regeln?
Ja ☐ .... Nein ☐

Soll der GBR/KBR mit der Regelung nach § 50 Abs. 2 bzw. 58 Abs. 2 BetrVG beauftragt werden? *(Achtung: Beschlussfassung erforderlich!)*
Ja ☐ .... Nein ☐

Beauftragung des GBR/KBR
mit   Zustimmungsvorbehalt des BR
ohne   Zustimmungsvorbehalt des BR
(d. h. mit Abschlussvollmacht des GBR/KBR)

Falls der Betriebsrat für die Regelung der Angelegenheit nicht zuständig ist, wer ist zuständig?
GBR ☐
KBR ☐
(In diesem Fall Weitergabe bzw. Antrag an den GBR/KBR zur Behandlung der Sache im Rahmen der nächsten Sitzung)

6. Welche Beteiligungsrechte des Betriebsrats berührt die vorgesehene Betriebsvereinbarung?

Erzwingbare Mitbestimmungsrechte

Andere Beteiligungsrechte
(Information, Anhörung, Beratung)

....

....

....

....

....

....

....

....

7. Besteht in dieser Angelegenheit eine Regelungssperre nach § 77 Abs. 3 BetrVG *(d.h.
Angelegenheit ist tariflich oder üblicherweise tariflich geregelt)?*
Ja ☐ .... Nein ☐

Welche gesetzlichen, tariflichen oder sonstige Regelungen werden durch die Betriebsvereinbarung berührt?

Gesetzliche Regelungen/Verordnungen/UVV etc.

....

....

....

Tarifvertragliche Regelungen

....

....

....

Besteht eine Regelungssperre nach § 87 Abs. 1 Eingangssatz BetrVG in einer mitbe-
stimmungspflichtigen Angelegenheit (abschließende gesetzliche/tarifliche Regelung)?
Ja ☐ .... Nein ☐
(Achtung: Falls ja, ist eine Betriebsvereinbarung ausgeschlossen!)

Enthält der Tarifvertrag eine Öffnungsklausel für ausfüllende betriebliche Regelun-
gen?
Ja ☐ .... Nein ☐
*(Wenn nein, keine Betriebsvereinbarung zulässig; wenn ja, Betriebsvereinbarung nur im
Rahmen der tariflichen Öffnungsklausel zulässig)*

Gesamtzusage/Betriebliche Einheitsregelung/Betriebliche Übung

....

....

....

Einzelvertragliche Regelungen
(Achtung: Mit einer Betriebsvereinbarung darf nicht in einzelvertraglich geregelte Ansprüche zuungunsten der Arbeitnehmer eingegriffen werden!)

....

....

....

8. In welcher Weise sowie zeitlichen Abfolge können/sollen die von der Betriebsvereinbarung betroffenen Beschäftigten hinsichtlich der Auswirkungen bzw. der wichtigsten inhaltlichen Regelungen einbezogen werden (z.B. Betriebs-/Abteilungsversammlung, gewerkschaftliche Vertrauensleute oder Kontaktpersonen des Betriebsrats im jeweiligen Bereich, Fragebogenaktion ....)?

....

....

....

9. Welche Informationen, Unterlagen, Literatur o. Ä. benötigt der Betriebsrat zur Vorbereitung in dieser Angelegenheit?

....

....

....

....

....

Benötigt der Betriebsrat eine sachkundige Beratung, eine spezielle Schulung oder die Hinzuziehung eines Sachverständigen?
(Achtung: Vor Hinzuziehung eines Sachverständigen gem. § 80 Abs. 3 BetrVG ist Einvernehmen mit dem Arbeitgeber wegen der Kosten erforderlich!)

....

....

....

Soll ein ggf. zu bildender Ausschuss oder eine Arbeitsgruppe mit der Vorbereitung der Betriebsvereinbarung und ggf. auch den Verhandlungen mit der Geschäftsleitung beauftragt werden (ohne Abschlussvollmacht!)?

Ja ☐ .... Nein ☐

Wer ....

Welche Personen, Gremien oder Stellen müssen angesprochen und einbezogen werden?

Wirtschaftsausschuss ☐   Wer? ....

GBR .... ☐   Wer? ....

KBR .... ☐   Wer? ....

AN-Vertr. i. AR .... ☐   Wer? ....

Gesch.-Lt./Vorstand .. ☐   Wer? ....

Gewerkschaft .... ☐   Wer? ....

Welchen Zeitplan legt der Betriebsrat für das weitere Vorgehen fest?
Bis wann müssen welche Schritte unternommen, Aufträge erledigt oder Ergebnisse erreicht worden sein?

10. **Wichtigste Regelungsziele und -inhalte der vorgesehenen Betriebsvereinbarung für den Betriebsrat in <u>Stichworten</u>:**

....

....

....

....

....

....

....

....

....

....

....

....

2. Bausteine zur Erstellung einer Betriebsvereinbarung

2.1 Baustein: Überschrift

Es ist nicht zwingend vorgeschrieben, dass eine Betriebsvereinbarung mit einem Titel oder einer Überschrift versehen werden muss, die den Regelungsgegenstand der Vereinbarung bezeichnen. Sinnvoll und anzuraten ist dies dennoch. Die Handhabung bzw. das Auffinden einer bestimmten Betriebsvereinbarung, die in der Regel mit anderen zusammen in einem Ordner abgeheftet ist, wird durch die Benennung des Regelungsgegenstandes bereits in der Überschrift wesentlich erleichtert.

Im Falle der Kündigung einer solchen Vereinbarung dient dies auch der Vermeidung von Verwechslungen, wenn z.B. mehrere Betriebsvereinbarungen mit demselben oder einem ähnlichen Abschlussdatum existieren. Wird z.B. eine »Betriebsvereinbarung über Urlaubsgrundsätze vom 1. 12. 1997« gekündigt, so kann es selbst dann bei dem Kündigungsempfänger keine Missverständnisse über das Wollen der kündigenden Vertragspartei geben, wenn versehentlich ein unzutreffendes oder für eine andere Vereinbarung geltendes Abschlussdatum genannt worden ist.

Beispiele

■

Betriebsvereinbarung über die Flexibilisierung der Arbeitszeit

■

Betriebsvereinbarung über die pauschalierte Erstattung von Kontoführungsgebühren

■

Konzernbetriebsvereinbarung über die Nutzungsbedingungen von Werkmietwohnungen

■

Rahmensozialplan zur Unternehmensumstrukturierung der X-AG

2.2 Baustein: Vertragsparteien

Je nachdem, ob es sich um eine Betriebsvereinbarung oder um eine Gesamt bzw. Konzernbetriebsvereinbarung handelt, werden als nächstes – wie dies bei jedem Vertrag üblich ist – die vertragschließenden Parteien so genau wie möglich bezeichnet. Hier kann es sinnvoll sein, bei juristischen Personen wie z.b. einer GmbH oder AG auch die gesetzlich vorgesehenen Organe, welche die Gesellschaft nach außen vertreten, zu bezeichnen (z.b. bei einer GmbH den oder die Geschäftsführer bzw. die Geschäftsführung, bei einer AG den Vorstand, wobei die Namen der Vorstandsmitglieder nicht genannt werden müssen).

Die Benennung der gesetzlichen Vertretungsorgane ist allerdings nicht zwingend erforderlich, weil ohnehin nur die gesetzlichen Vertretungsorgane zur Unterschrift und damit zum rechtswirksamen Abschluss von Betriebsvereinbarungen befugt sind.

Beispiele

■

Zwischen der X-GmbH, vertreten durch die Geschäftsführung
und
dem Betriebsrat der X-GmbH
wird folgende Gesamtbetriebsvereinbarung abgeschlossen: . . .

■

Zwischen der X-AG, vertreten durch den Vorstand,
und
dem Konzernbetriebsrat der X-AG
wird folgende Konzernbetriebsvereinbarung abgeschlossen: . . .

■

Zwischen der XY-GmbH, vertreten durch die Geschäftsführung,
und
dem Gesamtbetriebsrat der XY-GmbH
wird folgende Rahmen-Betriebsvereinbarung abgeschlossen: . . .

2.3 Baustein: Vorwort/Einleitung/Zielsetzung/Präambel

Betriebsvereinbarungen enthalten oft einen Passus, der mit der Bezeichnung »Vorwort«, »Einleitung«, »Zielsetzung« oder »Präambel« überschrieben ist. Darin wird in der Regel beschrieben, welcher Zweck bzw. welche Zielsetzung mit der Betriebsvereinbarung verfolgt wird. Nicht selten ergeben sich daraus bereits auch die Motive der vertragsschließenden Parteien zu der getroffenen Vereinbarung, die je nach Interessenlage durchaus unterschiedlich sein können, im Ergebnis aber zusammenlaufen.

Aus den Erfahrungen der Praxis ist es in jedem Fall zu empfehlen, dem wesentlichen Regelungsinhalt einer Betriebsvereinbarung ein »Vorwort« bzw. eine »Präambel« oder Ähnliches voranzustellen, mit dem die Zielsetzung der Regelung deutlich gemacht wird. Zum einen kann dies hilfreich für die betrieblichen Anwender und Nutzer sein, d.h. z.B. Vorgesetzte und betroffene Arbeitnehmer. Wichtiger ist darüber hinaus ein anderer Aspekt:

Nach der Rechtsprechung sind bei unterschiedlichen Auffassungen oder Streitigkeiten über die Bedeutung und Anwendung einzelner Bestimmungen Betriebsvereinbarungen »wie Gesetze auszulegen«. Ergibt sich aus dem Wortlaut nicht zweifelsfrei, was mit einer bestimmten Regelung gemeint war, so sind der Wille der vertragsschließenden Parteien und die mit der Betriebsvereinbarung verfolgte Zielsetzung zu ergründen und als wesentliches Auslegungskriterium zugrunde zu legen. Hier kommt in der Regel einer vorhandenen Präambel, einem Vorwort o.Ä., eine wesentliche Bedeutung zu. Deshalb sollte bei der Abfassung von Betriebsvereinbarungstexten dieser Punkt auch nicht als nebensächlich betrachtet werden.

Ist z.B. in den Einleitungsteil einer Betriebsvereinbarung über Urlaubsgrundsätze und Urlaubsplanung aufgenommen worden, dass damit insbesondere Arbeitnehmern mit schulpflichtigen Kindern auch und gerade in der Ferienzeit ein längerer zusammenhängender Urlaub ermöglicht werden soll, so wird dieser Passus von Bedeutung sein, wenn der Arbeitgeber in der praktischen Anwendung solchen Arbeitnehmern in der produktionsintensiven Sommerperiode nur in begründeten Ausnahmefällen oder nur für maximal zwei Wochen Urlaub zugestehen will.

Schließlich ist zu bedenken, dass Betriebsvereinbarungen in der heutigen Zeit nicht selten Zugeständnisse, ja zum Teil sogar Opfer der Arbeitnehmer im Bereich tariflich nicht geregelter Sozialleistungen zum Gegenstand haben oder diese einer abgeschlossenen Betriebsvereinbarung als Bedingung des Arbeitgebers vorausgegangen sind. Als Beispiel seien hier Betriebsvereinbarungen zur Beschäftigungssicherung oder Standortsicherung genannt, zu denen es teilweise schon tarifliche Rahmenrichtlinien gibt. Hier ist es besonders wichtig, schon in der Präambel den Kompromisscharakter hervorzuheben und deutlich zu machen, dass es sich sozusagen um ein Austauschgeschäft mit Zugeständnissen und Verpflichtungen auf beiden Seiten handelt. Damit wird auch zugleich die Geschäftsgrundlage der Betriebsvereinbarung beschrieben. Wird diese von einer Seite durch eine bestimmte, dem Geist der Vereinbarung nicht entsprechende Anwendung missachtet, so stellt dies die gesamte Regelung in Frage.

Deshalb muss sich in entsprechenden Fällen auch schon aus der Präambel oder dem Vorwort ergeben, dass die einzelnen Regelungselemente der Betriebsvereinbarung eine *untrennbare Verbundenheit* miteinander haben und nicht isoliert voneinander betrachtet werden können. Von besonderer Bedeutung ist dies vor allem bei sog. teilmitbestimmten Betriebsvereinbarungen, die aus mitbestimmungspflichtigen und mitbestimmungsfreien Elementen bestehen. Bei solchen Vereinbarungen können sich in der Praxis im Falle der Kündigung dahingehend Probleme ergeben, ob auch die mitbestimmungsfreien Bestandteile so lange nachwirken, bis sie durch eine neue Regelung ersetzt werden. Dabei kann die Präambel oder das Vorwort in der juristischen Bewertung eine wesentliche Rolle spielen, wenn sich schon daraus die Untrennbarkeit der einzelnen Regelungselemente ergibt. Ein anschauliches Beispiel dafür ist der positive Beschluss des Landesarbeitsgerichts Köln vom 27. 4. 1995 – 10 Ta BV 69/94 (siehe Rechtsprechungsübersicht, S. 487), mit dem auch die Nachwirkung des nicht mitbestimmungspflichtigen Teils einer Betriebsvereinbarung bejaht wurde, der mit den übrigen Vereinbarungen einen unauflösbaren Bestandteil bildet.

Beispiele:

■
Diese Betriebsvereinbarung verfolgt angesichts des Strukturwandels in der . . . . .wirtschaft die Zielsetzung, durch eine größere Flexibilisierung der Arbeitszeiten einen konstruktiven Beitrag zur Erhaltung und Sicherung von Arbeitsplätzen gewerblicher Mitarbeiter sowie zur Verstetigung des Lohnes bei witterungsbedingtem Arbeitsausfall zu leisten.

■
Aufgrund der Vereinbarung über die Einführung der bargeldlosen Lohn-/Gehaltszahlung und der damit verbundenen Kosteneinsparung für den Arbeitgeber soll mit dieser Betriebsvereinbarung den Arbeitnehmern ein angemessener wirtschaftlicher Ausgleich für die Einrichtung und Unterhaltung eines Lohn- bzw. Gehaltskontos gewährt werden.

■
Arbeitgeber und Betriebsrat beabsichtigen übereinstimmend, mit dieser Regelung, die im Rahmen der tarifvertraglichen Öffnungsklausel eine zeitlich begrenzte Absenkung der Tarifentgelte beinhaltet, einen wichtigen Beitrag zur Vermeidung von Personalabbau und damit zur Sicherung der Arbeitsplätze sowie zur Verbesserung der Wettbewerbsfähigkeit und Ertragskraft des Unternehmens zu leisten.

2.3.1 Baustein: Geltungsbereich

Nach der Einleitung folgt bei Betriebsvereinbarungen üblicherweise die Festlegung bzw. Abgrenzung des Personenkreises, für den die Regelung gelten soll. Sofern nicht alle Arbeitnehmer des Betriebes, Unternehmens oder Konzerns von der Vereinbarung erfasst werden sollen, muss klar definiert werden, für wen die Betriebsvereinbarung gilt und insbesondere, für wen sie nicht gelten soll.

Nicht selten wird in Betriebsvereinbarungen festgestellt, dass diese auf leitende Angestellte im Sinne des § 5 Abs. 3 BetrVG nicht anzuwenden sind. Dies ergibt sich allerdings schon aus dem Gesetz selbst, weil leitende Angestellte keine vom Betriebsrat zu vertretende Arbeitnehmer im Sinne des Betriebsverfassungsgesetzes sind. Dennoch kann eine entsprechende Aussage zur Klarstellung vorgenommen werden.

Üblicherweise wird im Geltungsbereich unterschieden nach räumlichen, persönlichen, beruflich-fachlichen sowie zeitlichen Abgrenzungsmerkmalen. Insbesondere bei Sozialplänen finden sich auch nicht selten im Geltungsbereich Stichtagsregelungen, d. h. Abgrenzungen hinsichtlich des Eintrittsdatums oder eines zu einem bestimmten Zeitpunkt noch bestehenden oder nicht gekündigten Arbeitsverhältnisses.

Beispiele

■ a) räumlich

Diese Betriebsvereinbarung gilt für alle Betriebe und Betriebsstätten in den Bundesländern Bayern, Baden-Württemberg und Sachsen.
Die Regelungen dieser Betriebsvereinbarung gelten für alle Bauhöfe und Lagerplätze der X-GmbH.

■ b) persönlich

Diese Betriebsvereinbarung gilt für alle gewerblichen Arbeitnehmer der X-GmbH mit Ausnahme der Auszubildenden.
Diese Betriebsvereinbarung findet Anwendung auf alle Beschäftigten, die unter den Geltungsbereich des § 1 des TV... vom ... fallen.
Dieser Sozialplan gilt für alle von der geplanten Betriebsänderung betroffenen Arbeitnehmer mit Ausnahme der leitenden Angestellten, die am ... in einem Arbeitsverhältnis mit der X-GmbH standen und denen aus Anlass der Betriebsänderung wirtschaftliche Nachteile entstanden sind oder entstehen.

■ c) beruflich/fachlich

Diese Betriebsvereinbarung gilt für alle in Ruf- und/oder Arbeitsbereitschaft tätigen Hausmeister, Elektriker, Monteure ...
Diese Betriebsvereinbarung findet Anwendung auf alle akademischen Angestellten in der Forschungsabteilung, die nicht leitende Angestellte sind.
Diese Rahmen-Betriebsvereinbarung gilt für alle Poliere, Meister und Vorarbeiter, die auf Baustellen der X-GmbH eingesetzt sind.

■ d) zeitlich

Diese Betriebsvereinbarung beginnt am 2. 1....... und endet – ohne dass es einer Kündigung bedarf – am 30. 12.......
Die Regelungen dieser Betriebsvereinbarung enden mit Fertigstellung der Montagearbeiten in dem Objekt ......

2.3.2 Baustein: Regelungsinhalt

Im Regelungsinhalt werden die zentralen Anliegen einer Betriebsvereinbarung behandelt. Dies ist sozusagen das Herzstück, für das die Vereinbarung überhaupt mit allen zusätzlich notwendigen formellen Regelungselementen gemacht wird. Dazu gehören typischerweise:

- Anspruchsvoraussetzungen,
- Bedingungen für Leistungsgewährung,
- Grundsätze,
- Kriterien für Art der Betroffenheit,
- Leistungsumfang und -höhe,
- Festlegung von Geld- oder sonstigen Berechnungsfaktoren,
- Auswahlkriterien,
- Richtlinien,
- Verhaltensweisen,
- Festlegung von Rechten und Pflichten des Arbeitgebers/der Arbeitnehmer/des Betriebsrats.

Für diesen wesentlichen Teil der Betriebsvereinbarung ist natürlich größtmögliche Sorgfalt aufzuwenden.

Wichtig und empfehlenswert ist insbesondere auch eine sinnvolle, aufeinander aufbauende Strukturierung und Gliederung. Die einzelnen Elemente des Regelungsinhaltes sollten durch Paragraphen, Ziffern, Unterziffern (z.B. 7.1) oder Buchstaben gegliedert und so übersichtlich gemacht werden. Es ist auch zu empfehlen, hier nicht zu viel »Stoff« in eine einzige Ziffer hineinzupacken, sondern diesen auf mehrere Abschnitte und Unterabschnitte mit entsprechender Bezeichnung aufzuteilen. Dies erleichtert erfahrungsgemäß auch die Verhandlungen mit dem Arbeitgeber über den Abschluss einer entsprechenden Vereinbarung.

Überschriften zu den einzelnen Ziffern bzw. Abschnitten können hierbei hilfreich sein (z.B. »§ 3 Anspruchsvoraussetzungen«, »§ 4 Leistungsumfang«).

Angesichts der außerordentlichen Vielfalt von möglichen Regelungsgegenständen, die in Betriebsvereinbarungen geregelt werden können, sollen nachfolgend nur exemplarisch einige Kernpunkte von Regelungsgegenständen dargestellt werden. Hier verweisen wir auf den »Dokumentationsteil Betriebsvereinbarungen« ab S. 97, der zu den dort dargestellten Regelungsgegenständen vielfältige Anregungen beinhaltet.

Beispiele:

■

Die Teilnahme an Schulungsveranstaltungen gem. § 37 Abs. 6 bzw. Abs. 7 BetrVG ist dem Arbeitgeber mindestens zwei Wochen vor Schulungsbeginn durch Überlassung des Themenplans und der Einladung (Kopien) mitzuteilen. Die zeitgleiche Teilnahme mehrerer Betriebsratsmitglieder an Schulungsveranstaltungen gem. § 37 Abs. 6 BetrVG wird auf drei beschränkt. Betriebsbedingte Gründe, die einer Teilnahme entgegenstehen, sind dem Betriebsrat spätestens eine Woche vor Schulungsbeginn mitzuteilen.

■

Entscheidet sich das Unternehmen aus wirtschaftlichen Gründen, Auftragsspitzen durch Hinzuziehung von Drittfirmen (Werkvertragsnehmer) zu realisieren, sind dem Betriebsrat unaufgefordert die zugrunde liegenden Verträge zur Einsichtnahme zu überlassen. Darüber hinaus werden für die Dauer der Hinzuziehung betriebsbedingte Kündigungen im von der Hinzuziehung betroffenen Fachbereich ausgeschlossen.

■

Vor jeder Abmahnung ist der Betriebsrat über die für die Abmahnung maßgeblichen Erwägungen rechtzeitig und umfassend zu unterrichten. Hält der Betriebsrat die Abmahnung für nicht gerechtfertigt oder überzogen, werden die Betriebsparteien (ggf. unter Hinzuziehung des Beschwerdeführers/der Beschwerdeführerin) eine Verhandlungslösung anstreben. Gelingt dies nicht, ist die zu der Personalakte genommene Abmahnung nach spätestens 12 Monaten aus dieser zu entfernen.

■

Die von dem Unternehmen zur Verfügung gestellten Parkplätze auf dem Betriebsgelände sind ausschließlich in den markierten Zonen zu benutzen. Die Kosten für die Verkehrssicherungspflicht trägt der Arbeitgeber. Die Parkplätze in den Zonen A–C stehen ausschließlich den Beschäftigten in Halle 1 (oder Werk 1) zur Verfügung. Den leitenden Angestellten sowie dem kaufmännischen Personal bleibt die Zone Z vorbehalten. Auf dem gesamten Betriebsgelände gilt die Straßenverkehrsordnung bzw. -zulassungsordnung.

■

Arbeitnehmer, die am jeweils 15. November eines Kalenderjahres in einem ungekündigten Arbeitsverhältnis stehen, werden durch einen jährlich im Voraus zu bestimmenden Prozentsatz an der Gewinnentwicklung des Unternehmens beteiligt. Die Bezugsgröße wird nach Ablauf des Geschäftsjahres zwischen Arbeitgeber und Betriebsrat ermittelt und bis zum 31. Mai des Folgejahres durch Aushang am Schwarzen Brett bekannt gegeben.

■

Für die Zuweisung von Werkmietwohnungen sowie die Festlegung der Nutzungsbedingungen bilden Arbeitgeber und Betriebsrat einen aus sechs Personen bestehenden paritätischen Ausschuss. Die näheren Einzelheiten über die Inanspruchnahme von Werkmietwohnungen sowie die Festlegung der Nutzungsbedingungen werden in einer Satzung, die dieser Betriebsvereinbarung beizufügen ist, festgelegt. Treten im paritätischen Ausschuss betrieblich nicht zu überwindende Meinungsverschiedenheiten auf, entscheidet die für das Unternehmen gebildete ständige Einigungsstelle. Die in der Anlage geführte Satzung hat eine Laufzeit von fünf Jahren und kann frühestens zum 31. 12. 2004 gekündigt werden.

■

Der vom Betriebsrat benötigte Literaturbedarf gem. § 40 BetrVG wird durch diesen angeschafft. Zu diesem Zweck wird dem Betriebsrat eint jährliches Budget in Höhe von Furo 1500,00 eingeräumt. Die Kosten sind gegen Vorlage einer Rechnung an der Kasse der Hauptverwaltung zu erstatten. Für außergewöhnliche Anschaffungen ist die vorherige Zustimmung der Unternehmensleitung einzuholen. Wird das eingeräumte Budget vor Ablauf des Kassenjahres ausgeschöpft und besteht darüber hinaus ein Zuschussbedarf, so ist unter Berücksichtigung der beiderseitigen Interessen eine angemessene Lösung zu finden. Dem Budget sind Kosten für Fachzeitschriften und sonstige Periodika, die auch dem Arbeitgeber zur Verfügung stehen, nicht hinzuzurechnen.

2.4 Baustein: Verfahrensfragen

Nach dem Regelungsinhalt und vor den üblichen Schlussbestimmungen empfiehlt es sich, Verfahrensfragen, die regelmäßig mit der Umsetzung einer Betriebsvereinbarung in die Praxis verbunden sind, zu regeln. Dabei geht es insbesondere um folgende Fragen:

- Formvorschriften für Kündigung, Ergänzung oder Aktualisierung der Betriebsvereinbarung
- So genannte »Salvatorische Klausel« für Fälle der Teilunwirksamkeit einzelner Bestimmungen der Betriebsvereinbarung
- Nachverhandlungspflicht für nicht erkannte Nachteile
- Behandlung von Meinungsverschiedenheiten über die Auslegung und Anwendung der Betriebsvereinbarung
- Einbeziehung der zuständigen Organisationsvertreter der tarifvertragsschließenden Parteien
- Rechte des Betriebsrats

Beispiele:

Änderungen und Ergänzungen dieser Vereinbarung bedürfen zu ihrer Wirksamkeit der Schriftform.
Mündliche Nebenabreden zu dieser Vereinbarung bestehen nicht.

Die Kündigung dieser Betriebsvereinbarung bedarf der Schriftform.

■

Salvatorische Klausel:
Etwa ungültige Bestimmungen dieser Vereinbarung berühren nicht die Rechtswirksamkeit der Vereinbarung im Ganzen. Sollten Bestimmungen dieser Vereinbarung unwirksam sein bzw.

werden oder sollten sich in dieser Vereinbarung Lücken herausstellen, so wird infolgedessen die Gültigkeit der übrigen Bestimmungen nicht berührt. Anstelle der unwirksamen Bestimmungen oder zur Ausfüllung einer Lücke ist eine angemessene Regelung zu vereinbaren, die, soweit rechtlich und tariflich zulässig, dem am nächsten kommt, was die Betriebsparteien gewollt haben oder nach dem Sinn und Zweck der Vereinbarung gewollt haben würden, sofern sie diesen Punkt bedacht hätten.

■

Sofern noch Nachteile für die betroffenen Arbeitnehmer auftreten, die nicht erkannt wurden, werden die Parteien über einen angemessenen und dem Sinn der Vereinbarung Rechnung tragenden Ausgleich verhandeln und dies dementsprechend regeln.

■

Über alle im Zusammenhang mit der Anwendung dieser Betriebsvereinbarung auftretenden Meinungsverschiedenheiten entscheidet ein zwischen Arbeitgeber und Betriebsrat zu bildender paritätischer Ausschuss (Schiedsstelle) verbindlich. Kommt eine Einigung nicht zustande, entscheidet die Einigungsstelle.

■

Bei Meinungsverschiedenheiten über eine den Tarifvertrag ausfüllende (ergänzende) Bestimmung sind die örtlichen bzw. dafür zuständigen Organisationsvertreter der tarifvertragsschließenden Parteien hinzuzuziehen.

Kann auch nach Hinzuziehung der Organisationsvertreter eine Einigung nicht erzielt werden, entscheidet die Einigungsstelle für die Betriebsparteien verbindlich.

■

Der Arbeitgeber ist verpflichtet, den Betriebsrat auf Verlangen unter Vorlage sachdienlicher Unterlagen über die Voraussetzungen für die Fortführung dieser Betriebsvereinbarung (z.B. zur Beschäftigungssicherung) zu unterrichten.

2.5 Baustein: Schlussbestimmungen

Erhebliche Bedeutung mit entsprechenden Auswirkungen haben in der Regel auch die Schlussbestimmungen, mit denen man trotz ggf. langwierigen und nervenaufreibenden Verhandlungen nicht leichtfertig umgehen sollte. Wer hier nach dem Motto handelt: »Das Wichtigste haben wir ja jetzt endlich geregelt, der Rest ist nur noch Formalkram«, der kann unter Umständen ein zuvor erreichtes gutes Ergebnis ungewollt verschlechtern.

Im Schlussteil sind vor allem zu regeln:
• In-Kraft-Treten
• Dauer der Vereinbarung, Laufzeit (soweit nicht schon beim zeitlichen Geltungsbereich geregelt)

- Kündigung/Kündigungsfristen/Zeitpunkt des Zugangs der Kündigung
- Nachwirkung

Beispiele:

■

Diese Betriebsvereinbarung tritt mit ihrer Unterzeichnung (oder: am . . . . . .) in Kraft und kann mit einer Frist von 3 (6, 12 . . . . . .) Monaten, erstmals zum . . . . . ., gekündigt werden. Die Kündigung dieser Betriebsvereinbarung bedarf der Schriftform und des Zugangs während der betriebsüblichen Arbeitszeit.

■

Diese Betriebsvereinbarung tritt mit ihrem In-Kraft-Treten an die Stelle der Betriebsvereinbarung über . . . . . . vom . . . . . .

■

Diese Betriebsvereinbarung endet, ohne dass es einer Kündigung bedarf, mit der tatsächlichen Einstellung der Produktion im Werksbereich . . . . . .

■

Diese Betriebsvereinbarung endet mit Erfüllung der im Interessenausgleich näher beschriebenen Maßnahmen.

■

Die Betriebsparteien sind sich darüber einig, dass diese Betriebsvereinbarung entgegen den gesetzlichen Bestimmungen so lange nachwirkt, bis sie durch eine neue Betriebsvereinbarung ersetzt wird.

■

Es besteht Einvernehmen darüber, dass diese Betriebsvereinbarung im Falle ihrer Beendigung entgegen § 77 Abs. 6 BetrVG keine Nachwirkung entfaltet.

■

Die in der Anlage befindlichen . . . . . . (z.B. Namensliste, Berechnungsfaktoren, Pläne, Aufstellungen etc.) sind Bestandteil dieser Betriebsvereinbarung.

2.6 Baustein: Datum, Unterschriften

3. Mustervereinbarungen

3.1 Vorbemerkung

Betriebsvereinbarungen gibt es nicht »von der Stange«. Sie müssen vielmehr stets auf die konkrete betriebliche Situation und Bedingungen zugeschnitten sein. Hier sind auch als Betroffene die entsprechenden Beschäftigten im Vorfeld vom Betriebsrat in geeigneter Weise einzubeziehen.

Sobald der Betriebsrat einen Überblick über die von ihm anzustrebenden Regelungselemente hat, müssen diese sinnvoll gegliedert und anschließend sorgfältig formuliert werden. Diese Arbeit kann dem Betriebsrat keine »Mustervereinbarung« abnehmen. Die nachfolgend dargestellten Betriebsvereinbarungs-Texte sollen hierbei jedoch Anregung und Formulierungshilfe bieten, soweit sie in Teilen auf den konkreten Fall übertragbar sind.

Die im folgenden Abschnitt enthaltenen Betriebsvereinbarungen bestehen teilweise aus in der Praxis tatsächlich abgeschlossenen beispielhaften Regelungen, zum Teil aber auch aus »Muster-Vereinbarungen«, die von Einzelgewerkschaften oder ihnen nahestehenden Institutionen erarbeitet worden sind. In diesem Zusammenhang bedanken wir uns bei allen, die uns hier tatkräftige Unterstützung gewährt haben und ohne die dieses Buch nicht möglich gewesen wäre.

3.2 Berufliche und finanzielle Entwicklung, Teilfreistellungen sowie Ersatzfreistellungen

3.2.1 Einleitung

Die Teilnahme von Betriebsratsmitgliedern an der beruflichen Entwicklung – insbesondere der freigestellten Betriebsratsmitglieder – vollzieht sich in der betrieblichen Praxis nicht so, wie dies nach dem Betriebsverfassungsgesetz vorgeschrieben ist. Hier sind nicht selten faktische Benachteiligungen von Betriebsratsmitgliedern festzustellen. Die Frage nach Teilfreistellungen ist nunmehr durch das neue BetrVG insoweit beantwortet, dass eine (oder mehrere) Vollfreistellungen auch auf mehrere Betriebsratsmitglieder aufgeteilt werden können. Das in der Praxis festzustellende Problem der beruflichen Benachteiligung ist damit aber auch nicht unbedingt beseitigt.

Vor diesem Hintergrund ist es möglich und zulässig, im Wege einer freiwilligen Vereinbarung Regelungen zu treffen, die zum Ziel haben, eine Abkoppelung bzw. Benachteiligung von Betriebsratsmitgliedern an der beruflichen und finanziellen Entwicklung zu verhindern bzw. auch die Frage von Ersatzfreistellungen zufriedenstellend zu regeln.

Hierzu dokumentieren wir nachfolgend eine Betriebsvereinbarung, die von »Arbeitsrecht im Betrieb«, Heft 1/1999 veröffentlicht und mit entsprechenden Erläuterungen versehen wurde, die vor Erstellung eines »eigenen« Betriebsvereinbarungsentwurfs unbedingt beachtet werden sollten.

3.2.2 Betriebsvereinbarung

Zwischen der
X GmbH, vertreten durch die Geschäftsführung
und
dem Gesamtbetriebsrat
der X GmbH

wird folgende (freiwillige) **Gesamtbetriebsvereinbarung**
über die Sicherung der beruflichen und finanziellen Entwicklung, Teilfreistellungen sowie über Ersatzfreistellungen
abgeschlossen:

Präambel

Arbeitgeber und Gesamtbetriebsrat sind sich über die Bedeutung der Betriebsratstätigkeit im Klaren. Es ist daher das gemeinsame Ziel, sicherzustellen, dass dem gesetzlich verankerten Anspruch eines jeden Betriebsratsmitgliedes auf berufliche und finanzielle Entwicklung Rechnung getragen wird. Es soll ein Weg gefunden werden, der erstens nicht nur das aus dem BetrVG resultierende Benachteiligungsverbot garantiert, sondern zweitens auch das Gebot erfüllt, jedem Betriebsratsmitglied eine berufliche Entwicklung angedeihen zu lassen, wie sie/er sie ohne das Betriebsratsmandat genommen hätte.

Diese beiden zentralen Aspekte des beruflichen Lebens sollen für alle Beteiligten so nachvollziehbar und transparent gemacht werden, dass mögliche gerichtliche Auseinandersetzungen verhindert bzw. im Streitfall auch vereinfacht werden.

Darüber hinaus soll die Möglichkeit der Teilfreistellungen und der Ersatzfreistellungen näher bestimmt werden.

1. Die Sicherung der beruflichen und finanziellen Entwicklung

1.1 Der Weg zur vergleichbaren beruflichen und entgeltlichen Entwicklung

Sechs Wochen nach Unterzeichnung der Betriebsvereinbarung bzw. nach Abschluss der Betriebsratswahlen innerhalb des Unternehmens legt der Arbeitgeber für jedes einzelne Betriebsratsmitglied dar, welche Arbeitnehmer/innen aus dem ganzen Betrieb mit ihm/ihr in Bezug auf die berufliche und entgeltliche Entwicklung eine im Wesentlichen vergleichbare Tätigkeit ausüben.

Im Regelfall soll sich dies aus Vereinfachungsgründen auf drei Personen beziehen. Damit soll gewährleistet werden, dass auch über einen längeren Zeitraum hinweg ein »Maßstab« vorhanden ist, wie sich die berufliche Entwicklung ohne die Ausübung des Betriebsratsamtes entwikkelt hätte. Scheidet eine der Vergleichspersonen aus dem Betrieb bzw. aus dem Unternehmen aus, so wird unmittelbar danach, spätestens aber mit der nächsten Betriebsratswahl, der einvernehmliche Versuch unternommen, eine neue Vergleichsperson zu bestimmen.

Übt ein Betriebsratsmitglied sein Amt schon über mehrere Wahlperioden aus, sei es mit oder ohne Freistellungszeiten gemäß § 38 BetrVG, kann es u. U. sehr schwierig sein, drei Vergleichspersonen zu finden. In diesem Fall kann einvernehmlich von der Bezugsgröße der drei Personen abgewichen werden und/oder im Verkaufsgebiet, in der Region oder im Unternehmen ausgewählt werden. Einvernehmlich ist es auch möglich, eine fiktive Berufslaufbahn festzulegen.

Wenn in einer der zuvor genannten Fälle keine einvernehmlich Regelung erzielt wird, gelten die Regelungen zur Konfliktlösung, die in 1.4 festgelegt sind.

1.2 Kriterien

Zur Bestimmung des Personenkreises werden nachfolgende Kriterien der Vergleichbarkeit herangezogen:

- ausgeübter Beruf zum Beginn der Betriebsratswahl,
- Alter,
- Betriebszugehörigkeit,
- Weiterbildung,
- Arbeitszeit,
- Tätigkeit,
- Werdegang,
- Arbeitsplatz,
- Verantwortung,
- Befugnisse,
- Mitarbeit in Ausschüssen und Projekten etc.,
- Leistungen,
- vom Arbeitsplatz ausgehende körperliche und seelische Belastungen.

Diese Kriterien haben keinen abschließenden Charakter, sondern können betriebsbezogen durch Betriebsrat und Betriebsleitung einvernehmlich verändert werden.

1.3 Findungs- und Klärungsgespräch

Zur Bestimmung der Vergleichspersonen findet ein sog. Findungs- und Klärungsgespräch statt.

Dieses Gespräch zwischen dem Personalverantwortlichen und dem einzelnen Betriebsratsmitglied erfolgt im Beisein des/der Betriebsratsvorsitzenden und auf Wunsch eines Beteiligten in Anwesenheit des Vorgesetzten bzw. des Betriebsleiters.

Betrifft das Gespräch die Person, die das Amt des Betriebsratsvorsitzenden inne hat, so bestimmt der Betriebsrat die Teilnahme einer weiteren Person.

Spätestens drei Tage vor dem Gespräch ist das betroffene Betriebsratsmitglied schriftlich zu informieren, welche Vergleichspersonen durch die Personalabteilung auf der Grundlage der unter 1.2 benannten Kriterien ermittelt wurden.

Dem Betriebsratsmitglied steht es frei, eine eigene Liste mit Vergleichspersonen im Findungs- und Klärungsgespräch vorzulegen. Dies kann im Einvernehmen mit dem Betriebsratsmitglied auch durch das Betriebsratsgremium vorgenommen werden.

Die jeweiligen Vorschläge werden Bestandteil der Personalakte.

Kommt es in diesem Gespräch zu einer Einigung über die Vergleichspersonen, so wird dies gleichfalls Bestandteil der Personalakte.

1.4 Konfliktlösung

Wird kein Einvernehmen bzw. keine Übereinstimmung in dem Findungs- und Klärungsgespräch erzielt, haben beide Seiten anschließend eine Bedenkfrist bis zu 14 Tagen, bevor es zu einem weiteren Klärungsgespräch kommen muss. Kommt es zu keinem unter Punkt 1.3 genannten Findungs- und Klärungsgespräch bzw. wird das weitere Klärungsgespräch in der gesetzten Frist unterlassen, vereinbaren beide Betriebsparteien, dass sie vor Einschaltung des örtlichen zuständigen Arbeitsgerichtes/des Arbeitsgerichtes am Sitz des Unternehmens zur Durchsetzung dieser Betriebsvereinbarung eine betriebliche Vermittlungsstelle einrichten werden. Sie besteht aus einem unparteiischen Vorsitzenden, der vom Betriebsrat vorgeschlagen wird. Betriebsrat und Arbeitgeber haben jeweils zwei Beisitzer, im Übrigen gelten die Rechtsgrundsätze des § 76 PersVG.

1.5 Weiterbildung

1.5.1 Seminar-Controlling

Zur Erfüllung seiner betriebsverfassungsrechtlichen Aufgaben hat der Gesamtbetriebsrat das Recht, ein Betriebsratsmitglied zu den einzelnen Schulungsmaßnahmen, die der Arbeitgeber unternehmensweit durchführt, zu entsenden. Die einzelnen Standortbetriebsräte haben das Recht, ein Betriebsratsmitglied zu den standortbezogenen Schulungsmaßnahmen zu entsenden. Die jeweiligen Regionalausschlüsse des Betriebsrats haben das Recht, ein Betriebsratsmitglied zu den regionsbezogenen Schulungsmaßnahmen zu entsenden.

1.5.2 Qualifizierungsansprüche für freigestellte Betriebsratsmitglieder

Unabhängig davon verpflichten sich Arbeitgeber und die jeweiligen Betriebsratsgremien festzulegen, in welchem Rahmen der betrieblichen Weiterbildungsplanung und wie Betriebsrats-

mitglieder an welcher inner- bzw. außerbetrieblichen Fortbildungsmaßnahmen in ihrem jeweiligen Fachbereich teilnehmen können und sollen (§ 38 Abs. 1 Satz 1 BetrVG).
Der Anspruch umfasst mindestens fünf Schulungstage pro Jahr. Je nachdem wie sich das Tätigkeitsfeld aufgrund der technischen und wirtschaftlichen Entwicklung verändert, entsteht zwangsläufig ein höherer Seminaranspruch.

Aufgrund der besonderen Stellung hat jedes Betriebsratsmitglied darüber hinaus einen Weiterbildungsanspruch im Bezug auf die Schulungsthemen Mitarbeiterführung, Managementtechnik, Teamarbeit sowie neue Produktions- und Informationstechniken. Dies umfasst mindestens fünf weitere Schulungstage. Nicht berücksichtigt sind damit die Ansprüche, die sich aus § 38 Abs. 4 Satz 2 und Satz 3 ergeben.

1.5.3 Begrenzte Rückkehr in den ursprünglichen Arbeitsbereich

Freigestellte Betriebsratsmitglieder haben das Recht zu besonderen Anlässen (z. B. Einführung neuer technischer Anlagen, Veränderungen von Arbeitsverfahren und Arbeitsabläufen, grundlegende Produkterneuerung, Einführung eines Qualitätsmanagementsystems) für einen begrenzten Zeitraum (eine bis sechs Wochen) in ihren ursprünglichen Arbeitsbereich vor der Freistellung zurück zu kehren. Ist das ehemalige Arbeitsgebiet wegrationalisiert oder ausgegliedert, so besteht der Anspruch auf die begrenzte Rückkehr auf ein vergleichbares Tätigkeitsfeld.

1.5.4 Schulungsansprüche aufgrund § 37 Abs. 6 und Abs. 7 BetrVG

Die Schulungsansprüche aufgrund § 37 Abs. 6 und Abs. 7 BetrVG bleiben hiervon unberührt.

2. Teilfreistellungen

Um die berufliche und finanzielle Entwicklung der einzelnen Betriebsratsmitglieder abzusichern, prüfen die einzelnen Betriebsräte des Unternehmens, ob sie die Möglichkeit der Teilfreistellung verstärkt nutzen. Das heißt, zwei oder mehrere Betriebsratsmitglieder können sich eine Freistellung gemäß § 38 Abs. 1 BetrVG teilen. Arbeitgeberseitig werden solche Bemühungen aktiv unterstützt, soweit nicht zwingende betriebliche Gründe dagegen sprechen (z. B. ein unzumutbarer Organisationsaufwand). Die Möglichkeit der Teilfreistellungen besteht auch für den Fall, dass
1. über die Mindeststaffel gemäß § 38 Abs. 1 BetrVG hinausgehende Freistellungen für die ordnungsgemäße Erledigung von Betriebsratsaufgaben erforderlich sind,
2. in Betrieben mit weniger als 200 Arbeitnehmer/innen die Arbeitsbefreiung nach § 37 Abs. 2 BetrVG nicht ausreicht und eine völlige oder teilweise Freistellung notwendig ist.
Im Rahmen von Teilfreistellungen gilt § 38 Abs. 4 Satz 2 und 3 entsprechend.

3. Verhinderungsgründe/Ersatzfreistellungen

Gesamtbetriebsrat und Geschäftsleitung sind sich darüber einig, dass der jeweilige Standortbetriebsrat seine gesetzlichen Aufgaben auch dann erfüllen muss, wenn ein oder mehrere freigestellte Betriebsratsmitglieder an ihrer Amtausführung gehindert sind.

Eine Verhinderung in diesem Sinne liegt vor z. B. bei Urlaub, Bildungsurlaub, Krankheit, Schulung nach § 37 Abs. 6 und Abs. 7 BetrVG, auswärtigen Dienstreisen, Abordnungen in andere Betriebe, betrieblichen Bildungsmaßnahmen, Kuren, Mutterschutz, Erziehungsurlaub, Bundeswehr und Zivildienst, Auslandaufenthalten, Teilnahme an gewerkschaftlichen Veranstaltungen und Terminen im Rahmen des Gesamtbetriebsrates. Die Aufzählungen haben keinen abschließenden Charakter. Der Zeitraum der Verhinderung muss jedoch mindestens einen Arbeitstag überschreiten. Bei Verhinderung eines Betriebsratsmitgliedes rückt gemäß § 25 BetrVG das entsprechende Ersatzmitglied nach. Ist ein freigestelltes Betriebsratsmitglied verhindert, hat der jeweilige Betriebsrat Anspruch darauf, dass an dessen Stelle ein anderes Betriebsratsmitglied bzw. bei Teilfreistellungen mehrere Betriebsratsmitglieder ersatzweise freigestellt werden. Der Anspruch auf Ersatzfreistellung besteht vom ersten Tag der Verhinderung an.

Die Betriebsräte legen fest, welche Betriebsratsmitglieder für den Fall der zeitweisen Verhinderung der Freigestellten ersatzweise freizustellen sind. Falls dies bisher nicht geschehen ist, erfolgt dies innerhalb von sechs Wochen nach Abschluss dieser Betriebsvereinbarung.

Die Möglichkeiten der Arbeitsbefreiung aus konkretem Anlass gemäß § 37 Abs. 2 BetrVG werden durch die Vereinbarungen nicht eingeschränkt.

4. Schlussbestimmungen

Diese Betriebsvereinbarung kann mit einer Frist von sechs Monaten nach jeder Neuwahl gekündigt werden. Eine Nachwirkung der Betriebsvereinbarung ist erst dann ausgeschlossen, wenn nach Ablauf der Kündigungsfrist die dann anzurufende Einigungsstelle zu keiner einvernehmlichen Lösung kommt, d. h., dass es bei der ersten Abstimmung im Einigungsstellenverfahren mindestens eine Gegenstimme gibt.

Ort, Datum, Unterschriften

(aus: AiB 1/1999 mit weiteren wichtigen Hinweisen)

3.3 Bildung einer ständigen Einigungsstelle

3.3.1 Einleitung

Nach § 76 Abs. 1 Satz 2 BetrVG kann durch Betriebsvereinbarung eine ständige Einigungsstelle errichtet werden. Dies bedeutet, dass die Einigungsstelle nicht – wie üblich – von Fall zu Fall neu gebildet und zusammengesetzt werden muss. Vielmehr legen die Betriebsparteien im Voraus fest, wie in einem späteren konkreten Fall der Nichteinigung auf dem Verhandlungswege die zuständige Einigungsstelle besetzt wird, d. h. die Person des Vorsitzenden und die Anzahl der von beiden Seiten zu benennenden Beisitzer. Dies erspart im »Ernstfall« ein arbeitsgerichtliches Bestellungsverfahren.

Für und gegen die Errichtung einer ständigen Einigungsstelle gibt es vielfältige Argumente. Diese müssen sorgfältig gegeneinander abgewogen werden. So kann es auch sinnvoll sein, die von der ständigen Einigungsstelle zu behandelnden Regelungsfragen auf bestimmte, wiederholt auftretende oder besonders komplizierte Vorgänge zu begrenzen.

Eine Betriebsvereinbarung zur Errichtung einer ständigen Einigungsstelle ist nicht erzwingbar, sondern kann nur abgeschlossen werden, wenn Arbeitgeber und Betriebsrat dies wollen.

3.3.2 Betriebsvereinbarung

Zwischen der Firma ....
vertreten durch ....
und dem Betriebsrat, vertreten durch ....
wird folgende Betriebsvereinbarung abgeschlossen:

1. In der Firma .... wird zur Beilegung von Meinungsverschiedenheiten zwischen Arbeitgeber und Betriebsrat eine ständige Einigungsstelle gem. § 76 Abs. 1 Satz 2 BetrVG gebildet. Die Einigungsstelle wird auf Antrag des Arbeitgebers oder des Betriebsrats tätig

Alternative I
- in allen beteiligungspflichtigen Angelegenheiten des Betriebsverfassungsgesetzes, in denen der Spruch der Einigungsstelle die Einigung zwischen Arbeitgeber und Betriebsrat ersetzt

Alternative II
- in den nachfolgend genannten beteiligungspflichtigen Angelegenheiten des Betriebsverfassungsgesetzes
a) ....
b) ....
c) ....
Anmerkung:
Bei Alternative II sind die Regelungsgegenstände, mit denen sich eine ständige Einigungsstelle ausschließlich befassen soll, präzise zu benennen und aufzuzählen. Die ständige Einigungsstelle kann dann auch nur in diesen Angelegenheiten angerufen werden; bei allen anderen einigungsstellenfähigen Sachverhalten gilt, dass die Einigungsstelle jeweils bei Bedarf entsprechend § 76 Abs. 2 BetrVG zu bilden ist.

2. Als unparteiische/r Vorsitzende/r wird Frau/Herr .... (Name und genaue Anschrift sowie Funktion, z.B. »Richter am Arbeitsgericht Hamburg«) bestimmt. Im Falle der Verhinderung der/des Vorsitzenden nimmt Frau/Herr .... (Name und genaue Anschrift sowie Funktion) die Funktion des Vorsitzenden der Einigungsstelle wahr.

3. Anträge auf Tätigwerden der Einigungsstelle sind an die Adresse der/des Vorsitzenden zu richten. In der Antragschrift ist der Regelungssachverhalt bzw. -gegenstand eingehend darzustellen und das Begehren des Antragstellers deutlich zu machen. Eine Mehrfertigung der Antragschrift ist der anderen Betriebspartei (Arbeitgeber oder Betriebsrat) direkt zuzuleiten, damit diese ggf. noch hierzu schriftlich gegenüber der/dem Einigungsstellenvorsitzenden zur Vorbereitung der Sitzung Stellung nehmen kann.

4. Die Einigungsstelle tritt innerhalb einer Frist von sieben Kalendertagen nach Anrufung zusammen.

5. Jede Partei hat dem Vorsitzenden drei Beisitzer zu benennen.

6. Die Einigungsstelle kann Sachverständige heranziehen sowie sachkundige Personen anhören.

7. Alle durch das Tätigwerden der Einigungsstelle entstehenden sachlichen und persönlichen Kosten werden von der Firma .... getragen.

8. Für das Verfahren und die Wirkung des Spruches der Einigungsstelle gelten die gesetzlichen Bestimmungen.

9. Diese Betriebsvereinbarung tritt am .... in Kraft. Sie kann mit einer Frist von 2 Monaten zum Quartalsende beiderseitig gekündigt werden. Eine Nachwirkung ist ausgeschlossen.

Unterschrift der Firma   Unterschrift Betriebsrat

3.4 Förderung der Gleichbehandlung/Beseitigung der Diskriminierung ausländischer Arbeitnehmer

3.4.1 Einleitung

Noch immer gibt es nur wenige Betriebsvereinbarungen, um die Chancengleichheit von ausländischen Arbeitnehmern zu fördern. Vorreiter sind VW, Thyssen, TWB Preßwerk Preussag und Ford mit entsprechenden Vereinbarungen gegen Diskriminierung.

Nach § 75 BetrVG hat der Betriebsrat darüber zu wachen, dass eine unterschiedliche Behandlung von Personen wegen ihrer Abstammung oder Nationalität unterbleibt. Darüber hinaus weist § 80 Abs. 1 Nr. 7 des BetrVG dem Betriebsrat die Aufgabe zu, »die Eingliederung ausländischer Arbeitnehmer im Betrieb und das Verhältnis zwischen ihnen und den deutschen Arbeitnehmern zu fördern«.

Trotz der Tatsache, dass ausländische Arbeitnehmer seit Jahrzehnten in der Bundesrepublik einen wesentlichen Bestandteil des Arbeitsmarktes ausmachen, findet die Benachteiligung dieser Beschäftigten nach wie vor offen oder versteckt statt. Dies gilt insbesondere vor dem Hintergrund von wirtschaftlichen Problemen und Personalabbau. Betriebsvereinbarungen zur Förderung der Chancengleichheit von deutschen und ausländischen Arbeitnehmern können hier einen wichtigen Beitrag im Sinne der gesetzlichen Vorgaben liefern. Kernpunkte sind dabei gleiche Chancen bei Einstellung, Eingruppierung, Änderung der Arbeitsorganisation und Weiterbildung.

3.4.2 Betriebsvereinbarung zur Förderung der Gleichbehandlung aller ausländischen und deutschen Belegschaftsmitglieder

zwischen
der Geschäftsleitung der Firma ....
und dem Betriebsrat der Firma ....
wird zur Förderung der Gleichbehandlung aller ausländischen und deutschen Belegschaftsmitglieder folgende Betriebsvereinbarung abgeschlossen:

Präambel

Eine Unternehmenskultur, die sich durch ein partnerschaftliches Verhalten am Arbeitsplatz auszeichnet, bildet die Basis für ein positives innerbetriebliches Arbeitsklima und ist damit eine wichtige Voraussetzung für den wirtschaftlichen Erfolg eines Unternehmens.

In Anbetracht der Tatsache, dass das Zusammenleben von ausländischen und deutschen Belegschaftsmitgliedern nicht immer ohne Probleme verläuft, gleichwohl im Betrieb eine langjährige, im Wesentlichen positive Tradition der Zusammenarbeit besteht, wollen die vertragschließenden Parteien mit dieser Betriebsvereinbarung die Gleichbehandlung fördern.

Vor diesem Hintergrund bekräftigen sie die Absicht, auch künftig sicherzustellen, dass
- in Ausfüllung des Gleichheitsgrundsatzes nach Artikel 3 Satz 1 Grundgesetz kein Beleg-schaftsmitglied wegen seines Geschlechtes, seiner Abstammung, seiner Rasse, seiner Spra-che, seiner Heimat, seiner Herkunft, seines Glaubens, seiner religiösen oder politischen An-schauung benachteiligt oder bevorzugt wird, auch darf niemand wegen seiner Behinderung benachteiligt werden;
- die einschlägigen Normen der Europäischen Gemeinschaft zur Gleichbehandlung beachtet werden;
- sämtliche im Unternehmen beschäftigten deutschen und ausländischen Belegschafts-mitglieder im Sinne des § 75 Betriebsverfassungsgesetz nach den Grundsätzen von Recht und Billigkeit sowie mit dem erforderlichen Respekt handeln und behandelt werden.

Mobbing gegen Einzelne sowie Diskriminierung nach Herkunft und Hautfarbe und der Religion stellen am Arbeitsplatz eine schwerwiegende Störung des Arbeitsfriedens dar. Sie gelten als Verstoß gegen die Menschenwürde sowie als eine Verletzung des Persönlichkeitsrechts. Solche Verhaltensweisen sind unvereinbar mit den Bestimmungen der Arbeitsordnung.

Es besteht zwischen den vertragschließenden Parteien Einvernehmen, dass bei der Firma .... für Diskriminierung jeglicher Art kein Raum ist und sein darf.

Das Unternehmen verpflichtet sich, Mobbing und Diskriminierung zu unterbinden und ein partnerschaftliches Klima zu fördern und aufrecht zu erhalten. Dies gilt auch für die Werbung und Darstellung in der Öffentlichkeit.

1. Geltungsbereich

persönlich für alle Beschäftigten der Firma ....

2. Betriebliche Gleichbehandlungsgrundsätze

Zur Förderung eines konfliktfreien Miteinanders im Unternehmen ist besonderer Wert auf die Rechte und Pflichten eines jeden Belegschaftsmitgliedes zur Gleichbehandlung zu legen. Diese gelten insbesondere im Hinblick auf:

● *Personelle Angelegenheiten*
Vor allem die personalverantwortlichen Führungskräfte sind bei personellen Einzelmaßnahmen (Einstellungen, Versetzungen, Lohn/Gehaltsfestsetzungen, Beförderungen, Austritte, Qualifizierungen etc.) gehalten, die Gleichbehandlung der Belegschaftsmitglieder nach einheitlichen Kriterien zu beachten.
Offene Stellen sind vor ihrer Besetzung auszuschreiben.
Bei der Besetzung innerbetrieblicher Stellen sind vorrangig vorhandene Mitarbeiter zu berücksichtigen.
Entscheidend dabei sind die fachliche Qualifikation und die persönliche Eignung in Bezug auf die Anforderungen des Arbeitsplatzes.

● *Soziale Angelegenheiten*
Auf betriebliche Sozialleistungen, die das Unternehmen auf freiwilliger Basis gewährt, haben deutsche und ausländische Belegschaftsmitglieder gleichermaßen Anspruch, sofern die Voraussetzungen hierzu erfüllt sind.

● *Berufsbildung*
Gleichbehandlung und das Bemühen zur Integration sind schon im Rahmen der Berufsausbildung zu beachten, um den Auszubildenden ein entsprechendes Wertverständnis frühzeitig zu vermitteln.
Die Auswahl von Bewerberinnen und Bewerbern für die Einstellung in Ausbildungsverhältnisse hat für alle Ausbildungsberufe nach einheitlichen Eignungskriterien und ohne Quoten- bzw. Schwerpunktbildung nach Nationalitäten in bestimmten Ausbildungsberufen zu erfolgen.

Entscheidend ist das Gesamtbild des Bewerbers aus Testergebnis, persönlichem Eindruck im Vorstellungsgespräch und der Feststellung der gesundheitlichen Eignung.

Die betrieblichen Ausbildungspläne sind für alle Auszubildenden des jeweiligen Ausbildungsberufes gleich. In besonderen Fällen werden ausbildungsbegleitende Hilfen angeboten.

Das Weiterbildungsangebot des Unternehmens im Anschluss an die Berufsausbildung und damit verbundene Personalentwicklungsmaßnahmen stehen allen Belegschaftsmitgliedern offen. Zur Förderung der Integration werden u.a. interkulturelle Qualifizierungsmaßnahmen angeboten. Hierzu gehören vor allem eine Verbesserung der Sprachkompetenz und des Verständnisses für unterschiedliche Kulturen, um das Miteinander im Arbeitsleben zu erleichtern.

– Die vertragschließenden Parteien werden gemeinsam auf die Durchführung der betrieblichen Gleichbehandlungsgrundsätze achten und diese fördern in dem Bewusstsein, dass nur Vergleichbares gleichgehandelt werden kann. Eine Differenzierung ist nur dann zulässig, wenn besondere sachliche Gründe dies erfordern.

3. Verstöße gegen betriebliche Gleichbehandlungsgrundsätze

Die vertragschließenden Parteien werden im Rahmen ihrer Einflussmöglichkeiten auf die Belegschaft und ggf. Dritte einwirken, um Verstöße gegen die unter Ziffern 1 und 2 aufgestellten Grundsätze zu verhindern oder zu beseitigen.

Beschwerden über die Verletzung dieser Prinzipien sind gem. § 84 BetrVG an den Arbeitgeber zu richten.

Zur Verletzung dieser Prinzipien gehören unter anderem:

• *Mobbing*, wie beispielsweise
– Verleumden von Werksangehörigen oder deren Familien
– Verbreiten von Gerüchten über Werksangehörige oder deren Familien
– absichtliches Zurückhalten von arbeitsnotwendigen Informationen oder sogar Desinformation
– Drohungen und Erniedrigungen
– Beschimpfung, verletzende Behandlung, Hohn und Aggressivität
– unwürdige Behandlungen durch Vorgesetzte wie z.B. die Zuteilung kränkender, unlösbarer, sinnloser oder gar keiner Aufgaben

• *Diskriminierung*, wie beispielsweise aus
– rassistischen, ausländerfeindlichen oder religiösen Gründen, die in mündlicher oder schriftlicher Form geäußert werden sowie
– diesbezüglicher Handlungen gegenüber Werksangehörigen

Die o.g. Grundsätze gelten gleichermaßen für das Verhalten von Werksangehörigen gegenüber im Unternehmen beschäftigten Fremdfirmenangehörigen.

Soweit durch Diskriminierung ein konkreter Verstoß gegen die Gleichbehandlungsgrundsätze vorliegt, werden die vertragschließenden Parteien entsprechend ihrer Zuständigkeit die hierfür gebotene Reaktion im Rahmen der betrieblichen Ordnungsmaßnahmen einleiten. Die Personalabteilung wird eine Klärung des Sachverhaltes herbeiführen und erforderliche Maßnahmen treffen.

Der Betriebsrat bietet diskriminierten Belegschaftsmitgliedern Beratung und Unterstützung an, soweit erforderlich kann er hierzu besondere Vertrauenspersonen benennen; die diskriminierten Personen können diese hinzuziehen oder sich durch sie vertreten lassen.

4. Beschwerderecht

Wenn eine persönliche Zurechtweisung durch die belästigte Person im Einzelfall erfolglos ist oder unangebracht erscheint, können sich die betroffenen Werksangehörigen, die sich durch die Missachtung der unter Punkt 2 beschriebenen Grundsätze beeinträchtigt fühlen, an die nachfolgenden Stellen wenden:

Verantwortliche Stellen in diesem Sinne sind insbesondere

- der/die betriebliche/n Vorgesetzte/n
- der Betriebsrat
- das Personalwesen

Diese haben die Aufgabe, unverzüglich, spätestens innerhalb einer Woche nach Kenntnis des Vorfalls

- die Betroffenen zu beraten und zu unterstützen,
- in getrennten oder gemeinsamen Gesprächen mit den Belästigenden und den belästigten Personen den Sachverhalt festzustellen und zu dokumentieren,
- die belästigende Person über die tatsächlichen und arbeitsrechtlichen Zusammenhänge und Folgen einer Belästigung im vorgenannten Sinne am Arbeitsplatz aufzuklären,
- den zuständigen Gremien Gegenmaßnahmen und ggf. arbeitsrechtliche Konsequenzen im Rahmen der bestehenden Verfahren vorzuschlagen,
- allen – auch vertraulichen – Hinweisen und Beschwerden von Belästigungen im vorgenannten Sinne nachzugehen,
- auf Wunsch die/den Betroffene/n zu/in allen Gesprächen und Besprechungen einschließlich zu Sitzungen des Personalausschusses zu begleiten, zu beraten und sie/ihn in ihrer/seiner Vertretung zu unterstützen.

Über die Teilnahme von Vertrauenspersonen an seinen Sitzungen entscheidet der Personalausschuss in Abwägung der Umstände des Einzelfalls.

Darüber hinaus können sich betroffene Werksangehörige auch jederzeit an Personen ihres Vertrauens wenden.

Die §§ 84 und 85 des Betriebsverfassungsgesetzes über das allgemeine Beschwerderecht bleiben unberührt.

Die Beschwerde darf nicht zu Benachteiligungen führen.

5. Vertraulichkeit

Über die Informationen und Vorkommnisse persönlicher Daten und Gespräche ist absolutes Stillschweigen gegenüber Dritten zu bewahren, die nicht am Verfahren beteiligt sind.

6. Maßnahmen

Das Unternehmen hat die dem Einzelfall angemessenen betrieblichen Maßnahmen, wie z. B.
- Belehrung
- Abmahnung oder
- Kündigung

zu ergreifen.

Die Durchführung erfolgt in Abstimmung mit dem Betriebsrat.

Zur Abhilfe kann auch ein Beratungs- und/oder Therapieangebot erfolgen.

Im Übrigen gelten die einschlägigen Bestimmungen, z. B. das Beschäftigtenschutzgesetz.

7. Schlussbestimmung

Die Betriebsvereinbarung tritt am .... in Kraft. Sie kann mit einer Frist von 3 Monaten zum Jahresende, erstmals zum .... gekündigt werden. Wird diese Betriebsvereinbarung gekündigt, z. B. im Falle einer Änderung einschlägiger gesetzlicher Vorschriften oder Rechtsprechung, gelten die Festlegungen dieser Betriebsvereinbarung bis zum Abschluss einer neuen Vereinbarung weiter.

Geschäftsleitung   Betriebsrat

3.4.3 Betriebsvereinbarung für die Bekämpfung und Beseitigung der Diskriminierung ausländischer Arbeitnehmer und zur Förderung der Chancengleichheit am Arbeitsplatz

Zwischen der Firma ....
und dem Betriebsrat .... wird folgende Betriebsvereinbarung geschlossen:

1. Zweck und Status der Betriebsvereinbarung

1.1 Mit der vorliegenden Betriebsvereinbarung werden praktische Leitlinien vereinbart, die der Unternehmensleitung und den Arbeitnehmervertretern der Firma .... helfen sollen, soziale Diskriminierung ausländischer Arbeitnehmerinnen und Arbeitnehmer am Arbeitsplatz zu bekämpfen bzw. zu beseitigen. Darüber hinaus werden verbindliche Vereinbarungen für die Durchführung einer Politik der Chancengleichheit bei der Firma .... getroffen.

1.2 Die Bestimmungen dieser Betriebsvereinbarung haben einen rechtsverbindlichen Charakter.

1.3 Alle anderweitigen rechtsgültigen Bestimmungen über die Einhaltung des Gleichbehandlungsgrundsatzes bleiben unberührt.

2. Geltungsbereich der Betriebsvereinbarung

2.1 Diese Betriebsvereinbarung gilt räumlich für alle Bereiche der Firma .... und inhaltlich für alle Maßnahmen bei der Auswahl und Behandlung der Beschäftigten. Des Weiteren gelten die Regeln für die Gewährung des Zugangs zu betrieblichen Aus-, Weiter- und Fortbildungsmaßnahmen sowie für die Behandlung von Lehrgangsteilnehmerinnen und -teilnehmer.

2.2 Alle Beteiligten sollen in enger Zusammenarbeit die erforderlichen Maßnahmen ergreifen, um die Chancengleichheit am Arbeitsplatz zu realisieren. Von der Chancengleichheit sollen alle Arbeitnehmerinnen und Arbeitnehmer, die bei der Firma .... (einschließlich Tochtergesellschaften) in einem Beschäftigungsverhältnis stehen, gleichermaßen profitieren, unabhängig von Hautfarbe, Rasse, Staatsangehörigkeit und Religion, ethnischer oder nationaler Herkunft.

3. Durchführung einer betrieblichen Chancengleichheitspolitik

3.1 Die Unternehmensleitung der Firma .... verpflichtet sich, in Zusammenarbeit mit dem (Gesamt-)Betriebsrat zur Durchführung einer Chancengleichheitspolitik umgehend folgende Maßnahmen einzuleiten:

1) Die Unternehmensleitung unterrichtet alle Beschäftigten in schriftlicher Form – ggf. in Fremdsprachen – über den Inhalt dieser Betriebsvereinbarung.

2) Für die Verwirklichung der Chancengleichheit werden Ziele und Maßnahmen für die Bereiche Einstellung, Behandlung am Arbeitsplatz, Zugang zur betrieblichen Aus-, Weiter- und Fortbildung, berufliche Beförderung und Vergabe von Werksmietwohnungen festgelegt und deren Umsetzung kontrolliert.

3) Die Gesamtverantwortung für die Durchführung der betrieblichen Politik der Chancengleichheit trägt die Unternehmensleitung der Firma .... Es wird eine paritätische Kommission aus Vertretern der Firma .... und des (Gesamt-)Betriebsrates gebildet, der die Erledigung der Aufgaben obliegt, die sich aus dieser Betriebsvereinbarung ergeben. Durch diese Kommission werden die Fortschritte, die bei der Umsetzung der zur Chancengleichheit festgelegten Ziele zu verzeichnen sind, überwacht und die bestehenden Defizite festgestellt.

4. Bewertung der Wirksamkeit der Chancengleichheitspolitik

4.1 Auf der Grundlage der gewonnenen Erkenntnisse über noch vorhandene Diskriminierung schlägt die paritätische Kommission die notwendigen Maßnahmen zur Verbesserung der Situation dem Arbeitgeber zur verbindlichen Erledigung vor.

4.2 Die Ergebnisse der Maßnahmen zur Chancengleichheit sind den Arbeitnehmervertretern sowie der Belegschaft bekanntzugeben (z.B. in Betriebsversammlungen, über die Betriebszeitschriften und sonstige Veröffentlichungen).

5. Einstellung von Personal

5.1 Bei der innerbetrieblichen Ausschreibung einer Stelle ist sicherzustellen, dass diese Ausschreibung in den Hauptsprachen, die im Betrieb vertreten sind, erscheint und von Arbeitnehmerinnen und Arbeitnehmern ausländischer Herkunft gelesen werden kann. In den internen wie externen Ausschreibungen sind die Bewerberinnen und Bewerber ausländischer Herkunft gem. den Qualifikationsanforderungen gleich zu behandeln.

5.2 Bei den Auswahlkriterien und Eingruppierungen sind die nicht in Deutschland erworbenen vergleichbaren Qualifikationen und Berufserfahrungen entsprechend zu berücksichtigen. Bei den Auswahltests dürfen nur solche Fragen gestellt werden, die sich aus dem Profil der ausgeschriebenen Stelle ergeben.

5.3 Zu den Einstellungsgesprächen können auf eigenen Wunsch auch Mitglieder der paritätischen Kommission herangezogen werden.

6. Zuweisung der Aufgaben und berufliche Beförderungen/Gleichbehandlung der ausländischen Arbeitnehmerinnen und Arbeitnehmer bei der Änderung der Arbeitsorganisation

6.1 Personalsachbearbeiter und Führungskräfte, die Entscheidungen treffen über die Zuweisung der Aufgaben und der jeweiligen Bereiche sowie über die Auswahl derjenigen, die an Aus-, Weiter- und Fortbildungsmaßnahmen teilnehmen, haben die Kriterien im Sinne dieser Betriebsvereinbarung anzuwenden. Es darf nicht davon ausgegangen werden, dass bestimmte Tätigkeiten für Angehörige bestimmter ethnischer Gruppen vorbehalten sind. Bei der Versetzung von Personal in die Tätigkeiten mit höheren Vergütungsgruppen oder Teilnahme an betrieblichen Ausbildungsmaßnahmen dürfen Angehörige ethnischer Minderheiten nicht ausgeschlossen oder benachteiligt werden.

6.2 Die Leistungsbeurteilung und berufliche Beförderung erfolgen nach einheitlichen Kriterien. Die Arbeitnehmerinnen und Arbeitnehmer ausländischer Herkunft sind bei der Verteilung neuer Aufgaben und Arbeitsplätze, die sich insbesondere aus den Veränderungen in der Arbeitsorganisation ergeben, mit allen übrigen Arbeitnehmerinnen und Arbeitnehmern gleich zu behandeln. Arbeitsorganisation und Arbeitsgestaltung dürfen nicht zum Abbau des Anteils der ausländischen Arbeitnehmerinnen und Arbeitnehmer an der Gesamtbeschäftigtenzahl führen.

7. Aus-, Weiter- und Fortbildung/Fördermaßnahmen

7.1 Bei der Beurteilung der Bewerbung von Auszubildenden bleibt die nationale oder ethnische Herkunft unberücksichtigt. Durch geeignete Maßnahmen, gegebenenfalls muttersprachliche Informationen, ist sicherzustellen, dass ausreichende Informationen über zukunftsorientierte Berufe in den Abschlussklassen der Schulen erfolgen, Plätze für Betriebspraktika zur Verfügung gestellt werden und gegebenenfalls in Zusammenarbeit mit der Berufsberatung eine gezielte Ausbildungsförderung ausländischer Jugendlicher erfolgt.

7.2 Es wird sichergestellt, dass sämtliche bei der Firma .... vorhandenen Aus-, Weiter- und Fortbildungsmaßnahmen allen Beschäftigten, unabhängig von ihrer Herkunft, bekannt gemacht werden. Weiterbildungs- und Qualifizierungsmaßnahmen sind aufeinander abzustimmen, damit eine im Rahmen der Qualifikation angemessene Tätigkeit angeboten werden kann.

7.3 Die Angehörigen ethnischer und nationaler Minderheiten werden durch geeignete Informationskampagnen, in Betriebsversammlungen bzw. durch fachbezogene Sprachbildungsangebote seitens des Betriebes ermutigt und gefördert, die betrieblichen Fortbildungsmöglichkeiten wahrzunehmen, insbesondere solche, die ihnen den Aufstieg in Tätigkeitsbereiche erleichtern, in denen sie bisher unterrepräsentiert sind.

8. Vergabe von Werksmietwohnungen

Es ist sicherzustellen, dass bei der Vergabe oder Vermittlung von Werksmietwohnungen die Arbeitnehmerinnen und Arbeitnehmer ausländsicher Herkunft mit allen übrigen Mietwohnungssuchenden gleich behandelt werden. Das Nähere kann durch eine gesonderte Betriebsvereinbarung geregelt werden.

9. Beschwerdeverfahren/Maßnahmen bei Diskriminierungen von Arbeitnehmerinnen und Arbeitnehmern ausländischer Herkunft

Etwaigen Beschwerden über Fälle von Diskriminierung von ausländischen Arbeitnehmerinnen und Arbeitnehmern wird umgehend nachgegangen. Die zuständigen Führungskräfte und/oder Personalsachbearbeiter haben den entsprechenden Beschwerden nachzugehen und deren Erledigung der paritätischen Kommission umgehend zu melden.

10. Evaluierung

Anzustreben ist eine Evaluierung der betrieblichen Antidiskriminierungs- und Gleichbehandlungspolitik im Sinne der »Gemeinsamen Erklärung über die Verhütung von Rassendiskriminierung und Fremdenfeindlichkeit sowie Förderung der Gleichbehandlung am Arbeitsplatz«, verabschiedet vom Gipfel des Sozialen Dialogs am 21. Oktober 1995 in Florenz.

Schlussbemerkungen

Diese Betriebsvereinbarung tritt am .... in Kraft und kann frühestens nach Ablauf von 3 Jahren gekündigt werden.

gez. Unternehmensleitung der Firma

....

gez. (Gesamt-)Betriebsrat der Firma

....

(**Hinweis:** Muster-Betriebsvereinbarung der IG Metall, Vorstandsverwaltung, Abteilung Ausländische Arbeitnehmer)

3.5 Führung von Personalakten

3.5.1 Einleitung

Unter dem Begriff »Personalakte« versteht man jede Sammlung von Unterlagen über einen bestimmten Arbeitnehmer ohne Rücksicht auf die Stelle, an der diese Sammlung geführt wird.

Aufgrund des Persönlichkeitsschutzes der Arbeitnehmer ist der Arbeitgeber verpflichtet, die Personalakten sorgfältig zu verwahren und für deren vertrauliche Behandlung Sorge zu tragen. Die Personalakten dürfen nur Angaben enthalten, für die ein sachliches Interesse des Arbeitgebers im Hinblick auf das Arbeitsverhältnis besteht.

Der Arbeitnehmer hat nach § 83 BetrVG das Recht auf Einsichtnahme in die über ihn geführten Personalakten und kann hierzu ein Mitglied des Betriebsrats hinzuziehen. Erklärungen des Arbeitnehmers zum Inhalt der Personalakte (z. B. Gegendarstellungen) sind dieser auf sein Verlangen beizufügen. Im Interesse einer für alle Beteiligten eindeutig geregelten Handhabung kann es durchaus sinnvoll sein, über die Führung und Einsichtnahme in die Personalakten eine Betriebsvereinbarung abzuschließen, in der etwa auch auf gesetzlich nicht geregelte Fragen wie die »Verjährung« und Entfernung von Verweisen bzw. Abmahnungen eingegangen wird.

Über ein Einigungsverfahren können allerdings Vereinbarungen wie die beiden folgenden nicht erzwungen werden.

3.5.2 Betriebsvereinbarung über die Führung von Personalakten I

Zwischen der XY-GmbH
und dem Betriebsrat der XY-GmbH
wird folgende Betriebsvereinbarung zur Führung und Einsichtnahme in die besehenden Personalakten abgeschlossen, um allen Beteiligten einen klar geregelten und rechtmäßigen Umgang mit Personalakten zu erleichtern.

§ 1 Begriff der Personalakte

1. Personalakten im Sinne dieser Betriebsvereinbarung ist die Zusammenfassung aller schriftlich festgehaltenen Daten und Vorgänge, die sich mit der Person eines bestimmten Arbeitnehmers und dem Inhalt und der Entwicklung seines Arbeitsverhältnisses befassen.

2. Die Personalaktenbestandteile sind einzeln fortlaufend zu nummerieren. Werden Bestandteile entfernt, wird ein entsprechender Vermerk über die Entfernung in die Personalakte aufgenommen. Die Nummerierung ist nicht zu verändern.

§ 2 Grundsätze zur Führung der Personalakte

1. Die Personalakte wird grundsätzlich an einer Stelle geführt. Soweit es aus Gründen der Betriebsorganisation erforderlich ist, dass auch an anderer Stelle als an der Stelle, wo die Personalakte sich befindet, schriftliche Unterlagen über einen Arbeitnehmer angefertigt und aufbewahrt werden, ist in der Personalakte ein entsprechender Hinweis aufzunehmen. Die an anderer Stelle aufbewahrten Unterlagen sind Bestandteil der Personalakte.

2. In der Personalakte dürfen nur Unterlagen gesammelt werden, die zur ordnungsgemäßen Abwicklung des Arbeitsverhältnisses notwendig sind. Aufzeichnungen und Unterlagen über persönliche Verhältnisse des Arbeitnehmers dürfen nur insoweit im Unternehmen und in der Personalakte geführt und aufbewahrt werden, als sie dem mit dem Betriebsrat vereinbarten Personalfragebogen entsprechen.

§ 3 Geheimnisschutz

1. Der Inhalt der Personalakte ist grundsätzlich vertraulich zu behandeln. Es ist sicherzustellen, dass unbefugte Dritte keinen Einblick nehmen können. Die Weitergabe jeglicher Informationen aus der Personalakte ist nur zulässig zur Erfüllung gesetzlicher Pflichten, zur Wahrung berechtigter Interessen des Unternehmens oder wenn der Arbeitnehmer sein Einverständnis mit der Weitergabe erklärt hat.

2. Auch die Weitergabe von Anschrift, Beruf und Namen ist nur im Rahmen des Abs. 1 zulässig.

§ 4 Einsichtsrecht des Arbeitnehmers

1. Der Arbeitnehmer hat das Recht, jederzeit Einsicht in seine Personalakte zu nehmen. Wird die Personalakte oder werden Teile von ihr nicht an der Stelle geführt, wo der Arbeitnehmer üblicherweise seine Arbeit verrichtet, so ist die Personalakte oder der entsprechende Teil unverzüglich zur Einsichtnahme herbeizuschaffen.

2. Vor der Einsichtnahme oder aus Anlass der Einsichtnahme dürfen an der Personalakte keinerlei Veränderungen vorgenommen werden.

3. Über Datum und Ort der Einsichtnahme ist ein Vermerk in der Personalakte aufzunehmen.

§ 5 Einsichtsrecht durch den Betriebsrat

Der Betriebsrat kann die Vorlage von Personalakten verlangen, wenn dies zur Erfüllung seiner gesetzlichen Pflicht erforderlich ist und der Arbeitnehmer hierzu sein Einverständnis erklärt hat.

§ 6 Erklärungen des Arbeitnehmers

Der Personalakte sind Erklärungen des Arbeitnehmers als Bestandteil der Akte hinzuzufügen. Ein Zurückweisungsrecht des Arbeitgebers besteht nicht.

§ 7 Tilgung von Abmahnungen, Verwarnungen und Verweisen

Abmahnungen, Verwarnungen oder vergleichbare negative Äußerungen über den Arbeitnehmer sind nach zwei Jahren aus der Personalakte zu entfernen.

Beziehen sich die entsprechenden Unterlagen auf Verstöße gegen die Arbeitssicherheit oder Vorschriften über den Gesundheitsschutz, so verbleiben diese Unterlagen vier Jahre in der Personalakte. Über die Entfernung und Vernichtung von Unterlagen nach dieser Vorschrift ist der betroffenen Arbeitnehmer zu unterrichten.

§ 8 Behandlung von Personalakten ausgeschiedener Arbeitnehmer

1. Scheidet ein Arbeitnehmer aus, so sind ihm auf Wunsch alle diejenigen Unterlagen aus der Personalakte auszuhändigen, die nicht aufgrund gesetzlicher Vorschriften im Unternehmen bleiben müssen. Von den Teilen, die im Unternehmen verbleiben müssen, sind dem Arbeitnehmer auf Wunsch Kopien zu übergeben.

2. Die im Unternehmen verbleibenden Teile in der Personalakte werden so aufbewahrt, dass unbefugte Dritte keinen Zugang haben. Sie dürfen nur benutzt werden zur Erfüllung gesetzlicher Pflichten oder zur Wahrnehmung berechtigter Interessen des Unternehmens.

§ 9 Übergangs- und Kündigungsvorschriften

1. Die bisherigen Personalakten werden zum ...... (Datum) ...... in den dieser Betriebsvereinbarung entsprechenden Zustand versetzt.

2. Diese Betriebsvereinbarung kann mit einer Frist von 3 Monaten zum Jahresende gekündigt werden. Wird bis zum Ablauf der Kündigungsfrist keine neue Vereinbarung abgeschlossen, so wirken die Bestimmungen dieser Vereinbarung fort.

3. Für den Neuabschluss von Vereinbarungen erklären die Betriebsparteien ihr Einverständnis mit dem Tätigwerden einer Einigungsstelle gemäß § 76 Abs. 6 BetrVG. Beide Seiten erklären im Voraus ihre Unterwerfung unter einen eventuellen Spruch der Einigungsstelle.

Ort, Datum, Unterschriften

3.5.3 Betriebsvereinbarung über die Führung von Personalakten II

Präambel

Arbeitgeber und Betriebsrat der .... sind sich in der Zielsetzung einig, mit dieser Betriebsvereinbarung den Informationsstand der Beschäftigten über ihre betriebliche Situation zu verbessern und ihnen die Wahrnehmung ihrer Rechte zu erleichtern.

§ 1 Personalakte

1. Zur Personalakte gehören alle im Betrieb, im Unternehmen, im Konzern und bei außerbetrieblichen Stellen schriftlich festgehaltenen oder auf Datenträgern gespeicherten Daten und Vorgänge, die sich mit der Person eines/einer bestimmten Arbeitnehmers/Arbeitnehmerin und dem Inhalt und der Entwicklung seines/ihres Arbeitsverhältnisses befassen. Anlässlich der Einsichtnahme in die Personalakte stehen alle Aufzeichnungen gem. Abs. 1 in lesbarer Form zur Verfügung.

2. Zu jeder Personalakte wird ein Inhaltsverzeichnis erstellt. Werden Teile der Personalakte entfernt (z.B. Abmahnungen – siehe § 6), ist das Inhaltsverzeichnis so zu ändern, dass es keinen Hinweis mehr auf entfernte Vorgänge gibt.

§ 2 Führung der Akte

1. Die Personalakte wird grundsätzlich nur an einer Stelle (Personalabteilung) geführt. Werden Teile der Personalakte von anderen Stellen geführt oder gespeichert, so ist in der Personalstammakte zu vermerken, wo weitere Teile geführt werden. Nicht vermerkte Aufzeichnungen dürfen der Akte nicht nachträglich hinzugefügt werden und sind zu vernichten. Auf Wunsch des/der Betroffenen können diese Aufzeichnungen jedoch der Akte auch nachträglich hinzugefügt werden.

2. In der Personalakte werden nur solche Unterlagen aufbewahrt, die zur Abwicklung des Arbeitsverhältnisses notwendig sind. Aufzeichnungen und Unterlagen über persönliche Verhältnisse des/der Betroffenen werden nur insoweit zu den Personalakten genommen, wie sie der Betriebsvereinbarung über den zulässigen Inhalt des Personalfragebogens entsprechen. Der Inhalt von Strafakten, Ehescheidungsakten und anderen Akten und Mitteilungen öffentlicher Körperschaften und Behörden wird nur dann zu den Personalakten genommen, wenn dies für die Beurteilung des Arbeitnehmers/der Arbeitnehmerin im Rahmen des Arbeitsverhältnisses erforderlich ist.

   Derartige Vorgänge und Akten werden jedoch erst nach vorheriger Unterrichtung des/der Betroffenen zur Personalakte genommen.

§ 3 Behandlung der Akte

1. Der Inhalt der Personalakte ist vertraulich zu behandeln. Auch in der die Akte führenden Stelle ist sicherzustellen, dass nur Berechtigte aus konkretem Anlass Einblick nehmen können.

   Darüber hinaus ist sicherzustellen, dass Dritte keinen Einblick nehmen können. Die Weitergabe von Daten und Angaben aus der Personalakte ist nur zulässig zur Erfüllung gesetzlicher Pflichten, oder wenn der/die Mitarbeiter/in mit der Weitergabe einverstanden ist. Das gilt auch für Auskunftsersuchen anderer Betriebe über Bewerber/innen.

§ 4 Einsichtnahme

1. Der/die Betroffene ist berechtigt, nach vorheriger Ankündigung, während der betriebsüblichen Bürostunden in alle Teile seiner/ihrer Personalakte Einsicht zu nehmen. Er/sie ist berechtigt, Abschriften und Notizen zu fertigen. Er/sie hat auch Anspruch auf Erteilung von Abschriften und Fotokopien.

   Dem/der Betroffenen und dem hinzugezogenen Betriebsratsmitglied wird eine ungestörte Einsichtnahme ermöglicht. Auf Wunsch steht für Erläuterungen ein/e Beauftragte/r der aktenführenden Stelle für Erläuterungen zur Verfügung.

2. Vor der Einsichtnahme oder aus Anlass der Einsichtnahme dürfen an der Personalakte keine Veränderungen vorgenommen werden. Über Datum und Ort der Einsichtnahme ist ein Vermerk aufzunehmen und zu den Personalakten zu nehmen. Diesem Vermerk wird auch das zum Zeitpunkt der Einsichtnahme aktuelle Inhaltsverzeichnis, unterzeichnet von der/dem Betroffenen und einem Vertreter der aktenführenden Stelle beigefügt.

3. Der Betriebsrat kann in die Personalakte Einsicht nehmen, wenn
   a) der/die Arbeitnehmer/in einverstanden ist,
   b) dies zur Erfüllung seiner gesetzlichen Pflichten erforderlich ist,
   c) oder ein Betriebsratsmitglied von dem/der Betroffenen beauftragt wurde, an seiner/ihrer Stelle Einsicht zu nehmen.

§ 5 Hinzufügen von Erklärungen

Erklärungen des/der Betroffenen zum Inhalt der Personalakte bzw. zum Arbeitsverhältnis sind unverändert und ohne Anmerkungen zu den Personalakten zu nehmen.

§ 6 Entfernung von Abmahnungen

1. Abmahnungen, Verwarnungen, Verweise, Betriebsbußen oder sonstige negative Äußerungen über einen Arbeitnehmer sind am Ende des zweiten Jahres nach ihrer Erteilung aus der Personalakte zu entfernen. Dies gilt nicht für Zeugnisse oder Zwischenzeugnisse, die dem/der Arbeitnehmer/in auf Verlangen erteilt worden sind. Ebenfalls unberührt bleiben Beurteilungen, die aufgrund eines Tarifvertrages oder einer Betriebsvereinbarung vorgenommen werden.

2. Sonstige Unterlagen, die nach Auffassung des/der Betroffenen nicht Inhalt der Personalakte sein sollten, werden grundsätzlich auf Verlangen entfernt.
   Ist der Arbeitgeber der Auffassung, dass die umstrittene Unterlage zu Recht Teil der Personalakte ist, wird versucht, hierüber eine Einigung mit dem Betriebsrat herbeizuführen. Im Falle der Nichteinigung entscheidet die Einigungsstelle verbindlich über den Streitfall.

3. Über die Entfernung von Unterlagen aus der Personalakte ist der/die Betroffene zu unterrichten.

4. Die Entfernung von Unterlagen aus der Personalakte erfolgt spurlos; das heißt, unter Verzicht auf Speicherungen oder Vermerke über die erfolgte Entfernung.

§ 7 Aushändigung bei Beendigung des Arbeitsverhältnisses

Wer aus den Diensten des Unternehmens ausscheidet, kann verlangen, dass ihm/ihr die Unterlagen aus der Personalakte ausgehändigt werden, die nicht aufgrund gesetzlicher Vorschriften im Unternehmen verbleiben müssen. Bei laufenden Kündigungsschutzverfahren sind die Unterlagen auf Verlangen mit der rechtskräftigen Beendigung des Arbeitsverhältnisses auszuhändigen. Auch die aufgrund gesetzlicher Vorschriften im Unternehmen verbleibenden Unterlagen sind in Kopie zu übergeben. Sie werden vernichtet, wenn die gesetzlichen Fristen für ihre Aufbewahrung enden.

§ 8 Rechte aus dem Bundesdatenschutzgesetz

Unberührt von dieser Vereinbarung bleiben die Rechte von Beschäftigten aus dem Bundesdatenschutzgesetz, zum Beispiel auf Löschen, Sperren oder Berichtigen von Dateien.

§ 9 In-Kraft-Treten und Kündigung der Betriebsvereinbarung

Diese Betriebsvereinbarung gilt ab .... Sie kann mit dreimonatiger Kündigungsfrist zum Jahresende, jedoch erstmals zum .... gekündigt werden. Sie gilt fort bis zum Abschluss einer neuen Betriebsvereinbarung. Diesbezüglich erklären sich beide Seiten im Falle der Nichteinigung mit dem Zustandekommen der Einigungsstelle einverstanden und akzeptieren von vornherein deren Entscheidung.

Datum   Arbeitgeber, Betriebsrat

3.6 Arbeitsordnung

3.6.1 Einleitung

Die Regelung von Fragen der Ordnung des Betriebes und des Verhaltens der Arbeitnehmer im Betrieb unterliegt nach § 87 Abs. 1 Ziffer 1 BetrVG dem Mitbestimmungsrecht des Betriebsrats. Dazu gehören alle Maßnahmen, die die allgemeine Ordnung des Betriebes und (oder) das Verhalten der Arbeitnehmer oder von Gruppen von Arbeitnehmern im Betrieb regeln.

In vielen, insbesondere größeren Unternehmen bestehen mit dem Betriebsrat bzw. Gesamtbetriebsrat vereinbarte Arbeits- oder Betriebsordnungen, in denen vom Beginn bis zum Ende des Arbeitsverhältnisses nahezu sämtliche Rechte und Pflichten, Verhaltensmaßregeln, betriebliche Ordnungsvorschriften usw. zusammengefasst sind. Solche Arbeitsordnungen sind nicht selten schon jahrzehntealt und enthalten Regelungen, die nicht mehr in die heutige Zeit passen.

Darüber hinaus hat auch die Entwicklung auf dem Gebiet der Arbeits- und Sozialgesetzgebung sowie im Bereich der Tarifverträge dazu geführt, dass bestehende Arbeits- oder Betriebsordnungen nicht mehr geltendem Recht entsprechen und überarbeitet werden müssen.

Arbeitsordnungen sollen und können natürlich keine Tarifverträge ersetzen und dürfen auch den Verhandlungsspielraum des Betriebsrats für den Abschluss von Betriebsvereinbarungen nicht einengen. Es muss insbesondere vermieden werden, dass damit die zugunsten der Arbeitnehmer im Betrieb erkämpften Kollektiv- und Individualrechte in unzulässiger Weise eingeschränkt werden.

Bei der Überarbeitung und Neufassung von Arbeitsordnungen haben die Betriebsräte entsprechend § 87 BetrVG im Rahmen ihres Mitbestimmungsrechts auch ein Initiativrecht. Vor diesem Hintergrund ist die Durchsicht und gegebenenfalls Aktualisierung oder »Entrümpelung« von langjährig bestehenden Betriebsvereinbarungen durchaus zu empfehlen.

Die nachfolgende Muster-Arbeitsordnung ist nur eine Rahmenempfehlung und muss auf die betrieblichen Bedürfnisse und die Struktur des Unternehmens zugeschnitten werden.

3.6.2 Betriebsvereinbarung zur Arbeitsordnung

Zwischen der XY-GmbH
und dem Betriebsrat der XY-GmbH wird folgende
Arbeitsordnung
vereinbart.

§ 1 Beginn des Arbeitsverhältnisses

1. Bewerber werden nur durch die zuständige Personalabteilung eingestellt. Von der Personalabteilung kann im Einvernehmen mit dem Betriebsrat verlangt werden, dass sich die Bewerber einem Eignungstest unterziehen.

2. Bewerber haben bei der Einstellung folgende Unterlagen der Personalabteilung vorzulegen: Lohnsteuerkarte,
Versicherungsscheckheft,
Arbeitsbescheinigungen oder
Zeugnisse bzw. entsprechende Bescheinigungen über die letzte Beschäftigung.
Dem Bewerber ist eine Quittung über die der Personalabteilung übergebenen Unterlagen auszuhändigen.
Dem Bewerber ist der mit dem Betriebsrat vereinbarte Personalfragebogen vorzulegen.

3. Alle Bewerber sind dem Betriebsrat unter Vorlage der vollständigen Bewerbungsunterlagen vorzustellen.

4. Werden Bewerber in begründeten Fällen für eine begrenzte Zeit (befristetes Arbeitsverhältnis) oder für einen bestimmten Zweck (z. B. Aushilfe) eingestellt, so muss dies schriftlich vereinbart werden.

5. Schwerbehinderte und ihnen Gleichgestellte müssen den Grad ihrer Behinderung durch Vorlage des letzten rechtskräftigen Bescheides nachweisen.

6. Mit der Beschäftigung eines Jugendlichen darf nur begonnen werden, wenn die im Jugendarbeitsschutzgesetz vorgesehenen ärztlichen Untersuchungen vorgenommen wurden. Das Gleiche gilt für die Beschäftigung von Arbeitnehmern auf Arbeitsplätzen, für die eine ärztliche Untersuchung gesetzlich vorgesehen ist. Die ärztliche Bescheinigung darf nur Angaben darüber enthalten, durch welche Arbeiten der Arbeitnehmer seine Gesundheit gefährden würde oder für welche Arbeiten er nicht geeignet ist.

7. Die durch ärztliche Untersuchung entstehenden Kosten werden von der Firma übernommen, sofern sie nicht von einer anderen Stelle zu erstatten sind. Das Gleiche gilt für die Vorstellungskosten.

8. Bei der Einstellung werden unter Beachtung geltender Tarifverträge und Gesetze schriftlich
vereinbart:
a) Beginn des Arbeitsverhältnisses und der Tag der Arbeitsaufnahme
b) Art der Beschäftigung
c) Arbeitsplatz bzw. Arbeitsbereich
d) Arbeitsart
e) Arbeitszeit und Schichtregelung
f) Entlohnungsgrundsatz
g) Entlohnungsmethode
h) Lohnzusammensetzung
   aa) Lohngruppe
   bb) Tariflohn
   cc) Leistungszulage
   dd) betriebliche Zulage
   ee) Geldfaktor
i) Kündigungsfrist und Kündigungstermin
j) Dauer der Probezeit
k) Dauer des Arbeitsverhältnisses (befristetes Arbeitsverhältnis)

9. Allen Werksangehörigen ist bei der Einstellung ein Exemplar dieser Arbeitsordnung
und eine Durchschrift des Arbeitsvertrages in der jeweiligen Landessprache auszuhändigen.

§ 2 Krankenkasse

Jeder krankenversicherungspflichtige Werksangehörige wird bei seinem Eintritt bei der
Betriebskrankenkasse oder der Krankenkasse, zu der die Firma den gesetzlichen Beitragsanteil
zahlt, angemeldet, sofern er nicht nachweist, dass er Mitglied einer zugelassenen Ersatzkasse
ist. Bei Beendigung der Mitgliedschaft in einer zugelassenen Ersatzkasse ist das Lohn- bzw.
Personalbüro unverzüglich zu benachrichtigen.

§ 3 Veränderungen

Veränderungen der persönlichen Verhältnisse, die für das Arbeitsverhältnis bedeutsam sind, wie
nachträglicher Erwerb oder Verlust von Sonderrechten, Wohnungswechsel, Eheschließung, Ehe-
scheidung, Geburten, Todesfälle, Wehrdienst und ziviler Ersatzdienst, sind innerhalb einer Frist
von 14 Tagen der jeweils zuständigen Personalstelle mitzuteilen und gegebenenfalls durch Vorlage entsprechender Unterlagen nachzuweisen.

§ 4 Einstellung, Eingruppierung, Umgruppierung und Versetzung

Der Betriebsrat hat bei Maßnahmen nach § 99 BetrVG ein Initiativrecht. Jede Einstellung, Eingruppierung, Umgruppierung und Versetzung erfolgt durch die Personalabteilung mit Zustim-

mung des Betriebsrates unter Beachtung der mit dem Betriebsrat vereinbarten Auswahlrichtlinien (§ 95 BetrVG).
Eine Versetzung oder Umgruppierung wird erst nach Vereinbarung mit dem Arbeitnehmer oder
nach Änderungskündigung und Ablauf der im Einzelfall zu beachtenden Kündigungsfrist wirksam.

§ 5 Arbeitsentgelt

1. Löhne und Gehälter richten sich für tarifgebundene Arbeitnehmer nach den tariflichen
   Bestimmungen und zusätzlichen Vereinbarungen, für alle übrigen Arbeitnehmer nur nach
   den getroffenen Vereinbarungen.

2. Ändert sich das Arbeitsentgelt durch Versetzung, Umgruppierung oder gleichartige Änderungen des Arbeitswertes, so muss dem Arbeitnehmer das neue Entgelt schriftlich mitgeteilt
   werden.

3. Eine Anrechnung übertariflicher Leistungen auf tarifvertraglich vereinbarte Lohn- oder
   Gehaltserhöhungen ist nur zulässig, wenn die Anrechnung nach der Rechtsprechung des
   BAG möglich ist und mit dem Arbeitnehmer schriftlich vereinbart wurde. Dem Arbeitnehmer
   ist schriftlich das neue Arbeitsentgelt zu bestätigen.

4. Arbeitswertlöhne, Akkorde, Prämien und sonstige leistungsbezogene Entgelte werden mit
   Zustimmung des Betriebsrates unter Beachtung der tariflichen Bestimmungen festgelegt.

5. Bei Betriebsstörungen erfolgt die Bezahlung der ausfallenden Zeit nach den einschlägigen
   Bestimmungen des geltenden Manteltarifvertrages, im Falle der Nichtregelung nach den
   vom BAG aufgestellten Grundsätzen über die Tragung des Betriebsrisikos.

§ 6 Lohn- und Gehaltsabrechnung

1. Löhne und Gehälter werden nachträglich gezahlt. Abrechnungszeitraum ist der Kalendermonat *(gegebenenfalls unter Beachtung des Mitbestimmungsrechts des Betriebsrates andere
   Regelungen vereinbaren)*.

2. Die Art der Lohnzahlung, die Festlegung der Lohnzahlungstage und sonstige Einzelheiten
   werden mit dem Betriebsrat vereinbart. Die Lohnzahlungstage sind so festzusetzen, dass die
   Arbeiter spätestens am 10. des folgenden Monats, die Angestellten spätestens am Ende des
   laufenden Monats über ihr Arbeitsentgelt verfügen können.

3. Bei bargeldloser Lohnzahlung trägt der Arbeitgeber die Gebühr der Überweisung, die Kosten
   für die Konteneinrichtung, Kontenführung, die anfallenden Buchungen, ferner die Belastungen, die infolge verspäteter Überweisung entstehen.

4. Dem Arbeitnehmer ist eine Lohnabrechnung auszuhändigen, aus der die Errechnung
   des Gesamtverdienstes, die Abzüge und der Nettobetrag zu ersehen sind. Die
   Aushändigung hat während der Arbeitszeit zum frühestmöglichen Zeitpunkt zu
   erfolgen.

§ 7 Arbeitszeit

1. Beginn, Ende und Dauer der Arbeitszeit und der Pausen werden unter Beachtung der gesetzlichen und tariflichen Vorschriften mit dem Betriebsrat vereinbart und bekanntgegeben.

2. Der Arbeitnehmer ist verpflichtet, die für ihn geltende Arbeitszeit einzuhalten. Ein Lohn- oder Gehaltsabzug unterbleibt, wenn der Arbeitnehmer nachweist, dass die verspätete Arbeitsaufnahme auf Gründen beruht, die nicht in seiner Person liegen.

3. Trifft in durchlaufenden Betrieben bei Schichtwechsel die Ablösung nicht rechtzeitig ein, so hat der abzulösende Arbeitnehmer dies unverzüglich dem zuständigen Vorgesetzten zu melden, der unverzüglich für Ersatz zu sorgen hat. Bis zum Eintreffen des Ersatzmannes hat der Arbeitnehmer an den Arbeitsplätzen, an denen die Arbeit aus betriebstechnischen Gründen nicht unterbrochen werden darf, die Arbeit bis zu 2 Stunden fortzusetzen. Für die Bezahlung gilt jede angefangene Stunde als volle Stunde.

§ 8 Urlaub

1. Der Urlaub richtet sich nach den gesetzlichen, tariflichen oder einzelvertraglichen Regelungen. Er ist nach Möglichkeit zusammenhängend zu nehmen. Der Zeitpunkt des Urlaubs richtet sich nach den persönlichen Wünschen des Arbeitnehmers unter Berücksichtigung der betrieblichen Erfordernisse. Bei Meinungsverschiedenheiten ist eine Regelung im Einvernehmen mit dem Betriebsrat zu treffen.

2. Urlaubsgesuche sollen möglichst frühzeitig, spätestens eine Woche vorher, eingereicht werden, sofern nicht mit dem Betriebsrat ein Urlaubsplan vereinbart wurde.

3. Kuraufenthalte, Heilverfahren und anschließende ärztlich verordnete Schonzeiten werden auf den Urlaub nicht angerechnet. Der Arbeitnehmer ist verpflichtet, den Arbeitgeber von der Bewilligung des Heilverfahrens, des Kuraufenthaltes und der anschließenden Schonzeit unverzüglich zu unterrichten.

§ 9 Arbeitsversäumnisse

1. Ist der Arbeitnehmer aus unvorhergesehenen wichtigen Gründen verhindert, die Arbeit aufzunehmen, so hat er dies unter Angabe der Gründe und der voraussichtlichen Dauer seines Fernbleibens unverzüglich, spätestens innerhalb einer Frist von 3 Arbeitstagen, seinem Vorgesetzten oder der zuständigen Personalabteilung mitzuteilen.

2. Ist der Arbeitnehmer durch Arbeitsunfähigkeit infolge Krankheit in der Arbeitsaufnahme verhindert, so ist er verpflichtet, dem Arbeitgeber die Arbeitsunfähigkeit und deren voraussichtliche Dauer unverzüglich anzuzeigen. Dauert die Arbeitsunfähigkeit länger als 3 Tage, so hat der Arbeitnehmer eine ärztliche Bescheinigung über die Arbeitsunfähigkeit sowie deren voraussichtliche Dauer nachzureichen. Im Übrigen gelten die gesetzlichen und tariflichen Vorschriften.

§ 10 Schutz des persönlichen Eigentums des Arbeitnehmers

1. Der Arbeitgeber stellt den Arbeitnehmern für ihre Fahrzeuge einen verkehrsgerechten, gesicherten Parkplatz zur Verfügung. Die Fahrzeuge sind auf den dafür vorgesehenen Parkplätzen abzustellen und gegen missbräuchliche Benutzung und Diebstahl zu sichern.

2. Der Arbeitgeber stellt den Arbeitnehmern zur Ablage ihrer eingebrachten Sachen abschließbare Schränke zur Verfügung. Die Arbeitnehmer haben diese Gegenstände an den dafür vorgesehenen Stellen unter Verschluss aufzubewahren.

3. Der Arbeitgeber übernimmt die Haftung bei Diebstählen nur für die in abgeschlossenen Schränken aufbewahrten Gegenstände; für Tascheninhalt, der nachweisbar aus einem abgeschlossenen Schrank abhanden gekommen ist, bis zu einem Betrag von 500 DM. Ersetzt wird der feststellbare Zeitwert.

§ 11 Geltendmachung von Ansprüchen

1. Alle Lohn- und Gehaltsansprüche sind innerhalb der tarifvertraglich festgelegten Ausschlussfristen geltend zu machen.

2. Auf Unstimmigkeiten zwischen der Abrechnung und dem ausgezahlten Betrag ist der unmittelbare Vorgesetzte unverzüglich hinzuweisen.

3. Die Abtretung einer Lohn- oder Gehaltsforderung oder sonstiger im Zusammenhang mit der Werkszugehörigkeit erwachsender Forderungen an Dritte ist ausgeschlossen. Das gilt nicht für öffentlich-rechtliche Geldinstitute.

§ 12 Beschwerderecht, Einsicht in Personalakten

1. Jeder Arbeitnehmer hat das Recht, sich bei den zuständigen Stellen des Betriebes zu beschweren, wenn er sich vom Arbeitgeber oder von Arbeitnehmern des Betriebes benachteiligt oder ungerecht behandelt oder in sonstiger Weise beeinträchtigt fühlt. Er kann ein Mitglied des Betriebsrates zur Unterstützung oder Vermittlung hinzuziehen.

2. Der Arbeitgeber hat den Arbeitnehmer über die Behandlung der Beschwerde zu bescheiden und, soweit er die Beschwerde für berechtigt erachtet, ihr abzuhelfen.

3. Wegen der Erhebung einer Beschwerde dürfen dem Arbeitnehmer keine Nachteile entstehen.

4. Der Arbeitnehmer kann sich mit einer Beschwerde auch jederzeit an den Betriebsrat wenden, dieser hat, falls er die Beschwerde für berechtigt erachtet, beim Arbeitgeber auf Abhilfe hinzuwirken.

5. Bestehen zwischen Betriebsrat und Arbeitgeber Meinungsverschiedenheiten über die Beschwerde, so kann der Betriebsrat die Einigungsstelle anrufen. Der Spruch der Einigungsstelle ersetzt die Einigung zwischen Arbeitgeber und Betriebsrat. Dies gilt nicht, soweit mit der Beschwerde Rechtsansprüche des Arbeitnehmers geltend gemacht werden.

6. Der Arbeitgeber hat den Betriebsrat über die Behandlung der Beschwerde zu unterrichten. Abs. 2 bleibt unberührt.

7. Der Arbeitnehmer hat das Recht, in die über ihn geführte Personalakte Einsicht zu nehmen. Erklärungen des Arbeitnehmers zum Inhalt der Personalakte sind dieser auf sein Verlangen beizufügen. Dem Betriebsrat ist auf Verlangen im Rahmen seiner Aufgaben jederzeit Einsicht in die Personalakten zu gewähren.

8. Versäumt der Arbeitnehmer durch die Inanspruchnahme des Betriebsrates Arbeitszeit, so darf keine Minderung des Arbeitsentgelts eintreten. Die durch die Einsichtnahme in die Personalakte erforderliche Zeit ist wie Arbeitszeit zu vergüten.

§ 13 Bekanntmachung

Alle betrieblichen Bekanntmachungen werden an den hierfür vorgesehenen Anschlagtafeln an allgemein zugänglichen und übersichtlichen Stellen angeschlagen. Für ausländische Arbeitnehmer erfolgt ein textgleicher Anschlag nach Absprache mit dem Betriebsrat in der jeweiligen Landessprache.

Alle Betriebsvereinbarungen sind an geeigneten Stellen im Betrieb, die mit Zustimmung des Betriebsrates den Arbeitnehmern bekanntzugeben sind, auszulegen.

Darüber hinaus können sie jederzeit beim Betriebsrat eingesehen werden.

§ 14 Geheimhaltungspflicht

Der Arbeitnehmer ist verpflichtet, über alle Betriebs -und Geschäftsgeheimnisse, auf die er ausdrücklich hingewiesen wurde, jederzeit Stillschweigen zu wahren. Soll die Verschwiegenheitspflicht auch nach Beendigung des Arbeitsverhältnisses bestehen bleiben, so ist eine Wettbewerbsvereinbarung unter Beachtung der gesetzlichen Vorschriften mit dem betreffenden Arbeitnehmer abzuschließen.

§ 15 Ordnungsvorschriften

1. Der Betrieb darf nur durch die dafür bestimmten Ein- und Ausgänge betreten und verlassen werden, wobei vorhandene Kontrolleinrichtungen von jedem Arbeitnehmer und nicht durch Dritte zu benutzen sind.

2. Jeder Arbeitnehmer erhält einen Werksausweis. Der Werksausweis bleibt Eigentum des Unternehmens und darf keinem Dritten überlassen (z. B. verpfändet) werden. Der Verlust des Werksausweises ist unverzüglich der zuständigen Stelle zu melden, die die Ausstellung eines neuen Ausweises veranlasst.

3. Das Betreten des Werksgeländes ist nur mit einem Werksausweis gestattet, der unaufgefordert vorzuzeigen ist. Beim Verlassen des Werksgeländes ist der Werksausweis ebenso unaufgefordert vorzuzeigen.

4. Arbeitnehmer, die aus dringenden Gründen den Betrieb vorzeitig oder vorübergehend verlassen wollen, bedürfen hierzu eines von ihrem Vorgesetzten unterschriebenen Passierscheins, der dem Pförtner abzugeben ist.

5. Der Arbeitnehmer ist verpflichtet, seinen Arbeitsplatz und seine Arbeitsgeräte sauber und in Ordnung zu halten. Der Arbeitsplatz ist aufgeräumt zu verlassen. Die erforderliche Reini-

gung ist während der Arbeitszeit durchzuführen und darf nicht zur Minderung des Arbeitsentgelts führen.

6. Das Umkleiden und Waschen darf nur in den dazu vorgesehenen Räumen vorgenommen werden.

7. Material darf nur zu Betriebszwecken verwendet werden. Verluste und Beschädigungen an Material sind sofort zu melden.

8. Erkennbare Fehler, die sich bei Maschinen, in der Materialzufuhr, im Material oder in vorangegangenen Bearbeitungen zeigen, sind dem Vorgesetzten unverzüglich anzuzeigen. An einem fehlerhaften Stück darf erst weitergearbeitet werden, wenn der Vorgesetzte es anordnet.

9. Die Mitnahme von Gegenständen aus dem Werk ist nur mit einem Materialschein gestattet, der von der zuständigen Auslieferungsstelle des Werkes unterschrieben sein muss. Materialabfälle sind an den hierfür bestimmten Plätzen abzugeben.

10. Die Betriebsleitung kann Hand- und Aktentaschen sowie sonstige Behältnisse auf ihren Inhalt durch Sichtkontrollen untersuchen lassen. Alle Kontrollen bedürfen der vorherigen Zustimmung des Betriebsrates.

11. Gewerbsmäßiger Handel und gewerbsmäßige Vermittlungsgeschäfte im Betrieb sind untersagt.

12. Beschädigung oder Verlust von Werkseigentum ist sofort dem Vorgesetzten zu melden. Der Arbeitnehmer haftet für Schäden, die er nachweislich vorsätzlich verursacht. Die Festsetzung des Schadensersatzes (Zeitwert) erfolgt mit Zustimmung des Betriebsrates.

§ 16 Pflichtenübertragung

1. Überträgt der Arbeitgeber Pflichten, die ihm aufgrund gesetzlicher Arbeitsschutzvorschriften oder Unfallverhütungsvorschriften obliegen, auf Angehörige des Unternehmens, so ist die schriftliche Erklärung von dem Arbeitgeber und dem Verpflichteten zu unterzeichnen. In der Verpflichtungserklärung sind Verantwortungsbereich und Vollmacht festzulegen. Eine Ausfertigung der schriftlichen Erklärung ist dem Verpflichteten auszuhändigen.

2. Die betrieblichen Vorgesetzten und Aufsichtführenden haben im Rahmen ihrer Befugnis die zur Verhütung von Arbeitsunfällen erforderlichen Anordnungen und Maßnahmen zu treffen und dafür zu sorgen, dass sie befolgt werden.

3. Der Arbeitgeber hat den mit der Durchführung der Unfallverhütung betrauten Personen die Teilnahme an Ausbildungsveranstaltungen der Berufsgenossenschaften zu ermöglichen. Die Werksangehörigen sind verpflichtet, an diesen Ausbildungsveranstaltungen teilzunehmen.

§ 17 Sicherheit am Arbeitsplatz

Der Arbeitnehmer hat gefährliche und vorschriftswidrige Arbeiten zu unterlassen. Er ist berechtigt, Arbeiten, die unter Missachtung von Sicherheitsvorschriften ausgeführt werden sollen, nicht zu verrichten. Bei Streitigkeiten ist der nächsthöhere Vorgesetzte, der Sicherheitsbeauftragte und das zuständige Betriebsratsmitglied hinzuziehen. Eine Aufforderung von Vorgesetzten zu vorschriftswidrigen Arbeiten ist nicht zu befolgen. Dem Arbeitnehmer dürfen wegen eines solchen Verhaltens keine Nachteile entstehen.

Der Arbeitnehmer hat jeden von ihm festgestellten Mangel der Funktionsfähigkeit der ihm anvertrauten Maschinen und sonstigen Betriebseinrichtungen sowie Fehler an den erforderlichen Schutzeinrichtungen unverzüglich seinem Vorgesetzten mitzuteilen. Führt die Benachrichtigung nicht unverzüglich zur Behebung des Mangels oder zur Beseitigung der Gefahr, so hat der Arbeitnehmer den Sicherheitsbeauftragten oder den Betriebsrat zu informieren.

§ 18 Gefährliche Tätigkeiten

1. Zu Beschäftigungen, die Berufskrankheiten hervorrufen können oder die mit außergewöhnlichen Unfall- oder Gesundheitsgefahren verbunden sind, dürfen nur Personen herangezogen werden, die hierfür gesundheitlich geeignet sind. Der Arbeitgeber ist berechtigt, diese Personen durch einen Arzt untersuchen zu lassen. Der Arbeitnehmer ist ebenfalls berechtigt, eine Untersuchung zu verlangen. Die Kosten der Untersuchung und den dadurch entstehenden Lohnausfall sowie Fahrkosten trägt der Arbeitgeber.

2. Mit besonderen Gefahren verbundene Arbeiten dürfen nur fachlich und körperlich geeigneten Personen übertragen werden. Die mit besonderen Gefahren verbundenen Arbeiten und Eignungsanforderungen sind festzulegen, die Eignung ist festzustellen.

3. Für die Durchführung der mit besonderen Gefahren verbundenen Arbeiten sind die erforderlichen Sicherheitsmaßnahmen zu treffen.

4. Werden mit besonderen Gefahren verbundene Arbeiten von mehreren Personen gemeinsam ausgeführt, so ist einer geeigneten Person die Aufsicht zu übertragen.

5. Werden mit besonderen Gefahren verbundene Arbeiten von einer Person an einsam gelegenen Arbeitsplätzen ausgeführt, so ist eine Überwachung durch Kontrollmaßnahmen sicherzustellen.

§ 19 Belehrungspflicht

Alle Arbeitnehmer (Neueingestellte, Umgesetzte, Berufsanfänger, Auszubildende) sind an ihrem Arbeitsplatz während der Arbeitszeit von ihrem Vorgesetzten über die Art der Tätigkeit, über den Arbeitsablauf, die Unfall- und Gesundheitsgefahren sowie über Maßnahmen und Einrichtungen zur Abwendung dieser Gefahren zu unterrichten. Bei ausländischen Arbeitnehmern muss die Unterrichtung in der jeweiligen Landessprache erfolgen.

§ 20 Arbeitsschutz

Entsprechend den Anforderungen am Arbeitsplatz werden den Arbeitnehmern kostenlos zweckmäßige Arbeitsschutzbekleidung, Arbeitsschutzausrüstung sowie hautschonende Körperreinigungsmittel und Hautschutzmittel zur Verfügung gestellt; sie sind zu benutzen und pfleglich zu behandeln.

Können Unfall- oder Gesundheitsgefahren nach den allgemein anerkannten Regeln der Technik durch Einrichtungen oder Arbeitsverfahren nicht beseitigt werden, so sind geeignete persönliche Schutzausrüstungen zur Verfügung zu stellen.
Für witterungsbedingte Gesundheitsgefahren gilt der vorherige Absatz entsprechend.

§ 21 Gestaltung der Arbeit

Der Arbeitgeber ist verpflichtet, den Arbeitsplatz, den Arbeitsablauf und die Arbeitsumgebung so zu gestalten, dass sie den gesicherten Erkenntnissen der Arbeitswissenschaft über die menschengerechte Gestaltung der Arbeit entsprechen.
Entsprechen die Arbeitsplätze, der Arbeitsablauf oder die Arbeitsumgebung nicht den gesicherten arbeitswissenschaftlichen Erkenntnissen über die menschengerechte Gestaltung der Arbeit, so sind mit dem Betriebsrat angemessene Maßnahmen zur Abwendung, Milderung oder zum Ausgleich der Belastung zu vereinbaren. Kommt hierüber keine Einigung zustande, entscheidet die Einigungsstelle gemäß § 76 Abs. 5 BetrVG verbindlich.
Bei Mängeln der betrieblichen Anlagen, Baulichkeiten, Einrichtungen und Arbeitsmittel sind unverzüglich Maßnahmen zur Abwendung drohender Gefahren zu treffen; erforderlichenfalls sind die betrieblichen Anlagen, Baulichkeiten, Einrichtungen und Arbeitsmittel der Benutzung zu entziehen.

§ 22 Unfallverhütung

1. Zur Verhütung von Unfällen und Gesundheitsschäden sind Betriebsärzte, Arbeitssicherheitsfachkräfte sowie ehrenamtliche Sicherheitsbeauftragte tätig. Die Unfallverhütung ist nicht nur Sache der damit betrauten Werksangehörigen, sondern die der Unternehmensleitung, der betrieblichen Vorgesetzten und der gesamten Belegschaft.

2. Die auszuhängenden Arbeitsschutzgesetze, Verordnungen, Unfallverhütungsvorschriften, betrieblichen Sicherheitsanweisungen sowie die Vorschriften über das Verhalten bei Feuergefahr sind genau zu befolgen.

3. Die ehrenamtlichen Sicherheitsbeauftragten sind bei der Wahrnehmung ihrer Aufgaben von der Unternehmensleitung und allen Werksangehörigen, insbesondere den Vorgesetzten, zu unterstützen.

4. Die von den Arbeitssicherheitsfachkräften gegebenen Weisungen sind zu befolgen.

5. Zum Schutz von Leben und Gesundheit der Werksangehörigen sind jeder Missbrauch von Elektrizität, Wasser, Gas, Dampf, Pressluftgeräten, Hydranten, das Entfernen oder eigenmächtige Ändern von Schutzvorrichtungen verboten. Das unbefugte Benutzen von Betriebseinrichtungen aller Art – wie Kraftfahrzeuge, Kräne, Aufzüge usw. – ist untersagt.

6. Mit Feuer und leicht brennbaren oder explosionsgefährlichen Stoffen ist besonders vorsichtig umzugehen. Wer Schäden oder Fehler an Feuerlöschgeräten, Licht-, Kraft-, Schweiß- oder Heizanlagen, an Rohrleitungen, Kesseln oder sonstigen Einrichtungen entdeckt oder davon Kenntnis erhält, muss dies unverzüglich seinem nächsten Vorgesetzten melden.

7. Bei Feuer oder sonstiger Gefahr ist jeder Werksangehörige zu sofortiger Meldung verpflichtet; er hat die getroffenen Maßnahmen zu unterstützen und den dazu gegebenen Anordnungen Folge zu leisten, soweit er selbst hierdurch nicht gefährdet wird.

8. Alle Unfallverletzungen – auch geringfügiger Natur – im Werk oder auf dem Weg vom oder zum Werk sind sofort, wenn möglich unter Angabe von Augenzeugen, dem Betriebsarzt oder einer Verbandstelle sowie dem Vorgesetzten zu melden.

9. Ist der Verletzte zur unverzüglichen Meldung des Unfalls nicht in der Lage (z. B. bei Wegeunfällen, auf Geschäftsfahrten, bei Feststellung der Arbeitsunfähigkeit durch den Hausarzt), so soll er dem Vorgesetzten oder Betriebsarzt spätestens einen Tag nach dem Unfall nach Möglichkeit schriftlich davon Kenntnis geben oder – falls er infolge des Unfalls dazu nicht in der Lage ist – eine andere Person damit beauftragen. Eine Ausnahme bilden nur die Verletzten, die dazu keine Möglichkeit haben.

§ 23 Verfahren bei Festsetzung von Ordnungsmaßnahmen

1. Vorsätzliche grobe Verstöße gegen die Ordnung oder die Sicherheit des Betriebes können mit Zustimmung des Betriebsrats je nach ihrer Schwere mit mündlicher Verwarnung oder schriftlichem Verweis geahndet werden.

2. Diese Maßnahmen können nur nach Anhörung des Betroffenen erfolgen; der Betriebsrat ist daran zu beteiligen.

3. In dem schriftlichen Verweis ist eine Frist für die Löschung in der Personalakte zu bestimmen. Nach Ablauf dieser Frist, die nicht länger als 2 Jahre dauern darf, ist der schriftliche Verweis aus der Personalakte zu entfernen und zu vernichten.

4. Der dem Verstoß zugrunde liegende Sachverhalt kann nach erfolgter betrieblicher Ordnungsmaßnahme nicht mehr zum Nachteil des Mitarbeiters verwendet werden.

§ 24 Ende des Arbeitsverhältnisses

1. Das Arbeitsverhältnis endet insbesondere
   a) durch fristgemäße oder fristlose Kündigung,
   b) durch Vereinbarung (beiderseitiges Einvernehmen),
   c) durch Ablauf der vereinbarten Zeit oder Beendigung der Arbeit, für die es bestanden hat.

2. Wird das Arbeitsverhältnis über die vereinbarte Zeit hinaus mit Kenntnis des Arbeitgebers fortgesetzt, so gelten die gleichen Bedingungen wie bei unbefristeten Arbeitsverhältnissen.

3. Mit Auszubildenden ist auf deren Verlangen unverzüglich nach Beendigung des Ausbildungsverhältnisses ein Arbeitsverhältnis auf unbestimmte Zeit abzuschließen.

4. Das Ende zweckbedingter Arbeitsverhältnisse ist mit einer Frist von einer Woche anzukündigen.

5. Kündigungen bedürfen gemäß § 102 Abs. 6 BetrVG der Zustimmung des Betriebsrates. Das Gleiche gilt für Vereinbarungen zwecks Beendigung oder aus Anlaß der Beendigung des Arbeitsverhältnisses.

6. Die fristgemäße Kündigung erfolgt unter Beachtung der gesetzlichen und/oder tariflichen Kündigungsfristen und -termine.

7. Ohne Einhaltung einer Kündigungsfrist kann das Arbeitsverhältnis beendet werden, wenn ein wichtiger Grund im Sinne des § 626 BGB vorliegt.

8. Kündigungen durch den Arbeitgeber bedürfen der Schriftform. Dem Arbeitnehmer ist der Kündigungsgrund mitzuteilen.

9. Kündigt ein Arbeitnehmer mündlich, so ist ihm die Kündigung schriftlich unter Angabe des Tages, mit dem das Arbeitsverhältnis endet, zu bestätigen. Näheres regeln die mit dem Betriebsrat vereinbarten Richtlinien.

10. Mit Zustimmung des Betriebsrates ist der Arbeitgeber berechtigt, aus wichtigem Grund unter Fortzahlung des Entgelts auf die Dienstleistung des Arbeitnehmers befristet zu verzichten.

§ 25 Rückgabe von Betriebseigentum

Vor dem Ausscheiden hat der Arbeitnehmer alle ihm anvertrauten betriebseigenen Gegenstände und dienstlichen Aufzeichnungen (z. B. Werkzeuge, Material, Dienstvorschriften, Arbeitsunterlagen, werkseigene Bücher) gegen Empfangsbestätigung an die hierfür bezeichneten Stellen des Betriebes zurückzugeben.

§ 26 Aushändigung der Arbeitspapiere und Restlohnzahlung

1. Am Tage des Ausscheidens erhält der Arbeitnehmer seinen Restlohn und die Arbeitspapiere ausgehändigt. Holt der Arbeitnehmer seine Arbeitspapiere nicht ab, so werden sie ihm auf Kosten und Gefahr des Arbeitgebers zugeleitet.

2. Alle Ansprüche aus dem Arbeitsverhältnis sind spätestens innerhalb der tarifvertraglich geregelten Ausschlußfristen geltend zu machen.

3. Eine Vereinbarung, in der der ausscheidende Arbeitnehmer erklärt, keine Ansprüche mehr aus dem Arbeitsverhältnis zu haben (Ausgleichsquittung), ist unzulässig.

§ 27 Zeugnis

Jedem Arbeitnehmer wird auf Verlangen ein vorläufiges Zeugnis über Art und Dauer der Beschäftigung ausgestellt. Auf Wunsch wird das Zeugnis auch auf Führung und Leistung ausgedehnt. Bei Beendigung des Arbeitsverhältnisses erhält der Arbeitnehmer ein endgültiges Zeugnis.

§ 28 Einsicht in Lohn- und Gehaltslisten

Den beauftragten Mitgliedern des Betriebsrates sind monatlich die Bruttolohn- und -gehaltslisten aller Arbeitnehmer mit Ausnahme der leitenden Angestellten auszuhändigen.

§ 29 Personelle Angelegenheiten

1. Zur Erfüllung der Vorschriften der §§ 92, 93, 95, 96 bis 98 BetrVG sind gesonderte Betriebsvereinbarungen abzuschließen. Zur Regelung der §§ 92 und 96 bis 98 BetrVG werden paritätische Ausschüsse gebildet.

2. Wird über den Inhalt der Betriebsvereinbarungen keine Einigung erzielt, entscheidet die Einigungsstelle gemäß § 76 Abs. 5 BetrVG verbindlich.

§ 30 Bekanntmachung der Arbeitsordnung

1. Diese Arbeitsordnung wird jedem Arbeitnehmer in seiner Landessprache gegen Empfangsbestätigung ausgehändigt. Alle Änderungen und Ergänzungen der Arbeitsordnung werden durch Anschlag und Nachtrag veröffentlicht.

2. Kein Arbeitnehmer kann sich danach darauf berufen, in Unkenntnis dieser Arbeitsordnung gehandelt zu haben.

§ 31 In-Kraft-Treten, Änderung und Kündigung

1. Diese Arbeitsordnung tritt am .... in Kraft. Mit diesem Zeitpunkt verlieren alle Arbeitsordnungen mit ihren Ergänzungen ihre Gültigkeit.

2. Soweit durch Gesetz oder Tarifvertrag günstigere Bedingungen festgelegt worden sind, haben diese Vorrang vor den Bestimmungen der Arbeitsordnung. Die Gültigkeit der Arbeitsordnung wird im Übrigen hierdurch nicht berührt.

3. Die Arbeitsordnung kann von der Geschäftsleitung oder dem Betriebsrat mit dreimonatiger Frist zum Ende des Kalendervierteljahres gekündigt werden. Zulässig ist auch die Kündigung einzelner Bestimmungen dieser Arbeitsordnung.

Ort, Datum, Unterschriften

3.7 Sozialer Umgang im Betrieb

3.7.1 Einleitung

Wirtschaftskrise, Personalabbau, zunehmende Leistungsverdichtung und wachsender Druck auf die Arbeitnehmer haben dazu geführt, dass das soziale Umgehen miteinander in den Betrieben und Verwaltungen schwieriger geworden ist. Egoismus und abnehmende soziale Verantwortung tun ihr Übriges. Um das Arbeitsklima steht es häufig nicht zum besten, obwohl dies unbestritten ein ganz wesentlicher »Produktionsfaktor« ist. Mobbing und sexuelle Belästigung am Arbeitsplatz stellen zwar im Arbeitsleben keine gänzlich neuen Erscheinungen dar, haben aber in den letzten Jahren an Schärfe zugenommen.

Die §§ 75 (Grundsätze für die Behandlung der Betriebsangehörigen) und 80 Abs. 1 BetrVG (allgemeine Aufgaben des Betriebsrats) bieten in Verbindung mit § 87 Abs. 1 Ziff. 1 BetrVG (Ordnung und Verhalten der Arbeitnehmer im Betrieb) die rechtliche Grundlage für Betriebsvereinbarungen, die wesentlich zu einem menschlichen und sozialen Umgehen am Arbeitsplatz beitragen können. Solche Vereinbarungen können allerdings nicht »verordnet« oder zum Zwecke der Aktenablage als Pflichtübung erstellt werden. Hier ist viel Aufklärung und Überzeugungsarbeit notwendig: nicht zuletzt natürlich der gemeinsame Wille von Betriebsrat **und** Arbeitgeber, eine getroffene Vereinbarung auch konsequent mit Leben zu erfüllen und umzusetzen.

Im Nachfolgenden werden vier Betriebsvereinbarungen veröffentlicht, welche auf diesem sensiblen Feld wichtige Anstöße geben können:
- Frauen- und Familienförderung
- Mobbing
- Sexuelle Belästigung
- Regelungen von Ermahnungen und Abmahnungen

3.7.2 Betriebsvereinbarung zur Frauen- und Familienförderung

Zwischen der X-AG und dem Betriebsrat der X-AG wird folgende Betriebsvereinbarung abgeschlossen:

§ 1 Zielsetzung

Ziel dieser Betriebsvereinbarung ist es, möglichen geschlechtsbezogenen Chancenungleichgewichten und evtl. Benachteiligungen entgegenzuwirken, insbesondere dadurch
- mehr Frauen in allen Tätigkeitsfeldern zu beschäftigen
- Aufstiegschancen für Frauen zu öffnen
- Frauen Tätigkeiten zu übertragen, die bisher Männern vorbehalten waren
- Arbeitsbedingungen in typischen Frauenberufen aufzugreifen und zu verbessern
- Frauen und Männern zu ermöglichen, Familie und Beruf besser miteinander abzustimmen.

§ 2 Stellenausschreibungen

(1) Interne und externe Stellenausschreibungen müssen grundsätzlich so formuliert werden, dass sich Männer und Frauen von einer Bewerbung gleichermaßen angesprochen fühlen.

(2) Bei der Abfassung von Stellenausschreibungen für Stellen, in denen Frauen unterrepräsentiert sind, sollen Frauen gezielt angesprochen werden, z. B. durch den Zusatz:
»Die X-AG strebt an, den Frauenanteil in diesem Beruf, dieser Funktion, diesem Bereich zu erhöhen. Insbesondere sind Frauen aufgefordert, sich zu bewerben«.

§ 3 Personalauswahlverfahren

(1) Bei der Auswahl werden unter Beachtung des Grundsatzes der Eignung, Befähigung und fachlichen Leistung Frauen mindestens in dem Anteil in die engere Wahl genommen, der dem Anteil an der Gesamtbewerberzahl entspricht.

(2) Es kann kein Grund sein, Frauen wegen fehlender sozialer Einrichtungen nicht zu beschäftigen.

(3) Zeiten familienbedingter Arbeitsunterbrechung (Kinderbetreuung) sowie bisherige Teilzeitarbeit dürfen bei der Eignungsbeurteilung nicht nachteilig gewertet werden.

§ 4 Familienfreundliche Arbeitszeiten/Teilzeitarbeit/Beurlaubung

(1) Eine befristete Reduzierung bis zur Hälfte der gesetzlichen/tariflichen Arbeitszeit aus nachvollziehbaren familiären Gründen ist grundsätzlich für Frauen und Männer der X-AG gleichermaßen möglich. Leitungspositionen können insoweit einbezogen werden, als die Aufgabenerfüllung nicht beeinträchtigt wird.

(2) Die Wiederaufstockung der Arbeitszeit nach vorübergehender Teilzeitbeschäftigung auf Wunsch der/des Beschäftigten soll zum nächstmöglichen Zeitpunkt erfolgen. In jährlichen Abständen ist die Rückkehr auf einen Vollzeitarbeitsplatz zu prüfen. Bei der Neubesetzung von Vollzeitarbeitsplätzen müssen Teilzeitbeschäftigte, die wieder einen Vollzeitarbeitsplatz wünschen, im speziellen Eignungsfall gegenüber Neubewerbungen vorrangig berücksichtigt werden.

(3) Beschäftigte mit Kindern sind zu unterstützen bei der Koordination von Beruf und Familie. Ihren Wünschen nach Berücksichtigung ihrer familiären Situation soll, so weit möglich, im Rahmen von Schichtplänen Rechnung getragen werden. Es können abweichende Arbeitszeiten von der Normalarbeitszeit, vom Schichtplan und der Regelung Gleitzeit einzelvertraglich nach Wunsch der/des Beschäftigten vereinbart werden, soweit es die betrieblichen Belange zulassen.

(4) Eine Beschäftigte/ein Beschäftigter ist auf eigenen Wunsch ohne Fortzahlung der Bezüge zu beurlauben, sofern die betrieblichen Verhältnisse nicht entgegenstehen. Die Dauer beträgt bis zu drei Jahre mit der Möglichkeit der Verlängerung auf insgesamt bis zu fünf Jahren.

(5) Die Abteilung .... wird die Beschäftigten umfassend über die entsprechenden gesetzlichen bzw. tariflichen Regelungen informieren.

§ 5 Fortbildungsangebot während der Beurlaubung

(1) Das Weiterbildungsangebot der X-AG steht auch Mitarbeiterinnen/Mitarbeitern während der Beurlaubung oder einer Familienpause offen, ohne dass daraus Ansprüche auf Vergütung hergeleitet werden können. Weiterbildungsveranstaltungen haben auf der einen Seite eine Kontakt- und Informationsfunktion; auf der anderen Seite ermöglichen sie eine Aktualisierung arbeitsplatzbezogener Qualifikationen im Jahr vor der Rückkehr und erleichtern damit die Wiederintegration nach Abschluss der Beurlaubung bzw. der Familienpause. Beurlaubte Mitarbeiterinnen und Mitarbeiter sind über das jährliche Weiterbildungsangebot zu informieren.

(2) Die X-AG schließt für beurlaubte Teilnehmerinnen und Teilnehmer an Fortbildungsveranstaltungen eine freiwillige Unfallversicherung ab.

§ 6 Positionen nach Abteilungen

(1) Um auch im Sinne der Arbeitsmarktentwicklung langfristig ein ausgewogeneres Verhältnis zwischen männlichen und weiblichen Beschäftigten in der X-AG zu erreichen, werden zunächst

in ausgewählten Abteilungen für Stellengruppen möglich Anteile von weiblichen Beschäftigten definiert.

(2) Dabei werden die nach Funktionen zusammengefassten Stellengruppen entsprechend dem vorhandenen Frauenanteil grob untergliedert und gemäß einer langfristigen Entwicklungszeit mit realistischen Zielgrößen versehen.

(3) Unterschieden wird ferner die Anzahl der in der jeweiligen Gruppe zusammengefassten Stellen, wobei kleineren Gruppen aufgrund der selteneren Möglichkeiten zur Stellenbesetzung tendenziell niedrigere Zielwerte zukommen.

(4) Die Stellengruppen und deren Zielvorhaben definiert der Arbeitsdirektor gemeinsam mit der Personalabteilung, der zuständigen Abteilung und dem Betriebsrat.

§ 7 Sensibilisierung der Beschäftigten

(1) In den Fortbildungsangeboten wird das Thema »Gleichstellung der Frau im Beruf« einbezogen. Sie ist in allen Lehrgängen anzusprechen, wenn ein Bezug zum Thema herzustellen ist. Es ist zu verdeutlichen, dass die Verbesserung der beruflichen Situation der Frauen erklärtes Anliegen des Vorstandes ist.

(2) Insbesondere in Fortbildungsveranstaltungen zur Übernahme von Vorgesetztenfunktionen, für Vorgesetzte und Beschäftigte der Personal- und Organisationsabteilung sind durch entsprechende Lerninhalte die Teilnehmer für die Maßnahmen zur Frauenfrage zu sensibilisieren.

(3) Für Lehrgänge bzw. Lehrgangsteile zum Thema sollten interne bzw. externe Referentinnen eingesetzt werden.

(4) Zur Weiterqualifizierung von Frauen sind entsprechende Fortbildungskonzepte zu entwikkeln. Auch den Frauen unterer Lohn-/Vergütungsgruppen sind Fortbildungsveranstaltungen zur Verbesserung der Arbeitsbedingungen anzubieten.

§ 8 Förderpool für Mitarbeiterinnen

(1) Die Zielvorgaben des Frauenförderplans der X-AG sind nur dann zu erreichen, wenn Mitarbeiterinnen
- sich selbst zutrauen, den Anforderungen höherwertiger Stellen zu genügen;
- durch Vorgesetzte ermuntert werden, sich um höherwertige Positionen zu bewerben.
Die Einrichtung eines Förderpools für Mitarbeiterinnen soll mithelfen, diese Voraussetzungen zu schaffen.

(2) Ziel dieses Pools ist es, Mitarbeiterinnen durch gezielte Personalentwicklungsmaßnahmen zur Weiterbildung zu ermuntern, sie auf die Übernahme von Führungsverantwortung vorzubereiten und ihnen eine Möglichkeit zum Erfahrungsaustausch zu geben.

(3) Um eine Aufnahme in den Pool können sich alle Mitarbeiterinnen bewerben, die nach Abschluss ihrer Ausbildung mindestens drei Jahre im Unternehmen beschäftigt sind und sich für mögliche weiterführende Aufgaben qualifiziert haben. Der Entscheidung über eine Aufnahme in den Pool geht ein intensives Beratungs- und Fördergespräch bei der Personalabteilung voraus.

(4) Diese Maßnahme muss gut vorbereitet werden, insbesondere durch eine umfassende Information aller Beschäftigten über die Zielsetzung und organisatorische Gestaltung des Förderpools.

§ 9 Sonderausweis

(1) Mitarbeiterinnen und Mitarbeiter, die Erziehungsurlaub, eine darüber hinausgehende »Familienpause« oder eine längere, zusammenhängende Periode zur persönlichen Weiterbildung beanspruchen, können bei ihrem zuständigen Personalbetreuer einen speziellen Ausweis (......) beantragen.

(2) Der »......... Ausweis« soll den Kontakt zu ehemaligen qualifizierten Mitarbeiterinnen und Mitarbeitern fördern und ist vom Zeitpunkt der Ausstellung in der Regel ein Jahr gültig. Voraussetzung ist in jedem Fall, dass die Beschäftigten für die Dauer der Gültigkeit des Ausweises nicht hauptberuflich tätig werden und ihre Absicht erklären, zu einem späteren Zeitpunkt das Arbeitsverhältnis bei der X-AG wieder aufnehmen zu wollen.

(3) Zunächst versuchsweise für zwei Jahre sollen mit diesem Ausweis folgende Leistungen verbunden werden:
- Erhalt der Mitarbeiterzeitung ».................«
- Betreten des Betriebsbereiches (Anmeldung in der Abteilung, die besucht wird, erforderlich)
- einmal jährlich Teilnahme an einem »Kontaktseminar« im Schulungszentrum
- Schulungsmaßnahmen zur Wiedereingliederung im Jahr vor Wiederaufnahme der Arbeit
- Kantinenbenutzung zu Mitarbeiter-Konditionen
- ein Weihnachtspaket.

(4) Bei der Suche nach Aushilfen oder Urlaubsvertretungen werden die Inhaber des »......-Ausweises« bevorzugt berücksichtigt.

§ 10 Kommission

(1) Es wird eine Kommission gebildet, die besetzt wird aus drei Vertretern/Vertreterinnen des Betriebsrats und drei Vertretern/Vertreterinnen der Personalabteilung. Es sind mindestens vier Frauen in die Kommission zu entsenden.

(2) Die Kommission hat die Aufgabe
- die Einhaltung des Frauenförderplanes zu überwachen
- Vorschläge zur Umsetzung und zur Ergänzung des Frauenförderplanes zu erarbeiten
- Tätigkeitsfelder, die bisher noch nicht von Frauen wahrgenommen werden, zu definieren (hierbei sind arbeitsmedizinische Erkenntnisse im Sinne einer vorbeugenden Gesunderhaltung zu berücksichtigen und die zuständigen Abteilungen zu beteiligen)
- als Beschwerdestelle, Verstöße gegen die Betriebsvereinbarung aufzunehmen.

(3) Die Kommission tagt alle zwei Monate. Auf Antrag des Betriebsrates oder der Personalabteilung ist eine Sitzung innerhalb von vierzehn Tagen durchzuführen.

§ 11 Teilversammlung für Frauen

Zweimal jährlich finden Teilversammlungen für Frauen statt.

§ 12 Kündigung

(1) Die Kündigung dieser Vereinbarung ist mit einer Frist von sechs Monaten zum Jahresende schriftlich beiderseitig möglich. Im Falle einer Kündigung dieser Vereinbarung gelten die Bestimmungen der jeweils gültigen Betriebsvereinbarung bis zum Abschluss einer neuen Betriebsvereinbarung weiter.

(2) Falls sich Änderungen oder Ergänzungen ergeben sollten, kann in beiderseitigem Einvernehmen auf die Kündigungsfrist verzichtet werden.

§ 13 Schlussbestimmungen

Diese Betriebsvereinbarung tritt nach Unterschriftsvollzug mit Wirkung vom .... in Kraft.

Ort, Datum, Unterschriften

(Hinweis: Diese Betriebsvereinbarung ist Bestandteil einer sehr fundierten »Analyse und Dokumentation gleichstellungspolitischer Regelungen in Tarifverträgen und Betriebsvereinbarungen«, die von Frau Dr. Anni Weiler im Auftrag des DGB-Bundesvorstandes, Abteilung Frauenpolitik und des WSI in der Hans-Böckler-Stiftung, erstellt wurde [Oktober 1997]. Diese sehr empfehlenswerte Übersicht ist über den DGB-Bundesvorstand, Abteilung Frauenpolitik, zu beziehen [Preis auf Anfrage].)

3.7.3 Betriebsvereinbarung »Mobbing«

1. Überschrift
Betriebsvereinbarung zu sozialem Umgang im Betrieb

2. Vertragsparteien

3. Präambel
Arbeitgeber und Betriebsrat sind sich bewusst, dass fehlerhafter sozialer Umgang, unsoziale Verhaltensweisen und nicht gelöste Konflikte das Betriebsklima nachhaltig beeinflussen, den Arbeitsprozess stören, die Produktivität des Betriebes sowie die Qualität der Arbeitsergebnisse vermindern und vielfache negative Auswirkungen für den Betrieb sowie für die Belegschaft mit sich bringen. Psychosomatische Beschwerden und Erkrankungen, Depressionen, Erschöpfungszustände, Folgeerkrankungen infolge mangelnder Abwehrkräfte, Verzweiflung, Angstzustände und vieles mehr können Folge von Mobbing sein. Anliegen dieser Betriebsvereinbarung ist es insbesondere, das Betriebsklima und den sozialen Umgang aller im Betrieb tätigen Personen zu verbessern.

4. Geltungsbereich
4.1 Räumlicher Geltungsbereich
Die Betriebsvereinbarung gilt für alle Beschäftigte der ....

Der Arbeitgeber verpflichtet sich, auf die in § 5 Abs. 2 und 3 BetrVG genannten Personen in geeigneter Weise einzuwirken, so dass sich diese gemäß dieser Betriebsvereinbarung verhalten.

Sie findet ferner auf alle betriebsfremden Personen Anwendung, die – aus welchem Rechtsgrund auch immer – im Betrieb tätig werden. Insoweit hat der Arbeitgeber bei Vertragsschluss Sorge zu tragen, dass sich der jeweilige Vertragspartner verpflichtet, sich im Betrieb gemäß dieser Betriebsvereinbarung zu verhalten bzw. auf bei ihm Beschäftigte oder von ihm beauftragte Personen einzuwirken, so dass sich diese im Betrieb gemäß dieser Betriebsvereinbarung verhalten. Verstöße gegen die in dieser Betriebsvereinbarung aufgestellten Verhaltensregeln sind insoweit zu sanktionieren, als der Vertragspartner auf den Verstoß hinzuweisen und im Wiederholungsfall bei der Auftragsvergabe nicht mehr zu berücksichtigen ist.

5. Begrifflichkeiten

5.1 Mobbing

Als Mobbing im Sinne dieser Betriebsvereinbarung werden alle persönlichen Auseinandersetzungen, aber auch ergänzende administrative Vorgänge und Konflikte verstanden, bei denen die Handlungs- und Entscheidungsfreiheit einer Person, seine Persönlichkeitsentwicklung und sein Selbstwertgefühl, seine sozialen Beziehungen, seine Würde und sein soziales Ansehen sowie die Möglichkeit, sich sinnvoll in den Arbeitsprozess des Betriebes einzugliedern, immer wieder systematisch angegriffen und verletzt wird.

In Mobbingkonflikten wird Ausgrenzung, Diskriminierung sowie der Ausstoß einer Person betrieben, eine offene und faire Auseinandersetzung wird vermieden und der angegriffenen Person wird eine faire Behandlung nicht zugebilligt.

Das Ziel von Mobbing besteht in der Schwächung der gegnerischen Person und Position und nicht in dem Auffinden von sachlich und mitmenschlich akzeptablen Lösungen. Mobbing tritt in vielen Formen auf, die nicht in allen Details aufgeführt werden können. Beispielsweise können bestimmte Formen von permanenter, überzogener, kränkender und herablassender Kritik, bei der keine Möglichkeit zur Rechtfertigung gegeben wird sowie ebenfalls keine Verbesserungsvorschläge und keine Ermutigung für zukünftiges Handeln einbezogen sind, Mobbing sein.

Obwohl es sich bei den folgenden Verhaltensweisen nicht um Mobbing im eigentlichen Sinne handelt, werden diese wegen ihrer negativen Auswirkungen mit Mobbing gleichgesetzt und als solche behandelt: .... (ggf. konkrete Beispiele aus der betrieblichen Praxis stichwortartig aufführen).

5.2 Mobbingbetroffener

Mobbingbetroffener ist, gegen den sich Mobbingangriffe hauptsächlich richten, dessen persönliche Würde, dessen Arbeits- und Wirkungsmöglichkeiten am Arbeitsplatz gravierend behindert, dessen soziale Beziehungen untergraben, dessen Persönlichkeitsentfaltung behindert, dem mitmenschlicher Respekt, das Mitgefühl und jede Rücksicht verweigert sowie dessen sozialer Ausschluss betrieben wird.

5.3 Mobber

Ungeachtet der möglicherweise dahinterstehenden berechtigten Interessen und eigenen Verletzungen ist Mobber, wer Mobbingangriffe mit einer gewissen Regelmäßigkeit betreibt, dabei Schäden für den Mobbingbetroffenen beabsichtigt oder billigend in Kauf nimmt oder Hilfe für einen Mobbingbetroffenen unterläßt, obwohl ihm dies möglich und zuzumuten ist.

6. Verhaltenskodex

Soziale Umgangsformen beinhalten, dass jedermann andere in der gleichen Weise behandelt, wie er es von anderen erwartet. Hierzu gehört u. a., dass Probleme am Arbeitsplatz (z. B. Ärger mit Arbeitskollegen, nicht gerechtfertigte Rügen durch Vorgesetzte) angesprochen sowie mögliche Wege zur Lösung des jeweiligen Problems gemeinsam gesucht und beschritten werden. Verhaltensweisen, die geeignet sind, andere zu verletzen bzw. in ihrem Ansehen herabzusetzen, sind zu unterlassen.

Es ist zu beachten, dass alle im Betrieb tätigen Personen nach den Grundsätzen von Recht und Billigkeit behandelt werden, insbesondere, dass jede unterschiedliche Behandlung von Personen wegen ihrer Abstammung, Religion, Nationalität, Herkunft, politischen oder gewerkschaftlichen Betätigung oder Einstellung oder wegen ihres Geschlechts sowie eine Benachteiligung wegen Überschreitung bestimmter Altersstufen unterbleibt. Die freie Entfaltung der Persönlichkeit ist zu schützen und zu fördern.

7. Verbesserung des Betriebsklimas

Die Betriebsparteien stellen übereinstimmend fest, dass das allgemeine Betriebsklima verbesserungswürdig ist. Um dies zu erreichen, werden folgende Maßnahmen durchgeführt: ....

8. Maßnahmen gegen Mobbing

Zu den erforderlichen Maßnahmen zur Bekämpfung bzw. zur Vermeidung von Mobbing gehört sowohl die Aufklärung des unter den Geltungsbereich dieser Betriebsvereinbarung fallenden Personen (siehe Ziffern 4., 13.) als auch die Beseitigung betrieblicher Mängel und Engpässe im Arbeitsablauf sowie der Arbeitsorganisation, die erfahrungsgemäß leicht zu persönlichen Auseinandersetzungen führen können. Zur Lösung von akuten Mobbingkonflikten werden die Maßnahmen gemäß der Ziffern 9.3 und 9.4 dieser Betriebsvereinbarung zur Anwendung gebracht. Hier gilt das Prinzip, dass zunächst immer nach einvernehmlichen Lösungen gesucht werden muß. Der personenbezogene Konflikt ist in einen sachlich zu lösenden Konflikt zu überführen. Ist der Mobber auch nach intensiven Bemühungen, eine einvernehmliche Lösung herbeizuführen, nicht gewillt, von Mobbing abzulassen, oder war das Verhalten des Mobbers strafrechtlich relevant, sind die Verhängung betrieblicher Sanktionen gemäß Ziffer 11 dieser Betriebsvereinbarung sowie die Einleitung rechtlicher Schritte gegen den Mobber in Erwägung zu ziehen.

9. Konfliktlösungsverfahren

9.1 Information über Mobbing

Der Konfliktbeauftragte (siehe Ziffer 12.) ist über Konflikte und Problemsituationen, die Mobbing sind oder sein können, unverzüglich zu informieren.

9.2 Sachverhalt und Mobbing

Nachdem der Konfliktbeauftragte von einer Konfliktsituation Kenntnis erlangt hat, führt er eine Klärung des Sachverhaltes und eine erste Analyse durch, die Klärungs- und Sondierungsgespräche beinhalten.

9.3 Schlichtung

Sofern die Bereitschaft zu einer einvernehmlichen Konfliktlösung zu erkennen ist, leitet und moderiert der Konfliktbeauftragte Gespräche zwischen dem Mobbingbetroffenen sowie dem Mobber. Auf Verlangen einer oder beider Seiten finden diese Gespräche im Beisein des Betriebsrats und/oder des Arbeitgebers bzw. Vorgesetzten statt. Sofern eine einvernehmliche Konfliktlösung erzielt wird, ist diese dem Betriebsrat und dem Arbeitgeber mitzuteilen, damit diese bei Bedarf in der erforderlichen Weise tätig werden können. Sofern eine einvernehmliche Konfliktlösung nicht möglich oder nicht zu erwarten ist, ist in das Konfliktlösungsverfahren gemäß Ziffer 9.4 einzusteigen.

9.4 Konfliktlösungskommission

Wenn eine einvernehmliche Lösung des Konfliktes nicht möglich oder eine solche nicht zu erwarten ist, ist die Konfliktlösungskommission von dem Konfliktbeauftragten einzuberufen. Der Konfliktbeauftragte sitzt dieser Kommission vor, die aus dem Mobbingbetroffenen, dem Mobber sowie je einem Vertreter des Arbeitgebers sowie des Betriebsrats besteht.

Die Konfliktlösungskommission findet sich maximal zu drei Gesprächsrunden ein, die in einem zeitlichen Abstand von drei Wochen durchgeführt werden. Ziel der Kommission ist die Lösung des Konfliktes. Diese Ziel muss spätestens am Ende der dritten Gesprächsrunde erreicht sein.

In der ersten Gesprächsrunde können Mobbingbetroffener und Mobber ihre Auffassungen zu dem Konflikt äußern. Beide haben das Recht, ihre eigene Sichtweise im erforderlichen Maße zu schildern. Der Konfliktbeauftragte referiert ggf. die Ergebnisse eigener Recherchen und unterbreitet einen Vorschlag zur Konfliktlösung. Ferner zeigt er mögliche Konsequenzen und Sanktionen von Mobbing auf.

In der zweiten Gesprächsrunde wird – aufbauend auf der ersten Gesprächsrunde – versucht, eine einvernehmliche Lösung des Konfliktes zu erzielen. Sofern eine solche nicht gefunden werden kann, sind konkrete Konsequenzen und Sanktionen für den Fall anzudrohen, dass weiterhin Mobbing betrieben wird.

Können auch in der dritten Gesprächsrunde einvernehmliche Lösungen nicht erzielt werden, beschließt die Kommission geeignete Maßnahmen mit der Mehrheit der anwesenden Kommissionsmitglieder. Diese sind, soweit erforderlich, von dem Arbeitgeber unter Beachtung der Mitbestimmungsrechte des Betriebsrats umzusetzen.

10. Hilfe für Mobbingbetroffene

Jeder, der sich Mobbingangriffen ausgesetzt fühlt, kann sich während der Arbeitszeit unter Fortzahlung seines Entgeltes an den Konfliktbeauftragten wenden und diesen um Hilfe ersuchen. Hierzu stehen dem Mobbingbetroffenen die Sprechstunden des Konfliktbeauftragten zur Verfügung. Der Konfliktbeauftragte hält Anschriften von Selbsthilfegruppen, Einrichtungen, außerbetrieblichen Beratungsstellen, Ärzten, Rechtsanwälten .... bereit. Bei Bedarf begleitet der den Mobbingbetroffenen zu den zuvor genannten Anlaufstellen.

11. Sanktionen

Grundsätzlich sind Konflikte zu lösen, ohne dass es der Sanktion des Verhaltens einzelner oder mehrerer bedarf.

Soweit sich jemand bewusst über die in dieser Betriebsvereinbarung niedergelegten Verhaltensanforderungen hinwegsetzt, ist er vom Arbeitgeber im Beisein des Betriebsrats unverzüglich auf sein Verhalten anzusprechen und von diesem aufzufordern, das beanstandete Verhalten einzustellen. Bei diesem Gespräch ist er auf mögliche Sanktionen hinzuweisen.

Setzt der betroffene sein Verhalten weiter fort, so ist er nach Aufklärung des konkreten Sachverhalts und nach erfolgter Anhörung des Betriebsrats schriftlich abzumahnen. Dem Betriebsrat ist eine Kopie der Abmahnung auszuhändigen.

Ändert der Betreffende sein Verhalten auch nach erfolgter Abmahnung nicht, so kann er ggf. erneut letztmalig abgemahnt bzw. bei Bedarf – nach erfolgter Anhörung des Betriebsrats – versetzt werden. Notfalls ist – nach Anhörung des Betriebsrats – eine verhaltensbedingte fristgemäße oder fristlose Kündigung auszusprechen.

12. Konfliktbeauftragte/r

12.1 Stellung

Der Betriebsrat benennt aus seiner Mitte eine Person .... zum betrieblichen Konfliktbeauftragten. Die Arbeit des/der Konfliktbeauftragten wird wie Arbeitszeit mit allen sich daraus ergebenden Rechten und Pflichten gewertet. Zur Ausübung dieser Tätigkeit wird diese/r .... Stunden pro Woche unter Fortzahlung des Arbeitsentgelts von der Arbeit freigestellt.

12.2 Funktion

Der/die Konfliktbeauftragte hat die Funktion, Mobbingkonflikte auf einvernehmliche Weise zu lösen und Mobbingprävention zu betreiben.

12.3 Aufgaben

Ausgehend von seinen Funktionen hat der/die Konfliktbeauftragte insbesondere folgende Aufgaben:

- Durchführung von vorbeugenden Maßnahmen gegen Mobbing
- Durchführung von regelmäßig stattfindenden Sprechstunden (mindestens eine Sprechstunde pro Woche)
- Betreuung eines »Kummerkastens«
- Beratung und Unterstützung von Mobbingbetroffenen bei der Lösung ihrer Probleme
- Durchführung und Leitung von Gesprächen zur Konfliktlösung

- Einberufung und Leitung der Konfliktlösungskommission
- fachlicher Austausch mit externen Mobbingeinrichtungen

12.4 Rechte

Der/die Konfliktbeauftragte hat einen Anspruch auf umfassende Unterrichtung über alle Konfliktsituationen im Betrieb sowohl durch den Arbeitgeber als auch durch den Betriebsrat. Der/die Konfliktbeauftragte hat ein Zutrittsrecht zu allen Arbeitsplätzen und kann mit jedermann während der Arbeitszeit Gespräche führen. Der/die Konfliktbeauftragte kann sowohl dem Arbeitgeber als auch dem Betriebsrat Maßnahmen zur Konfliktlösung unterbreiten.

12.5 Materielle Ausstattung

Der/die Konfliktbeauftragte erhält folgende materielle Ausstattung:
- Sekretariat
- verschließbares Büro
- verschließbare Büromöbel
- Kommunikationsmittel (Telefon, Anrufbeantworter, Fax)
- Literatur

12.6 Qualifizierung

Um eine sachgerechte Ausübung seiner/ihrer Tätigkeit auf Dauer gewährleisten zu können, hat sich der/die Konfliktbeauftragte einer Supervision zu unterziehen und in geeigneter Form fortzubilden. Die Kosten hierfür sind vom Arbeitgeber zu tragen. Dem Arbeitgeber/Betriebsrat ist die Teilnahme an Supervisions-, Schulungs- und Bildungsmaßnahmen anzuzeigen.

Die Teilnahme an solchen Maßnahmen einschließlich der notwendigen Wegezeiten ist wie Arbeitszeit zu vergüten. Im Übrigen sind die §§ 37 Abs. 6 u. 7 BetrVG entsprechend anzuwenden.

12.7 Kostentragung

Sämtliche durch die Tätigkeit des/der Konfliktbeauftragten entstehenden Kosten trägt der Arbeitgeber.

13. Sensibilisierung und Qualifizierung

Alle im Betrieb tätigen Personen sind durch geeignete Maßnahmen, die von dem Konfliktbeauftragten vorbereitet und unter seiner Leitung durchgeführt werden, für die Problematik von Mobbing am Arbeitsplatz zu sensibilisieren. Ferner sind sie in geeigneter Weise zu qualifizieren und damit in die Lage zu versetzen, Konflikte im Betrieb in sachgerechter Weise unter Vermeidung von Mobbing zu lösen.

14. Information

Über Abschluss, Anlass, Zweck- und Inhalt dieser Vereinbarung ist die Belegschaft auf einer Betriebsversammlung zu informieren. Zu dieser Betriebsversammlung kann der Betriebsrat einen Referenten hinzuziehen, der über das Thema »Mobbing am Arbeitsplatz« sprechen und Fragen der Belegschaft beantworten wird. Der Arbeitgeber verpflichtet sich, die in § 5 Abs. 2 und 3 BetrVG genannten Personen in geeigneter Weise über Abschluss, Anlass, Zweck und Inhalt dieser Vereinbarung zu informieren.

Die Betriebsvereinbarung wird im Betrieb an folgenden Orten ausgelegt/ausgehängt: ....

Jeder/jede Beschäftigte erhält eine Kopie dieser Vereinbarung. Neue Beschäftigte erhalten diese bei Abschluss des Arbeitsvertrages.

15. Rechte der Beschäftigten

Jede im Betrieb tätige Person hat das Recht, sich während der Arbeitszeit bei dem/der Konfliktbeauftragten über diese Betriebsvereinbarung zu informieren, hierzu Fragen zu stellen und sich über Benachteiligungen, Schikanen, Belästigungen, Verunglimpfungen usw. zu beschweren. Hierzu soll sie die Sprechstunden des/der Konfliktbeauftragten aufsuchen.

Zeiten, die dazu verwendet werden, um Konflikte am Arbeitsplatz zu lösen, werden wie Arbeitszeit behandelt und entsprechend vergütet.

16. Umsetzung und Fortschreibung der Betriebsvereinbarung

Betriebsrat und Arbeitgeber verpflichten sich, die in dieser Vereinbarung festgeschriebenen Punkte umzusetzen, aufmerksam zu verfolgen und bei Bedarf fortzuschreiben. Dem Betriebsrat wird insoweit ein Initiativrecht eingeräumt, das die Anrufung der Einigungsstelle beinhaltet.

17. Meinungsverschiedenheiten

Bei Meinungsverschiedenheiten zwischen Betriebsrat und Arbeitgeber, die sich aus der Anwendung dieser Betriebsvereinbarung ergeben, ist eine Schlichtungsstelle zu bilden. Diese besteht aus einem Vorsitzenden sowie je zwei Vertretern des Betriebsrats sowie des Arbeitgebers. Die Schlichtungsstelle soll unverzüglich, spätestens jedoch zwei Wochen nach Anrufung, tagen. Das Verfahren vor der Schlichtungsstelle entspricht dem des Einigungsstellenverfahrens gem. §§ 76, 76a BetrVG.

Die unterlegene Partei kann gegen die Entscheidung der Schlichtungsstelle das Arbeitsgericht anrufen.

Der Arbeitgeber trägt die Kosten des Schlichtungsverfahrens.

18. Salvatorische Klausel

Sind einzelne Bestimmungen dieser Betriebsvereinbarung unwirksam, so berührt dies nicht die Wirksamkeit der übrigen Bestimmungen dieser Vereinbarung. Im Falle der Unwirksamkeit einer oder mehrerer Bestimmungen werden die Parteien eine der unwirksamen Regelungen möglichst nahekommende rechtswirksame Ersatzregelung treffen.

19. Inkrafttreten, Kündigung, Nachwirkung

Diese Vereinbarung tritt am .... in Kraft und kann mit einer Frist von .... Monaten zum Jahresschluss, erstmals zum 31. 12. .... gekündigt werden.

Die gekündigte Betriebsvereinbarung wirkt so lange nach, bis sie durch eine neue Vereinbarung abgelöst wird. Von der Nachwirkung werden auch solche Personen erfasst, die erst nach erfolgter Kündigung dieser Vereinbarung in den Betrieb eintreten bzw. tätig werden.

20. Datum, Unterschriften

(**Hinweis:** Entnommen aus AiB 1/97 mit ausführlichen Erläuterungen zum Text. Noch eingehender zur Gesamtproblematik: Esser/Wolmerath »Mobbing – Der Ratgeber für Betroffene und ihre Interessenvertretung«, Bund-Verlag 1998)

3.7.4 Betriebsvereinbarung zur Verhinderung sexueller Belästigungen am Arbeitsplatz

§ 1 Zielbestimmung

Geschäftsleitung und Betriebsrat sind sich darüber einig, dass sexuelle Bedrohungen und Übergriffe am Arbeitsplatz und im Betrieb (im Folgenden: sexuelle Belästigung am Arbeitsplatz) eine erhebliche Beeinträchtigung der Betroffenen, ihres Persönlichkeitsrechts und ihres Rechts auf sexuelle Selbstbestimmung darstellen. Sie betrachten ein Betriebsklima, in dem die Würde von Frauen und Männern so wenig geachtet wird, dass sogar sexuelle Bedrohungen und Übergriffe vorkommen, außerdem als ernsthafte Gefährdung der beruflichen Entwicklung aller Arbeitnehmerinnen und Arbeitnehmer und des Erfolgs des Betriebes. Sie setzen sich deswegen zum Ziel, zur Entwicklung einer Arbeitsumgebung beizutragen, in der die Würde von Frauen und Männern geachtet wird, denn in einer solchen Arbeitsumgebung haben sexuelle Bedrohungen und Übergriffe, aber auch andere Persönlichkeitsverletzungen wie rassistische Diskriminierungen und Übergriffe sowie Mobbing keinen Raum.

§ 2 Verbot sexueller Belästigung

Sexuelle Belästigung in diesem Betrieb und zwischen Betriebsangehörigen ist unzulässig. Ein entsprechendes Verhalten wird nicht geduldet und stets als Verletzung der arbeitsvertraglichen Pflichten betrachtet.

§ 3 Definition sexueller Belästigung

(1) Sexuelle Belästigung ist ein sexuell bestimmtes Verhalten oder ein auf die Geschlechtszugehörigkeit bezogenes Verhalten, das die Würde von Frauen und Männern am Arbeitsplatz beeinträchtigt. Dies kann grundsätzlich geschehen, indem
a) ein sexuell oder geschlechtsspezifisch bestimmtes Verhalten eine einschüchternde, feindselige oder demütigende Arbeitsatmosphäre für die betroffene Person schafft oder eine solche Atmosphäre verschlimmert oder
b) eine Entscheidung über die berufliche Entwicklung, den Zugang zur Erwerbstätigkeit, die Verlängerung eines befristeten Arbeitsvertrages, die Aufstockung der Arbeitszeit in Richtung auf Vollzeitbeschäftigung oder den Zugang zur beruflichen Bildung von einem sexuellen

oder geschlechtsspezifisch bestimmten Verhalten seitens der Betroffenen oder der Duldung eines solchen Verhaltens abhängig gemacht oder dies in Aussicht gestellt wird.

(2) Sexuelle Belästigung im Sinne von Absatz 1 ist unabhängig davon unzulässig, ob das entsprechende Verhalten von der betroffenen Person ausdrücklich oder konkludent abgelehnt wird. Darüber hinaus ist sexuell oder geschlechtsspezifisch bestimmtes Verhalten als sexuelle Belästigung unzulässig, wenn die betroffene Person es als unerwünscht bezeichnet.

(3) Sexuelle Belästigung im Sinne von Abs. 1 kann sehr unterschiedliche Formen annehmen. Als sexuelle Belästigung sind in jedem Falle anzusehen:

a) auf Einzelpersonen bezogene Bemerkungen über körperliche Vorzüge oder Schwächen, sexuelle Aktivitäten oder das Intimleben

b) sexuell oder geschlechtsspezifisch gefärbte Gesten oder Äußerungen (Anstarren, Hinterherpfeifen)

c) beleidigendes Verhalten oder beleidigende Äußerungen (einschließlich Witzen), die sich hauptsächlich gegen ein Geschlecht oder gegen Homosexuelle richten

d) das Mitbringen und Zeigen pornographischer Hefte und Bilder, das Anbringen von Darstellungen oder Bilder in den Arbeitsräumen, das Einspeisen von Computerprogrammen, die zu sexuellen oder geschlechtsspezifischen Bildern oder Texten auf Bildschirmen oder im Ausdruck führen

e) körperliche Übergriffe und Berührungen insbesondere an Brust, Gesäß und im Genitalbereich, die nicht ausdrücklich oder implizit als erwünscht bezeichnet werden

f) unerwünschte Einladung und Aufforderungen zu sexuellen oder geschlechtsspezifischen Verhalten auf mündlichem, fernmündlichem, schriftlichem und elektronischem Wege.

§ 4 Prävention

(1) Die Geschäftsleitung verpflichtet sich, besondere Anstrengungen zu unternehmen, um ein Arbeitsklima zu schaffen, in dem die Würde der Beschäftigten gewahrt wird. Auch die Werbung und sonstige Öffentlichkeitsarbeit verzichtet auf Darstellungen, die die Würde von Frauen und Männern verletzen. (Der Betriebsrat wird in seinem Einflussbereich dazu beitragen, dass diese Anstrengungen Erfolg haben).

(2) Die Geschäftsleitung ergreift Maßnahmen, um die Arbeitsumgebung so zu gestalten, dass sexuelle Belästigungen erschwert und der Selbstschutz gegen sexuelle Belästigungen erleichtert wird. Insbesondere werden folgende Grundsätze beachtet:

a) Verkehrswege werden so bemessen, dass zwei Personen ohne gegenseitige Berührung passieren können.

b) Arbeitsplätze sind grundsätzlich so beschaffen, dass die Beschäftigten nicht von hinten überrascht werden können.

c) Arbeitsplätze werden so ausgestaltet, dass Einblicke in die Intimsphäre nicht möglich sind (Sichtblenden u. ä.); freischwebende Treppen werden so umgestaltet, dass niemand von unten zwischen die Beine der Benutzer/innen sehen kann.

d) Das Betriebsgelände wird nach Einbruch der Dunkelheit ausreichend ausgeleuchtet, ggf. durch Einsatz von Lichtschranken für wenig begangene Teile.

(3) Zur Prävention gegen sexuelle Belästigung gehört auch die Verpflichtung der Geschäftsleitung, allen Anhaltspunkten für das Auftreten sexueller Belästigungen nachzugehen, regelmäßig Darstellungen im Sinne von § 3 Abs. 3 d) entfernen zu lassen und Personen, über deren Verhalten Beschwerde geführt wird, in neutraler Form auf die Verpflichtungen nach § 3 und diese Vereinbarung hinzuweisen. Für solche Hinweise sind die nächsten Vorgesetzten verantwortlich. Vorgesetzte sind auch verpflichtet, sich in ihrem Verantwortungsbereich aktiv für die Einhaltung der Vorschriften dieser Vereinbarung einzusetzen.

§ 5 Beschwerderecht und zuständige Stelle, Beratung

(1) Die Beschäftigten können sich bei den zuständigen Stellen beschweren, wenn sie sich sexuell belästigt fühlen. Eine solche Beschwerde darf – unabhängig davon, ob sie zu weiteren Maßnahmen führt – nicht zur Benachteiligung der beschwerdeführenden Person führen. Bei einer Beschwerde kann ein Mitglied des Betriebsrats und/oder eine andere Person des Vertrauens der beschwerdeführenden Person hinzugezogen werden.

(2) Zuständige Stellen sind (nur als Beispiel, entsprechend § 84 BetrVG)

a) der/die betriebliche Vorgesetzte

b) jede andere Person mit Vorgesetztenaufgaben

c) das Personalwesen

oder

(2) Zuständige Stellen sind

a) die paritätisch aus vom Arbeitgeber und vom Betriebsrat vorgeschlagenen Personen zusammengesetzte Beschwerdekommission, die eine Anwesenheit von jeweils zwei Personen während der Betriebsöffnungszeiten gewährleistet, sowie

b) .... (wie oben)

(3) Beschäftige können sich auch anonym wegen sexueller Belästigung beraten lassen.

(Alternative 1) Dazu können sie sich telefonisch mit der (außerbetrieblichen) Beratungsstelle in Verbindung setzen und dort bei Bedarf auch einen persönlichen Termin vereinbaren. Die anteiligen Kosten trägt der Arbeitgeber.

(Alternative 2) Dazu wird innerbetrieblich ein anonymes Telefon eingerichtet, das bei Bedarf auch außerbetriebliche Beratungsmöglichkeiten vermittelt. Bei einer anonymen Beratung besteht keine Verpflichtung, aktiv zu werden.

(4) Das Recht der Beschäftigten, sich beim Betriebsrat zu beschweren (§ 85 BetrVG), bleibt unberührt.

§ 6 Behandlung von Beschwerden

(1) Beschwerden nach § 5 dieser Verordnung werden rasch und zunächst vertraulich behandelt.

(2) Alle Beteiligten sind zum Schweigen über die persönlichen Verhältnisse der beschwerdeführenden Person verpflichtet.

(3) Das Opfer darf nach einer sexuellen Belästigung jedoch nicht zum Schweigen verpflichtet werden.

(4) Neben der Glaubhaftmachung der sexuellen Belästigung – z.B. durch eidesstattliche Versicherung – werden Gegenüberstellungen nur auf Wunsch der oder des Beschwerdeführenden vorgenommen.

§ 7 Interimsmaßnahmen

(1) Wird eine Beschwerde wegen sexueller Belästigung an die zuständigen Stellen gerichtet, so werden nach Absprache zwischen Arbeitgeber und Betriebsrat Interimsmaßnahmen ergriffen mit dem Ziel, dass die beschwerdeführende Person nicht mehr mit der Person, von der die behauptete Belästigung ausging, zusammenarbeiten muss oder die sexuelle Belästigung sonst unterbunden wird. Die Versetzung oder Beurlaubung der beschwerdeführenden Person ist dabei nur zulässig, wenn sie es ausdrücklich verlangt und die Situation nicht anders gelöst werden kann.

(2) Für den Fall, dass zwischen Betriebsrat und Arbeitgeber Meinungsverschiedenheiten über die Berechtigung und Behandlung von Beschwerden über sexuelle Belästigungen entstehen, wird eine ständige Einigungsstelle gebildet. Sie entscheidet über die Interimsmaßnahmen und die Berechtigung der Beschwerde. Die Vorsitzende der Einigungsstelle ist eine Frau.

(3) Absatz 2 gilt auch, wenn eine Beschwerde wegen sexueller Belästigung an den Betriebsrat gerichtet wird.

§ 8 Abhilfemaßnahmen und Sanktionen

(1) Ist eine Beschwerde berechtigt, so werden geeignete Abhilfemaßnahmen ergriffen. Sie haben den Zweck, die Fortsetzung der Belästigung zu unterbinden und dürfen nicht zu Nachteilen für die beschwerdeführende Person führen.

(2) § 7 Abs. 2 gilt entsprechend.

(3) Die Geschäftsleitung verpflichtet sich außerdem, gegen Beschäftigte vorzugehen, die Mitarbeiter oder Dritte sexuell belästigen. Sie lässt sich dabei von dem Gedanken leiten, dass beschwerdeführende Personen keine Nachteile aus ihrer Beschwerde erleiden dürfen und dass die belästigenden Beschäftigten gegen ihre arbeitsvertraglichen Pflichten verstoßen haben. Die Sanktionen sollen künftige Belästigungen verhindern und deutlich machen, dass die Geschäftsleitung solche Verhaltensweisen auf keinen Fall duldet. Je nach Schwere der Belästigung werden folgende Maßnahmen ergriffen:
a) persönliches Gespräch unter Hinweis auf die Verpflichtungen aus dieser Vereinbarung
b) schriftlicher Verweis
c) schriftliche Abmahnung
d) Versetzung
e) fristgerechte Kündigung
f) fristlose Kündigung

(4) Beteiligungsrechte des Betriebsrates nach dem BetrVG bleiben hiervon unberührt.

§ 8 a Beschwerdekommission

Um sexuelle Belästigungen zu verhindern, wird eine Beschwerdekommission gebildet, für die Betriebsrat und Geschäftsleitung je (......... gleiche Anzahl) Personen benennen. Mindestens zwei Drittel der Benannten sind weiblich. Die im Betrieb vertretenen Gewerkschaften sind berechtigt, mit einer Vertreterin mit beratender Stimme an den Sitzungen teilzunehmen. Zu den Aufgaben der Beschwerdekommission gehört:

- Beschwerden und Hinweisen nachzugehen,
- Vorschläge zur Verbesserung des Arbeitsklimas (§ 4) zu machen,
- die Beschäftigten über die Problematik der sexuellen Belästigung, diese Betriebsvereinbarung und die zu ihrer Umsetzung ergriffenen Maßnahmen zu unterrichten.

Die Beschwerdekommission tagt mindestens vierteljährlich während der Arbeitszeit. Die Kosten trägt die Geschäftsleitung. Die Mitglieder werden von der Arbeit freigestellt und haben Anspruch auf Fortbildung. Die Kosten für die Fortbildung der Mitglieder trägt der Arbeitgeber.

Den Mitgliedern der Beschwerdekommission darf aus ihrer Tätigkeit kein Nachteil entstehen.

§ 9 Information und Fortbildung

(1) Die Beschäftigten werden über den Inhalt dieser Betriebsvereinbarung informiert. Dazu wird jedem und jeder ein Exemplar ausgehändigt; dies gilt auch für Neueinstellungen.

(2) Betriebsrat und Arbeitgeber einigen sich auf weitere geeignete Maßnahmen. (Dieser Absatz ist überflüssig, wenn § 8 aufgenommen wird, da das dann Aufgabe der Beschwerdekommission ist.)

(3) Beschäftigte mit Führungsverantwortung werden im Umgang mit sexuellen Belästigungen geschult. Dabei sollen sie insbesondere in die Lage versetzt werden, sexuelle Belästigungen zu definieren, sexuelle Belästigungen in ihrem Verantwortungsbereich zu erkennen, angemessene Präventationsmaßnahmen für ihren Bereich zu entwickeln, Beschwerden über sexuelle Belästigungen angemessen zu behandeln und mit Personen, die sexuell belästigt haben oder bei denen der Verdacht besteht, angemessen umzugehen.

§ 10 Geltungsbereich

In den Geltungsbereich können – je nach betrieblichen Gegebenheiten – Heimarbeiter/innen sowie Fremdfirmenpersonal (Reinigungskräfte) einbezogen werden.

§ 11 In-Kraft-Treten

Ort, Datum, Unterschriften

(**Hinweis:** Dieser Entwurf einer Betriebsvereinbarung wurde der Zeitschrift »Arbeitsrecht im Betrieb« Heft 8/1997 entnommen. Diese Ausgabe enthält weitere wichtige Hinweise zur Thematik bzw. auch Erläuterungen zum Inhalt der oben dargestellten Betriebsvereinbarung.)

3.7.5 Betriebsvereinbarung zur Regelung von Ermahnungen und Abmahnungen

Zwischen der
(Firma, Anschrift)

und dem

Betriebsrat der ...... (Firma, Anschrift)

wird zur Regelung des Ausspruchs sowie der Geltungsdauer von Abmahnungen folgende Betriebsvereinbarung geschlossen:

Präambel:

Fehlverhalten am Arbeitsplatz können vielfältige Auswirkungen haben; sie können den Betriebsablauf stören und dem Betrieb beträchtlichen Schaden zufügen. Auch kann das Betriebsklima in Mitleidenschaft gezogen werden.

Anliegen dieser Betriebsvereinbarung ist es daher, das Reagieren der Geschäftsleitung auf Fehlverhalten im Betrieb zu regeln. Daneben sollen Beschäftigte vor ungerechtfertigten Sanktionsmaßnahmen geschützt und Beschäftigte, die abgemahnt wurden, die Möglichkeit der Bewährung erhalten.

Die Betriebsparteien sind sich darüber einig, dass mit dieser Betriebsvereinbarung kein Betriebsbußensystem eingeführt wird.

§ 1 Geltungsbereich

Diese Betriebsvereinbarung gilt für alle Beschäftigten der ....

§ 2 Fehlverhalten am Arbeitsplatz

Unter einem Fehlverhalten am Arbeitsplatz im Sinne dieser Betriebsvereinbarung wird jeder Verstoß gegen arbeitsvertragliche Pflichten verstanden, der auf den Betrieb der ... negativ auswirkt, insbesondere Schäden nach sich zieht bzw. ziehen kann, und daher von der Geschäftsleitung im Sinne eines reibungslosen Betriebsablaufs sowie eines guten Betriebsklimas nicht hingenommen werden kann.

Hierzu zählen insbesondere:

- unentschuldigtes Fehlen,
- Diebstahl und Sachbeschädigung von Betriebseigentum sowie Eigentum Dritter,
- Diskriminierung von Angehörigen der Belegschaft,
- Kundgabe von ausländerfeindlichen Meinungsäußerungen,
- sexuelle Belästigung von Angehörigen der Belegschaft,
- Schikane, Verleumdung und Mobbing von Angehörigen der Belegschaft,
- ...

§ 3 Feststellung eines Fehlverhaltens

Wird der Geschäftsleitung ein Fehlverhalten im Sinne dieser Betriebsvereinbarung bekannt, so ermittelt diese zunächst den Sachverhalt unter Einbeziehung solcher Umstände, die ein Fehlverhalten zu rechtfertigen und/oder entschuldigen vermögen. Wird ein Fehlverhalten festgestellt, ist die/der Betroffene hierüber in einem Gespräch, an dem der Betriebsrat auf Wunsch der/des Betroffenen teilnehmen kann, in Kenntnis zu setzen. Der/dem Betroffenen ist die Möglichkeit einzuräumen, sich zu dem vorgehaltenen Fehlverhalten schriftlich oder mündlich zu äußern. Hierzu ist ihr/ihm eine ausreichende Frist einzuräumen.

Die Geschäftsleitung hat diese Äußerung zur Kenntnis zu nehmen und bei der Entscheidung, ob und gegebenenfalls welche Sanktion ausgesprochen werden soll, zu berücksichtigen.

§ 4 Ausspruch von Sanktionen

Eine Sanktion darf erst ausgesprochen werden, nachdem die Geschäftsleitung das Fehlverhalten erschöpfend festgestellt, insbesondere dieses mit gegebenenfalls vorgebrachten Rechtfertigungs- sowie Entschuldigungsgründen abgewägt hat.

Als Sanktionsmittel (§ 6) werden je nach der Schwere des Fehlverhaltens bei kleineren Verstößen eine »Ermahnung« und bei schwerwiegenderen Verstößen eine »Abmahnung« ausgesprochen. Nur im Extremfall soll von dem Ausspruch einer fristlosen Kündigung Gebrauch gemacht werden. Sofern ein bereits abgemahntes Fehlverhalten nicht eingestellt wird, besteht im Wiederholungsfall die Möglichkeit einer Versetzung bzw. einer verhaltensbedingten Kündigung.

Die von der Geschäftsleitung verhängte Sanktion ist schriftlich auszusprechen. Ermahnungen und Abmahnungen sind mit dem Hinweis zu versehen, dass eine Gegendarstellung (§ 5) zur Personalakte gereicht werden kann und dass die Ermahnung bzw. Abmahnung nach Ablauf der Bewährungszeit (§ 7) wieder aus der Personalakte entfernt wird.

§ 5 Abgabe einer Gegendarstellung

Jede/jeder Beschäftigte, dem gegenüber eine Ermahnung oder Abmahnung ausgesprochen wurde, hat das Recht, eine Gegendarstellung zur Personalakte zu reichen. Diese hat schriftlich zu erfolgen. Soweit die/der Betroffene eine schriftliche Gegendarstellung nicht zu der Personalakte reichen kann, kann eine solche bei der Personalabteilung im Beisein des Betriebsrats zu Protokoll gegeben werden. Der/dem Betroffenen ist in diesem Fall eine Protokollabschrift auszuhändigen.

§ 6 Sanktionsmittel

Mittel zur Sanktion von Fehlverhalten im Sinne dieser Betriebsvereinbarung sind
- die Ermahnung,
- die Abmahnung,
- die Versetzung,
- die Kündigung.

Bei der Ermahnung handelt es sich um die Rüge eines Fehlverhaltens, die mit der Aufforderung versehen ist, das beanstandete Verhalten einzustellen. Ist dies für den Wiederholungsfall mit der Androhung arbeitsrechtlicher Konsequenzen verbunden, so spricht man von einer Abmahnung.

Ermahnung und Abmahnung sind als solche zu kennzeichnen, damit die/der Betroffene die Schwere ihres/seines Fehlverhaltens ermessen kann.

§ 7 Möglichkeit der Bewährung

Um der/dem Betroffenen die Möglichkeit zur Bewährung einzuräumen, wird vereinbart, dass die ausgesprochene Ermahnung bzw. Abmahnung nach erfolgter Bewährung wieder aus der Personalakte entfernt wird. Die Bewährungszeit ist in der Ermahnung bzw. Abmahnung anzuführen. Sie beträgt

- bei der Ermahnung drei Monate,
- bei der Abmahnung leichten Fehlverhaltens sechs Monate,
- bei der Abmahnung schwerwiegenden Fehlverhaltens zwölf Monate.

§ 8 Entfernung der Ermahnung bzw. Abmahnung aus der Personalakte

Soweit die/der Betroffene in der Bewährungszeit kein Fehlverhalten an den Tag gelegt hat, weswegen die Ermahnung bzw. Abmahnung ausgesprochen wurde, ist diese unverzüglich nach Zeitablauf durch die Geschäftsleitung aus der Personalakte zu entfernen und der/dem Betroffenen zur Vernichtung auszuhändigen. Damit gilt das gerügte Fehlverhalten als nicht mehr geschehen, es kann der/dem Betroffenen nicht länger vorgehalten werden.

§ 9 Betriebsratsrechte

Die dem Betriebsrat nach dem Betriebsverfassungsgesetz zustehenden Rechte werden durch diese Betriebsvereinbarung nicht berührt.

§ 10 Fortschreitung dieser Betriebsvereinbarung

Betriebsrat und Geschäftsleitung verpflichten sich, die in dieser Betriebsvereinbarung festgeschriebenen Regelungen aufmerksam zu verfolgen und bei Bedarf fortzuschreiben. Dem Betriebsrat wird insoweit das Recht eingeräumt, bei Bedarf initiativ zu werden und ggf. die Schlichtungsstelle nach § 11 anzurufen.

§ 11 Meinungsverschiedenheiten

Bei Meinungsverschiedenheiten zwischen Betriebsrat und Arbeitgeber, die sich aus der Anwendung dieser Betriebsvereinbarung ergeben, ist eine Schlichtungsstelle zu bilden, die aus der/dem .... als Vorsitzende(n) sowie je zwei Vertretern des Betriebsrats sowie der Geschäftsleitung besteht.

Das Verfahren vor der Schlichtungsstelle richtet sich nach §§ 76, 76a BetrVG.

Der in einem Schlichtungsverfahren unterlegenen Partei ist es nicht verwehrt, wegen der Entscheidung der Schlichtungsstelle das Arbeitsgericht anzurufen.

Der Arbeitgeber trägt die Kosten des Schlichtungsverfahrens.

§ 12 In-Kraft-Treten, Kündigung

Diese Betriebsvereinbarung tritt am ...... in Kraft und kann mit einer Frist von ...... Monaten zum Jahresende, erstmals zum 31. 12. ......, gekündigt werden.

Die gekündigte Betriebsvereinbarung wirkt so lange nach, bis sie durch eine neue Betriebsvereinbarung abgelöst wird. Von der Nachwirkung werden auch solche Personen erfasst, die erst nach einer Kündigung dieser Betriebsvereinbarung in den Betrieb eintreten.

§ 13 Salvatorische Klausel

Sind einzelne Bestimmungen dieser Betriebsvereinbarung unwirksam, so berührt dies nicht die Wirksamkeit der übrigen Bestimmungen dieser Betriebsvereinbarung. Im Falle der Unwirksamkeit einer oder mehrerer Bestimmungen dieser Betriebsvereinbarung werden die Parteien eine der unwirksamen Regelung möglichst nahekommende rechtswirksame Ersatzregelungen treffen.

Datum, Unterschrift

(Hinweis: Text Martin Wolmerath, ehem. Verlagsleiter «Arbeitsrecht im Betrieb«, Köln)

3.8 Gleitende Arbeitszeit

3.8.1 Einleitung

Unter gleitender Arbeitszeit versteht man eine innerhalb gewisser Zeitspannen dem Arbeitnehmer zustehende Entscheidungsfreiheit und Flexibilität, wann er die Arbeit aufnimmt bzw. beendet.

Bei der so genannten **einfachen** Gleitarbeitszeit besteht kein Spielraum des Arbeitnehmers in Bezug auf die Dauer der täglichen Arbeitszeit, sondern praktisch nur beim Zeitpunkt des Arbeitsbeginns. Kann der Arbeitnehmer dagegen innerhalb gewisser Zeitspannen den Beginn **und** die Beendigung seiner täglichen Arbeit – damit also auch die Arbeitsdauer – variabel gestalten, so spricht man von einer qualifizierten Gleitarbeitszeit mit Zeitausgleich. Hier kann der Arbeitnehmer Arbeitszeit ansparen oder nachholen.

Gleitende Arbeitszeit bringt nicht nur Vorteile für den Arbeitnehmer mit sich, sondern auch für den Betrieb (z.B. entfallen weitgehend Dienstbefreiungen für Besorgungen und Arztbesuche).

Die gleitende Arbeitszeit ist nach § 87 Abs. 1 Nr. 3 BetrVG mitbestimmungspflichtig und bedarf einer Übereinkunft und Betriebsvereinbarung mit dem Betriebsrat. Über das Initiativrecht des Betriebsrats kann gleitende Arbeitszeit auch gegebenenfalls gegen den Willen des Arbeitgebers durchgesetzt werden.

In einer notwendigen Betriebsvereinbarung sollte diese Arbeitszeitform so gestaltet werden, dass gravierende Nachteile für die Arbeitnehmer vermieden und die Vorteile genutzt werden können.

3.8.2 Betriebsvereinbarung über gleitende Arbeitszeit

Zwischen der XY-GmbH
und dem Betriebsrat der XY-GmbH wird folgende Vereinbarung getroffen:

§ 1

1. Diese Betriebsvereinbarung gilt grundsätzlich für alle Mitarbeiter der .... und der ....,
ausgenommen Hauptabteilungsleiter und Abteilungsleiter.

2. Folgender Personenkreis wird von der gleitenden Arbeitszeit ausgenommen:
Sekretärinnen der Geschäftsleitung, Kraftfahrer, Telefonistinnen, Lagerverwalter, Boten,
Kantinenangestellte, Reinigungspersonal, Aushilfskräfte, Operator sowie jugendliche Auszubildende.

3. Falls keine Sonderarbeitszeiten vereinbart wurden, gilt für den ausgenommenen Personenkreis die Regelarbeitszeit.

4. Mitarbeiter des Post-Ein- und -Ausgangs können in begründeten Fällen auf besondere Anordnung der Geschäftsführung nach Zustimmung mit dem Betriebsrat vorübergehend von der gleitenden Arbeitszeit ausgenommen werden.

5. Grundsätzlich müssen alle Mitarbeiter, außer denen, die von der Gleitzeitregelung ausgenommen sind, ihre Arbeitszeit über das Zeiterfassungsgerät nachweisen.

§ 2 Begriffsbestimmung

1. Die tägliche Sollarbeitszeit ist die in den tariflichen Vereinbarungen festgelegte Arbeitszeit.
Die **monatliche** Sollarbeitszeit ergibt sich aus der Multiplikation der täglichen Sollarbeitszeit mit der Anzahl der Arbeitstage des betreffenden Monats.

2. Als Regelarbeitszeit gilt die betrieblich festgelegte tägliche Arbeitszeit mit gleichbleibendem Arbeitsbeginn und Arbeitsende. Sie tritt in bestimmten Fällen an die Stelle der gleitenden Arbeitszeit.

3. Die gleitende Arbeitszeit setzt sich aus der **Gleitzeit und Kernzeit** zusammen.

4. Die Gleitzeit umfasst die Zeit zwischen frühestem und spätestem Arbeitsbeginn sowie frühestem und spätestem Arbeitsende. Innerhalb der Gleitzeit kann der Beschäftigte Beginn und Ende seiner täglichen Arbeitszeit selbst bestimmen.

5. Die Kernzeit ist der Zeitraum zwischen den beiden Gleitspannen. Beginn und Ende sind betrieblich festgelegt. Für die Kernzeit besteht Anwesenheitspflicht.

§ 3 Arbeitszeitregelung

1. Die wöchentliche Arbeitszeit (Montag bis Freitag) beträgt 39 Stunden und werktäglich von
Montag bis Donnerstag 8 bzw. am Freitag 7 Stunden (ausschließlich der Pausen) gemäß § ...
RTV.

2. Die **Regelarbeitszeit** beginnt um **7.45 Uhr** und endet um 16.15 Uhr.

3. Für Mitarbeiter, die an der gleitenden Arbeitszeit teilnehmen, besteht während der Kernzeit von 8.30 Uhr bis **15.00 Uhr** von montags bis donnerstags bzw. freitags von 8.30 Uhr bis 14.00 Uhr Anwesenheitspflicht.

4. Die **Gleitspannen** erstrecken sich morgens von **7.00 Uhr bis 8.30 Uhr** und nachmittags von **15.00 Uhr bis 17.30 Uhr** bzw. freitags von **14.00 Uhr bis 16.30 Uhr.** Während dieser Zeiten kann von jedem Mitarbeiter Beginn und Ende der Arbeitszeit selbst bestimmt werden.

   Eine vorübergehende Einschränkung dieser Bestimmung kann nur aus betriebsnotwendigen Gegebenheiten durch die Geschäftsführung nach Zustimmung des Betriebsrats erfolgen.

   Für Teilzeitkräfte erstrecken sich die Gleitspannen vor und nach der Kernzeit jeweils auf 1,5 Stunden.

   Die Teilnahme an der Gleitzeit kann von der Geschäftsleitung nach Zustimmung des Betriebsrates eingeschränkt werden.

   Es wird vereinbart, dass während der Kernarbeitszeit mindestens eine Person je Gruppe dienstbereit sein muss.

5. Die täglich mögliche Höchstarbeitszeit beträgt 10 Stunden. Die ½-stündige **Mittagspause** ist auf die Zeit zwischen 11.45 Uhr und 12.30 Uhr (in zwei Gruppen) festgelegt.

6. Werdende Mütter unterliegen dem Mutterschutzgesetz und Jugendliche dem Jugendarbeitsschutzgesetz. Sie können die Gleitzeit nur soweit in Anspruch nehmen, als eine tägliche Arbeitszeit von 8 Stunden nicht überschritten wird.

§ 4 Soll-/Ist-Arbeitszeit

1. An jedem Arbeitstag-Ende wird für jeden Mitarbeiter die Soll-Arbeitszeit der Ist-Arbeitszeit gegenübergestellt und die Plus- bzw. Minuszeit täglich angezeigt.

2. Abweichungen am Monatsende zwischen Soll- und Ist-Arbeitszeit sind nur bis maximal 12 Stunden zulässig.

3. Über 12 Stunden hinausgehendes Zeitguthaben bleibt unberücksichtigt. In begründeten Ausnahmefällen (Krankheit, Urlaub, Dienstreise etc.) ist in Abstimmung mit der Geschäftsführung und dem Betriebsrat der Übertrag der höheren Zeitdifferenz möglich.

4. Die 12 Stunden überschreitenden Zeitschulden werden bei der Gehaltszahlung in Abzug gebracht. Im Wiederholungsfalle kann das Überschreiten der Zeitschulden zum Ausschluss von der Gleitzeitregelung führen.

5. Die Einarbeitung einer Zeitschuld im Folgemonat kann nur im Rahmen der täglich zulässigen Arbeitszeit von 7.00 Uhr bis 17.30 Uhr erfolgen.

6. Zeitguthaben können einmal wöchentlich bis zu 2 Stunden während der Kernzeit verrechnet werden. Außerdem kann ein Zeitguthaben während der Kernarbeitszeit einmal im Monat ausgeglichen werden, wobei maximal 6 Stunden an einem Tag verrechnet werden können.

7. An Brückentagen (Arbeitstag zwischen arbeitsfreien Tagen) sind Gleittage großzügig zu gewähren. Diese Regelung soll für alle Mitarbeiter(innen) gelten.

8. Ein in gekündigter Stellung stehender Mitarbeiter hat Zeitguthaben oder Zeitschulden bis zum Ende des Arbeitsverhältnisses auszugleichen. Verbleibende Zeitdifferenzen werden mit

dem letzten Gehalt verrechnet. Er ist verpflichtet, seinen codierten Ausweis am letzten Tag seiner Arbeit im Personalsekretariat abzugeben.

§ 5 Abwesenheitszeiten

Jede Abwesenheit während der Kernzeit bedarf der Zustimmung des Abteilungsleiters. Für Abwesenheitszeiten aus folgenden Gründen erfolgt eine entsprechende Zeitgutschrift:

a) Urlaub, Arbeitsbefreiung bzw. Freistellung gemäß §§ ... des Rahmentarifvertrags .... in der jeweils gültigen Fassung.

b) Dienstgang

c) Erfüllung gesetzlich auferlegter Pflichten aus öffentlichen Ehrenämtern

d) Heilverfahren, Kuren etc.

e) Mutterschutz

f) Verspätung oder Nicht-Erreichen des Arbeitsplatzes – trotz zumutbarer eigener Bemühungen –, wenn höhere Gewalt vorliegt (Schneetreiben, Glatteis usw.)

g) Freistellung für 4 Stunden am Tage des Geburtstages

In allen übrigen Fällen werden Fehlzeiten nicht auf die Arbeitszeit angerechnet. Entweder werden sie mit einem bestehenden Zeitguthaben verrechnet, oder es entstehen Zeitschulden.

§ 6

Verstoß und Zuwiderhandlung gegen diese Gleitzeitvereinbarung können zum Ausschluss von der Gleitzeitregelung führen. Dazu ist die Zustimmung des Betriebsrates erforderlich. Wiederholte Verstöße gegen diese Vereinbarung können gegebenenfalls zu weiteren Konsequenzen führen.

§ 7

Die Durchführungsbestimmungen sind in der Anlage I geregelt, die Rahmenbedingungen über den Einsatz des Zeiterfassungssystems .... ergeben sich aus Anlage 2.

§ 8 In-Kraft-Treten und Vertragsdauer

Die Betriebsvereinbarung tritt am .... in Kraft. Sie kann mit einer Frist von 3 Monaten erstmals zum 31. 12. .... gekündigt werden. Die Vereinbarung kann im Bedarfsfall im beiderseitigen Einvernehmen geändert bzw. ergänzt werden.

Ort, Datum und Unterschriften

Anlage 1
Durchführungsbestimmungen zur Betriebsvereinbarung gleitender Arbeitszeit

Punkt 1 System

1. Zur elektronischen Erfassung der täglichen Ist-Arbeitszeit (Kommen- und Gehen-Buchung) des einzelnen Mitarbeiters muss das Zeiterfassungsgerät benutzt werden, das in dem

Geschäft installiert ist, auf dem der ständige Arbeitsplatz liegt. Zu diesem Zweck erhält jeder Mitarbeiter einen individuell codierten Ausweis. Der Mitarbeiter hat den Ausweis sorgfältig aufzubewahren. Er darf ihn Dritten nicht überlassen. Mit dem Ausweis kann auch die Schranke zur Parkfläche und der Fahrstuhl in der Parkebene bedient werden.

2. Es ist gewährleistet, dass jeder Mitarbeiter von 7.00 Uhr bis 17.30 Uhr entsprechende Buchungen vornehmen kann. Buchungszeiten, die vor 7.00 Uhr und nach 17.30 Uhr erfolgen, werden registriert, jedoch nicht auf die Istzeit angerechnet.

3. Beim Vergessen der Ausweiskarte ist im Personalsekretariat ein Duplikat des Ausweises zu verlangen und die Ankunftszeit anzugeben.

4. Jeden Verlust des Ausweises hat der Inhaber unverzüglich zu melden. Findet sich der verlorengegangene Ausweis wieder ein, muss das Duplikat unbedingt an das Personalsekretariat zurückgegeben werden.

5. Bei versäumten Buchungen muss die Anwesenheit durch den Vorgesetzten bestätigt werden.

Punkt 2 Abwesenheitszeiten

1. Das vorübergehende Verlassen des Hauses während der Kernzeit ist **genehmigungspflichtig** und während der Gleitzeitspannen **anzeigepflichtig**. Der Vorgesetzte ist für die Genehmigung bzw. Anzeige zuständig. Die Abwesenheitszeiten müssen durch eine Gehen- und Kommen-Buchung am Zeiterfassungsgerät festgehalten werden.

2. Abwesenheitszeiten gemäß § 5 der Betriebsvereinbarung werden über einen Korrekturbeleg, der vom Mitarbeiter ausgefüllt werden muss, manuell vom Personalsekretariat eingegeben. Dieser Beleg ist vom Abteilungsleiter abzuzeichnen. Eine Durchschrift verbleibt beim Mitarbeiter. Die Korrekturbelege werden bei der Abteilungssekretärin gesammelt und am gleichen Tag an das Personalsekretariat weitergeleitet.

3. Bei ganztägiger Abwesenheit durch Urlaub, Krankheit, Dienstreise, Lehrgänge, öffentliche Ehrenämter usw. erfolgt die Zeitgutschrift über den Urlaubsantrag bzw. über Korrekturbeleg. Es werden täglich 8 Stunden verrechnet.

4. Für Fehlzeiten gemäß § 5 Punkt f) Gleitzeitvereinbarung wird die Zeitgutschrift ab dem Zeitpunkt vorgenommen, der dem durchschnittlichen Arbeitsbeginn der letzten 4 Wochen des jeweiligen Mitarbeiters entspricht.

5. Am Tage des Geburtstages endet die Arbeitszeit um 11.45 Uhr. Es erfolgt eine Zeitgutschrift von 4 Stunden über Korrekturbeleg.

Punkt 3 Mittagspause

1. Die Mittagspause in der Zeit von
   a) 11.45 bis 12.15 Uhr für Mitarbeiter der Abteilung V,
   b) 12.00 bis 12.30 Uhr für Mitarbeiter der Abteilungen I, II, III und IV
   wird automatisch von der Zeiterfassungsanlage berücksichtigt.

2. Beim Verlassen des Hauses in der Mittagspause müssen Gehen- und Kommen-Buchungen an dem zuständigen Zeiterfassungsgerät vorgenommen werden.

Ort, Datum und Unterschriften

Anlage 2
Beschreibung des Zugangskontroll- und Zeiterfassungssystem

1. Grundsätze

Das System dient ausschließlich der Zeiterfassung und der Zugangskontrolle. Bei der Zugangskontrolle werden keine Daten gespeichert. Das System prüft ausschließlich die Berechtigung des Kartenbesitzers (Türschlüsselfunktion). Die bei der Zeiterfassung gewonnenen Daten dürfen nicht zur Leistungs- und Verhaltenskontrolle verwendet werden. Krankheitsstatistiken werden nicht erstellt.

2. Hardware

- Microcomputer im Stahlblech zum Anschluss an IBM-kompatible PCs
- batteriegepufferter Langzeitdatenspeicher
- batteriegepufferter Langzeitkalender
- Speicherkapazität für 200 Mitarbeiterstammsätze
- Buchungspuffer für 2000 Transaktionen
- Schnittstelle zum Anschluß von maximal 8 VD-Terminals für Zeit/Zugang

3. Zugriffschutz

Das System ist so gesichert, dass Unbefugte nicht auf die Daten zugreifen oder Auswertungen vornehmen können. Für das angegebene Gleitzeitsystem wird eine Zwangsprotokollierung aller Listenausgaben und Befehlseingaben sowie alle Versuche, unberechtigt auf Daten zuzugreifen, vorgenommen. Aus dem Protokoll ist ersichtlich, wer wann welche Auswertungen und welchen unerlaubten Zugriff veranlasst hat.

4. Funktionsbeschreibung

- Berechtigungscode
- Datum, Uhrzeit, Feiertage
- Mitarbeiter in das System eingeben
- Stammsatzpflege
- Ersatzkarten-Handhabung
- Auswertung nach verschiedenen Kriterien
  - z.B. komplette Stammsätze anzeigen
  - verschiedene Kriterien anzeigen (z.B. krank oder Urlaub)
  - Zeitdifferenzen anzeigen

- Art und Zeitpunkt der letzten Buchung
- Gespeicherte Telefonnummer wird bei Widerspruch des Mitarbeiters gelöscht.

5. Schnittstellen

Besondere Schnittstellen sind nicht vorgesehen. Die Zugriffsberechtigung ist ausschließlich für das Sekretariat der Geschäftsführung mittels Paßwort vorgesehen. Eine Datenübermittlung an Dritte oder andere Rechner erfolgt nicht.

6. Löschen von Daten

Die für das Zeiterfassungsgerät benötigten Disketten werden als Sicherungsdisketten durchnummeriert und im Personalschrank verschlossen aufbewahrt. Spätestens nach 3 Monaten werden die Daten physisch gelöscht.

7. Rechte des Betriebsrats

Der Betriebsrat kann auf Verlangen Einsicht in alle zur Verfügung stehenden Unterlagen über das System nehmen sowie das System und seine Anwendung gemeinsam mit der Geschäftsführung auf die Einhaltung der vorstehenden Bestimmungen überprüfen.

Ort, Datum und Unterschriften

3.9 Variable Arbeitszeit

3.9.1 Einleitung

Die variable Arbeitszeit innerhalb bestimmter vorgegebener Bandbreiten dient ebenfalls dem Zweck, betriebliche Bedürfnisse einerseits und das Interesse der Beschäftigten an mehr Zeitsouveränität andererseits zusammenzuführen. Hierzu gehören auch Regelungen über die Behandlung von Überstunden, das Führen von Zeitkonten, Ausgleichansprüche der Beschäftigten usw.

Betriebsvereinbarungen über variable Arbeitszeit unterliegen selbstverständlich der zwingenden Mitbestimmung des Betriebsrats nach § 87 Abs. 1 Nr. 2 BetrVG. Es kann empfehlenswert sein, bei der erstmaligen Einführung eines solchen Modells zunächst nur einen »Testlauf« für einen begrenzten Zeitraum (ggf. auch nur in einem bestimmten Betriebsteil) ohne Nachwirkung zu vereinbaren. In jedem Fall sind tarifvertragliche Arbeitszeitvorgaben zu beachten, um die Rechtsunwirksamkeit betrieblicher Regelungen zu vermeiden.

Die nachfolgend abgedruckte Betriebsvereinbarung über variable Arbeitszeit enthält im Übrigen eine Beschäftigungssicherungsregelung, mit welcher der Ausspruch von betriebsbedingten Kündigungen während der Laufzeit ausgeschlossen wird.

3.9.2 Betriebsvereinbarung über variable Arbeitszeit

Zwischen der Firma ....
vertreten durch den Geschäftsführer
und dem Betriebsrat
vertreten durch den Betriebsratsvorsitzenden ....
wird auf der Grundlage der jeweils geltenden Verbandstarifverträge folgende **Betriebsvereinbarung über variable Arbeitszeit**
geschlossen.

§ 1 Geltungsbereich

1.1 Diese Betriebsvereinbarung gilt für alle Arbeitnehmer der Firma .... mit Ausnahme der leitenden Angestellten gem. § 5 Abs. 3 BetrVG.

§ 2 Variable Arbeitszeit

2.1 Variable Arbeitszeit kann im Rahmen der durchschnittlichen regelmäßigen täglichen Arbeitszeit von zur Zeit 7 Stunden in der Bandbreite von 5 bis 8,5 Stunden gearbeitet werden. In der Woche kann die Bandbreite der durchschnittlichen regelmäßigen Arbeitszeit von zur Zeit 35 Stunden zwischen 30 und 40 Stunden liegen.
Ausgenommen von der vorstehenden Regelung sind Auszubildende, Teilzeitbeschäftigte und Aushilfen.

2.2 Die Festlegung der Arbeitzeit im Rahmen der vorstehenden Bandbreite erfolgt durch den Arbeitgeber, der dabei die Grundsätze und Vorgaben dieser Betriebsvereinbarung zu beachten hat.
Zu dieser Festlegung ist die ausdrückliche Zustimmung des Betriebsrates erforderlich.
Der Betriebsrat kann verlangen, dass aufgrund der Anforderungen durch die Geschäftsleitung die variablen Arbeitszeiten bei Beachtung der Bestimmungen dieser Betriebsvereinbarung innerhalb von Arbeitsgruppen von den Beschäftigten selbst festgelegt werden.

2.3 Soweit nicht gem. Ziff. 2.1 verfahren wird, tritt an die Stelle der variablen Arbeitszeit die mit dem Betriebsrat vereinbarte Regelarbeitszeit.

2.4 Die jeweils tägliche Arbeitszeit muss spätestens zwei Arbeitstage im Voraus und die jeweils wöchentliche Arbeitszeit spätestens am Mittwoch der Vorwoche angesagt werden. Unter Arbeitstage sind die Tage von Montag bis Freitag zu verstehen.

2.5 Werden die Ansagefristen nicht eingehalten, sind die jeweiligen Zeiten, welche die konkret angesagten täglichen oder wöchentliche Stundenzahlen im Rahmen der Bandbreite gem. Ziffer 2.1 überschreiten, als Überstunden zu behandeln.

2.6 Innerhalb von 26 Wochen darf im Durchschnitt die regelmäßige wöchentliche Arbeitszeit für den einzelnen Arbeitnehmer in der Vorstufe 35 Stunden, im Druck 40 Stunden nicht überschreiten.

Mit Zustimmung des Betriebsrats ist der Zeitausgleich in Einzeltagen oder Freiwochen innerhalb des Ausgleichzeitraums zu gewähren.

2.7 Überstunden sind innerhalb der jeweiligen Arbeitszeitregelungen die Arbeitsstunden, die außerhalb der Bandbreiten gem. Ziff. 2.3 liegen.

2.8 Jeder Arbeitnehmer hat das Recht, einmal im Monat einen freien Tag zu nehmen. Ein gewährter freier Tag wird mit dem Zeitkonto verrechnet. Der Arbeitnehmer hat eine Ansagefrist von einer Woche einzuhalten.

2.9 Einzelne Arbeitnehmer können die Einbeziehung in variable Arbeitszeiten ablehnen; aus der Ablehnung dürfen dem Arbeitnehmer keine Nachteile entstehen.

2.10 Für den Arbeitnehmer wird ein getrenntes Lohn- und Zeitkonto geführt. Das Zeitkonto, auf dem der Saldo aus geleisteter und regelmäßiger Arbeitszeit von 35 Stunden erfasst wird, ist jedem Arbeitnehmer mit der Lohn-/Gehaltzahlung auszuhändigen. Den jeweiligen Vorgesetzten und dem Betriebsrat sind Kopien des Zeitkontos zu übergeben.
Überstunden werden auf dem Zeitkonto nicht gutgeschrieben; sie werden gesondert ausgewiesen und monatlich abgerechnet und ausgezahlt, soweit sie nicht auf Wunsch des Arbeitnehmers durch Freizeit abgegolten werden.

2.11 Unabhängig von der tatsächlich geleisteten Arbeitszeit erfolgt eine monatliche Bezahlung auf der Basis der tariflichen Wochenarbeitszeit von 35 Stunden.
Die Zuschläge werden auf der Basis der tatsächlich geleisteten Arbeit monatlich abgerechnet.
Die Entgeltfortzahlung bei Urlaub, Krankheit oder Freischichten richtet sich nach dem durchschnittlichen Bruttoverdienst des Arbeitnehmers in den letzten sechs abgerechneten Lohn- und Gehaltsmonaten vor Beginn der jeweiligen Zeit.

2.12 Wird am Ende eines Ausgleichszeitraums gem. Ziffer 2.6 im Durchschnitt die regelmäßige wöchentliche Arbeitszeit von 35 Stunden (Vorstufe) bzw. 40 Stunden (Druck) für den einzelnen Arbeitnehmer überschritten, so sind diese Stunden mit einem einheitlichen Mehrarbeitszuschlag von 30% zu vergüten.
Zeitschulden gelten am Ende des jeweiligen Ausgleichszeitraums als beglichen; es besteht kein Anspruch des Arbeitgebers auf Arbeitsleistung.

2.13 Scheidet ein Arbeitnehmer aus, so gehen Zeitschulden zu Lasten des Arbeitgebers, wenn dieser gekündigt oder die Kündigung des Arbeitnehmers durch Verletzung des Arbeitsvertrages verursacht hat. Ansonsten führen Zeitschulden bei Kündigung durch den Arbeitnehmer zu entsprechenden Entgeltabzügen beim Ausscheiden. Auflösungsverträge oder andere Arbeitsvertragslösungen im gegenseitigen Einverständnis gelten nicht als Arbeitnehmerkündigung.
Scheidet ein Arbeitnehmer aufgrund eigener Kündigung aus, muss ihm im Rahmen der betrieblichen Beschäftigungslage die Möglichkeit gegeben werden, Minusstunden bis zum Tage des Ausscheidens auszugleichen.
Hinsichtlich der Vergütung von Zeitguthaben gilt Ziffer 2.12 Satz 1.

§ 3 Beschäftigungssicherung

3.1 Der Ausspruch von betriebsbedingten Kündigungen ist während der Laufzeit der Betriebs-vereinbarung ausgeschlossen.

§ 4 Schlussbestimmungen

4.1 Diese Betriebsvereinbarung tritt am 1. 1 ... in Kraft und läuft bis zum 31. 12. ...; sie hat keine Nachwirkung.

Ort, Datum, Unterschriften

3.10 Rufbereitschaft

3.10.1 Einleitung

Der Betriebsrat hat auch ein Mitbestimmungsrecht bei der Einführung und Festle-gung der Modalitäten von Rufbereitschaft. Im Gegensatz zum Bereitschaftsdienst kann der Arbeitnehmer bei der Rufbereitschaft den Ort, an dem er sieh auf Abruf bereitzuhalten hat, selbst bestimmen. Die Einzelheiten der Rufbereitschaft, die Verteilung auf die Beschäftigten sowie die Vergütungsmodalitäten sind in einer Betriebsvereinbarung festzulegen. Mitbestimmungsrechte kommen insbesondere nach § 87 Abs. 1 Nr. 2 und ggf. 3 in Betracht.

Zu den Regelungsbereichen einer Betriebsvereinbarung siehe im Einzelnen Bösche/Grimberg, »Arbeitsrecht im Betrieb« 1994, S. 199 ff.

3.10.2 Betriebsvereinbarung »Rufbereitschaft« I

Zwischen
der Geschäftsleitung
und dem Gesamtbetriebsrat der Firma ....
wird folgende freiwillige Betriebsvereinbarung nach § 88 BetrVG abgeschlossen:

1. Geltungsbereich

Diese Betriebsvereinbarung gilt räumlich für alle Betriebsteile und persönlich für alle Mitar-beiter – mit Ausnahme der Auszubildenden und AT-Angestellten.

2. Voraussetzungen

2.1 Den Mitarbeiter, der in Rufbereitschaft steht, kann auf Wunsch – und soweit vorhanden – ein Firmenfahrzeug vor Beginn der Rufbereitschaft zur Verfügung gestellt werden.

159

2.2 Bei Fahrten mit eigenem Fahrzeug sind die anfallenden Fahrkilometer mit 0,52 DM pro Kilometer zu vergüten. Bei Inanspruchnahme von öffentlichen Verkehrsmitteln wird der jeweilige Fahrpreis erstattet.

3. Einsatz

3.1 Über den Einsatz eines Mitarbeiters in Rufbereitschaft entscheiden die dafür legitimierten Mitarbeiter.

3.2 Die private Telefonnummer, unter der der Mitarbeiter während seiner Rufbereitschaft zu erreichen ist, darf nur den unter Punkt 3.1 genannten Personen zugänglich sein. Die Mitarbeiter, die mit einem Rufsystem ausgestattet werden ,sind nur über dieses zu benachrichtigen.

3.3 Die Zeiten, in denen die Rufbereitschaft besteht, sind – falls erforderlich auch kurzfristig – dem Betriebsrat, den betroffenen Personen und der Personalabteilung mitzuteilen.

3.4 Im Übrigen gelten die Bestimmungen des Arbeitszeitgesetzes, wobei Negativauswirkungen nicht zu Lasten der Arbeitnehmer gehen.

4. Personenkreis »Rufbereitschaft«

Der jeweils in Frage kommende Personenkreis (Handwerker, Schlosser etc.), der während der festgelegten Rufbereitschaft stets erreichbar sein muss, ist mit dem Betriebsrat zu vereinbaren und den betroffenen Mitarbeitern mitzuteilen.

5. Entlohnungsgrundsätze

5.1 Der sich in Rufbereitschaft befindliche Mitarbeiter führt seine Arbeiten im Zeitlohn aus.

5.2 An- und Abfahrt werden mit einer Arbeitsstunde berechnet.

5.3 Die Kommt- und Gehtzeiten müssen über das Zeiterfassungsterminal gemeldet werden. Jeder Einsatz wird mit mindestens 2 Stunden vergütet.

5.4 Bei Mehr-, Nacht-, Sonn- und Feiertagsarbeit ist nur für tatsächlich geleistete Arbeitszeit nach dem jeweiligen Manteltarifvertrag zu verfahren.

6. Vergütung für die Rufbereitschaft

6.1 Dem Mitarbeiter wird für die Dauer der Rufbereitschaft eine Vergütung von 20% des jeweils gültigen Ecklohns pro Stunde gezahlt. Diese Vergütung ist steuer- und sozialversicherungspflichtig.

6.2 Für die Dauer eines Einsatzes entfällt die Bezahlung nach Punkt 6.1.

7. Freizeitausgleich

Die durch einen Arbeitseinsatz während der Rufbereitschaft geleistete Arbeit kann dem Mitarbeiter auf eigenen Wunsch durch Freizeitausgleich abgegolten werden. (Punkt 5.4 bleibt hiervon unberührt.)

8. Einsatz eines Mitarbeiters im Notfall

Für Einsätze von Mitarbeitern im Notfall, die nicht in Rufbereitschaft stehen, gelten die Punkte 2.2 und 5 dieser Vereinbarung ebenfalls.

9. Schlussvorschriften

Diese Vereinbarung tritt mit ihrer Veröffentlichung in Kraft. Sie kann mit einer Frist von drei Monaten zum Jahresende gekündigt werden; erstmals zum 31. 12. . . . .

Ort, Datum, Unterschriften

3.10.3 Betriebsvereinbarung »Rufbereitschaft« II

Zwischen
der Fa. . . . . . .
und dem Betriebsrat der Firma . . . . . .
wird folgende Betriebsvereinbarung abgeschlossen:

1. Rufbereitschaft

Firma . . . . . . GmbH und Betriebsrat sind sich einig, dass die Einführung einer Rufbereitschaft zur langfristigen Sicherung von Arbeitsplätzen und zur Aufrechterhaltung der Wirtschaftlichkeit nötig ist.

2. Einteilung zur Rufbereitschaft

Nur die in Punkt 4 genannten Personen können zur Rufbereitschaft eingeteilt werden. Die Einteilung erfolgt spätestens 4 Wochen vor dem Beginn der Bereitschaft. Die maximale Dauer der Rufbereitschaft sind 7 Tage: Mitarbeiter des Levels . . . . . . können max. 8 × pro Jahr, Escalation Engineers, Supervisoren und Manager max. 12 × pro Jahr zur Rufbereitschaft eingeteilt werden. Auf freiwilliger Basis können Mitarbeiter des Levels . . . . . . bis zu 12 × pro Jahr Rufbereitschaft leisten.
Zwischen 2 Bereitschaftswochen sollen mindestens 3 bereitschaftsfreie Wochen liegen.

Die Einteilung zur Rufbereitschaft ist den Mitarbeitern und dem Betriebsrat 4 Wochen vor dem Beginn der Bereitschaft mitzuteilen.

3. Arbeitszeiten

Die Arbeitszeit während der Rufbereitschaftswoche umfasst 8 Stunden pro Arbeitstag, beginnt um 8.30 bzw. 9.00 und endet um 17.30 bzw. 18.00 und wird vom Supervisor festgelegt. Die

Rufbereitschaftszeit beginnt Dienstag 18.00 und endet am darauffolgenden Dienstag 8.30.
Samstag und Sonntag sind durchgehend 24 Stunden Rufbereitschaft.

4. Teilnehmer

Folgender Personenkreis kann zur Rufbereitschaft eingeteilt werden:
- ...... Manager
- Supervisoren der Abteilung ......
- Mitarbeiter der Abteilung ......, Level ...... und Escalation Engineer.

Sollten Mitarbeiter aus anderen Abteilungen freiwillig an der Rufbereitschaft teilnehmen
wollen und dazu eingeteilt werden, ist der Betriebsrat gesondert zu informieren.

5. Vergütung

• Bereitschaftsvergütung

Für die Rufbereitschaft erhalten alle eingeteilten Mitarbeiter 500,00 Euro brutto per Woche
(= 7 Tage) Rufbereitschaft. Bei kürzerer Rufbereitschaftsdauer erfolgt eine anteilsmäßige
Berechnung für einen Werktag 60 Euro brutto, für Samstag, Sonn- und Feiertag 90 Euro
brutto.

• Einsatzvergütung

Für jeden Call, der von zu Hause abgearbeitet wird, wird eine Pauschalzeit von einer Stunde
gerechnet. Calls, die eine Fahrt ins Büro unumgänglich machen, werden mit einer Pauschale
von drei Stunden berechnet. Diese Zeiten gelten auch für Manager on Duty. Fällt innerhalb von
45 Minuten ein zweiter Call des gleichen Kunden an, wird dieser nicht als Call berechnet.

Die Vergütung in Geld wird folgendermaßen berechnet:
Pauschalzeit z. B. 1 Std. $\times$ 1,5 $\times$ 20 Euro = 30 Euro brutto
Pauschalzeit z. B. 3 Std. $\times$ 1,5 $\times$ 20 Euro = 90 Euro brutto.

Die Vergütung in Freizeit wird folgendermaßen berechnet:
Pauschalzeit z. B. 1 Std. $\times$ 1,5= 1,5 Std. Freizeit
Pauschalzeit z. B. 3 Std. $\times$ 1,5 = 4,5 Std. Freizeit

Die Mitarbeiter entscheiden nach der Woche Rufbereitschaft, ob sie den Arbeitszeitausgleich in
Freizeit oder in Geld nehmen. Sie teilen dies ihrem Supervisor/Manager mit.

Die Einsatzvergütung erhöht sich jährlich um die durchschnittliche Gehaltserhöhung der
...... GmbH.

• Regelarbeitszeit

Fällt die Ruhezeit in die Regelarbeitszeit, erhalten die Mitarbeiter ihre Bruttomonats-
vergütung.

6. Ruhezeiten

Es gelten die Arbeitszeiten, die im Arbeitszeitrechtsgesetz fest gelegt sind. Allen Mitarbeitern
ist eine Ruhezeit von 11 Stunden zu gewähren. Es ist die Pflicht des zuständigen Supervisors/

Managers, die während der Rufbereitschaft erfolgten Arbeitseinsätze zu überwachen, um insbesondere eine Überlastung einzelner Mitarbeiter zu vermeiden.

7. Fahrten ins Büro

Die Mitarbeiter entscheiden selbständig, ob eine Fahrt ins Büro nötig ist. Die Fahrten erfolgen mit dem eigenen PKW, öffentlichen Verkehrsmitteln oder einem Taxi. Die Kostenrückerstattung erfolgt über die Reisekostenabrechnung.
Das Privatfahrzeug ist gemäß der geltenden Dienstreisekaskoversicherung gedeckt.

8. Technische Ausrüstung

Folgende technische Ausrüstung wird den Mitarbeitern zur Verfügung gestellt:
- Telefonanschluss (ISDN Linie oder Modem)
- PC (Laptop)
- Handbücher (können vom Büro nach Hause mitgenommen werden)

Strom, Heizungskosten, anteilige Raummiete für PC-Stellplatz sind mit der Rufbereitschaftspauschale abgegolten.
Die von der XGmbH entliehene Hardware ist gemäß unserer Standardversicherung für Hardware abgesichert.

9. Gewährleistung der Erreichbarkeit

Die Mitarbeiter sind während der Rufbereitschaft verpflichtet:
- das bereitgestellte Handytelefon und den Pager ständig bei sich zu tragen und empfangsbereit zu halten
- zur Gewährleistung der telefonischen Erreichbarkeit, Überprüfung der Handyerreichbarkeit durch Display des DS Handy
- bei Nichterreichbarkeit muss umgehend Wiedererreichbarkeit sichergestellt werden.

10. Verfügbarkeit/Antwortzeiten

Jeder Engineer muss gewährleisten, innerhalb einer Stunde, nachdem der Euro Dispatcher das Gespräch mit dein Kunden beendet hat:
- sich in PRISM einzuloggen
- den Kunden zurückzurufen

Daher sollte sich jeder Engineer max. 45 Minuten von Zuhause/XGmbH aufhalten. Der Mitarbeiter verpflichtet sich, während der Rufbereitschaftsdauer seine Arbeitsleistung uneingeschränkt zur Verfügung zu stellen, d. h., weder Arbeitskraft noch Fahrtauglichkeit dürfen durch Alkohol oder andere Drogen eingeschränkt sein.

11. Ersatzeinsatz

Mitarbeiter, die nicht zur Rufbereitschaft eingeteilt sind, verpflichten sich bei unvorhergesehenen Umständen, z. B. Krankheitsausfällen, zum Einsatz, entsprechend der konkreten Festlegung des Supervisors. Die Mitarbeiter können sich bei den Ersatzeinsätzen tageweise abwechseln. Vorzugsweise werden hierbei freiwillige Mitarbeiter eingesetzt.

Werden Mitarbeiter, die nicht zur Rufbereitschaft eingeteilt sind, kurzfristig benötigt, erhalten sie die in Punkt 5 genannten anteilsmäßigen Vergütungen. Mitarbeiter, die als Ersatz Rufbereitschaft halten, sind dem Betriebsrat gesondert zu melden.

12. Betriebsrat

Denn Betriebsrat sind folgende Informationen zugänglich zu machen:
- Einteilung zur Rufbereitschaft (s. o.)
- Mitarbeiter, die freiwillig teilnehmen (s. o.)
- Mitarbeiter, die kurzfristig eingesetzt werden (s. o.)
- Anzahl der Calls

Dem Betriebsrat steht es jederzeit frei, die Dauer der Calls zu überprüfen.

13. Ausstieg aus der Rufbereitschaft

Der Arbeitgeber bemüht sich, für Mitarbeiter, die aus gesundheitlichen Gründen keine Rufbereitschaft mehr leisten können (bei dieser Entscheidung wirkt der Betriebsarzt mit), einen gleichwertigen Arbeitsplatz zu finden.

14. Gültigkeit der Vereinbarung

Diese Vereinbarung tritt am . . . . . . in Kraft und gilt bis zum 1. 5. . . . Soweit sie nicht mit einer Kündigungsfrist von 6 Wochen zum Quartalsende gekündigt wird, verlängert sie sich automatisch. Sie wirkt dabei nach, bis sie durch eine andere Abmachung ersetzt wird.

Die Stundenpauschale kann erstmalig nach 3 Monaten von Geschäftsleitung und Betriebsrat überprüft und ggf. in einem Zusatz geändert werden. Im gleichen Zeitraum werden Überschneidungen von Regelarbeitszeit und Ruhezeit überprüft.

Sollte eine der Bestimmungen dieser Betriebsvereinbarung ganz oder teilweise geändert werden, so wird die Gültigkeit der übrigen Bestimmungen dadurch nicht berührt.

Ort, Datum, Unterschriften

3.11 Arbeitszeitflexibilisierung

3.11.1 Einleitung

Immer mehr Tarifverträge enthalten Öffnungsklauseln zur Flexibilisierung der betrieblichen Arbeitszeit. Je nach Branche und Region wird so in unterschiedlicher Weise auf wirtschaftliche und/oder witterungsbedingte Einflüsse reagiert.

Die nachfolgenden Betriebsvereinbarungen basieren auf der Rechtsgrundlage des § 87 Abs. 1 Nr. 2, 3 BetrVG i. V. m. der tarifvertraglichen Ermächtigung zur Ausfüllung des tariflich vorgegebenen Flexibilisierungsrahmens. Dabei wird sowohl auf ein so genanntes Grundmodell (Regelarbeitszeit) als auch auf die größtmögliche Flexibilisierung abgestellt. Beiden Arbeitszeitmodellen liegt derselbe Rahmentarifvertrag zugrunde.

3.11.2 Betriebsvereinbarung über Regelarbeitszeit, Arbeitsversäumnis und Arbeitsausfall

Betriebsvereinbarung
zwischen der
X-GmbH
und dem
Betriebsrat der X-GmbH
über die
Regelarbeitszeit, Arbeitsversäumnis und Arbeitsausfall
(§§ 3 Nr. 1.3, 4 Nr. 5.4 BRTV-Bau)

I. Einleitung
Ziel dieser Betriebsvereinbarung ist es, zur Erhaltung und Sicherung von Arbeitsplätzen gewerblicher Mitarbeiter sowie zur Verstetigung des Lohnes bei witterungsbedingtem Arbeitsausfall einen konstruktiven Beitrag zu leisten. Dies vorausgeschickt, vereinbaren die Betriebsparteien nachfolgende Betriebsvereinbarung:

II. Persönlicher Geltungsbereich
Diese Betriebsvereinbarung gilt für alle gewerblichen Arbeitnehmer der X-GmbH.

II. Räumlicher Geltungsbereich
Diese Betriebsvereinbarung erfasst die gewerblichen Arbeitnehmer in Betrieben, auf Bauhöfen und Lagerplätzen sowie auf Baustellen.

IV. Arbeitszeitverteilung
In der Zeit von der 1. bis zur 12. Kalenderwoche sowie von der 44. Kalenderwoche bis zum Jahresende beträgt die regelmäßige werktägliche Arbeitszeit ausschließlich der Ruhepausen montags bis freitags 7,5 Stunden, die wöchentliche Arbeitszeit 37,5 Stunden (Winterarbeitszeit). In der Zeit von der 13. bis zur 43. Kalenderwoche beträgt die regelmäßige werktägliche Arbeitszeit ausschließlich der Ruhepausen montags bis freitags 8 Stunden, die wöchentliche Arbeitszeit 40 Stunden (Sommerarbeitszeit).

Die regelmäßige Arbeitszeit (Sommerarbeitszeit)		(Winterarbeitszeit) beginnt
Montag bis Donnerstag	um . . . . . Uhr	um . . . . . . Uhr
Freitag	um . . . . . Uhr	um . . . . . . Uhr
die regelmäßige Arbeitszeit endet		
Montag bis Donnerstag	um . . . . . Uhr	um . . . . . . Uhr
Freitag	um . . . . . Uhr	um . . . . . . Uhr

Die Mittagspause von . . . . . . Minuten wird auf die Zeit von . . . . . . Uhr bis . . . . . . Uhr festgelegt (ggf. für freitags gilt abweichend . . . . Uhr)

Die Frühstückspause von . . . . . . Minuten wird wie folgt festgelegt

Montag bis Donnerstag	von . . . . . Uhr	um . . . . . . Uhr
Freitag	von . . . . . Uhr	um . . . . . . Uhr

V. Ansparkonto

Aufgrund der von § 3 Nr. 1.4 BRTV-Bau abweichend geregelten Arbeitszeitverteilung nach § 4 Nr. 5.4 BRTV-Bau ist der Arbeitgeber berechtigt, 30 Arbeitsstunden vorarbeiten zu lassen und den Lohn für diese Vorarbeitsstunden einem Ansparkonto gutzuschreiben, um ihn zum Ausgleich für die ersten 30 witterungsbedingten Ausfallstunden in der Schlechtwetterzeit als Winterausfallgeld-Vorausleistung zu verwenden.

Dies vorausgeschickt, vereinbaren die Betriebsparteien Folgendes:
Für jede Vorarbeitsstunde besteht ein Anspruch auf Über- bzw. Mehrarbeitszuschlag.

1. Der Über- bzw. Mehrarbeitszuschlag wird nicht ausgezahlt, sondern auf dem Ansparkonto für jede Vorarbeitsstunde 1,25 Stunden als Winterausfallgeld-Vorausleistung gut geschrieben.

2. Der Arbeitnehmer hat die Winterausfallgeld-Vorausleistung von 30 Ansparstunden erbracht, wenn auf dem Ansparkonto 24 Über- bzw. Mehrarbeitsstunden eingestellt und gutgeschrieben worden sind.

3. Hat der Arbeitnehmer sein individuelles Anspar-Soll von 24 Über- bzw. Mehrarbeitsstunden erfüllt, so tilgt der Arbeitgeber mit jeder Lohnzahlung zunächst die ältesten Lohnforderungen.

4. Die für die Winterausfallgeld-Vorausleistung zu erbringenden Über- bzw. Mehrarbeitsstunden können ausschließlich in der Zeit von montags bis freitags erbracht werden. Ausnahmsweise dann, wenn der Arbeitnehmer sein Einverständnis dem Betriebsrat gegenüber erklärt, können auch Samstagsstunden in das Ansparkonto eingestellt werden.

5. Dem Mitarbeiter werden in der monatlichen Lohnabrechnung die im jeweiligen Lohnabrechnungszeitraum auf dem Ansparkonto gutgeschriebenen Über- bzw. Mehrarbeitsstunden sowie der aktuelle Stand des Ansparkontos mitgeteilt. Die Lohnabrechnung muss für jeden Arbeitnehmer erkennbar zwischen Ansparstunden und auszuzahlenden Über- bzw. Mehrarbeitsstunden differenzieren.

6. Am Ende der Schlechtwetterzeit oder bei Ausscheiden des Arbeitnehmers ist ein etwaiges Guthaben auszuzahlen. Gleiches gilt für die Versetzung auf einen witterungsunabhängigen Arbeitsplatz.

(Achtung: Die unter V. »Ansparkonto« getroffene Vereinbarung gilt nicht für Betriebe und sonstige Einrichtungen des Arbeitgebers mit witterungsunabhängigen Arbeitsplätzen.)

VI. Schriftform, Salvatorische Klausel

Änderungen und Ergänzungen dieser Vereinbarung, einschließlich dieser Bestimmung, bedürfen zu ihrer Wirksamkeit der Schriftform. Mündliche Nebenabreden zu dieser Vereinbarung bestehen nicht.

Etwa ungültige Bestimmungen dieser Vereinbarung berühren nicht die Rechtswirksamkeit der Vereinbarung im Ganzen. Sollten Bestimmungen dieser Vereinbarung unwirksam sein oder werden, oder sollten sich in dieser Vereinbarung Lücken herausstellen, so wird infolgedessen die Gültigkeit der übrigen Bestimmungen nicht berührt. Anstelle der unwirksamen Bestimmungen oder zur Ausfüllung einer Lücke ist eine angemessene Regelung zu vereinbaren, die, soweit rechtlich und/oder tariflich zulässig, dem am nächsten kommt, was die Betriebsparteien gewollt haben oder nach Sinn und Zweck der Vereinbarung gewollt haben würden, sofern sie den Punkt bedacht hätten.

VII. Schlussbestimmungen

Diese Betriebsvereinbarung tritt am . . . . . . in Kraft
Diese Betriebsvereinbarung kann mit der gesetzlichen Kündigungsfrist, erstmals zum . . . . . . gekündigt werden.

Frankfurt am Main, den . . . . . .

Geschäftsleitung   Betriebsrat

. . . .

3.11.3 Betriebsvereinbarung über die Flexibilisierung der Arbeitszeit; Arbeitsversäumnis und Arbeitsausfall

Betriebsvereinbarung
zwischen der X-GmbH
und dem
Betriebsrat der X-GmbH
über die
Flexibilisierung der Arbeitszeit; Arbeitsversäumnis und Arbeitsausfall
(§§ 3 Nr. 1.4 ff. BRTV-Bau)

I. Einleitung

Diese Betriebsvereinbarung verfolgt angesichts des Strukturwandels in der Bau wirtschaft die Zielsetzung, durch eine größere Flexibilisierung der Arbeitszeiten einen konstruktiven Beitrag zur Erhaltung und Sicherung von Arbeitsplätzen gewerblicher Mitarbeiter sowie zur Verstetigung des Lohnes bei witterungsbedingtem Arbeitsausfall zu leisten.

II. Persönlicher Geltungsbereich

Diese Betriebsvereinbarung gilt für alle Mitarbeiter, die unter den Geltungsbereich des § 1 Abs. 3 BRTV fallen

oder

die Arbeitszeitflexibilisierung gilt für alle gewerblichen Arbeitnehmer der X-GmbH

oder

diese Betriebsvereinbarung gilt für alle gewerblichen Mitarbeiter, mit Ausnahme der Auszubildenden.

III. Räumlicher Geltungsbereich

Die Arbeitszeitflexibilisierung gilt für alle Betriebe und Baustellen der X-GmbH

oder

die Arbeitszeitflexibilisierung gilt für alle Betriebe und Baustellen der X-GmbH, sofern zum Zeitpunkt des Abschlusses dieser Betriebsvereinbarung dort keine eigenständige Betriebsvereinbarung nach dem BRTV-Bau den Regelungsgegenstand erfasst

oder

diese Betriebsvereinbarung gilt für alle Betriebe, Lagerplätze und Baustellen der X-GmbH mit witterungsbedingtem Arbeitsausfall.

IV. Zeitlicher Geltungsbereich

Der in dieser Betriebsvereinbarung vereinbarte Ausgleichszeitraum über 12 zusammenhängende Lohnabrechnungszeiträume beginnt am . . . . . . und endet am . . . . . . Er verlängert sich um jeweils weitere 12 Monate, wenn nicht drei Monate vor Ablauf die Kündigung erklärt wird

oder

nach Ablauf von 12 Monaten wird über die Arbeitszeitflexibilisierung eine Nachfolgeregelung vereinbart, welche unter Berücksichtigung der Interessen der Belegschaft und des Arbeitgebers die Erfahrungssätze aus denn ersten Ausgleichszeitraum angemessen zu berücksichtigen hat

oder

der Ausgleichszeitraum beginnt am 1. Juli 2001 und endet am 30. Juni 2002.

V. Monatslohn

Während des gesamten Ausgleichszeitraumes wird unabhängig von der jeweiligen monatlichen Arbeitszeit in den Monaten April bis Oktober ein Monatslohn in Höhe von 174 Gesamttarifstundenlöhnen und in den Monaten November bis März ein Monatslohn in Höhe von 162 Gesamttarifstundenlöhnen gezahlt.

(**Hinweis:** Die Geschäftsgrundlage dieser Vereinbarung entfällt, wenn der Monatslohn nebst etwaiger zuschlagspflichtiger Über- bzw. Mehrarbeitsstunden nicht oder nicht ordnungsgemäß zur Auszahlung gelangt.)

VI. Arbeitszeitverteilung

Die durchschnittliche Wochenarbeitszeit im Ausgleichszeitraum beträgt neununddreißig Stunden.

Beginn und Ende der täglichen Arbeitszeit sowie die Festlegung der Pausen im Ausgleichszeitraum werden unter Beachtung der Mitbestimmungsrechte des Betriebsrates und unter Berücksichtigung der Bestimmungen des Arbeitszeitgesetzes (maximale werktägliche Arbeitszeit: 10 Stunden) für den gesamten Ausgleichszeitraum wie folgt festgelegt.

(Achtung! An dieser Stelle die betriebs- und/oder baustellenbezogene Festlegung der Arbeitszeit eintragen bzw. auf den zu vereinbarenden Arbeitszeitplan hinweisen.)

Über- bzw. Mehrarbeitszuschläge werden innerhalb des Ausgleichszeitraumes für die ersten 150 Stunden nicht bezahlt.

VII. Form und Änderung der werktäglich festgelegten Arbeitszeit

Dem Arbeitnehmer ist die Festlegung der werktäglichen Arbeitszeit im Ausgleichszeitraum auf Wunsch zu erläutern bzw. der schriftliche Arbeitszeitplan auszuhändigen. Hierzu gehören insbesondere die ihn verpflichtenden Teile dieser Betriebsvereinbarung.

Jede weitere (zulässige!) Änderung der werktäglichen Arbeitszeit im Ausgleichszeitraum bedarf der Zustimmung des Betriebsrates und ist diesem 4 Wochen vor der geplanten Änderung durch schriftliche Vorlage der gewünschten Neuregelung mitzuteilen. Stimmt der Betriebsrat der geplanten Änderung zu, so sind die davon betroffenen Arbeitnehmer mit einer mindestens 14tägigen Ankündigungsfrist schriftlich darüber in Kenntnis zu setzen. (Geringfügige und gelegentliche Änderungen können auch mit einer einwöchigen Ankündigungsfrist den betroffenen Arbeitnehmern gegenüber bekannt gemacht werden.)

VIII. Ausgleichskonto

Zur Regelung der betrieblichen Arbeitszeit wird für jeden Mitarbeiter ein individuelles Ausgleichskonto zur Abdeckung von mindestens 50 witterungsbedingten Ausfallstunden (Sommer und Winter) und weiteren Flexibilisierungserfordernissen (z. B. Brückentage) eingerichtet.

Auf diesem Ausgleichskonto ist die Differenz zwischen dem Lohn für die tatsächlich geleisteten Arbeitsstunden und dem unter V. errechneten Monatslohn für jeden Arbeitnehmer gutzuschreiben bzw. zu belasten.

Dem Mitarbeiter werden in der monatlichen Lohnabrechnung die im jeweiligen Lohnabrechnungszeitraum auf dem Ausgleichskonto gutgeschriebenen Arbeitsstunden bzw. die auf dem Ausgleichskonto belasteten Arbeitsstunden sowie der aktuelle Stand des Ausgleichskontos mitgeteilt.

Das in die Lohnabrechnung aufzunehmende Ausgleichskonto muss für den Arbeitnehmer erkennbar zwischen den ersten 150 Vorarbeitsstunden und den ggf. weiteren absoluten Arbeitsstunden differenzieren.

Besteht am Ende des Ausgleichszeitraumes ein Guthaben des Mitarbeiters, das nicht mehr durch arbeitsfreie Tage ausgeglichen werden kann, so sind die Guthabenstunden nebst Zuschlägen auszuzahlen. Besteht am Ende des Ausgleichszeitraumes eine Zeitschuld, so ist diese in den nächsten Ausgleichszeitraum zu übertragen.

Wenn auf Wunsch des Arbeitnehmers die Guthabenstunden in den nächsten, unmittelbar anschließenden Ausgleichszeitraum übertragen werden, ist einvernehmlich festzulegen, ob die Zuschläge monatlich auszuzahlen oder in Guthabenstunden umzuwandeln sind.

Kann der Arbeitnehmer zum Ausgleich bei witterungsbedingtem Arbeitsausfall in der SWG-Zeit ab der 31. Ausfallstunde keine Guthabenstunden in Anrechnung stellen, wird aufgrund der von den Arbeitgebern des Baugewerbes finanzierten Winterbauumlage in Höhe von 1,7% der Bruttolohnsumme eine Lohnersatzleistung über die Bundesanstalt für Arbeit gewährt (WAG). Ab der 101. Ausfallstunde wird das Winterausfallgeld ausgezahlt.

IX. Sicherung des Ausgleichskontos

Die Betriebsparteien sind sich darin einig, dass die Auszahlung bei Fälligkeit jederzeit gewährleistet sein muss. Dazu wird eine Absicherung der auf dem Ausgleichskonto vorhandenen Gelder plus Zinsen durch

- eine Bankbürgschaft (siehe Anlage)
- ein Sperrkonto mit treuhänderischen Pfandrechten
- eine Hinterlegung bei der Urlaubs- und Lohnausgleichskasse der Bauwirtschaft erfolgen.

Dem Betriebsrat muss die Absicherung durch entsprechende Dokumente jederzeit nachgewiesen werden. Ohne diese Absicherung ist die Einrichtung des Ausgleichskontos nicht möglich.

Die Absicherung des Ausgleichskontos darf den Anspruch des Arbeitnehmers weder dem Grunde noch der Höhe nach beschränken.

Insbesondere die Fälligkeit im Insolvenzfall ist bedingungslos sicherzustellen und nachzuweisen.

Wenn im Laufe dieser Betriebsvereinbarung eine Absicherung nicht mehr nachgewiesen wird, so ist die Geschäftsgrundlage dieser Betriebsvereinbarung nicht mehr gegeben. Es tritt dann die tarifliche Arbeitszeitregelung nach § 3 Nr. 1.2 BRTV-Bau mit sofortiger Wirkung an die Stelle dieser Arbeitszeitregelung.

X. Verzinsung des Guthabens

Die dem Unternehmen auf den Ausgleichskonten zur Verfügung stehenden finanziellen Mittel sind unter dein Aspekt der Fremdkapitalfinanzierung marktüblich zu verzinsen.

Die Betriebsparteien orientieren sich dabei am Diskontsatz + 2% (z. Zt. 2,5% + 2% = 4,5%)

Dem Arbeitnehmer ist monatlich mit der Lohnabrechnung eine genaue Übersicht über die Zinsentwicklung auszuhändigen. Der Arbeitnehmer ist berechtigt, entweder monatlich/ vierteljährlich oder jährlich über die Zinserträge zu verfügen.

XI. Überstunden/Mehrarbeitsstunden

Die mit Zustimmung des Betriebsrats an Samstagen geleisteten Stunden sind grundsätzlich zuschlagspflichtige Über- bzw. Mehrarbeitsstunden und mit dem jeweiligen Monatslohn zur Auszahlung zu bringen.

XII. Schriftform, Salvatorische Klausel

Änderungen und Ergänzungen dieser Vereinbarung, einschließlich dieser Bestimmung, bedürfen zu ihrer Wirksamkeit der Schriftform.

Mündliche Nebenabreden zu dieser Vereinbarung bestehen nicht.

Etwa ungültige Bestimmungen dieser Vereinbarung berühren nicht die Rechtswirksamkeit der Vereinbarung im ganzen. Sollten Bestimmungen dieser Vereinbarung unwirksam sein oder werden, oder sollten sich in dieser Vereinbarung Lücken herausstellen, so wird infolgedessen die Gültigkeit der übrigen Bestimmungen nicht berührt. Anstelle der unwirksamen Bestimmungen oder zur Ausfüllung einer Lücke ist eine angemessene Regelung zu vereinbaren, die, soweit rechtlich und tariflich zulässig, dem am nächsten kommt, was die Betriebsparteien gewollt haben oder nach dem Sinn und Zweck der Vereinbarung gewollt haben würden, sofern sie den Punkt bedacht hätten.

XIII. Schlussbestimmungen

Diese Betriebsvereinbarung tritt am . . . . . . in Kraft. Sie kann mit einer Frist von drei Monaten, erstmals zum . . . . . ., gekündigt werden.

Frankfurt am Main, den . . . . . .

Geschäftsleitung   Betriebsrat

. . . .

Anlage

Bürgschaftserklärung (Absicherung des Ausgleichskontos)

Sollte die Bankbürgschaft als Absicherungsinstrument gewählt werden, so müssen folgende Dinge beachtet werden:

1. Die Bürgschaft sollte auf jeden Fall die gesamte Verpflichtungssumme umfassen.
2. Die Bürgschaft sollte zeitlich unbefristet sein. Ein Fälligkeitsdatum bedingt eine erhöhte Kontrolle.
3. Es muss sichergestellt sein, dass der Nachweis bei Inanspruchnahme der Bankbürgschaft über evtl. einen Arbeitsausgleichskontoauszug oder über den Hinweis auf der Lohnabrech-

nung jederzeit als Nachweismittel für die Bank anerkannt wird. Damit die Bank mit schuldbefreiender Wirkung an den Arbeitnehmer auszahlen kann.
4. Wichtig ist, dass die Kosten der Bürgschaftserklärung von dem Unternehmen getragen werden.

3.12 Vorübergehende Verkürzung der betriebsüblichen Arbeitszeit (Kurzarbeit)

3.12.1 Einleitung

Die vorherige Zustimmung des Betriebsrats ist zwingende Voraussetzung für die Einführung von Kurzarbeit. Das sich aus § 87 Abs. 1 Nr. 3 BetrVG ergebende Mitbestimmungsrecht gibt auch dem Betriebsrat die Möglichkeit, die Initiative zur Kurzarbeit zu ergreifen, um betriebsbedingte Kündigungen zu vermeiden. Kommt eine Einigung zwischen Arbeitgeber und Betriebsrat über die Einführung oder Modalitäten der Kurzarbeit nicht zustande, kann der Arbeitgeber oder der Betriebsrat die Einigungsstelle anrufen, die dann verbindlich entscheidet.

Besteht Einvernehmen über die Einführung von Kurzarbeit und alle damit zusammenhängenden Fragen, so ist hierüber eine förmliche Betriebsvereinbarung abzuschließen. Eine mündliche Absprache zwischen Arbeitgeber und Betriebsrat (so genannte Regelungsabrede) hat keine Auswirkungen auf die Arbeitsverhältnisse der betroffenen Arbeitnehmer. Dies bedeutet, dass sich in diesem Fall trotz einer formlosen Übereinkunft zwischen Arbeitgeber und Betriebsrat die Arbeitszeit jedes einzelnen Beschäftigten nicht verkürzt. Bietet der Arbeitnehmer für die ausfallenden Arbeitsstunden seine Arbeitskraft an, so behält er in diesem Fall seinen Lohn- bzw. Gehaltsanspruch.

Wird die Kurzarbeit dagegen auf der Grundlage einer ordnungsgemäß zustande gekommenen Betriebsvereinbarung eingeführt, ändert sich die vereinbarte Arbeitszeit der entsprechenden Arbeitnehmer selbst dann, wenn kraft Tarifbindung eine tarifliche Arbeitszeitregelung besteht oder einzelvertraglich eine bestimmte Arbeitszeit vereinbart wurde.

In einer Betriebsvereinbarung über Kurzarbeit sollten alle Fragen geregelt werden, die das Mitbestimmungsrecht des Betriebsrats umfassen:
- Beginn und voraussichtliche Dauer der Kurzarbeit;
- Lage und Verteilung der Arbeitszeit;
- Festlegung der einzelnen Tage, an denen die Arbeit teilweise oder ganz ausfallen soll;
- Auswahl der von der Kurzarbeit betroffenen Arbeitnehmer oder Abteilungen bzw. Betriebsteile;

– etwaige Fortführung der Kurzarbeit bzw. vorzeitige Beendigung;
– Ausgleichszahlungen des Arbeitgebers zum Kurzarbeitergeld;
– Regelung der Folgen von Kurzarbeit (z. B. Einstellungs- bzw. Kündigungsstopp, kein Einsatz von Werkvertrags-Arbeitnehmern).

3.12.2 Betriebsvereinbarung über Kurzarbeit

Zwischen der XY-GmbH
und dem Betriebsrat der XY-GmbH
wird folgende Betriebsvereinbarung zur Einführung von Kurzarbeit geschlossen:

1. Ziel der Einführung von Kurzarbeit ist es, Entlassungen zu vermeiden. Dem dient die auftragsbedingte Reduzierung der wöchentlichen Arbeitszeit.

2. Mit Wirkung vom . . . . . . wird für die Zeit vom . . . . . . bis . . . . . . Kurzarbeit eingeführt.

3. Die tarifliche wöchentliche Arbeitszeit von . . . . . . Stunden wird auf . . . . . . Stunden reduziert.
   Der Arbeitsausfall wird zeitlich so gelegt, dass ganze Tage oder Schichten ausfallen und vor und/oder nach Samstag und Sonntag Arbeitsruhe herrscht. Die wöchentliche Ausfallzeit beträgt somit . . . . . . Stunden.
   Folgende Wochentage sind Arbeitstage:
   . . . .

4. Die Geschäftsleitung wird die Produktion so verteilen, dass der Zweck der Kurzarbeit, nämlich die Reduzierung der Produktionsmenge an dem verringerten Absatz, nicht gefährdet wird.
   Die Ausfallzeit bezieht sich auf alle gewerblichen Arbeitnehmer und Angestellten der Firma . . . . . ., Abteilung . . . . . . einschließlich Lager/Disposition. (Alternativ: Die Ausfallzeit bezieht sich auf alle Arbeitnehmer der anhängenden Namensliste.)

5. Die durchschnittliche Produktionsmenge in der Kurzarbeitsphase muss im gleichen Verhältnis sinken wie die Arbeitszeit. Erfordert die Absatzlage eine Veränderung der Produktionsmenge, so wird die Arbeitszeit unter Mitbestimmung des Betriebsrates entsprechend angepasst.

6. Ab dem 20. jeden Monats wird der Betriebsrat von der Geschäftsleitung über die Auslastung des folgenden Monats unterrichtet. (Alternativ: Am . . . . . . jeder Woche wird der Betriebsrat von der Geschäftsleitung über die Auslastung der folgenden Woche unterrichtet.)

7. Sollte sich die Auftragslage überraschend wesentlich verbessern, so wird die Kurzarbeit vorzeitig beendet. Dies bedarf der vorherigen Zustimmung des Betriebsrats. Über eine eventuelle Verlängerung der Kurzarbeit ist mit dem Betriebsrat eine neue Vereinbarung abzuschließen. Den betroffenen Arbeitnehmern ist die Verlängerung der Kurzarbeit bekanntzugeben.

8. Während der Kurzarbeitsphase werden keine Überstunden und Schichten angesetzt. In dem Zeitraum von 4 Wochen nach Beendigung der Kurzarbeit werden Überstunden nur in dringenden Ausnahmefällen angesetzt. Hierzu ist in jedem Fall die Zustimmung des Betriebsrates erforderlich. Im Übrigen bleiben die Mitbestimmungsrechte des Betriebsrates nach § 87 BetrVG unberührt.

9. Betriebsbedingte Kündigungen werden in einem Zeitraum von 6 Monaten nach Beendigung der Kurzarbeit und während der Kurzarbeit nicht ausgesprochen.

10. Resturlaub aus dem Jahre . . . . . . wird in jedem Fall bis zum . . . . . . abgewickelt. Fällt der Urlaub in den Zeitraum der Kurzarbeit, so entstehen dem Arbeitnehmer bei der Berechnung des Urlaubsentgeltes keine Nachteile gegenüber der Abrechnung bei normaler Arbeitszeit.

    Tritt ein Arbeitnehmer nach Beendigung der Kurzarbeit seinen tariflichen Urlaub an, darf ihm bei der Berechnung des Urlaubsgeldes kein Nachteil entstehen. Es ist so zu verfahren, als hätte der Arbeitnehmer normal gearbeitet. Ebenso ist bei der Entgeltfortzahlung im Krankheitsfall zu verfahren.

11. Urlaubsentgelt, Urlaubsgeld, vermögenswirksame Leistungen, 13. Monatseinkommen (Sonderzahlung) und Entgeltausfall aus gesetzlichen Feiertagen während der Kurzarbeitsphase werden so berechnet, als wäre normal gearbeitet worden.

12. Die Firma stellt unverzüglich einen Antrag auf Kurzarbeitergeld für die ausgefallenen Stunden.

    Die Firma verpflichtet sich, das Kurzarbeitergeld bei der üblichen Lohnabrechnung im Voraus zu zahlen. Bei Ablehnung des Kurzarbeitergeldes durch das Arbeitsamt wird der Lohn für die Kurzarbeit voll nacherstattet.

13. Als Härteausgleich zahlt die Firma für jede infolge Kurzarbeit ausgefallene Stunde einen Betrag von Euro . . . . . . brutto (oder: An die von der Kurzarbeit betroffenen Arbeitnehmer wird eine Ausgleichszahlung in Höhe von 80% des Unterschiedsbetrages zwischen ihrem bisherigen durchschnittlichen Netto-Stundenlohn und dem Netto-Stundenlohn bei Kurzarbeit einschließlich Kurzarbeitergeld für jede Stunde gezahlt, die wegen Kurzarbeit ausfällt). Erhaltene Lohnvorschüsse sind erst bei der nächsten vollen Lohnzahlung zu tilgen.

14. Aus jeder Lohn-/Gehaltsabrechnung muss sich die Zusammensetzung des Lohns/Gehalts nach Kurzarbeitergeld und normalem Lohn/Gehalt und die Höhe der jeweiligen Abzüge (Sozialversicherung, Arbeitslosenversicherung, Steuern) ergeben.

15. Der Betriebsrat nimmt an allen Gesprächen der Geschäftsleitung mit dem Arbeitsamt teil. Die gleichen Unterlagen und Erklärungen, die das Arbeitsamt erhält, werden dem Betriebsrat in Kopie zur Verfügung gestellt.

16. Die Geschäftsleitung stellt dem Betriebsrat bei den wöchentlichen Gesprächen alle erforderlichen Unterlagen über vergangene monatliche Produktionszahlen und über das anstehende (vorhandene und geplante) Auftragsvolumen zur Verfügung.

17. Die Wirkung der Vereinbarung endet mit Ausnahme der Ziffern . . . . . . mit Beendigung der Kurzarbeit.

Ort, Datum, Unterschriften

3.13 Witterungsbedingter Arbeitsausfall

3.13.1 Einleitung

Grundsätzlich trägt der Arbeitgeber das so genannte Betriebsrisiko. Dies bedeutet, dass bei einem Arbeitsausfall (z. B. durch technische Störungen, Material- oder Arbeitsmangel) der arbeitsbereite Arbeitnehmer grundsätzlich seinen Entgeltanspruch behält.

Ein Sonderfall ist hier die Unmöglichkeit der Arbeitsleistung aus witterungsbedingten Gründen, wie dies etwa im Baugewerbe immer wiederkehrend auftreten kann. Hier gibt es spezielle tarifvertragliche und gesetzliche Regelungen, welche die Belastungen für die betroffenen Betriebe und Beschäftigten auffangen.

In diesem Zusammenhang kann es in der Praxis Schwierigkeiten bereiten, festzustellen, ob und wann objektiv die Arbeit aus witterungsbedingten Gründen unmöglich bzw. unzumutbar geworden ist. Nach unserer Auffassung hat der Betriebsrat bereits bei der Feststellung der witterungsbedingten Unmöglichkeit der Arbeitsleistung ein qualifiziertes Mitbestimmungsrecht nach § 87 Abs. 1 Nr. 3 BetrVG (vorübergehende Verkürzung der Arbeitszeit). Hierbei steht dem Betriebsrat – ähnlich wie bei der Kurzarbeit – sowohl bei der Frage des »Ob« als auch des »Wie« ein Mitbestimmungsrecht zu. In nichtstationären Betrieben mit vielen Baustellen ist es aber in der Regel kaum möglich, den Betriebsrat als Gremium in die Entscheidungsfindung über die Einstellung der Arbeit vor Ort in vollem Umfang einzubeziehen. Deshalb ist es zweckmäßig und auch erzwingbar bis hin zu einem Einigungsstellenverfahren, Kriterien zur Feststellung der Unmöglichkeit der Arbeitsleistung in einer Betriebsvereinbarung festzulegen.

Die nachfolgende Vereinbarung gibt hierzu eine Reihe von Anregungen.

3.13.2 Betriebsvereinbarung über witterungsbedingten Arbeitsausfall

Betriebsvereinbarung
zwischen Betriebsrat
und Firma
über witterungsbedingten Arbeitsausfall

1. Zweck

Mit dieser Vereinbarung wird das Zusammenwirken von Arbeitgeber und Betriebsrat im Zusammenhang mit der witterungsbedingten Einstellung, Fortsetzung oder Wiederaufnahme der Arbeit gem. § 4 Abs. 5.3 BRTV geregelt. Ziel ist eine den betrieblichen Belangen und den Interessen der Arbeitnehmer gerecht werdende praktikable Handhabung zwischen allen Beteiligten.

2. Geltungsbereich

Gemäß des betrieblichen Geltungsbereiches des BRTV gilt diese Vereinbarung für alle Arbeitnehmer der jeweiligen Baustelle, Poliere und Meister.

3. Entscheidung vor Ort

Die Entscheidung über Fortsetzung oder Einstellung der Arbeit trifft der zuständige Bauleiter, bei dessen Abwesenheit der zuständige Polier nach Rücksprache mit den betroffenen Arbeitnehmern. Auf der Baustelle anwesende Betriebsratsmitglieder sind vom Bauleiter bzw. Polier unmittelbar in die Entscheidungsfindung einzubeziehen.

4. Unzumutbarkeit

Wenn die Wiederaufnahme oder Fortsetzung der Arbeit offensichtlich unzumutbar ist, können die betroffenen Arbeitnehmer von dem zuständigen Bauleiter bzw. Polier vor einer endgültigen Entscheidung verlangen, dass dieser sich mit der Geschäftsleitung bzw. der zuständigen Stelle des Arbeitgebers (Personalleiter etc.) und dem Betriebsrat in Verbindung setzt. Bei unterschiedlichen Auffassungen zwischen Bauleiter/Polier und den betroffenen Arbeitnehmern sind dabei die beiderseitigen Gründe anzugeben bzw. Beschäftigten die Gelegenheit zu geben, ihre Bedenken vorzutragen.

Gleiches gilt dann, wenn vor Ort unterschiedliche Auffassungen darüber bestehen, ob hinreichende zwingende Witterungsgründe i.S.v. § 4 Nr. 5.2 BRTV für die witterungsbedingte Einstellung der Arbeit vorliegen.

5. Sorgfältige Abwägung

Um Schaden von der Firma als auch den betroffenen Mitarbeitern abzuwenden bzw. Rechtsstreitigkeiten zu vermeiden, wird die Geschäftsleitung verpflichtet, alle Bauleiter und Poliere auf eine sorgfältige Handhabung dieser Regelung hinzuweisen.

6. Information/Beteiligung des Betriebsrats

Bestehen keine Meinungsverschiedenheiten vor Ort über die witterungsbedingte Einstellung der Arbeit, ist von dem zuständigen Bauleiter bzw. Polier über die Personalabteilung dem Betriebsrat unter Verwendung eines entsprechenden Formblatts der Arbeitsausfall und die entsprechenden Gründe mitzuteilen.

7. Regelung mit dem Betriebsrat

Wird in der Meldung gem. Ziff. 6 ein über den Tag hinausgehender Arbeitsausfall mitgeteilt, so ist mit dem Betriebsrat eine gesonderte Vereinbarung zu treffen (Alternative: . . . . . . so ist auf Verlangen des Betriebsrats zwischen Arbeitgeber und Betriebsrat eine gesonderte Vereinbarung zu treffen). Zur Festlegung dieser Regelung sind die vor Ort verantwortlichen Bauleiter/Poliere und eines oder mehrere vom Betriebsrat hierzu per Beschluss beauftragte Betriebsratsmitglieder berechtigt.

8. Meinungsverschiedenheiten

Kommt es im Zusammenhang mit witterungsbedingtem Arbeitsausfall (Einstellung, Fortsetzung, Wiederaufnahme) im Einzelfall nicht zu einer einvernehmlichen Handhabung (Ziff. 4 u. 7 dieser Vereinbarung), kann der zuständige Bauleiter bzw. Polier keine endgültige Entscheidung über Einstellung oder Fortsetzung der Arbeit treffen. In diesem Fall ist unverzüglich eine Entscheidung zwischen Geschäftsleitung und Betriebsrat herbeizuführen. Falls erforderlich, ist diese nach Augenscheinnahme zu treffen.

9. Teilweise Wiederaufnahme der Arbeit

Soll die Arbeit nach witterungsbedingter Einstellung nur von einem Teil der Beschäftigten wieder aufgenommen werden, sind hierbei die Grundsätze für die Behandlung von Betriebsangehörigen i. S. v. § 75 BetrVG (Verbot willkürlicher Ungleichbehandlung) zu beachten. Der Betriebsrat ist hier entsprechend Ziff. 7 dieser Betriebsvereinbarung zu informieren. Bestehen über die Auswahl der hiervon betroffenen Arbeitnehmer unterschiedliche Auffassungen, ist entsprechend Ziff. 8 eine einvernehmliche Entscheidung anzustreben.

10. Kündigung

Diese Betriebsvereinbarung tritt am . . . . . . in Kraft und kann von jeder Seite mit einer Frist von drei Monaten zum Kalenderhalbjahr gekündigt werden.

Ort, Datum, Unterschriften

3.14 Bargeldlose Lohnzahlung, Kontoführungsgebühren

3.14.1 Einleitung

§ 87 Abs. 1 Nr. 4 BetrVG gewährt dem Betriebsrat ein Mitbestimmungsrecht bei »Zeit, Ort und Art der Auszahlung der Arbeitsentgelte«.

Auch diese Formulierung zeigt, dass das BetrVG von 1972 schon »in die Jahre gekommen« ist, denn eine Auszahlung des Arbeitsentgelts in bar dürfte heutzutage – von Lohn- oder Gehaltsvorschuss abgesehen – nur noch in Ausnahmefällen erfolgen. Die bargeldlose Lohnzahlung hat fast überall Einzug gehalten. Sie bringt für die Firmen bzw. ihre Personalabteilungen im Vergleich zur Barauszahlung (Lohntüte) erhebliche Arbeits- und Aufwendungsersparnisse. Für die Arbeitnehmer ist die bargeldlose Lohnzahlung hingegen nicht nur von Vorteil. Aus den verschiedensten Gründen kann es zu einer Verzögerung beim Überweisungsvorgang kommen, darüber hinaus lassen sich die Banken ihre Dienste in Form von zum Teil recht happigen Kontoführungsgebühren entsprechend honorieren.

Die Rechtsprechung des BAG hat anerkannt, dass sich das aus § 87 Abs. 1 Nr. 4 BetrVG ergebende Mitbestimmungsrecht des Betriebsrats auch auf Regelungen zur Erstattung von Kontoführungsgebühren und einer bezahlten Freistellung zum Bankbesuch während der Arbeitszeit erstreckt.

Die Mitbestimmung wird begrenzt durch tarifvertragliche Bestimmungen, wie sie in Manteltarifverträgen vielfach getroffen sind. Ausgeschlossen ist sie jedoch nur, wenn der Tarifvertrag die Entlohnung und alle damit zusammenhängenden Fragen abschließend und zwingend regelt, so dass kein Platz mehr für zusätzliche betriebliche Regelungen verbleibt.

Regelt der Tarifvertrag lediglich, dass der Lohn bargeldlos zu zahlen ist oder gezahlt werden soll, so schließt dies ein gegebenenfalls über die Einigungsstelle durchzusetzendes Mitbestimmungsrecht des Betriebsrats hinsichtlich Erstattung von Kontoführungsgebühren und Freizeitgewährung zum Bankbesuch nach der Rechtsprechung nicht aus.

3.14.2 Betriebsvereinbarung über die bargeldlose Lohnzahlung und Kontoführungsgebühren

Zwischen der XY-GmbH
und dem Betriebsrat der XY-GmbH wird folgende Vereinbarung geschlossen:

1. Das monatliche Entgelt wird bargeldlos auf ein vom Arbeitnehmer zu benennendes Konto gezahlt.

2. Zum Ausgleich der Kontoführungsgebühren erhält der Arbeitnehmer monatlich einen Betrag von 3,00 Euro. Die XY-GmbH übernimmt die Steuerzahlung und Abführung des über den als Werbungskosten absetzbaren Betrag von 1,33 Euro hinausgehenden Betrages. Dies wird den Arbeitnehmern nicht in Rechnung gestellt.

3. Zum Abheben von Bargeld bei der Bank erhalten die Arbeitnehmer pro Monat $^1/_{12}$ Stunde bezahlte Freizeit. Dies ist mit Rücksichtnahme auf den Arbeitsablauf dem zuständigen Vorgesetzten rechtzeitig anzukündigen bzw. mit ihm abzustimmen.

4. Das monatliche Entgelt steht am letzten Arbeitstag des Monats (oder: bis zum . . . . . . jeden Monats) auf dem Konto des Arbeitnehmers zur Verfügung.

5. Überziehungszinsen und -spesen wegen verspäteter Entgeltzahlung trägt der Arbeitgeber. Ohne Nachweis eines konkreten Schadens im Einzelfall ist pro Verspätungstag pauschal 0,50 Euro Schadensersatz zu leisten. Soweit ein höherer Schaden nachgewiesen wird, ist dieser dem Arbeitnehmer zu ersetzen.

Bei beweglichen Entgeltbestandteilen (z. B. Überstundenbezahlung, Prämien, Sonn-, Feiertags- und Nachtzuschlägen, die bis zum Letzten des Abrechnungsmonats anfallen können) wäre folgende Regelung anzustreben:

6. Die Abrechnung der zuschlagspflichtigen Arbeitsstunden erfolgt mit der Abrechnung des folgenden Monats. Am Monatsende erhält der Arbeitnehmer die Grundvergütung des laufenden Monats sowie die Überstundenvergütung und sonstigen beweglichen Entgeltbestandteile des vorhergehenden Monats.

7. Zur Überbrückung des ersten Monats, der auf die Lohnabrechnung nach der neuen Methode folgt, erhalten die Arbeitnehmer eine Ausgleichszahlung. Die Ausgleichszahlung entspricht dem durchschnittlichen Verdienst des Arbeitnehmers, soweit er in den letzten drei Monaten durch Überstunden oder sonstige bewegliche Entgeltbestandteile erzielt wurde.

8. Die Überbrückungszahlung ist nicht rückzahlbar, wenn das Arbeitsverhältnis nach Einführung der neuen Abrechnungsform 24 Monate fortdauert. Bei einem Ausscheiden vor Ablauf der 24-Monate-Frist ist pro vollem Monat des vorzeitigen Ausscheidens $1/24$ der Ausgleichszahlung zurückzuzahlen. Der rückzuzahlende Betrag wird bei der letzten Entgeltabrechnung abgezogen.

Ort, Datum, Unterschriften

3.15 Urlaubsgewährung, Urlaubsgrundsätze, Urlaubsplanung

3.15.1 Einleitung

§ 87 Abs. 1 Nr. 5 BetrVG gewährt dem Betriebsrat ein Mitbestimmungsrecht bei der Aufstellung allgemeiner Urlaubsgrundsätze und des Urlaubsplans sowie der Festsetzung der zeitlichen Lage des Urlaubs für einzelne Arbeitnehmer, wenn zwischen dem Arbeitgeber und den beteiligten Arbeitnehmern kein Einverständnis erzielt wird.

Urlaubsgrundsätze sind Richtlinien, nach denen dem Arbeitnehmer im Einzelfall Urlaub zu gewähren ist. Der »Urlaubsplan«, der ebenfalls der Mitbestimmung des Betriebsrats unterliegt, regelt die exakte Festlegung des Urlaubs der einzelnen Arbeitnehmer und deren Vertretung. Die Dauer des Urlaubs ist dagegen dem Mitbestimmungsrecht des Betriebsrats nicht zugänglich, da sie sich aus dem Tarifvertrag oder den gesetzlichen Bestimmungen (BUrlG) ergibt.

Der Betriebsrat (gegebenenfalls auch Gesamtbetriebsrat/Konzernbetriebsrat) kann den Abschluss einer Betriebsvereinbarung über die Urlaubsgewährung bei Nichteinigung mit dem Arbeitgeber über ein Einigungsstellenverfahren durchsetzen. Die Praxis hat gezeigt, dass entsprechende Regelungen notwendig und unbedingt sinnvoll sind, um zu mehr Durchschaubarkeit und Gerechtigkeit bei der Urlaubsgewährung zu kommen.

3.15.2 Betriebsvereinbarung über Urlaubsgrundsätze

Zwischen der XY-GmbH
und dem Betriebsrat der XY-GmbH wird folgende Vereinbarung getroffen

1. Grundsätze

Diese Betriebsvereinbarung gilt für alle Arbeitnehmer der XY-GmbH. Der Erholungsurlaub ist dem einzelnen Mitarbeiter unter Beachtung der gesetzlichen, tarifvertraglichen und gegebenenfalls einzelvertraglichen Bestimmungen unter Abwägung der betrieblichen Interessen und der Interessen des Mitarbeiters zu gewähren.

Für jedes Kalenderjahr wird in Abstimmung mit dem Betriebsrat ein Urlaubsplan für alle Arbeitnehmer erstellt. Jeder Arbeitnehmer hat grundsätzlich das Recht, **einmal** im Kalenderjahr zusammenhängend drei (alternativ: vier) Wochen Urlaub zu nehmen. Mitarbeiter mit schulpflichtigen Kindern erhalten während der Schulferien bevorzugt Urlaub. Mitarbeiter mit schulpflichtigen Kindern, die in einem Jahr während der Sommerferien aus betrieblichen Gründen keinen Urlaub nehmen können, haben im folgenden Jahr Vorrang vor vergleichbaren Mitarbeitern. Mitarbeitern, deren Ehepartner ebenfalls berufstätig sind, wird der Urlaub nach Möglichkeit so gewährt, dass sie zusammen mit ihrem Ehepartner Urlaub machen können.

Mitarbeitern, die aus gesundheitlichen Gründen ihren Urlaub während einer bestimmten Jahreszeit nehmen wollen, wird im Rahmen der betrieblichen Möglichkeiten der Urlaub in der gewünschten Jahreszeit gewährt.

Auszubildende erhalten ihren Jahresurlaub nach Möglichkeit während der Berufsschulferien.

2. Beantragung des Urlaubs/Urlaubsliste

Spätestens bis zum 31. Januar eines jeden Jahres sind in allen Arbeitsbereichen Urlaubslisten für das laufende Kalenderjahr auszulegen bzw. in Umlauf zu setzen.
Die Listen haben folgende Angaben zu enthalten:
- Name, Vorname, Personalnummer oder Ähnliches
- Familienstand, Anzahl der (im betreffenden Urlaubsjahr) schulpflichtigen Kinder
- Urlaubsanspruch im Urlaubsjahr, etwaiger Restanspruch aus dem Vorjahr
- Spalte für Eintragung des Urlaubswunsches
- Spalte für besondere Gründe für die Wahl des beantragten Urlaubszeitraums

Der Mitarbeiter stellt seinen Urlaubsantrag durch Eintragung in die entsprechende Urlaubsliste. Die Antragsfrist beträgt 3 Wochen und endet jeweils am 21. Februar bzw. dem nächsten darauffolgenden Arbeitstag. Wer diese Antragsfrist versäumt, hat gegen die nach billigem Ermessen über seinen Urlaubswunsch getroffene Entscheidung des Arbeitgebers eine Einspruchsmöglichkeit gemäß Ziffer 6 dieser Vereinbarung.

3. Prüfung und Entscheidung

Der Urlaubsantrag des einzelnen Mitarbeiters, wie er aus der Liste hervorgeht, ist vom Vorgesetzten bzw. der zuständigen Stelle, gegebenenfalls unter Hinzuziehung des betreffenden

Mitarbeiters und der Personalabteilung, alsbald nach Ende der Antragsfrist zu prüfen. Hierbei sind die in Ziffer 1 genannten Grundsätze zu beachten.

Spätestens am . . . . . . oder bei späterer Antragstellung 14 Tage nach Antragseingang erhält der Arbeitnehmer eine schriftliche Benachrichtigung. Geschieht dies nicht, gilt der Urlaub nach Ablauf dieser Frist als genehmigt.

Kann der Urlaub aus betrieblichen Gründen im Einvernehmen mit dem Betriebsrat nicht genehmigt werden, so sind dem Arbeitnehmer Ersatztermine vorzuschlagen.

4. Nachträgliche Änderung der Urlaubszeit

Nach verbindlicher Festlegung der Urlaubszeit kann diese nur beim Vorliegen dringender betrieblicher oder persönlicher Gründe geändert werden. Die Notwendigkeit einer Verlegung der Urlaubszeit ist der Firma bzw. dem Mitarbeiter so früh wie möglich mitzuteilen. Muss der Urlaub aus dringenden betrieblichen Gründen geändert werden und entstehen dem Mitarbeiter daraus Unkosten, so hat diese in vollem Umfang die Firma zu übernehmen.

5. Einspruchsverfahren

Ist der Mitarbeiter mit der Entscheidung über seinen Urlaubsantrag nicht einverstanden, so kann er dagegen schriftlich bei der Personalabteilung oder beim Betriebsrat Einspruch einlegen. Die Frist für den Einspruch beträgt 14 Tage nach Zugang der schriftlichen Urlaubsbenachrichtigung gemäß Ziffer 3 beim Mitarbeiter.

Über den Einspruch hat innerhalb weiterer 14 Tage eine paritätische Urlaubskommission zu entscheiden, die aus je einem Vertreter der Personalabteilung und des Betriebsrates zu bilden ist.

Kommt dort wegen Stimmengleichheit eine Entscheidung nicht zustande, so kann der Betriebsrat oder der Arbeitgeber die Einigungsstelle gemäß § 87 Abs. 2 BetrVG zur verbindlichen Entscheidung anrufen.

6. Unbezahlter Urlaub

Unbezahlter Urlaub kann bei Vorliegen besonderer Gründe in Abstimmung mit dem Betriebsrat in Einzelfällen gewährt werden. Bei Gewährung von unbezahltem Urlaub ist stets ein genaues Enddatum festzulegen, aus dem unzweifelhaft ersichtlich wird, wann der Arbeitnehmer die Arbeit wieder aufzunehmen hat.

7. Betriebsferien

Sofern dies aus betrieblichen Gründen notwendig oder zweckmäßig ist, können unter Berücksichtigung der Interessen der Mitarbeiter für den ganzen Betrieb oder Teile des Betriebes Betriebsferien festgesetzt werden. Die Entscheidung hierzu erfolgt durch die Geschäftsführung jährlich bis 31. Januar und bedarf der vorherigen Zustimmung des Betriebsrats.

Die konkreten Modalitäten sind mittels Betriebsvereinbarung zu regeln. Die Mitarbeiter aus den Bereichen, für die Betriebsferien vorgesehen sind, müssen grundsätzlich ihren Jahresurlaub während der Betriebsferien nehmen. Mitarbeitern, die noch keinen oder keinen ausreichenden

Urlaubsanspruch haben, werden die Urlaubstage auf den späteren Urlaub des laufenden Urlaubsjahres angerechnet.

8. Erwerbstätigkeit

Während des Urlaubs darf eine dem Urlaubszweck widersprechende Erwerbstätigkeit nicht ausgeübt werden.

9. Inkrafttreten und Kündigung

Diese Betriebsvereinbarung tritt mit ihrer Unterzeichnung in Kraft und erstmalig für das Urlaubsjahr . . . .

Ort, Datum und Unterschriften

3.15.3 Betriebsvereinbarung zur Urlaubsplanung

Zwischen der XY-GmbH
und dem Betriebsrat der XY-GmbH wird folgende Vereinbarung getroffen:

§ 1 Eintragung in die Urlaubsliste

In den Monaten Dezember und Januar werden in allen Abteilungen Urlaubslisten ausgelegt. In diese Urlaubslisten tragen alle Arbeitnehmer ihre Urlaubswünsche für das bevorstehende Urlaubsjahr ein. Vor der Auslegung vermerkt die Personalleitung bei jedem Arbeitnehmer in der Urlaubsliste den Urlaubsanspruch für das bevorstehende Urlaubsjahr sowie etwaige Resturlaubsansprüche aus dem abgelaufenen Urlaubsjahr.

§ 2 Ausgleich der Urlaubswünsche

Im Monat Februar werden in Verhandlungen zwischen der Personalleitung, dem jeweiligen Abteilungsleiter und den einzelnen Arbeitnehmern die Urlaubswünsche aufeinander abgestimmt. Die betroffenen Arbeitnehmer können zu diesen Gesprächen ein Betriebsratsmitglied hinzuziehen.

§ 3 Mitteilung an den Arbeitnehmer

Bis Ende Februar ist dem Arbeitnehmer mitzuteilen, ob seinem Urlaubswunsch Hindernisse entgegenstehen. Erfolgt diese Mitteilung nicht, so gilt der Urlaub in der gewünschten Zeit als erteilt.

§ 4 Verhandlungen mit dem Betriebsrat

Soweit im Verlaufe des Monats Februar keine Übereinstimmung zwischen der Personalleitung und dem einzelnen Arbeitnehmer über die Urlaubserteilung erzielt werden konnte, sind im Monat März Verhandlungen zwischen Personalleitung und Betriebsrat mit dem Ziel zu führen, einen verbindlichen Urlaubsplan aufzustellen.

§ 5 Einigungsstelle

Sind die Verhandlungen zwischen Personalleitung und Betriebsrat bis Mitte März nicht erfolgreich abgeschlossen, dann können der Betriebsrat und die Personalleitung gemäß § 87 Abs. 1 Nr. 5 BetrVG die Einigungsstelle anrufen.

§ 6 Urlaubsanträge nach Ablauf des Monats Januar

Werden Urlaubsanträge nach Ablauf des Monats Januar angemeldet, so sind sie ebenfalls in die Urlaubsliste aufzunehmen. Die bis Ende Januar eingereichten Urlaubsanträge haben Vorrang

§ 7 Unverzügliche Entscheidung

Über Urlaubsanträge, die nach Ablauf des Monats Januar gestellt werden, ist unverzüglich zu entscheiden. Erfolgt nicht innerhalb von 6 Wochen ein ablehnender Bescheid, dann gilt der Urlaub als erteilt.

§ 8 Einschaltung des Betriebsrates

Wird ein nach Ablauf des Monats Januar gestellter Urlaubsantrag abgelehnt, dann kann der betroffene Arbeitnehmer den Betriebsrat anrufen. Der Betriebsrat sucht eine einvernehmliche Lösung mit der Personalleitung. Kommt diese einvernehmliche Lösung nicht zustande, dann entscheidet die Einigungsstelle gemäß § 87 Abs. 1 Nr. 5 BetrVG.

§ 9 Information über Urlaubserteilung

Wird dem Urlaubswunsch eines Arbeitnehmers entsprochen, so ist dieser von der Personalleitung unverzüglich schriftlich zu unterrichten.

§ 10

Im September macht die Personalabteilung den Arbeitnehmern Vorschläge für die zeitliche Lage des zu diesem Zeitpunkt noch nicht verplanten Resturlaubs. Die Resturlaubstage sind grundsätzlich bis zum Jahresende zu verplanen. Die Resturlaubstage sind verbindlich festgelegt, wenn der Arbeitnehmer dem Vorschlag der Personalabteilung nicht binnen 10 Arbeitstagen widerspricht. Dem Widerspruch muss ein alternativer Vorschlag für die Verwendung der restlichen Urlaubstage beigefügt sein. Kommt es nicht zu einer Einigung, ist unter Mitbestimmung des Betriebsrats zu entscheiden.

§ 11 Widerruf der Urlabuserteilung

Erteilter Urlaub kann nur mit Zustimmung des Betriebsrates widerrufen werden. Der Arbeitgeber ist verpflichtet, dem Arbeitnehmer den durch den Urlaubswiderruf entstehenden Schaden zu ersetzen. Bei dem vom Urlaubswiderruf betroffenen Arbeitnehmer verlängert sich der Urlaubsanspruch für jeden Widerrufsfall um einen Tag.

Ort, Datum und Unterschriften

3.16 Verhaltens- und/oder Leistungskontrolle durch technische Einrichtungen

3.16.1 Einleitung

§ 87 Abs. 1 Nr. 6 BetrVG gewährt dem Betriebsrat ein Mitbestimmungsrecht bei der Einführung und Anwendung von technischen Einrichtungen, die dazu bestimmt sind, das Verhalten oder die Leistung der Arbeitnehmer zu überwachen. Nach der höchstrichterlichen Rechtsprechung kommt es auf die Zweckbestimmung des entsprechenden Systems nicht an, d. h., auch wenn Verhaltens- oder Leistungsdaten nur als »Nebenprodukt« unmittelbar oder durch Verknüpfung mit anderen Daten oder Fakten entstehen, greift das zwingende Mitbestimmungsrecht nach der obengenannten Bestimmung. Gegen den Willen des Betriebsrats ist die Installierung solcher Systeme nicht möglich. Mit der zunehmenden Technisierung in allen Bereichen des Arbeitslebens, insbesondere bei EDV-gestützten Anwendungen, wachsen die Anforderungen an entsprechende Betriebs-, Gesamtbetriebs- oder Konzernbetriebsvereinbarungen, die darauf abzielen müssen, den »gläsernen« Arbeitnehmer zu verhindern. Dabei geht es vor allem um Personaldatenverarbeitung jeder Art, gleich wie das System benannt ist, und die damit zusammenhängenden besonderen Probleme.

Die Bildschirmarbeitsverordnung vom 4. Dez. 1996 (BGBl. I 1841) gibt in Verbindung mit dem Arbeitsschutzgesetz vom 7. Aug. 1996 (BGBl. I 1246) sowohl den Handlungsrahmen als auch -auftrag an die Betriebsparteien weiter, bei der Installierung dieser Systeme entsprechende Vereinbarungen abzuschließen bzw. bereits bestehende Regelungen zu aktualisieren.

Internet und Intranet gewinnen auch in der betrieblichen Praxis eine immer größere Bedeutung. Das E-Mail als kostengünstiges und schnelles Kommunikationsmittel ist nicht mehr wegzudenken.

Damit sind aber auch wiederum technische Überwachungsmöglichkeiten gegeben, die der Betriebsrat im Sinne der Beschäftigten regeln sollte. Es geht dabei einerseits um die Nutzungsmöglichkeiten, andererseits auch um Datenschutzprobleme bzw. Verhalten -und Leistungskontrollen sowie die Mitbestimmungs- und Handlungsmöglichkeiten des Betriebsrats in folgenden Bereichen:
- Zeiterfassung
- digitales Telekommunikationssystem (Telefon)
- Informations- und Kommunikationssysteme einschließlich Bildschirme
- Gestaltung und Gesundheitsschutz von Bildschirmarbeitsplätzen
- Mobile Informations- und Kommunikationssysteme (PC/Laptop)
- Netzwerkmanagement

– integriertes Personalsystem (SAP)
– Internet, Intranet, E-Mail

3.16.2 Betriebsvereinbarung über den Einsatz eines Zeiterfassungssystems

zwischen
der Geschäftsleitung und dem Betriebsrat
der Firma . . . . . .

§ 1 Geltungsbereich und Zweckbestimmung

1. Diese Betriebsvereinbarung gilt für alle Mitarbeiterinnen/Mitarbeiter und Auszubildenden der Firma . . . . . . und regelt den Einsatz des Zeiterfassungssystems. . . . . . . Version . . . . . . der Firma . . . . . .

2. Das Zeiterfassungssystem dient ausschließlich der Erfassung der Kommt-/Geht-Zeiten und der Anwesenheitszeiten der Mitarbeiterinnen/Mitarbeiter für die Lohn- und Gehaltsabrechnung. Eine hiervon abweichende Speicherung, Verarbeitung oder Verwendung der Daten ist unzulässig.

3. Die Anlagen 1-9 sind Bestandteil dieser Betriebsvereinbarung. Die Anlagen können im gegenseitigen Einvernehmen geändert werden.

§ 2 Beschreibung des Systems

1. In Anlage 1 werden sämtliche Systembestandteile (Hardware) einschließlich aller Eingabe- und Zusatzgeräte beschrieben (Aufzählung aller Komponenten mit Aufstellungsort und Leitungsverbindungen).

2. Es werden lediglich vom Hersteller, der Firma . . . . . ., freigegebene Standortprogramme in unveränderter Form verwendet, die zum Betrieb des Systems notwendig sind.

Eine genaue Auflistung dieser Systemprogramme (mit Versionsnummer) mit den verwendeten Eingabedaten und einer entsprechendeni Kurzbeschreibung findet sich in Anlage 2 der Vereinbarung. Gesperrte Programmfunktionen sind darin ebenfalls vermerkt.

3. In Anlage 3 sind speziell diejenigen Auswertungsprogramme genannt, die auf die Zeitdaten zurückgreifen. Andere Programme als die genannten dürfen auf die Zeitdaten nicht zugreifen.

4. Alle Systembestandteile außer den Zeiterfassungsterminals sind in einem verschlossenen Raum untergebracht.

5. Das Zeiterfassungssystem wird als separates System (stand alone) installiert. Es wird keine Kopplung zu anderen EDV-Systemen realisiert. Die Wartung des Systems und der Programme erfolgt vor Ort (keine Fernwartung).

§ 3 Datenerfassung und –speicherung

1. Eine Datenerfassung und -speicherung ist nur insofern erlaubt, als es zur Identifizierung und zur Erfassung der Arbeitszeiten zum Zwecke der Lohn- und Gehaltsabrechnung notwendig ist.

2. Der Stammdatensatz pro Mitarbeiterin/Mitarbeiter umfasst folgende Daten:
   - Name, Vorname
   - Ausweisnummer
   - Personalnummer
   - Abteilungsnummer
   - das der Mitarbeiterin/dein Mitarbeiter zugeordnete Zeitmodell

3. Im System dürfen nur Wochenpläne benutzt werden, die mit Zustimmung des Betriebsrates vereinbart wurden. In Anlage 4 sind alle Wochenpläne und die Zuordnung zu den jeweiligen Mitarbeitergruppen dokumentiert, die zwischen dem Arbeitgeber und dem Betriebsrat vereinbart worden sind.

4. Die Mitarbeiterinnen/Mitarbeiter können auf allen Zeiterfassungsterminals buchen. Die Komnmt-/Geht-Zeiten werden in Zeit-Minuten erfasst.. Abweichungen von der zulässigen Arbeitszeit bis zu einem Umfang von 5 Minuten werden als zulässige Toleranz gewertet.

5. Als Zeitdaten werden an den Zeiterfassungsterminals ausschließlich die Kommt- und Geht-Zeiten erfasst. Pausenzeiten werden nicht erfasst, sondern die gesetzlichen bzw. tariflichen nicht bezahlten Pausenzeiten werden automatisch abgezogen.

6. Die Abwesenheitsgründe (Anlage 5) dürfen von den dazu berechtigten Personen in Abstimmung mit der/dem betroffenen Mitarbeiterin/Mitarbeiter ausschließlich eingegeben werden:
   - Urlaub
   - Krank
   - Sonstige bezahlte Abwesenheitszeit
   - Unbezahlte Abwesenheitszeit

7. An den Zeiterfassungsterminals (gegebenenfalls an zusätzlichen Zeiterfassungsterminals) können die Mitarbeiterinnen/Mitarbeiter jederzeit ihr Zeit- und ihr Urlaubskonto ablesen. Am Ende eines Monats erhalten die Mitarbeiterinnen/Mitarbeiter das ausgedruckte Monatsjournal (Anlage 6). Als Erläuterung dafür wird ein Blatt mit der Erklärung der Abkürzungen beigefügt.

8. Korrekturen und Gutschriften geben die in der Anlage 7 aufgeführten Personen in Abstimmung mit den betroffenen Mitarbeiterinnen/Mitarbeiter und der/dem Arbeitszeitbeauftragten ein.

§ 4 Löschung

Spätestens einen Monat nach dem Monatsabschluss werden alle Bewegungsdaten auf dem Zeiterfassungssystem und auf allen Datenträgern physikalisch gelöscht. Soweit nicht Rechtsvorschriften eine längere Aufbewahrung erfordern, werden die ausgedruckten Monatsjournale spätestens nach drei Monaten vernichtet.

§ 5 Regelung des Systembetriebs

1. Die Vergabe von Zugriffsrechten auf Daten oder Dateien an einzelne Personen ist in Anlage 7 dokumentiert.
   Darüber hinaus sind in der Anlage 7 die jeweiligen Zugriffsrechte dieser Personen aufgeführt:

D. h. welche Person darf welche Daten
- lesen,
- eingeben,
- ändern,
- löschen,
- auswerten,
- drucken?

2. Der Arbeitgeber gewährleistet, dass nur die in der Anlage 7 aufgeführten Personen Zugriff auf die Daten im Zeiterfassungssystem haben.
Systemverwalterinnen/Systemverwalter und Technikerinnen/Techniker der EDV-Firma erhalten nur zu Systemverwaltungs- bzw. Wartungszwecken Zugriff.
Dies ist in den Wartungsverträgen entsprechend zu vereinbaren.

3. Für den Fall, dass das System ausfällt, oder bei Verlust des Ausweises oder bei fehlerhaften Buchungen sind die Angaben der Mitarbeiterinnen und Mitarbeiter Basis für die Entgeltab-rechnung (z. B. Zeiterfassung durch Selbstaufschreiben).

4. Die Ausweise dienen ausschließlich für die Arbeitszeitbuchungen. Auf den zur Zeiterfassung benutzten Ausweiskarten werden folgende Daten verwendet:
- Firmenkennzeichen
- Name und Vorname der Benutzerin/des Benutzers
- Personalnummer
- Ausweisnummer
- gegebenenfalls Verschlüsselungsmerkmal der persönlichen Identifizierungs-Nummer (PIN)
Aufgedruckt auf dem Ausweis sind nur Name und Vorname.

5. Die für die Bedienung des Systems erforderlichen Ausweiskarten werden den Mitarbeiterin-nen und Mitarbeitern kostenlos zur Verfügung gestellt, auch Ersatz bei Verlust oder Beschä-digung erfolgt kostenlos.

§ 6 Schnittstellen

1. Werden Daten aus dem Zeiterfassungssystem zum Zwecke der Lohn- und Gehaltsabrechnung an ein Personalabrechnungs-System übergeben, sind die Daten in Anlage 8 exakt festzulegen. Bei der Festlegung der einzelnen Daten ist die Erforderlichkeit zur Lohn-/Gehalts-Abrech-nung vom Arbeitgeber nachzuweisen.

2. Weitere eventuell vorhandene Schnittstellen (z. B. User Exit) werden nicht verwendet.

3. Eine Datenübermittlung an Dritte erfolgt nicht.

§ 7 Auswertungen

1. Die Kontrolle des jeweiligen Anwesenheitsstatus geschieht ausschließlich durch berechtigte Personen in der Personalabteilung durch Anzeige am Bildschirm. Eine Auswertung oder ein Ausdruck des Anwesenheitsstatus erfolgt nicht.

2. Folgende Auswertungen (siehe Anlage 9a) sind täglich zulässig:
a) Fehlerlisten zu Zeitbuchungen des Vortages

b) Überschreitungen des Arbeitszeitgesetzes und tarifvertraglicher Regelungen pro Mitarbeiter/in

c) Überstundenliste pro Abteilung

Folgende Auswertungen (siehe Anlage 9 b) sind monatlich zulässig:

d) Monatsjournal pro Mitarbeiter/in inklusive Zeitsaldo und Urlaubskonto

e) Fehlzeiten (gesamt) pro Abteilung

In den Anlagen sind die entsprechenden Listbilder zu den Auswertungen enthalten. Personenbezogene Fehlzeitenstatistiken dürfen mit dem Zeiterfassungssystem nicht erstellt werden.

3. Die Auswertungen b), c) und e) werden dem Betriebsrat in einfacher Ausfertigung ausgehändigt.

4. Alle systemtechnischen Abläufe einschließlich aller Abfragen und Änderungen werden lückenlos protokolliert.

5. Zum Schutz der Mitarbeiterinnen-/Mitarbeiter-Daten sind Datenschutzmaßnahmen bei dem Zeiterfassungssystem vorzunehmen und dem Betriebsrat vorzuführen. Der/Die betriebliche Datenschutzbeauftragte ist entsprechend zu beteiligen. Die Einhaltung der Datenschutzmaßnahmen ist regelmäßig von ihr/ihm zu überprüfen.

§ 8 Qualifizierung und Einweisung

1. Vor der Umstellung der Arbeitszeiterfassung auf das System erhalten alle Mitarbeiterinnen und Mitarbeiter eine Einweisung zur Funktionsweise des Zeiterfassungssystems und Bedienung der Erfassungsterminals.

2. Vor der Installation des Zeiterfassungssystems werden alle Personen, die Daten mit dem Zeiterfassungssystem verarbeiten, umfassend qualifiziert.

Alle Qualifizierungsmaßnahmen und Einweisungen finden während der Arbeitszeit statt. Die Kosten trägt der Arbeitgeber. Vor Durchführung der Qualifizierungsmaßnahmen ist dem Betriebsrat ein Schulungsplan zur Mitbestimmung vorzulegen.

§ 9 Rechte der Arbeitnehmerinnen/Arbeitnehmer

1. Die Mitarbeiterinnen/Mitarbeiter haben ein jederzeitiges Einsichts- und Auskunftsrecht über alle über sie gespeicherten Daten und Auswertungen. Unrichtige Daten sind unverzüglich zu überprüfen, gegebenenfalls zu berichtigen oder zu löschen.

2. Personalmaßnahmen, die auf Informationen beruhen, die unter Verletzung dieser Betriebsvereinbarung gewonnen wurden, sind unwirksam und rückgängig zu machen.

§ 10 Rechte des Betriebsrats

1. Der Betriebsrat hat das Recht, die Einhaltung aller Regelungen dieser Vereinbarung und der Arbeitszeitregelungen jederzeit auch anhand der Auswertungen und der Protokolle zu kontrollieren. Die Personen aus der Anlage 7 sind dem Betriebsrat gegenüber zu allen Fragen der Arbeitszeiterfassung zur Auskunft verpflichtet. Entstehende Kosten trägt der Arbeitgeber Der Betriebsrat hat das Recht, eine/einen Sachverständige/Sachverständigen seiner Wahl auf Kosten des Arbeitgebers hinzuzuziehen.

2. Jede Änderung oder Erweiterung hardware- oder softwaretechnischer Art sowie der akti-
vierten Leistungsmerkmale und der gespeicherten Daten bedarf der vorherigen Zustimmung
durch den Betriebsrat.

§ 11 Kündigung der Betriebsvereinbarung

1. Die Betriebsvereinbarung kann mit einer Frist von 6 Monaten zum Ende eines Kalenderjahres
gekündigt werden. Die Kündigung bedarf der schriftlichen Form. Nach der Kündigung sind
unverzüglich Verhandlungen über eine neue Vereinbarung aufzunehmen.

2. Bis zum Abschluss einer neuen Betriebsvereinbarung gilt diese Vereinbarung weiter

. . . .
Ort, Datum

. . . .
Geschäftsleitung   Betriebsrat

Anlagenverzeichnis

Anlage 1 Hardware-Komponenten mit Standort und Leitungsverbindungen
Anlage 2 Software-Komponenten
Anlage 3 Auswertungsprogramme
Anlage 4 Wochenpläne
Anlage 5 Schlüssel für Abwesenheitszeiten
Anlage 6 Monatsjournal
Anlage 7 Zugriffsberechtigte Personen mit ihren jeweiligen Zugriffsrechten
Anlage 8 Datenübergabe an die Lohn-/Gehaltsabrechnung
Anlage 9a Auswertungen – täglich
Anlage 9b Auswertungen – monatlich

(Hinweis: Text Dr. Joachim Reus, Bundesvorstand IG Bauen – Agrar – Umwelt)

3.16.3 Betriebsvereinbarung über die Einführung und den Betrieb des digitalen Telekommunikationssystems

zwischen
der Geschäftsführung und dem Betriebsrat
der Firma . . . . . .

§ 1 Zweckbestimmung und Grundsätze

Das digitale Kommunikationssystem . . . . . . wird für die Sprach- und Datenkommunikation und
zur Erfassung der durch Amtsgespräche entstehenden Kosten eingesetzt.

Jede Nutzung der Anlage oder Teilen von ihr zu anderen Zwecken in Umfang, Art und Weise als in dieser Vereinbarung beschrieben, ist verboten. Änderungen erfolgen nur unter Beachtung des § 13 dieser Betriebsvereinbarung.

Beim Einsatz des Kommunikationssystems werden die Grundsätze des Datenschutzes und des Schutzes der Persönlichkeit beachtet.

Zwischen Geschäftsführung und Betriebsrat besteht Übereinstimmung, dass das Kommunikationssystem nicht zur Verhaltens- oder Leistungskontrolle der Beschäftigten verwendet wird.

§ 2 Geltungsbereich

Diese Betriebsvereinbarung gilt für alle Beschäftigten der Firma . . . . . . im Gebäude . . . . . .

§ 3 Systembestandteile

Das digitale Telekommunikationssystem . . . . . . der Firma . . . . . . wird mit folgenden Systembestandteilen installiert:
- Anlagentyp
- Anzahl Amtsleitungen
- Anzahl Nebenstellen
- System – Terminal
- Operator – Terminal
- u. a. (ist zu ergänzen)

Der Anschluss des Kommunikationssystems an andere Rechner ist ausgeschlossen.

Die Software besteht aus den Programmen . . . . . .

§ 4 Leistungsmerkmale/Ausstattung

Das Kommunikationssystem ist mit folgenden Leistungsmerkmalen ausgestattet:
- Selbsttätiger Verbindungsaufbau
- Kurzwahl
- Direktwahl
- Wahlwiederholung
- Automatischer Rückruf
- Anklopfen
- Heranholen von Rufen
- Rufumleitungen
- Ruferweiterungen
- Anrufschutz
- Gebührenerfassung
- Konferenzschaltung
- . . . . (ist zu ergänzen)

Fernsprechapparate mit den Berechtigungsstufen »Bereich der Telekom« und »International« werden elektronisch gegen missbräuchliche Benutzung gesichert.

§ 5 Abhörverbot

Abhören von Gesprächen ist generell verboten. Auch ein Aufschalten von Dritten auf Gespräche einer Nebenstelle ist verboten und darf technisch nicht möglich sein. Eine Ausnahme bildet das Aufschalten durch die Telefonzentrale. Dies ist durch ein Signal anzuzeigen.

Jede Aufzeichnung von Gesprächen von Dritten auf Tonträger wird ausgeschlossen. Der Anschluss von Anrufbeantwortern an Nebenstellen wird davon nicht berührt.

Die Funktion Anklopfen wird nur für die Mitglieder der Geschäftsführung eingerichtet.

Bei einer Konferenzschaltung sind die Teilnehmer/innen verpflichtet, allen an der Konferenz Beteiligten mitzuteilen, dass eine entsprechende Schaltung vorliegt.

Wird die Funktion Lauthören verwendet, ist dies dem/der Gesprächspartner/in mitzuteilen und es sind ihm/ihr gegebenenfalls die Mithörer/innen zu nennen.

§ 6 Gesprächsdatenerfassung

Bei internen Gesprächen und bei extern eingehenden Gesprächen werden keine Gesprächsdaten erfasst.

Bei extern abgehenden Dienstgesprächen werden folgende Daten erfasst:

1. Alternative:

- Nebenstelle,
- aufsummierte Gebühreneinheiten.

2. Alternative:

- Nebenstelle (Rufnummer),
- Gebühreneinheiten,
- Datum,
- Uhrzeit,
- eventuell Zielnummer
  verkürzt um die letzten 2–3 Ziffern

Bei extern abgehenden Privatgesprächen werden folgende Daten erfasst:

1. Alternative:

- Nebenstelle (Rufnummer),
- aufsummierte Gebühreneinheiten.

2. Alternative:

- Nebenstelle (Rufnummer),
- Datum,
- Uhrzeit,
- Gebühreneinheiten.

Eine weitere Erfassung von Gesprächsdaten durch das System erfolgt nicht, ebensowenig wie eine manuelle Aufzeichnung am Operator- oder System-Terminal.

Gesprächsdaten bei Privatgesprächen (z.B. Zielnummern), die zur Erzielung von Leistungsmerkmalen (§ 4) (z.B. Wahlwiederholung) kurzzeitig gespeichert werden, sind nach Erfüllung des Zwecks sofort wieder zu löschen.

Privatgespräche im Nahbereich werden nicht aufgezeichnet und sind nicht kostenpflichtig

§ 7 Auswertungen

Es werden einmal im Monat Listen für die betriebliche Kostenzuordnung erstellt.

Die Listen werden als Anlage (Muster) dieser Betriebsvereinbarung beigefügt und sind Bestandteil dieser Vereinbarung.

Folgende Auswertungen werden vorgenommen:

1. Dienstgespräche – Auswertung nach Kostenstellen (aufsummierte Gebühren)
2. Dienstgespräche – Auswertung nach Nebenstellen (aufsummierte Gebühren)
3. Privatgespräche – Auswertung für eine Nebenstelle

Andere Auswertungen sind verboten.

Für einen Zeitraum von 3 Monaten nach Abschluss der Vereinbarung können die Auswertungen für Dienstgespräche in kürzeren Zeiträumen als monatlich vorgenommen werden.

Die Listen zu den Privatgesprächen werden den zugehörigen Arbeitnehmern direkt ausgehändigt. Die Vorgesetzten dürfen davon keine Kenntnis erhalten.

Ergeben sich aus der Prüfung der Auswertung der Dienstgespräche Meinungsverschiedenheiten über die Benutzung der Dienstapparate oder über die Höhe der Kosten und können diese Meinungsverschiedenheiten nicht zwischen dem Benutzer/der Benutzerin des Dienstapparates und dem Arbeitgeber/Vorgesetzten geklärt werden, so kann mit Zustimmung des Betriebsrats eine Kontrollliste erstellt werden.

Antragsberechtigt sind:

– Die Geschäftsführung,
– der Betriebsrat,
– der/die betroffene Arbeitnehmer/in.

Die Kontrollliste enthält alle gespeicherten Daten nach § 6.

Zur Klärung der Meinungsverschiedenheit findet eine Überprüfung an Hand der Kontrollliste im Beisein des/der Arbeitnehmers/in und des Betriebsrats statt.

§ 8 Abrechnung und Übermittlung der Gebühren für Privatgespräche

Pro Monat sind X Gebühreneinheiten frei. Für jede Nebenstelle werden 5,00 Euro monatliche Gebühren nicht berechnet. Für die Abrechnung der Privatgespräche werden ausschließlich die aufsummierten monatlichen Gebühren an die Lohn- und Gehaltsabrechnung übertragen. Sonstige Datenübermittlungen oder eine Weitergabe von Daten finden nicht statt.

§ 9 Löschen von Daten

Die Daten eines Monats werden spätestens nach einem weiteren Monat physikalisch gelöscht. Das Löschen erfolgt auch auf den Sicherungsmedien.

§ 10 Datenschutz

Die Telekommunikationsanlage und Datenträger sind so zu sichern, dass Unbefugte keine Möglichkeiten haben, die gespeicherten Daten zu lesen, zu verändern, zu löschen oder zu entwenden.

Zu diesem Zweck ist der Personenkreis, der Zutritt zu den Räumen hat, in dem die Anlage steht bzw. in denen die Datenträger aufbewahrt werden, so klein wie möglich zu halten. Im Übrigen ist nach dem Datenschutzgesetz zu verfahren.

Bei der Fernbetreuung durch die Firma . . . . . . dürfen keine Gesprächsdaten übermittelt werden.

Die Auswertungslisten sind so zu sichern, dass Unbefugte sie nicht einsehen, verändern, vernichten oder entwenden können.

§ 11 Betriebsrats-Nebenstelle

Der Betriebsrat erhält eine fernamtsberechtigte Nebenstelle. Sie wird, mit Ausnahme der aufsummierten Gebühren, von der Datenerfassung ausgenommen.

§ 12 Kontrolle durch den Betriebsrat

Der Betriebsrat hat das Recht, das System und seine Anwendung auf die Einhaltung der vorstehenden Bestimmungen jederzeit zu überprüfen.

Damit er dazu in der Lage ist, erhält er eine entsprechende Schulung bzw. Einweisung durch die Firma . . . . Er erhält auf Verlangen Einsicht in alle zur Verfügung stehenden Unterlagen über das System. Er hat das Recht, zur Klärung von Fachfragen gemäß § 80 Abs. 3 BetrVG jederzeit einen Sachverständigen seiner Wahl hinzuzuziehen.

§ 13 Nutzungsänderungen

Jede technische Leistungsänderung (Änderung der Hardware und Software) sowie die Änderung der in dieser Betriebsvereinbarung beschriebenen Auswertungen (Anlage) und Speicherung von Daten bedarf bereits zum Zeitpunkt ihrer Planung der Einbeziehung des Betriebsrates.

Die Verwendung des Kommunikationssystems für die externe Datenkommunikation bedarf der Beratung zwischen Geschäftsleitung und Betriebsrat und der Zustimmung des Betriebsrates. Schwerpunkte der Beratungen sind Maßnahmen zur Abwendung der Rationalisierungswirkungen.

Der Betriebsrat wird anhand von Unterlagen umfassend unterrichtet und somit in die Lage versetzt, mitbestimmungspflichtige Tatbestände prüfen zu können.

Eine Änderung der Gesprächsdatenerfassung und -auswertung (§§ 6 und 7) bedarf der vorherigen Zustimmung des Betriebsrates.

§ 14 In-Kraft-Treten und Kündigung

Diese Betriebsvereinbarung tritt am . . . . . . in Kraft. Sie kann unter Einhaltung einer Kündigungsfrist von 6 Monaten zum Schluss eines Kalenderjahres – auch in Teilen – gekündigt werden. Nach Eingang der Kündigung müssen unverzüglich Verhandlungen über eine neue Vereinbarung aufgenommen werden. Bis zum Abschluss der neuen Vereinbarung gilt diese Vereinbarung fort.

Ort, Datum, Unterschrift

Anlage

(Hinweis: Text Dr. Joachim Reus, Bundesvorstand IG Bauen – Agrar – Umwelt)

3.16.4 Betriebsvereinbarung über die Einführung und Anwendung von Informations- und Kommunikationstechnologien und von Bildschirmarbeit

zwischen
dem Vorstand und dem Gesamtbetriebsrat
der Firma . . . . . .

1. Geltungsbereich

Die Betriebsvereinbarung gilt für alle Arbeitnehmer der . . . . . . die von den Maßnahmen und Auswirkungen des Einsatzes der Informations- und Kommunikationstechnologien betroffen sind.

Sie regelt das Zusammenwirken von Vorstand, örtlichen Geschäftsleitungen (GL), Gesamtbetriebsrat (GBR), Betriebsrat (BR,) und Arbeitnehmern bei der Planung, Einführung, Anwendung und Weiterentwicklung von jeglichen Informations- und Kommunikationssystemen (nachfolgend: IuK-Systeme bzw. IuK-Technologien) bei der . . . . . . und die Auswirkungen auf die Arbeitsabläufe, die Arbeitsbedingungen und die Arbeitsplätze.

Die Betriebsvereinbarung regelt weiter alle Fragen im Zusammenhang mit der Bildschirmarbeit im Betrieb.

2. Begriffsbestimmungen

IuK-Technologien im Sinne dieser Vereinbarung sind alle technischen Einrichtungen und Hilfsmittel (Datenverarbeitungsanlagen, Programmsysteme, Kommunikationssysteme), die dazu dienen, Daten zu erfassen, zu speichern und zu verarbeiten (Informationstechnologien) sowie diese zu übertragen und zu vermitteln (Kommunikationstechnologien). Dabei sind auch Bilder, Sprache, Grafik, Zeichnungen und Texe als Daten zu verstehen.

Beispiele für IuK-Technologien bzw. IuK-Systeme sind:

Arbeitsplatzrechner (Personalcomputer), Zentralrechner, jede Art von Peripheriegeräten, jede Art von Softwareprodukten, Datenverarbeitung in der Produktion, Telefonanlagen, interne und externe Netzwerke.

Bildschirmgeräte sind Geräte zur Darstellung alphanumerischer Zeichen oder zur Graphikdarstellung, ungeachtet des Darstellungsverfahrens.

Bildschirmarbeitsplätze sind Arbeitsplätze mit einem Bildschirmgerät, die ausgestattet sein können mit

– Einrichtungen zur Erfassung von Daten,
– Software, die den Beschäftigten bei der Ausführung ihrer Arbeitsaufgaben zur Verfügung steht,
– Zusatzgeräten und Elementen, die zum Betreiben oder Benutzen des Bildschirmgerätes gehören, oder
– sonstigen Arbeitsmitteln,

sowie die unmittelbare Arbeitsumgebung.

Bildschirmarbeitsplatzbeschäftigte sind Beschäftigte, die gewöhnlich bei einem nicht unwesentlichen Teil (über 1 Stunde pro Tag) ihrer normalen Arbeit ein Bildschirmgerät benutzen.

Personenbezogene Daten sind Einzelangaben, die sich auf eine natürliche Person beziehen sowie Einzelangaben, die auf natürliche Personen bezogen werden können.

3. Unterrichtung des GBR/BR

Der Vorstand wird den GBR bzw. die GL wird den BR rechtzeitig umfassend, unmittelbar, schriftlich und allgemeinverständlich über Planung, Einführung, Betrieb und Änderungen von IuK-Technologien sowie über deren Auswirkungen auf Arbeitsplätze, Arbeitsinhalte, Arbeitsabläufe und Organisationsstrukturen unterrichten und mit ihm darüber beraten.

Die Zuständigkeit der Unterrichtung des GBR und/oder des örtlichen BR richtet sich nach § 50 BetrVG.

Die Unterrichtung erfolgt so rechtzeitig, dass der GBR/BR genügend Zeit hat, sich entsprechendes Wissen anzueignen und Vorschläge erarbeiten kann, so dass diese noch in vollem Umfang berücksichtigt werden können.

Der Vorstand bzw. die GL übergibt dem GBR/BR zur Erfüllung seiner Tätigkeit alle erforderlichen Unterlagen, z.B. Vorstudien, Konzepte, Pflichtenhefte, Beschreibungen der technischen Komponenten, Programmunterlagen, Benutzerhandbücher und anderes.

Der GBR/BR ist berechtigt, sich bereits im Planungsstadium sachverständig zu machen und, soweit erforderlich, an vorbereitenden Vorgängen (z.B. an Demonstrations- und Probeläufen) teilzunehmen.

Für den Fall, dass zur Planung und Einführung von einzelnen Maßnahmen Projektgruppen gebildet werden, wird der GBR/BR rechtzeitig über die Aufgaben und die Zusammensetzung der Projektgruppen informiert. Er hat das Recht, einen Vertreter in die zu bildenden Projektgruppen zu entsenden.

Beim Einsatz von Unternehmensberatungsfirmen wird der GBR/BR vor Vertragsabschluss über Auftrag und Ziele des Vorhabens unterrichtet.

4. Arbeitsplatzsicherung

Bei der Einführung, dem Ausbau oder der Änderung von IuK-Technologien ist der Erhalt von Arbeitsplätzen von zentraler Bedeutung. Es sollten gegenüber den betroffenen Arbeitnehmern weder betriebsbedingte Kündigungen noch Änderungskündigungen ausgesprochen werden.

Durch eine geeignete und rechtzeitige Personalplanung unter Beteiligung des GBR/BR sowie wirtschaftlich vertretbare technisch-organisatorische Maßnahmen werden alle Möglichkeiten zum Erhalt der Arbeitsplätze ausgeschöpft.

Ein Abbau der Belegschaft sowie Änderungen von Arbeitsinhalten und Arbeitsorganisation als Folge der Maßnahmen dürfen nicht erfolgen, bevor nicht zwischen der GL und dem BR darüber in Verhandlungen Einigung erzielt worden ist.

Sind Umsetzungen nach eingehender Beratung unumgänglich, so ist ein gleichwertiger und zumutbarer Arbeitsplatz anzubieten. Sollte zum Zeitpunkt der Umsetzung kein gleichwertiger und zumutbarer Arbeitsplatz vorhanden sein, wird die Maßnahme ggf. so lange zurückgestellt, bis ein solcher vorhanden ist. Die Zumutbarkeit eines neuen Arbeitsplatzes muss in funktioneller, materieller und sozialer Hinsicht gegeben sein. Über die Zumutbarkeit entscheiden die Betriebsparteien unter Einbeziehung des betroffenen Arbeitnehmers.

Dem Arbeitnehmer wird Gelegenheit gegeben, während der Arbeitszeit sich über den vorgesehenen Arbeitsplatz an Ort und Stelle zu informieren.
Werden durch die Einführung bzw. Anwendung von IuK- Technologien die bisherigen Arbeitsinhalte oder der betroffene Arbeitsplatz ganz oder teilweise verändert oder wurde im Rahmen einer Umsetzung ein anderer Arbeitsplatz angenommen, so hat dies keinen Einfluss auf die bisherige tarifliche Eingruppierung der an diesen Arbeitsplätzen Beschäftigten, es sei denn, die veränderten Arbeitsinhalte entsprechen einer tariflich höher bewerteten Tätigkeit. Ferner bleiben alle bisher erworbenen Ansprüche aus Tarifverträgen und Betriebsvereinbarungen erhalten. In Ausnahmefällen sind Stufenregelungen zwischen den Betriebsparteien zu vereinbaren.

5. Arbeitsgestaltung

Die vom Einsatz von IuK-Systemen betroffenen Arbeitnehmer sind gemeinsam mit dem Betriebsrat an der menschengerechten Gestaltung von Arbeit und Technik zu beteiligen.

Die Arbeitsplätze einschließlich deren Arbeitsumgebung müssen dem aktuellen Stand arbeitsphysiologischer, arbeitspsychologischer, arbeitsmedizinischer und ergonomischer Erkenntnisse entsprechen.

Es gelten die Regelungen der Bildschirmarbeitsverordnung, die entsprechenden Sicherheitsregeln, Verordnungen, Richtlinien und DIN-Normen sowie die gesetzlichen und tariflichen Vorschriften zum Schutz der Beschäftigten.

Durch eine menschengerechte und ganzheitliche Gestaltung der Arbeit soll das Arbeitsvermögen der an den Geräten der IuK-Technologie eingesetzten Arbeitnehmer gefördert und ihre Gesundheit geschützt werden.

Die Tätigkeit am Bildschirm darf nicht zu einseitiger und monotoner Arbeit führen. Es sind deshalb grundsätzlich Mischarbeitsplätze einzurichten.

Arbeitnehmer/innen, die an Bildschirmarbeitsplätzen tätig sind, haben das Recht, nach einer zusammenhängenden Arbeitsdauer am Bildschirm von 50 Minuten eine zusätzliche bezahlte Erholzeit von 10 Minuten – außerhalb der Arbeitszeitordnung – zu nehmen.

Hierzu sind die notwendigen arbeitsorganisatorischen und sozialen Voraussetzungen und Einrichtungen zu schaffen. Die Pausen dürfen nicht zusammengezogen werden.

Die Betriebsparteien sind sich darüber einig, dass die Anwendung von IuK-Systemen nur Werkzeug zur effektiven Erfüllung der Aufgaben ist.

6. Beurteilung der Arbeitsbedingungen (Arbeitsplatzanalysen)

Für alle Bildschirmarbeitsplätze sind Arbeitsplatzanalysen zur Beurteilung der Arbeitsbedingungen durchzuführen. Damit sollen insbesondere Gefährdungen des Sehvermögens sowie körperliche Probleme und psychische Belastungen ermittelt und beurteilt werden, um gegebenenfalls Abhilfemaßnahmen treffen zu können.

Es wird eine paritätisch besetzte Kommission mit 4 Mitgliedern gebildet, die die Arbeitsplatzanalysen an Bildschirmarbeitsplätzen koordiniert. Zu ihren Aufgaben gehört:
– die Auswahl und Überprüfung der zum Einsatz kommenden Analyseverfahren,
– die Bestellung und Überwachung geeigneter Arbeitsanalytiker bzw. von geeigneten Institutionen,
– die Koordination der Durchführung der konkreten Analysen,
– die Beurteilung der Analyseergebnisse,
– Maßnahmen zur Verbesserung der Arbeitsbedingungen vorzuschlagen,
– die Durchführung der Maßnahmen zu überwachen,
– einen jährlichen Bericht für den GBR und den Arbeitgeber zu erstellen, in dem die Aktivitäten zur Beurteilung und Verbesserung der Arbeitsbedingungen beschrieben sind.

Die Kommission arbeitet eng mit den örtlichen Arbeitssicherheitsausschüssen, den örtlichen Betriebsräten, den örtlichen Vertretern der Arbeitgeberseite, den Sicherheitsbeauftragten und dem Betriebsarzt bzw. dem Arbeitsmedizinischen Dienst zusammen.

Als vorläufiges Verfahren zur Arbeitsplatzanalyse dient das ABETO-Verfahren (Arbeitsplatzanalyse von Bildschirmarbeitsplätzen nach der EU-Richtlinie der TBS Oberhausen) der Technologieberatungsstelle (TBS) Oberhausen.

Es werden nach Abschluss der Betriebsvereinbarung erstmalig alle Bildschirmarbeitsplätze analysiert und dokumentiert. In der Folgezeit werden die Arbeitsplätze alle 3 Jahre analysiert oder nach Versetzungen und Neueinstellungen oder nach wesentlichen Veränderungen der Arbeitsbedingungen. Das betrifft beispielsweise Veränderungen des Bildschirmgerätes und der Tastatur, der sonstigen Arbeitsmittel, der Arbeitsumgebung und der Software.

Die Kommission entscheidet, was wesentliche Veränderungen sind.

Erneute Analysen werden auch durchgeführt, wenn zu erwarten ist, dass eine erneute Analyse zu neuen Ergebnissen führen wird oder am Arbeitsplatz Beschwerden auftreten, die auf die Tätigkeit am Bildschirm zurückgeführt werden können.

Kann in der Kommission keine Einigung über zu regelnde Sachverhalte erzielt werden, so wird der Vorgang an den GBR bzw. den örtlichen Betriebsrat sowie den zuständigen Arbeitgebervertreter zur Regelung oder Fortführung zurückgegeben.

Die Beschäftigten sind über die Analyseverfahren und die Zielsetzung der Analysen zu unterrichten. Die Ergebnisse werden ihnen zur Verfügung gestellt und sind mit ihnen zu diskutieren. Verbesserungsmaßnahmen werden gemeinsam mit den Beschäftigten besprochen.

7. Gesundheitsschutz

Der erstmalige Einsatz einer Arbeitnehmerin/eines Arbeitnehmers an einem Bildschirmarbeitsplatz bedarf ihrer/seiner Zustimmung, wenn sie/er das 53. Lebensjahr bereits vollendet hat.

Vor der Aufnahme der Tätigkeit an einem Bildschirmarbeitsplatz ist eine arbeitsmedizinische Untersuchung gemäß den Vorschriften der Berufsgenossenschaften (G 37) vorzunehmen. Nachuntersuchungen sind aus gegebenem Anlass, ansonsten alle 2 Jahre zu wiederholen.

Die ärztlichen Untersuchungen werden vom Betriebsarzt, von einem ermächtigten Facharzt oder dem arbeitsmedizinischen Dienst durchgeführt.

Die Arbeitnehmer haben die freie Auswahl zwischen den zugelassenen ermächtigten Fachärzten.

Die Kosten der vorgenannten Untersuchungen und für etwaige zu benutzende Hilfsmittel (z. B. Brillen) trägt der Arbeitgeber. Die Firma trägt darüber hinaus bei Brillen die Kosten für Brillengestelle und die Entspiegelung bis zu einem Betrag von 200 DM. Dazu ist jedoch eine Brillenverordnung des Augenarztes mit dem Vermerk »Bildschirmarbeitsplatzbrille« erforderlich.

Die Untersuchungen werden unter Fortzahlung des Arbeitsentgeltes während der Arbeitszeit durchgeführt. Können die Untersuchungen aus dienstlichen Gründen nur außerhalb der Arbeitszeit durchgeführt werden, wird für die aufgewandte Zeit Arbeitsbefreiung in entsprechendem Umfang gewährt.

Schwangere Beschäftigte sollten von Bildschirmarbeit entbunden werden oder zumindest verstärkt Aufgaben ohne Bildschirm zugewiesen bekommen.

Die Beschäftigung von Schwangeren an Bildschirmgeräten, die Strahlen aussenden, ist nur zulässig, wenn strahlungsarme Bildschirme (TÜV-Ergonomie geprüft, TCO oder MPR II,) verwendet werden.

8. Qualifizierungsmaßnahmen

Der Vorstand bzw. die örtliche GL erarbeitet für den Bereich der Informationstechnologien ein Qualifikationskonzept für die Beschäftigten und stimmt dies mit dein GBR/BR ab.

Inhalte dieses Qualifikationskonzeptes sind z. B. Grundlagen der Datenverarbeitung, Einweisung in die Handhabung des Systems, Darstellung der technischen Abläufe, die durch das System übernommen werden, Makrosprachen, Darstellung der veränderten Arbeitsorganisation, Grundlagen der Ergonomie, Einweisung in die zu beachtenden Vorschriften.

Die Qualifizierungsmaßnahmen finden während der Arbeitszeit statt. Ist dies nicht möglich, ist Freizeitausgleich zu gewähren. Die Kosten trägt der Arbeitgeber.

Einen Anspruch auf Qualifizierungsmaßnahmen haben alle Arbeitnehmer, die mit IuK-Techno-logien zu tun haben, insbesondere jedoch die Arbeitnehmer, die einen anderen Arbeitsplatz erhalten oder deren Aufgabenbereich sich verändert.

Bei Qualifizierungsmaßnahmen außerhalb des Betriebes ist unter Aufrechterhaltung des Arbeitsverhältnisses die zeitlich notwendige bezahlte Freistellung zu gewähren.

9. Bestandsverzeichnis der IuK-Systeme

Über die vorhandenen IuK-Systeme wird ein Bestandsverzeichnis erstellt (Anlage 1). Dazu sind für jeden Rechner und die peripheren Geräte anzugeben: Bezeichnung, Typ, gegebenenfalls Ausbaustufe, Standort und die Programme, die auf den Geräten ablaufen bzw. zusammen-wirken.

Es ist außerdem ein Konfigurationsplan zu erstellen (Anlage 2), und es sind alle (Leitungs-) Verbindungen zwischen den Betriebsteilen darzustellen.

Für Systeme, die personenbezogene Daten verarbeiten, wird eine Dokumentation der einzelnen Anwendungen (Anlage 3) erstellt. Sie enthält für jedes System:
* ein Verzeichnis der Funktionen des Systems,
* ein Verzeichnis der von dem System angesprochenen Dateien,
* ein Verzeichnis der in den Dateien vorhandenen personenbezogenen Datenfelder;
* für verschlüsselte personenbezogene Daten jeweils das Schlüsselverzeichnis,
* ein Verzeichnis der regelmäßigen Auswertungen sowie alle Ausgaben an Bildschirmen und an Druckern,
* ein Verzeichnis der Programmmasken,
* ein Verzeichnis der unregelmäßigen oder einmaligen Auswertungen und der Nutzungsbe-rechtigten,
* eine Liste der Zugriffsberechtigten auf die Systeme mit der Angabe der Aufgabenbereiche,
* ein Verzeichnis der Programmschnittstellen,
* ein Verzeichnis der Daten, die zwischen den Betriebsstätten der . . . . . . übermittelt werden sowie von den einzelnen Betriebsstätten an Dritte übermittelt werden oder von Dritten empfangen werden.

Die Anlagen werden bei jeder wesentlichen Ergänzung oder Erweiterung der IuK-Systeme, der IuK-Technik und der IuK-Anwendungen aktualisiert. Wesentlich sind z.B. neue Funktionen, neue Datenfelder, neue oder geänderte Auswertungen, die Änderung von Zugriffsrechten und neue Geräte.

Die Dokumentation und damit der Funktionsbereich der IuK-Systeme mit personenbezogenen Daten ist zwischen Vorstand/GL und GBR/BR einvernehmlich abzustimmen. Sie dient damit auch der Eingrenzung und Beschreibung des Funktionsumfangs der Systeme.

Der GBR/BR erhält regelmäßig Mitteilung von den Änderungen der Systeme bzw. des Bestandsverzeichnisses. Der GBR/BR kann jederzeit einen Ausdruck des Bestandsverzeichnisses verlangen und hat jederzeit die Möglichkeit, Einblick in die Anlagen 1–3 sowie alle sonstigen Dokumentationsunterlagen zu nehmen.

Jede Änderung der Systeme, die personenbezogene Daten speichern oder verarbeiten, bedarf der Zustimmung durch den GBR/BR, soweit die Änderungen nicht durch Gesetz oder Tarifvertrag zwingend erforderlich sind

Abfragesprachen und Listengeneratoren dürfen in Verbindung mit personenbezogenen Daten nur bei vorheriger Zustimmung des GBR/BR im vereinbarten Umfang eingesetzt werden.

10. Leistungs- und Verhaltenskontrollen/Datenschutz

Leistungs- und Verhaltenskontrollen durch die eingesetzten IuK-Systeme unterliegen der Mitbestimmung des GBR/BR.

Sie dürfen im Ausnahmefall erst nach genauer Absprache zwischen den Betriebsparteien über Art, Umfang, Zeitpunkt und betroffenen Personenkreis und Zustimmung des GBR/BR durchgeführt werden.

Die programmmäßige Erfassung arbeitsbezogener Daten zur Leistungsbemessung und -beurteilung von Bildschirmarbeitsplatzbeschäftigten unterliegt der Mitbestimmung des GBR/BR. Dies gilt auch für Benutzerdaten.

Statistische Auswertungen über Arbeitsleistungen oder die zeitliche Rückverfolgung des Arbeitsverhaltens sind unzulässig.

Personelle Maßnahmen aufgrund unzulässiger Daten bzw. Auswertungen sind unwirksam.

Die Bestellung und Abberufung des betrieblichen Datenschutzbeauftragten erfolgt im Einvernehmen mit dem GBR. Zur Einhaltung des Bundesdatenschutzgesetzes stimmt der betriebliche Datenschutzbeauftragte seine Maßnahmen mit dem GBR/BR ab.

Der Datenschutzbeauftragte gibt dem GBR/BR jederzeit Auskunft. Auf Anforderung überlässt der Datenschutzbeauftragte dem GBR/BR seine Unterlagen über personenbezogene Daten, deren Verarbeitung und Übermittlung.

11. Hinzuziehen von Sachverständigen und Kontrolle der Vereinbarung

Der GBR/BR kann zur Durchführung seiner aus dieser Betriebsvereinbarung resultierenden Aufgaben Sachverständige seiner Wahl hinzuziehen. Die Kosten trägt der Arbeitgeber.

Der GBR/BR und/oder seine Sachverständigen haben im Rahmen der Kontrolle dieser Betriebsvereinbarung Zugriff auf alle IuK-Systeme und auf die sie betreffenden Unterlagen und Dokumente.

Der GBR/BR ist verpflichtet, sorgfältig mit den ihm überlassenen Unterlagen umzugehen und sie gegen eine Weitergabe an Unberechtigte zu sichern.

Zur Qualifizierung des GBR/BR können seine Mitglieder an erforderlichen Schulungsmaßnahmen teilnehmen. Der Kosten hierfür trägt die Firma. Sonstige Ansprüche auf Schulungsmaßnahmen ihrer Wahl gemäß BetrVG bleiben davon unberührt.

12. Zusätzliche Betriebsvereinbarungen

Ergänzend zu dieser Vereinbarung können zwischen Vorstand/GL und GBR/BR weitere Betriebsvereinbarungen abgeschlossen werden, in denen alle, über diese Vereinbarung hinausgehenden, konkreten Tatbestände von speziellen IuK-Systemen zu regeln sind Beispiele dafür sind BDE-Systeme (Betriebsdatenerfassungssysteme) und Zeiterfassungssysteme.

13. Beilegung von Streitigkeiten

Ergeben sich bei der Anwendung und Auslegung dieser Betriebsvereinbarung und der speziellen Vereinbarungen Meinungsverschiedenheiten bzw. Auslegungsstreitigkeiten, sind diese einvernehmlich beizulegen.

Ist kein Einvernehmen zu erzielen, so entscheidet die Einigungsstelle.

14. Schlussbestimmungen

Die Anlagen sind fester Bestandteil dieser Betriebsvereinbarung. Änderungen und Ergänzungen der Vereinbarung bedürfen zu ihrer Rechtswirksamkeit der Schriftform.

Die Betriebsvereinbarung tritt am . . . . . . in Kraft.

Sie kann von jeder Vertragspartei mit einer Frist von 6 Monaten zum Ende eines Kalenderjahres ganz oder teilweise gekündigt werden. Die Kündigung bedarf der schriftlichen Form. Bis zum Abschluss von neuen Regelungen gilt diese Vereinbarung weiter.

. . . .
Ort, Datum

. . . .
Vorstand   Gesamtbetriebsrat

(**Hinweis:** Text Dr. Joachim Reus, Bundesvorstand IG Bauen-Agrar-Umwelt)

3.16.5 Betriebsvereinbarung über die Gestaltung und den Gesundheitsschutz von Bildschirmarbeitsplätzen

Übersicht

1 Präambel
2 Begriffsbestimmungen und Geltungsbereich
3 Ergonomische Gestaltung
4 Gesundheitsschutz
5 Unterrichtung und Qualifizierung
6 Arbeitsorganisation
7 Beurteilung der Arbeitsbedingungen
8 Übergangs- und Schlussbestimmungen
9 Anlage 1: Regeln für die Bezahlung einer BAP-Brille

Zwischen der Geschäftsleitung der X-AG und dem Gesamtbetriebsrat der X-AG wird auf der Grundlage des Arbeitsschutzgesetzes, der Bildschirmarbeitsverordnung und von § 87 Abs. 1

Nr. 7 BetrVG folgende Betriebsvereinbarung (BV) über die Gestaltung und den Gesundheitsschutz an Bildschirmarbeitsplätzen (BAP) abgeschlossen.

1 Präambel

1. Ziel dieser Betriebsvereinbarung ist die menschengerechte Gestaltung der Arbeit und der
umfassende Schutz der Beschäftigten an Bildschirmarbeitsplätzen vor Gefahren und Beeinträchtigungen ihrer Gesundheit, um so Krankheiten zu verhüten und Krankheitsausfällen
vorzubeugen. Insofern trägt ein ergonomisch gut gestalteter BAP auch zur Senkung der
Personalkosten bei und rechnet sich betriebswirtschaftlich.

2. Bei der Gestaltung des BAP werden die ergonomischen Bedingungen des Arbeitsplatzes
soweit wie möglich an die individuellen Bedürfnisse des jeweiligen Beschäftigten angepasst.

3. Maßgeblich für die Gestaltung des BAP sind der Stand der Technik und die gesicherten
arbeitswissenschaftlichen Erkenntnisse. Wenn sich neue technische Entwicklungen oder
Erkenntnisse ergeben, werden diese bei der Gestaltung des BAP möglichst bald berücksichtigt.

2 Begriffsbestimmungen und Geltungsbereich

1. **Gesundheit** ist im Sinne der Weltgesundheitsorganisation (WHO) ein umfassendes körperli-
ches, psychisches und soziales Wohlbefinden.

2. Ein **Bildschirmarbeitsplatz** ist ein Arbeitsplatz, an dem mit einem Bildschirmgerät gearbeitet
wird, unabhängig vom Standort und von der Art der Anwendungen; dies betrifft sowohl Arbeitsplätze in der allgemeinen Verwaltung als auch z. B. auf der Baustelle. Ein BAP umfasst
sowohl die unmittelbar damit verbundenen physischen Arbeitsmittel (z. B. Bildschirm, Tisch,
Stuhl) als auch die unmittelbare Arbeitsumgebung (z. B. den Büroraum oder das Raumklima)
und die Software, mit der an diesem BAP gearbeitet wird.

3. Ein BAP gilt dann als **wesentlich geändert,** wenn sich die dort eingesetzten physischen Arbeitsmittel (z. B. Möbel), die unmittelbare Arbeitsumgebung (z. B. durch einen Umzug,) oder
die benutzte Software wesentlich geändert haben.

4. Ein **Beschäftigter** an einem BAP im Sinne dieser BV ist ein Beschäftigter, der im Monats-
durchschnitt mind. 1,5 Std./Tag am Bildschirm arbeitet.

5. Diese BV gilt für alle BAP bei X-AG und für alle bei der X-AG an einem BAP Beschäftigten.

3 Ergonomische Gestaltung

1. Zu den Bestimmungen, die bei der ergonomischen Gestaltung von BAP beachtet werden, gehören insbesondere
   - das Arbeitsschutzgesetz
   - die Bildschirmarbeitsverordnung
   - die Sicherheitsregeln der Berufsgenossenschaft ZH 1/535 und ZH 1/618
   - der ›Berufsgenossenschaftliche Grundsatz für arbeitsmedizinische Vorsorgeuntersu-
   chungen Bildschirmarbeitsplätze G 37‹
   - die als Norm vorliegenden Teile der DIN-EN-ISO 29241, insbesondere Teil 1, 2, 3 und 10

Diese Gesetze, Regelwerke und Normen werden in jeder Betriebsstätte den Beschäftigten und dem BR zur Einsichtnahme zur Verfügung gestellt.

2. Bei Investitionsvorhaben, die mit BAP verbunden sind, werden die Kosten für die ergonomische Gestaltung dieser BAP von vornherein eingeplant und entsprechend ausgewiesen.

3. Für die Beschäftigung mit der ergonomischen Gestaltung von BAP wird in jeder Organisationseinheit der AG (z. B. NL, HNL) ein mit Arbeitgeber, Fachkraft für Arbeitssicherheit und BR besetzter Ergonomieausschuss eingerichtet. Dieser kann mit dem Arbeitsschutzausschuss identisch sein. Seine Aufgaben sind auf die jeweilige Organisationseinheit bezogen und bestehen v. a. aus folgenden Punkten:

   - Umsetzung der ergonomischen Richtlinien auf der Grundlage dieser BV
   - Beratung von Beschäftigten bei der Gestaltung ihres Arbeitsplatzes
   - Beratung von Verbesserungsvorschlägen (z. B. der Beschäftigten, der Geschäftsleitung und des BR)
   - Fragen der Weiterbildung der Beschäftigten bzgl. ergonomischer Themen
   - Organisation der Durchführung der Arbeitsplatzanalyse

4. Eine Organisationseinheit kann mit Einverständnis des zuständigen BR auf die Bildung eines eigenen Ergonomieausschusses verzichten und dessen Aufgaben an den der übergeordneten Organisationseinheit übertragen (z. B. von NL zu HNL). Falls für eine Organisationseinheit kein Ergonomieausschuss zuständig ist, übernehmen die jeweilige Geschäftsführung und der BR dessen Aufgaben.

5. Die Mitarbeit in dem Ergonomieausschuss ersetzt nicht ein eventuell vorhandenes Mitbestimmungsrecht des BR, sofern dies nicht ausdrücklich in dieser B V geregelt ist.

6. Die Gestaltung eines konkreten BAP erfolgt unter Beteiligung des/der dort Beschäftigten und des BR (bei Schwerbehinderten: sowie der Schwerbehindertenvertretung,) und bedarf der Zustimmung des BR. Diese Zustimmung gilt als erteilt, wenn der BR der vorgeschlagenen Gestaltung nicht innerhalb von 2 Wochen widerspricht. Der BR kann aus ergonomischen Gründen Änderungen verlangen, über die dann gemäß dieser BV entschieden wird.

7. Mit dem örtlichen BR kann die Einrichtung eines oder mehrerer ›Referenz-BAP‹, von ›Referenz-Möbeln‹, die Anerkennung von Prüfsiegeln (z. B. des TÜV Rheinland) u. Ä. vereinbart werden (z. B. angepasst an die besonderen Bedingungen, wie sie auf einer Baustelle herrschen), um so die Diskussion im Einzelfall abzukürzen. Für entsprechende Vorschläge ist der Ergonomieausschuss zuständig, der bei Bedarf für diese Auswahl auch Vertreter der Einkaufsabteilung hinzuziehen kann. Diese ›Referenz-Gegenstände‹ werden vom Ergonomieausschuss alle 2 Jahre dahingehend überprüft, inwieweit sie noch den neuesten ergonomischen Erkenntnissen und dem Stand der Technik entsprechen und ggf. im Einvernehmen mit dem BR geändert.

8. Wenn ein neues Software-System eingeführt oder ein bestehendes wesentlich geändert wird, weist der AG dem zuständigen BR vorher schriftlich nach, dass die Regeln der Software-Ergonomie eingehalten sind. Auf diesen Nachweis kann im Einzelfall mit Zustimmung des BR verzichtet werden. Falls für ein neues Software-System ein Pflichtenheft erstellt

oder eine Ausschreibung durchgeführt wird, wird die Einhaltung der entsprechenden Regeln der Software-Ergonomie darin aufgenommen. Ein grober Verstoß gegen die Normen der Software-Ergonomie ist für den zuständigen BR ein ausreichender Grund, die Einführung bzw. die Änderung des entsprechenden Programmes abzulehnen.

9. Jeder Beschäftigte kann eine bessere ergonomische Ausstattung und Gestaltung seines BAP vorschlagen. Diese Vorschläge werden vom Ergonomieausschuss beraten, der dann innerhalb von 4 Wochen dazu Stellung nimmt und dies dem Beschäftigten schriftlich mitteilt. Wenn ein Vorschlag von der AG abgelehnt wird, muss dies schriftlich dem Beschäftigten gegenüber begründet werden. Die BV über das betriebliche Vorschlagswesen bleibt unberührt.

10. Wenn sich Beschäftigte im Sinne von §§ 84 oder 85 BetrVG über ergonomische Probleme an ihrem Arbeitsplatz beschweren wollen, können sie vorher eine Stellungnahme des Ergonomieausschusses anfordern. Diese Stellungnahme muss innerhalb von 4 Wochen gegenüber dem Beschwerdeführer schriftlich abgegeben werden.

4 Gesundheitsschutz

1. Die Untersuchung nach G 37 wird für die Beschäftigten bis zum 45. Lebensjahr alle 2 Jahre durchgeführt, danach jedes Jahr. Sie findet während der Arbeitszeit und auf Kosten der AG statt. Sie muss von einem von der Berufsgenossenschaft ermächtigten Arzt durchgeführt werden.

2. Falls eine spezielle Brille für den BAP erforderlich ist, um gesundheitliche Beeinträchtigungen zu vermeiden, übernimmt die AG die erforderlichen Kosten gemäß Anlage 1. Bei nachgewiesenem Bedarf im Falle spezieller gesundheitlicher Probleme, z. B. bei Schwerbehinderten, werden weitere zusätzliche Hilfsmittel durch die AG zur Verfügung gestellt.

3. Beschäftigte, die aus gesundheitlichen Gründen nicht mehr an einem BAP arbeiten können, was durch eine ärztliche Bescheinigung nachgewiesen werden muss, dürfen nicht benachteiligt werden. Ihnen wird ein gleichwertiger Arbeitsplatz angeboten, so dass sie in jeder Beziehung mindestens genauso gut gestellt sind wie an ihrem früheren Arbeitsplatz. Diesbezügliche Mitwirkungs- und Mitbestimmungsrechte des BR bleiben unberührt.

4. Die tägliche Arbeitszeit von Schwangeren an einem BAP wird, um mögliche gesundheitliche Gefährdungen oder Beeinträchtigungen von vornherein auszuschließen, auf max. 2 Stunden/Tag beschränkt, außer, sie wünschen ausdrücklich nach entsprechender Aufklärung im Beisein des BR eine längere Arbeitszeit. Das Bildschirmgerät, an dem sie arbeiten, muss mindestens die schwedische Strahlenschutznorm MPR II erfüllen. Durch die Beschränkung der BAP-Arbeit dürfen ihnen keine Nachteile entstehen. Falls sie deshalb versetzt wurden, ist ihnen nach Beendigung der Mutterschutzfrist bzw. nach Ablauf des Erziehungsurlaubs der ehemalige oder ein mindestens gleichwertiger Arbeitsplatz wieder anzubieten.

5. Um Beeinträchtigungen und Schädigungen der Gesundheit vorzubeugen, werden gesundheitliche Ausgleichsmaßnahmen möglichst während der Arbeitszeit nach näherer Vereinbarung mit dem örtlichen BR und in Zusammenarbeit mit einer gesetzlichen Krankenkasse angeboten. Solche Ausgleichsmaßnahmen können z. B. Entspannungsübungen unter fachli-

cher Anleitung oder auch die Übernahme der Kosten für eine privat besuchte Rückenschule sein.

6. Der erstmalige Einsatz eines Beschäftigten an einem BAP bedarf seiner ausdrücklichen schriftlichen Zustimmung, wenn er das 55. Lebensjahr vollendet hat. Lehnt er eine solche Beschäftigung trotz eventuell zusätzlicher, auf seine spezielle Situation abgestimmter Qualifizierungsmaßnahmen ab, so dürfen ihm daraus keine materiellen Nachteile entstehen.

5 Unterrichtung und Qualifizierung

1. Vor dem Einsatz eines neuen EDV-Programmes oder einer neuen EDV-Komponente werden die Beschäftigten rechtzeitig und umfassend über ihre neuen Aufgaben, über die neuen Arbeitsmethoden und über das neue Programm bzw. die neue EDV-Komponente unterrichtet und dafür qualifiziert. Wichtig dabei ist, dass nicht nur reine Bedienerfertigkeiten, sondern auch umfassendes Hintergrundwissen vermittelt werden. Das Mitbestimmungsrecht des BR gemäß § 98 BetrVG ist dabei zu beachten.

2. Alle Beschäftigten werden vor ihrer erstmaligen Tätigkeit an einem BAP über die ergonomische Gestaltung ihres BAP und die möglichen Gefährdungen ihrer Gesundheit ausführlich unterrichtet. Solche ergonomischen Qualifizierungen werden regelmäßig angeboten und sollen möglichst in andere EDV-Schulungen integriert werden. Themen einer solchen Qualifizierung sollen z. B. die ergonomischen Regeln, die richtige Aufstellung und Benutzung der Arbeitsmittel oder die Durchführung von Entspannungsübungen (für die Muskulatur und die Augen) sein.

3. Hinweise mit den Regeln zur BAP-Ergonomie werden vom Ergonomieausschuss der Zentrale der X-AG zusammengestellt und an alle Beschäftigten verteilt. Sie werden didaktisch ansprechend gestaltet und immer auf dem neuesten Stand gehalten.

4. Beschäftigte, die auf die Darstellung, Konfiguration oder Funktionalität eines Programms Einfluss nehmen können (z. B. Programmierer, Benutzerbetreuer), erhalten eine spezielle ausführliche Qualifizierung zum Thema Software-Ergonomie.

5. Einmal jährlich bespricht der Ergonomieausschuss mit den Beschäftigten ihre Probleme und Erfahrungen bzgl. Ergonomie (z. B. in Abteilungsversammlungen o. Ä.) und unterrichtet sie über eventuelle gesetzliche Änderungen oder neue ergonomische Erkenntnisse.

6 Arbeitsorganisation

1. Die Arbeit an BAP soll unter Beteiligung der Beschäftigten und des BR so organisiert werden, dass Bildschirmarbeiten mit anderen Arbeiten, die mindestens eine gleiche Wertigkeit haben, abwechseln. Dabei soll der Wechsel von EDV-gestützter und EDV-freier Tätigkeit so weit wie möglich selbst bestimmbar sein. Eine in diesem Zusammenhang erforderliche Umgestaltung der Arbeitsorganisation erfolgt im Einvernehmen mit dem örtlichen BR.

2. Zur Verminderung der physischen und psychischen Belastung können die Beschäftigten jeweils nach 120 Minuten ausschließlicher Bildschirmarbeit eine 15minütige Erholungszeit in Anspruch nehmen. EDV-bedingte Wartezeiten bei Eingabe oder Ausgabe von Daten gelten nicht als Unterbrechung in diesem Sinne und zählen als Bildschirmarbeit. Die Erholungs-

zeiten dürfen nicht zusammengezogen werden. Sie werden als Arbeitszeit behandelt und sollen für Entspannungsübungen genutzt werden.

7 Beurteilung der Arbeitsbedingungen

1. Für die Beurteilung der Arbeitsbedingungen (Arbeitsplatzanalyse) im Sinne von § 3 Bild-scharbV in Verbindung mit § 5 ArbSchG ist der Ergonomieausschuss zuständig. Er legt die Analyse-Methode und -ziele auf der Grundlage der gesetzlichen Bestimmungen einvernehmlich fest, organisiert die Analyse bzw. führt sie ggf. selbst durch und macht darauf aufbauend, falls erforderlich, Korrekturvorschläge, um gesundheitliche Belastungen zu beseitigen und Beeinträchtigungen zu vermindern. Bei Bedarf kann er auch externe Fachleute auf Kosten der AG zur Beratung hinzuziehen. Die Ergebnisse der Arbeitsplatzanalyse und die Korrekturvorschläge werden schriftlich dokumentiert und den davon betroffenen Beschäftigten mitgeteilt. Wie und wann die Korrekturvorschläge umgesetzt werden, wird zwischen der AG und dem BR einvernehmlich geregelt.

2. Die Arbeitsplatzanalyse umfasst eine Beurteilung des BAP (einschließlich der dort eingesetzten Software) und der psychischen Belastung des/der dort Beschäftigten. Der Ergonomieausschuss kann einvernehmlich gleichartige BAP oder BAP-Komponenten zusammenfassen, um so den Aufwand für die Arbeitsplatzanalyse zu vermindern.

3. Die Arbeitsplatzanalyse wird spätestens innerhalb eines halben Jahres nach In-Kraft-Treten dieser BV für alle BAP durchgeführt. Sie wird alle 3 Jahre oder, wenn es der BR aus sachlichen Gründen für erforderlich hält, auch früher, wiederholt. Wenn sich ein BAP wesentlich geändert hat oder neu eingerichtet wurde, muss für diesen BAP die Analyse innerhalb von 3 Monaten nach der Änderung/Einrichtung durchgeführt werden.

4. Personenbezogene Daten von Beschäftigten, die evtl. bei der Arbeitsplatzanalyse anfallen, dürfen ausschließlich für diese Analyse und unter Beachtung des Datenschutzes genutzt werden. Den Beschäftigten dürfen aus Erkenntnissen der Arbeitsplatzanalyse keinerlei Nachteile entstehen.

8 Übergangs- und Schlussbestimmungen

1. BAP, die beim Abschluss der BV bereits bestehen und den hier genannten Grundsätzen und Regeln nicht genügen, werden in angemessener Frist, spätestens innerhalb von 1 Jahr nach In-Kraft-Treten dieser BV, entsprechend diesen Grundsätzen und Regeln umgerüstet. Für eine ggf. erforderliche Anpassung der Software an die Regeln der Software-Ergonomie gilt eine Frist von 2 Jahren. Von diesen Fristen kann mit Zustimmung des zuständigen BR abgewichen werden. Weitergehende Regeln in der Bildschirmarbeitsverordnung bleiben davon unberührt. Wird festgestellt, dass Mängel bei der Ausrüstung eines BAP zu gesundheitlichen Beeinträchtigungen des Beschäftigten führen, darf der entsprechende Gegenstand nicht mehr genutzt werden. Ändert sich ein BAP nach In-Kraft-Treten dieser BV wesentlich, werden die Regeln der BV sofort angewendet.

2. Im Falle von nicht beilegbaren Streitigkeiten, die sich aus Auslegung oder Anwendung dieser BV ergeben, entscheidet eine Einigungsstelle gemäß BetrVG. Vorher sollte in den NL/HNL

eine innerbetriebliche Schlichtung mit Unterstützung des Ergonomieausschusses der Zentrale versucht werden. Bis zum Spruch der Einigungsstelle sind alle Maßnahmen zu unterlassen, die zwischen den Vertragsparteien strittig sind.

3. Sollten einzelne Punkte dieser BV ungültig sein oder ihre Gültigkeit aufgrund neuer Gesetzgebung oder Rechtsprechung verlieren, so bleiben die übrigen Bestimmungen hiervon unberührt.

4. Die BV tritt mit ihrer Unterzeichnung in Kraft; sie wird danach innerhalb von 3 Monaten umgesetzt, falls nicht ausdrücklich anders vereinbart. Im Falle einer Kündigung wirkt die BV nach. Diese Nachwirkung gilt auch für die Beschäftigten, die erst nach der Kündigung dieser BV neu in ein Beschäftigungsverhältnis eintreten.

Ort, Datum

Unterschriften

Anlage 1: Regeln für die Bezahlung einer BAP-Brille

1. Entscheidende Grundlage für die Bezahlung einer BAP-Brille ist die Bescheinigung eines Augenarztes, dass der Beschäftigte speziell für den BAP eine solche Brille benötigt. Eventuell entstehende Kosten dieser Bescheinigung trägt die AG.

2. Für eine solche BAP-Brille werden von der AG folgende Kosten übernommnen, falls diese nicht anderweitig erstattet werden:
   - die Kosten für das Brillengestell: bis zu 15 Euro
   - die Kosten für die Gläser und ihre Entspiegelung in mittlerer Güte
   - die Kosten für hochbrechende Gläser ab +/-6 Dioptrien.

3. Weitere Kosten (z. B. für Halbbrillen oder Mehrstärkengläser) werden nur übernommen, wenn dies sachlich notwendig ist und vom Augenarzt in seiner Bescheinigung ausführlich mit Bezugnahme auf den konkreten Arbeitsplatz begründet wird.

(**Hinweis:** Text Hans Rupp, Technologieberatungsstelle beim DGB Landesbezirk Rheinland-Pfalz)

3.16.6 Betriebsvereinbarung über den Einsatz mobiler Informations- und Kommunikations-Systeme (IKS)

Zwischen
der Firma . . . .
und
dem Betriebsrat
wird nachfolgende Vereinbarung geschlossen:

§ 1 Geltungsbereich

1. Diese Betriebsvereinbarung gilt für alle Arbeitsstätten des Unternehmens. Sie gilt für alle Arbeitnehmerinnen/Arbeitnehmer des Unternehmens, unabhängig von der mit ihnen arbeitsvertraglich vereinbarten regelmäßigen Arbeitszeit. Die Geschäftsleitung stellt sicher, dass die Bestimmungen ebenfalls für die HandelsvertreterInnen gelten.

2. Diese Betriebsvereinbarung gilt für alle mobilen IKS und alle technischen und organisatorischen Entwicklungen bzw. Maßnahmen, die mit der Einführung, Anwendung, Erweiterung und Veränderungen von IKS verbunden sind. Dies gilt unabhängig davon, ob diese Maßnahmen betriebsintern oder durch externe Institutionen durchgeführt werden.

§ 2 Zielsetzung des IKS-Einsatzes

1. Mit dem Einsatz der IKS im Innen- und Außendienst sollen Kundenbetreuung/Kundenservice und Akquisition verbessert werden. Der Außendienst soll aktuelle Informationen über die Vertragsdaten, Termindaten, Servicedaten und Umsatzdaten der Kunden und Interessenten des Unternehmens X erhalten.

2. Ziel sind nicht die Verlagerung von Arbeiten vom Innen- zum Außendienst, Leistungsintensivierung, Abbau des Personals oder Leistungs- und Verhaltenskontrolle der MitarbeiterInnen. Mit den IKS sollen nur produkt-, auftrags- und umsatzbezogene Auswertungen erstellt werden.

3. Ziel der Vereinbarung sind der Schutz personenbezogener Daten vor Missbrauch beim Einsatz von Personalcomputern/Laptops und die Vermeidung sozialer Nachteile für die Beschäftigten.

§ 3 Systembeschreibung

1. Der Ausbaustand der IKS im Außendienst und Innendienst wird abschließend in folgenden Anlagen mit dem Betriebsrat vereinbart.

2. Hardware
Die Hardware wird in Anlage 1 nach Innendienst und Außendienst getrennt dokumentiert. Die PCs/Laptops im Außendienst werden als unvernetzte Stand-alone-Geräte eingesetzt. Das technische Bestandsverzeichnis wird folgendermaßen geführt: Für jeden PC/Laptop wird die technische Ausstattung (Größe des Arbeitsspeichers, Bildschirmtyp, Diskettenlaufwerk mit Speicherkapazität, Festplatte mit Speicherkapazität, Drucker, Betriebssystem) unter Angabe des Standortes (Filiale, Abteilung) und der Zweckbestimmung (Leistungsspektrum,) dokumentiert.

3. Datenträgerverzeichnis
Das Datenträgerverzeichnis (Anlage 2) enthält folgende Angaben: Art des Datenträgers, Name und Nummer des Datenträgers, den dazugehörigen PC/Laptop, Bezeichnung des Inhalts, Namen der berechtigten BenutzerInnen und den Aufbewahrungsort.

4. Auf den PCs/Laptops kommen nur Programme zur Anwendung, von denen eine Dokumentation im Sinne dieses Bestandsverzeichnisses vorliegt. Dies gilt sowohl für selbstentwickelte als auch für fremdbezogene Programme (Standardprogramme und spezielle Branchenpro-

gramme). Es werden nur Programme mit festprogrammierten Auswertungen beschafft; Datenbank-Abfragesprachen werden nicht installiert.

5. Programmdokumentation

Das Bestandsverzeichnis (Anlage 3) der einzelnen Anwendungen enthält mindestens:

- Inhaltsverzeichnis der Programme und aller Funktionen sowie die Programmschnittstellen,
- Verzeichnis der Beschäftigten und der ihnen zugeordneten Funktionen und Programme,
- Verzeichnis aller Auswertungen und Ausgaben unter Angabe des Verwendungszwecks und des/der EmpfängerIn,
- Verzeichnis der Dateien bzw. Dateiengruppen (Datenkatalog),

6. Der Außendienst erhält im Turnus von . . . . . . (Festlegung eines Zeitraums) die in Anlage 4 abschließend festgelegten Datensätze (mit Feldbeschreibung und Schlüssel) der Kunden des Unternehmens X sowie festgelegte Auswertungen per Datenträger (Disketten). Der Außendienst gibt seine Daten per Diskette direkt an den Innendienst zur Weiterverarbeitung.

7. Der Einsatz privater PCs/Laptops und Programme der Beschäftigten zur Erledigung dienstlicher Aufgaben ist unzulässig.

8. Die Erweiterung, Ergänzungen und Veränderungen der IKS und Anwendungen bedürfen der vorherigen Zustimmung des Betriebsrates. Das IKS-Bestandsverzeichnis wird bei jeder Ergänzung oder Erweiterung der IKS und der IKS-Anwendungen fortlaufend weitergeführt. Der Betriebsrat erhält Mitteilung von jeder Änderung des Bestandsverzeichnisses. Er kann jederzeit einen Ausdruck des Bestandsverzeichnisses verlangen.

§ 4 Datenschutz und Datensicherung

Auf den PCs und Laptops sind folgende technisch-organisatorischen Datenschutzmaßnahmen zu realisieren:

1. Menüsteuerung

Die BenutzerInnen erhalten ein individuelles Passwort für den Zugang zum PC/Laptop. Die den BenutzerInnen zur Verfügung stehenden Funktionen werden ihnen ausschließlich über ein definiertes Menü angeboten. Zugriffsmöglichkeiten auf die Betriebssystemebene aus Anwendungsprogrammen werden gesperrt.

2. Verschlüsselung

Der PC wird verplombt, so dass die Festplatte nicht unbemerkt ausgewechselt werden kann. Die Daten werden kryptografisch verschlüsselt auf allen Speichermedien abgelegt. Bei Nutzung durch eine Anwendung werden sie entschlüsselt, bei erneuter Ablage automatisch wieder verschlüsselt.

3. Sicherungs-Software

Zur Realisierung der o.g. Funktionen wird eine Sicherungs-Software angeschafft. Die Sicherungs-Software soll auch einen Boot-Schutz, eine lückenlose Menüsteuerung und ein Clusterprüfsummenprogramm enthalten.

4. Systembeauftragte/r

Zur Betreuung der PCs und der Laptops werden von dem Unternehmen X ein Systembeauftragte/r und seine/ihre StellvertreterIn benannt, der/die nicht NutzerIn ist. Diese/r ist verantwortlich für die Installation der Software incl. der Sicherungs-Software. Der/die System-beauftragte richtet außerdem die konkrete Anwendung mit den speziellen Funktionen ein. Das Laden eines (anderen) Betriebssystems wird verhindert durch den Einbau einer Steck-karte oder auch durch Software.

5. Zu löschende Daten und Dateien müssen nicht-wieder-gewinnbar gelöscht werden. Nicht mehr benötigte oder defekte Datenträger sind physikalisch zu vernichten und zu entsorgen.

§ 5 Leistungs- und Verhaltenskontrolle

1. Daten aus diesen Systemen werden nicht zur Leistungs- und Verhaltenskontrolle der Mitar-beiterInnen herangezogen.

2. Daten aus Transaktions- und Zugriffsprotokollen dürfen ebenfalls nicht zur Leistungs- und Verhaltenskontrolle der BenutzerInnen herangezogen werden.

3. Bei der Speicherung von Besuchsdaten werden keine Zeitangaben gespeichert.

4. Es sind nur umsatz- und produktbezogene Auswertungen zulässig.

5. Bei allen nicht unmittelbar für die Entgeltabrechnung/Provision benötigten Auswertungen sind nur anonymisierte Statistiken zulässig. Für die Provisionsabrechnung sind andere Daten bzw. Programme anzuwenden, über deren Einsatz und Verwendung eine gesonderte Be-triebsvereinbarung abzuschließen ist.

6. Für personenbezogene Daten sind möglichst kurze Löschfristen festzulegen. Längerfristige Speicherungen sind nur in Form von Durchschnittswerten, z. B. für Bezirke, zulässig.

7. Die Daten aus den Kunden-/Wartungsberichten dürfen von Dritten nicht zur Personal-einsatzplanung oder Urlaubsplanung herangezogen werden.

§ 6 Gestaltung der Arbeitsteilung zwischen Außendienst und Innendienst

1. Wegen der Einführung der IKS dürfen keine Arbeitsplätze im Innen- oder Außendienst abgebaut werden.

2. In der Anlage 5 ist die Aufgaben- und Arbeitsteilung zwischen Innen- und Außendienst, bzw. das Verfahren, wie eine Änderung stattfinden soll, detailliert beschrieben.

§ 7 Datenschutzrechtliche Schulung

1. Die datenschutzrechtliche Schulung hat mindestens folgende Inhalte zu umfassen:
   - Erläuterung der geltenden Datenschutzgesetze und ihrer Ausführungsbestimmungen
   - Erläuterung und Demonstration aller schutzwürdigen Daten, die im Zusammenhang mit der Aufgabenerledigung anfallen
   - Erläuterung und Unterweisung der technischen und organisatorischen Datenschutzvor-kehrungen und Maßnahmen (z. B. Verwendung von Paßworten, Aufbewahrung von Datenträgern, Zugangssicherung zu Geräten und Räumen),
   - Erläuterung von Datensicherungsmaßnahmen (z. B. Datensicherung auf Festplatten, Bändern, Disketten),
   - Unterweisung in der Datensicherung und in Möglichkeiten der Fehlerbehebung (z. B. unbeabsichtigte Datenlöschung, fehlerhafter Programmabschluß).

§ 8 Rechte des Betriebsrates

1. Der Betriebsrat ist jederzeit berechtigt, die Einhaltung dieser Betriebsvereinbarung zu überprüfen. Er hat ein uneingeschränktes Zutrittsrecht zu allen Geräten der hier vereinbarten IKS. Alle ArbeitnehmerInnen, die an oder mit diesen IKS arbeiten, sind gegenüber dem Betriebsrat auskunftspflichtig.

2. Der Betriebsrat hat außerdem ein jederzeitiges Einsichtsrecht in die Unterlagen, die in den Anlagen zu dieser Betriebsvereinbarung aufgeführt worden sind. Auf seinen Wunsch sind die entsprechenden Unterlagen und Auswertungen zur Verfügung zu stellen.

3. Der Betriebsrat hat das Recht, sich durch externe Sachverständige seiner Wahl beraten zu lassen. Die Kosten hierfür trägt der Arbeitgeber.

Schlussbestimmungen

1. Die Anlagen 1 bis 5 sind Bestandteil dieser Betriebsvereinbarung. Sie können im gegenseitigen Einvernehmen geändert werden.

2. Diese Betriebsvereinbarung tritt am . . . . in Kraft. Sie kann mit einer Frist von . . . . gekündigt werden. Die Kündigung bedarf der schriftlichen Form.

3. Bis zum Abschluss einer neuen Betriebsvereinbarung gilt diese Vereinbarung.

(**Hinweis:** Entnommen aus AiB 4/92)

3.16.7 Betriebsvereinbarung zum Netzwerkmanagement

Zwischen Geschäftsführung und Betriebsrat der . . . . . . wird nachfolgende Betriebsvereinbarung über die Einführung und den Betrieb des Netzwerkmanagements abgeschlossen.

1. Geltungsbereich

Diese Vereinbarung gilt für alle Beschäftigten und Standorte der . . . . Die Regelung erstreckt sich auf alle Komponenten im Netzwerk.

2. Zweckbestimmung/Grundsätze

Das Netzwerkmanagement dient dem reibungslosen Ablauf der Verwaltung, der Fehlerbehebung und der Überwachung der Netzwerke. Durch das Netzwerkmanagement wird die Hard- und Software inventarisiert, findet die Lizenzverwaltung und -überwachung statt, wird die Softwareverteilung vorgenommen und kann die Fernbetreuung der PCs/Workstations erfolgen.

Die durch die Netzwerkmanagementsoftware erfassten Benutzerdaten dürfen nicht zur Leistungs- und Verhaltenskontrolle herangezogen werden. Diese Daten dürfen ausschließlich nur den Netzwerkbetreuern für die Diagnose, Fehlererkennung und Optimierung der Netze zugänglich sein. Zu anderen Zwecken dürfen die Daten nicht verwendet bzw. weitergegeben werden.

3. Beschreibung des Netzwerkmanagements

3.1 Verwendete Programme

Für das Netzwerkmanagement werden die in der Anlage 1 aufgeführten Programme verwendet. Eine Kurzbeschreibung der Programmsysteme ist ebenfalls in der Anlage 1 dieser Betriebsvereinbarung beigefügt. Daraus ergeben sich auch die wesentlichen Funktionen der Programme.

3.2 Hardware-Inventarisierung

Die Inventarisierung der Hardware erfolgt durch das Programm NORTON Administrator. Bei der erstmaligen Inventarisierung werden einmalig die folgenden personenbeziehbaren Daten verwendet: Name, Vorname, Abteilung, Kostenstelle, Telefondurchwahl. Die Richtigkeit ist zu bestätigen und freizugeben. Die Einzelinformationen über die Hardware-Ausstattung aller PCs/Workstations im Netz werden bei der Nutzung automatisch erstellt. Die tägliche Teilinventarisierung erfordert pro Arbeitsplatz etwa drei Sekunden Bearbeitungsdauer, in der am Arbeitsplatzgerät keine anderen Funktionen genutzt werden können. Nicht im Netz angeschlossene PCs werden per Diskette inventarisiert. Die System- und Konfigurationsdateien (überwachte Dateien: AUTOEXEC. BAT, CONFIG, WIN, INI, System, NET, CFG,) werden gelesen und gespeichert.

3.3 Software-Inventarisierung

Auch die Software-Inventarisierung geschieht über das Programm NORTON Administrator. Die genutzte Software der PCs, die im Netz arbeitet, wird automatisch inventarisiert. Bei der Anwendung des Netzwerkmanagements darf nur Einsicht in solche Daten genommen werden, die für die Betriebsfähigkeit von PCs von Bedeutung sind (Konfigurationsdateien). Diese Dateien werden zum Zweck der Feststellung von Veränderungen in einer Datenbank gespeichert.

3.4 Softwareverteilung

Die Softwareverteilung erfolgt mit dem NORTON Administrator. Die im Unternehmen erforderliche und übliche Software wird zentral servergeschützt bereitgestellt. An Standardprodukten werden die in der Anlage 2 aufgeführten Programme verwendet.

3.5 Lizenzüberwachung

Die notwendigen Lizenzen der Standard-Software-Rakete werden bereitgestellt. Die automatische Steuerung sorgt dafür, dass jederzeit genügend Ressourcen im Netzwerk vorgehalten werden. Ist die Grenze der zu vergebenden Lizenzen erreicht, werden die nachfolgenden Nutzer in eine Warteschlange gestellt.

Einzellizenzen unterliegen nicht der Steuerung durch das Netzwerkmanagement.

3.6 Fernbetreuung

Die Fernbetreuung mit dem Programm pcANYWHERE erlaubt den Netzwerkbetreuern, sich in den laufenden Betrieb eines PCs/einer Workstation einzuschalten und den Rechner so zu übernehmen, als wäre der Betreuer direkt vor Ort. Damit ist eine ummittelbare Hilfe für die Benutzer möglich. Das Programm erlaubt andererseits die direkte Kontrolle der PC-Benutzer. Das Programm muss deshalb besonders vor unbefugter Nutzung geschützt werden.

Beim Start der Fernbetreuung muss dem PC-Benutzer eindeutig klar sein, dass nun eine Fernbetreuung erfolgt, und er muss hierzu seine Einwilligung geben. Dies wird durch die Benutzung und Übergabe von Passwörtern erreicht.

Das Programm pcANYWHERE darf nur von den Netzwerkbetreuern verwendet werden. Jeder Programmbenutzer erhält ein eigenes Benutzerprofil, das möglichst eng auszulegen ist. Dies ist mit dem Betriebsrat abzustimmen. In der Anlage 3 sind die Personen aufgeführt, die zur Fernbetreuung (Fernsteuerung und Fernwartung) berechtigt sind.

Alle Aktivitäten mit der Fernbetreuung werden protokolliert. Der Betriebsrat kann stichprobenartig für von ihm genannte Zeiträume einen Auszug des Protokolls verlangen.

3.7 Neue Programmversionen/neue Programme

Der Einsatz neuer Programmversionen bzw. neuer Programme des Netzwerkmanagements bedarf der vorherigen Zustimmung des Betriebsrats. Sollten sich bei einer neuen Programmversion die Programmfunktionen nicht geändert haben, wird der Betriebsrat nur über den geplanten Einsatz informiert.

4. Leistungs- und Verhaltenskontrollen/Datenschutz

Um Daten der Anwender beim Einsatz des Netzwerkmanagements zu schützen, werden folgende Möglichkeiten angeboten: Verschlüsselung und Passwort-Schutz von Excel-, Winword- und Power Point-Dateien, die auf den PCs gespeichert sind.

Die Programme des Netzmerkmanagements werden nicht zum Zweck der Leistungs- und Verhaltenskontrolle der Mitarbeiter genutzt. Die entsprechenden Daten stehen ausschließlich den Netzwerkbetreuern für die Diagnose, Fehlererkennung und Optimierung der Netze zur Verfügung. Diese Daten dürfen nicht weiter gegeben oder für andere Zwecke verwendet werden.

Die Zugriffsberechtigten sind nach § 5 Bundesdatenschutzgesetz auf das Datengeheimnis zu verpflichten und haben eine entsprechende Verpflichtungserklärung zu unterschreiben (Anlage 4). Verstöße gegen das Datengeheimnis – etwa die Weitergabe personenbezogener Daten an nicht Zugriffsberechtigte – können zu arbeitsrechtlichen Maßnahmen bis zur fristlosen Entlassung führen. Der Arbeitgeber verpflichtet sich zu unverzüglichen arbeitsrechtlichen Sanktionen.

Der betriebliche Datenschutzbeauftragte arbeitet eng mit dem Betriebsrat bei der Kontrolle des Netzwerkmanagements zusammen, um die schutzwürdigen Belange der Beschäftigten zu wahren.

5. Qualifizierung

Die PC-Benutzer sind über den Einsatz der Netzwerkmanagementprogramme zu informieren, und ihnen sind die Funktionen dieser Systeme darzustellen. Insbesondere sind den Benutzern die Möglichkeiten der Fernbetreuung darzustellen.

Außerdem sind die Benutzer darüber zu unterrichten, wie sie ihre Nachrichten (E-Mail), Daten, Dateien und Programme schützen können, um sie dem Zugriff Dritter zu entziehen. Entsprechende Programme (z. B. zur Verschlüsselung PGP/Pretty Good Privacy) sind den Benutzern zur Verfügung zu stellen.

Die entsprechenden Informations- und Qualifizierungsmaßnahmen sind mit dem Betriebsrat abzustimmen.

6. DV-Beschäftigte

Die Beschäftigten der Datenverarbeitung werden für das Netzwerkmanagement geschult. Die Qualifizierungsmaßnahmen finden während der Arbeitszeit statt, und die Kosten trägt der Arbeitgeber.

Der Einsatz der Netzwerkmanagementprogramme hat keinen Einfluss auf die Beschäftigung der Arbeitnehmer im Bereich der Datenverarbeitung – PC-Service. Sollten durch das rationellere Management der Netzwerke Arbeitskapazitäten frei werden, so sind den davon betroffenen Arbeitnehmern andere Aufgaben im Bereich DV zuzuweisen. Die dafür notwendigen Qualifizierungsmaßnahmen trägt das Unternehmen.

7. Rechte des Betriebsrats

Der Betriebsrat hat das Recht, die Einhaltung aller Regelungen dieser Vereinbarung jederzeit zu überprüfen. Dazu kann er Einsicht nehmen in alle Unterlagen, aber auch direkt in die Programme und Protokolle des Netzwerkmanagements am PC bzw. der Workstation. Die Netzwerkbetreuer sind zu jeglichen Auskünften und Erläuterungen verpflichtet.

Damit dem Betriebsrat die Überprüfung möglich wird, kann er an Schulungsmaßnahmen für die Netzwerkmanagementprogramme teilnehmen. Die dafür entstehenden Kosten trägt der Arbeitgeber.

Der Betriebsrat hat das Recht, im Zusammenhang mit dem Netzwerkmanagement Sachverständige seiner Wahl nach Absprache auf Kosten des Arbeitgebers hinzuzuziehen. Vorher müssen jedoch die innerbetrieblichen Möglichkeiten der Information und Beratung genutzt werden.

8. Beilegung von Streitigkeiten

Ergeben sich bei der Anwendung und Auslegung dieser Betriebsvereinbarung Meinungsverschiedenheiten bzw. Auslegungsstreitigkeiten, sind diese einvernehmlich beizulegen. Ist kein Einvernehmen zu erzielen, so entscheidet die Einigungsstelle.

9. Schlussbestimmungen

Die Anlagen sind Bestandteil dieser Betriebsvereinbarung. Änderungen und Ergänzungen der Vereinbarung bedürfen zu ihrer Rechtswirksamkeit der Schriftform.

Die Betriebsvereinbarung tritt mit ihrer Unterzeichnung in Kraft. Sie kann von jeder Vertragspartei mit einer Frist von 3 Monaten ganz oder teilweise gekündigt werden. Die Kündigung bedarf der schriftlichen Form. Bis zum Abschluss von neuen Regelungen gilt diese Vereinbarung weiter.

. . . .
Ort, Datum

. . . .
Geschäftsführer   Betriebsrat

Anlage 1

- Novell Net Ware-Management-System 2.0
- NORTON Administrator
- NORTON pcANYWHERE

Anlage 2

- MS-Office (WINWORD, EXCEL, PowerPoint, Mail) oder
- MS-Office Professional (WINWORD, EXCEL, PowerPoint, Access, Mail) für die SAP-Verbindung zum Host
- LAN Supportprogramm
- LAN Workplace (TCP/IP)

Anlage 3

- Berechtigte Personen zur Netzwerkbetreuung mit Fernwartung

Anlage 4: Verpflichtung entsprechend § 5 BDSG

Sehr geehrte/r Herr/Frau . . . .,
mit In-Kraft-Treten des Bundesdatenschutzgesetzes (BDSG) am 1. Juni 1991 gilt für Sie aufgrund Ihrer Aufgabenstellung der § 5 des Gesetzes (Datengeheimnis). Danach ist es Ihnen untersagt, geschützte personenbezogene Daten unbefugt zu verarbeiten oder zu nutzen.

Gemäß § 5 Bundesdatenschutzgesetz verpflichten wir Sie, das Datengeheimnis zu wahren. Diese Verpflichtung besteht über ein eventuelles Ende der Tätigkeit in unserem Unternehmen hinaus.

Wir weisen darauf hin, dass Verstöße gegen das Datengeheimnis nach § 43 BDSG und anderen Strafvorschriften mit Freiheits- oder Geldstrafe geahndet werden können. Abschriften der hier genannten Vorschriften des Bundesdatenschutzgesetzes (§ 5 und § 43) sind unten aufgeführt.

Ihnen ist weiterhin bekannt, dass Verstöße gegen das Datengeheimnis arbeitsrechtliche Folgen – bis zur fristlosen Entlassung – nach sich ziehen können. Ihre sich aus Ihrem Arbeitsvertrag ergebende Geheimhaltungspflicht wird durch diese Verpflichtung nicht berührt.

Meine Verpflichtung auf das Datengeheimnis gemäß § 5 BDSG habe ich zur Kenntnis genommen.

Ort, Datum   Unterschriften

Anlage 5

§ 5 BDSG – Datengeheimnis

Den bei der Datenverarbeitung beschäftigten Personen ist untersagt, personenbezogene Daten unbefugt zu verarbeiten oder zu nutzen (Datengeheimnis). Diese Personen sind, soweit sie bei nicht öffentlichen Stellen beschäftigt werden, bei der Aufnahme ihrer Tätigkeit auf das Datengeheimnis zu verpflichten. Das Datengeheimnis besteht auch nach Beendigung ihrer Tätigkeit fort.

§ 43 BDSG – Strafvorschriften

(1) Wer unbefugt von diesem Gesetz geschützte personenbezogene Daten, die nicht offenkundig sind,

1. speichert, verändert oder übermittelt,

2. zum Abruf mittels automatisierten Verfahrens bereithält oder

3. abruft oder sich oder einem anderen aus Dateien verschafft, wird mit Freiheitsstrafe bis zu einem Jahr oder mit Geldstrafe bestraft.

(2) Ebenso wird bestraft, wer

1. die Übermittlung von durch dieses Gesetz geschützten personenbezogenen Daten, die nicht offenkundig sind, durch unrichtige Angaben erschleicht,

2. entgegen § 16 Abs. 4 Satz 1, § 28 Abs. 4 Satz 1, auch in Verbindung mit § 29 Abs. 3, § 39 Abs. 1 Satz 1 oder § 40 Abs. 1 die übermittelten Daten für andere Zwecke nutzt, indem er sie an Dritte weitergibt, oder

3. entgegen § 30 Abs. 1 Satz 2 die in § 30 Abs. 1 Satz 1 bezeichneten Merkmale oder entgegen § 40 Abs. 3 Satz 3 die in § 40 Abs. 3 Satz 2 bezeichneten Merkmale mit den Einzelangaben zusammenführt.

(3) Handelt der Täter gegen Entgelt oder in der Absicht, sich oder einen anderen zu bereichern oder einen anderen zu schädigen, so ist die Strafe Freiheitsstrafe bis zu zwei Jahren oder Geldstrafe.

(**Hinweis:** Text Dr. Joachim Reus, Bundesvorstand IG Bauen-Agrar-Umwelt)

3.16.8 Betriebsvereinbarung über die Einführung und den Betrieb des Integrierten Personal-Systems (SAP)

Übersicht

Auf der Basis der ›Betriebsvereinbarung über die Einführung und Anwendung von Datenverarbeitungssystemen‹ bei der Firma . . . . vom . . . . . . wird zwischen der X-AG und dem Gesamtbetriebsrat der X-AG nachfolgende Betriebsvereinbarung (BV) über die Einführung und Anwendung des Integrierten Personal-Systems (IPS) abgeschlossen.

1 Präambel

1. AG und GBR sind sich darüber einig, dass IPS die Arbeit der Beschäftigten erleichtern und ihre Arbeit verantwortungsvoller, vielfältiger und abwechslungsreicher machen soll. Gleichzeitig dient IRS dazu, durch die Modernisierung und Effektivierung innerbetrieblicher Abläufe eine moderne Personalarbeit zu gewährleisten, interne Reibungsverluste zu vermindern, die Wirtschaftskraft der Firma zu stärken und damit die bestehenden Arbeitsplätze zu sichern.

2. Die SAP-Software, mit dessen Hilfe IPS realisiert wird, ist ein die Tätigkeit der Beschäftigten unterstützendes Hilfsmittel und wird so eingesetzt, dass möglichst viele Anteile selbständiger Tätigkeit erhalten bleiben, die Zufriedenheit der Beschäftigten mit ihrer Arbeit erhöht wird und die freie Entfaltung der Persönlichkeit der Beschäftigten im Summte von § 75

Abs. 2 BetrVG gefördert wird. Die Arbeitsplätze, die Arbeitsorganisation und die Technik werden so gestaltet, dass diese Anforderungen erfüllt werden können.

2 Geltungsbereich, Einsatzzwecke

1. Diese Betriebsvereinbarung gilt
   - **persönlich:** für alle Mitarbeiter der Firma . . . . , soweit sie unter den Geltungsbereich des BetrVG falle, sowie für alle ehemaligen Mitarbeiter und alle Bewerber, von denen Daten gespeichert sind.
   - **sachlich:** für die Einführung, den Betrieb und die Änderung aller Komponenten des in dieser Betriebsvereinbarung dokumentierten EDV-Systems. Dazu gehören auch Probe- bzw. Testläufe, sofern nicht anonymisierte personenbezogene Daten der Mitarbeiter erfasst oder verarbeitet werden.

2. IPS wird ausschließlich für folgende Zwecke genutzt:
   - Lohn- und Gehaltsabrechnung
   - Zeitwirtschaftsverwaltung
   - Reisekostenabrechnung
   - Bewerberverwaltung
   - schnelle Information am Bildschirm über die Personaldaten eines Beschäftigten
   - Verarbeitung administrativer Vorgänge (z. B. Versetzungen, Umgruppierungen)
   - Erstellung von Listen und Auswertungen der Personaldaten gemäß dieser Betriebsvereinbarung.

3 Begriffsbestimmungen

1. **Personaldaten (= personenbezogene Daten)** im Sinne dieser BV sind alle personenbezogenen oder -beziehbaren Daten der Beschäftigten im Sinne von § 3 BDSG.

2. **Anonyme Auswertungen/Listen** sind solche, bei denen ein Bezug zu einem bestimmten oder bestimmbaren Beschäftigten nicht mehr oder nur mit einem unverhältnismäßig großen Aufwand herstellbar ist.

3. Im Übrigen gelten die Begriffsbestimmungen von § 3 BDSG.

4 Systemdokumentation

1. AG und GBR sind sich darüber einig, dass zum gegenzeitigen Projektstand noch keine Dokumentationen vereinbart werden können. Im Laufe des Projektes jedoch werden nach und nach die im Folgenden beschriebenen Anlagen zur Systemdokumentation erstellt und mit dem GBR vereinbart. Diese Anlagen ersetzen die in der ›Betriebsvereinbarung über die Einführung und Anwendung von Datenverarbeitungssystemen‹ bei der Firma ... vereinbarten Systemdokumentationen. Das IPS wird erst dann mit Echtdaten in Betrieb genommen, wenn alle Anlagen vollständig und mit dem GBR vereinbart sind, es sei denn, es wird anders vereinbart.

2. Die Anlagen sind Bestandteile dieser BV. Der genaue Inhalt und der Detaillierungsgrad der einzelnen Anlagen werden mit dem GBR vereinbart. Die Anlagen dokumentieren ihren Ge-

genstand abschließend. Die Anlagen können einvernehmlich geändert werden, ohne dass es einer Kündigung der ganzen BV bedarf.

3. **Anlage 1** enthält eine Übersicht über die Hard- und Software für den Betrieb von SAP. Dazu gehört auch eine graphische Übersicht über alle Rechner und deren Verbindung untereinander.

4. **Anlage 2** enthält die Auflistung aller in SAP gespeicherten personenbezogener Datenfelder. Bei den einzelnen Datenfeldern werden, sofern der BR dies im Einzelfall wünscht, noch folgende zusätzliche Angaben gemacht:
   - Datenquelle bzw. Datenentstehung
   - genauer Verwendungszweck
   - Dauer der Speicherung bzw. Angaben zur Löschung
   Bei Feldern mit Schlüsseln werden auf Wunsch des GBR auch die zulässigen Schlüsselwerte dokumentiert.

5. **Anlage 3** enthält eine Übersicht über die personenbezogenen Auswertungen/Listen, die mittels der in dieser BV dokumentierten Software erzeugt werden sollen. Zu jeder Auswertung/Liste werden, sofern der GBR dies im Einzelfall wünscht, noch folgende zusätzliche Angaben gemacht:
   - beispielhaftes Muster
   - Anlass und Häufigkeit der Erstellung
   - Empfängerkreis

6. **Anlage 4** enthält eine Übersicht über die Programm- und Datenschnittstellen, d.h., dort wird dokumentiert, mit welchen anderen Programmen das SAP-System welche Arten von Daten austauscht. Dazu gehören auch alle Datenübermittlungen. Insbesondere muss die Übertragung personenbezogener Daten und Auswertungen an andere Programme (z.B. Excel) hier dokumentiert werden und bedarf der ausdrücklichen Zustimmung des GBR.

7. **Anlage 5** enthält Richtlinien für die Konzeption der Zugriffsberechtigungen und eine Aufstellung aller zugriffsberechtigten Personen. Die Personen brauchen nicht namentlich, sondern nur nach ihrer betrieblichen Funktion benannt zu werden. Aus dieser Aufstellung muss hervorgehen, wer für welche Daten und Funktionen welche Berechtigungen (z.B. nur lesend, lesend und schreibend, Datenexport nach Excel) hat. Dazu gehört auch der Zugriff im Rahmen der Fernwartung.

5 Rationalisierungsschutz

1. Im Zusammenhang mit der Einführung oder dem Betrieb von IPS wird es keine betriebsbedingten Kündigungen, Abgruppierungen oder sonstigen materiellen Verschlechterungen für die Beschäftigten geben.

2. Wenn Beschäftigte, deren Arbeitsplatz auf SAP umgestellt wird, nicht oder nicht mehr auf EDV-Arbeitsplätzen eingesetzt werden können, müssen ihnen mindestens entgeltmäßig und qualitativ gleichwertige Arbeitsplätze und/oder geeignete Umschulungen angeboten werden. Dabei ist ihnen ausreichend Zeit und Gelegenheit zur Einarbeitung während der Arbeitszeit ohne Einkommensminderung zu geben. Bzgl. Der Maßnahmen zur Umschulung hat der GBR

bzw. der örtliche BR die gleichen Mitwirkungsmöglichkeiten wie bzgl. der sonstigen, in dieser BV geregelten Qualifizierungsmaßnahmen.

6 Arbeitsorganisation

1. Die Arbeitsabläufe im Zusammenhang mit IPS werden unter Mitwirkung der Beschäftigten und des örtlichen BR bzw. des GBR so umgestaltet, dass die Kompetenzen und die Verantwortung der dort Beschäftigten möglichst erhöht, auf keinen Fall aber gemindert werden und keine zusätzliche Belastung der Beschäftigten durch Arbeitsverdichtung eintritt. Die Arbeit an Bildschirmen soll mit anderen Arbeiten, die mindestens eine gleiche Wertigkeit haben, abwechseln (qualifizierte Mischarbeit). Dabei soll der Wechsel von EDV-gestützter und EDV-freier Tätigkeit so weit wie möglich selbst bestimmbar sein.

2. Sämtliche Änderungen der betrieblichen Organisation (z. B. Arbeitsplatzänderungen, Arbeitsabläufe, Arbeitsinhalte) im Zusammenhang mit der Einführung von IPS erfolgen einvernehmlich mit dem örtlichen BR bzw. dem GBR.

7 Ergonomie und Gesundheitsschutz

1. Die Fragen der Ergonomie und des Gesundheitsschutzes für SAP-Bildschirmarbeitsplätze werden in der ›Betriebsvereinbarung über die Gestaltung und den Gesundheitsschutz von Bildschirmarbeitsplätzen‹ (= Ergonomie-BV) geregelt.

2. Alle SAP-Benutzer sind Beschäftigte au einem Bildschirmarbeitsplatz im Sinne der Ergonomie-BV.

3. Die Leistungsfähigkeit des SAP-Systems wird so bemessen, dass die Benutzer nicht durch zu lange Antwortzeiten belastet werden; diese sollen nicht länger als 2 Sekunden dauern.

4. Der in der Ergonomie-BV verlangte Nachweis der Einhaltung der software-ergonomischen Regeln bezieht sich bei dem SAP-System v. a. auf die von der X-AG veränderten Teile der SAP-Software (z. B. Datenkatalog, Bildschirmmasken, Transaktionen etc.).

8 Qualifizierung

1. Vor dem Einsatz einer neuen oder wesentlich geänderten SAP-Funktion oder -Komponente werden die betroffenen Beschäftigten rechtzeitig und umfassend über ihre neuen Aufgaben, über die neuen Arbeitsmethoden und über die neue Funktion bzw. Komponente unterrichtet und dafür qualifiziert. Wichtig dabei ist, dass nicht nur reine Bedienerfertigkeiten, sondern auch umfassendes Hintergrundwissen vermittelt werden. Die Qualifizierung wird von fachlich und didaktisch dafür geeigneten Referenten durchgeführt. AG und GBR sind sich darüber einig, dass das sogenannte ›Schneeballprinzip‹ aus didaktischen Gründen im Allgemeinen nicht geeignet ist und deshalb nicht angewendet wird.

2. Die erforderlichen Qualifizierungsmaßnahmen werden gemäß § 98 BetrVG rechtzeitig vor ihrer Durchführung mit dem GBR und in Abstimmung mit dem betroffenen örtlichen BR schriftlich in einem Qualifizierungskonzept vereinbart. Darin werden insbesondere festgelegt:

- Lernziel der Qualifizierung
- thematischer und zeitlicher Ablauf und Umfang
- Auswahl der Teilnehmer
- Termine, Ort, Veranstalter und Referenten der Qualifizierung
- spätere fachliche Betreuung während der Einarbeitungszeit und Möglichkeiten der Nachschulung

3. Zur laufenden Betreuung der SAP-Benutzer ernennt die AG SAP-Betreuer, die für ihre Aufgaben durch entsprechende Maßnahmen in besonderem Umfang qualifiziert werden. Ihre Aufgaben sind insbesondere:
- Unterstützung, Beratung und Betreuung der Beschäftigten bei allen SAP-Fragen
- Sammlung von Fehlermeldungen der Benutzer und ggf. Beseitigung bzw. Weiterleitung an die entsprechende Stelle.

9 Datenschutz, Leistungs- und Verhaltenskontrolle

1. In keinem Falle wird mittels der SAP-Software eine Leistungs- oder Verhaltenskontrolle der Beschäftigten durchgeführt, es sei denn, sie ist ausdrücklich mit dem BR vereinbart. Personenbezogene Systemdaten (z. B. interne Protokollierungen,), die aus technischen Gründen erforderlich sind oder aufgrund der in dieser Betriebsvereinbarung vorgesehenen Protokollierungen entstehen, dürfen nur für technische Zwecke und zur Kontrolle der Einhaltung dieser Betriebsvereinbarung ausgewertet und genutzt werden. Die Zugriffsberechtigung auf diese Daten wird entsprechend eingerichtet.

2. Vor Inbetriebnahme des SAP-Systems erstellen die betrieblichen Datenschutzbeauftragten für ihren Bereich ein Datenschutzkonzept gemäß § 9 Satz 1 BDSG und teilen dies dem GBR mit. Die AG sorgt umgehend für die Realisierung dieser Konzepte.

3. Auf Wunsch des GBR bzw. eines örtlichen Betriebsrates überprüft der betriebliche Datenschutzbeauftragte, ob das Datenschutzkonzept realisiert und eingehalten wird und teilt dem GBR bzw. örtlichen BR das Ergebnis seiner Prüfung mit. Die Kontrollrechte des GBR bzw. der örtlichen BR gemäß § 80 Abs. 1 BetrVG bleiben davon unberührt.

4. Jeder Mitarbeiter erhält nach Inbetriebnahme des IPS einmalig einen Ausdruck aller zu seiner Person gespeicherten Daten, um ihre Korrektheit überprüfen zu können. Dabei werden verschlüsselte Angaben so entschlüsselt, dass sie für jedermann verständlich sind.

   Diesen Ausdruck erhält auch jeder neu eingestellte Mitarbeiter innerhalb des ersten Jahres seiner Tätigkeit. Auf seine Anforderung erhält der Mitarbeiter jederzeit einen aktualisierten Ausdruck aller zu seiner Person gespeicherten Daten.

5. Für den Umgang mit SAP, den Personaldaten und den Auswertungen/Listen werden bis zur Inbetriebnahme in Abstimmung mit dem GBR und dem Datenschutzbeauftragten schriftliche Richtlinien erstellt und allen Mitarbeitern, die Zugriff auf die SAP-Daten haben bzw. Empfänger der personenbezogenen Auswertungen/Listen von SAP sind, bekannt gemacht. Darin wird insbesondere festgelegt,
- welche Datenschutz-/Datensicherheitsvorschriften und Regeln aus relevanten Betriebsvereinbarungen zu beachten sind

- für welche Zwecke die Daten und Auswertungen/Listen benutzt werden dürfen
- wie die Auswertungen/Listen sicher zu verwahren und ggf. zu vernichten sind

6. Bei der Qualifizierung der Mitarbeiter für IPS sind die relevanten Aspekte des Datenschutzes, insbesondere auch der relevanten Betriebsvereinbarungen, den Mitarbeitern ausführlich zu erläutern.

10 Mitwirkung der Beschäftigten

1. Die späteren SAP-Benutzer werden bei der Systemgestaltung, -einführung und -erweiterung umfassend informiert und maßgeblich beteiligt. Falls erforderlich, werden sie für ihre Beteiligung vorher nach Maßgabe dieser BV entsprechend qualifiziert.

2. Auf Wunsch des örtlichen BR oder des GBR berichtet die AG über die durch die Einführung von IPS entstandenen Zusatzbelastungen für die Beschäftigten (z. B. Überstunden, Wochenendarbeit). Der örtliche BR kann bei Bedarf die Vereinbarung und Realisierung eines Entlastungskonzeptes für die Beschäftigten verlangen, um übermäßige Belastungen der Beschäftigten während der Einführungsphase zu vermeiden bzw. zu vermindern.

3. Der örtliche BR kann projektbezogene Arbeitsgruppen mit Beschäftigten bilden, die von der IPS-Einführung direkt betroffen sind Diese begleiten die Einführung und die Nutzung von SAP-Komponenten. Sie werden durch den BR moderiert und können Anregungen und Vorschläge machen, die dann ebenso behandelt werden wie die Vorschläge einzelner Beschäftigter. Der AG wird die Tätigkeit dieser Arbeitsgruppen soweit wie möglich unterstützen. Die Arbeitsgruppen tagen während der Arbeitszeit.

4. Alle Beschäftigten haben das Recht, Vorschläge zur Fehlerbehebung, Änderung oder Erweiterung der SAP-Komponenten und der damit zusammenhängenden Arbeitsorganisation bei der AG einzureichen. Diese Vorschläge sollen schriftlich erfolgen. Die AG wird innerhalb einer angemessenen Frist, spätestens jedoch innerhalb von 2 Monaten, den Vorschlag wohlwollend prüfen und schriftlich dazu Stellung nahmen und darin darlegen, ob und wann der Änderungs- oder Erweiterungsvorschlag realisiert werden soll bzw. warum er nicht realisiert werden kann. Diese Stellungnahme erhält der Verfasser des Änderungs-/Erweiterungsvorschlags; der GBR bekommt zusammen mit dem Vorschlag selbst eine Kopie davon.

11 Beteiligung des GBR und der örtlichen BR

1. Der GBR wird, sofern er dies im Einzelfall wünscht, zu allen Sitzungen der IPS-bezogenen Projektgruppen (einschließlich des Projektausschusses) eingeladen und erhält unaufgefordert alle Protokolle. Diese Teilnahme berührt nicht seine Rechte, nach dem BetrVG und den einschlägigen Betriebsvereinbarungen und bedeutet nicht seine Zustimmung zu den einzelnen Maßnahmen.

2. Der GBR kann an allen fachlichen Beratungsgesprächen teilnehmen, welche die AG mit sachverständigen Mitarbeitern von Vertragspartnern (Hersteller, Software-EntwicklerInnen, externe BeraterInnen, etc.) führt und sich ggf. auch selbst von ihnen im Rahmen ihres Vertrages mit der AG beraten lassen.

3. Die AG wirkt, falls erforderlich, darauf hin, dass dem BR von allen Beschäftigten, die mit SAP arbeiten, wahrheitsgemäß und vollständig Auskunft im Zusammenhang mit SAP erteilt wird.

4. Jede Änderung oder Erweiterung des in den Anlagen zu dieser BV dokumentierten Systems bedarf der vorherigen schriftlichen Zustimmung des GBR, sofern nicht anders vereinbart. In Anlage 6 wird festgelegt, nach welchem Verfahren neue oder geänderte Software-Bestandteile des in dieser BV dokumentierten Systems zum Einsatz kommen und welche Voraussetzungen dafür vorliegen müssen.

5. Der GBR und der örtliche BR können IPS nutzen, um Auswertungen/Listen, die sie im Rahmen ihrer betriebsrätlichen Aufgaben benötigen, erstellen zu lassen bzw. selbst zu erzeugen, falls sie über einen direkten SAP-Anschluss verfügen. Zu diesen Auswertungen/Listen gehören alle anonymen Auswertungen/Listen, darüber hinaus nach Absprache mit der AG auch einzelne personenbezogene Auswertungen/Listen.

12 Kontrolle durch den GBR

1. Auf jeder Seite einer Auswertung/Liste wird automatisch vermerkt. wer wann diesen Ausdruck durchgeführt hat.

2. Die Ausführung folgender SAP-Funktionen wird in einem automatischen oder, falls dies technisch nicht möglich oder zumutbar ist, in einem manuellen Protokoll festgehalten:
   – jede Änderung der Definition des Datenkatalogs (einschl. der Schlüsselfelder)
   – jede Änderung der Zugriffsberechtigungen
   – jede Änderung bzw. Neuinstallation von Programmen (– Transportprotokoll); dazu gehören auch die Definitionen von Auswertungen
   Dabei wird jeweils protokolliert, wer wann welche Funktion mit welchen Daten und Parametern durchgeführt hat.

3. Dem GBR und den örtlichen BR werden nach Absprache leicht bedienbare Online-Funktionen zur Auswertung dieser Protokolle und zur Kontrolle dieser BV zur Verfügung gestellt. Der Aufbau der Protokolle wird in Absprache mit dem GBR so ausführlich dokumentiert, dass es auch einem EDV-Laien möglich ist, sie zu verstehen. Die Protokolldateien dürfen erst nach Zustimmung des GBR gelöscht werdet.

4. Um die Einhaltung dieser BV zu überprüfen, erhalten die örtlichen BR und der GBR auf Wunsch einen eigenen Anschluss und eine eigene Zugriffsberechtigung für das SAP-System, die es ihnen ermöglicht, alle Informationen, die sie für die Ausübung ihrer Aufgaben benötigen, zu lesen und die in dieser BV vereinbarten Protokolle auszuwerten. Diesen angeschlossenen BR wird eine vollständige Dokumentation der eingesetzten SAP-Komponenten in geeigneter Form (z.B. online) zugänglich gemacht.

13 Schlussbestimmungen

1. Die Betriebsvereinbarung tritt mit ihrer Unterzeichnung in Kraft.

2. Im Falle der Kündigung der ›Betriebsvereinbarung über die Einführung und Anwendung von Datenverarbeitungssystemen‹ bei der Firma . . . vom . . . . . . gelten die dortigen Bestimmungen, die den Regelungsgehalt dieser Betriebsvereinbarung betreffen, für die Dauer deren Gültigkeit fort.

3. Im Falle der Kündigung dieser Betriebsvereinbarung findet § 77 Abs. 6 BetrVG für die gesamte Betriebsvereinbarung Anwendung.

4. Im Falle von nicht beilegbaren Streitigkeiten, die sich aus Auslegung oder Anwendung dieser BV ergeben, entscheidet eine jeweils zu bildende Einigungsstelle gemäß BetrVG. Bis zum Spruch der Einigungsstelle sind alle Maßnahmen zu unterlassen, die zwischen den Vertragsparteien strittig sind.

5. Wird zur Betreibung des SAP-Systems eine andere Firma eingeschaltet (Auftragsdatenverarbeitung im Sinne des BDSG), so ist sicherzustellen, dass die Rechte des GBR, der örtlichen Betriebsräte und der einzelnen Beschäftigten gemäß dieser Betriebsvereinbarung gewahrt bleiben. Dem GBR ist auf sein Verlangen Einsicht in die entsprechenden Bestimmungen der Verträge für die Auftragsdatenverarbeitung zu gewähren.

6. Sollten einzelne Punkte dieser BV ungültig sein oder ihre Gültigkeit aufgrund neuer Gesetzgebung oder Rechtsprechung verlieren, so bleiben die übrigen Bestimmungen hiervon unberührt.

Ort, Datum

Unterschriften

14 Anlagen

14.1 Anlage 1: Hard- und Software

14.2 Anlage 2: Datenkatalog

14.3 Anlage 3: Auswertungen/Listen

14.4 Anlage 4: Programm- und Datenschnittstellen

14.5 Anlage 5: Zugriffsberechtigung

Teil 1: Konzeption

- Wie sieht das Verfahren aus, wenn eine Berechtigung geändert werden soll?
  - nur mit schriftlicher Dokumentation
  - was muss von wem vorher genehmigt werden?
  - wann muss der GBR bzw. BR zustimmen, wann nicht?
  - wo wird das 4-Augen-Prinzip verlangt?
  - wie wird die Super-User-Funktion dokumentiert und abgesichert?
- Wie ist die Berechtigung zur Berechtigungsverwaltung aufgeteilt?
- Wichtig: Trennung von Programmier-Berechtigung und Zugriff auf Echtdaten

Teil 2: Aufstellung aller Zugriffsberechtigten nach ihrer Funktion

14.6 Anlage 6: Freigabeverfahren für die Software

- Wer ist berechtigt, neue/geänderte Software-Komponenten für den Echteinsatz freizugeben?
- Welche Voraussetzungen müssen für die Freigabe erfüllt sein?
- Wann muss der GBR/BR zustimmen, wann nicht?
- Wie wird die Freigabe dokumentiert?

(**Hinweis:** Text Hans Rupp, Technologieberatungsstelle beim DGB-Landesbezirk Rheinland-Pfalz)

3.16.9 Betriebsvereinbarung zum Internet/Intranet

Geschäftsleitung der Y GmbH
und
Betriebsrat der Y GmbH
treffen folgende Vereinbarung zur Nutzung des Internet/Intranet:

Grundsätzliches/Ergonomie

Der Zugang zum Internet/Intranet steht jedem Nutzungsberechtigtem [an den Tagen Mo. bis Fr.]/[täglich] von [7.00]/[0.00] bis [18.00]/[24.00] Uhr zur Verfügung. Zeiten, in denen das System nicht verfügbar ist, werden rechtzeitig vorher angekündigt und sollten möglichst außerhalb der Kernzeit liegen.

Die Zugänge zum Internet werden durch einen [Internet-Server]/[Provider] bereitgestellt. Die XY GmbH verpflichtet sich, durch geeignete technische Maßnahmen sicherzustellen, dass während der Hauptnutzungszeiten keine unangemessenen langen Wartezeiten auftreten.

Wenn der Zugang zum Internet durch einen externen Dienstleister (»Provider«) ermöglicht wird, stellt die Y GmbH sicher, dass die hier vereinbarten Regelungen und Maßnahmen, insbesondere zu den Punkten Arbeitnehmerüberwachung und Datenschutz, vom externen Dienstleister ebenfalls eingehalten werden.

Ein Arbeitsplatz, der für die Nutzung des Internet/Intranet vorgesehen ist, wird mit einer Hardware-Mindestausstattung versehen, die im Anhang 1 aufgeführt ist. Dieser Anhang wird auf Wunsch des Betriebsrats jährlich aktualisiert.

Arbeitnehmerüberwachung

Erkenntnisse über das Verhalten und die Leistung der Arbeitnehmer, die aus dem Einsatz des Internet/Intranet gewonnen werden, dürfen nicht zum Nachteil des Arbeitnehmers verwendet werden. Insbesondere ist es nicht gestattet, solche Erkenntnisse im Zusammenhang mit arbeitsrechtlichen Maßnahmen zu nutzen.

Ein Arbeitnehmer, der Zugangsberechtigung zum Internet/Intranet erhält, muss sich in einer im Anhang 2 angefügten Nutzungsvereinbarung verpflichten, die Nutzungsregeln der Y GmbH einzuhalten.

Im Zusammenhang mit dieser Nutzungserklärung muss der Arbeitnehmer an einer mindestens [vier]/[acht] Stunden dauernden Schulung teilnehmen, in der besonders auf die datenschutzrechtliche Relevanz und die Möglichkeiten der eingesetzten Technik, Daten zur Verhaltens- und Leistungskontrolle zu erheben, hingewiesen wird.

Um den Internet-Nutzern die Möglichkeit zu geben, sich mit dem System vertraut zu machen, wird [ein Raum eingerichtet, in dem [X] PCs mit Internet-Zugang zur Verfügung gestellt werden, die außerhalb der Arbeitszeit von allen Beschäftigten genutzt werden können]/[in den ersten[vier]/[sechs] Monaten, in denen der Arbeitnehmer den Internet-Zugang nutzen kann, eine nicht-dienstliche Nutzung von bis zu [5]/[10]% der Arbeitszeit toleriert].

Auf den PCs, die Zugang zum Internet/Intranet erhalten, wird ausschließlich die im Anhang 3 genannte Software eingesetzt. Dieser Anhang kann bei Bedarf aktualisiert werden.

Auf den Servern bzw. Hosts, die von der [Firma]/[dem Provider] eingesetzt werden, um den Zugang zum Internet/Intranet zu ermöglichen, wird ausschließlich die im Anhang 4 genannte Hard- und Software eingesetzt. Dieser Anhang kann bei Bedarf aktualisiert werden.

Alle Maßnahmen, die zum Schutz vor unberechtigten Zugriffen durch das Internet/Intranet dienen, sind im Anhang 4 aufzuführen. Zu diesen Maßnahmen gehören insbesondere Programme, die den Datenverkehr im Netzwerk prüfen, regeln und protokollieren. Nur die im Anhang genannten Techniken bzw. Programme dürfen verwendet werden.

Der Betriebsrat hat das Recht, einen externen Sachverständigen hinzuzuziehen, der die Maßnahmen hinsichtlich ihrer Wirksamkeit, des Datenschutzes und der Möglichkeiten der Arbeitnehmerüberwachung beurteilt. Dies gilt für alle geplanten oder durchgeführten Änderungen. Dazu wird ihm ein jährliches Budget in Höhe von . . . . . . Euro zur Verfügung gestellt. Darüber hinausgehenden Bedarf wird vorher mit der Y GmbH abgestimmt.

Da es sich bei diesen Maßnahmen auch um Techniken zur Arbeitnehmerüberwachung i.S. des § 87 Abs. 1 Nr. 6 BetrVG handeln kann, behält der Betriebsrat sich das Recht vor, einzelne oder alle dieser Maßnahmen abzulehnen. Im Falle der Ablehnung durch den Betriebsrat wird eine Maßnahme von der Y GmbH nicht durchgeführt. Sollte es zu keiner Einigung über zu ergreifenden Maßnahmen kommen, entscheidet ein Spruch der Einigungsstelle. Die Y GmbH stellt sicher, dass sich der externe Service-Provider an diese Regelung uneingeschränkt hält.

Die Y GmbH verpflichtet sich, durch geeignete Systeme sicherzustellen, dass ankommende und versandte elektronische Nachrichten nur vom Absender bzw. Empfänger gelesen werden können.

Der Betriebsrat erhält durch den im Betriebsratsbüro eingerichteten PC uneingeschränkten Zugriff auf das Internet. Er kann die E-Mail-Funktion zur Information der Beschäftigten nutzen.

Datenschutz

Im Zusammenhang mit der Nutzung des Internet/Intranet werden nur die im Anhang 5 genannten Daten gespeichert. Das Speichern der Daten hat nach Möglichkeit in anonymisierter Form zu erfolgen.

Das Speichern der Daten dient allein dem Zweck, den Datendurchsatz und die Funktionsfähigkeit des Netzes zu ermitteln und Schwachstellen zu erkennen. Keinesfalls dürfen so gewonnene Erkenntnisse zum Nachteil eines Arbeitnehmers, insbesondere nicht im Hinblick auf arbeitsrechtliche Maßnahmen, genutzt werden.

Wenn Daten nicht in anonymisierter Form gespeichert werden, dann ist bei der Auswertung, gleich für welchen Zweck, der Betriebsrat hinzuzuziehen.

Gespeicherte Daten werden spätestens nach vier Wochen endgültig gelöscht.

Bei strittigen Fragen in diesem Zusammenhang wird der Datenschutzbeauftragte hinzugezogen.

Schlussbestimmungen

Geltungsdauer, Kündigungsfrist etc.

Wenn diese Betriebsvereinbarung gekündigt wird, gilt sie so lange weiter, bis eine neue Betriebsvereinbarung abgeschlossen wird, die die hier geregelten Sachverhalte neu regelt.

Sollte eine der in dieser Betriebsvereinbarung enthaltenen Regelungen rechtlich unwirksam sein, so tritt an ihre Stelle eine gesetzliche Regelung, die ggf. in dem Sinne interpretiert werden muss, wie es die Regelung in dieser Betriebsvereinbarung vorsieht. Sollte eine in dieser Betriebsvereinbarung enthaltene Regelung nicht eindeutig auszulegen sein, so muss sie so ausgelegt werden, dass ein maximaler Schutz der Beschäftigten gewährleistet ist.

Ort, Datum,   Unterschriften

Anhang 1
Hardware-Mindestausstattung für einen PC, der Zugang zum Internet/Intranet erhält

Der PC ist mit einem aktuellen, geeignet leistungsfähigen Mikroprozessor ausgestattet. Als aktuell gilt ein Mikroprozessor, der vom Hersteller – oder in vergleichbarer Leistung und Konfiguration von einem Mitbewerber des Herstellers – noch frei erhältlich ist.

Der PC erhält zumindest 64 MB Arbeitsspeicher.

Es ist eine Festplatte mit einer mittleren Zugriffszeit von höchstens 20 ms eingebaut, die über zumindest 200 MB freien Speicherplatz verfügt.

Der Bildschirm hat eine Diagonale von 17 Zoll und kann bei einer Auflösung von mindestens 800 x 600 Bildpunkten 65 536 Farben mit einer Wiederholfrequenz von mindestens 80 Hz darstellen. Der Grafikadapter ist ausreichend ausgestattet, um diese Darstellung zu ermöglichen.

Im Übrigen gelten die einschlägigen gesetzlichen Regelungen und die Bestimmungen der Bildschirmarbeitsverordnung.

Anhang 2
Nutzungsvereinbarung Internet/Intranet

1. Inhalt der Nutzungsvereinbarung

Der o. g. Nutzer erhält mit Unterzeichnung dieser Nutzungsvereinbarung das widerrufliche Recht, mit dem ihm zur Verfügung gestellten dienstlichen PC, Zugang zum Intranet zu bekommen.

2. Zugangsbedingungen

Diese Nutzungsvereinbarung berechtigt ausschließlich zur Nutzung des Intranet. Der Zugang zum öffentlichen Internet bedarf der Zustimmung des jeweiligen [Vorgesetzten/Abteilungsleiter etc.]. Der Zugriff wird nach Auftrag durch die Abteilung [XX] ermöglicht.

Für den Zugang auf das Intranet/Internet darf ausschließlich die von der Abteilung [XX] zur Verfügung gestellte Software genutzt werden. Eine Änderung oder Ergänzung dieser Software sowie jede Manipulation am Zugang zum Intranet/Internet ist strikt untersagt.

Der Nutzer hat sich einer ausführlichen Schulung durch die Abteilung [XX] zu unterziehen. Erst nach dieser Schulung darf der Nutzer den Zugang zum Intranet/Internet nutzen, und zwar ausschließlich unter Berücksichtigung der bei der Schulung vorgestellten Regeln.

3. Grundsätzliche Nutzungsbedingungen

Der Zugang und die Nutzung des Intranet/Internet erfolgt in der Regel nur zu dienstlichen Zwecken.

Zu »dienstlichen Zwecken« zählt auch die Beschaffung von allen im Intranet/Internet zugänglichen Informationen über Fachbereiche und/oder Fachthemen der [Firma].

Die private Nutzung ist nur im Ausnahmefall gestattet und wenn dadurch die eigene Arbeit sowie die Arbeit anderer Beschäftigter nicht behindert wird.

Die im Intranet/Internet zugänglichen Informationen und Daten dürfen ohne Zustimmung des Informationseigners nicht verändert oder ergänzt werden. Eine Nutzung von Informations- und/oder Datenmaterial ist außerhalb des Unternehmens nicht gestattet.

Zugriff und Weitergabe von Informationen, Daten und Bildern im Intranet/Internet, die gegen bestehende Gesetze, gegen Richtlinien der [Firma] und/oder gegen die »guten Sitten« verstoßen, sind nicht erlaubt. Wird solches Material im Intranet gefunden, so ist der Nutzer verpflichtet, diese Tatsache unter Angabe der Intranet-Adresse an den Systemverwalter zu melden.

4. Datenübertragung zwischen Nutzer und Intranet/Internet

Der Zugriff über das Intranet/Internet erfolgt ausschließlich über das betriebsinterne Netzwerk der [Firma]. Ein Zugang über Modems oder PC-Steckkarten ist nicht zugelassen.

Bei und nach der Übertragung von Daten aus dem Intranet/Internet ist darauf zu achten, ob der PC in der Folge Besonderheiten aufweist, die möglicherweise auf Computerviren zurückgeführt werden können. Die Abteilung [XX] wird weitere Virenschutzmaßnahmen bereitstellen, zu deren Anwendung der Nutzer nach der Vorschrift der Abteilung [XX] verpflichtet ist.

5. Zugriffsschutz

Der Nutzer hat nach Verlassen seines Arbeitsplatzes durch die zur Verfügung gestellte Software sicherzustellen, dass andere Personen keinen Zugang zum Intranet/Internet erhalten.

Die alleinige Verantwortung für unberechtigte und/oder unsachgemäße Nutzung des Intranet/Internet auf dem ihm zur Verfügung gestellten PC durch Nichtbeachtung dieses Satzes trägt der o. g. Nutzer.

6. Datenschutzbestimmungen

Die Schutzbestimmungen des Bundesdatenschutzgesetzes, anderer Rechtsvorschriften und der Datenschutzrichtlinie der [Firma] sind zu beachten. Bei Fragen zu datenschutzrechtlich relevanten Themen ist der Datenschutzbeauftragte hinzuzuziehen.

7. Arbeitsvertrag/Personalakte

Diese Nutzungsvereinbarung wird Bestandteil des Arbeitsvertrages und in die Personalakte aufgenommen.

Anhang 3

Liste der Software, die auf Benutzer-PCs zum Zugriff auf das Internet/Intranet eingesetzt wird
z. B. »Netscape Navigator Version [X]«
Auflistung der Zusatzprogramme (z. B. sog. »Plug-ins«)
E-Mail-Client, z. B. MS-Exchange oder MS-Outlook

Anhang 4

Liste der Software, die auf dem Host bzw. Server eingesetzt wird, der den Zugriff auf das Internet/Intranet ermöglicht
z. B. »Netscape Internet-Server«, »Novell Intranetware« mit Lotus-Domino-Server etc.

Anhang 5

Liste der Daten, die durch das System gespeichert werden
z. B. IP-Adresse aufgerufener Seiten, Zeitpunkt des Aufrufs etc.

(**Hinweis:** Text Dr. Joachim Reus, Bundesvorstand IG Bauen-Agrar-Umwelt)

3.16.10 Betriebsvereinbarung Internet, Intranet, E-Mail

Die GL und der BR der . . . . . . schließen folgende Betriebsvereinbarung über die Nutzung des Internet und des Intranet sowie der E-Mail-Dienste ab.

1. Grundsätze

Die Nutzung von Internet, Intranet und E-Mail dient der Verbesserung der Kommunikation und der Informationsbeschaffung. Alle Beschäftigten können das Internet, das betriebsinterne

Intranet und/oder die E-Mail-Funktionen im Rahmen ihrer Tätigkeit nutzen. Es wird ein eigen-verantwortlicher Umgang mit diesen Diensten gefördert und gefordert.

Mit der Nutzung der Kommunikationsdienste wird keine Leistungs- und/oder Verhaltenskon-trolle bezweckt. Die . . . . . . stellt sicher, dass die in dieser Gesamtbetriebsvereinbarung ver-einbarten Regelungen und Maßnahmen – insbesondere zu den Punkten Protokollierung und Leistungs- und/der Verhaltenskontrolle – eingehalten werden. Dies ist auch gegenüber exter-nen Dienstleistern (Providern) vertraglich zu regeln.

Allen Beschäftigten wird die Schulung zu einen Internetführerschein angeboten.

2. Geltungsbereich

Diese Betriebsvereinbarung gilt für alle Beschäftigten, die für die Nutzung von E-Mail- und Internet-/Intranet-Diensten berechtigt sind.

Sachlich gilt die Betriebsvereinbarung für die Kommunikation der Beschäftigten untereinander, sowie mit externen Stehen und für die Nutzung der Internetdienste zum Zwecke des Zugriffs auf extern verfügbare Informationen und Daten.

3. Nutzungsregelungen

Die Betriebszeiten der Systeme sind täglich 24 Stunden an allen Tagen der Woche. Zeiten, in denen die Systeme nicht verfügbar sind, werden rechtzeitig vorher angekündigt und sollten möglichst außerhalb der Normalarbeitszeit, zumindest aber der Kernarbeitszeit liegen.

Der Zugang und die Nutzung des Intranet/Internet und von E-Mail erfolgt in der Regel nur zu dienstlichen Zwecken.

Die private Nutzung ist nur im Ausnahmefall gestattet und wenn dadurch die eigene Arbeit sowie die Arbeit anderer Beschäftigter nicht behindert wird.

Zugriff auf und Weitergabe von Informationen, Daten und Bildern im Intranet/Internet, die gegen bestehende Gesetze, gegen Richtlinien der . . . . . . und/oder gegen die »guten Sitten« verstoßen, sind nicht erlaubt. Damit sind insbesondere beleidigende, verleumderische, verfassungsfeindliche, rassistische, sexistische oder pornographische Materialien gemeint. Wird solches Material im Intranet gefunden, so ist der Nutzer/die Nutzerin verpflichtet, diese Tatsache unter Angabe der Intranetadresse an den Systemverwalter zu melden.

Eine Haftung der Beschäftigten im Umgang mit dem Internet/Intranet bzw. den E-Mail-Dien-sten wird ausgeschlossen. Dies gilt nicht im Falle der vorsätzlichen Verletzung von Bestimmun-gen dieser Betriebsvereinbarung oder von sonstigen einschlägigen betrieblichen Anweisungen.

4. Protokollierung

Im Zusammenhang mit der Nutzung des Internet/Intranet und E-Mail werden nur die im Anhang 1 genannten Daten gespeichert. Das Speichern der Daten hat nach Möglichkeit in anonymisierter Form zu erfolgen.

Das Speichern der Daten dient den folgenden Zwecken:

- Störungsanalyse,
- Übersicht über Leitungs- und Netzwerkkapazitäten,
- Dokumentation der thematischen Schwerpunkte der aufgerufenen Internet-Seiten,
- . . . .

Die Protokolle stehen nur dem Netzwerkadministrator, dem Systemverwalter und dem/der . . . . . . zur Verfügung.

Protokolle werden spätestens nach 4 Wochen gelöscht, Protokolle auf Papier spätestens nach diesem Zeitraum vernichtet.

In begründeten Fällen kann der Arbeitgeber unter vorheriger Zustimmung des Betriebsrates bei Verdacht des Missbrauchs eine Einzelprotokollierung durchführen. Die Ergebnisse werden gemeinsam mit dem BR ausgewertet.

Der BR hat jederzeit das Recht der Einsichtnahme in die Protokollierung und erhält auf Verlangen Auszüge der Protokolle auf Papier.

Bei strittigen Fragen im Zusammenhang mit der Protokollierung wird der/die Datenschutzbeauftragte hinzugezogen.

5. Leistungs- und/oder Verhaltenskontrolle

Eine Überwachung von Leistung und/oder Verhalten der Beschäftigten findet mit der Nutzung von Internet, Intranet und E-Mail nicht statt. Erkenntnisse über das Verhalten und die Leistung der Arbeitnehmer, die aus dem Einsatz des Internet/Intranet gewonnen werden, dürfen nicht zum Nachteil des Arbeitnehmers verwendet werden. Insbesondere ist es nicht gestattet, solche Erkenntnisse im Zusammenhang mit arbeitsrechtlichen Maßnahmen zu nutzen.

Alle Maßnahmen, die zum Schutz vor unberechtigten Zugriffen durch das Internet/Intranet dienen, sind im Anhang 2 aufzuführen. Zu diesen Maßnahmen gehören insbesondere Programme, die den Datenverkehr im Netzwerk prüfen, regeln und protokollieren. Nur die im Anhang 2 genannten Techniken bzw. Programme dürfen verwendet werden.

Da es sich bei diesen Maßnahmen um Techniken handelt, die zur Arbeitnehmerüberwachung nach § 87 Abs. 1 Nr. 6 BetrVG geeignet sind, behält der BR sich das Recht vor, einzelne oder alle dieser Maßnahmen abzulehnen. Im Falle der Ablehnung durch den BR wird die Maßnahme von der . . . . . . nicht durchgeführt. Die . . . . . . stellt sicher, dass sich der externe Provider an diese Regelung uneingeschränkt hält.

Der BR hat das Recht, einen externen Sachverständigen hinzuzuziehen, der die Maßnahmen hinsichtlich ihrer Wirksamkeit, der Einhaltung des Datenschutzes und der Möglichkeiten der Arbeitnehmerüberwachung beurteilt.

Die . . . . . . verpflichtet sich, durch geeignete Systeme sicherzustellen, dass ankommende und versandte elektronische Nachrichten nur vom Absender bzw. Empfänger gelesen werden können.

Der BR erhält uneingeschränkten Zugriff auf das Internet. Er kann die E-Mail-Funktion zur Information der Beschäftigten nutzen.

6. Bildschirmarbeit, Gesundheitsschutz

Die Arbeitszeiten an Bildschirmgeräten nehmen zu, gerade auch durch die Nutzung von Internet und Intranet. Es ist daher auf die benutzerfreundliche, an softwareergonomischen Gesichtspunkten ausgerichtete Gestaltung des Intranets größter Wert zu legen. Die Bildschirmarbeitsplätze sind hochwertig auszustatten und regelmäßig sind Arbeitsplatzanalysen durchzuführen. Näheres regelt die Betriebsvereinbarung zur Bildschirmarbeit.

7. Schlussbestimmungen

Bei Änderungen bzw. Erweiterungen der Systeme wird der BR rechtzeitig vor Durchführung der Maßnahme informiert, damit er ggf. seine Rechte wahrnehmen kann.

Der Abschluss von ergänzenden Vereinbarungen, die Einzelpunkte der vorliegenden Betriebsvereinbarung regeln bzw. konkretisieren oder andere Aspekte der Nutzung der Kommunikationsdienste regeln, ist jederzeit möglich.

Streitigkeiten sind einvernehmlich beizulegen. Kommt es zu keiner Einigung, ist die Einigungsstelle anzurufen.

Diese Betriebsvereinbarung tritt mit der Unterzeichnung in Kraft. Sie kann mit einer Frist von 3 Monaten zum Ende eines Kalenderjahres schriftlich gekündigt werden. Ihre Bestimmungen gelten nach einer Kündigung bis zum Abschluss einer neuen Vereinbarung weiter.

. . . . , den . . . .

. . . .
für die Geschäftsleitung   für den BR

3.17 Gesundheitsschutz der Arbeitnehmer

3.17.1 Einleitung

Mit den schon genannten gesetzlichen Regelungen, insbesondere dem Arbeitsschutzgesetz, dem Arbeitssicherheitsgesetz und den einschlägigen Verordnungen und Unfallverhütungsvorschriften wurde ein weiter Rahmen für Gesundheitsschutz und Gesundheitsförderung im Betrieb geschaffen. Ein Schwerpunkt hierbei sind Maßnahmen, die Gesundheitsgefährdungen und -belastungen frühzeitig erkennen helfen sollen, damit hieraus die notwendigen Maßnahmen ergriffen werden können. Dieser vorbeugende (präventive) Ansatz zwingt dazu, nicht mehr nur zu reagieren, sondern gemeinsam tätig zu werden. Die Betriebsparteien stehen hier in der Pflicht. Gesundheitsbeeinträchtigungen, Arbeitsunfälle bzw. Berufskrankheiten stellen nicht zuletzt für die Unternehmen wirtschaftliche Belastungen dar, die in vielen Fällen bei geeigneten Vorkehrungsmaßnahmen vermieden oder deutlich reduziert werden könnten. Daneben gibt es sensible Bereiche wie etwa das Rauchen oder Alkohol- bzw. Suchtmittelgenuß am Arbeitsplatz, die nicht mit der »großen Keule« von Verboten und Strafmaßnahmen in den Griff zu bekommen sind. Gesundheitsschutz und -förderung unterliegen der Mitbestimmung des Betriebsrats nach § 87 Abs. 1 Nr. 7 BetrVG.

Alkohol- oder sonstige Suchtmittelverbote im Betrieb können ebenfalls nur unter Beachtung des Mitbestimmungsrechts des Betriebsrats nach § 87 Abs. 1 Nr. 1 BetrVG ausgesprochen werden.

Die Erfahrungen aus der Praxis zeigen, dass damit der Einnahme von Alkohol oder Suchtmitteln nicht wirksam zu begegnen ist, weil diese dann in der Regel heimlich, in kleineren Mengen, eingenommen und vertrieben werden.

Ein wesentlich besserer Weg sind Betriebsvereinbarungen, die nicht in erster Linie mit Verboten und Bestrafungen reagieren, sondern vorbeugend und für den »Ernstfall« beratend und unterstützend wirken, damit der suchtkranke oder -gefährdete Arbeitnehmer von seiner Sucht wegkommen und damit den Arbeitsplatz und die Existenzgrundlage behalten kann. Die mit solchen Betriebsvereinbarungen gemachten Erfahrungen sind ganz überwiegend positiv, auch wenn sie naturgemäß nicht in allen Fällen wirksam sein können.

Darüber hinaus sind auf diesem Feld freiwillige Betriebsvereinbarungen im Sinne »zusätzlicher Maßnahmen zur Verhütung von Arbeitsunfällen und Gesundheitsschädigungen« nach § 88 BetrVG ausdrücklich möglich und wichtig.

Hierzu werden die nachfolgenden Betriebsvereinbarungen dokumentiert:
- Gesundheitsschutz und Arbeitssicherheit
- Gesundheitsförderung im Betrieb
- Gesundheitsschutz im Betrieb
- Tabakrauch und Nichtraucherschutz am Arbeitsplatz
- Suchterkrankungen und -hilfe
- Reduzierung von Verschleißerkrankungen
- Gefahr- und Arbeitsstoffe
- Arbeitskleidung

3.17.2 Gesamtbetriebsvereinbarung Gesundheitsschutz und Arbeitssicherheit gemäß § 87 Abs. 1 Nr. 7 BetrVG

Präambel

Ein wirksamer betrieblicher Arbeits- und Gesundheitsschutz ist ein entscheidender Beitrag zur Sicherung der Wettbewerbsfähigkeit der Sanacorp Pharmahandel AG sowie zur Förderung und Erhaltung der Leistungsfähigkeit und Leistungsbereitschaft der ArbeitnehmerInnen. Die frühzeitige und präventive Einbeziehung von Arbeitsschutzaspekten in die betrieblichen Entscheidungen schützt nicht nur die Beschäftigten vor Gesundheitsgefahren, sondern steigert auch die Qualität der Arbeitsabläufe, senkt langfristig die Kosten und regt über eine höhere Motivation der MitarbeiterInnen die Innovationen an. Ziel dieser Gesamtbetriebsvereinbarung ist die Sicherung und Verbesserung der Sicherheit und des Gesundheitsschutzes der Beschäftigten, die menschengerechte Gestaltung der Arbeit sowie die Verhütung arbeitsbedingter Gesundheitsgefahren. Darüber hinaus wird die Förderung der Leistungsfähigkeit, der Zufriedenheit, des Wohlbefindens und der Persönlichkeit der ArbeitnehmerInnen durch die Berücksichtigung gesicherter arbeitswissenschaftlicher Erkenntnisse zur menschengerechten Gestaltung der Arbeit angestrebt. Diese Zielsetzungen werden keinen rein wirtschaftlichen Überlegungen untergeordnet.

§ 1 Räumlicher und persönlicher Geltungsbereich

Der Geltungsbereich dieser Gesamtbetriebsvereinbarung umfasst alle Niederlassungen der Sanacorp AG sowie die Hauptverwaltung und gilt für alle ArbeitnehmerInnen der Sanacorp AG.

§ 2 Sachlicher Geltungsbereich

Diese Gesamtbetriebsvereinbarung umfasst die Umsetzung des Arbeitsschutzrechtes, insbesondere die Umsetzung der Bestimmungen zur Ermittlung und Beurteilung der arbeitsbedingten Gesundheitsgefahren, die Festlegung der Maßnahmen des Arbeitsschutzes sowie ihrer Dokumentation.

§ 3 Grundsätze der Gefährdungs- und Belastungsbeurteilung

Die Gefährdungs- und Belastungsbeurteilung dient der Beurteilung der Belastungsmomente physischer und/oder psychischer Art. Sie soll Verbesserungsmöglichkeiten bezüglich der gesundheitlichen Belastungen aufzeigen und die gesundheitsschädigenden Belastungen möglichst vermeiden. Die Ergebnisse der Gefährdungs- und Belastungsbeurteilung dürfen nicht zu Leistungs- und Verhaltenskontrollen herangezogen werden.

§ 3.1 Ziele der Gefährdungs- und Belastungsbeurteilung

Ziel ist der Aufbau eines betrieblichen Arbeitsschutzsystems, das einen umfassenden Gesundheitsschutz anstrebt und das mit den wesentlichen betrieblichen Führungsstrukturen und Entscheidungsprozessen verzahnt ist. Bei der Gefährdungs- und Belastungsanalyse ist eine ganzheitliche Betrachtungsweise zugrunde zu legen, die eine Verknüpfung von Einzelfaktoren insbesondere bei Mehrfach- oder Kombinationsbelastungen (z. B. psychische Belastungen plus erschwerende Umgebungseinflüsse oder körperliche Belastungen plus psychische Belastungen) berücksichtigt. Die Gefährdungs- und Belastungsbeurteilung und die daraus abgeleiteten Maßnahmen des Arbeitsschutzes sollen sich daran orientieren, Gefährdungen der Gesundheit möglichst zu vermeiden und verbleibende Gefährdungen möglichst gering zu halten.

Das gilt insbesondere für die Vermeidung bzw. Minimierung von
— Schädigungen der Gesundheit (z. B. durch Verletzungen und Unfälle);
— Arbeitsbedingten Erkrankungen (z. B. durch manuelle Handhabung von Lasten, körperliche Zwangshaltungen, widrige Umgebungseinflüsse);

— Psychischen und psychosozialen Belastungen (z.B. durch Über- oder Unterforderung, Konflikte).

Ziel der Maßnahmen zum Arbeits- und Gesundheitsschutz ist es, durch Maßnahmen zur Verhütung von Unfällen bei der Arbeit und arbeitsbedingten Gesundheitsgefahren einschließlich der menschengerechten Gestaltung der Arbeit, die Gesundheit und Leistungsfähigkeit der Arbeitnehmer zu erhalten und möglichst zu verbessern.

§ 3.2 Gegenstand der Gefährdungs- und Belastungsbeurteilung

Die Gefährdungs- und Belastungsbeurteilung dient dem Erkennen und Bewerten der Entstehungsmöglichkeiten von Unfällen und Gesundheitsbeeinträchtigungen infolge der Arbeit. Sie erfolgt zu dem Zweck, Maßnahmen zur Beseitigung oder Verringerung von Gefährdungen abzuleiten. Die Gefährdungs- und Belastungsbeurteilung muss in allen Niederlassungen und für alle Arbeitsplätze durchgeführt werden. Sie erfolgt nach Arbeitsbereichen (z.B. Wareneingang, Lager, Telefonie) und Tätigkeiten (z.B. Gabelstapler fahren, Kommissionierung, Auftragsannahme) (Anhang/Übersicht: Arbeitsorganisation). Bei gleichartigen Arbeitsbedingungen ist die Beurteilung eines Arbeitsplatzes oder einer Tätigkeit ausreichend. Arbeitsbedingungen sind dann **gleichartig**, wenn sie sich im Hinblick auf die zu erfüllende Arbeitsaufgabe, die verwendeten Arbeitsmittel, den Arbeitsablauf und die Arbeitsumgebung sowie in Bezug auf die Belastungen und Gefährdungen der Gesundheit nicht wesentlich unterscheiden.

Gegenstand der Gefährdungs- und Belastungsbeurteilung ist die Gesamtheit der Faktoren, die zu Unfällen und Gesundheitsbeeinträchtigungen führen kann. Sie erstreckt sich insbesondere auf
— die Arbeitsstätte (einschließlich aller Arbeits-, Lager-, Aufenthalts- und Sanitärräume sowie der Verkehrswege) und den Arbeitsplatz (z.B. Raumbedarf, Abmessungen);
— die Arbeitsmittel (z.B. Maschinen, Geräte, Anlagen, Werkzeuge) und Arbeitsstoffe;
— die Arbeits- und Fertigungsverfahren, Arbeitsabläufe und Arbeitsorganisation (z.B. Arbeitsteilung, Arbeitszeit, Pausen, Verantwortung);
— die Arbeitsumgebungsbedingungen (z.B. Klima, Beleuchtung, Lärm, Staub, Schmutz);
— die unzureichende Qualifikation (Fähigkeiten und Fertigkeiten) im Hinblick auf die zu erfüllende Arbeitsaufgaben sowie die unzureichende Unterweisung der Arbeitnehmer im Hinblick auf mögliche Gefährdungen der Sicherheit und Gesundheit.

Bei der Gefährdungs- und Belastungsbeurteilung sind die individuellen Leistungsvoraussetzungen und die Belange der besonders schutzbedürftigen Personen (insbesondere Jugendliche, Schwangere und stillende Mütter, Behinderte) zu berücksichtigen.

Die Gefährdungs- und Belastungsbeurteilung erstreckt sich auf alle Gefährdungs- und Belastungsfaktoren, die im Arbeitsschutzgesetz vorgesehen sind und die insbesondere in den Ratgebern und Handlungshilfen der Bundesanstalt für Arbeitsschutz und Arbeitsmedizin, der Berufsgenossenschaften und der staatlichen Gewerbeaufsicht sowie in der einschlägigen Fachliteratur (z.B. Die BG, Zeitschrift für Arbeitswissenschaft, Lehrbücher der Sicherheitstechnik und der Arbeitswissenschaft) aufgeführt werden.

§ 3.3 Phasen der Gefährdungs- und Belastungsbeurteilung

Die Gefährdungs- und Belastungsbeurteilung gliedert sich in folgende Phasen:

1) **Festlegung der Aufgabenstellung** und des zeitlichen Ablaufes durch Bestimmung der Untersuchungseinheit (Arbeitsbereich, Tätigkeit, Personengruppe), Festlegung der mitwirkenden Personen, Information der Führungskräfte und der Arbeitnehmer;

2) **Ermittlung der Gefährdungen** (Ist-Zustand) durch
   a) direkte (prospektive) Ermittlung der Gefährdungen und Gesundheitsbelastungen durch Beschreibung der Arbeitsbedingungen (mit Hilfe von Checklisten) und Befragung der Arbeitnehmer (mit Hilfe von Fragebogen),
   b) indirekte (retrospektive) Ermittlung der Gefährdungen und Gesundheitsbelastungen z. B. durch Auswertung der betrieblichen Statistik über Arbeitsunfälle und Berufskrankheiten, betriebliche Gesundheitsberichte der Gesetzlichen Krankenkassen, Berichte der Betriebsärzte); bei der Auswertung dieser Statistiken sind die Anonymität der Angaben, der Datenschutz und die Persönlichkeitssphäre der Beschäftigten zu wahren;

3) **Bewertung der Gefährdungen** (Soll-Zustand) durch Vergleich des Ist-Zustandes mit
   a) normierten Schutzzielen (Grenz- oder Richtwerten, Auslöse- oder Schwellenwerten, Technischen Normen, Gestaltungsregeln oder -hinweisen);
   b) bekannten sicheren bzw. gesundheitsgerechten Gestaltungslösungen nach dem Stand der Technik, Arbeitsmedizin und Hygiene sowie gesicherten arbeitswissenschaftlichen Erkenntnissen;

4) **Ableitung, Durchführung und Wirksamkeitsüberprüfung der Maßnahmen**
   a) zur Beseitigung der Gefährdung,
   b) zum Schutz vor der schädigenden bzw. gefährdenden Einwirkung,
   c) durch Verringerung der Dauer und Intensität der Gefährdung,
   d) durch persönliche Schutzausrüstungen oder Verhaltensregeln bzw. -anweisungen;

5) **Dokumentation der Ergebnisse** im Hinblick auf
   a) vorliegende Gefährdungen,
   b) festgelegte Maßnahmen,
   c) festgestellte Wirksamkeit,

§ 4 Mitbestimmung des Gesamtbetriebsrats und der örtlichen Betriebsräte

Der **Gesamtbetriebsrat** (GBR) nimmt seine Mitbestimmungsrechte nach dem Betriebsverfassungsgesetz durch den Arbeitsschutzgesamtausschuss (ASGA) wahr, den er gemäß § 28 in Verbindung mit § 51 BetrVG einrichtet. Die Aufgaben der Arbeitsschutzausschüsse (ASA) nach § 11 ASiG in den Niederlassungen bleiben unberührt. Zwischen den Verantwortlichen der Sanacorp und dem GBR/ASGA ist insbesondere über folgende Punkte Einvernehmen herzustellen:

– Festlegung der Vorgehensweise bei der Gefährdungs- und Belastungsbeurteilung einschließlich Planung der einzelnen Schritte bzw. Phasen (nach § 5 ArbSchG);

– Auswahl und Entwicklung der Verfahren und Methoden zur Gefährdungs- und Belastungsbeurteilung einschließlich der erforderlichen Instrumente (z. B. Checklisten, Fragebögen, betriebliche Datenquellen) (nach § 5 ArbSchG);

- Bewertung der Gefährdungen und Entscheidung über die erforderlichen Maßnahmen des Arbeitsschutzes (nach § 4 ArbSchG);
- Überprüfung der Wirksamkeit durchgeführter Maßnahmen zur Vermeidung oder Verringerung gesundheitlicher Gefährdungen (nach § 3 ArbSchG);
- Festlegung von Art und Umfang der Dokumentation der Ergebnisse der Gefährdungs- und Belastungsanalyse, der Maßnahmen des Arbeitsschutzes und der Ergebnisse ihrer Überprüfung (nach § 6 ArbSchG);
- Entscheidung über geeignete Formen der Unterweisung und Qualifizierung der Mitarbeiter in Fragen des Arbeits- und Gesundheitsschutzes (nach § 12 ArbSchG).

Die **Betriebsräte** in den Niederlassungen werden insbesondere
- vor Durchführung der Gefährdungs- und Belastungsbeurteilung über das Ziel und den Nutzen sowie über die Vorgehensweise und die angewandten Verfahren informiert;
- über die Ergebnisse der Gefährdungs- und Belastungsbeurteilung informiert und haben Gelegenheit zur Stellungnahme (z. B. im Hinblick auf die Übertragbarkeit der nach Arbeitsbereichen und Tätigkeiten vorgenommenen Gefährdungs- und Belastungsbeurteilungen gleichartiger Arbeitsbedingungen unter den konkreten betrieblichen Verhältnissen);
- bei der Auswahl geeigneter Maßnahmen des Arbeits- und Gesundheitsschutzes sowie bei der Überprüfung ihrer Wirksamkeit beteiligt;
- über die Unterweisung der Beschäftigten in Fragen des Gesundheitsschutzes und der Arbeitssicherheit informiert.

Kann ein Einvernehmen in diesen Fragen zwischen den Parteien dieser Gesamtbetriebsvereinbarung nicht hergestellt werden, wird vor Anrufen der Einigungsstelle zunächst eine »Paritätische Kommission« eingeschaltet, die von Sanacorp und dem GBR/ASGA mit jeweils zwei Personen besetzt wird. Kann ein Einvernehmen auch auf diese Weise nicht hergestellt werden, entscheidet die **Einigungsstelle** nach § 76 Abs. 5 BetrVG. Bis zu einer Entscheidung der Einigungsstelle darf eine strittige Maßnahme nicht durchgeführt werden.

§ 5 Mitwirkung und Beteiligung der Beschäftigten

Die Zusammenarbeit zwischen Arbeitgeber und ArbeitnehmerInnen ist für die Verwirklichung des Arbeits- und Gesundheitsschutzes unabdingbar. Die Mitwirkung der Beschäftigten in allen Phasen der Gefährdungs- und Belastungsbeurteilung (vgl. § 3.3) ist eine wesentliche Voraussetzung dafür, dass
- vorhandene Gefährdungen erkannt und realistisch beurteilt werden können,
- effektive Schutzmaßnahmen festgelegt werden können,
- getroffene Maßnahmen von den Beschäftigten akzeptiert und unterstützt werden,
- die Wirksamkeit der Maßnahmen ermittelt und bewertet werden kann.

Die **Beschäftigten** werden insbesondere
- auf bestehende Gefährdungen aufmerksam gemacht und darauf hingewiesen, für ihre Sicherheit und Gesundheit bei der Arbeit Sorge zu tragen (§ 15 ArbSchG);
- vor Durchführung der Gefährdungs- und Belastungsbeurteilung über das Ziel und den Nutzen sowie über die Vorgehensweise und die angewandten Verfahren informiert;

– in die Ermittlung der möglichen Gefährdungen (z. B. durch Mitarbeiterbefragung) einbezogen und haben Gelegenheit zur Meldung von Gefahren (§ 16 ArbSchG);
– über die Ergebnisse der Gefährdungs- und Belastungsbeurteilung informiert und haben Gelegenheit zur Stellungnahme;
– bei der Entwicklung geeigneter Schutzmaßnahmen gehört und haben Gelegenheit, Vorschläge für ihren Arbeitsplatz bzw. Tätigkeitsbereich zu machen (§ 17 ArbSchG);
– in die Ermittlung und Beurteilung der Wirksamkeit getroffener Maßnahmen des Arbeitsschutzes einbezogen und haben Gelegenheit zur Stellungnahme sowie zu Verbesserungsvorschlägen.

§ 6 Unterrichtung und Unterweisung

Die ArbeitnehmerInnen sind gemäß § 12 ArbSchG bezüglich der sicherheits- und gesundheitsgerechten Durchführung ihrer Tätigkeiten vor der ersten Arbeitsaufnahme auf der Grundlage von Betriebsanweisungen und betrieblichen Erfahrungen zu unterweisen. Die Unterweisung ist jährlich, bei Veränderung der Gefahrenlage (z. B. Versetzung an einen anderen Arbeitsplatz, Verwendung neuer Arbeitsmittel/-stoffe) und nach Unfallereignissen zu wiederholen. Alle Unterweisungen sind zu dokumentieren.

Die ArbeiternehmerInnen sind zu unterweisen über
– die Gefährdungen am Arbeitsplatz und die Möglichkeiten gesundheitsschonenden Arbeitens;
– die Arbeitsschutzmaßnahmen am Arbeitsplatz (insbesondere sicherer, bestimmungsgemäßer und unbefugter Umgang mit Schutzeinrichtungen, Arbeitsmitteln, Arbeits-/Gefahrstoffen, der Anlagetechnik und der persönlichen Schutzausrüstung; ebenfalls über das Verhalten im Notfall);
– die Verpflichtung zur Beachtung der Weisungen des Vorgesetzten zur Gewährleistung der eigenen Sicherheit und der Sicherheit der von ihren Handlungen oder Unterlassungen betroffenen anderen ArbeitnehmerInnen, sowie der Meldung von Gefahren und Defekten an Schutzsystemen gemäß § 15 und § 16 ArbSchG;
– die Rechte gemäß § 17 ArbSchG, insbesondere
  • auf der Grundlage ihrer Kenntnisse und Erfahrungen, Vorschläge zur Verbesserung von Sicherheit und Gesundheitsschutz machen zu können,
  • im Falle unzureichender Arbeitsschutzmaßnahmen, sich an die zuständigen Behörden wenden zu können, sofern die gesetzlichen Voraussetzungen gemäß § 17 Abs. 2 ArbSchG vorliegen,
  • bei gesundheitlichen Gefährdungen oder Beeinträchtigungen sich mit Beschwerden an den Betriebsrat gemäß § 84 BetrVG wenden zu können.

Den ArbeitnehmerInnen ist im Rahmen der gesetzlichen Bestimmungen die Einsichtnahme in die zutreffenden Arbeitsschutzgesetze und Unfallverhütungsvorschriften zu ermöglichen (z. B. Aushang oder Auslage an allgemein zugänglichen Stellen).

§ 7 Zuständigkeiten und verantwortliche Personen

Die Zuständigkeiten der Mitglieder der Arbeitsschutzorganisationen für die Durchführung der Gefährdungs- und Belastungsanalyse, des Aufbaus und der Implementierung des Arbeitsschutzsystems, der Wirksamkeitskontrolle und der Ableitung/Berücksichtigung von Verbesserungs-/Anpassungsmaßnahmen ergeben sich aus der festgelegten Arbeitsschutzorganisation und den Stellenbeschreibungen.

§ 8 Information und Qualifizierung

Voraussetzung dafür, dass die Betriebsräte ihre Aufgaben nach dieser Gesamtbetriebsvereinbarung wahrnehmen können, ist die Vermittlung von Kenntnissen über den neuesten Stand der Technik und der wissenschaftlichen Erkenntnisse über die menschengerechte Gestaltung der Arbeit unter Berücksichtigung der im Unternehmen vorkommenden Gefährdungen und Risiken. Hierzu ist den Mitgliedern des Betriebsrats ausreichend Gelegenheit z.B. zur Teilnahme an entsprechenden Schulungs- und Bildungsveranstaltungen zu geben.
Die Sanacorp Pharmahandel AG sorgt dafür, dass die für die Umsetzung der Gesamtbetriebsvereinbarung verantwortlichen Personen ausreichende Kenntnisse über den neuesten Stand der Technik und der wissenschaftlichen Erkenntnisse über die menschengerechte Gestaltung der Arbeit unter Berücksichtigung der im Unternehmen vorkommenden Gefährdungen und Risiken besitzen bzw. erwerben.

§ 9 Voraussetzungen für erneute Gefährdungs- und Belastungsanalyse

Die Gefährdungsbeurteilung ist erneut durchzuführen, wenn sich Veränderungen in den in § 5 Abs. 3 Ziffern 1–5 ArbSchG beispielhaft genannten möglichen Gefährdungsquellen ergeben, die zu einer Veränderung der Unfallgefahren oder arbeitsbedingten Gesundheitsgefahren führen können. Das ist z.B. der Fall bei Änderungen der Arbeitsorganisation (insbesondere Arbeitsabläufe, Arbeitsverfahren, Arbeitszeit), Anschaffung neuer Maschinen und technischen Ausrüstungen, nach Arbeitsunfällen, Beinaheunfällen und bei Auftreten arbeitsbedingter Gesundheitsbeeinträchtigungen.

§ 10 Hinzuziehung von Sachverständigen

Zur Unterstützung bei der Erfüllung ihrer Aufgaben im Rahmen der Beratungs-, Mitbestimmungs- und Kontrollrechte kann der GBR/ASGA und der zuständige Betriebsrat einen externen Sachverständigen seiner Wahl hinzu ziehen. Die Kostenübernahme bestimmt sich nach §§ 80, 40 Abs. 1 BetrVG nach Abstimmung mit dem Arbeitgeber.

§ 11 Schlussbestimmungen

Die Erfahrungen mit der Umsetzung dieser Betriebsvereinbarung sind nach Ablauf von fünf Jahren zu beurteilen und auf erforderliche Veränderungen bzw. Ergänzungen hin zu überprüfen.
Der Anhang mit den Punkten 1–20 ist Bestandteil dieser Gesamtbetriebsvereinbarung.

Ort, Datum

(**Hinweis:** Entnommen aus: AiB, Heft 9/2000)

3.17.3 Betriebsvereinbarung über Gesundheitsförderung im Betrieb

zwischen Vorstand und Gesamtbetriebsrat der Firma ...... (Auszüge)

1. Zielsetzung

Ziel dieser Vereinbarung ist es, den Gesundheitszustand der Belegschaftsmitglieder zu verbessern sowie die Zufriedenheit und Motivation der Mitarbeiter an ihrem Arbeitsplatz zu erhöhen.

Um dieses Ziel zu erreichen, soll den Ursachen von betrieblichen Gesundheitsgefährdungen und Gesundheitsschäden nachgegangen und auf deren Beseitigung hingewirkt werden. Dies geschieht in enger Zusammenarbeit mit den Betriebsräten, der Betriebskrankenkassen (BKK) und den jeweils betroffenen Mitarbeitern.

Die Dauer der vorgesehenen Maßnahmen wird zunächst auf 3 Jahre begrenzt und mit einer Dokumentation abgeschlossen.

2. Arbeitsschutzausschuss

Das Aufgabenspektrum des Arbeitsschutzausschusses wird um die Thematik der Gesundheitsförderung aus ganzheitlicher Sicht erweitert. Dazu kann der Arbeitsschutzausschuss auf Antrag eines seiner Mitglieder einen Facharbeitkreis Gesundheitsförderung bilden.

3. Gesundheitsberichterstattung

Es werden auf der Grundlage vorhandener Datenbestände oder der Kenntnisse über die Arbeitsbelastungen aus Ergebnissen arbeitsmedizinischer Untersuchungen wie aus betriebsbezogenen Krankenstandsanalysen im Arbeitsschutzausschuss Betriebe ausgewählt, in denen schwerpunktmäßig Gesundheitsförderung durchgeführt werden soll. In Absprache mit der BKK kann durch den Bundesverband der Betriebskrankenkassen die Gesundheitsberichterstattung durchgeführt werden.

4. Gesundheitsgesprächszirkel

Um bei der Gesundheitsförderung die unmittelbaren Erfahrungen der Mitarbeiter einzubringen, sind in den vom Arbeitsschutzausschuss festgelegten Betrieben Gesundheitszirkel einzurichten. Die Gesundheitsgesprächszirkel finden unter der Leitung eines Koordinators, z. B. Betriebsarzt, statt.

Teilnehmer des Gesundheitszirkels sind z. B.:
- mindestens 3 gewählte Belegschaftsmitglieder (freiwillige Basis),
- 1–2 Vertreter des Betriebes (Betriebsleiter, Meister),
- 1 Vertreter der Personalabteilung,
- zuständiges BR-Mitglied,
- Betriebsarzt,
- Sicherheitsfachkraft,
- Vertrauensmann/-frau der Schwerbehinderten,
- Ergonom (die letzteren beiden je nach Thematik und Erfordernis).

Die Sitzungen des betrieblichen Gesundheitszirkels sollen während der Arbeitszeit stattfinden.

Die Aufgabe des betrieblichen Gesundheitszirkels ist es, neben den objektivierbaren Arbeitsbedingungen die subjektiven Bewertungen der betroffenen Mitarbeiter und deren Vorstellungen bei der Erarbeitung der Maßnahmen zu berücksichtigen. Insbesondere sind die Arbeitsbelastungen, die die Mitarbeiter als beanspruchend oder problematisch bezeichnen und solche, die mit gesundheitlichen Beschwerden verknüpft sind, zu bearbeiten.

5. Gesundheitsförderungsprogramme

Als weitere Maßnahme zur Wiederherstellung und zum Aufrechterhalten der Gesundheit werden in enger Zusammenarbeit mit der BKK gezielte Gesundheitsförderungsprogramme angeboten.

Beispiele: Angebote zur sportlichen Betätigung, Angebote zur freiwilligen Kontrolle gesundheitsbezogener Faktoren, Vorträge, Seminare, Kurse zur Raucherentwöhnung, Stressbewältigung, Einflussnahme auf Ernährungsverhalten.

Die Teilnahme an diesen Programmen ist freiwillig.

6. Mitwirkung des Betriebsrats

Der BR wird über die gesetzlichen Bestimmungen hinaus in die Gesundheitsförderungsmaßnahmen von Anfang an aktiv eingebunden, gestaltet diese mit und unterstützt die Programme dadurch, dass er die Belegschaft zu gesundheitsgerechtem Verhalten und zur aktiven Teilnahme an Gesundheitsförderungsprogrammen animiert.

7. Mitwirkung der BKK

Da § 20 des Gesundheitsreformgesetzes den Krankenkassen den Auftrag zur Gesundheitsförderung in Zusammenarbeit mit betrieblichen Stellen auferlegt, soll die BKK zu den Beratungen über Gesundheitsförderungsprogramme eingeladen und bei der Durchführung um entsprechende Beteiligung gebeten werden.

Ort, Datum, Unterschriften

(**Hinweis:** Entnommen aus BR-Info 3/1995)

3.17.4 Betriebsvereinbarung über Gesundheitsschutz im Betrieb

Zwischen der Geschäftsleitung und dem Betriebsrat der Firma . . . . . wird vereinbart, im Interesse der Beschäftigten und des Unternehmens betriebliche Gesundheitsförderung umfassend einzuführen und dauerhaft zu gestalten.

Alle Maßnahmen zur betrieblichen Gesundheitsförderung richten sich nach den Bestimmungen des Gesetzes über die Durchführung von Maßnahmen des Arbeitsschutzes zur Verbesserung der Sicherheit und des Gesundheitsschutzes der Beschäftigten bei der Arbeit (Arbeitsschutzgesetz – ArbSchG).

Damit sollen Arbeitsunfälle, arbeitsbedingte Erkrankungen und Gesundheitsgefährdungen an der Quelle bekämpft werden.

Von besonderer Bedeutung ist dabei die Einbeziehung der Beschäftigten als Experten ihrer Arbeitsbedingungen.

§ 1 Geltungsbereich

Diese Vereinbarung gilt für Planung, Einführung und Auswertung von allen Maßnahmen der betrieblichen Gesundheitsförderung, sie gilt für alle Beschäftigten.

§ 2 Arbeitskreis Gesundheit

2.1 Zielsetzung

Der Arbeitskreis Gesundheit fördert alle Maßnahmen, die der Gesundheit der Beschäftigten dienen. Hierzu gehören insbesondere Maßnahmen, die auf den Abbau gesundheitsschädlicher Arbeitsbedingungen und -abläufe und damit auch auf einen Abbau aller körperlichen, psychischen und sozialen Belastungen abzielen. Der Arbeitskreis plant, steuert und koordiniert alle Aktivitäten der betrieblichen Gesundheitsförderung. Dieser Kreis bildet den organisatorischen Rahmen für eine gleichberechtigte und auf Dauer angelegte Zusammenarbeit aller Beteiligten.

2.2 Aufgaben

Der Arbeitskreis hat u. a. folgende Aufgaben:

- Zusammenführung aller für den betrieblichen Gesundheitsbericht relevanten Informationen. Dazu gehören u. a.
  - Gefährdungs- und Belastungsanalysen und Dokumentationen
  - andere arbeitsmedizinische und sicherheitstechnische Erhebungen
  - Arbeitsunfähigkeitsanalysen der Krankenkassen
  - Unfallbücher usw.
  - Belegschaftsbefragung
  - Informationen und Vorschläge aus Gesundheitszirkeln
  - regionale Daten über Krankheitsentwicklungen in der Branche usw.
- Auswertungen und Interpretationen des betrieblichen Gesundheitsberichtes
- Ermittlung und Bewertung von Gesundheitsrisiken in Abteilungen usw.
- Einrichtung, Beratung von Gesundheitszirkeln und organisatorische Umsetzung der Vorschläge
- Erstellung eines betrieblichen Programms zur betrieblichen Gesundheitsförderung
- regelmäßige Auswertung der Erkenntnisse.

2.3 Zusammensetzung

Zu den Beteiligten gehören insbesondere Geschäftsleitung, Betriebsrat, Betriebsarzt, Fachkraft für Arbeitssicherheit, Vertreter der Schwerbehinderten, Sicherheitsbeauftragte und Beschäftigte aus der Abteilung.

Der Arbeitskreis kann weitere sachverständige Arbeitnehmer und auch außerbetriebliche Fachkräfte hinzuziehen (z.B. Jugendvertreter, Frauenbeauftragte, Suchtbeauftragte, Vertreter der Krankenkassen und des betrieblichen Sozialbereichs, IG Metall, Technologieberatungsstelle, Berufsgenossenschaften, Arbeitsschutzämter).

§ 3 Betrieblicher Gesundheitsbericht

Der betriebliche Gesundheitsbericht ist die jährliche Bestandsaufnahme der Belastungs-, Gefährdungs- und Gesundheitssituation des Betriebes.

Personenbezogene Informationen und Daten müssen unter datenschutzrechtlichen Vorschriften erhoben, zusammengeführt und ausgewertet werden. Ein Personenbezug der Daten, die im Gesundheitsbericht verwendet werden, darf nicht möglich sein.

§ 4 Belegschaftsbefragung

4.1 Grundsatz

Belegschaftsbefragungen können für die Erstellung eines Gesundheitsberichts, für die Arbeit der Gesundheitszirkel und des Arbeitskreises Gesundheit grundsätzlich von Nutzen sein. Sie erfassen Belastungen und Gesundheitsbeschwerden der Beschäftigten. Damit sollen in der Arbeit begründete Gesundheitsgefahren aufgedeckt und Verbesserungen angeregt werden.

4.2 Mitwirkungen des Betriebsrates

Die Planung, Durchführung und Auswertung einer Befragung ist nur mit Zustimmung des Betriebsrates möglich. Auswertungen müssen anonymisiert werden, um einen Rückschluss auf einzelne Personen auszuschließen. Im Übrigen gelten die Bestimmungen des Bundesdatenschutzgesetzes.

§ 5 Gesundheitszirkel

5.1 Grundsatz

Auf Beschluss des Arbeitskreises Gesundheit werden Gesundheitszirkel eingerichtet. Ihre Aufgabe ist es, gesundheitsschädigende Arbeitsbedingungen aufzudecken und Verbesserungsvorschläge zur menschengerechten Gestaltung der Arbeit zu entwickeln und dem Arbeitskreis Gesundheit entsprechende Vorschläge vorzulegen.

5.2 Zusammensetzung

Entsprechend der organisatorischen Einheiten wird je ein Vertreter in die Gesundheitszirkel entsandt. Die organisatorischen Einheiten werden übereinstimmend von Arbeitgeber und Betriebsrat festgelegt.

5.3 Organisation

Die Zusammenkunft der Gesundheitszirkel findet regelmäßig mindestens einmal monatlich statt. Bei dringendem Bedarf kann davon auf Antrag des Betriebsrates, der Beschäftigten oder des Arbeitgebers abgewichen werden.

Die Sitzungen finden während der Arbeitszeit statt und werden von den dafür entsprechend qualifizierten Moderatoren geleitet. Für die Sitzungen stellt der Arbeitgeber in erforderlichem Umfang Räume und sachliche Mittel zur Verfügung.

§ 6 Zusätzliche Maßnahmen

In Verbindung mit dem Arbeitskreis, auf Anregung der Krankenkassen oder der Berufsgenossenschaften können weitere Maßnahmen zum Abbau von Gefährdungen und Belastungen durchgeführt werden. Dazu gehören z. B. Kurse zur Vermeidung von Muskel- und Skeletterkrankungen.

§ 7 Durchführung von Maßnahmen

Die vom Arbeitskreis Gesundheit beschlossenen Maßnahmen werden umgehend vom Arbeitgeber durchgeführt. Maßnahmen mit geringeren finanziellen und organisatorischen Auswirkungen werden von den Vorgesetzten sofort umgesetzt.

Alle Maßnahmen, die dem Arbeits- und Gesundheitsschutz bzw. der Gesundheitsförderung dienen, werden während der Arbeitszeit durchgeführt. Werden sie aus zwingenden Gründen außerhalb der regelmäßigen Arbeitszeit durchgeführt, werden sie mit den entsprechenden Zuschlägen vergütet oder durch Freizeit abgegolten.

Von der Umsetzung/Durchführung der Vorschläge kann nur in begründeten Ausnahmefällen mit Zustimmung des Betriebsrates abgewichen werden. Alle Vorschläge und durchgeführten Maßnahmen werden dokumentiert und ergänzen den jährlichen Gesundheitsbericht.

§ 8 Rechte des Betriebsrates

Der Betriebsrat wird von der Geschäftsleitung von allen Maßnahmen der Gesundheitsförderung umfassend im Planungsstadium informiert. Alle schriftlichen Unterlagen werden ihm zur Verfügung gestellt. Er hat das Recht, sich an allen Planungen zur betrieblichen Gesundheitsförderung zu beteiligen und mit den zuständigen Personen zu beraten. Er kann zu Fragen der Gesundheitsförderung eine unabhängige Arbeitsgruppe einrichten. Die Beschäftigten sind für ihre Arbeit in der Gesundheitsgruppe freizustellen. Der Betriebsrat hat das Recht, in Abstimmung mit der Geschäftsleitung Sachverständige auf dem Gebiet der Gesundheitsförderung hinzuzuziehen.

§ 9 Regelung von Streitigkeiten

Kommt eine Einigung über Regelungen aus dieser Betriebsvereinbarung nicht zustande, so entscheidet eine paritätische Kommission. Sie besteht aus sechs Personen, die je zur Hälfte vom Arbeitgeber und Betriebsrat benannt werden.

Erfolgt auch hier keine Einigung, so entscheidet die Einigungsstelle gem. § 76 Abs. 5 BetrVG verbindlich.

§ 10 In-Kraft-Treten/Kündigung

Die Betriebsvereinbarung tritt mit ihrer Unterzeichnung in Kraft und kann schriftlich mit einer Frist von drei Monaten zum Quartalsende, erstmals zum . . . . gekündigt werden.

Sie wirkt nach, bis sie durch eine neue Betriebsvereinbarung ersetzt wird.

Ort, Datum

Unterschriften Geschäftsleitung, Betriebsrat

3.17.5 Betriebsvereinbarung über Rückkehrgespräche

Präambel
§ 1 Gesprächsführung
§ 2 Qualifizierung der Vorgesetzten
§ 3 Gesprächsergebnisse
§ 4 Regelung von Streitigkeiten
§ 5 In-Kraft-Treten/Kündigung

Auf der Basis der Betriebsvereinbarung Gesundheitsförderung wird zwischen der Geschäftsleitung und dem Betriebsrat der Firma . . . . folgende ergänzende Betriebsvereinbarung zur Regelung über Rückkehrgespräche geschlossen.

Präambel

Mit den Rückkehrgesprächen sollen im Rahmen des Arbeitsschutzes und damit auch im Rahmen der betrieblichen Gesundheitsförderung mögliche Ursachen arbeitsbedingter Gesundheitsgefahren ermittelt werden, um weitere Maßnahmen zur menschengerechten Gestaltung der Arbeit anzuregen. Dazu gehört auch z.B. die Überprüfung der Möglichkeit eines Arbeitsplatzwechsels (z.B. nach einem Herzinfarkt oder nach einem Bandscheibenvorfall) zwecks Reduzierung künftiger Fehlzeiten.

§ 1 Gesprächsführung

1. Nach Wiederaufnahme der Arbeit können die Gespräche von dem zuständigen Vorgesetzten, auf Wunsch des Arbeitnehmers auch von einem anderen Vorgesetzen, geführt werden.
2. Voraussetzung ist, dass der Arbeitnehmer damit einverstanden ist und der Vorgesetzte vorher dafür qualifiziert wurde.
3. Die Gespräche werden anhand eines strukturierten Leitfadens geführt. Der Leitfaden ist mit dem Betriebsrat zu vereinbaren. Weitere Aufzeichnungen aus den Gesprächen erfolgen nicht.

4. Auf Wunsch des Arbeitnehmers kann an den Gesprächen ein Betriebsratsmitglied teilnehmen.

5. Weicht der Arbeitgeber einseitig von den geplanten bzw. eingeleiteten Maßnahmen ab, so verlieren die Rückkehrgespräche ihren Sinn und sind unzulässig. Die Bestimmung des § 4 Regelung von Streitigkeiten gilt entsprechend.

§ 2 Qualifizierung der Vorgesetzten

Die Vorgesetzten werden für diese Aufgabe qualifiziert. Die Qualifizierung wird mit dem Betriebsrat vereinbart und umfasst insbesondere

- Gesprächsführung
- Kenntnisse des Arbeits- und Gesundheitsschutzes
- Belastungen und Gefährdungen ihres Verantwortungsbereiches
- betriebliche Regelungen zum Arbeits- und Gesundheitsschutz.

§ 3 Gesprächsergebnisse

1. Mit Zustimmung der/des Betroffenen werden die Ergebnisse an den Arbeitskreis »Gesundheit« weitergegeben. Die Vorgesetzten und die Betroffenen werden über die geplanten/eingeleiteten Maßnahmen unterrichtet.

2. Eine Aufnahme der Ergebnisse in die Personalakte ist unzulässig.

§ 4 Regelung von Streitigkeiten

Kommt eine Einigung nach dieser Betriebsvereinbarung über zu treffende Regelungen nicht zustande, so entscheidet eine paritätische Kommission.
Erfolgt auch hier keine Einigung, so entscheidet die Einigungsstelle gem. § 76 Abs. 5 BetrVG verbindlich.

§ 5 In-Kraft-Treten/Kündigung

Die Betriebsvereinbarung tritt mit ihrer Unterzeichnung in Kraft und kann schriftlich mit einer Frist von drei Monaten zum Quartalsende, erstmals zum . . . . gekündigt werden.

Sie wirkt nach, bis sie durch eine neue Betriebsvereinbarung ersetzt wird.

Ort, Datum

Geschäftsleitung, Betriebsrat

(**Hinweis:** Entwurf einer Betriebsvereinbarung IG Metall, Bezirksleitung Nordrhein-Westfalen)

3.17.6 Betriebsvereinbarung über Tabakrauch und Nichtraucherschutz am Arbeitsplatz

zwischen der Geschäfts-/Betriebs-/Unternehmensleitung und dem Gesamt-/Betriebsrat
der . . . .

§ 1 Präambel

Diese Vereinbarung bezweckt das Wohlbefinden aller Beschäftigten und dient damit betrieblichen Zwecken. Sie betrifft nicht die Haupt- und Nebenpflichten aus den Arbeitsverhältnissen, sondern normale Verhaltensweisen und Reaktionen von Menschen in Gesellschaft.

Die Vereinbarung soll eventuell auftretenden Spannungen und Konflikten zwischen Tabakrauchern und Nichtrauchern vorbeugen. Belästigungen sollen vermieden und Streit soll durch wechselseitiges Verstehen und tolerante sowie tolerable Maßnahmen beigelegt werden.

Die folgenden Empfehlungen und Regelungen haben die Aufgabe, Raucher und Nichtraucher zu wechselseitiger Rücksichtnahme zu bewegen, Belästigungen und Gefährdungen durch Tabakrauch abzubauen und Verständnis für die Bedürfnisse anderer zu vertiefen.

Förderung und Anreiz zu gegenseitigen Verständnis haben Vorrang vor strikten Ge- und Verboten.

§ 2 Grundrechtliche Pattsituationen

Sowohl Nichtraucher als auch Raucher besitzen Grundrechte, die ihre Position weitgehend schützen. Dem Recht auf körperliche Unversehrtheit steht die Handlungs- und Genussfreiheit gegenüber. Beide Rechte müssen sich im Alltag Einschränkungen gefallen lassen. Ein klares Überwiegen der Rechte einer Seite ist nicht festzustellen. Hieraus folgt die Notwendigkeit eines Miteinander statt eines Gegeneinander – auch am Arbeitsplatz und im Betrieb.

§ 3 Grundsätze

Die folgenden Grundsätze sind Ausdruck der Überzeugung, dass allein differenzierte Regeln der Selbstbestimmung der Beteiligten einschließlich ihres Vorrechts auf eigene Konfliktlösungen gerecht werden können.

1. Durch oder aufgrund von Gesetz, Verordnung, Unfallverhütungsvorschrift oder behördliche Anordnung bestehen derzeit folgende **Rauchverbote:**
   a) Folgende Produktionsstätten: . . . . . . (alle aufzählen)
   b) Alle Personenaufzüge, -fahrstühle, Paternoster
   c) Werkärztliche Behandlungsräume
   d) Gekennzeichnete Abteilungen bzw. Zonen in Pausen- und Ruheräumen
   e) Liegeräume und Stillräume
   f) Betriebliche Tankstellen, Treibstofflager und ähnliche Anlagen
   g) . . . . (möglichst genaue Aufzählung und Bezeichnung)

2. Für **Arbeitsplätze** und **Räume,** die nicht unter § 3.1 erwähnt worden sind (unter Umständen kann hier eine konkrete oder kategoriale Aufzählung erfolgen, wie z.b.: Büros, Empfangsräume, Rechenzentrum, Lager) gilt Folgendes:

a) Einvernehmliche Lösungen der beteiligten ArbeitnehmerInnen haben Vorrang vor allen anderen Regelungen. Vorgesetzte, (Gesamt-)Betriebsräte und Vertrauensleute haben die Aufgabe, in Erfüllung ihrer Fürsorgepflichten bzw. ihres gesetzlichen Vertretungsauftrags allen Beschäftigten bzw. den Organisierten gegenüber beim Auffinden geeigneter Kompromisse jede erdenkliche Hilfe anzubieten. Dazu sind möglicherweise vom Arbeitgeber eingesetzte Berater (wie z.b. in Großbetrieben Psychologen) einzubeziehen.

Als Beispiele werden folgende Lösungsmöglichkeiten aufgeführt:

- Bessere Be- und Entlüftung; Einhaltung regelmäßiger Lüftungspausen,
- freiwillige Selbstbeschränkung der Raucher,
- Vereinbarung von Rauch- und Nichtrauchzeiten,
- allgemeine Raucherpausen, gegebenenfalls für alle.

b) Sollte auch auf diese Weise keine Einigung erzielt werden, kann von jedem Beteiligten eine spezielle, nur auf Anfrage zusammentretende Arbeitsgruppe um Entscheidung gebeten werden. Der Gruppe gehören die Beteiligten (bei größeren Gruppen je eine/r), ein (Gesamt-)Betriebsratsmitglied und ein Vorgesetzter an. Nach eingehender Erörterung schlägt die Arbeitsgruppe eine verbindliche Regelung vor, welche die Belange beider Seiten ausreichend wahrt und als Sondervereinbarung zwischen (Gesamt-)Betriebsrat und Arbeitgeber beschlossen wird. In jeder Lage haben einverständliche Lösungen der Beteiligten Vorrang. Eventuell mit dem Lösungsvorschlag verbundene Kosten trägt bis zur Unzumutbarkeitsgrenze der Arbeitgeber.

c) Lassen sich die Arbeitsplätze und -bereiche technisch sowie ohne Einbuße an Arbeitsqualität, -klima und -effizienz voneinander trennen, so sollten Raucher und Nichtraucherarbeitsplätze voneinander getrennt werden. Das Einverständnis der Beteiligten ist Voraussetzung.

3. In **Konferenz-, Sitzungs- und Besprechungsräumen, Lehr- und Unterrichtsräumen** wird im Bedarfsfall unter den Teilnehmenden eine rasche Einigung über das Rauchen erzielt. Im Zweifelsfall übt die Leitungsperson ihren Einfluss dahingehend aus, dass bei einem weitestmöglichen Ausgleich der Interessen eine Regelung festgesetzt wird. Diese gilt wenigstens für die laufende Veranstaltung. Sollten Konflikte für künftige Sitzungen abzusehen sein, kann die Arbeitsgruppe im Sinne von § 3 Ziff. 2 b) für verbindliche und dauerhafte Lösungen angerufen werden.

4. Im **Esssaal,** in der **Kantine,** im **Casino,** in der **Cafeteria** (etc.) werden Nichtraucherzonen klar ausgewiesen. Dennoch auftretende Probleme werden nach erfolglosen Einigungsversuchen bei genereller Bedeutung der Arbeitsgruppe im Sinne von § 3 Ziff. 2 b) vorgelegt.

5. An Arbeitsplätzen mit starkem **Publikumsverkehr** (wie: Verkaufsräume, Schalterhallen, Büros mit regelmäßigem Besucherstrom, Kraftfahrzeuge mit wechselnden Insassen u. Ä.) herrscht für die Betriebsangehörigen ein Rauchverbot, es sei denn, die Anwesenden haben ausdrücklich keine Einwendungen gegen Tabakrauch.

6. Nach Übereinkunft der Betriebsparteien werden alle Räume und Zonen, in denen ein Rauchverbot herrschst, durch auffällige **Hinweisschilder** gekennzeichnet. Nach Möglichkeit enthalten die Hinweise auch die jeweilige Rechtsquelle des Verbots.

§ 4 Prämien

Für die verantwortliche Mitwirkung an gefundenen Konsenslösungen mit bleibender Wirkung (mindestens 1 Jahr oder 6 Monate o. Ä.) kann die Arbeitsgruppe (im Sinne von § 3 2 b) Prämien für die Konfliktbeteiligten vorschlagen. Verfahren und Prämienhöhe könnten sich nach dem betrieblichen Vorschlagswesen richten.

In Ermangelung eines vereinbarten Vorschlagswesens wären hier genauere Angaben erforderlich; z. B. bei insgesamt zwei bis vier Konflikt-Beteiligten je Person bis zu DM 500,00, bei mehreren oder größeren Einheiten bis zu DM 1000,00 je konstruktiven Beitrag; in Ausnahmefällen auch höhere Beträge.

Um den Anreizcharakter dieser Prämien zu erhöhen, ist der Arbeitgeber verpflichtet, den Vorschlag der Arbeitsgruppe ernsthaft zu prüfen und – falls er die Zahlung ablehnt – die Nichtzahlung der Prämie(n) eingehend zu begründen.

§ 5 In-Kraft-Treten, Kündigung

Diese Betriebsvereinbarung tritt mit ihrer Unterzeichnung in Kraft.

Sie kann mit einer Frist von 3 Monaten gekündigt werden.

Sie wirkt nach bis zum Abschluss einer neuen Betriebsvereinbarung über denselben Gegenstand.

Datum, Unterschriften

(**Hinweis:** Entnommen aus »Arbeitsrecht im Betrieb«, Schriftenreihe, Heilmann »Rauchen am Arbeitsplatz«)

3.17.7 Betriebsvereinbarung gegen den Suchtmittelmissbrauch – zur Vermeidung von süchtigen Verhalten – über Hilfe für abhängig Kranke

Zwischen der XY-GmbH
und dem Betriebsrat der XY-GmbH wird folgende Vereinbarung getroffen:

§ 1 Geltungsbereich

Diese Betriebsvereinbarung gilt für alle Beschäftigten der XY-GmbH.

§ 2 Ziel der Betriebsvereinbarung

Ziel der Betriebsvereinbarung ist es, die Arbeitssicherheit zu erhöhen, die Gesundheit der Beschäftigten zu erhalten, die zwischenmenschlichen Beziehungen zu fördern, den Suchtmittelmissbrauch (Alkohol, Medikamente) und den illegalen Drogengebrauch abzuschaffen, den Gefährdeten und abhängig Kranken ein rechtzeitiges Hilfsangebot zu unterbreiten. Hilfe soll auch denen angeboten werden, die unter süchtigem Verhalten, z. B. Essstörungen (Magersucht, Fress-Brech-Sucht), Spiel-, Arbeits- und Nitkotinsucht leiden.

Diese Betriebsvereinbarung sichert die Gleichbehandlung aller Betroffenen und will allen Beteiligten eine durchschaubare Richtlinie an die Hand geben.

§ 3 Gebrauch von Suchtmitteln

- Für den allgemeinen Genuss von Alkohol gelten die Grundsätze der UVV § 38, wonach Versicherte sich nicht durch Alkoholgenuss in einen Zustand versetzen dürfen, durch den sie sich selbst oder andere gefährden können, und wonach Versicherte, die infolge Alkoholgenusses oder anderer berauschender Mittel nicht mehr in der Lage sind, ihre Arbeit ohne Gefahr für sich oder andere auszuführen, mit Arbeiten nicht beschäftigt werden dürfen. Für den betrieblichen Bereich besteht wegen der erhöhten Unfallgefahr ein generelles Alkoholverbot.
- Die Einnahme von Medikamenten – insbesondere Schmerzmittel mit Suchtsubstanzen, Schlafmittel, Psychopharmaka und Appetitzügler – sollte nur in Absprache mit Ärzten erfolgen. Diese Arzneimittel können wegen ihrer stimmungsveränderten Substanzen erhebliche Unfallgefahren auslösen.
- Der Konsum illegaler Drogen ist verboten.
- Raucher haben bei Anwesenheit von Nichtrauchern auf diese Rücksicht zu nehmen.

§ 4 Ausschank von Alkohol – Ausgabe von Medikamenten

Geschäftsleitung und Betriebsrat sind gegen ein absolutes Alkoholverbot, wollen aber dazu beitragen, dass Alkohol nicht länger als ein alltägliches Konsummittel, sondern wieder als Genussmittel gebraucht wird. Eine veränderte Trinkkultur soll über ein offenes Trinkverhalten erreicht werden.

Deshalb wird der Ausschank wie folgt geregelt:
- Der Ausschank harter Spirituosen unterbleibt.
- An besonders heißen Sommertagen werden alkoholfreie Getränke kostenlos abgegeben.
- Das Mitbringen von alkoholischen Getränken, wie z. B. Wein, Sekt und Bier, in den Betrieb ist bei bestimmten Feiern (Jubiläum, Geburtstag, Ausscheiden aus dem Betrieb) möglich. Zeit und Ort der Feier wird mit dem jeweiligen Vorgesetzten abgestimmt.
- Der private Verkauf alkoholischer Getränke ist nicht zulässig.
- Die Medikamentenausgabe erfolgt nur nach Absprache zwischen den jeweiligen Verantwortlichen und dem zuständigen Betriebsarzt. Vom Betriebsarzt ist zu gewährleisten, dass die Medikamentenausgabe an wen und zu welchem Anlass anonym bleibt.

§ 5 Aufklärung

Die Beschäftigten werden fortlaufend, umfassend und systematisch darüber aufgeklärt,
- dass Suchtmittel wie Alkohol, Medikamente mit stimmungsverändernden Substanzen, Drogen und das Schnüffeln von Lösungsmitteln die Menschen in ihrer Denk-, Reaktions- und Leistungsfähigkeit beeinträchtigen,

– dass diese Suchtmittel auch die Sicherheit und das Wohlbefinden anderer gefährden,
– dass der Missbrauch dieser Suchtmittel – auch Nikotin – zu Abhängigkeitserkrankungen führen kann, aber auch an der Entstehung anderer Volkskrankheiten, wie z. B. Herz-Kreislauf-Erkrankungen, Krebs, Erkrankungen der Atemwege, beteiligt ist,
– dass auch psychosoziale Krankheitserscheinungen mit Abhängigkeitscharakter, wie z. B. das Glücksspiel, Essstörungen wie die Fress-Brech-Sucht und die Magersucht, die Arbeitssucht, zu Schädigungen der eigenen Persönlichkeit und der zwischenmenschlichen Beziehungen führen.

§ 6 Schulungsmaßnahmen

Alle an verantwortlicher Stelle tätigen Beschäftigten (Vorarbeiter, Meister, Ausbilder, Abteilungsleiter, Schwerbehindertenvertrauensleute, Betriebsräte, Jugendvertreter, Sicherheitsbeauftragte) werden systematisch über den Suchtmittelmissbrauch, über seine Folgen, z. B. Abhängigkeit von Alkohol oder Medikamenten, Mitwirkung bei Volkskrankheiten und über Formen süchtigen Verhaltens durch anerkannte Informationseinrichtungen (u. a. durch den Betriebsarzt) geschult.

Der Schulung von Vorgesetzten, die die Gespräche mit Betroffenen zu führen haben, kommt dabei eine besondere Bedeutung zu.

§ 7 Beseitigung von Ursachen, die zum Missbrauch von Suchtmitteln Anlass geben

Verstärkter Suchtmittelmissbrauch in bestimmten Abteilungen oder Beschäftigungsgruppen wird mit den Betroffenen gemeinsam überprüft, um dessen Ursachen, z. B. schlechte Arbeitsbedingungen, schlechtes Arbeitsklima, traditionelle Trinksitten, zu beseitigen.

§ 8 Maßnahmen und Hilfsangebote für Beschäftigte mit Suchtproblemen

1. Entsteht bei Vorgesetzten der Eindruck, dass Beschäftigte ein Suchtproblem haben und sie deshalb ihren arbeitsvertraglichen Verpflichtungen nicht mehr nachkommen können, haben die jeweiligen Vorgesetzten mit den Betroffenen ein vertrauliches Gespräch zu führen. Den Betroffenen werden die arbeitsvertraglichen Verletzungen dargelegt (Unpünktlichkeit, unentschuldigte Kurzfehlzeiten, Unzuverlässigkeit, Störung des Arbeitsfriedens, starke Leistungsschwankungen usw.). Den Betroffenen wird gesagt, dass das negative Arbeitsverhalten vermutlich auf ihre Suchtproblematik zurückzuführen ist. Ihnen wird Suchtliteratur zur Selbsteinschätzung an die Hand gegeben. Das Gespräch hat keine personellen Konsequenzen. Den Betroffenen wird aber das nächste Konfliktgespräch für den Fall angekündigt, dass es erneut zu suchtbedingten Beeinträchtigungen der arbeitsvertraglichen Verpflichtungen kommt. Suchtkrankenhelfer/-in und Betriebsrat erhalten eine Information über das Gespräch (nicht über den Inhalt).

2. Kommt es erneut zu suchtbedingten Verletzungen der arbeitsvertraglichen Verpflichtungen, so ist vom zuständigen Vorgesetzten gemeinsam mit dem/der Suchtkrankenhelfer/in das Zeitgespräch zu führen. Die Betroffenen werden aufgefordert, nunmehr eine Selbsthilfegruppe aufzusuchen. Eine Kontrolle findet nicht statt, und das Gespräch hat keine personel-

len Konsequenzen. Den Betroffenen wird aber eine mündliche Verwarnung für den Fall angekündigt, dass es erneut zu suchtbedingten Verletzungen der arbeitsvertraglichen Verpflichtungen kommt. Der Betriebsrat erhält eine Information über das Gespräch (nicht über den Inhalt).

3. Kommt es erneut zu suchtbedingten Verletzungen der arbeitsvertraglichen Verpflichtungen, kann die mündliche Verwarnung ausgesprochen werden, und es kommt gleichzeitig zum Drittgespräch. Daran nehmen teil der Vorgesetzte, ein Mitglied des Betriebsrates, ein/e Suchtkrankenhelfer/in, Werksarzt/ärztin. Die Betroffenen werden nunmehr aufgefordert, eine örtliche Beratungsstelle aufzusuchen, um sich möglichst ambulant behandeln zu lassen. Erfolgt die Behandlung während der Arbeitszeit, werden die Betroffenen unter Fortzahlung der Bezüge von der Arbeit freigestellt. Der Arbeitgeber kann sich den Behandlungstermin schriftlich bestätigen lassen. Den Betroffenen wird eine schriftliche Abmahnung für den Fall angekündigt, dass es erneut zu suchtbedingten Verletzungen der arbeitsvertraglichen Verpflichtungen kommt.

4. Kommt es erneut zu suchtbedingten Verletzungen der arbeitsvertraglichen Verpflichtungen, kann die schriftliche Abmahnung erfolgen, und es kommt gleichzeitig zum Viertgespräch. Neben den Vorgesetzten nehmen daran teil die Personalabteilung, ein Mitglied des Betriebsrates, Suchtkrankenhelfer/in, Werksarzt/ärztin, ausgesuchte Kolleginnen und Kollegen und von außerhalb – wenn möglich – Familienmitglieder. Die Betroffenen werden aufgefordert, sich unverzüglich an eine Beratungsstelle zu wenden, um sich einer Behandlung zu unterziehen. Den Betroffenen wird eine zweite schriftliche Abmahnung und eine zusätzliche Maßnahme wie z.B. eine Versetzung auf einen Arbeitsplatz mit minderer Qualität oder Abzug von außertariflichen Leistungen für den Fall angekündigt, dass es erneut zu suchtbedingten Verletzungen der arbeitsvertraglichen Verpflichtungen kommt. Vor Umsetzung der angekündigten Maßnahmen wird der Betriebsrat unter Wahrung der Anhörungsfristen informiert.

5. Kommt es erneut zu suchtbedingten Verletzungen der arbeitsvertraglichen Verpflichtungen, können die angekündigten Maßnahmen aus Ziffer 4 erfolgen, und es kommt gleichzeitig zum fünften und vorletzten Konfliktgespräch. Daran nehmen teil Vorgesetzte, Personalabteilung, ein Mitglied des Betriebsrates und der/die Suchtkrankenhelfer/in. Die Betroffenen werden nunmehr aufgefordert, unverzüglich mit Hilfe der ambulanten Beratungsstellen einen Platz für eine stationäre Entwöhnungsbehandlung zu beantragen. Den Betroffenen wird die Kündigung für den Fall angedroht, dass sie die Hilfe nicht annehmen und dass es erneut zu suchtbedingten Verletzungen der arbeitsvertraglichen Verpflichtungen kommt.

6. Kommt es erneut zu suchtbedingten Verletzungen der arbeitsvertraglichen Verpflichtungen, weil Betroffene keine therapeutische Maßnahme angenommen haben, kann die Kündigung ausgesprochen werden. Sie ist unter Beachtung der individualrechtlichen Bestimmungen, z.B. des Kündigungsschutzgesetzes, und unter Beteiligung des Betriebsrates nach § 102 BetrVG durchzuführen. Wichtig ist, dass ein individuelles Beurteilen der Betroffenen erfolgt.

7. Können Betroffene binnen eines Jahres nach ihrer Entlassung zu einer abstinenten Lebensweise finden, bemüht sich der Betrieb, sie wieder einzustellen. Der Betriebsrat wird an diesem Entscheidungsprozess beteiligt.

§ 9 Rückfall

Bei Rückfälligkeit nach einer ambulanten oder stationären Therapie oder trotz Besuch einer Selbsthilfegruppe ist im Einvernehmen mit den Betroffenen, dem Werksarzt, Suchtkrankenhelfer, Betriebsrat und Vorgesetzten das weitere Vorgehen zu regeln. Das Vorgehen orientiert sich an § 8 Abs. 1–6.

§ 10 Wiedereingliederung

Abstinent lebende Suchtkranke werden, soweit sie es selbst wünschen, bei ihrer Wiedereingliederung in den Betrieb – vor allem nach stationären Therapien – unterstützt. Ihnen wird ihr früherer oder ein vergleichbarer Arbeitsplatz angeboten. Sie werden nicht an Arbeitsplätzen mit Lösungsmitteln beschäftigt, deren Dämpfe süchtig machen.
Bei abstinent lebenden Suchtkranken wird der Hinweis auf die Abhängigkeit spätestens nach Ablauf eines Jahres aus der Personalakte entfernt.

§ 11 Bestellung des/der Suchtkrankenhelfers/in

Der/die Suchtkrankenhelfer/in wird von der Personalabteilung im Einvernehmen mit dem Betriebsrat bestellt. Der Name ist durch Daueraushang bekanntzugeben.

§ 12 Schweigepflicht

Das Strafgesetzbuch sieht für Ärzte, Psychologen und Sozialarbeiter/innen in § 203 vor, dass Inhalte und Informationen über Hilfsgespräche grundsätzlich nur mit Einverständnis der Klienten weitergegeben werden dürfen. Das gilt auch gegenüber den jeweiligen Vorgesetzten. Diese Schweigepflicht gilt auch für die Gesundheitsbeauftragten.

§ 13 Beilegung von Streitigkeiten

Wird zwischen Werksleitung und Betriebsrat über die Auslegung und Anwendung dieser Betriebsvereinbarung keine Einigung erzielt, entscheidet die Einigungsstelle nach § 76 BetrVG.

§ 14 Geltungsdauer

Die Betriebsvereinbarung tritt mit Wirkung vom 1. 4. . . . . . . in Kraft und gilt vorerst als Modell für zwei Jahre. Danach beträgt die Kündigungsfrist drei Monate zum Schluss eines Kalenderjahres.

Ort, Datum und Unterschriften

3.17.8 Betriebsvereinbarung »Reduzierung von Verschleißerkrankungen«

Präambel

Zweck dieser Betriebsvereinbarung ist der Abbau von Arbeitstätigkeiten, die zu einem vorzeitigen körperlichen Verschleiß führen. Schweres Heben oder Tragen und Arbeiten in ungünstigen und belastenden Zwangshaltungen sollen abgebaut werden, damit kurz-, mittel- und langfristig Erkrankungen der Gelenke, der Muskeln und Sehen und des Skeletts bei den Beschäftigten verringert werden.

Ziel ist, dass
– die Beschäftigten weniger unter solchen Erkrankungen zu leiden haben,
– die Zahl der Arbeitsunfähigkeitstage reduziert wird,
– die Zahl der Frühverrentungen wegen dieser Erkrankungen sinkt.

Diese Betriebsvereinbarung will den gesetzlichen Regelungen zur Verwirklichung verhelfen, die auf diesem Gebiet gelten, insbesondere dem Gesetz über die Durchführung von Maßnahmen des Arbeitsschutzes zur Verbesserung der Sicherheit und des Gesundheitsschutzes der Beschäftigten bei der Arbeit (Arbeitsschutzgesetz – ArbSchG) vom 7. 8. 1996 sowie den einschlägigen Verordnungen.

Diese gesetzlichen Vorgaben sollen konkret betrieblich umgesetzt und verwirklicht werden. In diesem Betrieb soll es möglichst wenig Berufskrankheiten im Bereich »Bandscheibenbedingte Schäden der Hals- und Lendenwirbelsäule« geben.

Begriffsbestimmungen

Diese Betriebsvereinbarung gilt für Tätigkeiten, die sich nach gegenwärtigem wissenschaftlichem Kenntnisstand oder nach Übereinstimmung zwischen den Beteiligten durch folgende besondere Belastungen auszeichnen:

Dazu gehören besonders:
– schweres Heben, Tragen, Ziehen oder Schieben,
– Arbeiten in ungünstigen Haltungen, wie Bücken, Liegen, Hocken, Knien,
– Überkopfarbeit,
– sich ständig wiederholende monotone Tätigkeiten mit hohen körperlichen Anspannungen,
– alle weiteren Tätigkeiten, die nach Übereinstimmung der Beteiligten zu besonderen Belastungen führen.

Es sollen die Erkrankungen vermieden werden, die gemäß der internationalen Klassifizierung von Krankheiten die Schlüsselnummer ICD 710 bis 739 haben. Diese Erkrankungen werden von den Rentenversicherern als »Krankheiten der Muskeln, des Skeletts und des Bindegewebes« bezeichnet.

Ermittlung der gefährdenden Tätigkeiten

Innerhalb des Zeitraumes von (ca. $1/4$ bis $1/2$ Jahr) werden die Tätigkeiten, die unter den § 1 fallen, ermittelt.

Die Ermittlung wird durchgeführt von einer speziell gebildeten Arbeitsgruppe oder dem Arbeitsschutzausschuss.

Dazu werden folgende Methoden eingesetzt:
- mündliche und/oder schriftliche Befragung der Betroffenen,
- Arbeitsplatzbesichtigungen mit innerbetrieblichen Arbeitsschutzfachkräften (SiFa, SiBe, Betriebsarzt), evtl. unter Hinzuziehung externer Experten.

Auf Basis der Ermittlungen wird ein Bericht am . . . . vorgelegt.

Rangfolge des Vorgehens

Auf Grundlage dieses Berichts wird eine Prioritätenlisten festgelegt. Diese Prioritätenlisten wird den Beschäftigten auf einer Betriebsversammlung oder einer Abteilungsversammlung vorgestellt und mit ihnen diskutiert.

Die Rangfolge orientiert sich an der Schwere der ermittelten Gefährdungen.

Maßnahmenkatalog

Die Belastungen sollen mit technischen Maßnahmen und/oder durch organisatorische Änderungen vermieden oder in ihrer belastenden Wirkung reduziert werden.

Dabei haben Maßnahmen, die die Belastung endgültig beseitigen, den Vorrang.

Der Arbeitsschutzausschuss (oder eine spezielle für diesen Zweck eingerichtete Arbeitsgruppe) erarbeitet unter Hinzuziehung der Vorgesetzten, der Betroffenen und interner und externer Experten einen Maßnahmenkatalog. Dieser Maßnahmenkatalog orientiert sich am neuesten Stand der Technik.

Voraussetzungen für erfolgreiche Maßnahmen sind

- die Ermittlung des neuesten Standes der Technik
- die Einbeziehung der Betroffenen. Sie werden über die Belastungssituation an ihrem Arbeitsplatz informiert. Die technischen und organisatorischen Verbesserungsmöglichkeiten werden ihnen dargestellt. Die Maßnahme zur Umgestaltung ihres Arbeitsplatzes bedarf ihrer Zustimmung. Diese kann auf Antrag des Betriebsrats von der Einigungsstelle ersetzt werden.
- die Information der Beschäftigten, die von den Maßnahmen indirekt betroffen sind.

Umsetzung

Die Umsetzung der Maßnahmen verändert in der Regel den täglichen Arbeitsablauf deutlich. Die Umsetzung muss deshalb unter Berücksichtigung aller vorhandenen Kenntnisse über die möglichen Folgen der Umstellung erfolgen. Insbesondere sollen vermieden werden
- neue Erschwernisse,
- Verlagerung von Erschwernissen auf andere Beschäftigte,
- Verlust qualifizierter und/oder abwechslungsreicher und bewegungsreicher Arbeit.

Die Umsetzung wird von einer gemeinsamen Arbeitsgruppe vorbereitet.

Erfolgsüberprüfung

Drei Jahre nach Einleitung der ersten Maßnahmen wird ein Bericht über den Erfolg der Maßnahmen vorgelegt. Kriterien für den Erfolg des Vorhabens sind
- Angaben der Betroffenen zum Vergleich der Belastung heute und früher,
- Senkung des Krankenstandes.

Einigungsstelle

Zur Entscheidung über Streitigkeiten zwischen Betriebsrat und Arbeitgeber bei der Anwendung dieser Vereinbarung wird eine ständige Einigungsstelle gebildet. Sie besteht aus je zwei Beisitzern beider Seiten und einem/einer Vorsitzenden.

Ort, Datum, Unterschriften

3.17.9 Betriebsvereinbarung über die Einführung neuer Gefahr- und Arbeitsstoffe sowie deren Ersetzung durch minderbelastende

Zwischen der XY-GmbH

und dem Betriebsrat der XY-GmbH

wird zur Vermeidung gesundheitsgefährdender Belastungen durch neue Gefahr- und Arbeitsstoffe folgende Vereinbarung getroffen:

§ 1 Freigabeverfahren

Die Freigabe eines neuen Gefahrstoffes setzt voraus, dass die in den §§ 2 und 3 festgelegten Bestimmungen eingehalten worden sind. Sie bedarf der Zustimmung durch den Betriebsrat.

§ 2 Überwachung und Umsetzung der Gefahrstoffverordnung

(1) Zur Überwachung und Umsetzung der Gefahrstoffverordnung wird vom Arbeitgeber
a) ein betrieblicher Arbeitskreis Gefahrstoffe gebildet, den die Fachkraft für Arbeitssicherheit leitet und an dem der Betriebsarzt (der zuständige Arzt des Arbeitsmedizinischen Dienstes der Berufsgenossenschaft), der für den betrieblichen Umweltschutz Verantwortliche, der Betriebsrat sowie ein vom Betriebsrat hinzugezogener Sachverständiger beteiligt sind;
b) eine Bestandsaufnahme sämtlicher Gefahrstoffe und Zubereitungen vorgenommen;
c) eine Überprüfung aller Gefahrstoffe im Hinblick auf ihre Ersetzbarkeit durchgeführt;
d) das Verfahren zur Ermittlung der Luftkonzentration am Arbeitsplatz festgelegt, wenn das Auftreten gefährlicher Stoffe in der Umgebungsluft des Arbeitsplatzes nicht auszuschließen ist. Dabei ist der Bewertung des Arbeitsplatzes anhand von staatlich und/oder berufsgenossenschaftlich festgelegten verfahrens- und stoffspezifischen Kriterien der Vorrang einzuräumen. Alle Daten sind in einer Akte der Beschäftigten festzuhalten;
e) der Katalog der erforderlichen Schutzmaßnahmen festgelegt, eine Betriebsanweisung aufgestellt und werden regelmäßig arbeitsplatzbezogene Unterweisungen durchgeführt.

(2) Der Arbeitskreis Gefahrstoffe unterbreitet dem Arbeitgeber aufgrund einer von ihm abgegebenen Vorankündigung Vorschläge zu den von ihm beabsichtigten Maßnahmen nach Buchstaben a) bis e).

(3) Vor Durchführung der Maßnahmen nach Buchstaben a) bis e) ist der Betriebsrat zu hören. Über ihre Ergebnisse ist der Betriebsrat zu informieren.

§ 3 Entsorgung

Für die Entsorgung gilt das Verursacherprinzip. Insbesondere hat der Arbeitgeber die Entsorgung unter Berücksichtigung der Umweltschutzbestimmungen für Luft, Wasser und Abfall sachgerecht sicherzustellen. Auf Anforderung hat der Beauftragte für Umweltschutz den Betriebsrat zu beraten. Der Betriebsrat ist vom Arbeitgeber rechtzeitig zu informieren.

§ 4 Einigungsverfahren

Wenn sich Arbeitgeber und Betriebsrat im Arbeitskreis in mitbestimmungspflichtigen Angelegenheiten nicht einigen können, sollen sie außerhalb des Arbeitskreises ernsthaft verhandeln. Im Falle der Nichteinigung kann jede Seite die Einigungsstelle anrufen, deren Spruch verbindlich zwischen Arbeitgeber und Betriebsrat entscheidet.

Ort, Datum und Unterschriften

3.17.10 Betriebsvereinbarung über die Gestellung von Arbeitskleidung

zwischen der Geschäftsleitung der . . . .
und dem Betriebsrat der . . . . . .

1. Grundsätze

1.1 Diese Vereinbarung regelt die Bereitstellung von Arbeitskleidung durch die Fa. . . . . . für die Auszubildenden ab 2. Lehrjahr, die gewerblichen Arbeitnehmer, Meister und Poliere mit einer Betriebszugehörigkeit von mehr als sechs Monaten.

1.2 Jeder Mitarbeiter, der die nachstehend aufgeführten Voraussetzungen erfüllt, erhält die Arbeitskleidung, Seesack und Schutzhelm kostenlos.

2. Arbeitskleidung

2.1 Es wird folgende Arbeitskleidung je Arbeitnehmer ausgegeben:
   1 Paar Bau-Lederwinterstiefel, gefüttert
   1 Paar PU-Stiefel
   1 Stück Sympatex-Jacke mit Kapuze
   1 Stück Sympatex-Latzhose
   3 Stück Latzhose, 100% Baumwolle, blau
   2 Stück Jacke (blau)

2.2 Die Auszubildenden des 1. Lehrjahres erhalten wie bisher:
Helm, Seesack, Arbeitssicherheitsschuhe, Arbeitssicherheitsstiefel, Jacke und Latzhose (blau).

3. Voraussetzungen

3.1 Die Arbeitskleidung darf nur zum Einsatz auf . . . . Baustellen oder Argen mit . . . . Beteiligung getragen werden.

3.2 Beim Ausscheiden aus dem Unternehmen muss der Mitarbeiter die Arbeitskleidung in gereinigtem Zustand zurückgeben.

3.3 Bei nach nachgewiesenem Einbruch in der Tagesunterkunft, Verschleiß durch starke Beanspruchung oder Schaden durch Fremdeinwirkung wird auf Nachweis Ersatzkleidung gestellt.

3.4 Folgende Mitarbeiter sind nicht berechtigt, oben aufgeführte Arbeitskleidung zu erhalten, sondern bekommen weiterhin die Arbeitskleidung in der bisherigen Ausführung:
– die Ferienhelfer, Praktikanten und alle weiteren Mitarbeiter mit befristeten Arbeitsverträgen
– Mitarbeiter in der sechsmonatigen Probezeit

4. Pflege und Wartung der Arbeitskleidung

Der Arbeitnehmer ist für die regelmäßige Pflege und das Instandsetzung der Arbeitkleidung selbst verantwortlich.

5. Ersatz für verbrauchte Arbeitskleidung

5.1 Die vorgenannte Arbeitskleidung wird grundsätzlich in folgenden Zeitabständen ausgegeben:

Bau-Lederwinterstiefel, gefüttert	alle 2 Jahre
PU-Stiefel	alle 2 Jahre
Sympatex-Jacke	alle 2 Jahre
Sympatex-Latzhose	alle 3 Jahre
blaue Latzhose	nach Bedarf

Bei vorzeitigem erwiesenem Verschleiß erfolgt die Ausgabe im Einzelfall vorher.

6. Streitigkeiten

Ergeben sich bei der Anwendung und Auslegung dieser Betriebsvereinbarung Meinungsverschiedenheiten, sind diese einvernehmlich beizulegen.

7. Kündigung

Die vorliegende Betriebsvereinbarung tritt am . . . . in Kraft. Sie ist mit einer Frist von sechs Monaten zum Jahresende ganz oder teilweise kündbar.

Ort, Datum, Unterschriften

3.18 Betriebliche Altersversorgung

3.18.1 Einleitung

Nach § 87 Abs. 1 Nr. 8 BetrVG hat der Betriebsrat auch bei Form, Ausgestaltung und Verwaltung von Sozialeinrichtungen, deren Wirkungsbereich auf den Betrieb, das Unternehmen oder den Konzern beschränkt ist, mitzubestimmen. Je nach Wirkungsbereich steht dieses Recht dem Gesamtbetriebsrat (für das Unternehmen) oder dem Konzernbetriebsrat (für den Konzern) zu.

Zu den mitbestimmungspflichtigen Sozialeinrichtungen gehören insbesondere Unterstützungskassen, die einmalige Leistungen in Notfällen und/oder Betriebsrenten an ausgeschiedene Arbeitnehmer gewähren. Nachfolgend sind die Satzung und der Leistungsplan einer Unterstützungskasse in Form eines eingetragenen Vereins wiedergegeben, wobei der Leistungsplan mit nur geringen Veränderungen selbstverständlich auch auf Betriebsrentenleistungen in Form der so genannten Direktzusage übertragbar ist, bei der die Zahlungen unmittelbar vom Unternehmen erbracht werden.

3.18.2 Betriebsvereinbarung über betriebliche Altersversorgung (Betriebsrente)

Zwischen der XY-GmbH

und dem Betriebsrat der XY-GmbH

wird folgende Vereinbarung über eine betriebliche Altersversorgung der Mitarbeiter getroffen:

Leistungsplan

der Unterstützungskasse der . . . .

(Firma)

§ 1 Art der Versorgungsleistungen

1. Gewährt werden:
   a) Altersunterstützung (§ 5)
   b) Invalidenunterstützung (§ 6)
   c) Witwenunterstützung (§ 7)
   d) Waisenunterstützung (§ 8)
   e) einmalige Beihilfe (§ 14)

2. Auf diese Leistungen besteht kein Rechtsanspruch. Auch durch die wiederholte oder regelmäßige Zahlung von Alters-, Invaliden- und Witwenunterstützungen sowie anderen Unterstützungen kann weder ein Rechtsanspruch gegen die Unterstützungskasse noch gegen die

Firma begründet werden. Alle Zahlungen erfolgen freiwillig und mit der Möglichkeit des jederzeitigen Widerrufs.

3. Alle Unterstützungen sind Monatsunterstützungen. Sie werden am Letzten des Monats gezahlt. Die Mitteilung von der Bewilligung der Unterstützung erfolgt schriftlich.

§ 2 Wartezeit

Die Unterstützung wird nur dann gewährt, wenn der Betriebsangehörige eine anrechnungsfähige, ununterbrochene Dienstzeit (§ 3) von mindestens fünf Jahren aufzuweisen hat. Wenn der Versorgungsfall überwiegend auf einen Betriebsunfall zurückzuführen ist, bedarf es keiner Wartezeit.

§ 3 Anrechnungsfähige Dienstzeit

1. Als anrechnungsfähige Dienstzeit gilt die Zeit, die der Betriebsangehörige nach der Vollendung des 20. Lebensjahres bis zur Vollendung seines 65. Lebensjahres ununterbrochen bei der Firma verbracht hat. Nach der Vollendung des 65. Lebensjahres werden Dienstjahre nicht mehr angerechnet. Eintrittsjahr und Austrittsjahr zählen zusammen als ein Beschäftigungsjahr.

2. Bei der Berechnung der Dienstzeit bleiben Unterbrechungen, die auf Witterungseinflüsse zurückzuführen sind, außer Ansatz. Ebenso bleiben Unterbrechungen
   - nach einer Betriebszugehörigkeit von 10 Jahren von 26 Wochen,
   - nach einer Betriebszugehörigkeit von 15 Jahren von 52 Wochen,
   - nach einer Betriebszugehörigkeit von 20 Jahren von 104 Wochen
   außer Ansatz.

3. Unterbrechungen bedürfen mindestens einer Dauer von sieben Tagen, um gezählt zu werden.

4. In Zweifelsfällen hat der Antragsteller den Nachweis über das Vorliegen anrechnungsfähiger Dienstjahre zu erbringen.

§ 4 Höhe der Unterstützungen

1. Der Unterstützungsbetrag setzt sich zusammen aus einem Grundbetrag und aus Steigerungsbeträgen.

2. Es betragen
   der monatliche Grundbetrag   5%
   der monatliche Steigerungsbetrag
   für jedes nach der Vollendung der
   Wartezeit zurückgelegte weitere Dienstjahr   0,5%
   bis zum Höchstbetrag von 25% des rentenfähigen Einkommens.

3. Rentenfähiges Einkommen ist der von der Firma durchschnittlich bezogene monatliche Bruttoverdienst der vollen Arbeitsmonate der letzten zwei Jahre vor Eintritt des Versorgungsfalles. Zum Bruttoverdienst gehören die laufenden monatlichen Lohn- und Gehaltsbezüge sowie Weihnachtsvergütungen, Überstundenentgelte und Schichtzulagen, vermögens-

wirksame Leistungen und Dienstalterprämien. Ausgeschlossen sind Gewinnbeteiligungen und alle sonstigen Zahlungen und Bezüge, gleich unter welcher Bezeichnung sie gewährt werden.

§ 5 Altersunterstützung

Altersunterstützung wird männlichen Betriebsangehörigen gewährt, die das 65. Lebensjahr vollendet haben und aus der Firma ausgeschieden sind. Bei weiblichen Betriebsangehörigen tritt an Stelle des 65. Lebensjahres das 60. Lebensjahr.

§ 6 Invalidenunterstützung

1. Invalidenunterstützung erhält:
   der Arbeitnehmer, der erwerbsunfähig im Sinne des Sozialgesetzbuches VI ist.

2. Die Invalidenunterstützung ist schriftlich unter Beifügung des Rentenbescheides des Sozialversicherungsträgers beim Vorstand der Unterstützungskasse zu beantragen. Dem Antrag ist ein ärztliches Attest beizufügen, wenn der Antragsteller der Versicherungspflicht nicht unterliegt.

3. Der Rentner ist verpflichtet, der Unterstützungskasse von jeder Änderung der Feststellung der Berufsunfähigkeit durch den Sozialversicherungsträger Kenntnis zu geben, anderenfalls er mit dem Entzug der Invalidenunterstützung rechnen muss.

4. Der Vorstand der Unterstützungskasse kann jederzeit den Grad der Erwerbsminderung durch Einholen eines vertrauensärztlichen Gutachtens überprüfen lassen, insbesondere auch dann, wenn der Betreffende nicht der Sozialversicherungspflicht unterliegt. Der Betriebsangehörige bzw. der Rentner hat sich innerhalb der vom Vorstand gesetzten Frist der Untersuchung beim Vertrauensarzt zu unterziehen. Die Kosten trägt die Firma.

5. Sofern durch den Sozialversicherungsträger oder durch den Vertrauensarzt festgestellt wird, dass Erwerbsunfähigkeit nicht mehr gegeben ist, wird die Zahlung der Invalidenunterstützung mit dem Ende des Monats eingestellt, in dem die entsprechende Feststellung getroffen worden ist.

6. Die Anwartschaft auf Altersunterstützung bleibt in diesem Falle nur dann bestehen und erhöht sich entsprechend den Bestimmungen von § 4 des Leistungsplans bis zum Eintritt des endgültigen Versorgungsfalles, wenn der Betriebsangehörige unter Berücksichtigung seiner verminderten Leistungsfähigkeit an anderer Stelle bei der Firma weiterbeschäftigt wird oder eine andere ihm zumutbare Tätigkeit bei der Firma nicht ausschlägt.

§ 7 Witwen-/Witwerunterstützung

1. Die/der Ehefrau/Ehemann des/der Betriebsangehörigen erhält, wenn die Ehe bis zum Tode bestanden hat, Witwen-/Witwerunterstützung.

2. Die Witwen-/Witwerunterstützung beträgt $^2/_3$ der Unterstützung, die der Betriebsangehörige erhalten hat oder erhalten hätte, wenn er im Zeitpunkt seines Ablebens berufs- oder erwerbsunfähig geworden wäre.

3. Die Witwen-/Witwerunterstützung erlischt mit dem Ablauf des Monats, in dem die Wieder- verheiratung erfolgt.

4. Unterstützung wird nicht gewährt:

a) wenn der/die Betriebsangehörige während der Dienstzeit verstorben ist und die Ehe bis zu seinem/ihrem Tod nicht ein Jahr bestanden hat.

b) wenn die Ehe nach Vollendung des 60. Lebensjahres des/der Betriebsangehörigen geschlossen worden ist.

c) wenn die Ehe nach Eintritt des Versorgungsfalles eingegangen worden ist.

§ 8 Waisenunterstützung

1. Die Waisenunterstützung wird gewährt an die Kinder verstorbener Betriebsangehöriger oder verstorbener Ruheständler.

2. Die Waisenunterstützung beträgt für jedes Kind 15% der Unterstützung, die der verstorbene Betriebsangehörige erhalten hat oder erhalten hätte, wenn er im Zeitpunkt seines Ablebens berufs- oder erwerbsunfähig geworden wäre, mindestens monatlich 25 Euro. Vollwaisen er- halten das Doppelte der Unterstützung von Halbwaisen. Witwen- und Waisenunterstützung zusammen dürfen die Unterstützung nicht übersteigen, die der verstorbene Betriebsangehö- rige erhalten hat oder erhalten hätte, wenn er im Zeitpunkt des Ablebens berufs- oder erwerbsunfähig geworden wäre, um den übersteigenden Betrag werden sie anteilmäßig gekürzt.

3. Waren beide Elternteile Betriebsangehörige der Firma, so wird die Waisenunterstützung aus der höheren der beiden Unterstützungen oder aus der höheren Anwartschaft berechnet.

4. Die Waisenunterstützung wird bis zum vollendeten 16. Lebensjahr, darüber hinaus nur so lange gezahlt, wie der/die Betriebsangehörige für den Abkömmling steuerlich einen Kinder- freibetrag hätte beanspruchen können.

§ 9 Unverfallbare Anwartschaften

1. Die in den vorgenannten Bestimmungen bezeichneten Leistungen werden auch dann gewährt, wenn der Betriebsangehörige beim Eintritt des Versorgungsfalles (Vollendung des 65. Lebensjahres bei männlichen und des 60. Lebensjahres bei weiblichen Betriebsangehöri- gen, Berufsunfähigkeit, Tod) nicht mehr in den Diensten der Firma steht, aber bei seinem vorherigen Ausscheiden aus den Diensten der Firma eine anrechnungsfähige Dienstzeit (§ 3) von mindestens zehn Jahren auszuweisen hat.

2. Die Leistungen werden dann in der beim Ausscheiden aus der Firma nach Maßgabe der §§ 3 und 4 erdienten Höhe bei Eintritt des Versorgungsfalles erbracht.

3. Scheidet ein Betriebsangehöriger wegen Arbeitsmangels aus, leben bei seiner Wiederein- stellung alle Ansprüche wieder auf.

§ 10 Anrechnung

Zahlungen, die aufgrund direkter betrieblicher Rentenzusagen von der Firma geleistet werden, müssen auf die Leistungen der Unterstützungskassen angerechnet werden. Dies gilt nicht, wenn die Leistungen der Unterstützungskassen bei den Zahlungen der Firma ausdrücklich berücksichtigt sind.

§ 11 Verpfändung und Abtretung

Die Unterstützungen können vom Empfänger weder verpfändet noch abgetreten werden. Verpfändungen und Abtretungen sind der Unterstützungskasse und der Firma gegenüber unwirksam.

§ 12 Freiwilligkeit der Leistungen

Die Zahlung der Unterstützungen erfolgt nach Maßgabe der vorhandenen Mittel der Unterstützungskasse.

Jeder Leistungsempfänger hat bei Beginn der Zahlung folgende schriftliche Erklärung abzugeben:

»Es ist mir bekannt, dass alle Leistungen aus der Unterstützungskasse der Firma freiwillig gewährt werden. Es ist mir ferner bekannt, dass mir auch durch wiederholte oder regelmäßig laufende Leistungen weder ein Anspruch gegen die Unterstützungskasse noch gegen die Firma erwächst. Mit dieser Regelung bin ich einverstanden.

. . . .
(Datum)   (Unterschrift)«

§ 13 Einmalige Beihilfen

Der Vorstand der Unterstützungskasse kann an gegenwärtige oder frühere Betriebsangehörige oder ihre Angehörigen in Fällen besonderer Notlage einmalige Beihilfen gewähren. Diese Leistungen erfolgen ebenfalls freiwillig und ohne rechtliche Verpflichtung der Unterstützungskasse. Aus einer solchen Leistung entsteht für die Zukunft kein Anspruch auf weitere Leistungen. Als Notfälle gelten insbesondere längere schwere Krankheiten, Schwangerschaften und Sterbefälle, durch welche ein zwangsläufig erwachsender erhöhter Geldbedarf zu erwarten ist, den der betreffende Betriebsangehörige nicht ohne Beeinträchtigung seiner wirtschaftlichen Lage bestreiten kann.

Anlage 1
Satzung der Unterstützungskasse der . . . .

§ 1 Name, Sitz und Rechnungsjahr

1. Der Verein führt den Namen »Unterstützungskasse der (Firma) . . . .« und hat seinen Sitz in . . . .

2. Der Verein ist in das Vereinsregister eingetragen und führt den Zusatz »e. V.«.

3. Das Rechnungsjahr des Vereins ist das Kalenderjahr.

§ 2 Zweck

Der Verein ist eine soziale Einrichtung der (Firma) . . . . (im folgenden kurz »Firma« genannt). Sein ausschließlicher und unabänderlicher Zweck ist die freiwillige, einmalige oder laufende Unterstützung von Betriebsangehörigen und ehemaligen Betriebsangehörigen der Firma sowie deren Angehörigen bei Hilfsbedürftigkeit, Erwerbs- und Berufsunfähigkeit sowie im Alter.

§ 3 Mitgliedschaft

1. Mitglieder des Vereins müssen der Firma als Betriebsangehörige angehören oder angehört haben. Mitglieder können auch ehemalige Betriebsangehörige der Firma sein.
2. Über die Aufnahme von Mitgliedern entscheidet der Vorstand. Sie erfolgt auf Antrag durch schriftliche Mitteilung des Vorstandes.

§ 4 Beendigung der Mitgliedschaft

Die Mitgliedschaft erlischt:

a) durch freiwilligen Austritt, der jederzeit erfolgen kann und dem Vorstand schriftlich zu erklären ist,

b) durch Ausscheiden als Betriebsangehöriger, es sei denn, dass das Ausscheiden wegen Berufsunfähigkeit, Alter oder Krankheit erfolgt,

c) durch Ausschluss durch den Vorstand aus wichtigem Grunde,

d) durch Tod.

§ 5 Organe

Organe des Vereins sind der Vorstand und die Mitgliederversammlung.

§ 6 Vorstand

1. Der Vorstand des Vereins besteht aus sechs Personen. Davon werden je drei Vertreter von der Firma und vom Betriebsrat bestellt.
2. Die Vorstandsmitglieder werden auf die Dauer von drei Jahren bestellt. Die Mitgliedschaft im Vorstand ist an die Zugehörigkeit zur Firma, nicht aber an die Mitgliedschaft im Verein gebunden.
3. Die Tätigkeit des Vorstandes ist ehrenamtlich.

§ 7 Vertretung und Beschlussfassung

1. Der Vorstand wählt aus seiner Mitte einen Vorsitzenden und einen stellvertretenden Vorsitzenden.
2. Der Vorsitzende oder der stellvertretende Vorsitzende und ein weiteres Vorstandsmitglied vertreten den Verein gerichtlich und außergerichtlich.
3. Die Entschließungen des Vorstandes werden durch Mehrheitsbeschluss gefasst.

§ 8 Geschäftsführung

Der Vorstand führt die Geschäfte des Vereins. Er verwaltet sein Vermögen und beschließt über die zu gewährenden Unterstützungen.

§ 9 Mitgliederversammlung

1. Innerhalb der ersten sechs Monate eines jeden Geschäftsjahres findet eine ordentliche Mitgliederversammlung statt. Regelmäßige Gegenstände der Beratung und Beschlussfassung der Mitgliederversammlung sind:
   a) der Jahresbericht und Rechnungsbericht über das verflossene Vereinsjahr,
   b) die Entlastung des Vorstandes für das abgelaufene Vereinsjahr.

2. Außerordentliche Mitgliederversammlungen sind zu berufen, wenn das Interesse des Vereins es erfordert oder wenn mindestens drei Mitglieder die Einberufung verlangen.

3. Der Vorstand stellt die Tagesordnung der Mitgliederversammlung fest und beruft die Mitgliederversammlung unter Bekanntmachung der Tagesordnung durch schriftliche Einladung der Mitglieder. Die Einladungen müssen den Mitgliedern mindestens eine Woche vor dem Tage der Mitgliederversammlung zugegangen sein.

4. Der Vorsitzende des Vorstandes oder der stellvertretende Vorsitzende des Vorstandes leitet die Mitgliederversammlung.

5. Über die Beschlüsse und den wesentlichen Inhalt der Mitgliederversammlung ist eine Niederschrift anzufertigen, die vom Leiter der Mitgliederversammlung und einem Vorstandsmitglied zu unterzeichnen ist.

§ 10 Beschlüsse der Mitgliederversammlung

1. Zu Beschlüssen der Mitgliederversammlung ist die einfache Mehrheit der erschienenen Mitglieder erforderlich, sofern die Satzung nichts anderes bestimmt.

2. Eine Satzungsänderung bedarf der Zustimmung von drei Vierteln der erschienenen Mitglieder.

§ 11 Einkünfte

1. Die Einkünfte des Vereins bestehen
   a) aus freiwilligen Zuwendungen der Firma oder von anderer Seite,
   b) aus den Erträgnissen des Vereinsvermögens.

2. Eine Erhebung von Mitgliedsbeiträgen ist nicht zulässig. Die Betriebszugehörigen der Firma dürfen zu Leistungen an den Verein nicht herangezogen werden.

§ 12 Vermögen

1. Die Einkünfte und das Vermögen des Vereins dürfen nur für die in § 2 genannten Zwecke verwendet werden.

2. Über die Anlage des Vermögens entscheidet der Vorstand. Sie hat stets in Übereinstimmung mit den Vorschriften über die Vermögensverwaltung steuerbegünstigter Unterstützungskassen zu erfolgen.

§ 13 Leistungen

1. Der Verein kann einmalige Unterstützungen in Fällen der Not gewähren.
2. Der Verein kann auch Alters-, Invaliden-, Witwen- und Waisenbeihilfen gewähren.
3. Werden solche Leistungen gewährt, dürfen diese Leistungen die durch die Steuergesetzgebung für die Begünstigten von Unterstützungskassen festgelegten Höchstbeträge nicht übersteigen.
4. Die Mehrzahl der Personen, denen die Leistungen des Vereins zugute kommen sollen, darf sich nicht aus den Gesellschaftern oder deren Angehörigen zusammensetzen.
5. Der Vorstand stellt die Richtlinien auf, nach denen die Leistungen des Vereins gewährt werden (Leistungsplan).
6. Die Leistungen des Vereins dürfen von den Leistungsempfängern weder verpfändet noch abgetreten werden.

§ 14 Freiwilligkeit der Leistungen

1. Die Leistungsempfänger haben keinen Rechtsanspruch auf Leistungen des Vereins. Auch durch wiederholte oder regelmäßige Zahlung von Alters-, Invaliden-, Witwen- und Waisenbeihilfen sowie anderen Unterstützungen kann weder ein Rechtsanspruch gegen den Verein noch gegen die Firma begründet werden. Alle Zahlungen erfolgen freiwillig und mit der Möglichkeit des jederzeitigen Widerrufs.
2. Jeder Leistungsempfänger hat eine schriftliche Erklärung mit folgendem Wortlaut abzugeben:
»Es ist mir bekannt, dass alle Leistungen aus der Unterstützungskasse der (Firma) . . . . freiwillig gewährt werden. Es ist mir ferner bekannt, dass mir auch durch wiederholte oder regelmäßig laufende Leistungen weder ein Anspruch gegen die Unterstützungskasse noch gegen die Firma erwächst. Mit dieser Regelung bis ich einverstanden.

Datum   Unterschrift«

§ 15 Auflösung

Zur Auflösung des Vereins ist der übereinstimmende Beschluss von Vorstand und Mitgliederversammlung erforderlich. Der Auflösungsbeschluss der Mitgliederversammlung bedarf einer Mehrheit von drei Vierteln der erschienenen Mitglieder.

§ 16 Verwendung des Vereinsvermögens

1. Im Falle der Auflösung des Vereins ist das Vereinsvermögen
   a) auf die gemäß § 2 Begünstigten nach einem vom Vorstand des Vereins aufzustellenden Plan zu verteilen oder
   b) ausschließlich gemeinnützigen oder mildtätigen Zwecken im Sinne der Abgabenordnung zuzuführen.

2. Der Verteilung auf die Begünstigten im Sinne des Abs. 1 a) steht es gleich, wenn der Verein unter Wahrung der steuerrechtlichen Vorschriften in eine andere Rechtsform derselben Zweckbestimmung oder in eine Pensionskasse überführt wird. Auch eine Ausgliederung von Teilen des Vereinsvermögens zur Gründung oder Ausgestaltung einer Pensionskasse unter Aufrechterhaltung der Unterstützungskasse ist zulässig.

3. Der Beschluss der Mitgliederversammlung über die Verwendung des Vereinsvermögens darf erst nach Zustimmung des zuständigen Finanzamtes durchgeführt werden.

§ 17 Liquidation

Im Falle der Auflösung des Vereins erfolgt die Liquidation durch den zur Zeit der Auflösung bestehenden Vorstand des Vereins als Liquidator.

3.19 Kantinenessen

3.19.1 Einleitung

Unter den Begriff »Sozialeinrichtungen« i. S. v. § 87 Abs. 1 Nr. 8 BetrVG fallen auch Kantinen. Ihre Errichtung kann zwar nicht vom Betriebsrat erzwungen werden, Form, Ausgestaltung und Verwaltung sind jedoch mitbestimmungspflichtig. Über eine Betriebsvereinbarung sind insbesondere zu regeln die Aufstellung allgemeiner Grundsätze über die Benutzung (Öffnungszeiten, begünstigter Personenkreis, Festsetzung von Kantinenpreisen und sonstigen Nutzungsentgelten im Rahmen der vom Arbeitgeber zur Verfügung gestellten Mittel) und auch Fragen der Verwaltung. Zu letzterem zählen auch der Abschluss und die Kündigung von Pachtverträgen sowie die Grundfrage der Führung der Kantine in eigener Regie oder durch Dritte (Catering). Häufig nehmen Betriebsräte über Kantinenausschüsse oder ähnliches auch Einfluss auf das Essensangebot.

Wegen näherer Einzelheiten zum Mitbestimmungsrecht des Betriebsrats bei Kantinen verweisen wir auf den Beitrag von Jens Herbst/Anette Scholl in »Arbeitsrecht im Betrieb« Heft 3/1990. Die nachfolgende abgedruckte Betriebsvereinbarung wurde aus »Arbeitsrecht im Betrieb« Heft 4/1990 entnommen.

3.19.2 Betriebsvereinbarung Kantinenessen

A. Grundsätze

Die Betriebsparteien stimmen darin überein, dass eine gesunde, schmackhafte und anregend angebotene Verpflegung im Betrieb von grundlegender Bedeutung für das Wohlbefinden der Beschäftigten ist. Der Kantine als Ort der Begegnung kommt darüber hinaus wesentliche Bedeutung für den Umgang der Beschäftigten miteinander zu. Die Speise- und Getränkeversorgung soll über die unmittelbare Befriedigung körperlicher Bedürfnisse hinaus dazu beitragen, die Genussfähigkeit zu entfalten und das Wissen über die Vielfalt der historisch erworbenen menschlichen Fähigkeiten bei der Zubereitung von Nahrungsmitteln zu vertiefen.

B. Angebot an Speisen und Getränken

I. Hauptmahlzeiten

1. Es werden drei Menügruppen als Hauptmahlzeit angeboten, bei denen eine Gruppe Fleisch enthält, eine Gruppe vegetarisch ist und eine Gruppe variabel gestaltet wird, wobei mindestens zweimal wöchentlich Fisch vorzusehen ist. Soweit das Fleischgericht Schweinefleisch enthält, soll das dritte Gericht Fisch oder eine andere Fleischart enthalten.

2. Die Stärkebeilagen (Reis, Nudeln, Kartoffeln und Kartoffelprodukte) sollen austauschbar sein. Die Vollkornvarianten bei Reis und Teigwaren sind angemessen zu berücksichtigen. Bei den Kartoffelbeilagen sollen die Zubereitungen mit Fett bzw. Öl nicht vorherrschen.

3. Die Gemüsebeilagen sollen sowohl aus gegarten Komponenten als auch aus Salaten bestehen. Die Salate sollen aus mehreren Sorten bestehen, keinesfalls nur aus Kopfsalat. Bei den Salaten sollen täglich mindestens drei verschiedene Varianten angeboten werden.

4. In der Regel soll mageres bis mittelfettes Fleisch verwendet werden (nicht über 20% Fett). Die Fleischportionen sollen im Normalfall ein Rohgewicht von 100 bis 150 Gramm haben. Bei typischen Fleischgerichten kann das Gewicht überschritten werden. Es sollen auch fleischarme Gerichte angeboten werden. Die verschiedenen Fleischarten sind abwechslungsreich zu verwenden.

5. Bei Fischgerichten gilt die Gewichtsobergrenze für Fleischgerichte nicht. Seefische sind zu bevorzugen.

6. Vegetarische Gerichte sollen nicht nur Gemüse, sondern auch Komponenten auf der Basis von Vollkorn (z. B. Grünkern-Frikadellen) oder Hülsenfrüchten (z. B. Soja) enthalten.

7. Es wird täglich eine Suppe angeboten. Gemüsesuppen sind zu bevorzugen.

8. Es sind verschiedene Nachspeisen zur Auswahl anzubieten. Milcherzeugnisse sind zu bevorzugen.

9. Die Speisen sind appetitanregend zu präsentieren.

II. Zwischenverpflegung

1. Es wird eine Cafeteria unterhalten, in der Zwischenverpflegung angeboten wird.

2. Im Angebot müssen Milchprodukte, Obst, belegte Brote und Brötchen (auch Vollkorn), Müsli sowie Heiß- und Kaltgetränke (einschließlich kalorienarmer Erfrischungsgetränke) enthalten sein. Es sollen neben traditionellem Gebäck auch Vollkornbackwaren angeboten werden.

3. Brotbeläge sollen fettarm sein, als Streichfette möglichst Halbfettprodukte verwendet werden.

C. Organisation der Verpflegung

1. Es wird im Betrieb täglich frisch gekocht.

2. Es werden moderne Gargeräte verwendet, die kurze, nährwertschonende Zubereitungszeiten ermöglichen.

3. Es wird chargenweise gekocht, um die Warmhaltezeiten so kurz wie möglich zu halten. Die Warmhaltezeiten sollen eine Stunde nicht überschreiten.

4. Es werden bevorzugt frische Rohstoffe eingesetzt. Halbfertigprodukte können verwendet werden, wenn sie unter ernährungswissenschaftlichen und geschmacklichen Gesichtspunkten eine vergleichbare Qualität gewährleisten.

5. Erfolgt die Ausgabe der Speisen nicht unmittelbar bei der Produktion, dürfen die Warmhaltezeiten drei Stunden nicht überschreiten. Die Temperatur der warmen Speisen muss mindestens 60 Grad betragen.

D. Gestaltung des Speiseraums

1. Die Gestaltung des Speiseraums soll eine restaurantartige Atmosphäre gewährleisten. Die Tische sollen nicht in Reihen aufgestellt werden, vielmehr sollen aufgelockerte Sitzgruppen gebildet werden, die das Zusammensitzen unterschiedlich großer Personengruppen ermöglichen. Es sind auch runde Tische zu verwenden.

2. Der Raum wird durch Grünpflanzen unterteilt.

3. Die Beleuchtung erfolgt durch Pendelleuchten über den einzelnen Tischen. Es werden warmtönige Leuchten verwendet. Der Speiseraum soll über großflächige Fenster verfügen, die ansprechend dekoriert sind.

4. Der Speiseraum wird mit Teppichboden ausgestattet. Durch geeignete Lärmdämmungsmaßnahmen wird gewährleistet, dass der Lärmpegel 50 dB(A) nicht überschreitet. Es wird insbesondere sichergestellt. dass aus dem Küchenbereich und von der Geschirrentsorgung kein störender Lärm ausgeht.

5. Die Kassenordnung erfolgt in einer Weise, die Schlangenbildung bei der Ausgabe möglichst verhindert.

6. Die Kantinenräume werden mindestens alle fünf Jahre grundlegend renoviert.

7. Es wird Porzellangeschirr und Metallbesteck verwendet.

E. Mitbestimmungsorganisation

1. Zur Verwaltung der Kantine bildet der Betriebsrat eine Kantinenkommission. Die Kantinenkommission nimmt das Mitbestimmungsrecht des Betriebsrats gem. § 87 Abs. 1 Nr. 8 BetrVG wahr, soweit sie einstimmig entscheidet. Kommt eine einstimmige Entscheidung nicht zustande, ist die Angelegenheit dem gesamten Betriebsrat zur Entscheidung vorzulegen. Über Kantinenpreise entscheidet immer der gesamte Betriebsrat.

2. Der Kantinenkommission werden Menüpläne jeweils für einen Monat im Voraus vorgelegt. Die Menüpläne gelten als genehmigt, wenn ihnen nicht binnen einer Frist von einer Woche widersprochen wird.

3. Der Betriebsrat hat das Recht, jederzeit in alle Unterlagen der Kantinenverwaltung Einsicht zu nehmen. Die Kantinenleitung ist verpflichtet, die Unterlagen zu erläutern. Dies gilt insbesondere für Kalkulationsunterlagen. Mitarbeiter der Kantine sind berechtigt und verpflichtet, dem Betriebsrat jederzeit die mit ihrer Arbeit zusammenhängenden Auskünfte zu erteilen. Sie bedürfen dazu nicht der Zustimmung ihrer Vorgesetzten.

4. Soweit Zweifel an der gesundheitlichen Verträglichkeit von Speisen oder Getränken oder an ihrer Übereinstimmung mit den vereinbarten Standards bestehen, kann der Betriebsrat Untersuchungen durch geeignete Laboratorien durchführen lassen. Die Kosten trägt der Arbeitgeber. Darüber hinaus kann sich der Betriebsrat im Rahmen seiner Mitbestimmungsaufgaben durch Sachverständige gem. § 80 Abs. 3 BetrVG beraten lassen. Die Entscheidung über die Person des Sachverständigen trifft der Betriebsrat. Der Betriebsrat kann eigenständige Honorarvereinbarungen treffen, soweit sie sich im marktüblichen Rahmen halten.

Datum . . . . .

Geschäftsleitung . . . .   Betriebsrat . . . .

(**Hinweis:** Entnommen aus AiB 4/1990)

3.20 Verbundkarten (Job-Ticket)

3.20.1 Einleitung

Immer mehr Firmen gehen in Ballungsräumen dazu über, ihren Beschäftigten den Umstieg auf öffentliche Verkehrsmittel zu erleichtern und Kosten bzw. Probleme durch Parkplatzangebote, Verspätungen wegen Staus etc. zu reduzieren. Hierzu werden teilweise vom jeweiligen Verkehrsverbund firmenbezogene Verbundkarten zu Sonderkonditionen angeboten (»Job-Ticket«).

Der Betriebsrat kann zwar die Einführung eines solchen Job-Tickets nicht erzwingen, die inhaltliche Ausgestaltung ist dagegen mitbestimmungspflichtig im Sinne des § 87 Abs. 1 Nr. 8 BetrVG mit der Folge, daß eine Betriebsvereinbarung die näheren Einzelheiten zu regeln hat.

3.20.2 Betriebsvereinbarung über die Einführung eines Job-Tickets

Zwischen der XY-GmbH

und dem Betriebsrat der XY-GmbH

wird folgende Betriebsvereinbarung abgeschlossen:

1. Ab . . . . erhalten die Beschäftigten der XY-GmbH kostenlos das Job-Ticket des Verkehrsverbundes der Stadt X mit Ausnahme des Personenkreises, der ausschließlich Dienstwagen

benutzt, der Beschäftigten während der gesetzlichen Schutzfrist und/oder des Erziehungs-urlaubs/der Elternzeit sowie der Aushilfen, die nicht länger als drei Monate beschäftigt sind.

2. Die XY-GmbH übernimmt für die Weitergabe des Job-Tickets die daraus resultierende not-wendige Versteuerung.

3. Die Zurverfügungstellung des Job-Tickets dient als Leistung zur Verbesserung der Verkehrs-infrastruktur im hiesigen Ballungsraum, zur ökologischen Entlastung und zum Ausgleich erhöhter Fahrtmehrkosten zwischen Wohnung und Arbeitsstätte.

4. Das Job-Ticket wird allen oben genannten Beschäftigten ab . . . . angeboten.

5. Allen Beschäftigten, die ihren Wohnort außerhalb des Geltungsbereichs des Verkehrsverbun-des haben, wird auf Antrag für die verbleibende Strecke ein Kostenzuschuss gewährt. Dieser Kostenzuschuss wird auf höchstens 25,– Euro begrenzt.

6. Mit In-Kraft-Treten dieser Betriebsvereinbarung verlieren alle Beschäftigten, die innerhalb des Geltungsbereichs des Verkehrsverbundes ihren Wohnsitz haben, das Recht auf einen Parkplatz in der Tiefgarage, mit Ausnahme des Personenkreises mit Dienstwagen und der Angestellten, die aufgrund ihrer Aufgabenstellung Außendiensttätigkeit mit ihrem Privat-PKW ausüben. Mit dieser Betriebsvereinbarung wird für die Beschäftigten der XY-GmbH die Betriebsvereinbarung über die Regelung einer Fahrgelderstattung vom . . . . abgelöst.

7. Diese Betriebsvereinbarung tritt am . . . . in Kraft und kann mit jeder Tarifverände-rung des Verkehrsbundes und einer Frist von drei Monaten zum Halbjahresende gekündigt werden.

Ort, Datum, Unterschriften

3.21 Baustellenunterkünfte

3.21.1 Einleitung

Baustellenunterkünfte, die der Arbeitgeber aufgrund der gesetzlichen Regelung (§ 120c Gewerbeordnung) bereitstellen muss, werden vom Regelungsbereich des § 87 Abs. 1 Nr. 9 BetrVG erfasst. In der Begründung zum Gesetzesvorhaben wird ausgeführt, dass der Arbeitgeber seinen Arbeitnehmern Unterkünfte »mit Rück-sicht auf das Bestehen eines Arbeitsverhältnisses vermietet« (vgl. BT-Drucksache 7/ 262 S. 4 zu A; BAG, Urteil vom 17. 8. 1988 – 5 AZR 573/87). Damit hat der Ge-setzgeber zu erkennen gegeben, daß Baustellenunterkünfte wie Wohnraum in Sa-chen von § 87 Abs. 1 Nr. 9 BetrVG anzusehen sind. Für die Mitbestimmung ist es unerheblich, ob der Arbeitgeber selbst oder ein Dritter Wohnraum überlässt. § 87 Abs. 1 Nr. 7 i.V.m. § 89 BetrVG eröffnet dem Betriebsrat die Möglichkeit, den Gesundheitsschutz und das sittliche Empfinden der Unterkunftsberechtigten an-gemessen zu berücksichtigen. Das mit der Bereitstellung, Beschaffenheit und

Überwachung von Baustellenunterkünften verbundene Beteiligungsrecht erlegt dem Betriebsrat auf, »darüber zu wachen, dass die zugunsten der Arbeitnehmer geltenden Gesetze, Verordnungen, Unfallverhütungsvorschriften . . . . durchgeführt werden« (§ 80 Abs. 1 Nr. 1 BetrVG).

Die nachfolgende Betriebsvereinbarung regelt sowohl arbeitsvertragliche als auch betriebsverfassungsrechtliche Aspekte der auswärtigen Unterbringung.

3.21.2 Betriebsvereinbarung über Baustellenunterkünfte

Zwischen
der Firma . . . .
und
dem Betriebsrat der Firma . . . .
wird folgende Betriebsvereinbarung geschlossen:

I. Geltungsbereich

Diese Betriebsvereinbarung erfasst sowohl arbeitsvertraglich als auch betriebsverfassungsrechtlich jede auswärtige Beschäftigung mit Unterkunftserfordernis.

II. Gestellungsverpflichtung

Die Betriebsparteien sind sich darin einig, dass die Unterkunftsgestaltung grundsätzlich durch den Arbeitgeber zu erfolgen hat. Nur ausnahmsweise und mit Einwilligung des Betroffenen kann hiervon abgewichen werden. Nach § 120c Abs. 4 Nr. 1 GewO wird der Arbeitgeber Unterkünfte auf der Baustelle oder in deren Nähe zur Verfügung stellen. Gelingt es dem Arbeitgeber nicht, auf der Baustelle oder in deren Nähe Unterkünfte zur Verfügung zu stellen, wird der Zeitaufwand für die An- und Abreise von bzw. zur Baustelle wie Arbeitszeit vergütet. Fahrzeiten von über fünf Kilometern werden mit . . . Euro für jeden gefahrenen Kilometer pauschal vergütet.

Der Arbeitgeber wird sicherstellen, dass die angemieteten Unterkünfte den gesetzlichen Erfordernissen entsprechen. Gleiches gilt für Unterkünfte, über die der Arbeitgeber unmittelbar verfügt.

III. Wohnraumnahme durch den Arbeitnehmer

Vereinbarungen Arbeitgeber und Arbeitnehmer ausnahmsweise, die Unterkunftsgestaltung abweichend von § 120c Abs. 4 Nr. 1 GewO durch den Arbeitnehmer zu realisieren, gilt Folgendes:
- Für die erforderliche Zeit der Unterkunftssuche erhält der Arbeitnehmer Arbeitsentgelt (oder: für jede angebrochene Stunde der Unterkunftssuche erhält der Arbeitnehmer . . . Euro).
- Gelingt es dem Arbeitnehmer nicht, eine zumutbare Unterkunft in der Nähe der Baustelle anzumieten, sind ihm die Kosten für die An- und Abreise von bzw. zur Baustelle von mehr

als fünf Kilometern mit Euro . . . pro Entfernungskilometer zu erstatten. Bei einer An- und Abreisezeit von mehr als 30 Minuten ist diese wie Arbeitszeit zu vergüten.

- Die durch den Arbeitnehmer realisierte Unterkunftsnahme erfolgt zu Lasten der Firma . . . . . .
- Im Übrigen gilt § 7.4.4 BRTV-Bau (bzw. § . . . RTV . . .).

IV. Einbehalte von der Auslöse

Von der Auslösung kann der Arbeitgeber folgende Einbehalte vornehmen:

- Container und transportable Baracken
  25% des Gesamttarifstundenlohnes Berufsgruppe III
- Lagerunterkünfte und Pensionen
  50% des Gesamttarifstundenlohnes Berufsgruppe III
- Hotelunterkünfte
  40% der täglichen Auslösung

V. Leistungsverweigerungsrecht

Der Nachweis der Unterkunftsgestellung ist dem Arbeitnehmer spätestens am letzten Arbeitstag vor Antritt der auswärtigen Beschäftigung schriftlich auszuhändigen. Für den Fall der einvernehmlichen Anmietung durch den Arbeitnehmer gilt Abs. . . . Gelingt es dem Arbeitgeber nicht, den Unterkunftsnachweis zu erbringen, hat sich der Arbeitnehmer zur Arbeitsaufnahme mit der den Arbeitgeber treffenden Entgeltfortzahlungspflicht am Betriebssitz einzufinden.

VI. Verzicht der Unterkunftsnahme durch den Arbeitnehmer

Verzichtet der Arbeitnehmer auf eine vom Arbeitgeber zur Verfügung gestellte zumutbare Unterkunft, kann maximal ein Einbehalt von der Auslösung in Höhe von einem halben Gesamttarifstundenlohn der Berufsgruppe III erfolgen. Der Arbeitnehmer hat dem Arbeitgeber vor Aufnahme der auslösungsberechtigten Tätigkeit mitzuteilen, ob er auf die angebotene Unterkunft verzichtet. Die Entscheidung bindet für den gesamten Zeitraum der auslösungsberechtigten Tätigkeit.

VII. Salvatorische Klausel

Sollten Bestimmungen dieser Vereinbarung unwirksam sein oder werden oder sollten sich in dieser Vereinbarung Lücken herausstellen, so wird infolgedessen die Gültigkeit der übrigen Bestimmungen nicht berührt. Anstelle der unwirksamen Bestimmungen oder zur Ausfüllung einer Lücke ist eine angemessene Regelung zu vereinbaren, die dem am nächsten kommt, was die Betriebsparteien gewollt haben oder nach dem Sinn und Zweck der Vereinbarung gewollt haben würden, sofern sie den Punkt bedacht hätten. Beruht die Ungültigkeit einer Bestimmung auf einem darin angegebenen Recht der Leistung oder Zeit, so hat unter Berücksichtigung des vorstehend Gesagten ein gesetzlich zulässiges Recht an die Stelle zu treten.

VIII. Schlussbestimmungen

Diese Betriebsvereinbarung tritt am . . . . . . in Kraft und kann mit einer Kündigungsfrist von . . . . . . erstmals zum . . . . . . gekündigt werden. Diese Vereinbarung wirkt in ihrer Gesamtheit so lange nach, bis sie durch eine andere ersetzt wird.

Ort, Datum, Unterschriften

3.22 Gewinnbeteiligung

3.22.1 Einleitung

Beteiligungen der Arbeitnehmer am Betriebsergebnis in Form von Ausschüttungen, Ausgabe von Belegschaftsaktien etc. fallen unter das Mitbestimmungsrecht des Betriebsrats nach § 87 Abs. 1 Nr. 10 BetrVG.

Die Gewinnbeteiligung zugunsten der Arbeitnehmer kann nicht über ein Einigungsstellenverfahren erzwungen werden. Will der Arbeitgeber jedoch ein solches Beteiligungssystem einführen, bedarf dies hinsichtlich der inhaltlichen Ausgestaltung einer Betriebsvereinbarung aufgrund des hierbei zu beachtenden Mitbestimmungsrechts des Betriebsrats.

3.22.2 Betriebsvereinbarung über Gewinnbeteiligung

Zwischen der XY-GmbH

und dem Betriebsrat der XY-GmbH

wird folgende Betriebsvereinbarung abgeschlossen:

1. Grundsatz

Alle Beschäftigten der XY-GmbH werden – soweit sie die nachstehenden Voraussetzungen erfüllen – jährlich an einem Gewinn des Unternehmers beteiligt, soweit ein solcher im vorangegangenen Geschäftsjahr erzielt worden ist. Eine Ausschüttung erfolgt allerdings nur im Falle eines Gewinns von mindestens 5% vom Netto-Umsatz vor Steuern. Die Gesamtausschüttung beträgt 5% des Gewinnes.

2. Anspruchsberechtigung

2.1 Anspruch auf Gewinnbeteiligung haben grundsätzlich nur Arbeitnehmer im Sinne des § 5 BetrVG, die in einem festen Beschäftigungsverhältnis zur XY-GmbH stehen. Nicht anspruchsberechtigt sind vorübergehend tätige Aushilfen sowie Praktikanten und Werkstudenten.

2.2 Die anspruchsberechtigten Mitarbeiter nach 2.1 müssen am 1. Juni des Folgejahres noch in einem Arbeitsverhältnis bei der XY-GmbH stehen.

2.3 Die anspruchsberechtigten Mitarbeiter müssen im Kalenderjahr, in dem der zu verteilende Gewinn erzielt wurde, drei Monate beschäftigt gewesen sein. Der spätere Eintrittstermin ist deshalb der 1. Oktober eines Jahres.

3. Verteilungsmodus

3.1 Grundsätzlich wird die zur Verfügung stehende Summe unter den Anspruchsberechtigten gleichmäßig nach Köpfen verteilt. Eine Unterscheidung nach Position, Höhe des Einkommens, Betriebszugehörigkeit oder Ähnlichem erfolgt nicht.

3.2 Anspruchsberechtigte ohne ganzjährige Betriebszugehörigkeit haben Anspruch auf $1/12$ für jeden bezahlten vollen Kalendermonat, wenn sie gemäß Ziffer 2.3 mindestens drei Kalendermonate beschäftigt waren.

3.3 Auszubildende und Studierende der Berufsakademie erhalten 25% einer normalen Gewinnbeteiligung; im Jahr des Anfangs und der Beendigung haben sie anteiligen Anspruch in Höhe von $1/12$ für jeden vollen Kalendermonat.

3.4 Teilzeitbeschäftigte haben einen Anspruch auf Gewinnbeteiligung im Verhältnis ihrer vertraglichen Arbeitszeit zur Arbeitszeit eines Vollzeitbeschäftigten.

4. Sonderfälle

4.1 Krankheit: Die Lohnfortzahlung von sechs Wochen gilt als normale Beschäftigung. Dies gilt grundsätzlich nicht für Zeiten von Krankengeldbezug durch die Krankenkasse. Für jeden Monat, in dem der Arbeitnehmer wenigstens teilweise Lohn oder Gehalt bezogen hat, gilt ein Anspruch auf $1/12$ je Gewinnbeteiligung für jeden Monat. Diese Regelung gilt auch für Arbeitsunfälle.

4.2 Schwangerschaft: Während der Schonfristen vor und nach der Entbindung und während des Erziehungsurlaubs/der Elternzeit besteht grundsätzlich kein Anspruch auf Gewinnbeteiligung. Für Monate mit teilweisem Lohn- oder Gehaltsbezug gilt die Regelung in Ziffer 4.1.

4.3 Wehr- und Zivildienst: Während des Grundwehrdienstes besteht kein Anspruch auf Gewinnbeteiligung. Im Übrigen gilt die $1/12$-Regelung im Sinne der Ziffer 4.1.

4.4 Unbezahlter Urlaub: Bis zur Dauer von drei Wochen gilt unbezahlter Urlaub nicht als Unterbrechung, d.h., es besteht für diese Zeit voller Anspruch.

5. Auszahlungszeitpunkt

Die Abrechnung und Auszahlung der Gewinnbeteiligung erfolgt jeweils in Abstimmung mit dem Betriebsrat innerhalb von drei Monaten nach Vorlage der von den Wirtschaftsprüfern erstellten Bilanzen.

6. In-Kraft-Treten, Geltungsdauer

Diese Vereinbarung wird auf unbestimmte Zeit abgeschlossen. Sie kann mit einer Frist von drei Monaten zum Monatsende gekündigt werden. Beide Parteien werden im Falle einer Kündigung unverzüglich Verhandlungen über eine Neuregelung aufnehmen.

Ort, Datum, Unterschriften

3.23 Betriebliche Sonderzahlungen

3.23.1 Betriebsvereinbarung über die Gewährung betrieblicher Sonderzahlungen

Die betrieblichen Sonderzahlungen für Mitarbeiter der X-AG setzen sich ab . . . . wie folgt zusammen:

1. Zum Entgeltzahlungstermin für den Monat November des jeweiligen Jahres werden die Ansprüche gem. Tarifvertrag über die Absicherung betrieblicher Sonderzahlungen erfüllt. Dabei erhält jeder vollzeitbeschäftigte Mitarbeiter beim Vorliegen der im Folgenden unter Ziffern 2 bis 4 bzw. 6 genannten Voraussetzungen eine freiwillige, über den Tarifanspruch hinausgehende außertarifliche Aufstockung nach Maßgabe dieser Bestimmungen.

2. Vollzeitbeschäftigte Arbeiter und Angestellt, die vor dem 1. 1. 1997 eingestellt bzw. aus dem Ausbildungsverhältnis übernommen wurden, erhalten im November 1997 und November der Folgejahre folgende Zahlungen:

2.1 Mitarbeiter der X-AG erhalten mindestens den Betrag, den sie nach der Regelung zu Weihnachtsgeld und Sondervergütung im Jahr 1996 erhalten haben (individuelle Absicherung einschließlich des Betriebszugehörigkeitszuschlages, der Verheirateten- und Kinderzuschläge sowie des Nichtanrechnungsbetrages, allerdings ohne Berücksichtigung des Sonderbonus von . . . Euro und abzüglich des Betrages, der sich in entsprechender Anwendung aus dem reduzierten Tarifanspruch 1997 ergibt). Die Absicherung beträgt für jeden Mitarbeiter mindestens . . . Euro.

2.2 Mitarbeiter, die bis zum Verschmelzungstermin der X-AG angehörten, erhalten Mindestbeträge nach folgender Staffelung:

- Eintritt bis zum 1. 12. 1994: . . . Euro abzüglich des Betrages, der sich in entsprechender Anwendung aus dem reduzierten Tarifanspruch 1997 ergibt
- Eintritt nach dem 1. 12. 1994 bis spätestens 31. 12. 1996: . . . Euro

3. Vollzeitbeschäftigte Arbeiter und Angestellte, die in der Zeit vom 1. 1. 1997 bis zum 30. 8. 1997 eingestellt bzw. aus dem Ausbildungsverhältnis übernommen wurden, erhalten im November 1997 und im November der Folgejahre mindestens folgende Zahlungen:

- Weihnachtsgeld 1997: 1050 DM
- Sondervergütung 1997 bei einer Arbeitsaufnahme bis 2. 1. 1997: 1970 DM

bis 3. 2. 1997:	1806 DM
bis 3. 3. 1997:	1642 DM
bis 1. 4. 1997:	1478 DM
bis 2. 5. 1997:	1314 DM
bis 2. 6. 1997:	1150 DM
bis 1. 7. 1997:	985 DM
• Mindestbetrag ab 1998:	3020 DM

4. Vollzeitbeschäftigte Arbeiter und Angestellte, die nach dem 30. 6. 1997 neu eingestellt bzw. aus dem Ausbildungsverhältnis übernommen werden, erhalten im November den Tarifanspruch, nach einer Betriebszugehörigkeit von drei Jahren jedoch mindestens 3020 DM.

5. Im Frühjahr jeden Jahres – also erstmalig im Frühjahr 1998 – erhalten vollzeitbeschäftigte Arbeiter und Angestellte zusätzlich eine Ergebnisbeteiligung. Die Höhe dieser Ergebnisbeteiligung bemisst sich nach dem Geschäftserfolg des Unternehmens im abgelaufenen Geschäftsjahr. Bezugsgrundlage für die Ergebnisbeteiligung ist der veröffentlichte und testierte Operating Profit der Geschäftsfelder PKW und NFZ (Fahrzeuggeschäft Welt). Die Ergebnisbeteiligung beginnt ab Erreichen eines Operating Profit von mindestens . . . Euro. Darauf aufbauend steigt sie je . . . Euro höheres Ergebnis um ca. . . . Euro je Mitarbeiter. Die Auszahlung erfolgt mit dem frühestmöglichen Entgeltzahlungstermin nach Feststellung und Veröffentlichung des Geschäftsergebnisses, jedoch nicht vor April.

Für die Geschäftsjahre 1997–1998 wird jedem vollzeitbeschäftigten Arbeiter und Angestellten eine Ergebnisbeteiligung von mindestens 270 DM zugesagt, die jeweils im November des laufenden Jahres ausbezahlt und auf die Ergebnisbeteiligung im Frühjahr angerechnet wird.

Der Anspruch auf eine Ergebnisbeteiligung – einschließlich der Novemberzahlung in Höhe von . . . Euro – entsteht grundsätzlich je vollen Monat der Beschäftigung als Arbeiter oder Angestellter mit jeweils $1/_{12}$ des Jahresbetrages.

6. Auszubildende erhalten im November jeden Jahres eine betriebliche Sonderzahlung in folgender Höhe:

- Auszubildende im 1. Ausbildungsjahr bei Eintritt nach dem 30. 8. und
  vor dem Auszahlungstag des jeweiligen Jahres: . . . Euro
- Auszubildende im 1. Ausbildungsjahr bei Eintritt vor dem 1. 7. sowie
  Auszubildende im 2. Ausbildungsjahr: . . . Euro
- Auszubildende ab dem 3. Ausbildungsjahr: . . . Euro

Auszubildende, die nach Beendigung ihres Ausbildungsverhältnisses im Verlauf eines Jahres als Arbeiter oder Angestellte übernommen werden, erhalten für jeden vollen Kalendermonat, in dem das Ausbildungsverhältnis bestand, $1/_{12}$ dieses Betrages sowie ab dem Übernahmemonat $1/_{12}$ der Leistungen nach Ziffern 3–5 dieser Regelung.

Der tarifliche Anspruch auf Sonderzahlungen ist damit erfüllt.

7. Voraussetzung für die Gewährung der Leistungen nach Ziffern 1–4 und 6 bzw. die Abschlagszahlung auf die Ergebnisbeteiligung nach Ziffer 5 ist, dass das Arbeits-/Ausbildungsverhältnis am Auszahlungstag im November noch besteht und vom Mitarbeiter nicht gekün-

digt ist oder der Mitarbeiter im Verlauf des Jahres wegen Erwerbs- oder Berufsunfähigkeit, wegen Erreichens der Altersgrenze oder aufgrund Kündigung zwecks Inanspruchnahme eines vorgezogenen Altersruhegeldes aus dem Beruf ausgeschieden ist.

Anspruch auf die Ergebnisbeteiligung im Folgejahr nach Ziffer 5 hat jeder Arbeiter oder Angestellte unter der Voraussetzung, dass das Arbeitsverhältnis am Auszahlungstag der Ergebnisbeteiligung noch besteht und vom Mitarbeiter nicht gekündigt ist oder unmittelbar im Anschluss an das aktive Beschäftigungsverhältnis Anspruch auf eine gesetzliche Rente besteht oder das Arbeitsverhältnis durch Ausscheidensvereinbarung im Rahmen der Frühpensionierung beendet wurde. Bei Austritt durch Frühpensionierung ist der Anspruch gegenüber dem Arbeitgeber durch Vorlage der Lohnsteuerkarte individuell geltend zu machen.

8. Teilzeitbeschäftigte haben auf die Leistungen nach dieser Betriebsvereinbarung jeweils einen Teilanspruch im Verhältnis der vertraglichen zur tariflichen Arbeitszeit. Für spezielle Mitarbeitergruppen (z. B. Wehr- und Zivildienstleistende, ruhende Arbeitsverhältnisse, Versetzungen im Konzern usw.) werden gesonderte Regelungen getroffen.

9. Unternehmensleitung und Gesamtbetriebsrat werden für den Fall tariflicher oder gesetzlicher Änderungen im Zusammenhang mit vergleichbaren Sonderzahlungen Gespräche über eine Anpassung dieser Betriebsvereinbarung führen.

Diese Betriebsvereinbarung tritt mit Wirkung vom 1. 7. 1997 in Kraft und kann mit einer Frist von drei Monaten zum Monatsende, frühestens zum 31. 12. 1999, gekündigt werden.

Ort, Datum, Unterschriften

3.24 Jubiläumszuwendungen

3.24.1 Einleitung

In vielen Betrieben und Unternehmen erhalten Arbeitnehmer aus Anlass eines Arbeits- bzw. Dienstjubiläums Geld- oder Sachzuwendungen als Anerkennung für die geleistete Betriebstreue.

Vergleicht man den Leistungsrahmen solcher Jubiläumszuwendungen in der Praxis, so stellt man eine große Spannweite fest:

Diese reicht von Urkunden, Medaillen und Armbanduhren über Zahlungen im Rahmen der steuerfreien Sätze bis hin zur Zahlung von zwei bis drei Monatsverdiensten bei langjährigen Dienstjubiläen.

Leistet der Arbeitgeber an seine Beschäftigten solche Zuwendungen oder beabsichtigt er dies, besteht ein Mitbestimmungsrecht des Betriebsrats nach § 87 Abs. 1 Nr. 10 BetrVG. Die Beträge sind seit dem 1. 1. 1999 lohn- bzw. einkommensteuerpflichtig, es sei denn, dass der Arbeitgeber die zu entrichtende Steuerzahlung übernimmt, damit der Arbeitnehmer die entsprechende Jubiläumszahlung netto erhält.

3.24.2 Betriebsvereinbarung über Betriebsjubiläen

Zwischen der XY-GmbH und dem Betriebsrat der XY-GmbH wird nachfolgende Betriebsvereinbarung geschlossen:

§ 1

Nach einer Betriebszugehörigkeit von jeweils 5, 10, 20, 25 und 35 Jahren begehen die Beschäftigten ein Betriebsjubiläum.

Als anrechenbare Zeit der Betriebszugehörigkeit gelten dabei auch Zeiten, die ein Beschäftigter in einem anderen Betrieb des Unternehmens oder eines verbundenen Unternehmens zurückgelegt hat. Unterbrechungen des Arbeitsverhältnisses sind unschädlich, soweit Beschäftigungszeiten nach den geltenden tariflichen Regelungen zusammenzurechnen sind.

§ 2

Nach Vollendung des 10., 25. und 35. Jahres der Betriebszugehörigkeit erhalten die Beschäftigten eine Geldzuwendung in Höhe von

   300 Euro bei 10-jährigem Jubiläum,
   600 Euro bei 25-jährigem Jubiläum,
 1200 Euro bei 35-jährigem Jubiläum.

§ 3

Die Jubiläumszuwendungen werden jährlich anlässlich einer gemeinsam von Betriebsrat und Arbeitgeber auszurichtenden Jubilarveranstaltung überreicht. Zu der Jubilarveranstaltung werden auch die Jubilare mit 5-jährigem und 20-jährigem Jubiläum eingeladen.

Im Rahmen der Jubilarveranstaltung erhalten die Jubilare mit 5-jährigem Jubiläum ein Sachpräsent, dessen Wert sich im Rahmen der Regelung der »Aufmerksamkeiten« gemäß Abschnitt 73 Lohnsteuerrichtlinien (LStR) bewegt (z. Zt. 16 Euro).

Die Jubilare mit 20-jährigem Betriebsjubiläum erhalten ein Sachgeschenk im Werte von 500 Euro. Die auf dieses Sachgeschenk entfallenden Steuern werden gemäß § 40 Abs. 2 Einkommensteuergesetz (EStG) pauschal vom Arbeitgeber entrichtet.

§ 4

Anlässlich der Firmenjubiläen gemäß § 3 Abs. 2 Lohnsteuerdurchführungsverordnung (LStDV) (25, 50, 75, 100, 125, 150 Jahre usw.) erhalten die Beschäftigten eine Jubiläumsgratifikation in Höhe der steuerlich höchstzulässigen Werte (z. Zt. . . . Euro). Der Gründungsstichtag für die

Berechnung des Betriebsjubiläums ist: (Datum). Der Auszahlungstermin wird mit dem Betriebsrat vereinbart. Die Auszahlung erfolgt spätestens innerhalb eines Zeitraumes von drei Monaten nach dem Jubiläumsstichtag.

Ort, Datum, Unterschriften

3.25 Übertarifliche Zulagen

3.25.1 Einleitung

Übertarifliche Zahlungen der verschiedensten Art (teilweise auch »Namensprämien« genannt) sind in vielen Betrieben an der Tagesordnung. Lohngerechtigkeit lässt sich dabei nur selten feststellen, soweit man dieses Feld ausschließlich dem Arbeitgeber überlässt. Oft werden übertarifliche Zulagen mit dem Tariflohn vermengt bzw. nicht ausdrücklich (z.B. als Leistungszulage) benannt. Dies kann zu Problemen bei der Anrechnung auf Tariferhöhungen führen.

Nach der Rechtsprechung des BAG hat der Betriebsrat nach § 87 Abs. 1 Nr. 10 BetrVG ein erzwingbares Mitbestimmungsrecht, wenn der Arbeitgeber zum tariflich geregelten Entgelt allgemein eine betriebliche Zulage gewährt, deren Höhe von ihm aufgrund einer individuellen Entscheidung festgelegt wird. Das Mitbestimmungsrecht des Betriebsrats erstreckt sich dabei auf die Ausgestaltung und die Leistungskriterien bei der Zulagenvergabe.

3.25.2 Betriebsvereinbarung zur Ausgestaltung der übertariflichen Zulage

Zwischen der XY-GmbH und dem Betriebsrat der XY-GmbH wird nachfolgende Betriebsvereinbarung geschlossen:

1. Geltungsbereich

Diese Vereinbarung gilt für alle Arbeitnehmer der XY-GmbH. Sie regelt die Ausgestaltung aller übertariflichen Zulagen.

2. Zulagenarten

Mit dieser Vereinbarung werden folgende innerbetriebliche Zulagen geregelt:

a) Standortzulage: Sie trägt der Tatsache Rechnung, dass der Betrieb in einer Wirtschaftsregion mit überdurchschnittlichen Lebenshaltungskosten angesiedelt ist. Sie trägt ebenfalls der Tatsache Rechnung, dass Arbeitnehmer unterer Lohn- und Gehaltsgruppen von den überdurchschnittlichen Lebenshaltungskosten am stärksten belastet sind.

b) Leistungszulage: Sie wird gewährt für Arbeitsleistung, die über die tarifliche Normalisierung hinausgeht und damit zur Wettbewerbsfähigkeit des Unternehmens beiträgt. Anspruchsberechtigt sind alle gewerblichen Arbeitnehmer, für die die tarifliche Regelung zur Leistungsprämie keine Anwendung findet.

c) Arbeitsmarktzulage: Sie liegt im Ermessen des Unternehmens und soll die unternehmerische Handlungs- und Dispositionsfähigkeit erhöhen und es ermöglichen, flexibel auf die Bedingungen des Arbeitsmarktes zu reagieren.

3. Zulagenhöhe

Der Höhe nach werden die in Ziffer 2 genannten Zulagen folgendermaßen festgelegt:

a) Standortzulage: Gewerbliche Arbeitnehmer
Grundbetrag: 0,20 Euro/Stunde
Steigerungsbetrag 0,56 Euro/Stunde Angestellte der Gehaltsgruppen . . . .
Einheitlicher Betrag 102 Euro/Monat

b) Leistungszulage: Arbeiter, die nicht in der Produktion beschäftigt sind, erhalten eine Leistungszulage in Höhe von 10% des Stundensatzes der Lohngruppen, in die sie eingruppiert sind.

c) Arbeitsmarktzulage: Alle Zulagen mit Ausnahme der in Ziffer 4 genannten, welche die Summe der Beträge aus a) und b) übersteigen, werden als Arbeitsmarktzulage ausgewiesen. Die Zahlung weiterer Arbeitsmarktzulagen in der Zukunft ist in die freie Disposition der Unternehmensleitung gestellt.

4. Fortbestehen anderer Zulagen

Von dieser Vereinbarung bleiben folgende Zulagenarten unberührt und daher unverändert:
- Leistungsprämie nach Tarif
- Produktionsprämien
- garantierte Mindestprämien
- Palettengeld
- Prämie unfallfreies Fahren
- Bereitschaftszulage
- Zulage für Auslandsfahrt und zweite Fahrt
- Abfallprämie

5. Teilzeitbeschäftigte, nicht berechtigter Personenkreis

Teilzeitbeschäftigte erhalten die Zulagen nach dieser Vereinbarung mit der Maßgabe, dass der ihnen zustehende Betrag sich aus den Verhältnissen ihrer persönlichen Arbeitszeit zu der tariflich festgelegten Normarbeitszeit ergibt. Auszubildende und angestellte Reisende (Vertreter) sind von dieser Regelung ausgeschlossen.

6. Verfahren der Einführung dieser Zulagenregelung

Im gewerblichen Bereich werden alle Zulagen mit Ausnahme der unter Ziffer 4 genannten auf den Stundenlohn umgerechnet.

Alle Arbeitnehmer erhalten mit In-Kraft-Treten dieser Vereinbarung eine Mitteilung, die Aufschluss über die Zusammensetzung des Lohnes bzw. Gehaltes gibt. Diese Mitteilungen sind Bestandteil des jeweiligen Arbeitsvertrages (Muster siehe Anlage).

7. In-Kraft-Treten/Kündigung

Diese Vereinbarung tritt am . . . . in Kraft. Sie kann mit einer Frist von sechs Monaten zum Quartalsende, erstmals jedoch zum . . . . gekündigt werden.

Ort, Datum, Unterschriften

Anlage 1

Mitteilung über die zukünftige Zusammensetzung Ihres Monatsgehaltes

Mit Wirkung vom . . . . setzt sich Ihr monatliches Gehalte folgendermaßen zusammen:

Tarifgehalt Gruppe	. . . . . . DM/. . . . . . Euro
Standortzulage:	. . . . . . DM/. . . . . . Euro
Arbeitsmarktzulage:	. . . . . . DM/. . . . . . Euro
Vereinbartes Gesamtgehalt:	. . . . . . DM/. . . . . . Euro

Die Zusammensetzung des Gehaltes beruht auf einer Vereinbarung zwischen Geschäftsleitung und Betriebsrat vom . . . . Rückfragen, Reklamationen etc., aufgrund dieser Mitteilung können Sie an den Betriebsrat oder die Personalabteilung richten.

Mitteilung über die zukünftige Zusammensetzung Ihres Lohnes

Mit Wirkung vom . . . . setzt sich Ihr Stundenlohn folgendermaßen zusammen:

Tariflohn Gruppe	. . . . . . DM/. . . . . . Euro
Standortzulage:	. . . . . . DM/. . . . . . Euro
Leistungszulage:	. . . . . . DM/. . . . . . Euro
Arbeitsmarktzulage:	. . . . . . DM/. . . . . . Euro
Gesamtlohn/Stunde:	. . . . . . DM/. . . . . . Euro

Daneben erhalten Sie unverändert folgende Zulagen: . . . .

Die Zusammensetzung Ihres Stundenlohnes beruht auf einer Vereinbarung zwischen Geschäftsleitung und Betriebsrat vom . . . . Rückfragen und Reklamationen aufgrund dieser Mitteilung können Sie an den Betriebsrat oder die Personalabteilung richten.

Die Zahlung von Prämien aufgrund des Tarifvertrages bleibt von dieser Regelung unberührt.

3.26 Übertarifliche Entlohnung

3.26.1 Betriebsvereinbarung über die übertarifliche Entlohnung

1. Allgemeines

Die Arbeitnehmer erhalten ein monatliches Entgelt, das sich folgendermaßen aufgliedert:

- Tarifentgelt
- Arbeitsmarktzulage
- Funktionszulage
- Erschwerniszulage
- Leistungszulage
- Zulage für Betriebszugehörigkeit

Andere Zulagen werden nicht gezählt. Es müssen nicht alle Zulagentypen an alle Arbeitnehmer gewährt werden.

2. Arbeitsmarktzulage

Entsprechend den Bedingungen auf dem Arbeitsmarkt erhalten die Beschäftigten eine Arbeitsmarktzulage. Die Arbeitsmarktzulagen sind grundsätzlich gleich für alle Arbeitnehmer, die mit gleichartiger Tätigkeit beschäftigt sind. Die Arbeitsmarktzulagen werden mit dem Betriebsrat mindestens einmal im Jahr beraten. Werden Arbeitnehmer mit höheren Arbeitsmarktzulagen eingestellt, erhöht sich die Arbeitsmarktzulage für die vergleichbaren Arbeitnehmer entsprechend. Die Arbeitsmarktzulagen sind auf Tariferhöhungen anrechenbar.

3. Funktionszulagen

Für bestimmte Positionen/Stellen können Funktionszulagen gezahlt werden. Die Zahlung erfolgt unabhängig von der Person des jeweiligen Stelleninhabers. Die Funktionszulagen werden mit dem Betriebsrat vereinbart. Eine Anrechnung bei Tariferhöhungen ist ausgeschlossen.

4. Erschwerniszulagen

Für besondere Arbeitserschwernisse und Belastungen werden Erschwerniszulagen gezahlt, die mit dem Betriebsrat vereinbart werden. Erschwerniszulagen sind auf Tariferhöhungen nicht anrechenbar.

5. Leistungszulagen

Für einzelne Arbeitnehmer können personenbezogene Leistungszulagen gezahlt werden. Die Kriterien für die Leistungszulagen sind mit dem Betriebsrat zu vereinbaren. Die Leistungszulagen sind für alle Arbeitnehmer, die den Kriterien entsprechen, gleichmäßig zu gewähren. Vor der Gewährung der Leistungszulage ist der Betriebsrat zu informieren. Der Betriebsrat kann verlangen, dass die Leistungszulage auch anderen Arbeitnehmern gewährt wird, die die gleichen Kriterien erfüllen. Kommt es nicht zu einer Einigung, entscheidet die Einigungsstelle gem.

§ 76 Abs. 5 BetrVG. Der Spruch der Einigungsstelle ersetzt die Einigung zwischen Arbeitgeber und Betriebsrat. Bis zur Entscheidung der Einigungsstelle unterbleibt die Zahlung bzw. Veränderung der Leistungszulage.

Als Kriterien für die Leistungszulagen kommen ausschließlich in Betracht:
- Qualität der Arbeitsergebnisse
- Arbeitseinsatz, Arbeitsmenge
- Zuverlässigkeit, Ausdauer
- Initiative
- Qualifikationsbreite
- Sozialverhalten

Leistungszulagen sind bei Tariferhöhungen nicht anrechenbar. Sie können nur mit Zustimmung des Betriebsrats gekürzt oder gestrichen werden.

6. Zulagen für Betriebszugehörigkeit

Pro Jahr der Betriebszugehörigkeit erhalten die Arbeitnehmer eine Zulage in Höhe von 1% des tariflichen Bruttoentgelts, höchstens jedoch 10%. Diese Zulage ist auf Tariferhöhungen nicht anrechenbar.

7. Schlussbestimmungen

Diese Vereinbarung tritt mit ihrer Unterzeichnung in Kraft. Sie kann mit gesetzlicher Frist gekündigt werden und wirkt nach bis zum Abschluss einer neuen Betriebsvereinbarung über denselben Gegenstand.

Geschäftsleitung   Betriebsrat

(**Hinweis:** Entnommen aus AiB Nr. 11/90)

3.27 Leistungsentlohnung

3.27.1 Einleitung

Die Festsetzung von Akkord- und Prämiensätzen sowie vergleichbarer leistungsbezogener Entgelte, einschließlich der Geldfaktoren, fällt unter den Mitbestimmungstatbestand des § 87 Abs. 1 Nr. 11 BetrVG.

Bei der Einführung und inhaltlichen Ausgestaltung von Betriebsvereinbarungen über Leistungslohn (Akkord bzw. Prämie) ist auch § 87 Abs. 1 Nr. 10 BetrVG einschlägig (betriebliche Lohngestaltung bzw. Einführung und Anwendung von neuen Entlohnungsmethoden).

Zu beachten sind selbstverständlich gerade in diesem Bereich bestehende tarifvertragliche Bestimmungen über Leistungsentlohnung.
Soweit nicht das Vorrangprinzip des Tarifvertrages durchgreift, hat der Betriebsrat auch bei der Festlegung aller Bezugsgrößen für den Leistungslohn mitzubestimmen, insbesondere beim Akkordlohn nicht nur bei der Festlegung des Zeitfaktors, sondern auch des Geldfaktors.

3.27.2 Betriebsvereinbarung zur Leistungsentlohnung

Zwischen der Fa. . . . . (Arbeitgeber)
und dem Betriebsrat der Fa. . . . .
wird unter Berücksichtigung der einschlägigen Bestimmungen des Rahmentarifvertrages für die gewerblichen Arbeitnehmer in der . . . . in der jeweils gültigen Fassung, über die Einführung von Leistungslohn und die Methoden zur Ermittlung von Zeitfaktoren (Vorgabezeiten) für Akkordarbeiter (bzw. Prämienlohnarbeiter) nachstehende Vereinbarung getroffen:

1. Grundsätzliches

1.1 In den nachfolgend aufgeführten Bereichen wird der Entlohnungsgrundsatz Leistungslohn (Akkord bzw. Prämie) angewendet:

–
–
–
–

Über Änderungen der Anwendungsbereiche ist eine Vereinbarung zu treffen.

1.2 Die Methoden zur Ermittlung von Zeitfaktoren (Vorgabezeiten) werden ab . . . . nach dieser Vereinbarung unter Beachtung arbeitswissenschaftlicher Grundsätze (nach Refa) auf der Grundlage des oben genannten Rahmentarifvertrags angewandt.

2. Datensammlung

2.1 Die Datensammlung zur Ermittlung von Zeitfaktoren erfolgt durch die Abt. Arbeitsvorbereitung der Fa. . . . . oder einen Beauftragten der Firma durch Messen, Zählen, Rechnen, Schätzen, Beurteilen. Die AV gilt generell als beauftragt. Bei abweichender Beauftragung ist der Betriebsrat zu informieren.

2.2 Um eine ausreichende Rekonstruierbarkeit zu gewährleisten, sind bei der Ermittlung von Daten nachstehende Arbeitsbedingungen schriftlich festzuhalten:
a) Name des Arbeitnehmers (inklusive der Personalnummer) und der Betriebsabteilung (inklusive der Kostenstellennummer), in der der Arbeitnehmer tätig ist und in der die Zeitfaktoren ermittelt werden sollen, ebenso wie der Name des beauftragten Mitarbeiters der Firma;

b) Beschreibung und Gliederung des Arbeitsvorgangs und der Arbeitsmethode;

c) Betriebsmittel. Maschine, Vorrichtung, Werkzeug, gegebenenfalls Geräte, Transportmittel usw.;

d) Losgröße pro untersuchte Person, zeitliche Lage der erfassten Daten innerhalb der Losgröße des während der Zeitaufnahme (bzw. -ermittlung) laufenden Werkauftrages;

e) Vorschriften über An- und Ablieferungszustand des Werkstückes, Festlegung der Arbeitsgüte;

f) Datum, Beginn und Ende der Zeitstudie.

2.3 Für die Weiterverarbeitung der Daten mit Hilfe der EDV können modifizierte Zeitaufnahmebögen eingesetzte werden. Die Nachvollziehbarkeit der Daten ist sicherzustellen.

2.4 Die Arbeitnehmer, bei denen die Zeitaufnahme durchgeführt werden soll, werden drei Tage vor Beginn der Zeitstudie über die Durchführung und den Inhalt der Studie informiert.

2.5 Der Betriebsrat wird bereits zu Beginn des Planungsstadiums zur Durchführung der Arbeitsstudien und im Übrigen laufend umfassend insbesondere im Hinblick auf mögliche Auswirkungen auf die Art der Arbeit und die Anforderungen an die Arbeitnehmer unterrichtet.

Vor der Durchführung von Arbeitsstudien ist mit dem Betriebsrat zu beraten. Der Betriebsrat kann bei Bedarf einen Sachverständigen zu den Beratungen hinzuziehen. Dem Betriebsrat sind auf sein Verlangen alle Unterlagen zur Einsichtnahme auszuhändigen. Der Betriebsrat und gegebenenfalls der Sachverständige kann jederzeit bei der Durchführung von Zeitaufnahmen anwesend sein.

Dem Betriebsrat wird rechtzeitig der Zeitpunkt einer Zeitaufnahme mitgeteilt.

3. Aufbereitung der gemessenen Ist-Daten, Ermittlung von Vorgabezeiten

3.1 Folgende Kennzahlen sind aus der Datensammlung zu errechnen und schriftlich auszuweisen:

a) Anzahl der gemessenen Stücke innerhalb der Losgröße;

b) Anzahl der Personen mit gleicher Arbeitsaufgabe (im Zeitpunkt der Zeitaufnahme);

c) Anzahl der Personen, bei denen schon leistungsbezogene Daten, im Zusammenhang mit der jeweiligen Zeitaufnahme, erfasst wurden;

d) Prämienausgangsleistung, -endleistung, -lohnlinie.

3.2 Die Daten müssen unter repräsentativen Bedingungen ermittelt werden, sie müssen rekonstruierbar sein und eine eindeutige Tendenz aufweisen.

3.3 Die Verwendung von Zeitstudien und Vorgabewerten aus früheren Untersuchungen zur Ermittlung neuer Vorgabewerte bedarf der Zustimmung des Betriebsrats.

3.4 Grundlage der Ermittlung der Normalzeit ist der gemäß Ziffer 3.2 ermittelte häufigste Wert. Dieser Wert ist vom beauftragten Mitarbeiter der Firma nach dem Leistungsgrad zu verändern. Maßgebend für die Veränderung sind die während der Zeitaufnahmen am Arbeitsplatz beurteilten Leistungsgrade.

3.5 Messdaten können durch folgende Hilfsmittel erfasst werden:
a) Schätzung der Berechnung;
b) Verwendung von Planzeiten;
c) Verwendung überbetrieblicher Vorgabewerte, die gemeinsam von den Einrichtungen der Arbeitgeberverbände und der Industriegewerkschaft ... erstellt wurden;
d) Verwendung sonstiger überbetrieblicher Vorgabewerte, die mit dem Betriebsrat zu vereinbaren sind.

3.6 Es sind nur radierfeste Schreibmittel zu verwenden. Alle für die Erfassung von Messdaten verwendeten Unterlagen sind vom beauftragten Mitarbeiter der Firma zu unterschreiben. Die Unterlagen sind aufzubewahren.

3.7 Soweit in Ausnahmefällen Zeitfaktoren durch Schätzung ermittelt werden, ist hierfür unter Berücksichtigung der tariflichen Bestimmungen das Einvernehmen mit dem Betriebsrat herbeizuführen.

3.8 Bei der Verwendung von Planzeiten ist deren Herkunft nachzuweisen.
a) Alle Umstände nach Ziffer 2.2 a)–f) sind bei der Planwertbildung schriftlich festzuhalten.
b) Planwerte, die durch Untersuchungen belegt werden können, sind zu kennzeichnen.
c) Die Planwerte werden in Tabellen ausgewiesen. Der Anwendungsbereich und die Bedingungen, unter denen sie gelten, müssen erkennbar sein.
d) Das Extrapolieren der Werte ist nicht zulässig.

3.9 Bei der Anwendung von Tabellen, Schaubildern, Rechentafeln und Rechenformeln sind die Arbeitsbedingungen eindeutig zu vermerken.

4. Erholzeiten

Soweit Erholzeiten des Rahmentarifvertrags in Betracht kommen, werden sie von Beauftragten der Firma entsprechend der Refa-Methodenlehre zu Erholzeitermittlung durch Belastungsstudien ermittelt.

Sofern aus der Erholzeitermittlung sich Erholzeitzuschläge ergeben, ist über die Pausenregelungen eine Vereinbarung mit dem Betriebsrat herbeizuführen.

5. Verteilzeiten

Um einen genauen Verteilzeitprozentsatz erhalten zu können, werden in den einzelnen Abteilungen Verteilzeitaufnahmen gemacht. Der festzusetzende Verteilzeitprozentsatz wird im Einvernehmen mit dem Betriebsrat festgelegt.

Der Prozentsatz für die persönliche Verteilzeit beträgt mindestens fünf Prozent.

6. Zuschläge

6.1 Bei Einführung von neuen oder geänderten Vorgabewerten können – arbeitsplatzbezogen – Einführungszuschläge zwischen Arbeitgeber und Betriebsrat vereinbart werden.

6.2 Die unbeeinflussbaren Zeiten werden mit einem Zuschlag von 30% versehen.

7. Meinungsverschiedenheiten (Reklamationen)

7.1 Arbeitnehmer können beim zuständigen Vorgesetzten Änderungen des Zeitfaktors (Vorgabezeit) beantragen.

Die Reklamation ist beim Vorgesetzten schriftlich zu registrieren und unverzüglich zu bearbeiten.

7.2 Reklamationen und deren Bearbeitung sollen vor Beendigung des Auftrages erfolgen.

7.3 Das Ergebnis der Überprüfung ist dem Arbeitnehmer mitzuteilen.

7.4 Ist der Arbeitnehmer mit dem Ergebnis der Überprüfung nicht einverstanden, so wird eine erneute Nachprüfung durch einen beauftragten Mitarbeiter der Firma im Beisein des Betriebsrats vorgenommen. Es ist eine Einigung zwischen Arbeitgeber und Betriebsrat herbeizuführen.

Arbeitgeber und Betriebsrat bilden zu diesem Zweck einen ständigen Ausschuss, der sich aus jeweils zwei Vertretern der Arbeitgeberseite und des Betriebsrats zusammensetzt. Das Ergebnis dieser Einigung ist dem Arbeitnehmer mitzuteilen.

7.5 Kommt es zwischen Arbeitgeber und Betriebsrat zu keiner Einigung, so sind die Tarifvertragsparteien hinzuzuziehen, um eine Einigung herbeizuführen.

7.6 Kommt eine Einigung gemäß Ziffer 7.4 und 7.5 zustande und ist der Arbeitnehmer damit nicht einverstanden, so ist das Reklamationsverfahren beendet. Dem Arbeitnehmer steht der Rechtsweg offen.

7.7 Für die Dauer des Reklamationsverfahrens bleibt es beim reklamierten Zeitfaktor (Vorgabezeit). Führt das Reklamationsverfahren zu einem günstigeren Zeitfaktor, so gilt dieser vom Zeitpunkt des Reklamationsantrages.

7.8 Bis zum Abschluss des Reklamationsverfahrens ist die tarifliche Ausschlussfrist gehemmt.

8. Akkordrichtsatz

Die Akkorde sind so festzulegen, dass die Arbeitnehmer bei normaler Leistung den Akkordrichtsatz erreichen. Der Akkordrichtsatz ist Tariflohn + 20 Prozent.

9. Verdienstsicherung

9.1 Ergeben sich während einer Arbeit im Leistungslohn durch Umstände, die der Arbeitnehmer nicht zu vertreten hat und die nicht im Zeitfaktor berücksichtigt sind, Zeitversäumnisse oder treten Wartezeiten auf, so hat der Arbeitnehmer die vom Betrieb benannte Stelle unverzüglich darauf aufmerksam zu machen. Diese hat den Zeitpunkt der Meldung schriftlich festzuhalten. Es erfolgt eine Regelung ohne Verdienstminderung. Der Arbeitnehmer ist verpflichtet, während der Wartezeit andere zumutbare Arbeiten zu verrichten.

9.2 Eine Minderleistung, die nicht schuldhaft vom Arbeitnehmer verursacht wurde, hat weder personelle noch finanzielle Nachteile zur Folge.

9.3 In den unter Ziffer 9.1 und 9.2 genannten Fällen erhält der Arbeitnehmer seinen durchschnittlichen Verdienst, der sich aus den letzten drei abgerechneten Monaten ergibt, mindestens aber den Akkordrichtsatz.

10. Zeitlohnarbeiten

Werden Arbeitnehmer, die ständig unter Leistungslohnbedingungen (Akkord oder Prämie) arbeiten, vorübergehend mit Zeitlohnarbeiten beschäftigt, erhalten sei in dieser Zeit ihren durchschnittlichen Verdienst, der sich aus den letzten drei abgerechneten Monaten ergibt, mindestens aber den Akkordrichtsatz.

11. Änderung bestehender Akkord- oder Prämienwerte

Akkord- oder Prämienwerte dürfen nur geändert werden, wenn die Bedingungen, die bei der Festsetzung gegolten haben, geändert wurden.
Offensichtliche Berechnungsfehler sind unverzüglich zu korrigieren.

12. Arbeitsmängel und Haftung

12.1 Der Arbeitnehmer ist dem Arbeitgeber zum Ersatz des Schadens verpflichtet, den er unter schuldhafter (grob fahrlässiger oder vorsätzlicher) Verletzung seiner arbeitsvertraglichen Pflichten verursacht hat. Schadensersatz ist in Geld zu leisten. Dies gilt nicht, wenn der Arbeitnehmer den Schaden aufgrund einer Vereinbarung mit dem Arbeitgeber selbst behebt.

Bei einem grob fahrlässig verursachten Schaden beschränkt sich die Haftung des Arbeitnehmers bis zur Höhe eines tarifliche Monatsverdienstes.

Bei einem vorsätzlich verursachten Schaden ist der Arbeitnehmer in voller Höhe materiell verantwortlich.

12.2 Arbeiten unterliegen bis zu ihrer Fertigstellung der laufenden Kontrolle des Arbeitgebers.

12.3 Sofern und soweit die Arbeiten von den Arbeitnehmern nicht sach- und fachgerecht ausgeführt wurden, hat der Arbeitgeber diese Mängel unverzüglich zu rügen.

12.4 Die Rüge ist nach zehn Arbeitstagen ausgeschlossen, gerechnet von dem Zeitpunkt, an dem der Mangel vom Arbeitgeber erkannt wurde oder hätte erkannt werden können.

12.5 Mit dem Ausschluss des Rügerechtes erlischt der Anspruch auf Mängelbeseitigung und Schadenersatz.

12.6 Haben mehrere Arbeitnehmer gemeinsam einen Schaden verursacht, ist jeder nur nach der jeweiligen Art und dem Grad seines Verschuldens verantwortlich.
Eine gesamtschuldnerische Haftung ist ausgeschlossen.

13. Einführung

Diese Vereinbarung tritt am . . . . in Kraft.

14. Kündigung

Diese Vereinbarung kann mit einer Frist von einem Monat zum Quartalsschluß gekündigt werden.

Nach Eingang der Kündigung sollen unverzüglich Verhandlungen über den Abschluss einer neuen Betriebsvereinbarung aufgenommen werden.

Bis zum Abschluss einer neuen Betriebsvereinbarung gilt diese Vereinbarung weiter.

15. Schlussbestimmung

Bestimmungen dieser Betriebsvereinbarung, die bei Veränderung von tariflichen bzw. gesetzlichen Bestimmungen nicht mehr mit diesen übereinstimmen, müssen entsprechend geändert werden.

Hierzu bedarf es nicht der Kündigung dieser Vereinbarung.

. . . .
(Ort, Datum)

. . . .
(Betriebsrat)   (Arbeitgeber)

3.28 Betriebliches Vorschlagswesen

3.28.1 Einleitung

Dem Mitbestimmungsrecht des Betriebsrats unterliegen auch die Grundsätze für ein betriebliches Vorschlagswesen (§ 87 Abs. 1 Nr. 12 BetrVG).

Der Begriff »betriebliches Vorschlagswesen« umfasst alle Systeme und Methoden, durch die Vorschläge von Arbeitnehmern zur Verbesserung oder Vereinfachung der betrieblichen Arbeit angeregt, gesammelt, ausgewertet und bewertet werden. Dies gilt nicht nur im technischen, sondern auch im sozialen und organisatorischen Bereich. Im Bereich der technischen Verbesserungsvorschläge ist eine Abgrenzung zu den Arbeitnehmer-Erfindungen erforderlich, da es hierzu eine entsprechende abschließende gesetzliche Regelung gibt.

Mit Betriebsvereinbarungen zum betrieblichen Vorschlagswesen sollen die Arbeitnehmer angeregt und motiviert werden, Verbesserungsvorschläge in vielfältiger Form im betrieblichen Interesse, zur Arbeitserleichterung oder -vereinfachung etc. zu machen und dafür auch angemessen honoriert zu werden.

3.28.2 Konzernbetriebsvereinbarung über das betriebliche Vorschlagswesen

Zwischen der Fa. . . . . AG, in . . . ., und dem Konzernbetriebsrat wird über das betriebliche Vorschlagswesen folgende Konzernbetriebsvereinbarung abgeschlossen:

Vorwort

Diese Konzernbetriebsvereinbarung regelt das betriebliche Vorschlagswesen sowie die Vergütungsrichtlinien für Verbesserungsvorschläge für die Mitarbeiter der . . . . Betriebe.

Sie soll den einzelnen Betrieben in ihren Verantwortungsbereichen aber auch einen möglichst großen Handlungsspielraum lassen, die Ideenfindung und Ideenumsetzung nutzbringend zu fördern.

In diesem Sinne sollte sich das betriebliche Vorschlagswesen an den Lernerfahrungen, veränderten Zielsetzungen, sich wandelnden Führungsgrundsätzen und weitergehenden Erkenntnissen orientieren und gegebenenfalls erneuert werden.

§ 1 Geltungsbereich

Diese Konzernbetriebsvereinbarung gilt für alle Arbeitnehmer, die nicht unter § 5 Abs. 3 BetrVG fallen, in allen Betrieben der . . . . AG.

Ehemalige Betriebsangehörige, die im Anschluss an ihre . . . . Betriebszugehörigkeit in den Ruhestand getreten sind, werden diesem Personenkreis gleichgestellt.

Diese Vereinbarung gilt für alle Verbesserungsvorschläge, die nicht unter das Arbeitnehmererfindungsgesetz fallen und sonstige Schutzrechte nicht verletzen.

Damit sind z. B. patent- und gebrauchsmusterschutzfähige Erfindungen sowie qualifizierte Verbesserungsvorschläge im Sinne des Arbeitnehmererfindergesetzes von dieser Konzernbetriebsvereinbarung ausgenommen.

§ 2 Begriffsbestimmung Verbesserungsvorschlag

Unter einem Verbesserungsvorschlag ist nur jede freiwillige, schriftlich eingebrachte Anregelung zu verstehen, die auf die Umstellung oder Änderung der bestehenden technischen, wirtschaftlichen oder organisatorischen Gegebenheiten im Unternehmen abzielt und zu einer Verbesserung des vorhandenen Zustandes führt.

Das ist der Fall, wenn der Vorschlag
- von Vorteil für das Unternehmen ist und
- zu einer rechnerisch erfassbaren Steigerung der Wirtschaftlichkeit führt
  oder

- nicht genau messbar ist, sich jedoch erkennbar zu Nutzen des Betriebes auswirkt.
Vorschläge können eingereicht werden zur
1. Verbesserung der Arbeitsbedingungen, des Arbeitsklimas und des Kundendienstes,
2. Erhöhung der Arbeitssicherheit, Verhütung von Unfällen,
3. Verbesserung des Umweltschutzes, der Entsorgung, des Recyclings,
4. Vereinfachung oder Erleichterung von Arbeitsverfahren, -methoden oder -abläufen in Produktion oder Verwaltung,
5. Erhöhung der Qualität oder Verminderung der Ausschussmengen,
6. Verkürzung der Durchlaufzeiten,

7. Einsparung von Zeit oder Material, von Hilfs- oder Betriebsstoffen, von Energie oder Orga-
nisationsmitteln,

8. Verringerung von Reparatur- oder Instandhaltungskosten, von Wiederbeschaffungs- oder
Gemeinkosten,

9. Verbesserung von Sauberkeit oder Hygiene im Betrieb.

Ein Verbesserungsvorschlag muss erkennen lassen, was verbessert werden soll und wie es verbessert werden soll und welche Vorteile damit erzielt werden können.

Ein Verbesserungsvorschlag hat eine neue Idee oder eine neue Anwendung einer bekannten
Idee zum Inhalt. Ein Verbesserungsvorschlag kann auch den Hinweis auf die Ursache eines
Mangels beinhalten. Ein Verbesserungsvorschlag muss eine freiwillige Sonderleistung darstellen, die über die geschuldete Dienstleistungspflicht aus dem Arbeitsverhältnis hinausgeht und
nicht im Rahmen einer im Einzelfall gegebenen Aufgabenstellung erbracht wurde.

§ 3 Teilnahmeberechtigung

Aus dem unter § 1 genannten Personenkreis können Verbesserungsvorschläge von Einzelpersonen und von Personengruppen durch deren gewählten Sprecher eingereicht werden. Personengruppen, die auf freiwilliger Basis (auch werksübergreifend) zusammenarbeiten, können ebenfalls Verbesserungsvorschläge einreichen.

Zur Erarbeitung eines Verbesserungsvorschlages können sich auch Personen während der
Arbeitszeit treffen, sofern dies den Arbeitsablauf nicht stört und der Vorgesetzte zugestimmt
hat.

§ 4 Allgemeine Grundsätze

Bereichsleiter, Vorgesetze, der Beauftragte des betrieblichen Vorschlagswesens, Innovations-
und Qualitätsbeauftragte sowie die Betriebsräte sind aufgefordert, Arbeitnehmer bei der
Ideenformulierung, schriftlichen Abfassungen von Verbesserungsvorschlägen und deren gegebenenfalls erforderlichen Ergänzung durch Zeichnungen zu beraten und zu unterstützen.

Über das betriebliche Vorschlagswesen wird z. B. anlässlich einer Betriebsversammlung mindestens einmal jährlich umfassend berichtet.

Verbesserungsvorschläge sind vom Einreicher schriftlich als solche gekennzeichnet beim
- Beauftragten für das betriebliche Vorschlagswesen oder
- seinem Bereichsleiter oder
- der Geschäftsleitung oder
- dem Betriebsrat
seines Betriebes einzureichen.

Sind mehrere Personen Urheber des Verbesserungsvorschlags, so sind diese mit anzugeben. Es
wird davon ausgegangen, dass bei einem Verbesserungsvorschlag einer Personengruppe die
daran beteiligten Mitarbeiter grundsätzlich den gleichen Anteil an ihm haben. Ist dies nicht der
Fall, so ist die Abweichung unter Nennung der Quote der Beteiligung der Einzelnen bei der
Einreichung mit anzugeben.

Der höchste Prämienanteil eines innerhalb eines Gruppenvorschlages beteiligten Mitarbeiter kann nicht höher sein als die erzielbare Prämienhöhe, die errechnet würde, wenn derselbe Vorschlag von einem Mitarbeiter allein eingereicht worden wäre.

Der Erhalt ist mit Datum und Unterschrift zu quittieren.

Die eingereichten Verbesserungsvorschläge sind zentral im Betrieb nach den Ersteingangsdaten zu registrieren. Sie sind unverzüglich an den Beauftragten für das betriebliche Vorschlagswesen weiterzuleiten.

Alle eingereichten Verbesserungsvorschläge können – unabhängig von der Bewertung im Betrieb des Einreichers – in jedem Betrieb gemäß § 1 zur Anwendung kommen. Eine Zustimmung des Einreichers ist dazu nicht erforderlich.

Verbesserungen, die sofort umgesetzt worden sind, können noch innerhalb einer Frist von 14 Tagen nach ihrer erfolgreichen Einführung von ihrem Veranlasser als Verbesserungsvorschlag eingereicht werden.

Die Rechte aus dem Verbesserungsvorschlag sind vererbbar.

§ 5 Organisation des betrieblichen Vorschlagswesens

§ 5 (1) Der Beauftragte für das betriebliche Vorschlagswesen

In allen Betrieben der . . . . AG werden Beauftragte für das betriebliche Vorschlagswesen berufen. Sie werden von den jeweiligen Geschäftsführern unter Berücksichtigung der Mitbestimmungsrechte des Betriebsrates ernannt. Die Aufgaben des Beauftragten für das betriebliche Vorschlagswesen können in Personalunion von den Innovations- und Qualitätsbeauftragten wahrgenommen werden.

Der Beauftragte hat die Aufgabe, das betriebliche Vorschlagswesen in geeigneter Weise zu fördern und den Bearbeitungsablauf der Verbesserungsvorschläge zu organisieren und zu überwachen.

Der Beauftragte für betriebliches Vorschlagswesen leitet den Verbesserungsvorschlag zur Begutachtung weiter, auf ausdrücklichen Wunsch des Einreichers ohne Namensnennung.

Der Beauftragte für betriebliches Vorschlagswesen trägt Sorge dafür, dass die eingereichten Verbesserungsvorschläge und Beschwerden der Einreicher gegen Entscheidungen nach den Regeln dieser Konzernbetriebsvereinbarung ordnungsgemäß und unverzüglich behandelt werden.

Der Beauftragte für betriebliches Vorschlagswesen bereitet die Grundlage der Entscheidungen des Bewertungsausschusses vor.

Er leitet alle geeigneten Verbesserungsvorschläge nach Entscheidung des Bewertungsausschusses sofort an die Beauftragten für betriebliches Vorschlagswesen aller Betriebe gemäß § 1 weiter. Entscheidungsgrundlagen (z. B. Gutachten) werden auf Anforderung weitergeleitet. Die Beauftragten für das betriebliche Vorschlagswesen informieren sich wechselseitig unverzüglich über die Behandlung und evtl. Umsetzung von Verbesserungsvorschlägen und geben diese Informationen an die Einreicher weiter.

§ 5 (2) Die Gutachter

Die Gutachter nehmen folgende Aufgaben wahr:
- eine sachliche Prüfung der eingereichten Verbesserungsvorschläge,
- die Begutachtung des mit dem Verbesserungsvorschlag angestrebten Vorteils,
- die Begutachtung von Verbesserungsvorschlägen mit nicht berechenbaren geldwerten Vorteilen nach den aufgeführten Bewertungsmaßstäben,
- eine eindeutige und begründete Stellungnahme, ob die Einführung des Verbesserungsvorschlags empfohlen wird,
- Sind bei der Erstellung des Gutachtens noch Fragen offen, ist der Gutachter gehalten, diese mit dem Beauftragten für das betriebliche Vorschlagswesen, dem Einreicher oder anderen fachkompetenten Personen zu klären.

Gutachter sind die fachlich zuständigen Bereichsleiter oder Abteilungsleiter, in deren Zuständigkeitsbereichen die Verbesserungsvorschläge eingeführt werden sollen. Die Bereichsleiter können im Einzelfall oder grundsätzlich die Formulierung eines Gutachtens geeigneten Mitarbeitern übertragen, sie bleiben aber verantwortlich für dessen Inhalt. Der Gutachter ist verpflichtet, die eingereichten Verbesserungsvorschläge unverzüglich zu begutachten.

§ 5 (3) Der Bewertungsausschuss

In allen Betrieben werden Bewertungsausschüsse gebildet.

Der Bewertungsausschuss besteht aus maximal vier stimmberechtigten Mitgliedern. Die Mitglieder werden je zur Hälfte von der Geschäftsführung und vom Betriebsrat benannt. Der Bewertungsausschuss trifft Beschlüsse mit einfacher Mehrheit der Mitglieder.

Kommt eine Mehrheit nicht zustande, ist der Verbesserungsvorschlag abgelehnt.

Der Bewertungsausschuss organisiert seine Tätigkeit selbst. Er hat bei dem Verfahrensgang die Grundsätze der Gleichbehandlung, des rechtlichen Gehörs sowie der vertrauensvollen Zusammenarbeit zwischen Arbeitnehmer und Arbeitgeber zu beachten.

Der Bewertungsausschuss tagt regelmäßig mindestens einmal im Monat. Seine Sitzungen sind nicht öffentlich. Alle Ausschussmitglieder sind verpflichtet, bis zur abschließenden Entscheidung über einen Verbesserungsvorschlag strengste Vertraulichkeit zu bewahren.

Die Einladung zur Sitzung des Bewertungsausschusses erfolgt durch den Beauftragten für das betriebliche Vorschlagswesen, der den Ausschussmitgliedern gleichzeitig eine Kopie der Verbesserungsvorschläge und der zugehörigen Gutachten vorlegt.

Der Beauftragte für das betriebliche Vorschlagswesen nimmt ohne Stimmrecht an den Sitzungen des Bewertungsausschusses teil und erstellt das Protokoll. Er berät den Bewertungsausschuss bei der Entscheidungsfindung.

Der Bewertungsausschuss entscheidet:
- über die Zugehörigkeit des Vorschlagenden zu den Prämienberechtigten
- ob ein Verbesserungsvorschlag im Sinne dieser Vereinbarung vorliegt
- über die Einordnung in das bestehende Prämiensystem

- über Beschwerden
- über die Neubewertung des Vorschlages

Der Bewertungsausschuss des Betriebes des Einreichers kann, wenn ein Vorschlag zunächst nicht umgesetzt wird, als Anerkennung für eine gute Leistung ermessensfehlerfrei eine angemessene Prämie beschließen, die mit der nächsten Lohn- und Gehaltszahlung fällig ist. Der Bewertungsausschuss kann gegebenenfalls als Anerkennung eine Sachzuwendung beschließen.

Eine Anerkennungsprämie wird, wenn der Vorschlag innerhalb drei Jahren nach Einreichung im Betrieb des Einreichers umgesetzt wird, auf die Gesamtprämie angerechnet.

Die Anerkennung oder Ablehnung der Verbesserungsvorschläge ist schriftlich zu begründen.

Gegen die erste Entscheidung des Bewertungsausschusses über eine Verbesserungsvorschlag ist eine Beschwerde der Einreichenden binnen einer Frist von einem Monat zulässig. Die Beschwerde ist schriftlich zu begründen und dem Beauftragten für das betriebliche Vorschlagswesen zuzustellen. Er leitet ein Überprüfungsverfahren ein. Der Bewertungsausschuss entscheidet alsdann endgültig unter Berücksichtigung der erhobenen Einwände. Eine weitere Beschwerde findet nicht statt.

Bei einem Verbesserungsvorschlag, der auf einem abgelehnten oder freigegebenen oder von einem Betrieb gemäß § 1 eingereichten Vorschlag beruht, entscheidet der Bewertungsausschuss, ob der Ersteinreicher an dem Zweitvorschlag kausal beteiligt ist. Der Bewertungsausschuss ist nach billigem Ermessen berechtigt, der Geschäftsleitung in einem solchen Fall eine Sonderprämie für den Erstvorschlagenden zu empfehlen. Es ist ermessensfehlerfrei, wenn der Ausschuss eine Prämie für den Ersteinreichenden unter Bezugnahme auf die bei angenommenen Verbesserungsvorschlägen geltende 3-Jahres-Frist ablehnt.

§ 5 (4) Verbesserungsvorschläge, die gemäß § 5 (1) weitergeleitet werden

Verbesserungsvorschläge mit in Geld bewertbarem Nutzen, die von den Beauftragten für das betriebliche Vorschlagswesen gemäß § 5 (1) dieser Konzernbetriebsvereinbarung weitergeleitet werden, durchlaufen in der Regel in allen Betrieben das gleiche Verfahren entsprechend dieser Konzernbetriebsvereinbarung.

Dabei sollen bereits vorliegende Gutachten und Feststellungen anderer Betriebe genutzt werden, insbesondere wenn dadurch Aufwand und doppelte Arbeit vermieden werden kann.

Verbesserungsvorschläge mit nicht in Geld bewertbarem Nutzen werden von den Beauftragten für das betriebliche Vorschlagswesen an die Bewertungsausschüsse ihrer Betriebe übermittelt. Der Bewertungsausschuss des Betriebes des Einreichers setzt bei Verbesserungsvorschlägen mit nicht in Geld bewertbarem Nutzen für alle Betriebe die Einordnung in ein Prämiensystem fest. Der Bewertungsausschuss kann bei Verbesserungsvorschlägen mit in Geld bewertbarem Nutzen, wenn es sich für diesen Betrieb um einen Verbesserungsvorschlag mit in Geld bewertbarem Nutzen handelt, gegenüber der Erstbewertung die Einordnung in das Prämiensystem für seinen Betrieb abweichend zur Erstbewertung neu festlegen.

§ 6 Sperrfristen

Beim Einsatz und Anlauf neuer Betriebsmittel, nach Produktionsneuanlauf oder Produktionsumstellung, der Aufnahme neuer Produkte oder während größerer Umbauten und während der Anlaufphase sind die jeweiligen Bereiche in der Regel vom betrieblichen Vorschlagswesen ausgeschlossen.

Ausnahmen kann der Bewertungsausschuss zulassen.

Verbesserungsvorschläge, die die Arbeitssicherheit und den Umweltschutz betreffen, unterliegen keiner Sperrfrist.

§ 7 Prämienrichtlinien

§ 7 (1) Allgemeines

Prämienansprüche aus angenommenen Verbesserungsvorschlägen entstehen dem Grunde nach, wenn und soweit der vom Bewertungsausschuss anerkannte Verbesserungsvorschlag innerhalb von drei Jahren nach Eingangsdatum in dem Betrieb umgesetzt wird. Mit Ablauf der 3-Jahres-Frist entfallen evtl. Ansprüche und der Verbesserungsvorschlag wird dem Einreicher zurückgegeben und somit freigegeben.

Geldprämien unterliegen den Lohnsteuer- und Sozialabgaben im Rahmen der jeweils geltenden gesetzlichen Bestimmungen.

Die Höhe der Gesamtprämie ergibt sich aus Grundprämie mal Faktor A mal Faktor B.

Der Faktor A ist, je nach Personenkreis, zu dem der Einreicher zugeordnet wird, für:

Rentner, Auszubildende	1,2
Abteilungsleiter, Meister, Gruppenleiter, Vorarbeiter	0,8
alle anderen Mitarbeiter	1,0

Der Faktor B ist, wenn es ich um einen Verbesserungsvorschlag für den eigenen Bereich handelt, 1,0 und, wenn es sich um einen Verbesserungsvorschlag für einen fremden Bereich handelt, 1,1.

Handelt es sich um Gruppenvorschläge, wird die Höhe der Gesamtprämie aus Grundprämie mal 1,5 errechnet. Die Faktoren A + B werden bei Gruppenvorschlägen nicht berücksichtigt.

§ 7 (2) Verbesserungsvorschläge mit in Geld bewertbarem Nutzen

Die Höhe der Grundprämie für Verbesserungsvorschläge mit in Geld bewertbarem Nutzen wird in Anteilen des Nutzens ermittelt, der im ersten Jahr nach Umsetzung durch den Verbesserungsvorschlag entsteht (Jahresnutzen).

Der Jahresnutzen ist die Nettoersparnis, die durch den Verbesserungsvorschlag innerhalb des ersten Jahres nach Umsetzung entsteht. Sie wird durch eine Wirtschaftlichkeitsrechnung ermittelt. Die Kosten für die Umsetzung des Verbesserungsvorschlags werden nach den jeweils gültigen Grundsätzen für die kalkulatorische Abschreibung auf die entsprechende Nutzungsdauer verteilt.

Erfordert die Errechnung des Jahresnutzens einen unverhältnismäßig hohen Aufwand, so kann die Höhe des Jahresnutzens durch den Bewertungsausschuss geschätzt werden.

Der Verbesserungsvorschlag wird nach fünf unterschiedlichen Qualitätsmerkmalen beurteilt. Die Qualitätsmerkmale sind im Einzelnen:

(I) Hinweis auf die Ursache eines bestehenden Mangels

(II) Verbesserungsvorschlag ohne aufgezeigten Lösungsweg

(III) Verbesserungsvorschlag mit aufgezeigtem, realisierbarem Lösungsweg

(IV) Verbesserungsvorschlag mit Lösungsweg, der nach Überarbeitung oder Ergänzung verwendbar ist

(V) Verbesserungsvorschlag mit vollständig ausgearbeitetem, sofort verwendbarem Lösungsweg

Die gesamte Prämie ist nach Umsetzung des Verbesserungsvorschlags und der abschließenden Bewertung des Jahresnutzens fällig.

Kann der Jahresnutzen zunächst nur näherungsweise festgestellt werden, kann der Bewertungsausschuss die Höhe einer Abschlagsprämie beschließen.

§ 7 (3) Verbesserungsvorschläge mit nicht in Geld bewertbarem Nutzen

Die Höhe der Grundprämie für Verbesserungsvorschläge mit nicht in Geld bewertbarem Nutzen wird nach einem Punktesystem ermittelt.

Die Punkte für die Grundprämie werden nach folgender Tabelle ermittelt:

	Qualität des Vorschlages	Anwendbarkeit		
		gering		sehr gut
I	Hinweis auf die Ursache eines bestehenden Mangels	1	–	3
II	Verbesserungsvorschlag ohne aufgezeigten Lösungsweg	2	–	8
III	Verbesserungsvorschlag mit aufgezeigtem, realisierbarem Lösungsweg	4	–	20
IV	Verbesserungsvorschlag mit Lösungsweg, der nach Überarbeitung oder Ergänzung umsetzbar ist	8	–	30
V	Verbesserungsvorschlag mit vollständig ausgearbeitetem, sofort verwendbarem Lösungsweg	16	–	40

Verbesserungsvorschläge zur Erhöhung der Arbeitssicherheit und Verhütung von Unfällen im Betrieb werden den Verbesserungsvorschlägen mit nicht in Geld bewertbarem Nutzen zugeordnet. Die für diese Vorschläge ermittelte Punktzahl für die Höhe der Grundprämie wird mit 1,5 vervielfacht.

Für Verbesserungsvorschläge mit nicht in Geld bewertbarem Nutzen, die außer im Betrieb des Einreichers in weiteren Betrieben gemäß § 1 als Verbesserungsvorschläge mit nicht in Geld bewertbarem Nutzen umgesetzt werden, wird die vom Betrieb des Einreichers ermittelte Punktzahl von jedem weiteren Betrieb mit 40% bewertet.

§ 7 (4) Vergütung nach Arbeitnehmererfindergesetz

Stellt sich bei einem Verbesserungsvorschlag heraus, dass ein Vergütungsanspruch nach dem Arbeitnehmererfindergesetz besteht, so kann eine für einen Verbesserungsvorschlag gewährte Prämie auf die Vergütung nach dem Arbeitnehmererfindungsgesetz angerechnet werden.

§ 8 Schlussbestimmungen

Meinungsverschiedenheiten bei der Auslegung dieser Konzernbetriebsvereinbarung sind in Einzelfällen untergeordneter Bedeutung zwischen Geschäftsführung und Betriebsrat, in Fällen grundsätzlicher Art zwischen dem Vorstand und dem Konzernbetriebsrat partnerschaftlich zu klären.

Mit Abgabe eines Verbesserungsvorschlags erkennt der Vorschlagende die Regelungen und Bestimmungen dieser Konzernbetriebsvereinbarung an.

Diese Konzernbetriebsvereinbarung tritt ab . . . . in Kraft. Es gelten die Kündigungsfristen gemäß § 77 Abs. 5 BetrVG. Gleichzeitig treten alle in einzelnen . . . . Betrieben geltenden Betriebsvereinbarungen über das betriebliche Vorschlagswesen außer Kraft.

Vorstand und Konzernbetriebsrat überprüfen jährlich diese Betriebsvereinbarung und vereinbaren gegebenenfalls Änderungen und Ergänzungen.

Die Konzernbetriebsvereinbarung wirkt im Kündigungsfalle nach.

. . . ., den . . . .

Konzernbetriebsratsvorsitzender   Vorstandsvorsitzender

3.28.3 Freiwillige Konzernbetriebsvereinbarung über die Beteiligung der Arbeitnehmer am Nutzen der Verbesserungsvorschläge

Zwischen der . . . . AG, in . . . ., und dem . . . . Konzernbetriebsrat wird folgende, freiwillige Konzernbetriebsvereinbarung über die Beteiligung der Arbeitnehmer am Nutzen der Verbesserungsvorschläge abgeschlossen:

Vorwort

Die . . . . AG, in . . . ., und der . . . . Konzerbetriebsrat haben die »Grundsätze des betrieblichen Vorschlagswesens« festgelegt. Sie kommen überein, ergänzend hierzu nun auch die Höhe der Prämien bzw. der Beteiligung der Arbeitnehmer am Nutzen der Verbesserungsvorschläge unter Berücksichtigung aller der in der v.g. Konzernbetriebsvereinbarung festgelegten Grundsätze zu bestimmen.

§ 1 Geltungsbereich

Diese Vereinbarung gilt für die Arbeitnehmer in allen Betrieben der . . . . AG, die nicht unter § 5 Abs. 3 Betriebsverfassungsgesetz (BetrVG) fallen. Ehemalige Betriebsangehörige, die im Anschluss an ihre . . . .-Betriebszugehörigkeit in den Ruhestand getreten sind, werden diesem Personenkreis gleichgestellt.

§ 2 Grundprämie für Verbesserungsvorschläge mit in Geld bewertbarem Nutzen

Die Grundprämie beträgt für Verbesserungsvorschläge mit dem

Qualitätsmerkmal (I)	=	5–15%
Qualitätsmerkmal (II)	=	16–22%
Qualitätsmerkmal (III)	=	23–27%
Qualitätsmerkmal (IV)	=	28–32%
Qualitätsmerkmal (V)	=	33–35%

vom Jahresnutzen.

§ 3 Grundprämie für Verbesserungsvorschläge mit nicht in Geld bewertbarem Nutzen

Der Euro-Betrag für den/die nach dem Punktesystem ermittelten Punkte beträgt

Euro 25,–.

Vorstand und Konzernbetriebsrat überprüfen jährlich diesen Betrag und vereinbaren ihn gegebenenfalls neu.

§ 4 Geltungsdauer dieser Betriebsvereinbarung

Diese Betriebsvereinbarung tritt am . . . . in Kraft. Gleichzeitig treten alle in den einzelnen . . . .-Betrieben geltenden Betriebsvereinbarungen über das betriebliche Vorschlagswesen oder Prämienregelungen zum betrieblichen Vorschlagswesen außer Kraft. Diese Betriebsvereinbarung ist auf unbestimmte Zeit abgeschlossen. Es gilt die Kündigungsfrist gemäß § 77 Abs. 5 BetrVG.

Mit Ablauf der Kündigungsfrist entfaltet sie keine Wirksamkeit mehr. Die Kündigung dieser Betriebsvereinbarung hat keinen Einfluss auf die Wirksamkeit und gegebenenfalls Nachwirkung der Konzernbetriebsvereinbarung über die Grundsätze des betrieblichen Vorschlagswesens.

. . . ., den . . . .

. . . .
Konzernbetriebsratsvorsitzender   Vorstandsvorsitzender

Anlage
Protokoll der Sitzung des Ausschusses für das betriebliche Vorschlagswesen vom
....

Verbesserungsvorschlag-Nr.: .... vom ....
Beim Beauftragten für das betriebliche Vorschlagswesen
eingegangen   am ....
Zur Begutachtung an .... weitergeleitet   am ....
Begutachtung zurück erhalten   am ....

Teilnehmer:
Mitglieder mit Stimmrecht: ....
Mitglieder ohne Stimmrecht: ....

Bewertung Faktor A = Personenkreiszugehörigkeit .... =
Faktor B = Bereich, eigen/fremd =

Verbesserungsvorschlag mit in Geld bewertbarem Nutzen

Jahresnutzen ....
Qualitätsmerkmal ..../..........%
Jahresnutzen .... × Qualitätsmerkmal ..../..........%
× Faktor A = ... × Faktor B = ... Euro .... Prämie

Verbesserungsvorschlag mit nicht in Geld bewertbarem Nutzen

Qualitätsmerkmal ...., Anwendbarkeit = ... Punkte
... Punkte × Faktor A = ... × Faktor B = ... × 25,– = ... Euro Prämie
Sofern der Verbesserungsvorschlag der Erhöhung der Arbeitssicherheit dient, wird die errech-
nete Prämie nochmals mit Faktor 1,5 multipliziert.

.........., den ....

Die Ausschussmitglieder ....
....

....
Der Beauftragte für das betriebliche Vorschlagswesen

3.29 Freiwillige Leistungen

3.29.1 Einleitung

Im Unterschied zu § 87 BetrVG, der die erzwingbaren Mitbestimmungstatbestände abschließend aufzählt, eröffnet § 88 BetrVG die Möglichkeit freiwilliger Betriebsvereinbarungen. Ein abschließender Katalog von Regelungsgegenständen ist hier nicht gesetzlich vorgegeben. Somit können durch Betriebsvereinbarungen nach dieser Vorschrift alle Fragen geregelt werden, die ebenso Inhalt von Tarifverträgen sein könnten. Zu beachten ist lediglich der Tarifvorrang nach § 77 Abs. 3 BetrVG.

Häufig werden in solchen Vereinbarungen freiwillige Leistungen definiert, die nicht oder nur teilweise von § 87 Abs. 1 Nr. 10 oder anderen Mitbestimmungstatbeständen erfasst werden.

Beispielhaft sind folgende Regelungen abgedruckt:
- Kostenzuschuss für Kinderbetreuung
- Familienpause

Zur Erleichterung der Vereinbarkeit von Berufstätigkeit und Kinderbetreuung bzw. im Interesse einer Aufrechterhaltung des Beschäftigungsverhältnisses nach einem »Familienzuwachs« kann es durchaus sinnvoll sein, ergänzend zum Erziehungsurlaub/zur Elternzeit eine Betriebsvereinbarung über eine (verlängerte) Familienpause mit dem Arbeitgeber abzuschließen. In einigen großen Unternehmen existieren bereits entsprechende Regelungen. Wichtig ist dabei, ein Ruhen des Arbeitsverhältnisses für den jeweiligen Zeitraum und nicht lediglich eine Wiedereinstellungszusage festzuschreiben. Bei der inhaltlichen Gestaltung einer entsprechenden Vereinbarung ist weiterhin darauf zu achten, dass den betroffenen Beschäftigten durch die Familienpause keine unzumutbaren Nachteile entstehen und dies andererseits auch für den Arbeitgeber angemessen und akzeptabel ist. Hierbei muss berücksichtigt werden, dass eine Betriebsvereinbarung zur Familienpause nicht über die Einigungsstelle erzwingbar ist, da es sich um eine freiwillige Betriebsvereinbarung nach § 88 BetrVG handelt.

3.29.2 Betriebsvereinbarungen zur Familienpause

Zwischen der XY-GmbH und dem Betriebsrat der XY-GmbH wird nachfolgende Betriebsvereinbarung geschlossen:

1. Zielsetzungen

Unternehmensleitung und Betriebsrat wollen mit dieser Betriebsvereinbarung zur besseren Vereinbarkeit von Familie und Beruf und zu familienfreundlicheren Arbeitsbedingungen und damit insbesondere zur beruflichen Förderung von Frauen beitragen:
- Mitarbeiterinnen und Mitarbeitern, die zur Erziehung ihres Kindes ihre Tätigkeit befristet unterbrechen wollen, soll die Möglichkeit geboten werden, ihr Arbeitsverhältnis ruhen zu lassen.
- Unternehmen und Betriebsrat verfolgen gemeinsam die Zielsetzung, im Rahmen der betrieblichen Möglichkeiten Mitarbeiterinnen und Mitarbeitern zur besseren Vereinbarkeit von Familie und Beruf verstärkt Teilzeit anzubieten.

2. Ruhen des Arbeitsverhältnisses

Das Unternehmen bietet Mitarbeiterinnen und Mitarbeitern im Anschluss an den gesetzlichen Erziehungsurlaub das Ruhen des Arbeitsverhältnisses an, wenn sie ihre Tätigkeit zur Betreuung eines Kindes unterbrechen wollen. Diese Zeit wird im Folgenden als Familienpause bezeichnet.

3. Anspruchsberechtigte

Die Familienpause kann in Anspruch genommen werden von Müttern und Vätern, denen das Personensorgerecht für ein Kind unter sieben Jahren zusteht. Vor der Unterbrechung des Arbeitsverhältnisses muss eine Betriebszugehörigkeit von mindestens drei Jahren erreicht sein.

4. Dauer der Familienpause

Die Familienpause kann in Anspruch genommen werden
- bei einem Kind bis zur Vollendung des siebten Lebensjahres,
- bei jedem weiteren Kind, das in der Familienpause geboren wurde, bis maximal zehn Jahre ab Geburt des ersten Kindes.
Die Familienpause kann nur einmal in Anspruch genommen werden.

5. Familienpause für Mütter und Väter

Sind beide Elternteile im Unternehmen beschäftigt, so können Mutter oder Vater die Familienpause in Anspruch nehmen und sich dabei einmal ablösen.

6. Anrechnung von Dienstzeiten

Bei Wiedereinstellung nach Beendigung der Familienpause werden die Vordienstzeiten einschließlich der im Folgenden noch genannten Urlaubs- und Krankheitsvertretungen sofort angerechnet. Auf dienstzeitunabhängige Leistungen wie Weihnachtsgeld und betriebliche Sonderprämien wirkt sich dies sofort aus. Für die betriebliche Altersversorgung gilt die Sonderregelung unter Punkt 7.

7. Regelungen zur betrieblichen Altersversorgung

Nach mindestens zweijähriger ununterbrochener Beschäftigung seit Wiedereintritt wird die Dauer der Familienpause im Rahmen der betrieblichen Altersversorgung wie folgt berücksichtigt.

– Zurechnung bei Wartezeit

Die Dauer der Familienpause wird in vollem Umfang auf die zehnjährige Wartezeit im Sinne der Versorgungsordnung angerechnet. Tatsächliche Beschäftigungszeiten werden mit diesen Zurechnungszeiten verrechnet.

– Zurechnung bei rentenfähiger Dienstzeit

Beschäftigungsfreie Zeiten während der Familienpause werden zur Hälfte der rentenfähigen Dienstzeit im Sinne der Versorgungsordnung rentensteigernd hinzugerechnet. Tatsächliche Beschäftigungszeiten im Unternehmen während der Familienpause werden in vollem Umfang rentensteigernd berücksichtigt.

8. Ankündigungsfristen

Der Antrag auf Inanspruchnahme der Familienpause ist unter Angabe des gewünschten Zeitraumes spätestens drei Monate vor Ablauf des gesetzlichen Erziehungsurlaubs/der Elternzeit schriftlich an die Personalabteilung zu richten und wird von dieser schriftlich bestätigt. Sechs Monate vor Ablauf der Familienpause wendet sich die Personalabteilung nochmals schriftlich an die Mitarbeiterin oder den Mitarbeiter und klärt, ob die Arbeit nach Ablauf der Familienpause wieder aufgenommen wird oder nicht.

Eine Verlängerung der Familienpause durch den Mitarbeiter ist bis zu einem Gesamtzeitraum von längstens zehn Jahren möglich, wenn während der Familienpause ein weiteres Kind geboren wird. Ansonsten ist eine Verlängerung nur im Einvernehmen mit der Personalabteilung möglich.

9. Erhalt und Anpassung der beruflichen Qualifikation

Während der Familienpause gibt das Unternehmen im Rahmen der betrieblichen Möglichkeiten Gelegenheit, zum Beispiel durch Urlaubs- und Krankheitsvertretungen – auf Basis befristeter Arbeitsverträge – sowie Teilnahme an betrieblichen Bildungsmaßnahmen den Kontakt zur Arbeit im Unternehmen zu halten.

Rechtzeitig vor dem Ende der Familienpause vereinbaren die Mitarbeiterin bzw. der Mitarbeiter und die Personalabteilung die in Frage kommenden Qualifizierungsmaßnahmen zur Vorbereitung auf die künftige Tätigkeit. Die Kosten hierfür trägt das Unternehmen.

Von der Mitarbeiterin bzw. dem Mitarbeiter wird erwartet, dass eigene Beiträge zum Erhalt und zur Anpassung der Qualifikation – zum Beispiel durch Weiterbildungsmaßnahmen und befristete Arbeitsverhältnisse im Unternehmen – geleistet werden, soweit dies die familiäre Situation erlaubt.

10. Anderweitige Erwerbstätigkeit

Eine beabsichtigte anderweitige Erwerbstätigkeit während der Familienpause ist dem Unternehmen vorher anzuzeigen und wird im Einzelfall wohlwollend geprüft. Dem Wunsch der Mitarbeiterin oder des Mitarbeiters, mit reduzierter Arbeitszeit bei einem anderen Arbeitgeber tätig zu sein, wird dann stattgegeben, wenn das Unternehmen keine gleichwertige Teilzeitbeschäftigung zur Verfügung stellen kann.

(Seit der Neuregelung des Bundeserziehungsgeldgesetzes 1992 sowie des Teilzeit- und Befristungsgesetzes, das bei ab dem 1. 1. 2001 geborenen Kindern anzuwenden ist, gibt es die Möglichkeit, während des Erziehungsurlaubs bzw. der Elternzeit eine Teilzeitarbeit von höchstens 19 bzw. 30 Stunden beim alten oder auch bei einem anderen Arbeitgeber zu leisten. Es spricht nichts dagegen, eine entsprechende Regelung auch bei der Familienpause zu treffen.)

11. In-Kraft-Treten und Kündigung

Die Betriebsvereinbarung tritt am . . . . . . in Kraft und ist mit einer Frist von drei Monaten, frühestens jedoch zum . . . . . . kündbar.

Ort, Datum, Unterschriften

3.29.3 Betriebsvereinbarung über den Kostenzuschuss für die Betreuung von nicht schulpflichtigen Kindern

Zwischen der Firma . . . . . . GmbH
und dem Gesamtbetriebsrat der . . . . . . GmbH
wird folgende Betriebsvereinbarung – Kostenzuschuss für die Betreuung von nicht schulpflichtigen Kindern – abgeschlossen:

1. Geltungsbereich

1.1 Räumlich:

Alle Betriebe der . . . . . . GmbH, soweit an den entsprechenden Standorten den Kindern unserer Mitarbeiterinnen und Mitarbeiter kein Kindergartenplatz zur Verfügung gestellt werden kann.

1.2 Persönlich:

Alle Mitarbeiterinnen und Mitarbeiter (im folgenden Text »Berechtigte« genannt), sowie sie nicht zum Kreis der leitenden Angestellten nach BetrVG gehören und die entsprechenden Voraussetzungen erfüllen.

1.3 Zeitlich:

Diese Betriebsvereinbarung gilt ab 1. 6. . . . . . . Die Kündigungsfrist beträgt drei Monate zum Quartalsschluss. Sie gilt jedoch längstens bis zu dem Termin, an dem die . . . . . . GmbH den Kindern der Berechtigten erstmalig einen Kindergartenplatz anbieten kann. Nach Beendigung der Betriebsvereinbarung durch Kündigung tritt eine Nachwirkung der Bestimmungen dieser Betriebsvereinbarung nicht ein.

2. Ziel

Diese Betriebsvereinbarung steht im Zusammenhang mit der Gesamtbetriebsvereinbarung zur besseren Vereinbarkeit von Familie und Beruf.

3. Inhalt

Die . . . . . . GmbH unterstützt die Betreuung bzw. Unterbringung von nicht schulpflichtigen Kindern ihrer Mitarbeiter durch einen Zuschuss in Höhe von 50% der nachgewiesenen Betreuungskosten, jedoch mit einem monatlichen Maximalbetrag von

300,00 DM/150,00 Euro für das erste Kind
150,00 DM/75,00 Euro für jedes weitere Kind
bis zu einer Höchstgrenze von insgesamt 600,00 DM/300 Euro je Anspruchsberechtigten.

Voraussetzungen für die Zahlung des Kostenzuschusses:
- die . . . . . . GmbH stellt nicht selbst bzw. einen von ihr unterstützten Betreuungs- bzw. Kindergartenplatz zur Verfügung;
- der (die) Berechtigte steht am Monatsletzten in einem ungekündigten Arbeitsverhältnis mit der . . . . . . GmbH,
- dem (der) Berechtigten steht als allein Erziehendem(r) das Sorgerecht zu, oder
- beide Ehepartner sind berufstätig und die Ehefrau ist Mitarbeiterin,
- der (die) Berechtigte befindet sich in einem ungekündigten Beschäftigungsverhältnis mit mindestens 19 Arbeitsstunden pro Woche;
- bezuschussungsfähig sind ausschließlich direkt mit der Betreuung des Kindes in direktem Zusammenhang stehende nachgewiesene Ausgaben, Unterkunft, Verpflegung und Betreuung;
- die betreuende Person ist nicht als Haushaltshilfe bzw. Kinderpflegerin in dem Haushalt des Anspruchsberechtigten tätig;
- die betreuende Person ist nachweislich mit dem Anspruchsberechtigten weder verwandt noch verschwägert;
- auf widerrechtlich in Anspruch genommene Kostenzuschüsse hat die . . . . . . GmbH einen Erstattungsanspruch, der mit der Gehalts- bzw. Lohnzahlung verrechnet werden kann;
- Steuernachforderungen auf Grund von Außenprüfungen des Finanzamtes sind durch den Mitarbeiter zu tragen.

4. Schlussbestimmung

Es handelt sich um eine freiwillige Betriebsvereinbarung im Sinne des § 88 BetrVG. Sie kann ganz oder in Teilen aufgehoben, verändert oder ersetzt werden, wenn tarifvertragliche oder gesetzliche Regelungen dies erforderlich machen.

Ort, Datum, Unterschriften

3.30 Neue Arbeitsformen

3.30.1 Einleitung

Der rasante Wechsel in der Arbeitswelt beschränkt sich nicht nur auf den technologischen Bereich. Neue Formen der Arbeitsorganisation wie z.B. Projektarbeit oder Telearbeit sind auf dem Vormarsch. Für die Firmen bedeutet dies Kosteneinsparungen, mehr Flexibilität oder auch mehr Arbeitseffizienz. Da nicht selten nähere tarifvertragliche Regelungen fehlen, wächst den Betriebsräten im Rahmen von Betriebsvereinbarungen zugunsten der betroffenen Arbeitnehmer eine wichtige Aufgabe zu. Hier gilt es zu vereinbaren, dass die Vorteile auf der Arbeitgeberseite nicht einseitig zu Lasten der betroffenen Beschäftigten gehen, sondern diese in größtmöglichem Maße abgesichert werden.

Die gesetzlichen Möglichkeiten der Altersteilzeit sind ausgeweitet und verbessert worden. Für viele Arbeitnehmerinnen ist dies die Chance, einen vorzeitigen, gleitenden Übergang in die Rente zu erreichen. Betriebsvereinbarungen zur Altersteilzeit liegen in der Regel Tarifverträge zugrunde. Die Betriebsvereinbarungen sehen häufig Verbesserungen der Mindestbedingungen vor, die im Tarifvertrag definiert sind. Vor Erstellung einer »eigenen« Vereinbarung muss insbesondere geprüft werden, ob bzw. welcher Tarifvertrag anzuwenden und zu beachten ist.

In aller Regel werden bei den nachfolgend dargestellten Betriebsvereinbarungen eine Reihe von Mitbestimmungs- oder Beteiligungsrechten der Betriebsräte getroffen. So ist z.B. die Einrichtung und Ausgestaltung von Computer-Heimarbeit/ Telearbeitsplätzen einerseits erörterungspflichtig nach § 90 BetrVG als auch mitbestimmungspflichtig nach § 87 Abs. 1 Nr. 6 BetrVG. Insbesondere wegen der Thematik Telearbeitsplätze sei an dieser Stelle auf die Veröffentlichung von Peter Wedde (Telearbeit, Bund-Verlag, 1994) verwiesen. Beispielhaft werden folgende Betriebsvereinbarungen abgedruckt:

- Gruppen-/Projektarbeit,
- Teamarbeit/Kleingruppen,
- Telearbeit,
- Erprobung von Telearbeit,
- individuelle Teilzeit,
- Altersteilzeit – Betriebsvereinbarung und Änderung des Arbeitsvertrages

3.30.2 Betriebsvereinbarung »Gruppen-/Projektarbeit«

Zwischen

der Geschäftsleitung . . . . . .

und

dem Betriebsrat . . . . . .

wird folgende Rahmenbetriebsvereinbarung zur Anwendung der Gruppenarbeit geschlossen:

1. Präambel

1.1 Werkleitung und Betriebsrat streben an, dass mit den neuen Arbeits-, Organisations-, Fertigungs- und Führungsstrukturen stärker ganzheitliche Arbeitsformen für die Mitarbeiter/innen mit den Elementen Entwickeln, Planen, Entscheiden, Verantworten, Steuern, Fertigen und Kontrollieren geschaffen werden sollen.

1.2 Der Betriebsrat und die Werksleitung sind sich darüber einig, dass sie mit diesem Modell Neuland betreten und diese Betriebsvereinbarung einen Rahmen darstellt, der, wenn nötig, den jeweiligen neuen Erkenntnissen oder Anforderungen auf Wunsch angepasst werden kann und muss. Die Beobachtung der Entwicklung wird durch den gemeinsamen Ausschuss laufend durchgeführt.

1.3 Werkleitung und Betriebsrat sind sich bewusst, dass die angestrebten Veränderungen nur in enger Kooperation und mit dem ständigen Versuch zur Konsensbildung effektiv angegangen und verwirklicht werden können. Die bestehenden sozialen Strukturen innerhalb der Gruppe werden im weiteren Prozess unter Wahrung der bestehenden Rechte der einzelnen Mitarbeiter/innen und der Betriebsräte qualitativ fortentwickelt, wobei der Einbeziehung der Initiative eines jeden besondere Bedeutung zukommt.

1.4 Neben einem Beteiligungs- und Reklamationsrecht wird den jeweils betroffenen Arbeitnehmer/innen auch ein Initiativrecht in Fragen der Arbeits- und Technikgestaltung, der Arbeitsökologie, dem Gesundheitsschutz und bei Fragen der Arbeitsorganisation und des -ablaufs eingeräumt.

2. Geltungsbereich

- räumlich:
- fachlich:
- persönlich:

3. Ziele der Gruppenarbeit

Durch die Gruppenarbeit sollen insbesondere folgende Hauptziele erreicht werden:

- Erhalt und Steigerung der Wettbewerbsfähigkeit des Unternehmens insbesondere durch:

- höhere Effizienz der Arbeit, verbesserte Anlagennutzung, höhere Qualität durch die Reduzierung von Ausschuss und Nacharbeit und Erhöhung der Flexibilität.
- Humane Leistungs- und Arbeitsbedingungen insbesondere durch Aufgabenerweiterung zur Vermeidung einseitiger Belastung und zu starker Arbeitsteilung, Aufgabenanreicherung zur Erweiterung der Mitsprache, Mitgestaltung und Mitverantwortung am Arbeitsplatz; Erhöhung der Arbeitszufriedenheit und der Motivation, verbesserte Qualifizierungsmöglichkeiten und Einkommenschancen im Rahmen der technischorganisatorischen Möglichkeiten.

4. Prinzipien der Gruppenarbeit

4.1 Werkleitung und Betriebsrat gehen davon aus, dass Gruppenarbeit schrittweise eingeführt wird.

Sowohl die Einführung als auch die spätere Organisation der Gruppenarbeit erfolgen unter dem Aspekt der ganzheitlichen Arbeitsweise, die es allen Mitarbeiter/innen erlaubt, sich nach entsprechender fachlicher und überfachlicher Qualifizierung in die neue Arbeitsorganisation zu integrieren

4.2 Kennzeichnend für Gruppenarbeit ist die weitgehend selbständige, eigenverantwortliche Erledigung der Arbeitsaufgaben im Rahmen betrieblicher Vorgaben. Neben den operativen Tätigkeiten sind beispielsweise Aufgaben der Steuerung und Koordination der Qualitätssicherung und der Instandhaltung wahrzunehmen.

Die Kenntnisse und Erfahrungen der Mitarbeiter/innen sollen zur Verbesserung der Arbeitsabläufe, der Arbeitsplätze, der Arbeitsumgebung sowie der Arbeitsbedingungen genutzt werden, indem die Mitarbeiter/innen an der betrieblichen Gestaltung von Arbeitsabläufen beteiligt werden.

4.3 Bei der Einführung dieser neuen Strukturen ist die stärkere Nutzung der Qualifikation und des Know-hows der Mitarbeiter/innen sowie die Entwicklung einer optimierten und effizienter ausgerichteten Ablauf- und Fertigungsorganisation anzustreben. Dies soll erreicht werden, insbesondere

- durch Erhöhung der Qualifikation infolge gezielter Weiterbildungsmaßnahmen für Mitarbeiter/innen auf allen Ebenen;
- durch wechselseitige Offenheit und gegenseitige Akzeptanz;
- durch Veränderung von Arbeitsinhalten und weitgehende Selbststeuerung von Arbeitsabläufen im Rahmen vorgegebener Bandbreiten.

Dadurch nimmt die/der Mitarbeiter/in Einfluss auf die Vergütung.

5. Gruppenstruktur/Personalbemessung

Die Gruppen sind in ihrer Größe so zu benennen, dass ein gruppenspezifischer Prozess stattfinden kann.

alternativ:

Die Gruppen sollen in ihrer angetroffenen Zusammensetzung gebildet werden. Um die Kontinuität der Gruppe zu gewährleisten, sind die Gruppen personell so zu besetzen, dass Kurzverleihungen aufgrund unterschiedlicher Anwesenheiten und Programmschwankungen möglichst vermieden werden.

alternativ:

Gruppen bestehen in der Regel aus 8 bis 12 Mitarbeiter/innen eines räumlich abgegrenzten Tätigkeitsbereichs.

Die Gruppenzugehörigkeit wird verbindlich festgelegt, planbare Personalschwankungen wie z. B. Tarifurlaub, Frühschichten, Freizeitausgleich, temporärer Qualifizierungsbedarf (Teilnahme an Qualifizierungsmaßnahmen) und dergleichen werden in die Personalbemessung des Teams einbezogen, d. h., es wird eine entsprechende Personalreserve pro Gruppe geschaffen, die Soll-Personalbesetzung ist so zu vereinbaren, dass sich bei Einhalten der Soll-Daten für alle Gruppenmitglieder zumutbare Leistungsbedingungen ergeben.

Die Arbeitsbedingungen, Soll-Daten und/oder die Soll-Personalbesetzung können nach Rücksprache mit der jeweiligen Gruppe unter Wahrung der Mitbestimmungsrechte des Betriebsrates verändert werden.

alternativ:

Für jede Arbeitsgruppe wird eine vorläufige Personalstärke einschließlich von Springern durch die zuständigen betrieblichen Stellen definiert und mit dem Betriebsrat beraten. Die Teilnahme am Pilotprojekt ist für die Beschäftigten grundsätzlich freiwillig. Die betreffenden Beschäftigten werden erst nach Beratung zwischen Geschäftsleitung und Betriebsrat in die Gruppen integriert. Im Übrigen gilt § 99 BetrVG.

Die Personalbesetzung der Pilotgruppen ist in Anlage 1 dokumentiert. Die Mitbestimmung des Betriebsrats regelt sich nach § 99 BetrVG. Sollten im Laufe der Pilotprojekte Beschäftigte einer Gruppe nicht mehr in derselben Gruppe benötigt werden, hat die Gruppe ein Vorschlagsrecht, wer die Gruppe zu verlassen hat. Dabei sollte der Grundsatz gelten, dass dann einer der Höherqualifizierten diese Arbeitsgruppe verlässt und auf einen anderen mindestens gleichwertigen Arbeitsplatz versetzt wird. Gruppenmitglieder, die aufgrund von Ausfallzeiten von max. sechs Wochen aus ihrem Team herausfallen, besitzen nach Wegfall des Ausfallgrundes einen direkten Anspruch auf Wiedereingliederung in ihr Team. Bei längeren Ausfallzeiten besteht ein Anspruch auf einen gleichartigen Arbeitsplatz.

Wegen der Einführung von Gruppenarbeit wird die Belegschaftsstruktur Männer/Frauen nicht verändert.

6. Gruppengespräche

6.1   Gruppengespräche sind Arbeitsbesprechungen von bis zu einer Stunde und sollen einmal wöchentlich stattfinden.

6.2   Die Gruppe bestimmt den Zeitpunkt des Gruppengespräches unter Berücksichtigung der Fertigungssituation und in Abstimmung mit dem Vorgesetzten. Dies gilt besonders für Schicht- und bereichsübergreifende Gespräche.

6.3 Das Gespräch findet möglichst in der normalen Arbeitszeit statt. Müssen die Gruppengespräche fertigungs- oder programmbedingt außerhalb der Schichtzeit stattfinden,
werden sie als Mehrarbeit vergütet.

6.4 Die Gruppe ist frei sowohl in der Wahl der Themen im Hinblick auf die oben definierten
Aufgaben als auch in der Frage, wen sie zu den Gruppengesprächen einlädt. Fach- und
Führungskräfte sowie der Betriebsrat werden zur Klärung spezifischer Fragen hinzu-
gezogen.

Vorgesetzte, Betriebsrat sowie Fachabteilungen können in Absprache mit der Gruppe
spezielle Themen in die Gruppengespräche einbringen und bei deren Behandlung teilnehmen.

6.5 Die Weiterentwicklung der Gruppe im Hinblick auf ihre Zielerreichung wird durch Eigen-
kontrolle anhand vorgegebener Parameter durchgeführt und anschaulich dargestellt.

Parameter können z. B. sein:

- Abbau der Monotonie,
- Anlagen- und produktbezogene Qualifizierung,
- Arbeitsbedingungen,
- Arbeitssicherheit,
- Ausbringung,
- Belastungsausgleich innerhalb der Gruppe,
- Kosten, z. B. Nacharbeit, Ausschuss, Hilfsstoffe,
- Maschinenverfügbarkeit,
- Menschengerechte Arbeitsplätze (Arbeitsplatzgestaltung),
- Qualität.

Der Betriebsrat gehört zum Verteilerkreis von Protokollen.

7. Gruppensprecher/in

7.1 Die/der Gruppensprecher/in vertritt die Gruppe nach innen und außen. Sie/er handelt im
Auftrag der Gruppe und hat keine Weisungs- und Disziplinarbefugnis.

7.2 Die/der Gruppensprecher/in wird in freier geheimer Wahl mit einfacher Mehrheit
zunächst auf sechs Monate und später bei Wiederwahl auf ein Jahr aus der Mitte der
Gruppe gewählt.

Vor der Wahl muss die Gruppe ausführlich über die Aufgaben, Rechte und Pflichten
der/des Gruppensprechers(in) informiert werden. Eine Abwahl der/des Gruppen-
sprechers(in) durch die Gruppe ist in geheimer Wahl mit einfacher Mehrheit jederzeit
möglich.

7.3 Ein(e) Stellvertreter/in wird auch in geheimer Wahl gewählt. Sie/er vertritt die/den
Gruppensprecher/in bei Abwesenheit, insbesondere bei Krankheit, Urlaub etc.

7.4 Für die Dauer der Funktion der/des Gruppensprechers(in) wird ihr/ihm eine Zulage von
Euro 0,25 pro Stunde gezahlt, die auch die/der Vertreter/in ab der ersten Stunde für den

eingesetzten Zeitraum erhält. Eine Anpassung der Zulage erfolgt bei Tariferhöhungen.

7.5 Neben der völligen Einbindung in die Arbeit der Gruppe übernimmt die/der Gruppen-
sprecher/in unter anderem die folgenden Aufgaben:
- Motivation der Gruppe,
- Ausgleich von Meinungsverschiedenheiten,
- Sicherstellung des Informationsaustausches,
- Verfolgen der Gruppenziele,
- Unterstützen der/des Meisters/in,
- Leitung der Gruppengespräche.

Die/der Gruppensprecher/in erhält die erforderliche Zeit zur Erfüllung ihrer/seiner
Aufgaben.

8. Information und Beteiligung der Arbeitnehmer/innen

8.1 Die Mitarbeiter/innen werden rechtzeitig und umfassend über die zukünftigen Tätigkeits-
und Arbeitsabläufe unterrichtet. Die in den jeweiligen Ausschüssen vertretenen
Betriebsräte haben ein Teilnahmerecht bei dieser Unterrichtung.

Gemäß § 82 BetrVG haben die Mitarbeiter/innen das Recht, zu den mit der Einführung
und Ausgestaltung verbundenen Maßnahmen Stellung zu nehmen sowie Vorschläge für
die Gestaltung des Arbeitsplatzes und des Arbeitsablaufs zu machen. Die Möglichkeiten
ihrer beruflichen Entwicklung im Betrieb unter den veränderten Bedingungen sind mit
ihnen zu erörtern.

8.2 Die Mitarbeiter/innen bzw. der Betriebsrat haben das Recht, unter gegenseitiger Beteiligung eine Projektgruppe zu bilden. Diese Projektgruppe kann Vorschläge zur humanen
und sozialen Gestaltung des Arbeitsablaufs und des Arbeitsplatzes, zu den Arbeitsinhalten und Arbeitsbedingungen sowie auch für die Systemauslegung machen. Das Gleiche
gilt für den Ausbau, die Anpassung und Weiterentwicklung des jeweiligen Systems.

8.3 Jede(r) Arbeitnehmer/in, die/der sich insbesondere durch
- Arbeitsbelastung und Arbeitsbeanspruchung,
- Arbeitsinhalte,
- Arbeitsplatz,
- Arbeitsverfahren,
- Arbeitsmethode,
- Arbeitsablauf,

beeinträchtigt sieht oder andere Verstöße gegen die menschengerechte Gestaltung der
Arbeit geltend macht, hat das Recht, sich beim Betriebsrat zu beschweren. Bei Meinungsverschiedenheiten zwischen Betriebsrat und Geschäftsleitung entscheidet der
gemeinsame Ausschuss.

9. Aufgaben und Kompetenzen der Gruppe

9.1 Typische Gruppenarbeitsaufgaben sind:

- Aufgabenverteilung innerhalb der Gruppe/Arbeitsplatzwechsel (Rotationsregelung),
- Eigenverantwortung inklusive Selbstkontrolle des vorgesehenen Qualitätsstandards,
- in Abstimmung mit unterstützenden Stellen Übernahme der Verantwortung für termingerechte Fertigung und deren Planung,
- in Abstimmung mit unterstützenden Stellen Verantwortung für die Instandhaltung der Betriebsmittel und Werkzeuge,
- in Abstimmung mit unterstützenden Stellen Beschaffung von Arbeits- und Betriebsmitteln,
- Vorschlagsrecht bezüglich des Qualifikationsbedarfs und dessen Planung,
- Anlernen neuer Gruppenmitglieder,
- Kontinuierlicher Verbesserungsprozess zur Vereinfachung, Erleichterung und Verbesserung der Arbeit und der Arbeitsergebnisse insbesondere auf folgenden Feldern:
  - Arbeitsplatz,
  - Arbeitsplatzumfeld,
  - Arbeitsabläufe,
  - Produkte,
  - Fertigungsverfahren,
  - Arbeitssicherheit/Gesundheitsschutz,
  - Materialeinsparung.

9.2 Die Gruppe führt die Gruppenarbeitsaufgaben selbständig aus. Dabei wird sie durch die zuständigen Fachbereiche, Gruppenkoordinator und Vorgesetzten unterstützt.

10. Rolle der Vorgesetzten

10.1 Die Gruppenarbeit erfordert eine Veränderung der Führungsaufgabe der Vorgesetzten. Schwerpunkte ihrer/seiner Führungsfunktion verlagern sich zur sozialen, pädagogischen Seite. Weitere Schwerpunkte sind:

- Betreuung ihrer/seiner Fertigungsgruppen,
- Vorgabe und Vereinbarung von Zielen,
- Unterstützung der Gruppe zur Erreichung der Ziele,
- Unterstützung der Gruppe bei der Festlegung von Maßnahmen, wenn erkennbar wird, dass die Zielerreichung in Frage gestellt ist,
- Gruppen- und bereichsübergreifende Koordination und Kommunikation,
- Informationsaustausch über die Gruppe hinaus,
- Unterstützung bei Problemlösungen insbesondere im Rahmen des kontinuierlichen Verbesserungsprozesses (KVP),
- Unterstützung im Qualifizierungsprozess,
- Beurteilung von Mitarbeiterinnen/Mitarbeitern,
- Personaleinsatz.

10.2 Der Personaleinsatz über die Gruppe hinaus obliegt der Verantwortung der/des Vorgesetzten. Die Besetzung der einzelnen Arbeitsplätze innerhalb der Gruppe wird weitestgehend auf Vorschlag der Gruppe selbst geregelt und bestimmt. Die/der Vorgesetzte berät gegebenenfalls die Gruppe dabei.

11. Qualifizierung

11.1 Zur systematischen Vorbereitung auf die neuen Tätigkeiten und auf die Aufgaben wird mit dem Betriebsrat ein Qualifizierungskonzept vereinbart. In dieses Konzept sollen ausdrücklich zukünftig auch die Wünsche des Arbeitsteams mit einbezogen werden. Dieses Konzept legt die Maßnahmen nach Art, Dauer, Inhalt, Methode und Anzahl der betroffenen Personen fest.

11.2 Die arbeitsplatzbezogene Qualifikation muss eine selbständige, sozial kompetente und verantwortliche Ausübung der zugewiesenen Tätigkeiten ermöglichen. Die Qualifizierungsmaßnahmen müssen sich auch auf die vor- und nachgelagerten Arbeitsbereiche erstrecken. Sie müssen aus einer sinnvollen Kombination von praktischen und theoretischen Kenntnissen bestehen.

Der Betriebsrat ist berechtigt, an den Schulungen teilzunehmen.

11.3 Jede(r) Mitarbeiter/in für den betroffenen Bereich hat das Recht, an Qualifizierungsmaßnahmen teilzunehmen. Diese sind während der Arbeitszeit unter Fortzahlung der Bezüge durchzuführen. Die Kosten trägt der Arbeitgeber. Diese sind auch bei einer Auflösung des Arbeitsverhältnisses nicht rückerstattungspflichtig. Bei Maßnahmen außerhalb des Betriebes hat der Arbeitgeber die zeitlich notwendige Freistellung zu gewähren. Der Seminartag wird mit der Sollarbeitszeit bewertet.

11.4 Erreichen Arbeitnehmer/innen in dem erstellten Qualifizierungskonzept nicht die notwendigen Fähigkeiten und Fertigkeiten, die zur Erfüllung der ganzheitlichen Arbeitsaufgaben notwendig sind, so wird ihnen eine Nachschulungsmöglichkeit angeboten, ohne dass sie aus dem Team herausfallen.

11.5 Auszubildende werden frühzeitig mit der Gruppenarbeit vertraut gemacht und gem. Ausbildungsplan in Abhängigkeit von ihrem Ausbildungsstand in die Gruppen eingebunden. Der Ausbildungsplan wird den Bedingungen der Gruppenarbeit angepasst.

12. Entgelt

Die Vielfältigkeit der tariflichen und der dazugehörigen betrieblichen Entgeltstrukturen sowohl innerhalb einer Branche als auch über sie hinweg machen es bei Gruppenarbeit schlicht unmöglich, eine Entgeltgestaltung aus der Praxis als idealtypische Lösung zu bestimmen.

13. Kontinuierlicher Verbesserungsprozess (KVP)/betriebliches Vorschlagswesen

13.1 Verbesserungsvorschläge, die als Gruppe gemacht werden, gelten als Gruppenvorschlag und werden gemäß der Betriebsvereinbarung zur Regelung des betrieblichen Vorschlagswesens behandelt.

alternativ:

Im Rahmen von Leistungslohnstrukturen bietet sich folgende Regelung an:

Im Rahmen der Gruppenarbeitsprojekte wird angestrebt, Entlohnungsanreize für kontinuierliche Verbesserungsmaßnahmen durch die Gruppe zu vereinbaren.

13.2 Der kontinuierliche Verbesserungsprozess wird insbesondere durch zwei Faktoren bewirkt:

- Sammeln von Erfahrungen durch wiederholtes Fertigen gleicher oder ähnlicher Werkstücke,
- Verlagerung von Tätigkeiten zur Verbesserung von Produkten, Abläufen usw. in die Gruppe.

13.3 Die Pilotphasen sollen insgesamt genutzt werden, um mit den gewonnenen Erfahrungswerten zu überprüfen, inwieweit die bestehende analytische Arbeitsbewertung zur Eingruppierung von Arbeitssystemen reformiert und um KVP-Merkmale in Form von Richtbeispielen ergänzt werden kann. Dazu werden durch die betrieblichen Stellen und die Projektberater Entwürfe von beispielhaften Richtbeispielen erstellt und im gemeinsamen Projektausschuss beraten.

13.4 Gegebenenfalls werden auf Antrag einer Seite die Tarifparteien zur Verhandlung entsprechender Veränderungen der Analytik hinzugezogen. Bezüglich der zu verhandelnden Leistungslohnsysteme besteht Einigkeit dahingehend, dass aus KVP-Maßnahmen zu vergütende Leistungen der Gruppen nur im Entlohnungsgrundsatz Prämien als tariflicher Prämienbestandteil abzugelten sind.

14. Soziale Sicherung

14.1 Werkleitung und Betriebsrat sind sich darin einig, dass der Beschäftigung der einzelnen Mitarbeiter/innen zentrale Bedeutung zukommt. Niemand wird durch die Einführung von Gruppenarbeit sein Beschäftigungsverhältnis verlieren.

14.2 Um personelle oder sozial negative Folgen für Mitarbeiter/innen zu vermeiden, sind alle betrieblichen, betriebsverfassungsrechtlichen, tarifvertraglichen und sonstige Möglichkeiten auszuschöpfen. Bei unvermeidbaren Versetzungen ist eine mindestens gleichwertige und zumutbare Tätigkeit im Betrieb mit entsprechender Eingruppierung anzustreben, wobei die Mitbestimmungsrechte des Betriebsrats zu beachten sind.

Insbesondere für eine Pilotphase bieten sich folgende Regelungen an:
Geschäftsleitung und Betriebsrat stimmen überein, dass die Erprobung von Gruppenarbeit in Pilotprojekten für die Dauer der vereinbarten Pilotphasen bei den direkt und indirekt Betroffenen nicht zu betriebsbedingten Kündigungen führt (Rationalisierungsschutz). Bei der technisch-organisatorischen Planung der Gruppen ist so vorzugehen, dass Arbeitnehmer/innen gemäß ihren persönlichen Fähigkeiten schrittweise in die für sie neue Form der Gruppenarbeit hineinwachsen können. Dazu gehört beispielsweise, dass Arbeitnehmer/innen bei der Einführung von Gruppenarbeit zunächst ihr vorheriges Aufgabengebiet mit in die Gruppe übernehmen.

Grundsätzlich ist Gruppenarbeit so zu organisieren, dass keine Arbeitnehmer/innen ausgegrenzt werden. Dies gilt insbesondere für ältere, leistungsgeminderte und Schwerbehinderte Arbeitnehmer/innen. Diese sind entsprechend zu berücksichtigen. Für Arbeitnehmer/innen, deren bisheriges Aufgabengebiet verändert wird, teilweise oder ganz wegfällt, gelten folgende Regelungen:

- Den betroffenen Arbeitnehmer/innen sind zunächst solche Arbeitsplätze bzw. Gruppenarbeitsaufgaben anzubieten, die ihrer jetzigen Arbeit möglichst ähnlich sind.
- Nach Ausschöpfen dieser Möglichkeiten sind solche Arbeitsplätze bzw. Gruppenarbeitsaufgaben anzubieten, die unter Berücksichtigung der vorherigen Tätigkeit, des voraussichtlichen Qualifizierungsbedarfs und der persönlichen Voraussetzungen der betroffenen Arbeitnehmer/innen am ehesten geeignet erscheinen und für die Arbeitnehmer/innen zumutbar sind.
- Diese Regelungen gelten sinngemäß auch für diejenigen Arbeitnehmer/innen, die außerhalb der Gruppen von der Einführung der Gruppenarbeit betroffen sind.

14.3 Jeder Mitarbeiter/jede Mitarbeiterin kann unter Angabe von Gründen verlangen, innerhalb von drei Monaten an einen anderen, dem vorherigen Arbeitsplatz gleichwertigen, freien Arbeitsplatz versetzt zu werden. Gleiches gilt auf Antrag der Produktionsleitung bei der Personalabteilung, falls Mitarbeiter/innen für Gruppenarbeit ungeeignet sind. Für diese Fälle ist der Betriebsrat im Rahmen von § 99 BetrVG zu beteiligen.

15. Projektmanagement/Mitbestimmungsregelungen

15.1 Geschäftsleitung und Betriebsrat bilden einen gemeinsamen Ausschuss. Jede Seite entsendet drei Mitglieder ihrer Wahl. Ab jeweils zwei Mitgliedern besteht Beschlussfähigkeit (mit drei Stimmen pro Partei). Den Vorsitz stellt in wechselndem Turnus (projektbezogen) eine der beiden Seiten.

15.2 Der Ausschuss hat die Aufgabe, Meinungsverschiedenheiten im Zusammenhang mit dieser Betriebsvereinbarung auszuräumen. Er berät hierüber mit dem Ziel der Einigung. Diese Einigung beinhaltet entweder eine Zustimmung zum beantragten Vorhaben oder die Ausarbeitung eines Alternativvorschlages. Eine Nichteinigungsfähigkeit des Ausschusses kann frühestens von einer der beiden Seiten nach zwei Sitzungen erklärt werden. In diesem Falle gilt das beantragte Vorhaben als vom Ausschuss abgelehnt. Das Votum des Ausschusses ist schriftlich zu formulieren, im Einigungsfalle in Form einer Betriebsvereinbarung. Im Falle der Nichteinigung im Ausschuss kann jede der beiden Seiten die Einigungsstelle anrufen.

15.3 Die Geschäftsleitung und der Betriebsrat unterrichten sich gegenseitig rechtzeitig und umfassend über den Stand der Planungen. Die Unterrichtung hat spätestens zu einem Zeitpunkt zu erfolgen, in dem noch Einfluss auf die Entscheidung genommen und der Betriebsrat bzw. die Geschäftsleitung Lösungsalternativen im Interesse der betroffenen Arbeitnehmer einbringen kann. In jedem Falle muss die Information gegeben werden, bevor erforderliche Investitionsentscheidungen getroffen werden.

*15.*4 Werkleitung und Betriebsrat sind sich darin einig, dass die formulierten Ziele nur dann zu realisieren sind, wenn eine vorausschauende Unternehmensplanung, insbesondere Produktions- und Personalplanung, vorgenommen wird. Diese Planung soll die absehbaren Produkt-, Technik- und Organisationsänderungen und die daraus resultierenden Auswirkungen für die Beschäftigung und Qualifizierung der Mitarbeiter/innen berücksichtigen. Darüber hinaus beinhaltet sie die Maßnahmen, die negative Auswirkungen für die Arbeitnehmer verhindern soll.

*15.*5 Zur Information erhält der Betriebsrat für den jeweiligen Bereich, in dem Maßnahmen zur Einführung von neuen Arbeits-, Fertigungs-, Organisations- und Führungsstrukturen vorgesehen sind, insbesondere folgende Informationen:

- Personelle Planung und Ist-Stellenbesetzung,
- geplante technische Anlagen sowie Veränderungen solcher Anlagen,
- geplante Veränderungen von Arbeitsverfahren und -abläufen,
- geplante Bauten oder die Veränderung von Bauten,
- Umstellung oder Verlegung von Arbeitsplätzen, Maschinen und Einrichtungen,
- Veränderung von Büroräumen,
- Strukturdaten der betroffenen Beschäftigten (Alter, Geschlecht, Eingruppierung, Arbeitsbereich).

Die Aufzählung ist nicht abschließend, sie orientiert sich an § 106 BetrVG. Die Informationen werden an den Betriebsrat – soweit sie nicht das Gesamtunternehmen betreffen – gegeben. Die personellen und sozialen Konsequenzen aus den Planungen sind jeweils im Einzelnen aufzuzeigen. Die erforderlichen Unterlagen und die Angaben sind jeweils fortlaufend zu aktualisieren.

*15.*6 Es besteht Einigkeit zwischen den Parteien, dass die geplanten Veränderungen zunächst erprobt werden. Von diesem Grundsatz kann im Einzelfall von der Geschäftsleitung mit Zustimmung des Betriebsrates abgewichen werden. Für die Erprobung sind Phasen festzulegen, nach denen jeweils in eine Beratung einzutreten ist. Diese Beratung dient der gemeinsamen Bewertung der gemachten Erfahrungen und der Erarbeitung von Vorschlägen für die weitere Umsetzung des Projektes. Jede Seite kann den oben genannten Ausschuss anrufen.

*15.*7 Um die aus dieser Betriebsvereinbarung resultierenden Rechte und Pflichten wahrzunehmen, sind die Mitglieder des Betriebsrats im erforderlichen Umfang zu schulen. Die Kosten trägt der Arbeitgeber. Die Rechte des Betriebsrats auf Teilnahme an Schulungs- und Bildungsveranstaltungen nach § 37 Abs. 6 und Abs. 7 BetrVG bleiben hiervon unberührt.

Damit der Betriebsrat seine Aufgaben im Rahmen dieser Betriebsvereinbarung ordnungsgemäß durchführen kann, werden über die im § 38 BetrVG geregelte Mitgliederzahl von Freistellungen hinaus zwei weitere Betriebsratsmitglieder von ihrer bisherigen Arbeit freigestellt.

Der Betriebsrat kann jederzeit Sachverständige seiner Wahl hinzuziehen. Die Kosten dafür trägt das Unternehmen.

15.8 In jeweils zwischen Betriebsrat und Geschäftsleitung festzulegenden Abständen werden die wesentlichen Gruppenmerkmale/Entwicklungsziele überprüft und gegebenenfalls neu festgelegt. Zweck dieses Verfahrens ist es, Entwicklungsziele für Gruppenmerkmale bis zum nächsten Überprüfungszeitraum festzulegen und die Ziele des vergangenen Zeitraums auf Erfüllung zu überprüfen. Dazu gehören:

- Arbeitssystembeschreibung,
- Grundlohneinstufung,
- Qualifikationsentwicklung,
- Auswahl von Teilnehmern an Qualifizierungsmaßnahmen,
- Merkmale (Kosten und Effekte) der kontinuierlichen Verbesserungen.

Diese Merkmale werden zwischen den Beteiligten verhandelt und zwischen Betriebsrat und Geschäftsleitung vereinbart (soweit im Einzelfall nicht abweichend geregelt). Die Vereinbarung erfolgt grundsätzlich mit der Absicht, die Entwicklungsziele bis zum nächsten Überprüfungstermin beizubehalten. Die erstmalige Festlegung geschieht mit Einführung der Gruppenarbeit im jeweiligen Bereich.

Die Vereinbarung der Entwicklungsziele erfolgt unter Beteiligung der folgenden Stellen.
- Arbeitgeberseite: Geschäftsleitung, Fachabteilung (z. B. Produktionsvorbereitung),
- Arbeitnehmerseite: Betriebsrat, Gruppenvertreter.

Durchführung, Kontrolle und Neufestsetzung erfolgt in jeweils festzulegenden Zeitabständen im gemeinsamen Projektausschuss.

16. In-Kraft-Treten/Kündigung/Nachwirkung

16.1 Diese Rahmenvereinbarung tritt mit sofortiger Wirkung in Kraft.

16.2 Sie kann ganz oder teilweise unter Einhaltung einer Frist von sechs Monaten zum Ende eines Kalenderjahres gekündigt werden. Nach Eingang der Kündigung müssen unverzüglich Verhandlungen über eine neue Rahmenvereinbarung aufgenommen werden. Bis zum Abschluss einer neuen Rahmenvereinbarung gilt diese Rahmenvereinbarung weiter.

alternativ ein Regelungsvorschlag, der für die Pilotphase ein hohes Maß an Flexibilität gewährleistet:
Diese Betriebsvereinbarung tritt nach der Unterzeichnung in Kraft. Wegen der Neuheit vieler geregelter Tatbestände und wegen des Umfangs wird sie zunächst für die Dauer bis zum 31. 12.... abgeschlossen. Eine Verlängerung dieser Frist ist mit Zustimmung der vertragsschließenden Parteien möglich. Die Vertragsschließenden verpflichten sich, rechtzeitig, d. h. drei Monate vor Ablauf der Gültigkeit, in Verhandlungen einzutreten, mit dem erklärten Ziel, die Gültigkeit dieser Betriebsvereinbarung zur Gruppenarbeit fortzuschreiben bzw. die Inhalte weiterzuentwickeln.

16.3 Während der befristeten Probeeinführung besteht für beide Seiten die Möglichkeit, solche Bestandteile, die sich in der praktischen Durchführung als ungeeignet herausstellen, zu kündigen. Die Kündigung bedarf der Schriftform. In diesem Fall tritt spätestens zwei

Wochen nach Kündigung der gemeinsame Projektausschuss zusammen, mit dem Ziel, den entsprechenden Bestandteil gegebenenfalls anzupassen.

Ort, Datum, Unterschriften

(Hinweis: Entnommen aus AiB 7/97. Im gleichen Heft sind auch in dem Beitrag »Rechtliche Rahmenbedingungen der Gruppenarbeit« von Peter-Martin Cox/Dr. Gabriele Peter wichtige Hinweise und Anregungen zum Thema »Gruppenarbeit« enthalten.)

3.30.3 Betriebsvereinbarung über Teamarbeit und Kleingruppenaktivitäten

Zwischen der X-AG
und
dem Gesamtbetriebsrat der X-AG
wird nachfolgende Betriebsvereinbarung über
Teamarbeit und Kleingruppenaktivitäten
im Rahmen von Pilotprojekten abgeschlossen.
(Wenn in der Folge von Mitarbeitern gesprochen wird, sind gleichermaßen Mitarbeiter und Mitarbeiterinnen gemeint.)

1. Präambel
Die X-AG beabsichtigt, in Pilotprojekten neue Arbeitsmethoden anzuwenden. Teamarbeit und Kleingruppenaktivitäten gehören zu den wesentlichen Änderungen der Arbeitsmethodik. Die Beteiligten sind sich einig, dass mit dieser Maßnahme folgende gleichrangige Ziele verfolgt werden:
- höhere Wirtschaftlichkeit, Qualität und Produktivität zur Steigerung der Konkurrenzfähigkeit und zur Sicherung des Unternehmens
- Sicherung der Arbeitsplätze, Arbeitszufriedenheit, Verbesserung der Arbeitsbedingungen
- Aufgabenerweiterung der betroffenen Mitarbeiter, Mitsprache, Mitgestaltung und Mitverantwortung am Arbeitsprozess
- Verbesserung von Informationsfluss und Kommunikation
- Verbesserung der Qualifikation der am Pilotprojekt beteiligten Mitarbeiter

2. Geltungsbereich
Die Vereinbarung gilt für die Pilotprojekte in den Werken E, F, G und H.

Die Vereinbarung gilt für Arbeiter, Angestellte und AT-Angestellte (die nicht leitende Angestellte nach § 5 Absatz 3 und 4 BetrVG sind), soweit sie in die Pilotprojekte einbezogen sind.

3. Geltungsdauer
Die Vereinbarung ist auf die Laufzeit von neun Monaten nach Abschluss der Betriebsvereinbarung befristet, endet jedoch spätestens zum 30. 9. . . . . Sollte eine Verlängerung der Pilot-

projekte erforderlich werden, wird dies dem Gesamtbetriebsrat rechtzeitig mitgeteilt und vereinbart.

4. Teamarbeit

4.1   Teamarbeit ist die Zusammenarbeit von ca. fünf bis zehn Mitarbeitern, die an einer gemeinsamen, beschriebenen, inhaltlich abgegrenzten und überprüfbaren Arbeitsaufgabe beschäftigt sind. Ein Team arbeitet zeitlich und räumlich zusammen und regelt im Rahmen der Aufgabenstellung eigenständig die Verteilung der Arbeit und den Wechsel der Arbeitsplätze.

4.2   Die personelle Ausstattung der Teams ist mit dem örtlichen Betriebsrat zu beraten. Vorschläge und Einwendungen des Betriebsrats sollen berücksichtigt werden.

5. Teamaufgaben

5.1   Das Team führt seine Arbeitsaufgabe innerhalb eines abgegrenzten Aufgabenbereiches gemeinsam durch; dabei werden im Sinne einer ganzheitlichen Auftragsdurchführung direkte und indirekte Tätigkeiten (z. B. aus Instandhaltung, Prüfwesen, Materialwesen) zusammengefasst. Zielsetzung hierbei ist es, von der bisherigen Arbeitsteilung zu einer deutlichen Erweiterung der Arbeitsinhalte zu kommen, ohne dadurch jedoch einzelne Mitarbeiter zu überfordern.

Auf der Grundlage erweiterter Arbeitsinhalte tragen die Teammitglieder im Rahmen ihrer Aufgaben Verantwortung für die jeweiligen Arbeitsergebnisse. Diese sind z. B. Qualität, Menge, Termine und Kosten, soweit diese vorn Team beeinflusst werden können. Dies gilt auch für die Arbeitseinteilung (z. B. Vorziehen oder Zurückstellen nicht zeitkritischer Tätigkeiten), für den Arbeitsplatzwechsel und die Vorplanung von Urlaub und Freischichten. Den teamübergreifenden Personalausgleich führt ein Teambereichsleiter durch.

Fertigungstechnik und Ablauforganisation müssen im Projektverlauf so gestaltet werden, dass die Beeinflussbarkeit bezüglich der Arbeitsweise, Arbeitseinsatz, Arbeitswechsel und Disposition der eigenen Arbeit für das am gewährleistet wird.

5.2   Das Einbringen von Vorschlägen für die bessere Gestaltung der Abläufe und für eine Optimierung der Arbeitsergebnisse wird von den Teammitgliedern erwartet.

Verbesserungsvorschläge aus dem eigenen Bereich der Mitarbeiter werden wie bisher zugelassen. Wie bisher auch, entscheidet die Bewertungskommission über den Anteil der Sonderleistung und damit über die Prämienhöhe des jeweiligen Einreichers. Vorschläge aus dem Arbeitsbereich der jeweiligen Fertigungsteams werden wie Gruppenvorschläge bearbeitet.

6. Teamzusammensetzung/Personalausstattung

6.1   Die Teams werden aus den bisherigen Mitarbeitern gebildet und so zusammengesetzt, dass im Pilotprojekt Erfahrungen gesammelt werden können. Mitarbeiter mit unterschiedlichen Qualifikationsvoraussetzungen und Mitarbeiter mit Einsatzeinschränkungen (z. B. Schwerbehinderte und sonstige schutzwürdige Personengruppen) sind in das Team zu integrieren. Ein pilotprojektbedingter Personalabbau findet nicht statt.

6.2 Die Personalausstattung ist für jedes Team unter Berücksichtigung von direkter und indirekter Tätigkeit entsprechend dem Arbeitsvolumen anzupassen. Urlaubs- und Krankheitstage, Teamgespräche, Kleingruppenaktivitäten und andere Abwesenheiten sind mit einzubeziehen. Ein notwendiger Personalausgleich wird mit entsprechend qualifizierten Mitarbeitern vom Teambereichsleiter vorgenommen.

7. Qualifizierung

7.1 Teamsprecher, Teambereichsleiter und sonstige betroffene Führungskräfte werden in Techniken zur Moderation, Konfliktbewältigung und Führungswissen ausgebildet. Der fachliche Schulungsbedarf für die erweiterten Aufgaben und den flexiblen Arbeitseinsatz wird im Projektverlauf für alle am Pilotprojekt beteiligten Mitarbeiter ermittelt. Die fachliche Qualifikation erfolgt nach einem Ausbildungsplan, der auch die Schulungsinhalte enthält. Dieser ist mit dem örtlichen Betriebsrat zu vereinbaren und orientiert sich an der ganzheitlichen Aufgabenstellung und der flexiblen Einsetzbarkeit aller Teammitglieder. Neben den fachlichen Qualifikationen entsprechend dem Ausbildungsplan sind gleichwertig soziale Qualifikationsmerkmale (z. B. Teamfähigkeit und Konfliktbewältigung) in Teamsitzungen zu vermitteln.

Das Team, der Teambereichsleiter und der Betriebsrat können auch eigene, weitergehende Qualifizierungsvorschläge machen, die dem Einzelnen ermöglichen, zusätzliche Aufgaben im Team zu übernehmen.

7.2 Die Verweildauer der Teammitglieder im jeweiligen Qualifizierungsschritt richtet sich nach dem mit dem Betriebsrat vereinbarten Ausbildungsplan. Die Beurteilung, zu welchem Zeitpunkt der Mitarbeiter die Anforderungen des weiteren Qualifizierungsschrittes in vollem Umfang beherrscht, erfolgt in Abstimmung durch das Team und den Teambereichsleiter.

7.3 Qualifizierungszeit ist bezahlte Arbeitszeit. Jede außerhalb der Normalarbeitszeit stattfindende Qualifizierungsmaßnahme ist mit dem örtlichen Betriebsrat zu vereinbaren.

8. Teamsprecher

8.1 Jedes Team hat einen Teamsprecher. Er moderiert die Teamsitzungen, koordiniert den Arbeitseinsatz innerhalb des Teams gemeinsam mit den Teammitarbeitern und steht als Ansprechpartner nach außen zur Verfügung. Dem Teamsprecher steht keine Vorgesetztenbefugnis zu, er bleibt in seiner Funktion im Arbeitsprozess eingebunden.

8.2 Vor der Ermittlung des Teamsprechers muss das Team über die Aufgaben und Befugnisse des Teamsprechers informiert werden.

8.3 Der Teamsprecher wird für die Laufzeit der Projekte im Konsens, unter Beteiligung des gesamten Teams, des Teambereichsleiters sowie beratenden Dritten (Moderatoren) ermittelt. Kommt ein Konsens nicht zustande, wird in diesem Ausnahmefall der Teamsprecher durch das Team und den Teambereichsleiter gemeinsam gewählt. Das Ergebnis wird schriftlich festgehalten und an Betriebsrat, Abteilungsleiter und Personalabteilung weitergegeben. Der Teamsprecher wird den Mitarbeitern in geeigneter Weise bekanntgemacht.

9. Teambereichsleiter

Teambereichsleiter leiten einen Teambereich (ca. 25 Mitarbeiter) mit mehreren Teams. Sie beraten und koordinieren die Teams und führen diese fachlich und personell.

10. Teamsitzungen

10.1 Teamsitzungen sind Arbeitsbesprechungen und bezahlte Arbeitszeit. Jede außerhalb der Normalarbeitszeit stattfindende Teamsitzung ist mit dem örtlichen Betriebsrat zu vereinbaren. Teamsitzungen werden in der Regel wöchentlich durchgeführt und dauern ca. eine Stunde.

10.2 In Absprache mit dem Teambereichsleiter legt das Team den Zeitpunkt und die Tagesordnung selbst fest. Bei der zeitlichen Festlegung ist sicherzustellen, dass keine Beeinträchtigung vor- und nachgelagerter Bereiche entsteht. Inhalt der Teamsitzungen können sein: Arbeitsorganisation, -planung und -ablauf, Qualität, Qualifizierung, Arbeitssicherheit und sonstige arbeitsbezogene Themen. Betriebsrat und Vorgesetzte können in Absprache mit dem Team an Teamsitzungen teilnehmen.

10.3 Die Teamgespräche sollen in geschlossenen, lärmfreien und ausreichend großen Räumen stattfinden. Notwendige technische Hilfs- und Arbeitsmittel sind zur Verfügung zu stellen.

11. Verdienstsicherung

Durch Maßnahmen im Zusammenhang mit den Pilotprojekten werden für die betroffenen Mitarbeiter keine finanziellen Nachteile entstehen.

12. Entgeltregelung

12.1 Bei veränderten Anforderungen durch erweiterte Aufgaben, umfangreiche Tätigkeiten, erhöhte Flexibilität und festgelegten Dispositionsaufgaben, finden bei den Lohn- und Gehaltsgruppenfestlegungen die jeweiligen Tarifverträge und Betriebsvereinbarungen auch im Pilotprojekt Anwendung.

12.2 Die bestehenden Entlohnungsformen und Leistungslohnsysteme bleiben unberührt.

13. Kleingruppenaktivitäten

13.1 Kleingruppen können aus Mitarbeitern unterschiedlicher Organisationseinheiten bestehen und arbeiten zeitlich begrenzt an der Lösung übergreifender Probleme. Sie können von allen an den Pilotprojekten Beteiligten angeregt werden und werden über die jeweiligen Pilotprojektleiter (abteilungsbezogene Verantwortliche für die Abwicklung der Pilotprojekte) eingeleitet. Die Mitglieder des Lenkungsausschusses und der Betriebsrat als Gremium werden über Zeitpunkt, Teilnehmerkreis und Arbeitsaufgabe rechtzeitig informiert. Das Ergebnis wird unverzüglich mitgeteilt.

13.2 Kleingruppenaktivitäten sind bezahlte Arbeitszeit. Jede außerhalb der Normalarbeitszeit stattfindende Kleingruppensitzung ist mit dem örtlichen Betriebsrat zu vereinbaren.

14. Projektkoordination

Die Projektkoordination übernimmt jeweils ein werksbezogener Lenkungsausschuss, in dem der örtliche Betriebsrat vertreten ist. Die Zusammensetzung der Lenkungsausschüsse entspricht der Zusammensetzung der jeweiligen werksbezogenen Arbeitsgruppen, die die Rahmenkonzepte erarbeitet haben, in denen u.a. die Einführung von Teamarbeit und Kleingruppenaktivitäten enthalten sind. Die Behandlungen aller Fragen, die sich im Zusammenhang mit Team- und Kleingruppenarbeit ergeben, werden im Lenkungsausschuss einvernehmlich geregelt.

15. Information der Mitarbeiter

15.1 Vor Einführung von Teamarbeit und Kleingruppenaktivitäten in den jeweiligen Bereichen hat eine Informationsveranstaltung für die betroffenen Mitarbeiter zu erfolgen. Der Betriebsrat ist zu dieser Informationsveranstaltung einzuladen. In diesem Zusammenhang sollen auch Anregungen und Vorschläge der Mitarbeiter zur Ausstattung von Team- und Kleingruppenarbeit gehört und möglichst bei der Konkretisierung der Planung berücksichtigt werden.

15.2 Die grundsätzlichen Inhalte teambezogener Arbeitsergebnisse und Kennzahlen, die zum Aushang gelangen, sind durch die Pilotprojektleiter mit dem Betriebsrat abzustimmen.

16. Betriebsrat

Die Rechte des Betriebsrats nach Gesetzen, Tarifverträgen und Betriebsvereinbarungen sind einzuhalten.

17. Schlussbestimmung

Diese Betriebsvereinbarung tritt am Tage der Unterzeichnung in Kraft. Es besteht Übereinstimmung, dass vor einer weitergehenden Einführung erneut mit dem Gesamtbetriebsrat verhandelt werden muss. Alle zum jetzigen Zeitpunkt noch nicht als regelungsrelevant erkannten Themen sollen während der Pilotphase konkretisiert, geklärt und in die angestrebte weiterführende Betriebsvereinbarung aufgenommen werden.

Es besteht Einvernehmen, dass über Entlohnungsformen für die Teamarbeit rechtzeitig vor Ablauf der Pilotphase Gespräche zur Vorbereitung einer Vereinbarung aufgenommen werden.

Ort, Datum, Unterschriften

3.30.4 Betriebsvereinbarung »Telearbeit«

Zwischen der Standortleitung und dem Betriebsrat des Standortes . . . . . . der X-AG wird folgende Betriebsvereinbarung über die Arbeitsplatzflexibilisierung durch außerbetriebliche Arbeitsplätze abgeschlossen:

Präambel

Diese Betriebsvereinbarung hat die Aufgabe, Regelungen für die Einrichtung von außerbetrieblichen Arbeitsplätzen bei der X-AG in einer Pilotphase zu schaffen. Ihre Geltungsdauer ist daher von vornherein zeitlich beschränkt.

Die aus der Pilotphase gewonnenen Erkenntnisse sollen im Rahmen von Neuverhandlungen in eine sich anschließende, auf Dauer angelegte Vereinbarung einfließen.

Sofern vor Ablauf der Geltungsdauer dieser Vereinbarung eine zentrale Regelung für die X-AG mit dem Gesamtbetriebsrat getroffen wird, erfolgt eine Anpassung bzw. Neuregelung dieser Betriebsvereinbarung mit dem Gesamtbetriebsrat, soweit dies notwendig ist.

1. Grundsätze

1.1 Gegenstand

Gegenstand dieser Vereinbarung ist die Regelung von Beschäftigungsbedingungen, unter denen Mitarbeiter/innen ihre Arbeitsleistung an einem außerbetrieblichen Arbeitsplatz in ihrer Wohnung erbringen.

1.2 Begriff

Ein außerbetrieblicher Arbeitsplatz in der Wohnung liegt dann vor, wenn die individuelle Arbeitszeit ganz oder teilweise auf eine Tätigkeit zu Hause verlagert wird.

1.3 Geltungsbereich

Diese Vereinbarung gilt für alle Mitarbeiter der X-AG, die im Betrieb . . . . . . beschäftigt und Arbeitnehmer im Sinne des Betriebsverfassungsgesetzes sind.

1.4 Bestehende betriebliche und tarifliche Regelungen

Die bestehenden betrieblichen und tariflichen Regelungen finden auch auf Mitarbeiter mit einem außerbetrieblichen Arbeitsplatz in ihrer Wohnung Anwendung, sofern in dieser Betriebsvereinbarung nichts anderes festgelegt wird. Sie bleiben Arbeitnehmer der X-AG (insbesondere mit allen sich daraus ergebenden Rechten nach dem BetrVG).

1.5 Rechte des Betriebsrates

Der Betriebsrat ist im Einzelfall vor Einrichtung eines außerbetrieblichen Arbeitsplatzes zu unterrichten über
- Name, Vorname des Mitarbeiters
- die vorgesehene Tätigkeit
- den Ort der Tätigkeit

- die Zustimmung des Mitarbeiters
- die dem Mitarbeiter zur Verfügung gestellten Einrichtungen der Informations- und Kommunikationstechnik.

Macht der Betriebsrat in begründeten Einzelfällen Bedenken gegen die Errichtung eines außerbetrieblichen Arbeitsplatzes bei einem Mitarbeiter geltend, so ist hierüber zwischen der Betriebsleitung und dem Betriebsrat mit dem Ziel einer einvernehmlichen Lösung zu beraten.

2. Teilnahmevoraussetzungen

Die Teilnahme an der Errichtung von außerbetrieblichen Arbeitsplätzen ist freiwillig. Mitarbeiter können sich zur Teilnahme bereit erklären. Der Arbeitgeber kann sowohl zur Teilnahme anregen als auch von der Einrichtung des außerbetrieblichen Arbeitsplatzes absehen. Aus der Ablehnung dürfen den Mitarbeitern keine Nachteile entstehen. Die Teilnahme unterliegt folgenden Voraussetzungen:

2.1 Geeignete Arbeitsaufgaben

Arbeitsaufgaben, die ohne Beeinträchtigung des Betriebsablaufes und des Kontaktes zum Betrieb auch außerhalb des Betriebes erledigt werden können, können für die Errichtung eines außerbetrieblichen Arbeitsplatzes geeignet sein.

2.2 Geeignete häusliche Arbeitsbedingungen

Für die Errichtung eines außerbetrieblichen Arbeitsplatzes in der Wohnung des Mitarbeiters muss ein ausreichendes Platzangebot bestehen, welches für den dauernden Aufenthalt zugelassen sowie für die Aufgabenerledigung geeignet ist. Der Mitarbeiter hat das Vorliegen dieser Voraussetzungen darzulegen. Die notwendigen technischen Bedingungen (z.B. ISDN-Anschluss) sind vorab zu klären.

2.3 Schriftliche Vereinbarung mit dem Mitarbeiter

Die Errichtung eines außerbetrieblichen Arbeitsplatzes in der Wohnung wird mit dem Mitarbeiter schriftlich gesondert vereinbart. Das als Anlage 1 beigefügte Vertragsmuster ist Bestandteil der Betriebsvereinbarung.

3. Arbeitszeit und Arbeitsplatz

3.1 Umfang der Arbeitszeit

Durch die Tätigkeit an einem außerbetrieblichen Arbeitsplatz tritt keine Veränderung der tariflichen oder einzelvertraglichen regelmäßigen Arbeitszeit ein. Das Arbeitszeitgesetz ist zu beachten.

3.2 Aufteilung der Arbeitszeit au den betrieblichen und außerbetrieblichen Arbeitsplatz und Verteilung der Lage

Die zu erbringende Arbeitszeit wird in Abstimmung zwischen dem Vorgesetzten und dem Mitarbeiter auf den betrieblichen und den außerbetrieblichen Arbeitsplatz (außerbetriebliche Arbeitszeit) aufgeteilt. Dabei kann in der schriftlichen Vereinbarung sowohl die Aufteilung des

Arbeitszeitvolumens wie auch die Verteilung auf bestimmte Werktage festgelegt oder eine flexible Handhabung vereinbart werden. In jedem Fall muss aber eine schriftliche Regelung dazu erfolgen.

Sofern aus betrieblichen Gründen im Ausnahmefall eine Abänderung dieser getroffenen Regelung notwendig ist, kann diese durch den Vorgesetzten des Mitarbeiters, längstens bis zur Dauer eines Monats, ohne eine neue Vereinbarung erfolgen. Der Betriebsrat ist in einem solchen Fall zu informieren.

3.3 Betriebsbestimmte Verteilung der außerbetrieblichen Arbeitszeit

Eine betriebsbestimmte Verteilung der außerbetrieblichen Arbeitszeit liegt nur dann vor, wenn die Arbeitstage und/oder die Lage der Arbeitszeit an den Werktagen durch den Vorgesetzten vorgegeben oder von der Verfügbarkeit notwendiger vom Betrieb gestellter Arbeitsmittel bestimmt werden.

3.4 Selbstbestimmte Verteilung der außerbetrieblichen Arbeitszeit

Eine selbstbestimmte Verteilung der außerbetrieblichen Arbeitszeit liegt vor, wenn der Mitarbeiter die Verteilung auf die einzelnen Werktage und/oder die Lage der Arbeitszeit an diesen Tagen selbst entscheiden und vornehmen kann (autonome Verteilung).

3.5 Betriebliche Arbeitszeit

Für die im Betrieb zu erbringende Arbeitszeit sind die betrieblichen Arbeitszeitregelungen zu beachten.

3.6 Betrieblicher Arbeitsplatz

Mitarbeiter, die ihre Arbeitsleistung teilweise an einem außerbetrieblichen Arbeitsplatz in ihrer Wohnung erbringen, behalten weiterhin einen Arbeitsplatz im Betrieb.

4. Mehrarbeit und Zuschläge an dem außerbetrieblichen Arbeitsplatz

4.1 Mehrarbeit

Aufgrund der Selbstbestimmungsmöglichkeit über die Lage und Verteilung der Arbeitszeit muss Mehrarbeit an dem außerbetrieblichen Arbeitsplatz im Voraus von dem Vorgesetzten (betriebsbestimmt) entsprechend den betrieblichen Regelungen angeordnet und vom Betriebsrat genehmigt sein, um als solche anerkannt zu werden.

4.2 Mehrarbeitsvergütung

Die geleisteten Mehrarbeitsstunden gem. Ziff. 4.1 werden entsprechend den betrieblichen bzw. tariflichen Regelungen vergütet oder durch Freizeit (s. Punkt 4 der Betriebsvereinbarung Mehrarbeit vom . . . . . .) ausgeglichen.

4.3 Sonn-, Feiertags- und Nachtarbeitszuschläge

Sonntags-, Feiertags- und Nachtarbeitszuschläge werden entsprechend den bestehenden betrieblichen bzw. tariflichen Regelungen vergütet, wenn die Arbeitszeiten an dem außerbetrieblichen Arbeitsplatz im Voraus von dem Vorgesetzten gem. Ziff. 3.3 betriebsbestimmt angeordnet waren oder von der Verfügbarkeit der vom Betrieb gestellten Arbeitsmittel abhängig waren.

5. Dokumentation der an dem außerbetrieblichen Arbeitsplatz erbrachten Arbeitszeit

Die Arbeitszeiterfassung der an dem außerbetrieblichen Arbeitsplatz erbrachten Arbeitszeit erfolgt durch die Mitarbeiter selbst.

Dabei wird die über die werktägliche Arbeitszeit von acht Stunden hinausgehende Arbeitszeit schriftlich dokumentiert und durch die Mitarbeiter mindestens zwei Jahre aufbewahrt.

Sofern Arbeitszeiten einen Anspruch auf Mehrarbeitsvergütung oder Sonn-, Feiertags- bzw. Nachtarbeitszuschlag gem. den Ziffern 4.2 oder 4.3 dieser Betriebsvereinbarung begründen, sind diese entsprechend den betrieblichen Regelungen geltend zu machen.

Am Ende eines jeweiligen Kalendermonats legt der Mitarbeiter die dokumentierten Arbeitszeiten zur weiteren Veranlassung seinem Vorgesetzten vor.

6. Arbeitsmittel und notwendige Einrichtungsgegenstände an dem außerbetrieblichen Arbeitsplatz

Die für den Arbeitseinsatz an dem außerbetrieblichen Arbeitsplatz erforderlichen Geräte und Kommunikationseinrichtungen werden firmenseitig gestellt.

Sofern die für die Einrichtung des außerbetrieblichen Arbeitsplatzes notwendigen Einrichtungsgegenstände (geeigneter PC-Tisch, Arbeitsstuhl) bei dem Mitarbeiter nicht vorhanden sind, werden diese auf Veranlassung des Vorgesetzten firmenseitig zur Verfügung gestellt.

Darüber hinaus trägt die Firma die Kosten für Transport und Installation der zur Verfügung gestellten Gegenstände und Einrichtungen.

Die Einzelfallregelung, insbesondere die Ausstattung und die Inventarliste, erfolgt in der schriftlichen Vereinbarung mit dem Mitarbeiter (Ziff 2.3). Alle firmenseitig zur Verfügung gestellten Geräte, Gegenstände und Einrichtungen bleiben im Eigentum der Firma und sind nach Aufgabe des außerbetrieblichen Arbeitsplatzes durch den Mitarbeiter zurückzugeben.

7. Arbeitssicherheit und Gesundheitsschutz

Für die Arbeitsplatzgestaltung (Arbeitssicherheit, Gesundheitsschutz) an dem außerbetrieblichen Arbeitsplatz sind die entsprechenden gesetzlichen und betrieblichen Regelungen durch den Mitarbeiter zu beachten. Der Mitarbeiter erhält dazu Merkblätter.

Im Einvernehmen mit dem Mitarbeiter können ein Beauftragter des Arbeitgebers und der Betriebsrat die Einhaltung geltender Regelungen vor Ort überprüfen. Erforderliche sicherheitstechnische Überprüfungen der Geräte sowie deren Wartung werden durch das Unternehmen oder einen du das Unternehmen beauftragten Dritten durchgeführt.

8. Kostenerstattung

Die Firma trägt die Kosten für die Einrichtung und den Betrieb des notwendigen Kommunikationsanschlusses (ISDN-Anschluss) sowie die laufenden Gebühren. Der zur Verfügung gestellte Kommunikationsanschluss darf nur zu dienstlichen Zwecken genutzt werden.

9. Datenschutz und Informationssicherheit

Die Belange des Datenschutzes und der Informationssicherheit sind im Rahmen der gesetzlichen und betrieblichen Regelungen zu wahren. Das »Regelwerk zur Informationssicherheit« der X-AG in der jeweils aktuellen Fassung gilt auch für außerbetriebliche Arbeitsplätze in der Wohnung. Die an dem außerbetrieblichen Arbeitsplatz eingesetzte Software unterliegt den gleichen Bedingungen wie an dem betrieblichen Arbeitsplatz. Dies gilt insbesondere auch für den Zugriff auf elektronische Unterlagen.

Vertrauliche Daten und Informationen sind so zu sichern, dass Dritte, einschließlich Familienangehörige, keinen Zugang erhalten. Die zur Verfügung stehenden Schutzmechanismen sind zu nutzen. Pass- und Codewörter sowie Prozeduren zur Benutzung von Netzen, elektronischen Mail-Systemen und Rechnern dürfen nicht an Dritte weitergegeben oder leicht zugänglich aufbewahrt werden. Entsprechendes gilt für die Übertragung der Daten.

Die private Nutzung der zur Verfügung gestellten Gegenstände (einschließlich Software) und Einrichtungen sowie deren Überlassung an Dritte ist nicht gestattet.

10. Versicherungsschutz

Für Arbeitsunfälle, die sich bei der Ausführung einer Arbeitstätigkeit an dem außerbetrieblichen Arbeitsplatz in der Wohnung des Mitarbeiters ereignen sowie bei Unfällen auf dem Weg vom häuslichen Arbeitsplatz zum Betrieb besteht der Schutz der gesetzlichen Unfallversicherung.

Bei Dienstreisen, die von der Wohnung aus angetreten werden, besteht zusätzlich der Schutz der Dienstreiseunfallversicherung.

11. Haftung

Die Haftung des Mitarbeiters für Beschädigung und Abhandenkommen ist auf Vorsatz und grobe Fahrlässigkeit beschränkt.

Bei Beschädigung durch grobe Fahrlässigkeit wird ein Gerätewert unterstellt, der 50% des Wiederbeschaffungswertes nicht übersteigen soll. Zur Vermeidung einer unbilligen Belastung für den Mitarbeiter und unter Berücksichtigung seiner persönlichen und wirtschaftlichen Verhältnisse wird ein angemessener Schadensausgleich vorgenommen.

Bei Schäden, die durch im Haushalt lebende Familienangehörige oder berechtigte Besucher am Eigentum der X-AG verursacht werden, gelten die gleichen Grundsätze, sofern keine Haftpflichtversicherung für den Schaden aufkommt.

Bei Meinungsverschiedenheiten im Schadensfall beraten die Betriebsleitung und der Betriebsrat mit dem Ziel einer einvernehmlichen Lösung.

12. Aufgabe des außerbetrieblichen Arbeitsplatzes

Der außerbetriebliche Arbeitsplatz in der Wohnung des Mitarbeiters kann sowohl vom Arbeitgeber als auch vom Mitarbeiter mit einer angemessenen Ankündigungsfrist, in der Regel drei Monate, zum Monatsende aufgegeben werden. Die Ankündigung muss schriftlich erfolgen. Im

Fall der Kündigung der Wohnung durch den Vermieter ist der Arbeitgeber zu informieren; ist die dabei einzuhaltende Kündigungsfrist kürzer als drei Monate, so verkürzt sich auch entsprechend die Ankündigungsfrist.

Nach Beendigung hat der Mitarbeiter seine Arbeitsleistung wieder in vollem Umfang an seinem betrieblichen Arbeitsplatz zu erbringen. Die gestellten Geräte, Kommunikationseinrichtungen und Einrichtungsgegenstände sind nach Ablauf der Ankündigungsfrist dem Arbeitgeber zu übergeben.

Die notwendigen Kosten für die Aufgabe des außerbetrieblichen Arbeitsplatzes (z. B. Transport) trägt das Unternehmen.

13. Erfahrungsaustausch

Spätestens nach zwölf Monaten ist zwischen den an der Pilotierung teilnehmenden Mitarbeitern sowie Betriebsrat und Betriebsleitung ein Erfahrungsaustausch durchzuführen.

14. Regelungen bei Unstimmigkeiten

Unstimmigkeiten, die sich bei der Auslegung dieser Betriebsvereinbarung ergeben, werden durch die Betriebsleitung und den Betriebsrat mit dem Ziel einer einvernehmlichen Lösung beraten.

15. Laufzeit der Betriebsvereinbarung

Die Geltungsdauer dieser Pilotvereinbarung ist auf zwei Jahre beschränkt. Sie kann zwischenzeitlich mit einer Kündigungsfrist von sechs Monaten zum Monatsende gekündigt werden. Die Vereinbarung entfaltet nach Zeitablauf oder Kündigung keine Nachwirkung.

Ort, Datum, Unterschrift Standortleitung Betriebsrat

Anlage 1 Vereinbarung über die Einrichtung eines außerbetrieblichen Arbeitsplatzes in der Wohnung des/der Mitarbeiter/in

zwischen der X-AG
und

....
Vor- und Zuname des Mitarbeiters, Kostenstelle, Pers.-Nr.

....
PLZ, Wohnort, Straße, Hausnummer

1. Grundlage

Grundlage dieser Vereinbarung ist die Betriebsvereinbarung zur Arbeitsplatzflexibilisierung durch außerbetriebliche Arbeitsplätze. Die darin getroffenen Regelungen finden auf diese Vereinbarung Anwendung. Die Betriebsvereinbarung liegt als Anlage bei.

2. Aufteilung der Arbeitszeit auf den betrieblichen und außerbetrieblichen Arbeitsplatz sowie Verteilung auf die Wochentage

Hinsichtlich der Auf- bzw. Verteilung der Arbeitszeit auf den betrieblichen und außerbetrieblichen Arbeitsplatz und die Lage der Arbeitszeit besteht die Wahlmöglichkeit zwischen einer festen Regelung (Ziff. 2.1 bis 2.1.4) und einer flexiblen Regelung (Ziff. 2.2) für die Dauer der Laufzeit:

2.1 Für die Laufzeit dieser Vereinbarung werden folgende Festlegungen zur Arbeitszeit getroffen:

2.1.1 Der/die Mitarbeiter/in erbringt von seinem wöchentlichen Arbeitszeitvolumen (tarifliche oder einzelvertragliche wöchentliche Arbeitszeit)

.... Stunden/Woche bzw. .... Tage/Woche an dem **betrieblichen Arbeitsplatz** und

.... Stunden/Woche bzw. .... Tage/Woche an dem **außerbetrieblichen Arbeitsplatz**

2.1.2 Der/die Mitarbeiter/in arbeitet an folgenden Werktagen und zu folgenden Zeiten (Festlegungen soweit Bedarf besteht)

an dem **betrieblichen Arbeitsplatz:** an dem **außerbetrieblichen Arbeitslatz:**

	von	bis		von	bis
Montag	☐		Montag	☐	
Dienstag	☐		Dienstag	☐	
Mittwoch	☐		Mittwoch	☐	
Donnerstag	☐		Donnerstag	☐	
Freitag	☐		Freitag	☐	

2.1.3 Es wird folgende besondere Regelung getroffen (z.B. über den Betrachtungszeitraum einer Woche hinausgehende Auf- bzw. Verteilung):

....

....

2.1.4 Eine verbleibende Differenz zur wöchentlichen tariflichen bzw. einzelvertraglichen Arbeitszeit, die sich daraus ergibt, dass unter den Ziffern 2.1 bis 2.1.3 keine vollständige Festlegung erfolgt ist, kann durch den/die Mitarbeiter/in selbstbestimmt erbracht werden.

Die Selbstbestimmung betrifft
- den Ort der Arbeitstätigkeit (betrieblicher oder außerbetrieblicher Arbeitsplatz)
- die Verteilung der wöchentlichen Arbeitszeit auf die Werktage
- die zeitliche Lage der Arbeitszeit an den Werktagen.

2.2 Abweichend von den Ziffern 2.1 bis 2.1.4 kann die Aufteilung der Arbeitszeit auf den betrieblichen und außerbetrieblichen Arbeitsplatz sowie die Verteilung auf die einzelnen Werktage und die zeitliche Lage jeweils flexibel in Abstimmung zwischen dem Vorgesetzten und dem Mitarbeiter vorgenommen werden. Die Abstimmung soll dabei jeweils mindestens für den Zeitraum einer Woche erfolgen.

2.3 Sofern aus betrieblichen Gründen eine Abänderung der unter den Ziffern 2.1. bis 2.2. getroffenen Regelungen notwendig ist, kann diese durch ihren Vorgesetzten, längstens bis zur Dauer eines Monats, ohne eine neue Vereinbarung erfolgen.

3. Arbeitszeitdokumentation und zeitabhängige variable Vergütungen

Die Arbeitszeiterfassung der an dem außerbetrieblichen Arbeitsplatz erbrachten Arbeitszeit erfolgt durch den Mitarbeiter selbst. Dabei wird die über die werktägliche Arbeitszeit von acht Stunden hinausgehende Arbeitszeit schriftlich dokumentiert und durch den Mitarbeiter mindestens zwei Jahre aufbewahrt.

Sofern Arbeitszeiten einen Anspruch auf Mehrarbeitsvergütung oder Sonn-, Feiertags- bzw. Nachtarbeitszuschlag gem. den Ziffern 4.2 oder 4.3 der in der Anlage beiliegenden Betriebsvereinbarung begründen, sind diese entsprechend den betrieblichen Regelungen geltend zu machen.

Am Ende eines jeweiligen Kalendermonats legen alle Mitarbeiter ihre Arbeitszeitdokumentation zur weiteren Veranlassung ihren Vorgesetzten vor.

4. Arbeitsmittel Arbeitssicherheit und Arbeitsschutz

Die für den Arbeitseinsatz an dem außerbetrieblichen Arbeitsplatz erforderlichen Geräte und Kommunikationseinrichtungen werden firmenseitig kostenlos zur Verfügung gestellt.

Alle zur Verfügung gestellten Gegenstände sind in einer Inventarliste festgehalten, die von den Vorgesetzten geführt und vom Mitarbeiter gegengezeichnet wird. Eine Kopie dieser Inventarliste liegt als Anlage bei.

Die firmenseitig zur Verfügung gestellten Gegenstände (einschließlich Software) dürfen nicht zu privaten Zwecken genutzt werden. Für den Zugriff auf elektronische Unterlagen gelten die gleichen Regelungen wie im Betrieb.

Sofern der Mitarbeiter keine Schutzleiterprüfung nachweisen kann, wird vor Installation der Arbeitsmittel, die einen Stromanschluss benötigen, durch einen Beauftragten des Arbeitgebers eine Schutzleiterprüfung durchgeführt. Nur wenn dabei keine Beanstandungen auftreten, darf der außerbetriebliche Arbeitsplatz errichtet werden.

Für die Arbeitsplatzgestaltung (Arbeitssicherheit, Gesundheitsschutz) an dem außerbetrieblichen Arbeitsplatz sind die entsprechenden gesetzlichen und betrieblichen Regelungen durch den/die Mitarbeiter/in zu beachten. Der/die Mitarbeiter/in erhält dazu Merkblätter.

5. Beginn der Tätigkeit an dem außerbetrieblichen Arbeitsplatz

Die Vereinbarung gilt ab . . . . . . und endet am . . . . . . ,*) sofern nicht eine vorherige Aufgabe des außerbetrieblichen Arbeitsplatzes gem. den Ziffern 12 oder 15 der Betriebsvereinbarung erfolgt.

6. Aufgabe des außerbetrieblichen Arbeitsplatzes

Es gelten die Ziffern 12 und 15 der Betriebsvereinbarung.

Ort, Datum

....
Unterschrift des/der Mitarbeiters/in   Vorgesetzter Personalabteilung
*) in jedem Fall zum Ende der Laufzeit der Betriebsvereinbarung

Protokollnotiz zur Betriebsvereinbarung über die Arbeitsplatzflexibilisierung durch außerbetriebliche Arbeitsplätze Ziffer 8 Kostenerstattung vom 16. 4. 1996

Die Standortleitung und der Betriebsrat sind sich darüber einig, dass neben den laufenden Gebühren für den Kommunikationsanschluss auch die monatlichen Stromkosten erstattet werden.

Für die Dauer der oben genannten Pilotbetriebsvereinbarung wird eine monatliche Pauschale von Euro 15,00 festgelegt.

3.30.5 Betriebsvereinbarung zur Erprobung von Telearbeit

Zwischen der X AG
und dem
Betriebsrat der X AG
wird folgende Betriebsvereinbarung abgeschlossen:

Präambel

Mit dieser Betriebsvereinbarung wird die Basis geschaffen, Telearbeit bei der X AG zu erproben. Es sollen Erkenntnisse gewonnen werden, inwieweit Telearbeit zukünftig fester Bestandteil in der Arbeitsorganisation der X AG sein kann.

1. Geltungsbereich

Diese Betriebsvereinbarung gilt für alle Mitarbeiter der X AG im Geltungsbereich des Betriebsverfassungsgesetzes.

2. Grundsätze für Arbeit zu Hause

(1) Die X AG ermöglicht auf Nachfrage Mitarbeitern das Arbeiten zu Hause. Sie bietet von sich aus einzelnen oder Gruppen von Mitarbeitern das Arbeiten zu Hause an.

(2) Der jeweilige Fachbereich entscheidet, ob und wie im konkreten Fall Arbeit zu Hause ermöglicht oder angeboten wird. Er orientiert sich bei dieser Entscheidung daran, ob die jeweilige Arbeitsaufgabe geeignet ist für die Arbeit zu Hause und ob dies für das Unternehmen wirtschaftlich ist.

(3) Voraussetzung ist, dass Mitarbeiter freiwillig Arbeitsleistung zu Hause erbringen wollen. Mitarbeiter haben keinen Rechtsanspruch, ihre Arbeit auch zu Hause zu erbringen.

(4) Grundsätzlich soll nur ein Teil der Arbeitsleistung zu Hause erbracht werden, ein Teil (alternierend) weiter im Betrieb.

(5) Mitarbeiter bleiben bei Arbeit zu Hause weiterhin mit allen Rechten und Pflichten Arbeitnehmer der X AG. Bestehende betriebliche Regelungen gelten bei Arbeit zu Hause unverändert bzw. sinngemäß weiter, sofern nicht ausdrücklich etwas anderes vereinbart wird. Bei Planung und Realisierung von Arbeit zu Hause werden die Beteiligungsrechte des Betriebsrats eingehalten.

(6) Mitarbeiter, die für das Pilotprojekt ausgewählt werden, sollen mindestens ein Jahr bei der X AG beschäftigt sein und die betrieblichen Abläufe kennen.

3. Arbeitsmittel

(1) Die X AG stellt bei Arbeit zu Hause die erforderlichen Arbeitsmittel grundsätzlich auf ihre Kosten zur Verfügung und übernimmt Wartungs- und Reparaturkosten.

(2) Über Art und Umfang der Ausstattung entscheidet der Fachbereich; er orientiert sich dabei an der Art der Aufgabe und den Standards, die für diese Arbeit im Betrieb üblich sind.

(3) Die von der X AG gestellten Arbeitsmittel dürfen ausschließlich dienstlich benutzt werden und sind vor dem Zugriff Dritter zu schützen. Ein Mitbenutzung für Nebentätigkeiten und private Zwecke ist ausgeschlossen. Von diesem Grundsatz abweichende Nutzungen müssen ausdrücklich vereinbart werden.

(4) Falls Mitarbeiter private Arbeitsmittel dienstlich für Arbeit zu Hause nutzen wollen, bedarf dies der ausdrücklichen Zustimmung des Fachbereichs.

4. Kostenerstattung

(1) Die X AG bevorzugt Telekommunikationslösungen, die sicherstellen, dass Telekommunikationskosten vollständig vom Unternehmen übernommen werden.

(2) Fahrtkosten und -zeiten zwischen betrieblicher und häuslicher Arbeitsstätte werden – außer in begründeten Fällen – nicht erstattet.

5. Arbeitszeit

(1) Die Dauer der individuellen durchschnittlichen (rechnerischen) Arbeitszeit gemäß Arbeitsvertrag bleibt grundsätzlich unverändert.

(2) Vorgesetzter und Mitarbeiter stimmen miteinander ab, wie diese vertragliche Arbeitszeit zwischen zu Hause und Betrieb aufgeteilt wird und zu welchen Kontaktzeiten Mitarbeiter zu Hause erreichbar sein sollen. Im Falle von Systemstörungen kann der Vorgesetzte einer Zeitgutschrift zustimmen, wenn es sich um Arbeit mit hoher Bindung an ein EDV-System handelt.

(3) Den Anteil der zu Hause erbrachten Arbeitszeit, der nicht in seiner Lage durch betriebliche Notwendigkeiten bestimmt ist, steuern Mitarbeiter in eigener Verantwortung. Sie berücksichtigen dabei die Schutzvorschriften von Tarifvertrag und Arbeitsschutzgesetz. Arbeitszeiten über 10 Stunden je Arbeitstag (zuzüglich Pausen) sind nicht zulässig.

(4) Zeitzuschläge werden nur gezahlt, wenn die den Anspruch begründenden Zeiten durch betriebliche Notwendigkeiten bestimmt waren und im Voraus vom Vorgesetzten angeordnet und genehmigt wurden.

(5) Hinsichtlich Urlaub und Arbeitsverhinderung gelten für Arbeit zu Hause die gleichen Regelungen wie für Arbeit im Betrieb.

(6) Den Umfang der täglich zu Hause erbrachten Arbeitszeit sowie Ausfallzeiten (Urlaub, Arbeitsverhinderung) dokumentieren Mitarbeiter durch Selbstaufschreibung in einem Arbeitstagebuch, das dem Vorgesetzten jeweils nach Monatsende vorzulegen ist.

6. Arbeitsschutz, Datenschutz und Datensicherheit

(1) Die X AG wird Telearbeit und Arbeit zu Hause nur dann genehmigen, wenn geeignete Arbeitsplätze zur Verfügung stehen. Dabei stellt die X AG sicher, dass die Anforderungen des Arbeitsschutzes eingehalten werden.

(2) Die X AG verpflichtet sich, die betrieblichen Standards für Datenschutz und Datensicherheit einzuhalten. Vertrauliche Daten und Informationen sowie Passwörter werden so geschützt, dass Dritte keine Einsicht und keinen Zugriff nehmen können. Die X AG sorgt dafür, dass die eingesetzten PCs mit den aktuellen Virenscannern versehen werden.

7. Zugang zum Arbeitsplatz zu Hause

Der Betriebsrat oder ein von ihm beauftragter Vertreter kann mit Zustimmung der Mitarbeiter den häuslichen Arbeitsplatz besichtigen, um die Einhaltung der Anforderungen an Datenschutz, Datensicherheit und Arbeitsschutz zu überprüfen.

8. Haftung

Die Haftung von zu Hause arbeitenden Mitarbeitern sowie der in ihrem Haushalt lebenden Familienangehörigen ist gegenüber der X AG beschränkt auf Vorsatz und grobe Fahrlässigkeit. Bei Arbeitsunfällen sind die Mitarbeiter durch die gesetzliche Unfallversicherung geschützt.

9. Schlussbestimmungen

(1) Die Betriebspartner beraten nach Bedarf, mindestens aber halbjährlich über den Verlauf des Pilotprojektes. Zu diesem Zweck wird eine Arbeitsgruppe gebildet, bestehend aus jeweils zwei Geschäftsleitungs- bzw. Arbeitnehmervertretern.

(2) Diese Betriebsvereinbarung tritt mit Unterzeichnung in Kraft und endet mit Ablauf des Pilotprojektes am 31. Januar . . . . . . Sie verlängert sich automatisch um ein Jahr, sofern sie nicht von einer Seite mit einer Frist von drei Monaten zum Jahresende gekündigt wird. Im Falle einer Kündigung entfaltet diese Betriebsvereinbarung keine Nachwirkung.

Ort, Datum, Unterschriften

3.30.6 Betriebsvereinbarung über individuelle Teilzeit

Zwischen der Geschäftsführung und dem Gesamtbetriebsrat der Firma ...... wird nachfolgende Gesamtbetriebsvereinbarung geschlossen:

§ 1 Einleitung

Die Geschäftsführung und der Gesamtbetriebsrat sind der Auffassung, dass die Arbeitszeitgestaltung im Unternehmen von den betrieblichen Notwendigkeiten und den Bedürfnissen der Beschäftigten abhängig ist. Beide Komponenten sollten möglichst in Einklang miteinander gebracht werden. Vor diesem Hintergrund werden die Geschäftsführung und der Gesamtbetriebsrat die Möglichkeit der Einrichtung von individuellen Teilzeitarbeitsplätzen beraten, für die dann diese Betriebsvereinbarung gilt.

§ 2 Geltungsbereich

Diese Betriebsvereinbarung gilt für alle Arbeitnehmer und Arbeitnehmerinnen der Firma ......

§ 3 Betgriffsbestimmung

Teilzeitarbeit im Sinne dieser Vereinbarung ist jede in der Regel kürzere als die regelmäßige tarifliche Wochenarbeitszeit. Die Sozialversicherungspflichtgrenzen dürfen nicht unterschritten werden.

§ 4 Grundsätze

Teilzeit ist ein Mittel, die Arbeitszeit den persönlichen Bedürfnissen der Beschäftigten und den betrieblichen Erfordernissen anzupassen.

Grundsätzlich dient Teilzeit nicht dazu, das Beschäftigungsvolumen zu senken, kann aber im Rahmen eines abgeschlossenen Interessenausgleiches oder mit der speziellen Zustimmung des zuständigen Standortbetriebsrates gemäß den gesetzlichen Bestimmungen hierzu angewandt werden.

Die Einrichtung eines Teilzeitarbeitsplatzes darf nicht zur Beeinträchtigung der Arbeitsqualität und zur Leistungsverdichtung führen. Bei Umwandlung von Voll- in Teilzeitarbeitsplätze ist das Arbeitsvolumen anteilig zu verringern.

Das freiwerdende Arbeitsvolumen sollte möglichst durch Umsetzungen und Neueinstellungen aufgefangen werden, es sei denn, es stehen dringende betriebliche Belange dem entgegen. Dienst- und Werkverträge sowie weitere Fremdvergaben sollten in diesem Zusammenhang auf ein Mindestmaß begrenzt werden. Sollte dies nicht vermeidbar sein, werden die vorab genannten Maßnahmen mit dem Betriebsausschuss beraten.

Die Teilzeit kann von allen Beschäftigten unter Berücksichtigung der betrieblichen Erfordernisse und Möglichkeiten in Anspruch genommen werden.

Alle vertretbaren organisatorischen Möglichkeiten zur Einrichtung eines Teilzeitarbeitsplatzes sind auszuschöpfen.

§ 5 Gleichbehandlung

Teilzeitbeschäftigte sind gegenüber Vollzeitbeschäftigten gleich zu behandeln. Dies gilt insbesondere bei:

- Beteiligung an sozialen Leistungen und Zugang zu sozialen Einrichtungen des Arbeitgebers
- Teilnahme an Bildungsmaßnahmen und dem beruflichen Aufstieg
- nicht vermeidbaren Kapazitätsreduzierungen

§ 6 Regelung zur Aufnahme von Teilzeitarbeit

Der Antrag auf Teilzeitarbeit ist formlos an die Personalabteilung zu stellen und dem Betriebsrat zur Kenntnis zu geben.

Unter Hinzuziehung des Betriebsrates im Rahmen der gesetzlichen Regelungen ist über den Antrag unverzüglich, jedoch spätestens vor Ablauf von acht Wochen ab Antragstellung zu entscheiden. Das Ergebnis ist dem/der Antragsteller/in und dem Betriebsrat schriftlich mitzuteilen.

Von Antragstellung bis zur Realisierung eines Teilzeitarbeitsplatzes darf eine Frist von sechs Monaten nicht überschritten werden, es sei denn, besondere betriebliche Gründe stehen dem entgegen.

Die Ablehnung des Antrages ist von der Personalabteilung schriftlich zu begründen. Der/die Beschäftigte kann gegen die Entscheidung innerhalb von drei Wochen nach Zugang bei der Personalabteilung Widerspruch einlegen.

Über den Widerspruch entscheidet nach Beratung mit dem zuständigen Betriebsrat die jeweilige Bereichsleitung. Sollte der Betriebsrat mit dieser Entscheidung nicht einverstanden sein, entscheidet die Geschäftsführung abschließend. Dieses Widerspruchsverfahren soll innerhalb von einem Monat abgeschlossen sein.

Die einzelvertraglich vereinbarte Arbeitszeit kann gleichmäßig oder ungleichmäßig – jedoch nur zusammenhängend – auf Stunden pro Tag oder Tage pro Woche oder Wochen pro Monat – verteilt werden. Eine Vereinbarung mit dem Betriebsrat im Einzelfall ist nur notwendig, wenn die tägliche Arbeitszeit außerhalb des Rahmens der an den einzelnen Betriebsstätten gültigen Arbeitszeitvereinbarung liegt. Für Teilzeitbeschäftigte ist die Kernzeit der Gleitzeitordnung (soweit vorhanden) außer Kraft gesetzt.

Teilzeitarbeit ist nur

- in Form einer verkürzten täglichen Arbeitszeit oder
- in Form einer verkürzten wöchentlichen Arbeitszeit (Reduzierung der Arbeitstage zwischen Montag und Freitag) oder
- in Form einer verkürzten monatlichen Arbeitszeit

zulässig.

Sie kann unbefristet, jedoch auch für einen befristeten Zeitraum vereinbart werden. Nach Ablauf der Befristung erfolgt automatisch die Rückführung in ein unbefristetes Vollzeitarbeitsverhältnis.

Beantragt eine/ein Teilzeitbeschäftigte/r aus wichtigen persönlichen Gründen die vorzeitige Rückkehr bzw. Umwandlung auf Vollzeit, so ist dem vom Arbeitgeber Rechnung zu tragen, sofern nicht dringende betriebliche Gründe entgegenstehen.

§ 7 Arbeitsvertrag

Teilzeitbeschäftigte erhalten einen betriebsüblichen Arbeitsvertrag. Bei bestehenden Verträgen wird ein Anhang zum Arbeitsvertrag mit folgenden Inhalten vereinbart:

- Beginn des Teilzeitarbeitsverhältnisses
- Datum der Rückkehr in ein Vollzeitarbeitsverhältnis bei zeitlich befristeter Teilzeit
- Dauer der täglichen, wöchentlichen bzw. monatlichen Arbeitszeit
- Art und Umfang der Tätigkeit (nur bei Änderung durch die Teilzeit)
- Höhe und Zusammensetzung des Arbeitsentgeltes einschließlich aller Bezüge und Leistungen
- dass im Übrigen alle tariflichen und gesetzlichen Bestimmungen sowie die im Betrieb vorhandenen Betriebsvereinbarungen Gültigkeit haben
- Begründung für den Wechsel von Voll- in Teilzeit (persönlich oder betrieblich)

Die Lage der täglichen, wöchentlichen bzw. monatlichen Arbeitszeit wird nach Absprache mit den Beschäftigten und Vorgesetzten festgelegt und schriftlich als Anhang zum Arbeitsvertrag gegeben. Eine Arbeitszeit, die sich ausschließlich an den anfallenden Arbeiten orientiert, ist unzulässig. In Streitfällen sind die Personalabteilung und der Betriebsrat hinzuzuziehen.

§ 8 Veränderung der Arbeitszeiten

Wünscht eine/ein Beschäftigte/r die Veränderung ihrer/seiner Arbeitszeit, so ist diesem Wunsch mit allen geeigneten Maßnahmen Rechnung zu tragen, soweit dies die betrieblichen Möglichkeiten zulassen. Vorliegende Bewerbungen von Teilzeitbeschäftigten auf ausgeschriebene Vollzeitarbeitsplätze werden bevorzugt behandelt, soweit diese die Anforderungen des Arbeitsplatzes erfüllen.

Die Zeiten der Beschäftigung in Teilzeitarbeitsverhältnissen werden wie in Vollzeitarbeitsverhältnissen als Beschäftigungszeiten angerechnet.

Im Rahmen der Personalplanung wird der Gesamtbetriebsrat sowie der jeweilige Standortbetriebsrat gem. § 92 BetrVG über den gegenwärtigen Stand der Teilzeitarbeitsplätze, Teilzeitanträge sowie die diesbezüglichen Planungen unter Einbeziehung der Maßnahmen der Berufsbildung unterrichtet.

Art und Umfang der erforderlichen Maßnahmen werden mit ihm beraten.

§ 9 Vergütung

Bei In-Kraft-Treten dieser Betriebsvereinbarung hat jeder/jede Teilzeitbeschäftigte den Anspruch auf Überprüfung ihrer/seiner Eingruppierung. Dabei sind alle gesetzlichen und tariflichen Kriterien nach den jeweils geltenden Tarifverträgen zu beachten.

Die Vergütung für Teilzeitarbeit erfolgt anteilig im Verhältnis der einzelvertraglich vereinbarten Arbeitszeit zur regelmäßigen Arbeitszeit für Vollzeit. Dies findet auch Anwendung für alle sonstigen tariflichen und betrieblichen Bezahlungsregelungen, soweit sich aus Tarifverträgen und Betriebsvereinbarungen nichts anderes ergibt.

§ 10 Weiterbildung

Teilzeitbeschäftigte werden in gleicher Weise wie Vollzeitbeschäftigte in die betriebliche Qualifikationsplanung einbezogen und haben Zugang zu den betrieblichen Weiterbildungsmaßnahmen.

Das Weiterbildungsprogramm hat den Arbeitszeitrahmen der Teilzeitbeschäftigten möglichst zu berücksichtigen, insbesondere dann, wenn überwiegend Teilzeitbeschäftigte betroffen sind. Die Abrechnung evtl. anfallender Arbeitszeitguthaben erfolgt wie bei den Vollzeitbeschäftigten.

§ 11 Mehrarbeit

Zustimmungspflichtige Mehrarbeit liegt vor, wenn Teilzeitbeschäftigte an Samstagen, Sonntagen bzw. Feiertagen, in Zeiten außerhalb der an der Betriebsstätte geltenden Arbeitszeit arbeiten oder wenn die tarifliche Wochenarbeitszeit überschritten wird. Die Bezahlung erfolgt nach den gleichen Regelungen wie bei Vollzeitbeschäftigung.

§ 12 Urlaub, Betriebsruhe

Für die Urlaubsgewährung und die Urlaubsdauer gelten die gleichen gesetzlichen, tariflichen und betrieblichen Bestimmungen wie für Vollzeitbeschäftigte.

Für die Berechnung der Urlaubsvergütung und des zusätzlichen Urlaubsgeldes gelten die gesetzlichen, tariflichen und betrieblichen Bestimmungen analog Vollzeit.

Die Betriebsausfallzeiten für vereinbarte Betriebsruhetage sind einvernehmlich mit dem Betriebsrat festzulegen.

§ 13 Anwendung gesetzlicher und tariflicher Bestimmungen

Die tariflichen und gesetzlichen Bestimmungen kommen in ihrer jeweils gültigen Fassung zur Anwendung.

§ 14 Meinungsverschiedenheiten

Sollten bei der Anwendung dieser Betriebsvereinbarung Meinungsverschiedenheiten entstehen, so entscheidet die Einigungsstelle nach § 76 Abs. 5 BetrVG verbindlich.

§ 15 Salvatorische Klausel

Sollten einzelne Bestimmungen dieser Betriebsvereinbarung unwirksam sein oder werden oder im Widerspruch zu tariflichen oder gesetzlichen Regelungen stehen, so bleiben die übrigen Regelungen unberührt. Die unwirksame oder im Widerspruch stehende Regelung ist durch eine Regelung zu ersetzen, die dem von den Parteien gewollten Ziel möglichst nahe kommt.

§ 16 Schlussbestimmung

Diese Betriebsvereinbarung tritt mit dem Datum der Unterschrift in Kraft. Sie kann mit einer Frist von drei Monaten zum Jahresende gekündigt werden, frühestens zum . . . . . . Es wird eine Nachwirkung von zwölf Monaten vereinbart.

Ort, Datum
Unterschriften Gesamtbetriebsrat   Geschäftsführung

3.30.7 Betriebsvereinbarung über Altersteilzeit

(Grundlage dieser Betriebsvereinbarung ist der Tarifvertrag Altersteilzeit in der Metallindustrie)

Unternehmensleitung und Betriebsrat der Firma XY schließen nachfolgende Betriebsvereinbarung:

Präambel

Gestützt auf den Tarifvertrag über Altersteilzeit sowie das Altersteilzeitgesetz bekräftigen Unternehmensleitung und Betriebsrat ihren übereinstimmenden Willen, älteren Mitarbeitern ab dem 55. Lebensjahr einen vorzeitigen Übergang in den Ruhestand zu ermöglichen, Arbeitslosen und Ausgebildeten eine Beschäftigungsmöglichkeit zu verschaffen und damit gesellschaftliche Verantwortung zu übernehmen sowie für eine ausgewogene Altersstruktur im Unternehmen Sorge zu tragen.

1. Geltungsbereich

a) Diese Betriebsvereinbarung gilt für alle Beschäftigten der Firma mit Ausnahme der leitenden Angestellten.

b) Einzelvertraglich kann nicht zu Ungunsten der/des Beschäftigten von dem Mindestinhalt dieser Betriebsvereinbarung bzw. den tariflichen Bestimmungen zur Altersteilzeit abgewichen werden.

2. Einführung von Altersteilzeit

Die Betriebsparteien vereinbaren die Durchführung einer tariflichen Altersteilzeit gemäß den Bestimmungen des § . . . des Tarifvertrages über Altersteilzeit . . . . . . , dem Altersteilzeitgesetz, den allgemeinen tariflichen Bestimmungen und den nachfolgenden Bestimmungen.

a) . . . Beschäftigte bzw. . . . % der Belegschaft des Betriebes nehmen im Kalenderjahr . . . an der Altersteilzeit teil.

Für die Folgejahre bestimmen die Betriebsparteien bis spätestens 31. 10. des Jahres, wie viele Personen jeweils im folgenden Kalenderjahr an der Altersteilzeit teilnehmen können.

b) Im Rahmen der Anzahl bzw. Quote nach a) haben Beschäftigte, die das 55. Lebensjahr vollendet haben und mindestens 3 Jahre Betriebszugehörigkeit aufweisen, nach Maßgabe der Bestimmungen des Tarifvertrages über Altersteilzeit und dieser Betriebsvereinbarung Anspruch auf Abschluss eines Altersteilzeitvertrages. Der Anspruch erstreckt sich auf den Zeitraum bis zu dem Zeitpunkt, an dem die Voraussetzungen für die Inanspruchnahme einer vorgezogenen Altersrente vorliegen, mindestens aber auf einen Zeitraum von zwei Jahren. Der Anspruch ist ausgeschlossen, wenn und solange die Anzahl bzw. Quote nach a) ausgeschöpft ist bzw. die Anzahl/Quote durch den Abschluss eines weiteren Altersteilzeitvertrages überschritten würde.

Falls mehrere Beschäftigte ihren Anspruch geltend machen und sich bei Berücksichtigung aller eine Überschreitung der Anzahl/Quote nach a) ergeben würde, hat der Arbeitgeber eine soziale Auswahl zu treffen, die der Zustimmung des Betriebsrats bedarf. Dabei sind Schwerbehinderte und Beschäftigte, die regelmäßig in Schichtarbeit gestanden haben, vorrangig zu berücksichtigen. Im Nichteinigungsfalle entscheidet die Einigungsstelle.

c) Sollen mit einzelnen Beschäftigten, unabhängig von der vereinbarten Teilnehmerzahl, weitere Altersteilzeitvereinbarungen, unabhängig vom genannten Stichtag, vereinbart werden, so ist der Betriebsrat darüber einen Monat vorher zu unterrichten.

d) Die Durchführung der Altersteilzeit mit den Beschäftigten wird individuell in Ergänzung des bisher bestehenden Arbeitsvertrages vereinbart:

Die Betriebsparteien haben hierzu das anliegende Vertragsmuster als Mindestinhalt vereinbart (Anlage).

Das Unternehmen informiert Beschäftigte, für die Altersteilzeit in Betracht kommt, in allgemeiner Form (Merkblatt und Informationsveranstaltung) über die Grundsätze des betrieblichen Altersteilzeitmodells.

e) Der Arbeitgeber/die Personalleitung berät individuell vor einer Vereinbarung der Altersteilzeit über die sozial- und steuerrechtlichen Auswirkungen der Altersteilzeitvereinbarung. Dies gilt auch für das Einkommen während der gesamten Zeit in der Altersteilzeit.

Vor Abschluss des Altersteilzeitarbeitsverhältnisses wird dem/der Beschäftigten durch den Arbeitgeber ein Merkblatt ausgehändigt, aus dem sich für diese/diesen Beschäftigten die vorstehend genannten Punkte ergeben. Die Informationen erfolgen während der Arbeitszeit unter Fortzahlung des Arbeitsentgeltes.

f) Die Vereinbarung zur Altersteilzeit ist spätestens einen Monat vor Beginn der Altersteilzeit zu treffen, wobei der/die Beschäftigte hiervon binnen einer Wochenfrist durch schriftliche Erklärung gegenüber dem Arbeitgeber/der Personalabteilung zurück treten kann.

g) Zur Feststellung der persönlichen Voraussetzungen werden frühere Zeiten der Betriebszugehörigkeit innerhalb der letzten fünf Jahre vor Beginn der Altersteilzeit, z.B. bei Betriebsübergang oder Umwandlungen angerechnet. Zeiten der Arbeitsunfähigkeit, des Urlaubs usw. beeinträchtigen Ansprüche auf die tariflichen Leistungen zur Altersteilzeit nicht.

h) Die Betriebsparteien gehen davon aus, dass es mit der Durchführung der Altersteilzeit zu einer Wiederbesetzung des Arbeitsplatzes eines Altersteilzeitbeschäftigten kommt. Eine Wiederbesetzung nach einer Umsetzungskette ist nicht ausgeschlossen.

Zum Zwecke der Wiederbesetzung haben Beschäftigte mit befristeten Arbeitsverträgen und Auszubildende mit bestandener Abschlussprüfung einen Anspruch auf Übernahme in ein unbefristetes Arbeitsverhältnis. Die Einzelheiten sind zwischen den Betriebsparteien zu vereinbaren.

Für jedes Kalenderjahr beraten der Betriebsrat oder ein von ihm beauftragter Ausschuss und der Arbeitgeber darüber, wie die Wiederbesetzung im übrigen sichergestellt werden kann.

3. Arbeitszeit während der Altersteilzeit

Die Altersteilzeit wird grundsätzlich als Blockmodell mit gleichdauernder Arbeits- und Freistellungsphase vereinbart. Sie dauert mindestens zwei Jahre, maximal zehn Jahre.

a) *Arbeitszeit:* In der Arbeitsphase der Altersteilzeit kann die Arbeitszeit gleichmäßig oder ungleichmäßig auf die Tage von Montag bis Freitag verteilt werden. Die durchschnittliche tarifliche wöchentliche Arbeitszeit ist innerhalb der gültigen tariflichen Ausgleichszeiträume zu erreichen.

b) *Mehrarbeit:* Beschäftigte in Altersteilzeit sollen nicht zur Mehrarbeit herangezogen werden. Sollte es im Ausnahmefall erforderlich sein, so ist die geleistete Mehrarbeit in Freizeit auszugleichen. Führt die Leistung von Mehrarbeit zum Ruhen des Arbeitgeberanspruches auf Zuschüsse (§ 5 Absatz 4 Altersteilzeitgesetz), mindern sich hierdurch die Ansprüche des Beschäftigten auf Altersteilzeitleistungen gegen den Arbeitgeber nicht.

c) *Kurzarbeit und Absenkung der Arbeitszeit* nach dem Tarifvertrag zur Beschäftigungssicherung sind in der Altersteilzeit ausgeschlossen.

4. Altersteilzeitentgelt

Das monatliche Arbeitsentgelt für einen Beschäftigten in Altersteilzeit (Altersteilzeitentgelt) bemisst sich nach den allgemeinen tariflichen Bestimmungen. Es wird unabhängig von der Verteilung der Arbeitszeit für die gesamte Dauer des Altersteilzeitarbeitsverhältnisses fortlaufend gezahlt.

Die festen Entgeltbestandteile (Monatslohn/-gehalt) werden für die Gesamtdauer des Altersteilzeitarbeitsverhältnisses auf der Basis der Hälfte der individuellen regelmäßigen wöchentlichen Arbeitszeit (§ . . . Manteltarifvertrag) vor Beginn der Altersteilzeit gezahlt. Die variablen Entgeltbestandteile werden entsprechend der geleisteten oder aus anderem Grund zu vergütenden Arbeitsstunden abgerechnet und je zur Hälfte in der Arbeits- und Freistellungsphase monatlich gezahlt. Die in der Freistellungsphase zu berücksichtigenden hälftigen variablen Entgeltbestandteile werden aus dem Durchschnitt der letzten 12 Monate der Arbeitsphase ermittelt.

5. Aufstockungsbetrag

Der Beschäftigte erhält einen Aufstockungsbetrag nach Maßgabe von § . . . des Tarifvertrages über Altersteilzeit. Dieser ist jedoch in der Weise zu erhöhen, dass das monatliche Nettoentgelt . . . % (Hinweis: tariflich geregelten oder höheren Prozentsatz eintragen) des um die gesetzlichen Abzüge, die bei dem Beschäftigten gewöhnlich anfallen, verminderten Vollzeitbruttomonatsentgelts beträgt. Der Aufstockungsbetrag ist in jedem Monat der Arbeits- und Freistellungsphase entsprechend zu erhöhen, falls ein Beschäftigter im unverblockten Modell mit gesetzlichen Leistungen netto mehr (Nettoaltersteilzeitentgelt und Aufstockungsbetrag) erhalten würde, als ein entsprechender Beschäftigter nach dem tariflichen verblockten Modell (§ . . . Tarifvertrag über Altersteilzeit).

6. Beiträge zur Rentenversicherung

Der Arbeitgeber entrichtet für die Beschäftigten in Altersteilzeitarbeitsverhältnissen zusätzliche Beiträge zur gesetzlichen Rentenversicherung entsprechend § . . . des Tarifvertrages über Altersteilzeit, das heißt mindestens in Höhe des Betrages, der auf die Differenz zwischen dem Beitrag für . . . % des Bruttovollzeitarbeitsentgelts (Hinweis: den tariflich geregelten – ggf. einen höheren – Prozentsatz eintragen) einschließlich des zusätzlichen Urlaubsgeldes und der tariflichen Jahressonderzahlung und dem Beitrag für das Altersteilzeitentgelt entfällt.

7. Abfindung

a) Die Abfindung gemäß § . . . Tarifvertrag über Altersteilzeit wird auf . . . . . . Bruttovollzeitmonatsentgelte erhöht.
Bei der Bemessung der Abfindung sind die zum Zeitpunkt der Beendigung des Altersteilzeitarbeitsverhältnisses geltenden Tarifentgelte zu Grunde zu legen.

b) Abfindungen aus Anlass der Beendigung des Altersteilzeitarbeitsverhältnisses schließen weitere Leistungen aus eventuellem Interessenausgleich und Sozialplänen nicht aus.

c) Betriebliche Altersversorgung . . . .

8. Krankheit, Kur

Nach Ablauf der Entgeltfortzahlung gemäß § . . . Manteltarifvertrag ist der/dem Beschäftigten in der Arbeitsphase (zusätzlich zum Krankengeld) der Differenzbetrag zwischen Krankengeld und bisherigem Vollzeitnettoentgelt (mindestens aber der Aufstockungsbetrag auf das Altersteilzeitentgelt) sowie der zusätzliche Rentenversicherungsbeitrag gemäß den Bestimmungen dieser Vereinbarung bis zur Wiederherstellung seiner Arbeitsfähigkeit weiter zu zahlen. Der/die Beschäftigte tritt seine Ansprüche gegenüber der Bundesanstalt für Arbeit in Höhe des gesetzlichen Aufstockungsbetrages (§ 10 Absatz 2 Altersteilzeitgesetz) an den Arbeitgeber ab.
Für besondere Härtefälle wird ein Härtefond eingerichtet.

Krankheit oder Kur in der Freistellungsphase lassen die Ansprüche des Beschäftigten gemäß §§ . . . Tarifvertrag über Altersteilzeit (bzw. nach Ziff. 4 bis 6 dieser Betriebsvereinbarung) unberührt.

9. Vorzeitiges Ende des Altersteilzeitarbeitsverhältnisses

Endet das Altersteilzeitarbeitsverhältnis vorzeitig, hat der Beschäftigte Anspruch auf eine etwaige Differenz zwischen den ausgezahlten Leistungen (Altersteilzeitentgelt und Aufstockungsbetrag) und dem Entgelt für den Zeitraum seiner tatsächlichen Beschäftigung. Dies gilt auch bei Tod des Beschäftigten und bei einer Insolvenz des Arbeitgebers. Bei der Auszahlung sind die aktuellen Tarifentgelte zugrunde zu legen. Die tariflichen Ausschlussfristen nach § ... Manteltarifvertrag finden keine Anwendung.

10. Keine Eigenbeteiligung der Beschäftigten

Der Anspruch auf die vorstehend geregelten Leistungen besteht unabhängig davon, ob das Unternehmen seinerseits Anspruch auf Erstattung von Leistungen gegen die Bundesanstalt für Arbeit gemäß § 4 Altersteilzeitgesetz hat.

Soweit der Tarifvertrag über Altersteilzeit die Möglichkeit der Eigenbeteiligung des Mitarbeiters für den Fall vorsieht, dass eine Erstattung von Leistungen nicht erfolgt, finden diese Vorschriften keine Anwendung.

11. Nebentätigkeiten

Die Betriebsparteien wollen mit der Altersteilzeit einen Beitrag zur Beschäftigungssicherung und -förderung leisten. Nebentätigkeiten während der Altersteilzeit sind daher ausgeschlossen, soweit sie die Geringfügigkeitsgrenze des § 8 SGB IV übersteigen. Nebentätigkeiten, die schon vor Beginn der Altersteilzeit ausgeübt wurden, beeinträchtigen die Leistungen aus dieser Vereinbarung nicht.

Ohne Einschränkung möglich sind Nebentätigkeiten, die ausschließlich sportlichen, kirchlichen, karitativen oder ähnlichen Zwecken dienen.

12. Insolvenzsicherung

Der Arbeitgeber hat durch Vereinbarung mit einem Dritten zu gewährleisten, dass im Falle einer Insolvenz des Unternehmens alle zum Zeitpunkt der Eröffnung des Insolvenzverfahrens entstandenen finanziellen Ansprüche aus diesem Tarifvertrag einschließlich der auf das Arbeitsentgelt entfallenden Arbeitgeberanteile zur Sozialversicherung gesichert sind.

Die Insolvenzsicherung erfolgt in Form einer Versicherung oder einer selbstschuldnerischen Bürgschaft der Bank. Etwaige Kosten insoweit trägt der Arbeitgeber.

Der Arbeitgeber hat die Insolvenzsicherung gegenüber dem Betriebsrat und den Beschäftigten schriftlich nachzuweisen, und zwar sowohl bei Beginn des jeweiligen Altersteilzeitarbeitsverhältnisses als auch jeweils zum Ende eines jeden Kalenderhalbjahres.

13. Meinungsverschiedenheiten

Über Meinungsverschiedenheiten aus der Durchführung dieser Vereinbarung zur Altersteilzeit entscheidet auf Antrag einer Betriebspartei die Einigungsstelle nach § 76 Abs. 5 BetrVG, soweit es sich um eine Regelungsstreitigkeit handelt.

14. In-Kraft-Treten und Laufzeit

a) Diese Betriebsvereinbarung tritt am ... in Kraft. Sie kann mit einer Frist von drei Monaten zum Ende eines Kalenderjahres gekündigt werden.

b) Sie endet ohne Nachwirkung mit Ablauf des Tages, an dem die Förderungsfähigkeit im Sinne des § 16 Altersteilzeitgesetz endet. Für Beschäftigte, für die bis zu diesem Zeitpunkt ein Altersteilzeitverhältnis wirksam begründet worden ist, gelten die Bestimmungen bis zum Ende ihres Altersteilzeitverhältnisses weiter.

c) Es besteht im Übrigen Einigkeit darüber, dass gesetzliche oder tarifliche Änderungen in Bezug auf die Altersteilzeit neue Verhandlungen mit dem Ziel der Anpassung an die geänderten Rahmenbedingungen erfordern.

Ort, Datum, Unterschriften

(entnommen aus Schoof, Betriebsratspraxis von A–Z, Bund-Verlag 2000)

Muster für eine Ergänzung des Arbeitsvertrages zur Altersteilzeit

(Grundlage dieser Betriebsvereinbarung ist der Tarifvertrag Altersteilzeit in der Metallindustrie)

Zwischen
der Firma .... (Arbeitgeber)
und
Herrn/Frau .... (Beschäftigte/r)
wird in Ergänzung des Arbeitsvertrages vom . . . folgende Vereinbarung geschlossen:

1. Beginn und Ende der Altersteilzeit

Das zwischen den Parteien bestehende Arbeitsverhältnis als . . . . . . (Beruf/Tätigkeit) wird unter Abänderung und Ergänzung des Arbeitsvertrages ab dem . . . . . . als Altersteilzeitarbeitsverhältnis fortgeführt und endet auf Veranlassung des Arbeitgebers am . . . . . .

2. Tätigkeit

Der/die Beschäftigte übt seine/ihre bisherige Tätigkeit weiter aus.

3. Arbeitszeit

Dauer der Arbeitszeit: Die regelmäßige wöchentliche Arbeitszeit beträgt die Hälfte der bisher vereinbarten wöchentlichen Arbeitszeit. Bei einer künftigen Änderung der tariflichen regelmäßigen wöchentlichen Arbeitszeit erfolgt eine entsprechende Anpassung.

Lage der Arbeitszeit: Die Arbeitszeit während der Altersteilzeit wird in eine gleichdauernde Arbeitsphase und Freistellungsphase aufgeteilt (Blockzeitmodell).

Der/die Beschäftigte wird zur Mehrarbeit, soweit die Geringfügigkeitsgrenze überschritten wird, nicht herangezogen.

4. Vergütung

Die Vergütung in der gesamten Altersteilzeit besteht aus einem steuer- und sozialversicherungspflichtigen Altersteilzeitentgelt gemäß § 6 Tarifvertrag über Altersteilzeit und dem Auf-

stockungsbetrag gemäß § . . . Tarifvertrag über Altersteilzeit zuzüglich der weiteren Aufstok-
kung gemäß Ziff. 5 der Betriebsvereinbarung.

Der Aufstockungsbetrag ist in denjenigen Monaten zu erhöhen, in denen der Beschäftigte im
unverblockten Modell mit gesetzlichen Leistungen netto mehr (Netto-Altersteilzeitentgelt und
Aufstockungsbetrag) erhalten würde als nach dem tariflichen verblockten Modell (§ . . . Tarifvertrag über Altersteilzeit).

Das Altersteilzeitentgelt wird als Monatsentgelt gezahlt. Es setzt sich zusammen aus einem
festen und einem variablen Teil.

Bei der Bemessung des regelmäßigen Altersteilzeitentgelt wird die nach Ziffer 3 reduzierte
Arbeitszeit zugrunde gelegt. Im Übrigen gelten die bisherigen jeweiligen Vereinbarungen und
die tariflichen Vorschriften einschließlich der Bestimmungen des Tarifvertrages über Altersteilzeit. Für die Höhe der zusätzlichen Urlaubsvergütung und der betrieblichen Sonderzahlung
gelten die tariflichen Vorschriften einschließlich der Bestimmungen des Tarifvertrages über
Altersteilzeit. Vermögenswirksame Leistungen werden während der gesamten Altersteilzeit in
voller Höhe erbracht (Alternative: . . . werden in der Arbeitsphase in voller Höhe, in der Freistellungsphase zeitanteilig erbracht).

5. Rentenversicherungsbeiträge

Der Arbeitgeber entrichtet während der gesamten Altersteilzeit zusätzliche Beiträge zur
gesetzlichen Rentenversicherung nach den gesetzlichen und tariflichen Bestimmungen. Die
zusätzlichen Rentenversicherungsbeiträge gemäß § . . . Tarifvertrag über Altersteilzeit
(zuzüglich des weiteren Beitrags gemäß Ziff. 6 der Betriebsvereinbarung) werden vom Arbeitgeber allein entrichtet.

6. Entgeltfortzahlung

Die Entgeltfortzahlung bei Krankheit und Kur richtet sich nach den tariflichen Bestimmungen
(§ . . . Manteltarifvertrag).

Nach Ablauf des Entgeltfortzahlungszeitraumes ist während der Arbeitsphase ein Zuschuss zum
Krankengeld in Höhe des Aufstockungsbetrages nach § 7 des Tarifvertrages über Altersteilzeit
(bzw. Ziff. 5 der Betriebsvereinbarung) bis zur Wiederherstellung der Arbeitsfähigkeit zu
gewähren.

Die Möglichkeit der Abgeltung von Urlaubstagen und zusätzlicher Härtefallzahlung nach § . . .
Manteltarifvertrag bleibt unberührt.

Krankheit oder Kur in der Freistellungsphase lassen die Ansprüche des Beschäftigten gemäß
§ . . . Tarifvertrag über Altersteilzeit unberührt.

7. Urlaub

In der Arbeitsphase richten sich die Dauer des Urlaubs und die Höhe der Urlaubsvergütung
nach den tariflichen Vorschriften einschließlich der tariflichen Bestimmungen zur Altersteilzeit.

In der Freistellungsphase ist der Urlaubsanspruch durch die Freistellung abgegolten. Ansprüche auf zusätzliche Urlaubsvergütung für Resturlaubsansprüche aus der Arbeitsphase sind im ersten Monat der Freistellungsphase auszuzahlen.

8. Abfindung

Aus Anlass der Beendigung des Altersteilzeitarbeitsverhältnisses gemäß Ziffer 1 erhält der/die Beschäftigte eine Abfindung in Höhe von . . . Bruttovollzeitmonatsentgelten.

Die Abfindung ist zum Zeitpunkt der Beendigung des Altersteilzeitarbeitsverhältnisses fällig und wird auf der Basis der dann geltenden arbeitsvertraglichen bzw. tariflichen Bestimmungen berechnet.

9. Nebentätigkeit

Der/die Beschäftigte hat dem Arbeitgeber Nebentätigkeiten anzuzeigen. Soweit durch sie die Geringfügigkeitsgrenze des § 8 SGB IV (weniger als 15 Stunden pro Woche und nicht mehr als 325,- Euro pro Monat) überschritten wird, bedürfen sie der Zustimmung des Arbeitgebers. Nebentätigkeiten, die vor Beginn der Altersteilzeit bereits ausgeübt wurden, beeinträchtigen die Ansprüche aus dieser Altersteilzeitvereinbarung nicht und können uneingeschränkt fortgeführt werden.

Soweit der/die Beschäftigte ohne Zustimmung des Arbeitgebers eine Nebentätigkeit ausübt, die über die vorstehend genannten Grenzen hinausgehen, hat er/sie dem Arbeitgeber den Aufstockungsbetrag sowie die zusätzlichen Rentenversicherungsbeiträge zu erstatten, die auf den Zeitraum entfallen, in dem die Grenzen überschritten wurden. Vorstehendes gilt nicht für Nebentätigkeiten, die ausschließlich sportlichen, kirchlichen, karitativen und ähnlichen Zwecken dienen.

10. Insolvenzsicherung

Der Arbeitgeber haftet für die Wertguthaben zur Durchführung der Altersteilzeit. Der Arbeitgeber erstellt während der Altersteilzeit monatlich zusammen mit der Entgeltabrechnung einen schriftlichen Nachweis über Umfang und Höhe des Wertguthabens.

Das Wertguthaben sichert der Arbeitgeber gegen den Fall einer Insolvenz in Form einer selbstschuldnerischen Bürgschaft bei der Bank oder einer Versicherung ab.

Die Insolvenzsicherung wird gegenüber der/dem Beschäftigten jeweils mit der Entgeltabrechnung für die Monate Juni und Dezember eines jeden Jahres solange schriftlich nachgewiesen, bis das Wertguthaben verbraucht ist.

11. Mitteilungspflicht

Der/die Beschäftigte hat dem Arbeitgeber die Aufnahme bzw. Fortführung einer Nebentätigkeit, die die Geringfügigkeitsgrenze des § 8 SGB IV überschreitet, unverzüglich mitzuteilen.

12. Vorzeitiges Ende

Im Falle eines vorzeitigen Endes des Alterteilzeitarbeitsverhältnisses obliegen dem Arbeitgeber die Zahlungsverpflichtungen gemäß § . . . des Tarifvertrages über Altersteilzeit.

13. Sonstiges

Auf das Altersteilzeitarbeitsverhältnis finden die Bestimmungen des Tarifvertrages über Altersteilzeit sowie die Betriebsvereinbarung über die Einführung von Altersteilzeit Anwendung. Im Übrigen gelten die Bestimmungen des Arbeitsvertrages vom . . . . Sollten einzelne Bestimmungen dieses Vertrages unwirksam sein, so wird hierdurch die Wirksamkeit des Vertrages im Übrigen nicht berührt.

Datum, Unterschriften Arbeitgeber, Beschäftigte/r

(entnommen aus Schoof, Betriebsratspraxis von A–Z, Bund-Verlag 2000)

3.31 Innerbetriebliche Stellenausschreibung

3.31.1 Einleitung

Nach § 93 BetrVG kann der Betriebsrat verlangen, dass Arbeitsplätze, die besetzt werden sollen, allgemein oder für bestimmte Arten von Tätigkeiten vor ihrer Besetzung innerhalb des Betriebes ausgeschrieben werden (z.B. durch Aushang am Schwarzen Brett, Werkszeitung, Rundschreiben etc.).

Damit soll erreicht werden, dass die Beschäftigten im Betrieb von einer beabsichtigten Erst- oder Wiederbesetzung eines Arbeitsplatzes rechtzeitig Kenntnis erhalten und sich hierfür bewerben können.

Das Verlangen des Betriebsrats nach innerbetrieblicher Stellenausschreibung für sämtliche oder für bestimmte Tätigkeiten bedarf keiner näheren Begründung. Hält sich der Arbeitgeber nicht an die sich daraus ergebende Verpflichtung, so kann der Betriebsrat gem. § 99 Abs. 2 Nr. 5 BetrVG die Zustimmung zur Einstellung eines betriebsfremden Bewerbers verweigern.

Das Mitbestimmungsrecht des Betriebsrats bei der Ausschreibung von Arbeitsplätzen bezieht sich sowohl auf die Art und Weise der Ausschreibung als auch auf bestimmte, zu vereinbarende Ausschreibungsgrundsätze.

3.31.2 Betriebsvereinbarung über innerbetriebliche Stellenausschreibung

Zwischen der XY-GmbH
und dem Betriebsrat der XY-GmbH

wird folgende Betriebsvereinbarung über die Ausgestaltung der innerbetrieblichen Stellenausschreibung geschlossen:

Präambel

Arbeitgeber und Betriebsrat sind sich darüber einig, betriebliche Personalpolitik durchschaubar zu machen, Aufstiegsmöglichkeiten zu sichern und berufliche Veränderungen sowie den Erwerb zusätzlicher Qualifikationen auch innerhalb des Hauses zu gewährleisten.

§ 1 Ausschreibungsumfang, Ausnahmeregelungen

Alle im Betrieb zu besetzenden Stellen werden zunächst innerbetrieblich ausgeschrieben. Erst wenn diese Ausschreibung erfolglos bleibt, werden Bemühungen um eine außerbetriebliche Besetzung angestellt. Bei sofort erforderlichen Einstellungen von Aushilfen sind nach Absprache mit dem Betriebsrat Abweichungen von dieser Verfahrensweise möglich.

§ 2 Fristen

Die Ausschreibungen erfolgen zum frühestmöglichen Zeitpunkt nach der Entscheidung über die Schaffung bzw. Neubesetzung einer Stelle. Die innerbetriebliche Aushangszeit beträgt eine Woche. Innerhalb dieser Zeit – spätestens am 8. Arbeitstag nach Aushang der Ausschreibung – sollen eventuelle Bewerbungen in der Personalabteilung vorliegen. Betriebsangehörige, die sich erst nach Ablauf dieser Zeit bewerben, sind gemäß den Bestimmungen in § 3 zu behandeln, falls zum Zeitpunkt der Bewerbung noch keine Besetzungsentscheidung getroffen worden ist.

§ 3 Vorrangregelung

Innerbetriebliche Bewerber/innen haben grundsätzlich bei gleichwertiger erforderlicher fachlicher und persönlicher Qualifikation Vorrang vor außerbetrieblichen. Sofern sich für einen Arbeitsplatz mehrere Bewerber/innen melden, ist neben der Eignung auch die Frage zu berücksichtigen, ob im Falle einer positiven Entscheidung eine Kündigung vermieden oder aus einem befristeten Arbeitsverhältnis ein unbefristetes werden kann.

§ 4 Bekanntgabe freier Arbeitsplätze

Die Stellenausschreibungen werden an allen Schwarzen Brettern im Hause und in allen Außenstellen ausgehängt. Sie werden den Betriebsräten in anderen Betrieben des Unternehmens und dem Gesamtbetriebsrat zur Kenntnisnahme zugesandt.

§ 5 Inhalt der Stellenausschreibung

Zwischen Arbeitgeber und Betriebsrat wird für innerbetriebliche Stellenausschreibungen ein Formblatt entwickelt, welches Bestandteil dieser Vereinbarung ist. Darin sind die wesentlichen Angaben zu dem vorgesehenen Arbeitsplatz aufzuführen (Bezeichnung der zu besetzenden Position, geforderte Qualifikation – gegebenenfalls unter Hinweis auf erwartete Bereitschaft zur Einarbeitung oder Fortbildung, Beschreibung der wichtigsten Aufgaben, Zeitpunkt der Arbeitsaufnahme am neuen Arbeitsplatz, Tarifgruppe, Zulagen, Sonderleistungen, Fortbildungs- und Aufstiegsmöglichkeiten).

§ 6 Behandlung von Bewerbungen

Die an die Personalabteilung gerichteten Bewerbungen werden vertraulich behandelt. Allen Bewerber/innen wird Gelegenheit zu einem persönlichen Gespräch gegeben. Abgelehnte Bewerber/innen erhalten eine schriftliche Benachrichtigung, in der die Ablehnung begründet wird.

§ 7 Besetzungstermin, Rückkehrrecht

Stellenbesetzungen erfolgen spätestens zum angegebenen Besetzungstermin. Ein/e Bewerber/in darf nicht deshalb abgewiesen werden, weil der/die bisherige Vorgesetzte mit der Abgabe des/der Betreffenden nicht einverstanden ist. Solange für die bisherige Stelle noch keine Neubesetzung erfolgt ist, besteht für die/den Betroffene/n für längstenfalls vier Wochen nach dem Wechsel die Möglichkeit, auf den bisherigen Arbeitsplatz zurückzukehren.

§ 8 Beilegung von Meinungsverschiedenheiten

Falls es zu Meinungsverschiedenheiten über die Durchführung dieser Betriebsvereinbarung, über die für bestimmte Stellen geforderten Kenntnisse, Erfahrungen, Qualifikation etc. geben sollte, versuchen Arbeitgeber und Betriebsrat zunächst, eine innerbetriebliche Einigung herbeizuführen. Sollte dies nicht gelingen, vereinbaren Arbeitgeber und Betriebsrat das Zusammentreten einer freiwilligen Einigungsstelle, bestehend aus je zwei innerbetrieblichen Beisitzern von jeder Seite und dem/der Vorsitzenden . . . . . . Diese Einigungsstelle tritt im konkreten Streitfall binnen 24 Stunden zusammen, damit Meinungsverschiedenheiten die Stellenbesetzung nicht verzögern. Beide Seiten unterwerfen sich von vornherein dem Spruch der Einigungsstelle.

§ 9 Laufzeit

Die Betriebsvereinbarung tritt am . . . . . . in Kraft. Sie kann mit drei Monaten zum Quartalsende gekündigt werden. Zur kontinuierlichen Sicherung der Bedingungen innerbetrieblicher Stellenausschreibung gilt diese Betriebsvereinbarung nach der Kündigung weiter, bis eine neue abgeschlossen wurde bzw. bis der Spruch einer freiwilligen Einigungsstelle die nicht zustande gekommene Betriebsvereinbarung ersetzt.

Datum,

Unterschriften von Geschäftsleitung und Betriebsrat

3.32 Einsatz von Unternehmensberatungsfirmen

3.32.1 Einleitung

Unternehmensberatungsfirmen (z.B. McKinsey, Roland Berger) sind auf dem Vormarsch. Immer häufiger schließen heute auch Klein- und Mittelbetriebe Verträge mit solchen Firmen ab, um Rationalisierungsprozesse in Produktion und Verwaltung in Gang zu setzen oder um neue Systeme der Kostenrechnung, der Lohnermittlung und der Arbeitsorganisation vorbereiten bzw. installieren zu lassen.

Je nach Vorgehensweise können dabei ganz unterschiedliche Beteiligungsrechte des Betriebsrats zur Anwendung kommen, vom Informations- und Beratungsrecht bis zum Mitbestimmungsrecht. Letzteres z.B. deshalb, weil von solchen Firmen häufig Arbeitnehmerbefragungen unter Verwendung vorgefertigter Fragebogen durchgeführt werden, was nur mit Zustimmung des Betriebsrats nach § 94 BetrVG möglich ist.

Wichtig ist, dass der Betriebsrat so früh wie möglich aktiv wird, die Belegschaft hinter sich bringt und vom Arbeitgeber seine Einbeziehung (bzw. die des Gesamt- oder Konzernbetriebsrats) in die verschiedenen Untersuchungsphasen fordert.

Eine Betriebsvereinbarung kann die Rechte der Beschäftigten und des Betriebsrats am besten sichern. Darin sollten insbesondere folgende Punkte geregelt werden:
- umfassende und frühzeitige Unterrichtung des Betriebsrats und der betroffenen Arbeitnehmer über die einzelnen Untersuchungsabschnitte;
- Ausschluss von Verhaltens- oder Leistungskontrolle;
- Ausschluss von Entlassungen oder sonstigen personellen Maßnahmen;
- Mitbestimmung des Betriebsrats, z.B. über die inhaltliche Gestaltung und Verwendung von Fragebogen;
- externe Unterstützung des Betriebsrats durch Sachverständige.

3.32.2 Betriebsvereinbarung über den Einsatz einer Unternehmensberatungsfirma

Konzernbetriebsvereinbarung über die Untersuchung des Konzerns
. . . . durch die Firma . . . .

Zwischen der Z-AG und dem Konzernbetriebsrat der Z-AG wird nachfolgende Vereinbarung getroffen:

1. Allgemeines

Die Firma . . . . führt eine allgemeine Unternehmensuntersuchung gemäß Auftrag vom 22. 4. . . . durch.

1.2 Personalpolitische Grundsätze

- Die von den zuständigen Unternehmensgremien akzeptierten Umsetzungen von Empfehlungen werden bis zum 31. 12. . . . vollzogen. Im Rahmen dieser Maßnahmen erfolgen keine Kündigungen und kein Abbau von Sozialleistungen.
- Während der Untersuchungen – auch bei Vorliegen von Teilergebnissen – werden daraus keine personalpolitischen Konsequenzen gezogen.
- Personalbeurteilungen durch die Firma sowie eine Kontrolle der Arbeitsleistungen sind im Leistungsumfang der Firma nicht eingeschlossen. Die von der Firma . . . . entwickelte Gemeinkostenwertanalyse wird nicht angewandt.

1.3 Zweck der Vereinbarung

Die nachfolgenden Bestimmungen sollen eine optimale Durchführung der Untersuchung und insbesondere Information und Beratung der Arbeitnehmervertretungen sicherstellen.

2. Beteiligung der Arbeitnehmervertretungen

2. 1 Konzernbetriebsrat

Der Vorstand bzw. Lenkungsausschuss informiert den Konzernbetriebsrat unmittelbar nach der Beratung mit den Sprechern der Geschäftsführung über

- Arbeitspläne (einschließlich Terminpläne)
- Vorgehensweise, die Methoden sowie die Teilergebnisse/Ergebnisse
- der Bestandsaufnahme
- des Marktbezuges
- Änderungsempfehlungen und
- Realisierungspläne sowie
- evtl. nachträglich in Auftrag gegebene Untersuchungen

und erörtert diese Gegenstände mit ihm anhand von Unterlagen.

- Über Empfehlungen und Realisierungspläne wird der Konzernbetriebsrat so rechtzeitig informiert , dass vor einer Entscheidung ausreichend Zeit für ausführliche Beratung mit dem Lenkungsausschuss und zur internen Beratung bleibt.

2.2 Wirtschaftsausschüsse und Gesamtbetriebsräte bzw. Betriebsräte

- Die Sprecher der Geschäftsführungen informieren ihre Wirtschaftsausschüsse und die Gesamtbetriebsräte bzw. Betriebsräte unmittelbar nach der Beratung mit dem Lenkungsausschuss über die für ihre Gesellschaften relevanten Gegenstände und erörtern sie mit ihnen anhand von Unterlagen.
- Einwände des Gesamtbetriebsrates bzw. Betriebsrates, die sich im Laufe der Abwicklung der Untersuchung ergeben, berät der Sprecher der Geschäftsführung mit dem Gesamtbetriebsrat bzw. Betriebsrat.

Sollten dabei Fragen offen bleiben, kann der Lenkungsausschuss unmittelbar eingeschaltet werden.
- Über Empfehlungen und Realisierungspläne wird der Gesamtbetriebsrat bzw. Betriebsrat so rechtzeitig informiert, dass vor einer Entscheidung ausreichend Zeit zur ausführlichen Beratung mit der Geschäftsführung und zur internen Beratung bleibt.

2.3 Information der Mitarbeiter

Über die Untersuchung und Maßnahmen werden die Mitarbeiter der einzelnen Betriebe vor deren Beginn durch die Geschäftsführungen unterrichtet.
In der Hauptverwaltung übernimmt der Vorstand die Information und Beratung.
3. Die Bestimmungen des Betriebsverfassungsgesetzes insbesondere die §§ 111, 112 sowie die des Betriebsänderungs- und Rationalisierungsschutzabkommens bleiben hiervon unberührt.

Ort, Datum
Unterschriften

3.33 Beurteilungsverfahren

3.33.1 Einleitung

Beurteilt wird im Arbeitsverhältnis – wenn auch in unterschiedlicher Weise – praktisch immer, unabhängig von der Größe oder Struktur des Unternehmens. Die Frage ist nur, ob dies verdeckt oder offen bzw. unsystematisch oder in Form eines förmlichen, abgestuften Beurteilungsverfahrens erfolgt.

Der Erfolg jeder Mitarbeiter-Beurteilung hängt vom Vorhandensein fairer und praktikabler »Spielregeln« ab, die willkürliches Verhalten bei Vorgesetzten und Mitarbeitern ausschließen und ein konstruktives Miteinander fördern.

Die Einführung und Ausgestaltung eines Mitarbeiter-Beurteilungsverfahrens unterliegt der Mitbestimmung des Betriebsrats nach § 94 Abs. 2 BetrVG. Dazu zählen
- die geplanten Ziele des Beurteilungssystems,
- der Entwurf eines Beurteilungsbogens,
- die Beurteilungskriterien und deren Definition,
- die Verwendung der Beurteilungsdaten.

Dabei hat der Betriebsrat – sofern er überhaupt zum Abschluss einer entsprechenden Betriebsvereinbarung mit dem Arbeitgeber bereit ist – vor allem Folgendes zu beachten:
1. Oberstes Ziel von betrieblichen Beurteilungssystemen muss die Förderung der Arbeitnehmer im Sinne ihrer beruflichen Fortentwicklung sein und nicht die

Aussonderung von Leistungsschwachen bzw. die permanente Steigerung des Leistungsdrucks.

2. Grundvoraussetzung für systematisierte Beurteilungsverfahren sind entsprechende, mit dem Betriebsrat abgestimmte Stellen- oder Arbeitsplatzbeschreibungen. Liegen diese nicht vor, ist ein Beurteilungsverfahren wenig sinnvoll.

3. Die Festlegung der Beurteilungsmerkmale aus den Stellen- oder Arbeitsplatzbeschreibungen hat durch eine paritätische Kommission zwischen Arbeitgeber und Betriebsrat zu erfolgen.

4. Die einzelnen Beurteilungsstufen (Noten oder Punktezahl oder ähnliches) müssen klar und eindeutig definiert werden; es sollten maximal fünf Beurteilungsstufen vorgesehen werden (ohne Zwischenstufen).

5. Der zu beurteilende Arbeitnehmer muss vom Inhalt der beabsichtigten Beurteilung Kenntnis erhalten und die Möglichkeit haben, sich noch vorher dazu zu äußern. Er muss im Übrigen auch anschließend die Möglichkeit haben, schriftlich zur Beurteilung Stellung zu nehmen, wenn er damit nicht einverstanden ist.

6. Wichtig ist eine klare, durchschaubare Konfliktlösungsregelung für die Fälle, in denen auch nach Einschaltung des Betriebsrats kontroverse Meinungen zu einer erfolgten Beurteilung bestehen (betriebliche Schiedsstelle oder Anrufung der Einigungsstelle).

7. Die Beurteilung darf nicht zu oft (z.B. jedes Jahr) erfolgen. Zu überlegen ist, ob bestimmte Personengruppen (z.B. ältere Arbeitnehmer mit längerer Betriebszugehörigkeit) überhaupt nicht oder nur noch auf eigenen Wunsch beurteilt werden.

8. Ohne vorherige Information und Unterweisung von Führungskräften unter Einbeziehung des Betriebsrats darf ein Beurteilungssystem nicht eingeführt und angewendet werden.

Das folgende Beispiel aus der Praxis eines großen Unternehmens beinhaltet wesentliche Elemente dieser Zielvorgaben.

3.33.2 Gesamtbetriebsvereinbarung über die Durchführung von Beurteilungen für Mitarbeiter und Führungskräfte

Zwischen der Geschäftsführung der XY-GmbH und dem Gesamtbetriebsrat der XY-GmbH wird die nachfolgende Gesamtbetriebsvereinbarung geschlossen:

Präambel

Der Erfolg jeder Mitarbeiterbeurteilung hängt vom Vorhandensein fairer und praktikabler »Spielregeln« ab, die willkürliches Verhalten bei Vorgesetzten und Mitarbeitern ausschließen und ein konstruktives Miteinander fördern.

Die Einführung solcher Spielregeln unterliegt der Mitbestimmung des Betriebsrates nach § 94 Abs. 2 BetrVG.

Unter Berücksichtigung des Beurteilungszwecks und der Arbeitsanforderungen müssen die Kriterien der Beurteilung, aber auch das System selber, transparent sein. Der Inhalt des Beurteilungsgespräches ist die Aussprache über Leistung, Verhalten und die Entwicklungsmöglichkeiten des zu Beurteilenden in seinem Aufgabenbereich nicht jedoch die Disziplinierung von Mitarbeitern. Über den Aufgabenbereich des Mitarbeiters hinausgehende Entwicklungsmöglichkeiten sind vom Vorgesetzten zu berücksichtigen.

§ 1 Geltungsbereich

Diese Beurteilungsvereinbarung gilt für alle Mitarbeiter der XY-GmbH mit Ausnahme der leitenden Angestellten.

§ 2 Zielsetzung

Mitarbeiter zu beurteilen ist ein wesentlicher Teil der Personalführung in unserem Unternehmen.

Die Mitarbeiterbeurteilung dient dazu:
- Ziele und Standards für die Leistung von Mitarbeitern zu vereinbaren (was) und über den besten Weg zu ihrer Realisierung Einvernehmen zu erzielen (wie),
- die vom Mitarbeiter erbrachte Leistung und sein Verhalten in regelmäßigen Abständen zu besprechen, um Erfolge und persönliche Stärken herauszuarbeiten und weiter auszubauen,
- soweit erforderlich, Unterstützung für die tägliche Arbeit zu geben,
- Vertrauen zwischen Mitarbeitern und Vorgesetzten zu stärken, damit Arbeitsergebnisse verbessert werden können und gleichzeitig Arbeitsfreude (Motivation zur Leistung) entstehen kann.

§ 3 Beurteilungssystem

Beurteilungen erfolgen ausschließlich mit Hilfe der beigefügten Beurteilungsbögen nach den Regeln, die im Beurteilungshandbuch festgelegt sind. Der »Leitfaden zum Beurteilungs- und Führungsgespräch (MA)« für Mitarbeiter (Anlage 1), der »Leitfaden zum Beurteilungs- und Führungsgespräch (FK)« für Führungskräfte (Anlage 2) sowie das Beurteilungshandbuch (Anlage 3) sind Bestandteil dieser Betriebsvereinbarung.

Die Leistung des Mitarbeiters, so wie sie sich im Beurteilungssystem darstellt, besteht aus zwei Komponenten:
a) den Arbeitsergebnissen,
b) dem Verhalten.

§ 4 Einführung

Der Beurteilungsprozess besteht aus zwei Schritten:
a) Vereinbarung von Zielen und Wegen zur Zielerreichung am Anfang des Beurteilungszeitraumes,
b) Ergebnisbewertung und Beurteilungsgespräch am Ende der Beurteilungsperiode.

Ihr voraus geht eine mindestens zweitägige Schulung aller Führungskräfte, um sie im richtigen Umgang mit dem System zu schulen. Der Betriebsrat hat das Recht, an diesen Schulungen teilzunehmen. Bei Bedarf erfolgt eine Nachschulung, um die Qualität von Beurteilungen und Beurteilungsgesprächen sicherzustellen. Die Schulungsinhalte werden im Rahmen der Betriebsvereinbarung »Innerbetriebliche Trainings der XY-GmbH« geregelt.

§ 5 Durchführungsregeln nach Einführung des Beurteilungssystems

a) Die Leistungsbeurteilung für die vergangene Beurteilungsperiode und die Zielsetzung für die nächste Beurteilungsperiode erfolgen jeweils im Anschluss an das Geschäftsjahresende im November/Dezember eines jeden Jahres. Die Beurteilung ist damit von der Gehaltsrunde getrennt.

b) Die Vorgabe der Zielsetzung und Standards orientiert sich an den Stellenbeschreibungen bzw. dem definierten Arbeitsbereich. Gehen die Zielsetzungen aus Sicht des Mitarbeiters über den Rahmen des Arbeitsbereiches hinaus, so hat er die Möglichkeit, den Personalbereich, den nächsthöheren Vorgesetzten und den örtlichen Betriebsrat anzusprechen, um eine Klärung herbeizuführen. Generell erfolgt eine Plausibilitätskontrolle durch den jeweils nächsthöheren Vorgesetzten, der die Zielvorgabe nach dem Gespräch zwischen dem direkten Vorgesetzten und dem Mitarbeiter gegenzeichnen muss.

c) Neu eingetretene Mitarbeiter können frühestens nach zwölf Monaten erstmals mit diesem Beurteilungssystem beurteilt werden. Dabei muss sichergestellt sein, dass die Zielsetzung nach mindestens sechs Monaten erfolgt.

d) Jeder Mitarbeiter erhält eine Kopie der Zielvereinbarung nach Abschluss des Gespräches zur Zielvereinbarung. Mindestens einen Monat vor dem Beurteilungsgespräch erhält er einen kompletten Beurteilungsbogen und Beurteilungsleitfaden, um sich auf das Beurteilungsgespräch vorbereiten zu können. Die Vorbereitung zur Beurteilung kann im Rahmen seiner administrativen Tätigkeit erfolgen.

e) Die Einladung zum Beurteilungsgespräch erfolgt mindestens eine Woche vor dem Gespräch.

f) Die Beurteilung wird im Beurteilungsgespräch gemeinsam zwischen dem Vorgesetzten und Mitarbeiter (Selbst- und Fremdeinschätzung) im fairen Dialog erstellt. Bei Nichteinigung findet eine Gesprächsrunde zwischen dem Mitarbeiter, dem Vorgesetzten, dem nächsthöheren Vorgesetzten und dem Personalleiter statt. Falls der Mitarbeiter es wünscht, wird ein Betriebsratsmitglied zum Gespräch zugezogen. Kommt auch jetzt keine Einigung zustande, entscheidet der Arbeitsdirektor. Wegen der Erhebung eines Einspruchs dürfen dem Mitarbeiter keine Nachteile entstehen.

g) Die Beurteilung wird nach dem Beurteilungsgespräch mit dem nächsthöheren Vorgesetzten besprochen und durch diesen gegengezeichnet.

h) Der Beurteilte erhält eine Kopie der Beurteilung für seinen persönlichen Gebrauch.

i) Der Mitarbeiter unterschreibt die Beurteilung im Beurteilungsgespräch, spätestens jedoch innerhalb einer Woche.

j) Die Beurteilung wird nach Gegenzeichnung durch den nächsthöheren Vorgesetzten und den Personalleiter Bestandteil der Personalakte. Die Aufbewahrungsfrist beträgt drei Jahre.

Die Inhalte und Ergebnisse der Beurteilung (Formular A-D) werden ausschließlich in der Personalakte abgelegt. Sollten eine EDV-mäßige Auswertung für Personalentwicklung und Förderung und daraus abzuleitende Trainingsmaßnahmen erforderlich sein, wird dies entsprechend der Rahmenbetriebsvereinbarung von EDV-Systemen bei XY geregelt werden.

k) Mitarbeiter ab 53 Jahren können sich durch Antrag bei der Personalabteilung von der Beurteilung befreien lassen. Für Schwerbehinderte gemäß § 2 und Gleichgestellte sind die Regelungen des Schwerbehindertengesetzes einzuhalten. Weitere Sonderfälle werden im Einzelfall zwischen Personalleiter und örtlichem Betriebsrat geregelt.

§ 6 Gültigkeit

Diese Betriebsvereinbarung tritt ab dem . . . . . . in Kraft, Sie kann von beiden Seiten mit einer Frist von drei Monaten zum Jahresende, erstmals zum 31. 12. . . ., gekündigt werden.

....
Geschäftsführung

....
Gesamtbetriebsrat

Anlage
Leitfaden zum Beurteilungs- und Führungsgespräch (MA)

Dieser Leitfaden soll das Beurteilungs- und Führungsgespräch zwischen Vorgesetztem und Mitarbeiter in einer strukturierten Form erleichtern.

Was ist ein Beurteilungs- und Führungsgespräch?

Das Führungsgespräch ist ein Dialog zwischen Vorgesetztem und Mitarbeiter über die Leistung/ Zielerreichung und das Verhalten des Mitarbeiters im vergangenen und die Aufgabenschwerpunkte und Verbesserungsmöglichkeiten für den nächsten Zeitraum der Zusammenarbeit. Darüber hinaus werden Fragen des Miteinanders zwischen Vorgesetztem und Mitarbeiter angesprochen und geklärt.

Um sich zu entwickeln und an sich arbeiten zu können, ist der Mitarbeiter darauf angewiesen zu erfahren, wie seine Leistung und sein Verhalten vom Vorgesetzten eingeschätzt wird. Der Vorgesetzte hat deshalb die Pflicht, offen, fair und konstruktiv Stellung zu beziehen und Bewertungen vorzunehmen.

Er selbst hat die Aufgabe, die Zusammenarbeit mit seinen Mitarbeitern so zu gestalten, dass sie ihre Leistung gerne erbringen, ihre Leistungsfähigkeiten entwickeln und einbringen können und eine vertrauensvolle Bindung an das Unternehmen entsteht.

Deshalb ist auch er auf Feedback seitens seiner Mitarbeiter angewiesen.

Nicht erwünscht im Führungsgespräch sind:
- Ausreden,
- Klagen,
- Vorwürfe,
- unfaire Attacken . . .

Ziele und Chancen des Führungsgesprächs sind

- das vom Mitarbeiter erreichte Leistungsergebnis einzuschätzen,
- Stärken und Schwächen anzusprechen,
- Ziele, Aktivitäten und Entwicklungsschwerpunkte für den nächsten Zeitraum aufzuzeigen,
- Unterstützungsmaßnahmen durch den Vorgesetzten festzulegen,
- soweit nötig, Trainingsmaßnahmen einzuleiten,
- die Zusammenarbeit zwischen Vorgesetztem und Mitarbeiter zu verbessern
und damit zu einer Verbesserung der Arbeitsergebnisse beizutragen.

Name des Vorgesetzten/Personal-Nr. ....

Name des Mitarbeiters/Personal-Nr. ....

Beurteilungszeitraum vom .... bis ....

Zielsetzung für das Geschäftsjahr ....

Datum des Beurteilungsgesprächs ....

Geschäftsstelle: .... Bereich: ....

Als Zeichen der Kenntnisnahme unterschreiben (mit Datum) in der angegebenen Reihenfolge:
1. Vorgesetzter
2. Mitarbeiter   O einverstanden ....   O nicht einverstanden ....
Stellungnahme Mitarbeiter (falls gewünscht): ....

3. nächsthöherer Vorgesetzter: ....   4. Personalleiter: ....

Beurteilungs- und Führungsgespräch Geschäftsjahr . . . . . .

A. Leistungsergebnisse   MA

Zusammenfassung der erreichten Ergebnisse
Zielerreichung (Menge, Qualität, Zeit) siehe wichtigste Verantwortlichkeiten, erwartete Arbeitsergebnisse
der letzten Beurteilungsperiode

Verantwortlichkeit/Arbeitsergebnis 1 – Ergebnisse:

....
....
....
....

Verantwortlichkeit/Arbeitsergebnis 2 – Ergebnisse:

....
....
....
....

Verantwortlichkeit/Arbeitsergebnis 3 – Ergebnisse:

....
....
....
....

Verantwortlichkeit/Arbeitsergebnis 4 – Ergebnisse:

....
....
....
....

Standardaufgaben – Ergebnisse:

....
....
....
....

Sonderaufgaben – Ergebnisse:

....
....
....
....

Beurteilungs- und Führungsgespräch Geschäftsjahr . . . . . .

B. Verhaltensbeurteilung/Fragenkatalog   MA
(diese Liste erhebt keinen Anspruch auf Vollständigkeit)

1. Kundenzufriedenheit:
- Kennt er/sie die Kunden für seine/ihre wesentlichen Arbeitsergebnisse?
- Weiß er/sie, was sein/ihr Kunde will?
- Stellt er/sie sich auf die Bedürfnisse des Kunden ein, und hält er/sie sich an die getroffenen Vereinbarungen?
- Arbeitet er/sie gezielt daran, Fehler zu vermeiden und seine/ihre Arbeit gleich beim erstenmal richtig zu tun?

2. Persönliche Einstellung zur Arbeit:
- Identifiziert sich der/die Miterbeiter/Mitarbeiterin, mit seiner/ihrer Aufgabenstellung?
- Treibt er/sie Projekte und Aufgaben eigenständig voran?
- Ergreift er/sie von sich aus die Initiative, um auftretende Probleme zu lösen?
- Braucht er/sie Anleitung, arbeitet er/sie im Rahmen genereller Zielvorgaben?
- Ist er/sie bereit und fähig, sich Kenntnisse über neue Produkte, Systeme, Entwicklungen anzueignen (z. B. Bildungsurlaub)?
- Ist er/sie zielgerichtet bei seinen/ihren Weiterbildungsaktivitäten?
- Ist er/sie bereit, seine/ihren Beitrag zum Gesamtergebnis zu leisten?

3. Umgang mit Menschen:
- Baut er/sie Kontakte auf und pflegt sie, wenn diese für seine/ihre Arbeit wichtig sind?
- Ist er/sie in der Lage, sich notwendige Informationen zu beschaffen und zu nutzen?
- Unterstützt er/sie andere bei der Arbeit?
- Stellt er/sie sich auf seine/ihre Gesprächspartner ein?
- Ist er/sie bereit, die Welt auch aus der Sicht der anderen zu sehen?
- Nimmt er/sie Stellung, bringt er/sie sich als Person ein?
- Beeinflusst er/sie durch Überzeugung?
- Spricht er/sie Konflikte offen an und ist um eine faire Klärung bemüht?

4. Problembearbeitung:
- Beherrscht er/sie sein/ihr Fachgebiet?
- Löst er/sie Probleme sachbezogen und auf der Basis von Fakten?
- Nutzt er/sie die ihm/ihr bekannten Techniken und Arbeitsmittel?
- Ist er/sie offen für Vorschläge, neue Sichtweisen, bzw. bringt er/sie eigene Vorschläge/Sichtweisen ein?
- Sind die erarbeiteten Vorschläge/Lösungen umsetzbar?

5. Arbeitsorganisation:
- Organisiert sich der/die Mitarbeiter/Mitarbeiterin so, dass er/sie effizient arbeiten kann?
- Wie geht er/sie mit den ihm/ihr anvertrauten Mitteln (Einrichtung, Werkzeuge, Materialien, Kfz, Geräte um?
- Ist er/sie kostenbewusst (Verhältnis Nutzen zu Aufwand)?
- Organisiert sich der/die Mitarbeiter/Mitarbeiterin so, dass er/sie von anderen vertreten werden kann?
- Organisiert sich der/die Mitarbeiter/Mitarbeiterin so, dass die vereinbarten Termine mit internen und externen Kunden eingehalten werden können?

Beurteilungs- und Führungsgespräch Geschäftsjahr . . . . . .

B. Beurteilungsverfahren   MA
(siehe Fragebogenkatalog)

1. Kundenzufriedenheit:

☐ besondere Stärke   ☐ in Ordnung   ☐ entwicklungsbedürftig

2. Persönliche Einstellung zur Arbeit:

☐ besondere Stärke   ☐ in Ordnung   ☐ entwicklungsbedürftig

3. Umgang mit Menschen:

☐ besondere Stärke   ☐ in Ordnung   ☐ entwicklungsbedürftig

4. Problembearbeitung:

☐ besondere Stärke   ☐ in Ordnung   ☐ entwicklungsbedürftig

5. Arbeitsorganisation

☐ besondere Stärke   ☐ in Ordnung   ☐ entwicklungsbedürftig

Beurteilungs- und Führungsgespräch Geschäftsjahr . . . . . .

C. Vereinbarung über die wesentlichen Verantwortlichkeiten, Arbeitsergebnisse und Standards für das Geschäftsjahr ...... Datum: **MA**

Welches sind die wichtigsten Verantwortlichkeiten, Arbeitsergebnisse, Standard- und Sonderaufgaben? Welche Erwartungen haben Sie bezüglich Menge, Qualität, Zeit?

Verantwortlichkeit/Arbeitsergebnis 1: ....

....

Erwartung: ....

....

Verantwortlichkeit/Arbeitsergebnis 2: ....

....

Erwartung: ....

....

Verantwortlichkeit/Arbeitsergebnis 3: ....

....

Erwartung: ....

....

Verantwortlichkeit/Arbeitsergebnis 4: ....

....

Erwartung: ....

....

Standardaufgaben: ....

Erwartung: ....

Sonderaufgaben: ....

Erwartung: ....

Unterschrift:

Vorgesetzter ....   Mitarbeiter: ....

Nächsthöherer Vorgesetzter: ....

Beurteilungs- und Führungsgespräch Geschäftsjahr ......

D. Verhaltensbereiche, an denen in der nächsten Beurteilungsperiode   MA
   gearbeitet werden muss   (Aktionsprogramm hier ausführen/siehe Leitfaden)

Name: ....

PC: ....

Bereich:

....

....

....

....

....

....

....

On the job-Unterstützung:

....

....

....

....

....

....

....

Trainingsbedarf für das kommende Jahr:

....

....

....

....

....

....

....

Beurteilungs- und Führungsgespräch Geschäftsjahr . . . . . .

3.34 Mitarbeitergespräch und Zielvereinbarungen

3.34.1 Einleitung

Einen anderen Weg als die in 3.33 dargestellte Betriebsvereinbarung stellt das »Mitarbeitergespräch« dar. Hier geht es noch stärker um die konkrete Entwicklung, Aufstiegsmöglichkeiten und Zielvereinbarungen mit den jeweiligen Beschäftigten. Zielvereinbarungen sind in der betrieblichen Praxis immer häufiger anzutreffen. Dabei geht es keineswegs nur um die Steigerung von Qualität, Quantität oder Effizienz der Arbeitsleistung. Gegenstand sind auch Qualifizierungsmaßnahmen, Aufstiegschancen usw. Zielvereinbarungen sind damit auch ein Personalführungsinstrument, welches für Arbeitgeber und Arbeitnehmer verbindliche Elemente enthalten muss.

Die nachfolgenden Vereinbarungen unterliegen der zwingenden Mitbestimmung des Betriebsrats nach § 94 Abs. 2 BetrVG.

3.34.2 Betriebsvereinbarung »Mitarbeitergespräch«

Die Geschäftsleitung und der Gesamtbetriebsrat der X-AG schließen auf der Grundlage des § 94 Abs. 2 Betr VG folgende Betriebsvereinbarung ab:

I. Präambel

Ziel der Betriebsvereinbarung ist die Einführung regelmäßiger und in festgelegter Form zu dokumentierender Mitarbeitergespräche. Die Gespräche sollen im Sinne der Führungsgrundsätze der X-AG geführt werden. Auf der Grundlage vereinbarter Arbeits-, Verhaltens- und Entwicklungsziele sollen die bisher erreichten Ergebnisse besprochen, eventuelle Abweichungen analysiert und neue Zielvorgaben für die Zukunft getroffen werden.

Das Mitarbeitergespräch bildet die Grundlage für unsere Personalentwicklung. Es soll der Förderung eines offenen und regelmäßigen Dialogs zwischen dem Mitarbeiter und seinem Vorgesetzten dienen sowie die beruflichen Perspektiven im Unternehmen verdeutlichen. Das Mitarbeitergespräch ist damit ein Instrumentarium für den Einsatz von Anerkennung und Kritik als Führungsmittel.

II. Geltungsbereich

Diese Betriebsvereinbarung gilt für alle technischen und kaufmännischen Angestellten sowie Poliere und Meister der X-AG.

III. Inhalt des Mitarbeitergesprächs

Das Mitarbeitergespräch orientiert sich an dem als Anlage 1 beigefügten Mitarbeiter-Gesprächsbogen, der Bestandteil dieser Betriebsvereinbarung ist und folgende Schwerpunkte beinhaltet:
(Als Grundlage dient die im Gesprächsbogen enthaltene Stellenbeschreibung.)

1. Arbeitsergebnisse

- Diskussion der erzielten Arbeitsergebnisse seit dem letzten Mitarbeitergespräch
- Analyse bei Abweichungen von Zielvorgaben/Zielvereinbarungen
- Folgerungen für die Zukunft

2. Fachwissen/Spezialkenntnisse

- Erörterung des vorhandenen Potenzials für gegenwärtige und zukünftige Aufgabenstellungen
- Prüfung der Einsatzmöglichkeiten bzw. -alternativen

3. Arbeits- und Leistungsverhalten

- Art und Weise der Aufgabenerfüllung
- Ausnutzung des Handlungs- und Verantwortungsspielraums

4. Zusammenarbeit/Kooperation

- Zusammenwirken in der Gruppe und innerhalb der Hierarchie

5. Führungsverhalten

- Zielorientierte und motivierende Mitarbeiterführung
- Unternehmerische Führungseigenschaften

6. Zielvorgabe/Zielvereinbarung hinsichtlich der Aufgabenstellung

- Festlegung der Arbeitsziele und -schwerpunkte bis zum nächsten Mitarbeitergespräch
- Beseitigung von eventuell vorhandenen organisatorischen oder technischen Hindernissen zur Zielerreichung

7. Berufliche Entwicklung des Mitarbeiters im Unternehmen

- Zufriedenheit des Mitarbeiters mit der Aufgabe und dem Arbeitsplatz
- Entwicklungsmöglichkeiten für den Mitarbeiter bis zum nächsten Mitarbeitergespräch

8. Geplante Weiterbildungsmaßnahmen – Zeitpunkt

- Festlegung der beruflichen und persönlichen Qualifizierung des Mitarbeiters bis zum nächsten Mitarbeitergespräch

9. Bemerkungen

- Ergänzende Hinweise, die für das Gespräch von Bedeutung sind

IV. Schulung

Vorgesetzte, die Mitarbeitergespräche zuführen haben, werden vorab geschult.

V. Organisatorischer Ablauf des Mitarbeitergesprächs

Die Durchführung des Mitarbeitergesprächs obliegt dem unmittelbaren Vorgesetzten; Ausnahmen hiervon sind dem Mitarbeiter zu erläutern.

Das Mitarbeitergespräch wird in der Regel im Abstand von 24 Monaten geführt. Das entbindet den Vorgesetzten jedoch nicht von der Pflicht, den Mitarbeiter auch zwischenzeitlich über seinen Leistungsstandard zu unterrichten. Ein Mitarbeitergespräch ist in jedem Fall dann erforderlich, wenn neue komplexe Aufgaben übernommen werden oder die individuelle Leistung erkennbar nachlässt.

Eine Altersbegrenzung ist nicht vorgesehen.

Der Personalabteilung der Zentrale obliegt die Terminüberwachung. Sie fordert die Betriebsstellen jeweils rechtzeitig auf, ein Gespräch zu führen. Hierzu versendet sie die Gesprächsbogen in doppelter Ausfertigung an die Personalabteilung der jeweiligen Betriebsstelle, die eine Kopie der Niederschrift des zuletzt geführten Mitarbeitergesprächs für den Vorgesetzten beifügt.

Der unmittelbare Vorgesetzte händigt dem jeweiligen Mitarbeiter einen Gesprächsbogen aus und vereinbart mit ihm einen Gesprächstermin in etwa zwei Wochen.

Der Mitarbeiter nimmt auf dem Bogen innerhalb einer Woche Stellung und leitet diesen seinem unmittelbaren Vorgesetzten zur Gesprächsvorbereitung zu.

Nach einer weiteren Woche wird das Mitarbeitergespräch geführt.

Mit neu eingetretenen Mitarbeitern kann erstmals nach Ablauf von zwölf Monaten ein Mitarbeitergespräch geführt werden. Dabei muss sichergestellt sein, dass die Zielvereinbarung spätestens sechs Monate nach dem Eintritt getroffen wird.

VI. Dokumentation des Mitarbeitergesprächs

Der Vorgesetzte dokumentiert den Gesprächsverlauf während des Gesprächs auf dem Gesprächsbogen. Anschließend unterschreibt er ihn gemeinsam mit dem Mitarbeiter, der danach eine Kopie erhält.

Es soll nur zu den Punkten Stellung genommen werden, die in jedem Einzelfall wirklich beurteilt werden müssen. Mithin ist es durchaus möglich, einzelne der vorgegebenen Themenbereiche nicht zu erörtern.

Anschließend wird der Gesprächsbogen an den nächsthöheren Vorgesetzten zur Kenntnisnahme weitergeleitet.

Der nächsthöhere Vorgesetzte gibt den Gesprächsbogen mit seinem Sichtvermerk an die örtliche Personalabteilung weiter. Diese fertigt eine Kopie für die Dokumentation in der örtlichen Personalakte an und sendet das Original an die Personalabteilung der Zentrale.

Die Personalabteilung der Zentrale ermöglicht der Personalentwicklung den Zugriff auf die Gesprächsbogen.

VII. Information der Mitarbeiter

Die Mitarbeiter erhalten nach Abschluss dieser Betriebsvereinbarung bzw. nach dem Beginn ihres Beschäftigungsverhältnisses eine Informationsschrift sowie den Text dieser Betriebsvereinbarung. In der Informationsschrift wird insbesondere auf folgende Bereiche eingegangen:

* Zielsetzung des Mitarbeitergesprächs
* Organisatorischer Ablauf des Mitarbeitergesprächs
* Erläuterungen zum Gesprächsbogen
* Hinweise zum Führen von Mitarbeitergesprächen

VIII. Sonderfälle für die Verwendung des Gesprächsbogens

Bei einer Versetzung sowie einem Austritt ist der speziell dafür vorgesehene Bogen zu verwenden.

IX. In-Kraft-Treten/Kündigung und Nachwirkung

Diese Betriebsvereinbarung tritt mit dem . . . . . . in Kraft. Das bisherige Beurteilungssystem wird mit gleichem Datum durch das Personalentwicklungsinstrument »Mitarbeitergespräch« abgelöst.

Diese Betriebsvereinbarung kann von beiden Seiten mit einer Frist von sechs Monaten zum Jahresende gekündigt werden.

Im Falle der Kündigung wirkt diese Betriebsvereinbarung nach bis zum Abschluss einer neuen Vereinbarung.

Ort, Datum, Unterschrift

Hinweise zum Führen von Mitarbeitergesprächen

1. Das Mitarbeitergespräch soll vom Mitarbeiter und vom Vorgesetzten gut vorbereitet werden.
2. Es soll in Ruhe geführt werden, Störungen sind deshalb unbedingt zu vermeiden. Das Gespräch kann durchaus länger als eine Stunde dauern.
3. Die Qualität und der Erfolg des Gespräches hängen entscheidend von einer offenen und partnerschaftlichen Atmosphäre ab, die vor allem durch eine mitarbeiterorientierte Gesprächsführung hergestellt wird.
4. Alle Punkte, auch die kritischen, sollen von beiden Partnern offen und konstruktiv angesprochen werden. In diesem Dialog sind das Zuhören und das » Verstehen-Wollen« wesentliche Bestandteile.
5. Am Ende des Gespräches sollen Maßnahmen für die weitere Entwicklung des Mitarbeiters und die Ziele für die nächste Periode vereinbart sein. Während dieser Zeit sollte in den

regelmäßigen Gesprächen mit den Mitarbeitern immer wieder auf die Vereinbarungen des Mitarbeitergesprächs zurückgegriffen werden.

6. Vorgesetzter und Mitarbeiter sind gemeinsam für den Erfolg des Mitarbeitergesprächs verantwortlich. Es kann nur dann gut verlaufen, wenn alle Beteiligten die Zielsetzung akzeptieren und wenn sie einige gesprächspsychologische Regeln beachten. Die Personalentwicklung wird dafür ein entsprechendes Training anbieten.

Zielsetzung des »Mitarbeitergesprächs«

- Kontinuität einer offenen Kommunikation zwischen Vorgesetzten und Mitarbeitern
- Besprechung der Arbeitsergebnisse
- Anerkennung und Kritik
- Standortbestimmung und Entwicklungsperspektiven für die Mitarbeiter
- Verdeutlichung der Unternehmensziele; daraus Ableitung der Ziele für Mitarbeiter und Vorgesetzte
- Hinweise für die Personalentwicklung und -planung des Bereiches
- Hinweise für individuelle betriebliche Weiterbildungs- und Fördermaßnahmen

Mitarbeitergespräch

Beurteilung

Zielsetzung

Förderung

Mitarbeiter

Name, Vorname

Personalnummer

Geburtsdatum

Ausbildung

Eintritt in das Unternehmen

Beurteilender Vorgesetzter

Name, Vorname

Funktion (Bezeichnung der Stelle)

Vorgesetzter des zu beurteilenden Mitarbeiters seit . . .

1. Funktion

1.1. Abteilung/Bezeichnung der Stelle:

1.2. Seit wann ist der Mitarbeiter in dieser Funktion?:

1.3. Stellenbeschreibung in Kurzform (wesentliche Aufgaben):

2. Arbeitsergebnisse (24-Monats-Zeitraum)

Erreichte Arbeitsziele:

Nicht oder nur teilweise erreichte Arbeitsziele.

(Bitte Begründung in Stichworten:)

3. Fachwissen/Spezialkenntnisse

4. Arbeits- und Leistungsverhalten

5. Zusammenarbeit/Kooperation

6. Führungsverhalten

6.1. Mitarbeiterführung:

6.2. Unternehmerische Führungseigenschaften:

7. Zielvorgabe/Zielvereinbarung

7.1. Ziele (24-Monats- bzw. vereinbarter Zeitraum):

7.2. Voraussetzungen zum Erreichen der Ziele:

8. Berufliche Entwicklung des Mitarbeiters im Unternehmen

8.1. Gegenwärtig richtig eingesetzt – keine Änderung:

8.2. In näherer Zukunft für weitergehende Verantwortung geeignet (bitte nähere Angaben und Möglichkeiten):

8.3. Empfehlungen für andere Aufgaben (bitte nähere Angaben und möglichen Zeitpunkt):

9. Geplante Weiterbildungsmaßnahmen – Zeitpunkt

10. Bemerkungen

11. Unterschriften

Mitarbeitergespräch geführt am: Mitarbeiter

                                                Beurteilender Vorgesetzter:

Sichtvermerk nächsthöherer Vorgesetzter:

3.34.3 Betriebsvereinbarung »Zielvereinbarung I«

Zwischen Betriebsrat und der Geschäftsleitung der Firma . . . wird auf der Grundlage der Rahmenvereinbarung Prämienlohn/-entgelt vom . . . folgende **Betriebsvereinbarung über die Zielvereinbarung** abgeschlossen:

1. Geltungsbereich: (Tarifverträge beachten!)

2. Die Arbeits- und Leistungsbedingungen sind gemäß § 6 a MTV Angestellte und § 13 MTV für die gewerblichen Arbeitnehmer menschengerecht zu gestalten.

3. Mit Zielvereinbarungen werden neue Beteiligungsmöglichkeiten für alle Beschäftigten geschaffen.

4. **Qualifizierung**

   Alle Arbeitnehmer haben Anspruch auf Qualifizierung mit dem Ziel, den Aushandlungsprozess und Erreichbarkeit der Ziele zu gestalten. Mit dem Betriebsrat ist ein Qualifizierungsplan und die Durchführung von Qualifizierungsmaßnahmen zu vereinbaren.

5. Die Zielvereinbarung ist eine Vereinbarung zwischen dem Arbeitnehmer, Projekt/Gruppe und dem Vorgesetzten. Hierbei sind die Formen der Arbeit zwischen Betriebsrat und Arbeitgeber gemäß Tarifvertrag zu regeln.

6. **Anforderungen an die Zielvereinbarung**

6.1. Der Inhalt der Vereinbarung muss den Beteiligten bekannt sein.

6.2. Die Ziele der Vereinbarung müssen vom Arbeitnehmer beeinflussbar, zumutbar und im Rahmen der tariflichen Arbeitszeitvereinbarung erreichbar sein.

6.3. Der Abschluss einer Zielvereinbarung ist freiwillig und folglich nicht erzwingbar.

6.4. Im Konfliktfall wird im Rahmen der paritätischen Kommission verfahren.

6.5. Eine Zielvereinbarung kann nur im Rahmen eines mitbestimmten Leistungsentgeltes gemäß MTV gewerbliche Arbeitnehmer und MTV Angestellte mittels Zusatztarifvertrag vereinbart werden.

7. **Zielarten**

7.1. *Leistungsziele mit mess- und zählbaren Größen*
   Werden Leistungsziele mit mess- und zählbaren Größen vereinbart, sind die Bestimmungen des Manteltarifvertrages zum Leistungsentgelt (s. Ziff. 9.1. Akkord und Prämie) für gewerbliche Arbeitnehmer anzuwenden und ein Zusatztarifvertrag für Angestellte abzuschließen. Die hierzu abgeschlossenen Betriebsvereinbarungen sind hierbei zu berücksichtigen ggf. zu ändern. Falls diese Betriebsvereinbarungen nicht existieren, sind diese **vor** Abschluss der Betriebsvereinbarung «Zielvereinbarung» abzuschließen.

   Eine Verdienstsicherung bei Entgeltsystemen mit Entgeltanreiz ist zu vereinbaren. So kann z. B. auf eine Anreizprämie eine zusätzliche Qualitätsprämie aufgesetzt werden. Die Parameter sind gemäß der manteltarifvertraglichen Bestimmungen zu Prämienentgelt zu vereinbaren.

7.2. *Leistungsziele mit »weichen« Kriterien (nicht mess- und zählbar)*
   Zielvereinbarungen mit weichen Kriterien sind nicht mess- und zählbar, sondern nur beurteilbar (subjektiv) und können nachfolgende Kriterien beinhalten, z. B.

- Sauberkeit
- Ordnung
- Informationsaustausch
- Initiative
- Belastbarkeit
- Vielseitigkeit etc.

Kommen diese Kriterien zur Anwendung, sind die Bestimmungen des Manteltarifvertrages § 20 für gewerbliche Arbeitnehmer (Zeitlohn) bzw. § 7 Manteltarifvertrag Angestellte (Zeitentgelt) anzuwenden. Eine Kombination der Ziffern 7.1. und 7.2. ist nicht zulässig.

8. Beim Zielvereinbarungsprozess sind Bedingungen dieser Vereinbarung einzuhalten. Die Betroffenen werden mindestens 2 Wochen vor Beginn des Zielvereinbarungsgespräches informiert. Vorgesetzte und zugeordnete Arbeitnehmer, Projekt/Gruppenmitglieder führen ein Gespräch über die bevorstehenden Aufgaben. Daraus werden Ziele abgeleitet für einen zu vereinbarenden Zeitraum (z. B. ein Jahr). Für längerfristig angelegte Aufgaben bzw. Projekte gilt dieses auch für Teilprojekte.

Die vereinbarten Ziele müssen vom betroffenen Arbeitnehmer (Projekt/Gruppe) direkt beeinflussbar, zumutbar und erreichbar sein. Kommt zwischen den Parteien keine Vereinbarung zustande, gelten die bisherigen Leistungsstandards weiter. Ein weiterer Versuch kann unter der Beteiligung des Betriebsrats eingeleitet werden.

9. **Leistungsziele und Zielvereinbarung**

9.1. Sollen Zielvereinbarungen (mess- und zählbar) im Betrieb eingeführt werden, ist vorab bei den gewerblichen Arbeitnehmern von Zeitlohn in den Akkord- oder Prämienlohn zu wechseln.

9.2. Sollen bei Angestellten Leistungsziele (mess- und zählbar) eingeführt werden, ist vorab ein Zusatztarifvertrag »Leistungsentgelt (Prämie)« abzuschließen.

9.3. Die Leistungsziele und die hierfür erforderlichen Bedingungen der Zielvereinbarung werden zwischen **Arbeitgeber und Betriebsrat vereinbart**. Die Arbeitnehmer, Projekt/Gruppe sind daran zu beteiligen.

9.4. Der Betriebsrat kann zur Deckung seines Informationsbedarfes ein Mitglied in diese Gespräche entsenden. Die Mitbestimmungsrechte des Betriebsrates bleiben dabei unberührt.

9.5. Das Ergebnis der Zielvereinbarung wird dem Arbeitnehmer und dem Betriebsrat schriftlich zur Verfügung gestellt. Der Arbeitnehmer, die Projektgruppe oder der Betriebsrat können die Leistungsziele reklamieren. Das Verfahren richtet sich nach MTV § 29 D für die gewerblichen Arbeitnehmer und nach MTV § 18 D für die Angestellten.

9.6. Ist eine Zielvereinbarungsperiode (maximal ein Jahr) abgelaufen, errechnet sich die zu bewertende Prämie aus dem Verhältnis SOLL (= Zielvereinbarung) zu IST (= tatsächlich erreichtes Ziel), vgl. Ziff. 15 »Risikosicherung«.

Eine Verstetigung des Leistungsentgeltes pro Monat mittels eines Referenzzeitraumes von z. B. den letzten drei Monaten oder des Vorjahres ist zu vereinbaren.
Alternative: Prämienabschlag

9.7. Während einer Zielvereinbarungsperiode können keine zusätzlichen Ziele vereinbart werden. Maximal dürfen zwei Ziele vereinbart werden.

9.8. Die Projekt/Gruppe, Arbeitnehmer erhalten den Zugang zu Daten über den Stand und Erreichung der Ziele.

9.9. Nach Ablauf einer Zielvereinbarungsperiode gelten die Bedingungen unverändert weiter, solange keine andere Zielvereinbarung getroffen wird.

9.10. Weitere Zielvereinbarungen können nur getroffen werden, wenn ein neues Projekt die Änderung der Arbeitsmethode oder durch technische bzw. organisatorische Änderungen oder durch offensichtliche Berechnungsfehler oder wesentliche Änderung der Stückzahl, die entscheidend die Stückzeit, das Pensum, das Projekt beeinflussen, begründet ist.

9.11. Leistungsziele können nach Ablauf eines Zielvereinbarungszeitraumes neu festgelegt werden. Vorab ist mit der Projekt/Gruppe, Arbeitnehmer und Betriebsrat eine Soll-Leistung, Personalbesetzung zu vereinbaren.

9.12. Die erreichten Ziele (z. B. dreimonatiger Referenzzeitraum) können Ausgangsbasis für neue Ziele sein (vgl. Ziff. 6 »Anforderungen an die Zielvereinbarung«).

10. Qualität der Bezugsmerkmale

10.1. Gegenstand der Zielvereinbarung können nicht sein, z. B. die Personalabbauplanung, Regelungen für Frühpensionierung, auf den Krankenstand gerichtete Maßnahmen, Einstellungen, Kündigungen etc. und Aufgaben für welche originär Arbeitgeber und Betriebsrat zuständig sind.

10.2. Folgende Bezugsmerkmale können vereinbart werden: Menge, Qualität, Termine, Umsatz (z. B. Verkäufer).
Bei der Vereinbarung von Zielen ist vorab zu entscheiden, ob es sich um Leistungsentgelt (Prämie, Akkord) gemäß Ziff. 7.1. oder 7.2. »Beurteilungskriterien« oder um § 87 Abs. 1 Nr. 12 »Betriebliches Vorschlagswesen/KVP« handelt.

11. Reproduzierbarkeit

Wird eine Zielvereinbarung abgeschlossen, muss der Ist-Zustand reproduzierbar und die Daten repräsentativ gemäß der Betriebsvereinbarung »Akkord und/oder Prämienentgelt« (Datenermittlung) sein.

12.

Treten während des Zielvereinbarungszeitraumes Änderungen ein, welche nicht von Arbeitnehmern zu verantworten sind, sind vom Vorgesetzten Maßnahmen einzuleiten im Hinblick auf die Überprüfung des Zieles bzw. zusätzliche Maßnahmen zur Erreichung des Zieles.

13. Prämienentgelt

Das Prämienentgelt setzt sich zusammen aus der Entgeltgruppe und dem vereinbarten Leistungsentgelt/Standardprämie (z. B. bisheriges Durchschnittsentgelt) gemäß der Lei-

stungskennzahl der Zielvereinbarung (ist zwischen dem Betriebsrat und der Geschäftsleitung zu vereinbaren). Für die vereinbarten Ziele wird die Höchstprämie bezahlt. Der
Verlauf der Prämienentgeltlinie ist mindestens 1:1.
vgl. hierzu Materialien zur Tarifpolitik, Prämienlohn, Gruppenarbeit, Projektarbeit und KVP

14. Verteilung der Prämie

Die Zielvereinbarungsprämie erhält jedes Projekt-/Gruppenmitglied und Arbeitnehmer.
Die Prämie wird gleichmäßig oder ungleichmäßig auf alle Gruppenmitglieder gemäß der
Zielvereinbarung verteilt.

15. Risikosicherung

Treten während des Vereinbarungszeitraumes technische Schwierigkeiten, arbeitsorgani-
satorische Störungen und unvorhersehbare Arbeitserschwernisse auf, welche bei der
Festlegung der Zielvereinbarung nicht berücksichtigt werden konnten, so sind dies Belastungen, die von der Gruppe/Arbeitnehmer nicht zu vertreten sind. Der Gruppensprecher/
Projektleiter/Arbeitnehmer ist verpflichtet, diese Ereignisse unverzüglich seinem Vorgesetzten zu melden. Das Prämienentgelt gemäß Ziff. 13 wird nicht gemindert.

16. Paritätische Kommission

Regelung von Streitigkeiten, Reklamationsverfahren

16.1. Streitigkeiten aus dieser Betriebsvereinbarung werden in der paritätischen Kommission
behandelt. Die paritätische Kommission setzt sich aus . . . Mitgliedern zusammen. Die
Mitglieder werden je zur Hälfte vom Arbeitgeber und Betriebsrat bestimmt.

16.2. Streitigkeiten werden unverzüglich, jedoch innerhalb von zehn Arbeitstagen von der
paritätischen Kommission entschieden. Allen Mitgliedern der Kommission sind vom
Arbeitgeber die erforderlichen Unterlagen zur Verfügung zu stellen.

16.3. Erfolgt innerhalb der paritätischen Kommission keine Einigung, so ist die Angelegenheit
innerhalb von zehn Arbeitstagen zwischen Betriebsrat und Geschäftsleitung zu vereinbaren. Erfolgt auch hier keine Einigung, so kann die tarifliche Schlichtungsstelle angerufen werden.

16.4. Reklamationen

Soll-Daten oder Arbeitsbedingungen können von einzelnen Arbeitneh-
mern/Projekt/Gruppe oder dem Betriebsrat reklamiert werden. Anträge auf Reklamationen sind bei der Abteilung . . . zu stellen. Der reklamierte Sachverhalt wird von der paritätischen Prämienkommission gemäß der Ziffern 16.2. und 16.3. behandelt. Eine Entscheidung der paritätischen Prämienkommission über den reklamierten Sachverhalt hat
diese dem Arbeitgeber, dem Betriebsrat und dem Antragsteller mitzuteilen. Wird die
Entscheidung vom Arbeitgeber, vom Betriebsrat oder dem Antragsteller nicht akzeptiert,
ist nach Ziffer 16.3. zu verfahren.
Wird ein Soll-Wert zu Gunsten des Arbeitnehmers geändert, so gilt er vom Zeitpunkt der
Reklamation an. Wird ein Soll-Wert zu Ungunsten des Arbeitnehmers geändert, so gilt er

vom Zeitpunkt der Änderung. Für die Dauer des Reklamationsverfahrens erhält der Arbeitnehmer mindestens sein bisheriges Durchschnittsentgelt.

17. Beschäftigungssicherung

18. In-Kraft-Treten und Laufzeit

Diese Vereinbarung tritt mit Wirkung vom . . . in Kraft und ist mit einer Frist von . . . zum Monatsende kündbar.

Datum, Unterschriften

Strategische Maßnahmen zur Umsetzung einer Zielvereinbarung

Checkliste für Arbeitnehmer

1. Sind die zu vereinbarenden Ziele von den Betroffenen unmittelbar beeinflussbar und zumutbar?

2. Können im Rahmen des Zielvereinbarungsprozesses eigene Ideen und Vorschläge in das Zielvereinbarungsgespräch eingebracht werden?

3. Sind die Formulierungen eindeutig oder können daraus Missverständnisse abgeleitet werden?

4. Wurden die notwendigen Informationen, Handlungs- und Entscheidungskompetenzen mitgeteilt bzw. übertragen?

5. Sind die mess- und zählbaren Größen für die Zielerreichung realistisch? (Erfahrungswissen)

6. Sind die Grenzen der Gestaltungsspielräume bekannt?

7. Prüfe, ob die Ziele erreichbar sind!

8. Sind die von Ihnen geforderten Qualifizierungsmaßnahmen zugesagt?

9. Sind die Parameter für die Abgeltung der Ziele 1:1 zwischen Arbeitgeber und Arbeitnehmern verteilt?

10. Akzeptieren Sie keine unzumutbaren Arbeits- und Leistungsbedingungen!

11. Sind die tarifvertraglichen Bedingungen eingehalten?

    (Zusatztarifvertrag Angestellte)

12. Ist die Reproduzierbarkeit des Ist- und Soll-Zustandes gewährleistet, um Konflikte nach Möglichkeit von vornherein auszuschließen?

13. Wurden die eingebrachten Vorschläge berücksichtigt?

14. Existiert eine Betriebsvereinbarung zum »Leistungsentgelt«?

15. Erhalten Sie die mit Ihnen vereinbarte »Zielvereinbarung« schriftlich?

Checkliste für den Betriebsrat

1. Information der örtlich zuständigen Gewerkschaft, wenn dieses Thema im Betrieb auf die Tagesordnung kommt!
2. Sind Betriebsvereinbarungen zum Prämienentgelt (auch für Angestellte) vorhanden?
3. Ist eine Betriebsvereinbarung zur Akkord-/Prämienentlohnung vorhanden? Ist diese gekündigt?
4. Im Zeitlohn/Gehalt (Leistungsbeurteilung) gemäß Ziff. 7.2. mit weichen Kriterien darf es keine Zielvereinbarung geben.
5. Gibt es eine Betriebsvereinbarung »Formen der Arbeit« Projekt-/Gruppenarbeit?
6. Gibt es eine Betriebsvereinbarung zum kontinuierlichen Verbesserungsprozess (KVP) bzw. betrieblichen Vorschlagswesen?
7. Achtung!
In diesem Zusammenhang werden oft Betriebsvereinbarungen zur regelmäßigen Arbeitszeit, Mehrarbeit, Gleitzeit etc. tangiert. Es ist zu prüfen, inwieweit gegebenenfalls in Betriebsvereinbarungsentwürfen von Geschäftsleitungen diese Parameter eingearbeitet wurden. Hierin verbergen sich oft tarifwidrige Vorschläge und tarifvertragliche Konflikte.
8. Wurde ein Zusatztarifvertrag (Angestellte) abgeschlossen?

Hinweis: Text Bartholomäus Pfisterer, IG Metall-Bezirksleitung, München (aus AiB, Heft 7/1999)

3.34.4 Betriebsvereinbarung »Zielvereinbarung II«

Zwischen
der Y GmbH – Unternehmen –
und
dem Betriebsrat der Y GmbH – Betriebsrat –
wird folgende Vereinbarung getroffen:

Präambel

Die Mitarbeiterinnen und Mitarbeiter sind das wertvollste Zukunftskapital und werden in den Mittelpunkt aller Überlegungen gestellt. Mitarbeiterorientierung heißt: Ständige Qualifizierung, stärkere Einbindung und Mitwirkung an Unternehmensveränderungen, heißt aber auch Änderungen der Organisation, um effizientere Formen der Zusammenarbeit und mehr Kundennähe zu erreichen.

Die beabsichtigten Maßnahmen sollen die Kompetenz der Mitarbeiterinnen und Mitarbeiter nachhaltig steigern und damit auch ihre Berufschancen erhöhen.

Ein Konzept »Mitarbeitergespräche zur persönlichen Orientierung und Entwicklung« wird im Laufe des Jahres . . . unter Beteiligung des Betriebsrats entwickelt. Ebenfalls werden Szenarien für sinnvolle Formen von Gruppenarbeit in den unterschiedlichen Bereichen des Verlages entwickelt und beraten.

Unter Beachtung der im Folgenden näher beschriebenen Rahmenbedingungen wird als neues Führungsinstrumentarium ein System von Zielvereinbarungen und Mitarbeitergesprächen zur Beurteilung des Erreichens dieser vereinbarten Ziele eingeführt.

1. Zielvereinbarung

Zielvereinbarungen werden in Zielvereinbarungsgesprächen abgeschlossen. Diese erfolgen zwischen den Arbeitsgruppen und ihrem unmittelbaren Vorgesetzten, ab Teamleiterebene in Form von Einzelgesprächen.

Bei der Formulierung der Ziele können ggf. Zuständigkeiten bzw. Zuordnungen von bestimmten Aufgaben zu einzelnen Personen festgehalten werden.

2. Kriterien der Zielvereinbarung

Ziele werden vereinbart, nicht gesetzt. Eine Zielvereinbarung umfasst

*   fachliche Ziele,
*   auf die Zusammenarbeit bezogene Ziele und
*   individuelle Qualifizierungsziele

(vgl. Formularentwurf Zielvereinbarung Anlage 1).

Ziele, die sich auf die Zusammenarbeit beziehen, umfassen auch organisatorische Maßnahmen, die vom Vorgesetzten durchzuführen bzw. zu veranlassen sind, sowie die Erwartungen der Gruppe an das Führungsverhalten der/des Vorgesetzten.

3. Beurteilbarkeit der Ziele

Es dürfen nur Ziele vereinbart werden, die

*   messbar sind, d. h. deren Erreichen auch nach nachvollziehbaren Kriterien beurteilt werden kann,
*   realistisch sind,
*   durch die Mitarbeiterinnen bzw. Mitarbeiter erreichbar sind und
*   sich in Übereinstimmung mit den Unternehmenszielen und -strategien befinden.

Die Beurteilungen beziehen sich jeweils konkret auf die vereinbarten Einzelziele (vgl. Formularentwurf Zielerreichung Anlage 2).

4. Verpflichtungen des Unternehmens

Die Zielvereinbarung muss auch die Verpflichtungen der Führungskräfte gegenüber den Mitarbeiterinnen und Mitarbeitern umfassen, d. h. die Aktivitäten und Maßnahmen benennen, welche die Vorgesetzten zur Unterstützung für das Erreichen der vereinbarten Ziele ergreifen.

Für in Zielvereinbarungen festgelegte Qualifizierungsmaßnahmen wird eine zentrale Meldepflicht bei der Abteilung Personalentwicklung mit Information des Betriebsrats eingeführt.

5. Zielerreichungsgespräche

Zielerreichungsgespräche dienen der Beurteilung des Erreichens der vereinbarten Ziele. In den Zielvereinbarungsgesprächen für die nächste Periode werden diese Ergebnisse berücksichtigt. Das Zielerreichungsgespräch wird als Gruppengespräch, auf der Vorgesetztenebene ab Teamleiter als Einzelgespräch durchgeführt.

6. Regelmäßige Durchführung

Zielvereinbarungs- und Zielerreichungsgespräche werden getrennt voneinander und in regelmäßigen Abständen durchgeführt. Richtwert für das Zielvereinbarungsgespräch ist ein Jahr, für das Zielereichungsgespräch ein halbes Jahr.

7. Gruppenexterne Unterstützung

Für den Abschluss der Zielvereinbarungen und die Durchführung der Zielerreichungsgespräche steht in Konfliktfällen der Gruppe auf Anforderung eine Beraterin bzw. ein Berater zur Verfügung (Abt. Personalentwicklung, nächsthöherer Vorgesetzter, Mitglied des Betriebsrats).

8. Örtliche Aufbewahrung

Nur die direkt an den Zielvereinbarungen und Zielerreichungsgesprächen beteiligten Personen erhalten Kopien der getroffenen Vereinbarungen und Protokollkopien der Mitarbeitergespräche. Je eine weitere Kopie wird bei den Akten der jeweiligen Organisationseinheit von dem dort zuständigen Vorgesetzten für die Dauer von maximal drei Jahren aufbewahrt. Es erfolgt keine zentrale Aufbewahrung oder computerunterstützte Speicherung der Protokolle.

Davon ausgenommen ist die Weitergabe an die Personalabteilung, wenn es sich um personalaktenrelevante Vorgänge handelt.

9. Begleitende Qualifizierungsmaßnahmen

Es werden ein Qualifizierungsprogramm und beispielhafte Unterlagen für Vorgesetzte und Gruppenmitglieder erarbeitet. In enger zeitlicher Kopplung an die ersten Zielvereinbarungsverhandlungen werden diese Qualifizierungsmaßnahmen für alle Beteiligten durchgeführt.
Das Qualifizierungsprogramm umfasst insbesondere
• die Erläuterung und Einübung des Verfahrens anhand von Beispielmaterial
• den Umgang mit Konfliktsituationen.

10. Konsensgebot

Sowohl die Zielvereinbarungs- als auch die Zielerreichungsgespräche sollen im Konsens der Beteiligten erfolgen. Es geht um die Schaffung einer Vertrauenszone, die die traditionelle Kontrollzone als Führungsinstrument zwischen Vorgesetztem und Untergebenen ersetzen soll. Die Vereinbarungen und Ergebnisprotokolle der Zielerreichung sind nur gültig, wenn sie von allen Beteiligten unterschrieben sind.

11. Konfliktregelung

Wird eine Zielvereinbarung oder ein Gesprächsprotokoll über die Zielerreichung nicht unterschrieben, so hat die betroffene Person das Recht, sich an den nächsthöheren Vorgesetzten zu wenden. Dieser versucht zunächst, durch Vermittlung die Beteiligten zu einer Lösung zu bringen. Gelingt dies nicht, so entscheidet eine Clearingstelle.

Die Clearingstelle besteht aus je einer von der Personalabteilung und dem Betriebsrat bestimmten Person; bei Nichteinigkeit wird eine dritte, von der Geschäftsleitung dem Betriebsrat benannte Person hinzugezogen.

12. Erfolgskontrolle

In regelmäßigen Abständen (alle 12 Monate) wird eine schriftliche standardisierte Mitarbeiterbefragung durchgeführt. Zu ausgewählten Fragen, auf die sich Unternehmen und Betriebsrat geeinigt haben, werden einerseits die Wichtigkeit in der Sicht der Beschäftigten, andererseits der Grad der Erfülltheit nach Auffassung der Befragten erhoben. Mit der Durchführung wird der Betriebsrat beauftragt. Die Befragung ist anonym, die Teilnahme freiwillig. Die Auswertung erfolgt abteilungsweise und für die ganze Belegschaft. Alle Mitarbeiter/innen erhalten das Ergebnis mit einer Stellungnahme von Geschäftsleitung und Betriebsrat.

13. Abkopplung von Entgeltfragen

Die Einführung von Zielvereinbarungen und Beurteilungsgesprächen wird nicht mit Fragen der Entgeltfindung gekoppelt.

Unternehmen und Betriebsrat werden den Umsetzungsprozess beobachten und regelmäßig im Personalentwicklungs-Ausschuss beraten. Der Betriebsrat wird seine Initiativen zur Weiterentwicklung des Projekts in diesen Ausschuss einbringen.

Ort, Datum, Unterschriften

Zielvereinbarung

Vereinbarte Ziele	Beurteilungskriterien	Unterstützende Maßnahmen
Formulierung der konkreten Ergebnisse (Ziele), die am Ende der Beurteilungsperiode erreicht werden sollen.	Woran soll das Erreichen der vereinbarten Ziele gemessen werden?	Auflistung der Aktivitäten und Maßnahmen, die das Unternehmen zu ergreifen hat, um die Erreichung der Ziele zu ermöglichen bzw. zu unterstützen.
Ziele sind • messbar • realistisch	Messkriterien: • Qualität • Quantität	Die Maßnahmen können umfassen: • Qualifizierung

• herausfordernd • durch Mitarbeiter/in voll beeinflussbar • kongruent zu den Zielen des Unternehmens • horizontal abgestimmt	• Kosten / Budget • Veränderung des Ist-Zustandes (evtl. prozentual) • Zeitfaktor/Termineinhaltung Bei Gruppenvereinbarungen sind Zuordnungen von Personen zu Aufgaben festzuhalten.	• spezielle Trainings • organisatorische Unterstützung • personelle Maßnahmen
Fachliche Ziele:		
Auf die Zusammenarbeit bezogene Ziele:		
Individuelle Qualifizierungsziele:		
Datum: Visum Vorgesetzter:	Visum Mitarbeiter/in:	

Zielerreichung

Zielerreichung	Einflussfaktoren
In welchem Ausmaß wurden die vereinbarten Ziele erreicht?	Gründe für die Nichterreichung (z. B. betriebsinterne und/oder externe Faktoren, unzureichende Maßnahmen/Aktivitäten seitens des Unternehmens). Auch positive Einflüsse auf das Erreichen von Zielen sollen hier festgehalten werden
Fachliche Ziele:	
Soziale Ziele:	
Persönliche Entwicklungsziele:	
Datum.: Visum Vorgesetzter:	Visum Mitarbeiter/in:

(Text mit freundlicher Genehmigung der Gesellschaft für Technologieberatung und Systementwicklung mbH, Hamburg – weitere Hinweise und Texte: www.tse-hamburg.de)

377

3.35 Auswahlrichtlinien

3.35.1 Einleitung

Richtlinien über die personelle Auswahl bei Einstellungen, Versetzungen, Umgruppierungen und Kündigungen bedürfen nach § 95 BetrVG generell der Zustimmung des Betriebsrats. Einseitig erlassene oder praktizierte Richtlinien sind deshalb unwirksam. In Betrieben mit mehr als 500 Arbeitnehmern hat der Betriebsrat hinsichtlich Auswahlrichtlinien sogar ein erzwingbares Initiativrecht. Bei Nichteinigung mit dem Arbeitgeber kann die Einigungsstelle angerufen werden, welche verbindlich entscheidet.

Auswahlrichtlinien im Zusammenhang mit betriebsbedingtem Personalabbau sind von besonderer Brisanz. Die Auswahl von Arbeitnehmern entsprechend solcher Richtlinien kann in einem späteren Kündigungsschutzprozess nur noch auf grobe Fehlerhäufigkeit überprüft werden. Dies bedeutet eine weitgehende Einschränkung des Kündigungsschutzes von Arbeitnehmern.

Andererseits können Auswahlrichtlinien auch dazu dienen, dass die Grundsätze der sozialen Auswahl nach wie vor vorrangig vor allen anderen betrieblichen Interessen bestehen bleiben. Wichtig ist für Betriebsräte, darauf zu achten, keine »Negativkataloge« oder gar Punktwertsysteme für Personalabbaumaßnahmen festzuschreiben. Vielmehr sollte mit Auswahlrichtlinien versucht werden, im Interesse von Recht und Billigkeit und der Gleichbehandlung der Beschäftigten zu mehr Objektivität bei Personalentscheidungen zu gelangen. Ist dies nicht gewährleistet, sollte der Betriebsrat von Auswahlrichtlinien Abstand nehmen bzw. diesen nicht zustimmen.

3.35.2 Betriebsvereinbarung »Auswahlrichtlinien«

Zwischen der Firma ....
und dem Betriebsrat der Firma ....
werden gemäß § 95 BetrVG für die Auswahl bei Einstellungen, Versetzungen, Umgruppierungen und Kündigungen folgende Richtlinien vereinbart:

A. Einstellung

I. Allgemeine Grundsätze

1. Alle freien Arbeitsplätze, bei denen die Ausschreibung vereinbart oder vom Betriebsrat verlangt ist, sind innerbetrieblich auszuschreiben. Auf Verlangen des Betriebsrats ist die Ausschreibung auf alle Betriebe des Konzerns auszudehnen.

2. Einem Bewerber des eigenen Betriebes ist bei sonst gleichen Voraussetzungen der Vorzug zu geben. Bewerber aus anderen Betrieben des Konzerns haben Vorrang vor Bewerbern außerhalb des Konzerns.

3. Bei der Besetzung von Arbeitsplätzen, die für Schwerbeschädigte oder Behinderte geeignet sind, hat dieser Personenkreis Vorrang vor gesunden Bewerbern. Im Übrigen gilt Ziffer 2.

4. Eine Einstellung unterbleibt, wenn die Besorgnis besteht, dass im Betrieb beschäftigte Arbeitnehmer entlassen werden oder sonstige Nachteile erleiden. Hierbei sind besonders die zumutbaren Umschulungs- und Fortbildungsmaßnahmen im Sinne des § 102 Abs. 3 Nr. 4 BetrVG zu prüfen.

5. Zur Gewährleistung einer sicheren Anwendung dieser Auswahlrichtlinien dürfen für die Beurteilung und Entscheidung nur die Tatsachen herangezogen werden, die aus den folgenden Unterlagen gewonnen werden:
   a) Die Angaben aus dem vereinbarten Personalfragebogen und den Stellenbesehreibungen.
   b) Schulzeugnisse und Abschlusszeugnisse von Bildungseinrichtungen.
   c) Bescheinigungen über Kurse und Lehrgänge sowie Zeugnisse, Referenzen von bisherigen Arbeitsstellen.
   d) Das Zeugnis eines Arztes über die Fähigkeit, den angestrebten Arbeitsplatz oder Arbeitsbereich auszufüllen – sofern das in der Stellenbeschreibung festgelegt und mit dem Betriebsrat vereinbart ist.
   e) Das Eignungsurteil eines Psychologen – sofern das in der Stellenbeschreibung festgelegt und mit dem Betriebsrat vereinbart ist.
   f) Die Ergebnisse von Vorstellungsgesprächen.
   g) Personalakten.
   h) Betriebliche Beurteilungen aus den nach § 94 Abs. 2 BetrVG vereinbarten Beurteilungsverfahren.
   i) Auskünfte, die der Betriebsrat oder die Personalabteilung einholt.
   Sofern in begründeten Einzelfällen zusätzliche Merkmale und Tatsachen in den Auswahlprozess eingeführt werden sollen, ist hierüber eine Vereinbarung mit dem Betriebsrat notwendig.

6. Zieht die Personalabteilung zu ihrer Beratung bei der Beurteilung der fachlichen Qualifikation den späteren Vorgesetzten hinzu, lädt sie gleichzeitig ein vom Betriebsrat bestimmtes Mitglied des Betriebsrats ein, um dem Betriebsrat den gleichen Informationsstand zu ermöglichen.

7. Dem Betriebsrat werden im Rahmen der Information nach § 99 Abs. 1 BetrVG auch die Bewerbungen zur Kenntnis gebracht, die nach Ansicht der Personalabteilung für die engere Wahl nicht in Betracht kommen. Sie hat zu begründen, warum die Bewerber ausgeschieden wurden.
   Erhebt der Betriebsrat Bedenken gegen das Ausscheiden von Bewerbern in der Vorauswahl, so wird der betreffende Bewerber in die weitere Auswahl einbezogen.

8. Die in Aussicht genommenen Bewerber werden dem Betriebsrat vorgestellt.

II. Prüfung der persönlichen Voraussetzungen

1. Die Personalabteilung prüft anhand einer mit dem Betriebsrat abgestimmten Liste der gesetzlichen und tariflichen Beschäftigungsverbote, ob der Einstellung ein Beschäftigungsverbot entgegensteht.

2. Im Rahmen der in der Stellenbeschreibung festgelegten Anforderungen hat die Personalabteilung die ärztlichen Untersuchungen zu veranlassen.

III. Prüfung der fachlichen Voraussetzungen

1. Anhand der Abschlusszeugnisse und sonstigen Bewerbungsunterlagen ist zu prüfen, ob der Bewerber die in der Stellenbeschreibung definierten Kenntnisse und Fertigkeiten besitzt.

2. Für die Auswahl gelten gleichberechtigt folgende Kriterien:
   a) die für die Tätigkeit erforderliche Ausbildung,
   b) die tätigkeitsbezogene Erfahrung,
   c) die erkennbare Fähigkeit des Bewerbers, die für die Tätigkeit notwendigen Erfahrungen und Kenntnisse zu erwerben.

3. Zur Feststellung der Eignung des Bewerbers kann im Einvernehmen mit dem Betriebsrat eine Eignungsprüfung durch die Personalabteilung und den Fachvorgesetzten durchgeführt werden. Der Betriebsrat ist über das Ergebnis der Eignungsprüfung unter Vorlage der Unterlagen umfassend zu unterrichten.

4. Bei der Prüfung der fachlichen Eignung von Bewerbern, die mit Weisungsbefugnissen ausgestattet werden, hat eine entsprechende Ausbildung für die Ausfüllung von Leitungsfunktionen den gleichen Rang wie die Fachausbildung,

5. Die Eignung des Bewerbers für die besonderen Anforderungen, die der Betrieb an das Verhalten in Leitungsfunktionen stellt, wird durch ein ausführliches Einstellungsgespräch geklärt. Dem Betriebsrat wird Gelegenheit gegeben, seinerseits mit dem Bewerber ein ausführliches Gespräch über die Wahrnehmung von Leitungsaufgaben zu führen.

6. Die Verwendung handgeschriebener Lebensläufe zur Einholung graphologischer Gutachten ist ohne Zustimmung des Bewerbers und des Betriebsrats unzulässig. Das Gleiche gilt für psychologische Eignungstests.

IV. Soziale Gesichtspunkte

1. Bei der Beurteilung der Bewerber sind soziale Gesichtspunkte mit den persönlichen und fachlichen Gesichtspunkten abzuwägen.

2. Soziale Gesichtspunkte sind:
   Alter,
   Familienstand,
   Anzahl der unterhaltsberechtigten Angehörigen,
   Dauer der Betriebszugehörigkeit,
   Erwerbsbehinderungen,
   Wiedereingliederung in den Erwerbsprozess

- nach einem Unfall,
- nach einer schweren Krankheit,
- zum Zwecke der Umschulung oder
- nach einer Umschulung auf Veranlassung
  - der Berufsgenossenschaft,
  - des Arbeitsamtes,
  - eines Sozialversicherungsträgers;

Eingliederung Schwerbeschädigter oder gleichgestellter Personen;

Eingliederung von Arbeitnehmern, denen das Unternehmen in besonderer Weise verpflichtet ist, zum Beispiel infolge eines schweren Unfalls oder des tödlichen Unfalls eines Familienangehörigen;

Eingliederung besonders schutzbedürftiger Personen;

Eingliederung auf Empfehlung von Behörden, karitativen Verbänden oder der Kirchen, z. B. nach Entlassung aus der Strafhaft.

V. Einstellung ausländischer Arbeitnehmer

1. Die Einstellung ausländischer Arbeitnehmer ist im Rahmen der Personalplanung mit dem Betriebsrat zu beraten.

2. Die Personalabteilung unterrichtet den Betriebsrat über eine geplante Einstellung von Ausländern so früh wie möglich unter Angabe der Personenzahl, Nationalität, der in Aussicht genommenen Arbeitsplätze und der an die Bewerber zu stellenden Anforderungen.

3. Die Personalabteilung wird dem Betriebsrat die Vermittlungsaufträge und die vorgeschriebenen Arbeitsverträge vor Weitergabe an das Arbeitsamt zur Kenntnis zuleiten.

4. Der Betriebsrat wird der Einstellung unverzüglich zustimmen, wenn er hiergegen keine Bedenken hat.

5. Die Personalabteilung wird sich bemühen, sobald wie möglich von der zuständigen Anwerbekommission die Namen und andere Angaben zur Person der angeworbenen Arbeitskräfte zu erhalten. Sie wird diese Angaben dem Betriebsrat nach Erhalt unverzüglich zur Verfügung stellen.

6. Bestehen seitens des Betriebsrats gegen die Einstellung Bedenken, sobald er gem. Ziffer 1 und 2 durch die Personalabteilung unterrichtet wurde, so wird er diese der Personalabteilung unverzüglich unter Angabe der Gründe schriftlich mitteilen. Personalabteilung und Betriebsrat werden daraufhin mit dem Ziel verhandeln, bestehende Meinungsverschiedenheiten zu beseitigen.

7. Können die Meinungsverschiedenheiten nur dadurch beigelegt werden, dass der Betriebsrat genauere Auskünfte über die ausländischen Arbeitnehmer für erforderlich hält, so kann eine aus Vertretern der Personalabteilung und des Betriebsrats zu bildende Abordnung die zuständige Anwerbekommission aufsuchen.

Beabsichtigen Vertreter der Personalabteilung, von sich aus mit der zuständigen Anwerbekommission zu sprechen, so sind Vertreter des Betriebsrats hinzuzuziehen.

8. Sollte der Betriebsrat nach Erhalt der Unterlagen gemäß Ziffer 5 feststellen, dass eine oder mehrere Voraussetzungen des § 99 Abs. 2 BetrVG vorliegen, so kann er seine Zustimmung

zur Einstellung nach Ziffer 4 schriftlich unter Angabe der Gründe innerhalb einer Woche widerrufen. Die Personalabteilung wird sich dann bemühen, die Hindernisse, die einer Zustimmung des Betriebsrats entgegenstehen, auszuräumen. Sollte dies nicht gelingen, so wird sich die Personalabteilung für eine Umvermittlung der betroffenen ausländischen Arbeitnehmer durch das Arbeitsamt einsetzen. Sollte eine Einigung zwischen dem Betriebsrat und der Personalabteilung hinsichtlich der Einstellung einzelner Personen nicht erreichbar sein, so bleibt es der Personalabteilung überlassen, von den gesetzlichen Möglichkeiten des § 99 Abs. 4 BetrVG Gebrauch zu machen.

VI. Einstellung von Auszubildenden

1. Bei der Auswahl der Bewerber ist von folgenden Voraussetzungen auszugehen:
   a) Anzahl der Ausbildungsplätze gemäß Personalplanung,
   b) Stand des Schulwissens, körperliche und geistige Eignung,
   c) persönliches Interesse an der Erlernung dieses Berufes,
   d) evtl. Betriebszugehörigkeit der Eltern,
   e) besondere Verpflichtungen des Betriebs oder Unternehmens gegenüber der Familie des Bewerbers aufgrund von Unfällen, schwerer Krankheit, Erwerbsbehinderung der Eltern oder der Geschwister.

2. Anhand der eingereichten Schulzeugnisse ist zu prüfen, ob der Bewerber für geeignet gehalten wird, eine Berufsausbildung erfolgreich abzuschließen.

3. Die in die engere Wahl einbezogenen Bewerber können im Einvernehmen mit dem Betriebsrat zu einem Test eingeladen werden, in dem der Stand der Schulkenntnisse an standardisierten Aufgaben, berufsbezogenes technisches Verständnis und Handgeschicklichkeit geprüft werden.

   Im Anschluss an den Test findet ein Gespräch mit dem Bewerber statt, um Unklarheiten aus dem Test zu klären und um zu prüfen, ob der Bewerber selbst an der Erlernung des in Aussicht genommenen Berufes interessiert ist. Das Gespräch wird geführt von dem Leiter der Ausbildung bzw. des Sachbearbeiters der Personalstelle und eines Mitglieds des Ausbildungsausschusses des Betriebsrats.

4. In einem gemeinsamen Beratungsgespräch zwischen dem Ausbildungsleiter, dem Leiter der Personalstelle und einem Mitglied des Berufsbildungsausschusses wird die Auswahl aufgrund der hier niedergelegten allgemeinen Grundsätze besprochen.

5. Die Auszubildenden sind nach dem erfolgreichen Abschluss ihrer Ausbildung in ein dem Ausbildungsziel entsprechendes Arbeitsverhältnis zu übernehmen. Sie genießen gegenüber außerbetrieblichen Bewerbern einen Vorrang.

B. Versetzungen

I. Personenbedingte Versetzungen

Personenbedingte Versetzungen, z.B. wegen Nachlassens der körperlichen Kräfte oder wegen des ärztlichen Verbots, einen Arbeitsplatz weiter auszufüllen, gelten als sozialer Anlass im Sinne dieser Auswahlrichtlinien und begründen gegenüber sonst gleichwertigen Bewerbern einen Vorrang.

II. Betriebsbedingte Versetzungen

1. Über betriebsbedingte Versetzungen ist im Rahmen der Personalplanung zu beraten. Versetzungen, bei denen diese Voraussetzung nicht zutrifft, gelten als Verstoß gegen diese Auswahlrichtlinien.

2. Bei der Versetzung auf einen höherwertigen Arbeitsplatz und bei Beförderungen gelten die gleichen Regeln wie bei der Einstellung. Zusätzlich sind die Ergebnisse eines nach § 94 Abs. 2 BetrVG vereinbarten Beurteilungssystems hinzuzuziehen.

3. Bei der Versetzung auf einen nach Einkommen und sozialer Wertschätzung gleichwertigen Arbeitsplatz hat bei der Auswahl die fachliche Eignung den gleichen Rang wie die Dauer der Betriebszugehörigkeit. Dabei begründet eine längere Betriebszugehörigkeit einen Vorrang. Sofern ein Bewerber aus persönlichen oder innerbetrieblichen Gründen einen Anspruch auf besondere soziale Rücksichtnahme hat (z. B. durch einen Unfall), begründet ein derartiger sozialer Anlass einen Vorrang.
Über die Gleichwertigkeit von Arbeitsplätzen ist unter Berücksichtigung der in § 95 Abs. 3 BetrVG erwähnten Umstände ein Einvernehmen mit dem Betriebsrat herbeizuführen.

4. Bei der Auswahl der Arbeitnehmer zur Versetzung auf einen geringerwertigen Arbeitsplatz gelten die gleichen Grundsätze wie bei einer Kündigung. Dies gilt auch bei der Prüfung von Mehrfachversetzungen, um soziale Härten zu vermeiden.

C. Umgruppierungen

1. Für Umgruppierungen aufgrund von Beförderungen, Versetzungen, Übertragung zusätzlicher Aufgaben, tarifvertraglichen Vorschriften oder betrieblichen Lohnregelungen gelten unter dem Vorrang der tarifvertraglichen Vorschriften bei der Auswahl der Bewerber die gleichen Grundsätze, die in diesen Auswahlrichtlinien für die Versetzung festgelegt sind.

2. Die sachlich nicht gerechtfertigte Abweichung von den jeweils festgelegten Eingruppierungsmerkmalen gilt als ein Verstoß gegen diese Auswahlrichtlinien.

D. Kündigungen

I. Allgemeine Grundsätze

1. Fristgerechte und außerordentliche Kündigungen, die durch das Verhalten des Arbeitnehmers bedingt sind und denen ein vorwerfbares Tun oder Unterlassen zugrunde liegt, sind nicht Gegenstand dieser Auswahlrichtlinien.

2. Betriebsbedingte Kündigungen und Kündigungen, die ihre Ursache in der Person des Arbeitnehmers haben – ohne verhaltensbedingt zu sein –, sind mit Hilfe der Personalplanung grundsätzlich zu vermeiden.

3. Betriebsbedingte Kündigungen dürfen nicht zum Anlass genommen werden, in der Vergangenheit angeblich unterlassene Disziplinarmaßnahmen nachträglich durchzuführen.

II. Personenbedingte Kündigungen

1. Bei personenbedingten Kündigungen hat der Arbeitgeber dem Betriebsrat alle Gründe, die seinen Kündigungsentschluss hervorrufen, mitzuteilen. Ein späteres Nachschieben von Gründen, die bereits zum Zeitpunkt der Mitteilung bekannt waren oder hätten bekannt sein können, gilt als Verstoß gegen diese Auswahlrichtlinien.

2. Bei personenbedingten Kündigungen ist unter Berücksichtigung des Alters, des Familienstandes, der Betriebszugehörigkeit und des bisherigen beruflichen Werdeganges eine Weiterbeschäftigungsmöglichkeit an einem anderen Arbeitsplatz desselben Betriebs oder in einem anderen Betrieb des Unternehmens eingehend zu prüfen.

3. Zu prüfen ist ferner die Weiterbeschäftigungsmöglichkeit nach zumutbaren Umschulungs- und Fortbildungsmaßnahmen. Die Personalabteilung hat dem Betriebsrat mitzuteilen, welche Umschulungs- und Fortbildungsmaßnahmen erwogen und welche Arbeitsplätze in welchen Betrieben unter dem Gesichtspunkt einer Weiterbeschäftigungsmöglichkeit überprüft worden sind.

4. Konkrete Gegenvorschläge des Betriebsrats bei einer für nicht ausreichend erachteten Prüfung der Weiterbeschäftigungsmöglichkeiten sind von der Personalabteilung gemeinsam mit dem Betriebsrat zu prüfen.

5. Wenn der zu kündigende Arbeitnehmer sein Einverständnis zur Weiterbeschäftigung unter geänderten Vertragsbedingungen erklärt und der Betriebsrat dem zugestimmt hat, gilt die dennoch ausgesprochene Kündigung als ein Verstoß gegen diese Auswahlrichtlinien.

III. Betriebsbedingte Kündigungen

1. Voraussetzung für die Betriebsbedingtheit einer Kündigung ist die Beratung und Beschlussfassung in der vorausgegangenen Personalplanung über die Verminderung der Belegschaft auf bestimmten Arbeitsplätzen. Eine betriebsbedingte Kündigung, die nicht in dieser Weise beraten worden ist, gilt als Verstoß gegen die Auswahlrichtlinien.

2. Für die Auswahl der zu Kündigenden kommen zunächst nur die Inhaber der Arbeitsplätze in Betracht, die aufgrund der Personalplanung aufgelöst oder deren Besetzung vermindert werden soll.

3. Sofern an ähnlichen oder verwandten Arbeitsplätzen Arbeitnehmer mit einer kürzeren Betriebszugehörigkeit beschäftigt sind, sind diese in den Kreis der Auszuwählenden einzubeziehen. Welche Arbeitsplätze im Sinne des § 102 Abs. 3 Nr. 3 und 4 BetrVG als gleich oder ähnlich gelten, ist zwischen Arbeitgeber und Betriebsrat zu vereinbaren.

4. Dieser Personenkreis ist nach Dauer der Betriebszugehörigkeit und den sozialen Eigenschaften (Alter, Familienstand, Unterhaltsberechtigte, Betriebszugehörigkeit) zu ordnen. Längere Betriebszugehörigkeit und größere soziale Verpflichtungen gebieten eine größere Rücksichtnahme.

5. Aus diesem Personenkreis sind zunächst jene Arbeitnehmer auszuwählen, deren Weiterbeschäftigung auf einem anderen gleichwertigen Arbeitsplatz des gleichen Betriebs oder eines anderen Betriebs des Unternehmens mit oder ohne zumutbare Umschulung möglich ist.

6. Aus dem verbleibenden Personenkreis sind sodann jene Arbeitnehmer auszuwählen, deren Weiterbeschäftigung unter geänderten Vertragsbedingungen möglich ist.

7. Sofern die gesetzlichen Voraussetzungen für eine Massenentlassung eingehend geprüft, die Anzeige an die Arbeitsverwaltung erstattet und deren Auflagen erfüllt sind, gelten folgende Auswahlkriterien:

   a) Dauer der Betriebszugehörigkeit – längere Betriebszugehörigkeit verlangt größere soziale Rücksichtnahme.

   b) Soziale Eigenschaften wie Alter, Familienstand unterhaltsberechtigte Familienmitglieder – die größere soziale Verpflichtung verlangt die jeweils größere soziale Rücksichtnahme.

   c) Die fachliche Eignung unter Berücksichtigung der Umschulungsmöglichkeiten.

E. Verfahren bei Meinungsverschiedenheiten

1. Die Auswahlentscheidungen im Sinne dieser Vereinbarung werden einvernehmlich zwischen Personalabteilung und Betriebsrat getroffen.

2. Wird mit dem Bewerber eine Probezeit vereinbart, so ist vor Ablauf der Probezeit eine Verständigung mit dem Betriebsrat über die Eignung des zunächst zur Probe eingestellten Arbeitnehmers herbeizuführen.

3. Wird zwischen Betriebsrat und Personalabteilung über die Anwendung und Auslegung der Auswahlrichtlinien und über die Gewichtung der Auswahlkriterien keine Einigung erzielt, entscheidet die Einigungsstelle verbindlich.

4. Durch die Auswahlentscheidung werden die sonstigen Widerspruchsrechte des Betriebsrats im Sinne der §§ 99 und 102 BetrVG nicht berührt.

5. Bei personellen Maßnahmen im Zusammenhang mit Betriebsänderungen nach § 111 BetrVG sind die Regelungen eines vereinbarten Sozialplans zu beachten.

F. In-Kraft-Treten und Kündigung

Diese Vereinbarung tritt am . . . . . . in Kraft und kann mit vierteljährlicher Kündigungsfrist zum Jahresende gekündigt werden.

Ort, Datum, Unterschriften

3.36 Aus-, Fort- und Weiterbildung

3.36.1 Einleitung

In einer sich ständig wandelnden Arbeitswelt mit immer neuen Anforderungen nimmt neben der Berufsausbildung die Fort- und Weiterbildung einen immer größeren Stellenwert ein. Das Mitbestimmungsrecht des Betriebsrats nach §§ 97 ff.

BetrVG erstreckt sich auf alle Formen betrieblicher Fortbildung und Qualifizierung. Es spielt auch keine Rolle, ob die entsprechenden Maßnahmen im Betrieb oder im Zusammenhang mit dem Arbeitsverhältnis von externen Schulungsanbietern außerhalb des Betriebes durchgeführt werden.

Immer wichtiger wird auch die Ermittlung des individuellen Qualifizierungsbedarfs. Dies gilt insbesondere vor dem Hintergrund der neuen Mitbestimmungsrechte des Betriebsrats (einschließlich Initiativrecht), wenn ein Qualifikationsverlust droht.

Die wesentlichen Fragen im Interesse der betroffenen Arbeitnehmer sind in einer Betriebsvereinbarung zu regeln. Nachfolgend sind drei einschlägige Betriebsvereinbarungen abgedruckt:

- Betriebliche/außerbetriebliche Berufsbildung sowie sonstige Bildungsmaßnahmen,
- Ausbildung, Weiterbildung, Qualifizierung,
- Weiterbildung beim Einsatz von EDV,
- Ermittlung des Qualifizierungsbedarfs.

3.36.2 Betriebsvereinbarung über Maßnahmen der betrieblichen oder außerbetrieblichen Berufsbildung sowie sonstiger Bildungsmaßnahmen

Zwischen
der Geschäftsleitung der Firma ....
und dem Betriebsrat der Firma ....
wird folgende Betriebsvereinbarung abgeschlossen:

§ 1 Geltungsbereich:
Diese Betriebsvereinbarung gilt für alle MitarbeiterInnen der Firma .... Hauptniederlassung Ausland.

§ 2 Definitionen
2.1 Ziele der Berufsbildung
Die Berufsbildung soll den MitarbeiterInnen ermöglichen:
- die berufliche Qualifikationen zu erhalten,
- Qualifikationen für neue berufliche Anforderungen zu erlangen,
- die betriebliche Nachwuchsförderung zu gewährleisten.
Die Berufsbildung dient der Sicherung des Arbeitsplatzes.

2.2 Berufsbildung
Berufsbildung ist die betriebliche und außerbetriebliche Fortbildung, Weiterbildung und Umschulung der MitarbeiterInnen. Hierunter fallen Lehrgänge, Seminare, Wochenend-/Abend-

schulungen, Nachwuchsförderung im gewerblichen sowie im technischen und kaufmännischen Bereich, Veranstaltungen zum Zweck des Erfahrungsaustausches, Besuch von Ausstellungen, Messen und Kongressen sowie Vorbereitungsseminare für Auslandstätigkeiten, u. Ä.

2.3 Bildungsmaßnahmen

Vollzeitmaßnahme
Diese Maßnahme liegt vor bei ganztägiger Abwesenheit der MitarbeiterInnen vom Arbeitsplatz.

Berufsbegleitende Maßnahme
Diese Maßnahme liegt vor bei zeitweiser Abwesenheit der MitarbeiterInnen vom Arbeitsplatz.

Sonstige Bildungsmaßnahme
Diese Maßnahme liegt vor, wenn die MitarbeiterInnen Informationsveranstaltungen besuchen, die keine Lehrveranstaltungen im eigentlichen Sinne sind.

2.4 Kontinuität der Bildungsmaßnahme

Die sich in der Bildungsmaßnahme befindlichen MitarbeiterInnen werden diese ohne Unterbrechung, hervorgerufen durch den Einsatz im alten Aufgabengebiet, absolvieren.

§ 3 Besondere Förderung

Die Geschäftsleitung verpflichtet sich, MitarbeiterInnen, die aus familiären Gründen (Erziehungsurlaub) zeitweilig aus dem Berufsleben ausgeschieden sind, bei der Rückkehr an den Arbeitsplatz besonders zu fördern.

Ihnen wird im Rahmen der Bildungsmaßnahmen betriebliche und außerbetriebliche Fort- und Weiterbildung angeboten, damit die zeitweilige Unterbrechung der Berufstätigkeit keine nachteiligen Auswirkungen auf die berufliche Entwicklung hat. Diese Angebote können die MitarbeiterInnen während oder zum Ende des Erziehungsurlaubs wahrnehmen.

§ 4 Der Bildungsausschuss

Geschäftsleitung und Betriebsrat errichten einen paritätisch, mit jeweils zwei Betriebsangehörigen besetzten Ausschuss für Berufsbildung und sonstige Bildungsmaßnahmen. Jede Seite benennt die entsprechenden Vertreter.

Der Ausschuss tritt mindestens ¼jährlich zusammen. Weitere Sitzungen finden bei Bedarf auf Verlangen eines Ausschusspartners statt. Über jede Sitzung ist ein Protokoll zu führen.

4.1 Aufgaben der Geschäftsleitung

Die Geschäftsleitung hat den Betriebsrat vor den Sitzungen des Bildungsausschusses rechtzeitig und umfassend zu unterrichten. Die dazu erforderlichen Unterlagen sollen über den Stand und die Planung folgender Angelegenheiten unterrichten:
- Die Zahl der technischen und kaufmännischen Trainees die eingestellt werden oder als bereits beschäftigte ArbeitnehmerInnen in dieses Programm aufgenommen werden sollen.

– Die Einführung neuer Systeme. Das gilt auch für neue Systemkomponenten in vorhandenen integrierten Systemen. Diese Information hat im Planungsstadium zu erfolgen und Folgendes zu beinhalten:
  • Bildungsmaßnahmen, um die speziell notwendige Qualifikation zu erwerben.
  • Festlegung des Einarbeitungszeitraumes in das veränderte System.
– Erreichbarkeit des Qualifizierungsbedarfs bereits beschäftigter ArbeitnehmerInnen durch: Rotation, Fortbildungs-, Weiterbildungs-, Umschulungsmaßnahmen, Nachwuchsförderung, Bildungsmaßnahmen.
– Inhalte, Methoden und Ablauf der obigen Maßnahmen. Aufstellung der Versetzungs- und Durchlaufpläne für die einzelnen ArbeitnehmerInnen.
– Zeitpunkt und Dauer der einzelnen aufgeführten Bildungsmaßnahmen.
– Auswahl der mit Unterweisung beauftragten ArbeitnehmerInnen.

4.2 Aufgaben des Bildungsausschusses

Der Bildungsausschuss hat folgende Aufgaben:
– Ausarbeitung und Erstellung einer Liste mit vorgeschlagenen relevanten Berufsbildungsmaßnahmen. Zu diesen Bildungsmaßnahmen sind die anzuwendenden Rückzahlungsverpflichtungen, entsprechend dem § 9 »Rückzahlungen von Aus- und Fortbildungskosten«, direkt mit festzulegen. Diese Auflistung enthält .... interne und von externen Veranstaltern durchgeführte Bildungsmaßnahmen.
– Diese Liste wird bei jeder Sitzung aktualisiert und ist im Betrieb der Hauptniederlassung Ausland auszuhängen.
– Festlegung des Teilnehmerkreises und der Teilnehmerzahl. Sollte sich für die Teilnahme eine größere Anzahl von MitarbeiterInnen bewerben als Plätze vorhanden sind, legt der Bildungsausschuss zuvor die fachlichen Auswahlkriterien einvernehmlich fest.
– Gestaltung der zur Durchführung der Bildungsmaßnahmen benötigten Formulare.
– Verarbeitung der unter § 4.1 (Aufgaben der Geschäftsleitung) dem Betriebsrat übergebenen Information unter Berücksichtigung des Mitbestimmungsrechts.

Die Beschlüsse des Bildungsausschusses über die oben aufgeführten Aufgaben werden mit einfacher Stimmenmehrheit gefasst.

Kommt keine einfache Stimmenmehrheit zustande, ist die Schulungsmaßnahme bis zur Einigung auszusetzen. Sollte nach einer weiteren Sitzung des Bildungsausschusses immer noch keine einfache Stimmenmehrheit zustandegekommen sein, ist entsprechend dem § 10 Streitigkeiten zu verfahren.

§ 5 Beurteilungsgrundsätze

5.1 Inhalte der Beurteilungen

Der Erfolg einer durchgeführten Bildungsmaßnahme ist nach einem Anwendungszeitraum wie folgt zu bewerten:
• teilgenommen
• mit Erfolg teilgenommen.

Weitergehende Beurteilungsgrundsätze bedürfen der Zustimmung des Betriebsrates (§ 94 BetrVG) und sind mit ihm bei Bedarf gemeinsam zu gestalten.

5.2 Grundsätze der Beurteilung

Die Beurteilungsgrundsätze dürfen die MitarbeiterInnen nicht zu einem bloßen Gegenstand wirtschaftlich bestimmter Bewertung machen, sondern sie müssen die Achtung vor deren Persönlichkeit gewährleisten. Da von einer Beurteilung Wirkungen ausgehen, die sich im Selbstwertgefühl der Mitarbeiterinnen ausdrücken, muss sie gerecht sein.

Dazu gehört:
Würdigung der Leistungen der MitarbeiterInnen, wozu alles erfasst werden muss, was diese wesentlich kennzeichnet;
Objektivität in dem Sinne, dass sie Willkür ausschließt und bei allen gleich gehandhabt wird.

5.3 Handhabung der Beurteilung

Um zwischen dem Vorgesetzten und den MitarbeiterInnen Einvernehmlichkeit zu erzielen, ist die schriftliche Beurteilung mit den MitarbeiterInnen zu besprechen. Auf Wunsch der MitarbeiterInnen können sie ein Betriebsratsmitglied zur Erörterung hinzuziehen (nach § 82 Abs. 2 BetrVG). Die Beurteilung wird ausschließlich Bestandteil der Personalakte. Die MitarbeiterInnen haben die Möglichkeit, zu dieser Beurteilung eine Erklärung beizufügen (§ 83 Abs. 2 BetrVG). Den MitarbeiterInnen ist auf Wunsch eine Kopie auszuhändigen.

§ 6 Leistungen der Fa. ....

Der Arbeitgeber wird die MitarbeiterInnen unter Fortzahlung der Bezüge inklusive der vermögensbildenden Leistungen von der Arbeit freistellen. Das Arbeitsverhältnis bleibt bestehen.

Die Vergütung wird entsprechend dem Durchschnittsverdienst der letzten drei Monate einschließlich persönlicher Zulagen berechnet.

Die während des Erziehungsurlaubes wahrgenommene Bildungsmaßnahme wird entsprechend ihrer Dauer anteilig mit dem letzten Gehalt vergütet.

6.1 Vollzeitmaßnahmen

Der Arbeitgeber übernimmt folgende Kosten:
- Lehrgangsgebühren
- Prüfungsgebühren
- Auslagen zur Beschaffung notwendiger Lernmittel entsprechend Nachweis
- Fahrtkosten und Auslösungssätze entsprechend der Auslagenabrechnung
- Übernachtungskosten entsprechend der Auslagenabrechnung

6.2 Berufsbegleitende Maßnahmen

Der Arbeitgeber übernimmt folgende Kosten:
- Lehrgangsgebühren
- Prüfungsgebühren

- Auslagen zur Beschaffung notwendiger Lernmittel entsprechend Nachweis
- Fahrtkosten und Auslösungssätze entsprechend der Auslagenabrechnung
- Übernachtungskosten entsprechend der Auslagenabrechnung

6.3 Sonstige Bildungsmaßnahmen

Der Arbeitgeber übernimmt folgende Kosten:
- Eintrittspreise/Teilnehmergebühren
- Auslagen zur Beschaffung angebotener Unterlagen entsprechend Nachweis
- Fahrtkosten und Auslösungssätze entsprechend der Auslagenabrechnung

§ 7 Steuerliche Regelungen

Voraussetzung für die steuerfreie Erstattung der Fortbildungskosten ist, dass der Arbeitgeber die Bildungsmaßnahme aufgrund eines ganz überwiegend betrieblichen Interesses veranlasst hat.

§ 8 Vertragliche Vereinbarungen

Das Arbeitsverhältnis bleibt während der Maßnahme bestehen.

Werden die TeilnehmerInnen nach einer Bildungsmaßnahme den Anforderungen des neuen Arbeitsplatzes nicht gerecht und ist der alte Arbeitsplatz nicht mehr vorhanden, sind die MitarbeiterInnen auf einen anderen gleichwertigen Arbeitsplatz ohne Einkommenseinbußen zu versetzen.

§ 9 Rückzahlungen von Aus- und Fortbildungskosten

Eine Rückzahlungsverpflichtung der MitarbeiterInnen entfällt, wenn es sich um betriebsbezogene Fortbildungsmaßnahmen handelt, die ausschließlich im Interesse des Betriebes liegen und nur den Zweck haben, vorhandene Kenntnisse und Fähigkeiten zu erweitern.

Eine Rückzahlungsverpflichtung tritt ein, wenn die Berufsbildungsmaßnahme eine besonders hohe Qualifikation, verbunden mit überdurchschnittlichen Vorteilen auf dem Arbeitsmarkt, für die betroffenen MitarbeiterInnen darstellt.

Ob eine Rückzahlungsverpflichtung vorliegt, wird im Bildungsausschuss verhandelt. Siehe hierzu § 4.2 »Aufgaben des Bildungsausschusses«.

9.1 Inhalte der Rückzahlungsverpflichtung

Die Kostenbeteiligung der MitarbeiterInnen wird durch eine Firmenbindung abgegolten und gilt für die Vollzeit-Bildungsmaßnahme.

Entsprechend des oben dargelegten Qualifizierungsgrades werden die Lehrgangs- und Prüfungsgebühren wie folgt abgegolten:
• Schulungsdauer bis zu vier Monate entspricht einer Firmenbindung von maximal vier Monaten.

- Schulungsdauer bis zu acht Monate entspricht einer Firmenbindung von maximal acht Monaten.
- Schulungsdauer bis zu 12 Monaten entspricht einer Firmenbindung von maximal 12 Monaten.

Werden diese Zeiten der Firmenbindung nicht von den MitarbeiterInnen eingehalten, sind die dann ausstehenden Restbeträge finanziell auszugleichen.

§ 10 Streitigkeiten

10.1 Streitigkeiten im Bildungsausschuss

Kommt eine Einigung über die Durchführung nach § 98 Absätze 1, 3 und 6 BetrVG nicht zustande, so kann die Einigungsstelle von jeder Seite angerufen werden. Der Spruch der Einigungsstelle ist verbindlich. In den Fällen des § 98 Abs. 2 BetrVG entscheidet das Arbeitsgericht.

10.2 Streitigkeiten bei der Durchführung dieser Betriebsvereinbarung

Kommt es zwischen Geschäftsleitung und Betriebsrat zu keiner Einigung, so ersetzt der Spruch der Einigungsstelle die Einigung zwischen Geschäftsleitung und Betriebsrat (§ 76 BetrVG).

§ 11 Kündigung

Die Betriebsvereinbarung kann von beiden Parteien ganz oder teilweise mit einer dreimonatigen Frist zum Ende eines Kalenderjahres, jedoch frühestens zum 31. Dezember .... gekündigt werden. Bis zum Abschluss einer neuen Betriebsvereinbarung behält diese Betriebsvereinbarung ihre Gültigkeit.

§ 12 In-Kraft-Treten

Diese Betriebsvereinbarung tritt mit Wirkung vom .... in Kraft.

Ort, Datum, Unterschriften

3.36.3 Betriebsvereinbarung über Ausbildung, Weiterbildung und Qualifizierung

Zwischen der
Geschäftsleitung
und dem Betriebsrat
der X-AG
wird folgende Betriebsvereinbarung über Ausbildung, Weiterbildung und Qualifizierung abgeschlossen:

1. Geschäftsleitung und Betriebsrat stimmen darin überein, dass zur Förderung der Unternehmensentwicklung, einschließlich der Sicherung von Arbeitsplätzen am Standort .... verstärkt Qualifizierungsmaßnahmen für die Beschäftigten der X-AG durchgeführt werden.

2. Im Rahmen dieser Betriebsvereinbarung wird eine paritätische Kommission mit drei Vertretern beider Seiten gebildet.
   Die Informations- und Mitbestimmungsrechte des Betriebsrates nach dem Betriebsverfassungsgesetz bleiben unberührt.
   – Die Kommission hat insbesondere die Aufgaben, die innerbetriebliche Qualifizierung zu unterstützen und zu fördern,
   – im Hinblick auf die Entwicklung der beruflichen Anforderungen am Standort die erforderliche Qualifikationsstruktur zu ermitteln. Dabei sind die persönlichen Belange der Mitarbeiter zu berücksichtigen.

3. Qualifizierung und Weiterbildung im oben genannten Sinn umfasst:
   a) Maßnahmen auf der Grundlage des Arbeitsförderungsgesetzes für die X-AG zur Umschulung mit dem Ziel des Facharbeiterabschlusses. Dies gilt für
      – Arbeitnehmer ohne entsprechenden Berufsabschluss
      – un- und angelernte Mitarbeiter
      – von Kündigung bedrohte Mitarbeiter.
   b) Maßnahmen der X-AG-internen Qualifizierung in Zeiten der Nichtbeschäftigung. Nicht ausgelastete Qualifizierungskapazitäten werden im Rahmen überbetrieblicher Ausbildungsaktivitäten Mitarbeitern aus kleinen und mittelständischen Betrieben zur Verfügung gestellt.

4. Darüber hinaus werden zur Unterstützung des langfristigen Personalbedarfs der X-AG am Standort Berlin Maßnahmen der Erstausbildung angeboten. Dazu gehören:
   – Technische und kaufmännische Erstausbildung, angepasst an die Bedürfnisse der X-AG für die Zukunft
   – Grundausbildung in Verbindung mit anderen Trägern
   – Ausbildungsgänge der Berufsakademie

5. Qualifizierung kann auch in Maßnahmen mit anerkanntem Fortbildungs- bzw. Umschulungsabschluss erfolgen. Sie können im Unternehmen oder bei externen Bildungsträgern durchgeführt werden. Die Frage der Verdienstabsicherung wird gesondert geregelt.

6. Die Auswahl der Teilnehmer für die Qualifizierungsmaßnahme wird nach dem § 98 Betriebsverfassungsgesetz vorgenommen. Bei Meinungsverschiedenheiten entscheidet die paritätische Kommission einvernehmlich. Wird kein Einvernehmen erzielt, gilt weiterhin der § 98 Betriebsverfassungsgesetz.

7. Qualifizierungsmaßnahmen erfolgen vorzugsweise als Vollzeitmaßnahmen während der regelmäßigen Arbeitszeit. Bei Maßnahmen außerhalb des Betriebes hat der Arbeitgeber die zeitlich notwendige Freistellung zu gewähren. Der Arbeitnehmer ist verpflichtet, die in der Fortbildung bzw. Umschulungsmaßnahme vorgesehenen Unterrichtszeiten wahrzunehmen.
   Bei Maßnahmen außerhalb der Normalarbeitszeit ist ein Freizeitausgleich zu gewähren; dabei sind die betrieblichen Belange zu berücksichtigen.

8. Mit der erfolgreichen Teilnahme an einer Qualifizierungsmaßnahme erwirbt der Arbeitnehmer zugleich einen Anspruch auf einen seiner Qualifikation entsprechenden freien Arbeitsplatz und eine dem Arbeitsplatz entsprechende Eingruppierung.
Gleiches gilt für Auszubildende bei Abschluss der Berufsausbildung bei der X-AG.

9. Gibt es Gründe für das Nichterreichen des Ausbildungszieles, die nicht im Verschulden des Arbeitnehmers liegen, so ist ihm erneut eine Qualifizierungsmaßnahme im Rahmen eines fortbestehenden Qualifizierungsangebotes anzubieten.

10. Die Kosten für die Qualifizierung trägt die X-AG, sofern keine Bezuschussung durch Dritte möglich ist.

11. Außerdem werden von Kündigung bedrohten Mitarbeitern Qualifizierungsmaßnahmen mit anerkanntem Umschulungs- bzw. Fortbildungsabschluss im Rahmen der Möglichkeit der Arbeitsverwaltung anerkannten Bildungsträgern angeboten. Die Finanzierung regelt sich nach den gesetzlichen Bestimmungen.

12. Für Qualifizierungsmaßnahmen, die zu einem anerkannten Ausbildungs- bzw. Fortbildungsabschluss führen, werden Mitarbeiter bis zu 36 Monaten freigestellt. Die gegenseitigen Rechte und Pflichten ruhen während dieser Zeit. Die X-AG gewährt beim Ausscheiden die Abfindung entsprechend dem Sozialplan vom ....

13. Nach Abschluss der Qualifizierungsmaßnahme wird unter Einbeziehung der paritätischen Kommission nach Punkt 3 geprüft, ob eine Weiterbeschäftigung möglich ist. Freiwerdende bzw. neugeschaffene Arbeitsplätze sind diesen Mitarbeitern bevorzugt anzubieten. Ist dies nicht möglich, gilt das Arbeitsverhältnis zum Abschluss der Qualifizierungsmaßnahme als beendet.

14. Zum Erwerb, zur Sicherung und zur Weiterentwicklung ihrer beruflichen Kenntnisse, Fertigkeiten und Fähigkeiten haben alle X-AG-Beschäftigten das Recht, an den von der X-AG angebotenen Weiterbildungsmaßnahmen, die während der Arbeitszeit stattfinden, teilzunehmen.
Die Teilnahme während der Arbeitszeit muss für die Tätigkeit entsprechend notwendig sein und von den Vorgesetzten unterschrieben werden.
Bei Unstimmigkeiten über die Notwendigkeit wird die paritätische Kommission eingeschaltet und entscheidet einvernehmlich.

15. Beabsichtigt die Geschäftsleitung, Kurzarbeit einzuführen, so hat sie bereits in der Verhandlungsphase mit dem Betriebsrat zu prüfen, ob und wie die ausfallende Arbeitszeit für die Qualifizierung der betroffenen Arbeitnehmer, eventuell mit Unterstützung des Arbeitsamtes genutzt werden kann.

Ort, Datum, Unterschriften

3.36.4 Betriebsvereinbarung »Weiterbildung beim Einsatz von EDV«

Zwischen der
X-GmbH (genannt »Firma«)
und dem
Betriebsrat der X-GmbH (genannt »Betriebsrat«)
wird folgende Betriebsvereinbarung (BV) über die berufliche Weiterbildung der Beschäftigten
beim Einsatz von EDV in der X-GmbH abgeschlossen:

Inhaltsverzeichnis

1. Gegenstand der Vereinbarung

Die Vereinbarung ergänzt und konkretisiert die Regelung der Rahmenbetriebsvereinbarung (RBV) zum Einsatz von EDV vom .... zur beruflichen Weiterbildung der Beschäftigten.

2. Ziele der beruflichen Weiterbildung

2.1 Maßnahmen der beruflichen Weiterbildung bilden neben dem technisch-organisatorischen Rahmenkonzept des Einsatzes von EDV den entscheidenden Ansatz für die sozialverträgliche Gestaltung von Arbeit und Technik.

Um die Beschäftigten, anknüpfend an ihre vorhandenen beruflichen und persönlichen Fähigkeiten, in die Lage zu versetzen, die ihnen zugewiesenen Aufgaben beim Einsatz von EDV sachgerecht und ohne Stressbelastung zu erfüllen, ist es erforderlich, die benötigten Kenntnisse, Fähigkeiten und Fertigkeiten durch Maßnahmen der beruflichen Weiterbildung, der Einweisung und der Einarbeitung zu vermitteln.

2.2 Die berufliche Weiterbildung soll den Beschäftigten ermöglichen, ihre beruflichen Kenntnisse, Fähigkeiten und Fertigkeiten zu erhalten und zu erweitern sowie der technischen und gesellschaftlichen Entwicklung anzupassen, um damit ihre eigene Beschäftigung zu sichern.

Berufliche Weiterbildung soll der beruflichen Förderung und Mobilität, zum beruflichen Aufstieg und zur persönlichen Entfaltung der Beschäftigten beitragen und insbesondere der Förderung benachteiligter Beschäftigter dienen. Dabei ist besonders auf die Weiterbildung der gering qualifizierten oder der durch die technische Umstellung besonders gefährdeten Beschäftigten Wert zu legen.

Die beruflichen Weiterbildungsmaßnahmen sollen sich auch auf die Befähigung zur Beteiligung im Prozess der Gestaltung von menschengerechter Arbeit und Technik beziehen. Ebenso sollen sie Kenntnisse und Fähigkeiten zur Wahrnehmung der persönlichen und kollektiven Rechte und Pflichten am Arbeitsplatz vermitteln.

2.3 Die berufliche Weiterbildung soll die Motivation der Mitarbeiter und die Leistungen der Firma verbessern und eine bessere Aufgabenerfüllung im Interesse der Auftraggeber ermöglichen. Die Investition in die Qualifikation der Beschäftigten leistet einen wesentlichen Beitrag zur Bewältigung der strukturellen Anpassungsprozesse an die technische und gesellschaftliche Entwicklung.

2.4 In dieser BV werden Anforderungen an Maßnahmen der beruflichen Weiterbildung im Interesse der Beschäftigten der Firma genannt. Die Anforderungen orientieren sich an den Zielen,
- qualifizierte Mischarbeitstätigkeiten,
- die Anreicherung und Erweiterung von Arbeitsinhalten,
- selbstbestimmte Handlungs- und Entscheidungsspielräume,
- Verbesserung der Zusammenarbeit und der sozialen Kontakte
- und eine vielseitige und abwechslungsreiche Tätigkeit

zu erreichen.

Zur beruflichen Weiterbildung gehören auch Maßnahmen, die zur sozialen Bewältigung gruppeninterner Abstimmungen und Konfliktsituationen (soziale Handlungskompetenz, Kooperations- und Konfliktfähigkeit) beitragen.

3. Begriffsbestimmungen

3.1 Berufliche Bildungsmaßnahmen vermitteln Kenntnisse, Fähigkeiten und Fertigkeiten über den Einsatz der Arbeitsmittel und die Arbeitsinhalte des derzeitigen bzw. geänderten/neuen Aufgabengebiets.

3.2 Berufsbildung im Sinne dieser BV ist die gesamte betriebliche, überbetriebliche und außerbetriebliche Aus-, Weiter- und Fortbildung sowie Umschulung.

3.3 Sonstige Bildungsmaßnahmen sind alle vom Betrieb oder in seinem Auftrag für die Arbeitnehmer durchgeführten Bildungsmaßnahmen.

4. Anforderungen an Maßnahmen der Weiterbildung

4.1 Arten der Weiterbildung

Die Maßnahmen werden nach folgenden Arten unterschieden:

- Einführungsfortbildung: Neu eingestellten Mitarbeitern werden die am Arbeitsplatz erforderlichen Kenntnisse, Fähigkeiten und Fertigkeiten vermittelt.
- Anpassungsfortbildung: Sie dient der Erhaltung und Verbesserung der zur Erfüllung der gegenwärtigen und künftigen Aufgaben notwendigen Kenntnisse, Fähigkeiten und Fertigkeiten.
- Förderungsfortbildung: Es werden Kenntnisse, Fähigkeiten und Fertigkeiten für die Übernahme höherwertiger Aufgaben vermittelt.
- Umschulungsfortbildung: Es werden im Falle einer erforderlichen Umsetzung/Versetzung die für die Wahrnehmung einer anderen, gleichwertigen oder höherwertigen Aufgabe notwendigen Kenntnisse, Fähigkeiten und Fertigkeiten vermittelt.

4.2 Inhalte der Maßnahmen

Die Lerninhalte der Weiterbildungsmaßnahmen werden detailliert beschrieben und festgelegt. Sie sind regelmäßig entsprechend den Auswertungen (siehe Weiterbildungsbericht) zu überarbeiten und den technischen und gesellschaftlichen Entwicklungen anzupassen. Die in den Ausbildungsordnungen der einzelnen Berufe festgelegten Ausbildungsinhalte dienen dabei als Orientierung.

Der derzeitig abgesprochene Inhalt von Maßnahmen zur betrieblichen Weiterbildung beim Einsatz neuer Technik ist in **Anlage 1** zu dieser BV enthalten.

4.3 Methoden der Maßnahmen

Die Lernmethoden (u.a. Gruppenarbeit, Besichtigung des Technik-Einsatzes an einem anderen Arbeitsplatz, Erfolgskontrollen etc.) der Weiterbildungsmaßnahmen werden von der Arbeitsgruppe Weiterbildung detailliert beraten und vorgeschlagen und nach Abschluss der Maßnahme von den Teilnehmern beurteilt.

Besonderes Gewicht ist dabei auf gute Anschaulichkeit, auf hohen Praxisbezug und ausreichende Übungsmöglichkeiten für die Teilnehmer zu legen (nicht mehr als zwei Übende pro Gerät).

Die Maßnahmen sind in ihrer Art und Durchführung auf die jeweilige Gruppe der Beschäftigten auszurichten und sollen den Grundsätzen der Erwachsenenbildung entsprechen, wobei die besonderen Bedingungen der Weiterbildung von Frauen, älteren Arbeitnehmern etc. zu berücksichtigen sind.

Es sind möglichst mehrere, aufeinander aufbauende Bildungsblöcke zu bilden.

4.4 Auswahl der Teilnehmer

Alle betroffenen Beschäftigten nehmen an den Maßnahmen teil. (Eine Übertragung der erworbenen Kenntnisse und Fertigkeiten auf die anderen Beschäftigten findet nicht statt – kein Moderatorenkonzept).

4.5 Unterlagen

Den Teilnehmern werden rechtzeitig deutsche, aktuelle, praxisnahe und anwendungsbezogene Schulungsunterlagen zur Verfügung gestellt. Sie sind nach pädagogischen Erkenntnissen zu gestalten. Die verwendeten Fachbegriffe müssen mit den Begriffen bei der praktischen Anwendung der EDV übereinstimmen.

4.6 Externe Schulungsträger

Bei der Suche und Inanspruchnahme externer Schulungsangebote sind die Anforderungen dieses Abschnittes schriftlich abzufragen und entsprechend festzulegen. Dabei ist besonders auf die fachliche und pädagogische Eignung der Schulungsträger/Referenten zu achten.

4.7 Teilnahmebescheinigung/Zertifikat

Für jede Weiterbildungsmaßnahme ist für jeden Teilnehmer eine Teilnahmebescheinigung auszustellen. Ist entsprechend der Weiterbildungsmaßnahme der Erwerb eines anerkannten Zertifikates möglich, so ist die Prüfungsvorbereitung und die Prüfung selber (einschließlich der Prüfungsgebühr) Bestandteil der Weiterbildungsmaßnahme. Die Weiterbildungsmaßnahmen sind so aufzubauen und anzubieten, dass entsprechende Zertifikate (Berufsabschlüsse) erworben werden können.

4.8 Zeitpunkt und Umfang der Maßnahmen

Die Weiterbildungsmaßnahmen finden für alle Beschäftigten vorlaufend vor der Umstellung auf die neue Technik bzw. begleitend dazu statt. Ist dies nicht möglich, sind die Maßnahmen auch nachträglich durchzuführen. Der Umfang der Maßnahmen soll je Bildungseinheit mindestens zwei Tage betragen, der Gesamtumfang wird jeweils im Weiterbildungsprogramm festgelegt.

Die Maßnahmen sind in sinnvoll aufeinander abgestimmten Bildungseinheiten zu gliedern und auf den Einführungszeitraum zu verteilen.

5. Arbeitsgruppe »Weiterbildung«

5.1 Betriebsrat und Firma bilden eine Arbeitsgruppe »Weiterbildung« mit folgender Aufgabenstellung:

a) Auswahl der Bildungsgänge, in denen der Betrieb Weiterbildungsmaßnahmen durchführt.

b) Festlegung der Anzahl der Weiterbildungsgänge und der Mindest- und Höchstteilnehmerzahlen.

c) Festlegung der Grundsätze und Verfahren für die Auswahl von Bewerbern zur Teilnahme an Maßnahmen der Weiterbildung sowie die Auswahl selber.

d) Festlegung der Methoden und des Ablaufs der Weiterbildung sowie Art, Zahl und Zeitpunkt begleitender Erfolgskontrollen.

e) Auswahl und Ausstattung der Unterrichtsräume und sonstiger betrieblicher Einrichtungen zur Weiterbildung.

f) Festlegung der Ausstattung der Teilnehmer an Bildungsmaßnahmen mit Lernmitteln.

5.2 Sollte in der Arbeitsgruppe kein Einvernehmen erzielt werden, beraten und entscheiden die Betriebsparteien.

6. Planung des Weiterbildungsbedarfs

6.1 Die Planung dient der Erfassung und Quantifizierung des betrieblichen Weiterbildungsbedarfs. Sie erfolgt einzeln bei der Planung des Einsatzes von Technik bzw. für alle in Durchführung befindlichen Einführungen von Technik.

Für jedes EDV-Einsatzvorhaben wird im Verlauf der Einführungsplanung aufgabenspezifisch beschrieben, welche Arbeitsmittel und Arbeitsmethoden eingesetzt werden, welches die Arbeitsinhalte sind und welche arbeitsbedingten Kontakte erforderlich sind. Daraus ergeben sich die erforderlichen Kenntnisse, Fähigkeiten und Fertigkeiten.

Der Weiterbildungsbedarf ergibt sich aus der Differenz der vorhandenen und der benötigten Qualifikationen.

Entsprechend dem Bedarf werden je EDV-Einsatzvorhaben für jede Abteilung bzw. Beschäftigtengruppe die erforderlichen Maßnahmen mit den Lerninhalten, der erforderlichen Dauer und den abschätzbaren Kosten ermittelt.

6.2 Die erforderlichen Weiterbildungsmaßnahmen werden unter dem Gesichtspunkt der betrieblichen Erfordernisse, der didaktischen Eignung und der Leistungsfähigkeit der Schulungsträger festgelegt und untereinander abgestimmt. Dabei wird entsprechend der Eignung im Einzelfall eine Auswahl bzw. Kombination zwischen externen und internen Seminaren sowie Vor-Ort-Schulungen am einzusetzenden System ermittelt. Hierbei werden die Hinweise und Vorschläge der Hersteller von EDV-Systemen beachtet.

6.3 Der Weiterbildungsbedarfsplan wird mit der Finanz- und Personalplanung erstellt und begleitend beraten.

Die Planung enthält zudem Angaben, wer in der Zeit der Teilnahme an Weiterbildungsmaßnahmen vertretungsweise die Arbeit an dem Arbeitsplatz übernimmt (Springer, Aushilfen).

Der Weiterbildungsbedarfsplan wird von der Arbeitsgruppe Weiterbildung beraten und den Betriebsparteien zur Zustimmung vorgelegt.

7. Durchführung der Maßnahmen zur beruflichen Weiterbildung

7.1 Die verwaltungstechnische Koordination des Ablaufs genehmigter Maßnahmen wird von der Schulungsleitung der Firma durchgeführt. Sie trifft insbesondere die erforderlichen Detailabsprachen mit den Schulungsträgern und hält zu diesen den laufenden Kontakt während des Ablaufs der Maßnahmen.

7.2 Die Schulungsleitung informiert die Geschäftsleitung und den Betriebsrat sowie die unmittelbar betroffenen Abteilungen über den Fortgang der Maßnahmen.

7.3 Die durchgeführten Maßnahmen werden von der Schulungsleitung dokumentiert (siehe Weiterbildungsbericht).

7.4 Aufgabe der Abteilung Schulungsleitung ist die Information und Beratung der Beschäftigten über die Maßnahmen der beruflichen Weiterbildung und die Möglichkeiten der Teilnahme. Sie soll nach Absprache mit der Arbeitsgruppe Weiterbildung die beruflichen Weiterbildungsinteressen der Beschäftigten erheben.

8. Weiterbildungsprogramm

Die Firma stellt alle erforderlichen und geplanten Maßnahmen der beruflichen Bildung halbjährlich in einem Weiterbildungsprogramm zusammen. Das Weiterbildungsprogramm enthält alle geplanten Maßnahmen mit den Angaben zu Thema, Inhalt, Veranstalter, Lernziel, Lerninhalte, Zielgruppe, Termin, Ort, Anmeldungsmöglichkeiten.

Das Weiterbildungsprogramm dient der Unterrichtung der Beschäftigten. Es soll, je nach Möglichkeit der Firma, auch Weiterbildungsangebote enthalten, die von Beschäftigten unabhängig von einer durch Einsatz von Technik am Arbeitsplatz erforderlichen Weiterbildung in Anspruch genommen werden können.

9. Weiterbildungsbericht

Die Firma erstellt jährlich einen Bericht über die durchgeführten Weiterbildungsmaßnahmen. Dieser Bericht wird in der Arbeitsgruppe Weiterbildung beraten mit dem Ziel der Weiterentwicklung der betrieblichen Aktivitäten zur beruflichen Bildung.

10. Betriebsinterne Ausbilder

10.1 Betriebsangehörige, die im Rahmen von Maßnahmen der beruflichen Bildung als Referenten/Ausbilder/Seminarleiter oder Betreuer tätig werden, werden dem Betriebsrat zur Wahrnehmung seiner Beteiligungsrechte nach § 98 Abs. 2 BetrVG rechtzeitig bekanntgegeben.

10.2 Beschäftigte, die regelmäßig mit der Durchführung beruflicher Bildungsmaßnahmen im Betrieb betraut sind, haben jährlich einen Anspruch auf bezahlte Freistellung von der Arbeit zur Teilnahme an Veranstaltungen, die der Ausbilderqualifizierung dienen. Der Anspruch beträgt 10 Arbeitstage. In Zusammenarbeit mit diesen Beschäftigten wird von der Arbeitsgruppe Weiterbildung ein besonderes Weiterbildungsprogramm aufgestellt.

11. Arbeitsplatzbezogene Unterweisung und Einarbeitung

Beschäftigten werden beim Einsatz von EDV ausreichend Zeit und Gelegenheit zur Einarbeitung gegeben. Die Einarbeitung wird durch sachkundige Unterweisung unterstützt. Diese Unterstützung erfolgt durch fachkundige Mitarbeiter und, nach entsprechender Vorbereitung, durch die Vorgesetzten.

Die Beschäftigten sollen jederzeit Gelegenheit zu Rückfragen haben und Unterstützung in Anspruch nehmen können.

12. Rechte und Pflichten der Arbeitnehmer

12.1 Vor dem Einsatz von EDV sowie vor damit zusammenhängenden technischen und organisatorischen Änderungen sind die betroffenen Beschäftigten rechtzeitig und umfassend über die Arbeitsorganisation (Arbeitsteilung/Hierarchie-Gruppenarbeit), über die Arbeitsmethoden und über ihre Aufgaben zu unterrichten und zu qualifizieren.

Der ermittelte Weiterbildungsbedarf und das Weiterbildungsprogramm ist jedem einzelnen Beschäftigten mitzuteilen und mit ihm zu beraten.

12.2 Alle Beschäftigten haben zur Sicherung und zur Förderung der beruflichen Qualifikation im Rahmen der Regelungen dieser BV einen Anspruch auf Teilnahme an den Maßnahmen zur beruflichen Weiterbildung. Soweit eine Weiterbildungsmaßnahme nicht ausreicht, werden zusätzliche Maßnahmen durchgeführt.

Sind Beschäftigte aus Gründen, die sie nachweislich nicht selbst zu vertreten haben, an der Teilnahe an einer Weiterbildungsmaßnahme oder am Erreichen des beabsichtigten Lernerfolgs gehindert, werden erneut angemessene Weiterbildungsmaßnahmen gewährt.

12.3 Die Beschäftigten sind beim Einsatz von EDV verpflichtet, an den erforderlichen Weiterbildungsmaßnahmen teilzunehmen und sich in das neue Aufgabengebiet einzuarbeiten. Eine Teilnahme darf nicht gefordert werden, wenn dies dem Beschäftigten aufgrund der bisherigen Tätigkeit, seines Alters, einer Behinderung oder eines anderen triftigen Grundes nicht zumutbar ist.

12.4 Der Arbeitnehmer ist für die Dauer der Weiterbildungsmaßnahme von der Arbeit unter Zahlung der Durchschnittsvergütung/des Durchschnittentgelts freigestellt. Weiterbildungszeiten außerhalb der täglichen Arbeitszeit werden durch Freizeit abgegolten.

13. Rechte des Betriebsrates

Die Beteiligungsrechte des Betriebsrates werden durch die Regelungen dieser Vereinbarung nicht eingeschränkt.

Der Betriebsrat kann die Beteiligungsrechte auf seine Mitglieder in der Arbeitsgruppe Weiterbildung übertragen.

Mitglieder des Betriebsrates haben im Rahmen der organisatorischen und wirtschaftlichen Möglichkeiten das Recht, an allen von der Firma angebotenen Schulungen teilzunehmen.

Der Betriebsrat hat in allen Angelegenheiten der beruflichen Weiterbildung die Initiative zu ergreifen und Vorschläge zu unterbreiten. Diese sind in der Arbeitsgruppe Weiterbildung zu beraten.

14. Kosten

Die Kosten der Weiterbildung trägt die Firma einschließlich der erforderlichen Lehr- und Lernmittel.

15. In-Kraft-Treten, Kündigung, Weitergeltung

15.1 Diese BV tritt mit ihrer Unterzeichnung in Kraft. Sie kann mit einer Frist von sechs Monaten zum Ende eines Kalenderjahres gekündigt werden, erstmals zum ....

15.2 Nach Kündigung gilt die BV bis zum Abschluss einer neuen BV entsprechend § 77 Abs. 6 BetrVG weiter.

Ort, Datum, Unterschriften

Anlage I zur Betriebsvereinbarung, Weiterbildung

Inhalte von Weiterbildungsveranstaltungen der Firma

1. Grundlagen der EDV, Aufbau und Funktionsweise von EDV-Systemen, Tastaturtraining.

2. Grundlagen der Organisation und EDV-Organisation, unterschiedliche Konzepte der Arbeitsorganisation (z. B. Arbeitsteilung und Spezialisierung oder Gruppenarbeit).

3. Grundlagen der Verarbeitungs- und Programmierungslogik, der Datenverwaltung (Datenbanken) und der Systemprotokollierung, Grundlagen der Dialogverarbeitung.

4. Vermittlung sozialer Qualifikationen (Teamfähigkeit, Kreativität, Verantwortungsbewusstsein, Lernbereitschaft, Abbau von Hierarchien, Weitergabe von Wissen etc.)

5. Grundlagen der EDV-Projektorganisation, Einführungsschritte und Management von EDV-Projekten, Möglichkeiten der Beteiligung der betroffenen Beschäftigten.

6. Auffrischen und Aktualisieren des berufsfachlichen Wissens.

7. Anwendungsziele und Funktionsweise des geplanten EDV-Systems mit praktischer Unterweisung und Übungen, Gelegenheit, sich aktiv mit dem Anwendungssystem zu beschäftigen.

8. Überblickswissen über Aufgaben und Abläufe der Firma, Überblick über die betrieblichen EDV-Systeme und -Anwendungen einschließlich der zugrunde liegenden Datenbasis.

9. Möglichkeiten und Alternativen der Gestaltung der Arbeitsorganisation und der Mensch/Maschine-Arbeitsteilung. Entwicklung und Gestaltungsperspektiven.

10. Ergonomische Gestaltung und Nutzung der Arbeitsmittel und des Arbeitsraumes, Möglichkeiten zur Minderung der gesundheitlichen Belastungen.

11. Datenschutz und Datensicherung, Verarbeitung von Personaldaten.

3.36.5 Betriebsvereinbarung zur Ermittlung des Qualifizierungsbedarfs

Zwischen der
X GmbH
und
dem Betriebsrat
der X GmbH
wird eine Betriebsvereinbarung zur Qualifizierung und zur Ermittlung des Qualifizierungsbedarfs abgeschlossen.

Präambel

Die Zielsetzung der Vereinbarung besteht darin, ein mittel- bzw. langfristiges betriebliches Qualifizierungskonzept unter Beteiligung des Beschäftigten zu entwickeln, das die wirtschaftlichen Belange des Unternehmens und die beruflichen Interessen der Mitarbeiter/innen gleichermaßen berücksichtigt.

Neue Produktionskonzepte, Erfordernisse der Qualitätssicherung und vor allem die Einführung von Gruppenarbeit stellen hohe Anforderungen an Kenntnisse und Fähigkeiten der Mitarbeiter/innen. Arbeitgeber und Betriebsrat sind sich darüber einig, dass eine erfolgreiche Umsetzung dieser Konzepte nur mit neuen, angemessenen Qualifizierungsmaßnahmen möglich ist, die eine Ermittlung des Qualifizierungsbedarfs der Beteiligung der betroffenen Mitarbeiter/innen einschließt.

1. Geltungsbereich

Die Betriebsvereinbarung gilt persönlich für alle Mitarbeiter/innen im Sinne des § 5 BetrVG. Sie umfasst fachlich alle Abteilungen und Kostenstellen. Der räumliche Geltungsbereich umfasst die Standorte .... der X GmbH.

2. Qualifizierungskonzept

2.1 Zur Erreichung der genannten Zielsetzung ist eine mittel- bzw. langfristige betriebliche Personal- und Bildungsplanung notwendig. Alle Mitarbeiter/Innen werden im Rahmen einer betrieblichen Qualifizierungsbedarfsermittlung an der Planung von Qualifizierungsmaßnahmen beteiligt.

2.2 Die Mitarbeiter/innen werden hinsichtlich fachlicher, sozialer und organisatorischer Kompetenzen qualifiziert. Der Qualifizierungsbedarf resultiert aus dem Vergleich zwischen Anforderungsprofilen und dem Qualifizierungsprofil der einzelnen Beschäftigten.

2.3 Aus einem festgestellten Qualifizierungsdefizit bzw. einem Qualifizierungsbedarf resultiert ein Anspruch der jeweiligen Mitarbeiter/innen auf eine Qualifizierungsmaßnahme. Das Unternehmen verpflichtet sich, in diesem Fall eine Schulungsmaßnahme anzubieten.

2.4 Die Qualifizierungsmaßnahmen werden während der Arbeitszeit durchgeführt. Die Kosten der Maßnahmen trägt die Firma im Rahmen von Freistellung, Bezahlung sowie Arbeitszeit oder sonstiger finanzieller Unterstützung (Übernahme von Seminargebühren, Stipendien usw.).

2.5 Die Teilnahme an den Qualifizierungsmaßnahmen erfolgt generell freiwillig. Erfolgreich abgeschlossene Qualifizierungsmaßnahmen werden zertifiziert.

2.6 Die Ermittlung des Qualifizierungsbedarfs als Baustein für ein betriebliches Qualifizierungskonzept ist als Daueraufgabe in angemessenen Zeitabständen zu wiederholen und zu überprüfen. Der Zeitraum richtet sich nach den betrieblichen Belangen; spätestens jedoch alle zwei Jahre ist eine Bedarfsermittlung durchzuführen.

3. Gremien

Zur Regelung von Planung, Durchführung und Planung des betrieblichen Qualifizierungskonzeptes wird ein paritätischer Bildungsausschuss eingesetzt. Er besteht aus zwei Vertretern der Geschäftsleitung und aus zwei Vertretern des Betriebsrats. Gruppensprecher oder einzelne Mitarbeiter/innen können ggf. zugezogen werden. Zu den Aufgaben des Ausschusses zählen insbesondere:

- Steuerung der im Qualifizierungskonzept vorgesehenen Abläufe
- Behandlung von Vorschlägen und Reklamationen der Mitarbeiter/innen
- Entwicklung neuer Schulungskonzepte
- Festlegung von Prioritäten durchzuführender Schulungen
- Erfolgkontrolle durchgeführter Qualifizierungsmaßnahmen
- ....

Der Ausschuss tagt nach Bedarf, mindestens jedoch alle drei Monate.

4. Methoden, Instrumente, Durchführung

Das Qualifizierungskonzept wird unter Beteiligung der Mitarbeiter/innen entwickelt. Dazu wird das Verfahren der »Tätigkeitsanalyse durch Beschäftigte« (TAB) im Rahmen einer Qualifizierungsbedarfsermittlung für Gruppenarbeit eingesetzt. Mit Hilfe dieses Verfahrens werden Grob- und Feinprofile bezogen auf einzelne Arbeitsanforderungen erarbeitet, die überprüfbare Lernziele und konkrete Lernaufgaben für die später durchzuführenden Qualifizierungsmaßnahmen liefern.

Hierzu zählen im Einzelnen die folgenden Arbeitsschritte, Methoden und Instrumente:
- Ist-Analyse und Ermittlung von Arbeitsaufgaben und Teiltätigkeiten
- Ermittlung von Anforderungsprofilen (Soll-Qualifikation)
- Ermittlung von Qualifikationsprofilen (Ist-Qualifikation)
- Ermittlung des Qualifizierungsbedarfs (Ist-Soll-Vergleich)
- Vorschlag von Qualifizierungsmaßnahmen bzw. eines Qualifizierungsplans

Die Durchführung des Verfahrens erfolgt in einem Tagesseminar jeweils für eine Abteilung bzw. Gruppe, in der Gruppenarbeit eingeführt bzw. bereits praktiziert wird. Die Moderation erfolgt durch den Betriebsrat bzw. unter Beteiligung des Betriebsrats.

4.1 Anforderungsprofile

....

4.2 Qualifikationsprofile

....

4.3 Ermittlung des Qualifizierungsbedarfs

....

4.4 Persönliches Qualifizierungsprofil

....

4.5 Vorschlag von Qualifizierungsmaßnahmen

....

(Anmerkung: Unter 4.1 bis 4.5 sind die einzelnen Instrumente jeweils überblicksartig zu beschreiben. Bei der Auswahl anderer Methoden zur Bedarfsermittlung (z. B. Mitarbeitergespräche) sind die einzelnen Methoden entsprechend zu erläutern.)

4.6 Behandlung der Vorschläge

Die von der Gruppe vorgeschlagenen Qualifizierungsmaßnahmen sind im Bildungsausschuss zu beraten und endgültig zu beschließen. Der Gruppe bzw. einzelnen Mitarbeiterinnen steht ein Reklamationsrecht in allen strittigen Fällen zu, die mit der Ermittlung des Qualifizierungsbedarfs und Vorschlägen zu Qualifizierungsmaßnahmen in Zusammenhang stehen. Die Einwände werden im Bildungsausschuss behandelt und die Mitarbeiter/innen ggf. hinzugezogen bzw. über die Beschlüsse informiert. Der vereinbarte Qualifizierungsplan für eine Gruppe oder einzelne Beschäftigte ist diesem umgehend vorzulegen. Er muss Informationen über den Qualifizierungsbedarf, die Qualifizierungsmaßnahmen und -ziele, die durchführenden Stellen und den zeitlichen Ablauf enthalten.

5. Qualifizierungsmaßnahmen und Schulungen

Betriebliche Qualifizierungsmaßnahmen müssen erwachsenengerecht gestaltet werden und die individuellen Bildungsvoraussetzungen der Beschäftigten berücksichtigen. Die Maßnahmen können extern oder betriebsintern durchgeführt werden und orientieren sich an folgenden Kriterien:

- Aufgabenorientiertes Lernen anhand der im Rahmen der Bedarfsermittlung erarbeiteten Grob- und Feinprofile (überprüfbare Lernziele)
- Zielgruppenorientiertes Lernen mit der besonderen Berücksichtigung folgender Gruppen: lernungewohnte Mitarbeiter/innen, Frauen, leistungsgeminderte Arbeitnehmer/innen, Beschäftigte mit sprachlichen Defiziten (Deutsch in Schrift und Sprache), ältere Arbeitnehmer/innen
- Praxis- und arbeitsplatznahes Lernen mit ausreichender Übungszeit auf die Erprobung des Gelernten
- Kooperatives, kollektives Lernen unter Berücksichtigung der besonderen Möglichkeiten zur Qualifizierung in der Gruppe (Lehrende und lernende Arbeitsgruppe)
- Erfahrungsorientiertes Lernen, das speziell das Erfahrungswissen der älteren Beschäftigten berücksichtigt und ihre Rolle als Multiplikatoren betont und in entsprechenden Multiplikatorenschulungen fördert
- Spezielle Qualifizierung für Gruppenarbeit durch Vermittlung bzw. Training sozialer Kompetenzen, kommunikative Fähigkeiten und Fähigkeiten zur Problemlösung.

5.1 Ausbildung der Referenten, Ausbilder und Multiplikatoren

Die Qualifizierung der Referenten, Ausbilder und Multiplikatoren orientiert sich an den einzelnen Erfordernissen der Schulungsmaßnahmen (vgl. Punkt 5). Vor der Übernahme von Qualifizierungsaufgaben sind die Qualifizierer bzw. Multiplikatoren aus einer Gruppe von Arbeitnehmer/innen selbst ausreichend zu qualifizieren, d. h. bezogen auf fachliche, soziale und pädagogische Kriterien zu schulen.

5.2 Zertifizierung

Die Teilnahme an Schulungsmaßnahmen (auch an internen Schulungen im Rahmen der Gruppenarbeit) wird den Mitarbeiter/innen in Form einer Teilnahmebescheinigung bestätigt. Die erfolgreiche Teilnahme an umfangreicheren Qualifizierungsmaßnahmen (oder auch die Übernahme von Tätigkeiten als Multiplikator nach entsprechender Ausbildung) wird mit einem Zertifikat oder Zeugnis bestätigt.

Sämtliche Bescheinigungen werden auch Bestandteil der Personalakten.

6. Rechte des Betriebsrats

Der Betriebsrat oder von ihm Beauftragte haben jederzeit das Recht, an sämtlichen Qualifizierungsmaßnahmen (auch an Gruppensitzungen zur internen Schulung) teil zu nehmen.

Zur Erfüllung der Aufgaben, die sich speziell aus dieser Betriebsvereinbarung ergeben, sind die zuständigen Betriebsratsmitglieder selbst ausreichend gemäß § 37 Abs. 6 BetrVG zu schulen.

Zur Erfüllung seiner Aufgaben kann der Betriebsrat externe Sachverständige gemäß § 80 Abs. 3 BetrVG hinzuziehen.

7. Erfolgskontrolle

Über die erfolgreiche Durchführung der Qualifizierungsmaßnahmen wird im Bildungsausschuss in regelmäßigen Abständen mindestens einmal im Jahr beraten.

Um die Effizienz der Maßnahmen zu beurteilen, bewerten die Beschäftigten im Anschluss an die Qualifizierungsmaßnahmen die einzelnen Schulungen.

Hierzu wird ein kurzer Fragebogen vorgelegt, der von den Schulungsteilnehmer/innen anonym und freiwillig ausgefüllt wird. Die Auswertung übernimmt der Bildungsausschuss.

8. Schlussbestimmungen

8.1 In-Kraft-Treten

. . . .

8.2 Streitigkeiten, die sich aus dieser Betriebsvereinbarung ergeben, werden innerhalb von 10 Arbeitstagen im Bildungsausschuss verhandelt. Im Falle einer Nicht-Einigung wird innerhalb weiterer 10 Arbeitstage eine Einigung zwischen Betriebsrat und Geschäftsleitung angestrebt. Sollte keine Einigung zustande kommen, kann die Einigungsstelle von einer der Vertragsparteien angerufen werden.

8.3 Kündigungsfristen

8.4

. . . .

Ort, Datum, Unterschriften

(aus: AiB, Heft 3/1999 mit weiteren wichtigen Hinweisen)

3.37 Kündigungsverfahren nach § 102 BetrVG

3.37.1 Einleitung

Es empfiehlt sich, Einzelheiten des Anhörungsverfahrens nach § 102 BetrVG in einer Betriebsvereinbarung näher zu regeln. Dadurch können Unklarheiten über die Vollständigkeit der Information und den Ablauf der Fristen vermieden werden. Der Abschluss solcher Betriebsvereinbarungen liegt im Interesse sowohl des Arbeitgebers als auch des Betriebsrats.
Folgende Punkte sollten mindestens geregelt werden:
– Schriftform,
– Empfangsbekenntnis,
– Verfahren bei Betriebsferien.
Sinnvoll können außerdem Regelungen über eine Verlängerung der Frist zur Stellungnahme des Betriebsrats und über bestimmte Kündigungsgründe, zu denen der Arbeitgeber auf jeden Fall Informationen liefern muss, sein.
Auch eine Ausweitung des Widerspruchsrechts des Betriebsrats im Sinne von § 102 Abs. 6 BetrVG kommt hierbei in Betracht, um dem Betriebsrat praktisch ein Mitbestimmungsrecht (Zustimmungserfordernis) bei allen oder bestimmten Kündigungen an die Hand zu geben. Solche Vereinbarungen sind allerdings nicht erzwingbar und – hinsichtlich des Zustimmungserfordernisses des Betriebsrats – auch nicht unumstritten.

3.37.2 Betriebsvereinbarung zum Anhörungsverfahren nach § 102 BetrVG

Zwischen der XY-GmbH
und dem Betriebsrat der XY-GmbH
wird folgende Betriebsvereinbarung abgeschlossen:
1. Der Arbeitgeber hat den Betriebsrat über die beabsichtigte Kündigung schriftlich und gegen Empfangsbekenntnis zu informieren. Das Datum des Empfangsbekenntnisses ist maßgeblich für die Berechnung der Anhörungsfrist.

2. Die Information hat auf dem anliegenden Muster zu erfolgen. Dieses Muster ist Bestandteil der Betriebsvereinbarung.

3. Nur das vollständig ausgefüllte Formblatt stellt eine ordnungsgemäße Information dar.

4. Die Begründung hat sich auf alle Gründe zu beziehen, auf die der Arbeitgeber die Kündigung stützen will.

5. Dazu gehören bei personen- und verhaltensbedingten Kündigungen auch Angaben, warum eine Weiterbeschäftigung an einem anderen Arbeitsplatz und/oder zu geänderten Vertragsbedingungen nicht möglich ist.

6. Bei betriebsbedingten Kündigungen ist anzugeben:
   a) warum der betreffende Arbeitsplatz wegfällt,
   b) welche Arbeitsplätze in die soziale Auswahl einbezogen wurden und welche – obwohl ähnlich – nicht einbezogen wurden,
   c) sämtliche dem Arbeitgeber bekannten sozialen Daten des betroffenen Arbeitnehmers,
   d) die für den Arbeitgeber maßgeblichen Kriterien der sozialen Auswahl,
   e) die Namen und sozialen Daten der auf den vergleichbaren Arbeitsplätzen beschäftigten Arbeitnehmer.

7. Bei Kündigungen wegen krankheitsbedingter Fehlzeiten ist anzugeben:
   a) welche Überbrückungsmaßnahmen getroffen wurden,
   b) warum weitere Überbrückungsmaßnahmen nicht möglich sind,
   c) soweit bekannt, die voraussichtliche Dauer der Erkrankung,
   d) ob in der Zukunft ein anderweitiger Einsatz, unter Umständen auch zu geänderten Vertragsbedingungen, möglich ist,
   e) soweit bekannt, Ursachen der Erkrankung (z. B. Betriebsunfall, Wegeunfall, Berufskrankheit, Unfall im privaten Bereich),
   f) Situation auf dem Arbeitsmarkt für den Betroffenen (Vermittlungschancen) und für den Betrieb (Angebot von Aushilfskräften),
   g) Auswirkungen des krankheitsbedingten Arbeitsausfalls auf den Betrieb (z. B. Störungen des Produktionsablaufs, Nichtvorhandensein von Springern oder anderen Aushilfskräften),
   h) wirtschaftliche Auswirkungen des krankheitsbedingten Arbeitsausfalls.
   Der Arbeitgeber hat die von ihm getroffene Interessenabwägung umfassend darzulegen.

8. Die Frist zur Stellungnahme nach § 102 BetrVG beträgt bei ordentlichen Kündigungen zwei Wochen, bei außerordentlichen Kündigungen eine Woche, wenn der Betriebsrat dies innerhalb der gesetzlich vorgeschriebenen Fristen schriftlich verlangt.

9. Während der Betriebsferien wird der Ablauf der Anhörungsfristen nach § 102 BetrVG gehemmt. Sie laufen erst mit dem ersten Arbeitstag nach Ende der Betriebsferien weiter. Bei Kurzarbeit gilt Entsprechendes, wenn der Betriebsrat dadurch verhindert ist.

10. Beabsichtigte Kündigungen und Änderungskündigungen gegenüber Arbeitnehmern, die das 50. Lebensjahr vollendet haben und dem Unternehmen mindestens 10 Jahre angehören, bedürfen gemäß § 102 Abs. 6 BetrVG der Zustimmung des Betriebsrats. Eine Verweigerung

der Zustimmung kann auch auf Gründe gestützt werden, die nicht im § 102 Abs. 3 BetrVG aufgeführt sind. Bei Meinungsverschiedenheiten entscheidet die Einigungsstelle verbindlich. Arbeitgeber und Betriebsrat unterwerfen sich im voraus dem Spruch.

Ort, Datum, Unterschriften

Anlage Muster eines Anhörungsbogens zur Unterrichtung des Betriebsrats über eine beabsichtigte ordentliche bzw. außerordentliche Kündigung gemäß § 102 BetrVG

An den Betriebsrat	Empfangsbestätigung des
zu Hd. des/der Betriebsrats-	Betriebsrats: erhalten am
vorsitzenden	
im Hause	Für den Betriebsrat

Sehr geehrte Damen und Herren,

wir beabsichtigen, dem/der Arbeitnehmer/in
Name: .... Vorname: .... geb. am ....
wohnhaft in: .... Straße: ....
Familienstand: .... Kinderzahl: .... bei uns beschäftigt seit: ....
zuletzt im Werk/Abteilung: .... tätig als: ....
a) eine ordentliche fristgerechte Kündigung zum nächstzulässigen Kündigungstermin
.... auszusprechen,
b) eine außerordentliche fristlose und vorsorglich zugleich eine ordentliche fristgemäße Kündigung zum nächstzulässigen Kündigungstermin .... auszusprechen.
(Nichtzutreffendes streichen.)
Sie ist aus folgenden Gründen erforderlich: ....
....
....
....
....
Wir bitten unverzüglich/spätestens bis zum .... um Ihre Stellungnahme

....
(Ort, Datum)   (Unterschrift)

3.38 Information des Wirtschaftsausschusses

3.38.1 Einleitung

Wegen Inhalt und Umfang der Unterrichtungspflicht des Arbeitgebers gegenüber dem Wirtschaftsausschuss gibt es in der Praxis nicht selten Streit. § 109 BetrVG sieht in solchen Fällen auch die Anrufung der Einigungsstelle vor. Sinnvoll kann es in der Praxis sein, zur Vermeidung von Auseinandersetzungen konkret zu vereinbaren, worauf sich die Unterrichtung zu erstrecken hat.

Zu weiteren Einzelheiten verweisen wir auf den Beitrag in »Arbeitsrecht im Betrieb« Heft 1/1992, dem auch die nachfolgende Betriebsvereinbarung mit Anlagen entnommen worden ist.

3.38.2 Betriebsvereinbarung über die Information des Wirtschaftsausschusses

Zwischen der
Geschäftsleitung der
Firma ....
und dem Betriebsrat
wird folgende Betriebsvereinbarung über die Unterrichtung des Wirtschaftsausschusses durch die Geschäftsleitung in wirtschaftlichen Angelegenheiten geschlossen:

§ 1

Der Unternehmer erstellt den nach § 108 Abs. 5 BetrVG zu erläuternden Jahresabschluss erstmals für 2001 nach § 266 Abs. 2 und 3 HGB (einschließlich Anlagenspiegel) sowie dem Gliederungsschema der GuV nach § 275 Abs. 2 HGB (Gesamtkostenverfahren). Die Entwicklung der Bilanz- und GuV-Posten sind unter Einbeziehung des betrieblich genutzten Anlagevermögens (Anlagespiegel) seit 2001 im Jahresvergleich darzustellen. Zum Jahresabschluss werden zusätzliche Aufgliederungen und Erläuterungen erstellt, wie sie große Kapitalgesellschaften im Jahresabschluss einschließlich Anhang zu geben haben. Alle Bewertungen erfolgen nach steuerrechtlichen Vorschriften. Soweit im Einzelfall davon abgewichen wird, sind die unterschiedlichen Auswirkungen zu den Bewertungen nach Handelsrecht darzulegen. Ebenso sind Änderungen von Bewertungen und Bewertungsmethoden sowie deren unterschiedliche Ergebnisse zur jeweiligen vorausgegangenen Bewertung und Bewertungsmethode darzustellen. Diese Bilanzierungs- und Bewertungsmethoden sind schriftlich zu erläutern.

Zu den vorstehenden Unterlagen gehören oder werden hinzugefügt:

1. Erläuterungsbericht (Anhang)

2. Lagebericht

3. Wirtschaftsprüferbericht.

Alle Unterlagen tragen einen Bestätigungsvermerk (Testat) des beauftragten Wirtschaftsprüfers.

Erstmals werden diese Unterlagen für das Geschäftsjahr 2001 mit vergleichbaren Vorjahreswerten (Vorjahreswert 2000) nach § 2 dieser Vereinbarung zugänglich gemacht. Diese Übergabe erfolgt künftig innerhalb der ersten drei Monate auf das jeweils vorangegangene Geschäftsjahr. Sofern bis zu dieser Frist kein testierter Jahresabschluss und Wirtschaftsprüferbericht erstellt ist, ist ein vorläufiger Jahresabschluss vorzulegen.

Basierend auf diesen Unterlagen informiert der Unternehmer den Wirtschaftsausschuss im Vierteljahresabstand, jeweils zu Beginn eines Quartals, über die wirtschaftliche Entwicklung in Bezug auf:
- Ertrag und Aufwand
- das Vermögen
- die Finanzlage des Unternehmens (insbesondere Liquiditätslage)
- alle wesentlichen Vorgänge im Unternehmen.

Im Rahmen dieser Informationen legt der Unternehmer fortschreitende Planungsbilanzen (und GuV) für mindestens das nächste Quartal, Halbjahr und das nächste Jahr vor.

§ 2

1. Alle Unterlagen im Rahmen dieser Betriebsvereinbarung sind dem Wirtschaftsausschuss jederzeit zugänglich zu machen, indem sie mit fortlaufenden Blattzahlen zu versehen, in Leitzordner abzuheften und im Sekretariat der Geschäftsleitung aufzubewahren sind. Diese Unterlagen sind dem Wirtschaftsausschuss während der betriebsüblichen Arbeitszeit jederzeit zur Verfügung zu stellen. Empfangsberechtigt sind der Vorsitzende des Wirtschaftsausschusses oder im Verhinderungsfalle dessen Stellvertreter.

2. Die Anfertigung von Fotokopien oder Abschriften dieser Unterlagen ist unzulässig, sofern diese nicht zu weiteren Analysen (z. B. Ergänzungen oder Verknüpfungen mit weiteren Zahlen) erforderlich sind. Das Recht Notizen anzufertigen, bleibt unberührt.

§ 3

Der Unternehmer stellt die Informationen und Unterlagen, die er dem Wirtschaftsausschuss bisher erteilt hat, unverändert in Art und Umfang weiter zur Verfügung, soweit sich dadurch nicht identische Doppelinformationen ergeben. Änderungen werden zwischen dem Betriebsrat und dem Unternehmer schriftlich vereinbart und als Bestandteil dieser Betriebsvereinbarung beigefügt. In Ermangelung einer solchen Vereinbarung kann von Satz 1 nicht abgewichen werden.

§ 4

Die Erfüllung der §§ 1 bis 3 dieser Betriebsvereinbarung beinhaltet den Anspruch des Wirtschaftsausschusses auf umfassende Erläuterung der einzelnen Posten und Zahlenwerke sowie weiterer Auskünfte. Für die nach Auffassung des Wirtschaftsausschusses oder aufgrund gesetzlicher Verpflichtungen (einschließlich dieser Betriebsvereinbarung) zu erteilenden weiteren Auskünfte des Unternehmers in allen wirtschaftlichen Angelegenheiten werden alle hierzu gehörenden nützlichen Unterlagen entsprechend § 2 zugänglich gemacht. Insbesondere gilt dies auch für weitere Spezifizierungen von einzelnen Posten oder Sachzusammenhängen aus der Anlage zu dieser Betriebsvereinbarung, die Bestandteil dieser Betriebsvereinbarung ist.

Durch diese Betriebsvereinbarung werden die jeweils günstigeren geltenden gesetzlichen oder tarifvertraglichen Regelungen (Informationsansprüche) nicht eingeschränkt.

§ 5

Der Unternehmer ist verpflichtet, den Wirtschaftsausschuss über alle Umsatz- und Investitionsplanungen im Stadium der Planung so frühzeitig wie möglich zu informieren und mit ihm in Beratungen einzutreten.

§ 6

Informieren im Sinne dieser Betriebsvereinbarung heißt, dass Wirtschaftsausschuss und Unternehmer über alle zu informierenden wirtschaftlichen Angelegenheiten auf der Grundlage aller Unterlagen beraten, die der Wirtschaftsausschuss hierzu für nützlich hält.

§ 7

Rechtzeitig zur Verfügung stellen der Unterlagen (§ 2) heißt unverzüglich nach ihrer Erstellung. Soweit es sich hierbei um spezielle Unterlagen für bevorstehende Sitzungen oder Beratungen des Wirtschaftsausschusses handelt, werden diese spätestens eine Woche vor dem jeweiligen Beratungs- oder Sitzungstermin ebenfalls nach § 2 zugänglich gemacht.

§ 8

Der Unternehmer überlässt dem Wirtschaftsausschuss einen Handelsregisterauszug mit neuestem Stand der Eintragung. Bei Änderungen dortiger Eintragungen übergibt der Unternehmer unverzüglich einen neuen Auszug.

§ 9

Der Unternehmer oder sein Vertreter hat an allen Sitzungen des Wirtschaftsausschusses teilzunehmen (§ 108 Abs. 2 BetrVG), außer an Beratungen des Wirtschaftsausschusses, die zur Vorbereitung dieser Sitzungen mit dem Unternehmer dienen.

§ 10

Die Anlage zu dieser Betriebsvereinbarung ist Bestandteil dieser Betriebsvereinbarung. Diese Betriebsvereinbarung ist nach Unterschrift des Unternehmens und des Betriebsratsvorsitzenden bzw. dessen Stellvertreter und der nachträglichen Billigung des Betriebsrates abgeschlossen. Sie tritt am .... in Kraft. Sie ist mit einer Frist von 6 Monaten kündbar, erstmals zum ....

Ort, Datum, Unterschriften

Anlage zur Betriebsvereinbarung über die Information des Wirtschaftsausschusses

Die folgenden Daten und Informationen werden dem Wirtschaftsausschuss zusätzlich entsprechend § 2 der Betriebsvereinbarung zugänglich gemacht, soweit sie nicht schon in den Unterlagen, wie sie sich aus der Betriebsvereinbarung ergeben, enthalten sind. Diese Daten sind entsprechend den Gliederungsvorschriften für große Kapitalgesellschaften darzustellen.

1. Bilanz

1.1 Anlagespiegel

getrennt über Sach- und Finanzlagen in der für große Kapitalgesellschaften verlangten Aufgliederung
- Abschreibung, Zuschreibungen, Abgänge zu Nettobuchwerten des Geschäftsjahres
- Zugänge und Abgänge des Geschäftsjahres, die auf Neuzugänge bzw. Abgänge von Betrieben bzw. Unternehmen zurückzuführen sind
- Aufgliederung der Zugänge, insbesondere der Sachanlagezugänge, nach bedeutenden Investitionsprojekten sowie Angabe, inwieweit es sich um Erweiterungs-, Ersatz- und Rationalisierungsinvestitionen handelt

1.2 Verbindlichkeitenspiegel

in der für große Kapitalgesellschaften verlangten Aufgliederung
- Verbindlichkeiten gegenüber Pensions- oder Unterstützungskassen und ähnlichen Gläubigern unter Angabe der vereinbarten Zinssätze und Fristigkeiten
- Gesellschaftsdarlehen unter Angabe der vereinbarten Zinssätze und Fristigkeiten
- Besicherung von Verbindlichkeiten nach Verbindlichkeitsarten und Besicherungsarten

1.3 Angabe sonstiger finanzieller Verpflichtungen im Sinne von §§ 251, 285 Ziff. 3 HGB nach Arten und Beträgen für jedes der kommenden fünf Geschäftsjahre.

1.4 Spiegel über Rückstellungen gegliedert nach:
- Anfangsbestand
- Zugänge
- Verbrauch
- Auflösungen
- Endbestand

jeweils nach Arten (Gruppen), insbesondere eine Artenaufgliederung über sonstige Rückstellungen sowie einer Unterteilung nach langfristigen (mehr als drei Jahre) und kurzfristigen (bis drei Jahre) Rückstellungen. Des Weiteren unter Vermerk, welche Aufwands- und Ertragsarten der GuV von Zuführungen, Verbrauch und Auflösungen jeweils betroffen sind.

2. Kurzfristige Erfolgsrechnungen

2.1 Wie betriebsüblich für GL gegenwärtig monatlich erstellt

2.2 Umsätze aufgegliedert nach: (Produktbeispiele einer VW/Audi-Vertretung)
- Neuwagen Audi
- Neuwagen VW

- Neuwagen Nutzfahrzeuge
- Gebrauchtwagen
- Vorführwagen
- Kundendienst (Werkstatt) einschließlich Betriebsbüro und Gewährleistungen
- Ersatzteillager
  eigene Werkstatt
  Direktverkauf an Endverbraucher
  Direktverkauf an Norakunden (Wiederverkäufer)
  Für andere Industriebetriebe bietet sich außer den vorstehend aufgeführten Produktbeispielen eine Gliederung nach:
  Aufgliederung der Umsatzerlöse nach Hauptarten, insbesondere
- Abnehmergruppen (Produktarten und Dienstleistungsarten)
- Einzelabnehmer
- regional: Inland
            Ausland
  unter Angaben von Erlösminderungen an.

2.3 Einkaufspreise
gegliedert wie vorstehend zu 2.2

2.4 Wertschöpfung
gegliedert als jeweilige Differenz der Posten aus 2.2 minus 2.3

2.5 Gewinnverwendung/Entnahmen sowie Einlagen im Geschäftsjahr

2.6 Lohnaufwand getrennt nach Struktur

2.6.1 Tariflohn-/Gehaltsempfänger
- Tariflöhne/Gehälter
- übertarifliche Zulagen, einschließlich Leistungslöhne/Gehälter
- Sachzuwendungen (z. B. Firmenfahrzeug oder Vorführwagen)
- enthaltende Rückstellungen:
  a) kurzfristig
  b) langfristig (Pensionen)

2.6.2 AT-Angestellte
- Gehaltssumme für AT-Angestellte
- enthaltene Rückstellungen:
  a) kurzfristig
  b) langfristig (Pensionen)

2.6.3 Geschäftsleitung und leitende Angestellte
- Gehaltssumme für Geschäftsleitung und leitende Angestellte
- enthaltene Rückstellungen
  a) kurzfristig
  b) langfristig (Pensionen)

2.6.4 Abfindungen/Sonderprämien
- Abfindungen und Sonderprämien nach 2.6.1 bis 2.6.3 gegliedert
- enthaltene Rückstellungen nach Gruppen analog zu 2.6.1 bis 2.6.3 gesondert aufgeführt
- Höhe der Aufwendungen und der Zahlungen des Geschäftsjahres für Abfindungen unter Angabe, in welcher Aufwandsart sie enthalten sind (z. B. Personalaufwendungen, sonstige betriebliche Aufwendungen, außerordentliche Aufwendungen)

2.7 Sonstige Erträge
Aufgliederung der »sonstigen betrieblichen Erträge« nach Hauptarten, insbesondere auch
- Erlöse aus Nebenumsätzen
- Buchgewinne aus dem Abgang von Gegenständen des Anlagevermögens
- Erträge aus Wertaufholungen und Zuschreibungen
- Auslösung des Sonderpostens mit Rücklagenanteil
- Kursgewinne aus Währungen
- Erstattungen, Schadensersatzleistungen
- Subventionen/Zuschüsse

2.8 Aufgliederung der »Aufwendungen für Roh-, Hilfs- und Betriebsstoffe und für bezogene Waren« sowie der »Aufwendungen für bezogene Leistungen« nach Hauptarten

2.9 Aufgliederung der »sonstigen betrieblichen Aufwendungen« nach Hauptarten, insbesondere nach
- Buchverlusten aus dem Abgang von Gegenständen des Anlagevermögens
- Einstellungen in den Sonderposten mit Rücklageanteil
- Zuführungen zu den Aufwandsrückstellungen
- Zuführungen zu anderen Rückstellungen
- Kursverlusten aus Währungen
- Mieten und Pachten
- Beratungsaufwendungen
- anderen Hauptarten

2.10 Aufwendungen und Ausgaben des Geschäftsjahres für Forschung und Entwicklung

2.11 Kostenstellen- und Gruppenvergleiche
Vorlage aller Kostenaufstellungen und Gruppenvergleiche – gegliedert nach
- Monaten
- kumulativ

2.12 Erlös- und Kostengegenüberstellungen entsprechend der Produkte zu (oben) 2.2

2.13 Erläuterungen der Unterschiede zwischen den Jahresdaten aus der vierteljährlich vorzulegenden Erlös- und Kostenrechnung und den Erträgen und Aufwendungen der GuV

3. Leasing- und Pachtverträge
Vorlage aller Leasing- und Pachtverträge, woraus insbesondere die Berechnungsgrundlagen für die Betriebspachten hervorgehen, aufgeführt nach:
- einzelnen Vermögenswerten zu Anschaffungs- und Herstellungskosten

- Abschreibungsarten
- Instandhalteverpflichtungen des Unternehmens sowie die hierfür erbrachten Leistungen (Kosten) im jeweiligen Geschäftsjahr
- Gewinnspanne der jeweiligen Vermögenswerte

4. Verpflichtungen für die Zukunft
- alle künftigen Verpflichtungen, die in den folgenden fünf Geschäftsjahren auf das Unternehmen zukommen könnten
- Gewinnabführungs- sowie Verlustübernahmeverträge und ähnliche Verpflichtungen

5. Personalstand, gegliedert nach:
- gewerbliche Arbeitnehmer (männlich)
- gewerbliche Arbeitnehmer (weiblich)
- kaufmännische Arbeitnehmer (männlich)
- kaufmännische Arbeitnehmer (weiblich)
- technische Arbeitnehmer (männlich)
- technische Arbeitnehmer (weiblich)
- Meister (männlich)
- Meister (weiblich)
- leitende Angestellte (männlich)
- leitende Angestellte (weiblich)
- gewerbliche Auszubildende (männlich
- gewerbliche Auszubildende (weiblich)
- kaufmännische Auszubildende (männlich)
- kaufmännische Auszubildende (weiblich)

Ort, Datum, Unterschriften

(Hinweis: Entnommen aus AiB Heft 1/1992)

3.39 Nachunternehmereinsatz

3.39.1 Einleitung

Werden im Betrieb des Arbeitgebers (Werkbestellers) Arbeitnehmer von Fremdfirmen beschäftigt, so kann der Betriebsrat verlangen, dass ihm die Verträge mit den Fremdfirmen, die Grundlage dieser Beschäftigung sind, zur Verfügung gestellt werden. Der Betriebsrat kann auch verlangen, dass ihm die Listen ausgehändigt werden, aus denen sich die Einsatztage und Einsatzzeiten der einzelnen Arbeitnehmer der Fremdfirmen ergeben (BAG vom 31. 1. 1989 – 1 ABR 72/87).

Der Einsatz von Fremdpersonal im Betrieb ist nach Auffassung des BAG nur dann nach § 99 BetrVG mitbestimmungspflichtig, wenn dieses Personal in die Betriebsorganisation eingegliedert wird. Auch wenn dem BAG bei dieser Wertung nicht gefolgt werden kann, soll nachfolgend ausschließlich auf die weiteren betriebsverfassungsrechtlichen Aspekte abgestellt werden, sofern der Nachunternehmer-Einsatz eine Betriebsänderung nach §§ 111 ff. BetrVG darstellt. Davon ist jedenfalls dann auszugehen, wenn mit der Fremdvergabe der Arbeitgeber sein typisches Erscheinungsbild am Markt aufgibt. Arbeiten, die in der Vergangenheit von Stammbelegschaftsmitgliedern erledigt wurden und nunmehr Nachunternehmern übertragen werden, rechtfertigen grundsätzlich die Annahme einer Interessenausgleichs- bzw. Sozialplanpflicht.

Weitere Beteiligungsrechte können sich ergeben, weil

- die Arbeitszeit des Fremdfirmenpersonals (mit Auswirkungen) von der der eigenen Arbeitnehmer abweicht (§ 87 Abs. 1 Nrn. 2, 3 BetrVG),
- die Hinzuziehung eines Nachunternehmers die vereinbarten bzw. geplanten Urlaubsgrundsätze des Betriebes berührt (§ 87 Abs. 1 Nr. 5 BetrVG),
- der Betriebsrat in Fragen des Arbeits- und Gesundheitsschutzes sowie der Verhütung von Arbeitsunfällen auch für die Erfüllungsgehilfen des Nachunternehmers zuständig ist, wenn diese zusammen mit den im Betrieb schon beschäftigten Arbeitnehmern (z. B. auf einer Baustelle) arbeiten (§§ 87 Abs. 1 Nr. 7, 88 Nr. 1, 89),
- die Mitbenutzung von Sozialeinrichtungen (z. B. Kantine, Dusch- und Umkleideräume, Parkplätze) Auswirkungen auf die eigenen Arbeitnehmer hat. Gleiches gilt für die Unterbringung der Erfüllungsgehilfen in Wohnräumen, über die der Arbeitgeber verfügt (§ 87 Abs. 1 Nrn. 1, 8, 9 BetrVG),
- es erforderlich ist, die Fremdfirmenbeschäftigten an Betriebsversammlungen teilnehmen zu lassen und die Sprechstunden des Betriebsrats auch für diese Arbeitnehmer zu öffnen (§§ 42 ff., 39, 84 ff. BetrVG).

Um böse Überraschungen im Zusammenhang mit dem Nachunternehmereinsatz zu vermeiden, sollte dem Arbeitgeber grundsätzlich der Abschluss einer Betriebsvereinbarung vorgeschlagen werden. Die regelungsbedürftigen Angelegenheiten sind dabei sowohl im Katalog der erzwingbaren Mitbestimmung (z. B. §§ 111 ff. BetrVG) als auch nach § 88 BetrVG im Bereich der freiwilligen Regelungsbereiche angesiedelt.

Die Beschäftigung von Personen, die nicht in einem Arbeitsverhältnis zum Arbeitgeber stehen, verpflichtet den Arbeitgeber grundsätzlich zur rechtzeitigen und umfassenden Unterrichtung des Betriebsrats nach § 80 Abs. 2 BetrVG.

3.39.2 Betriebsvereinbarung »Nachunternehmereinsatz«

Zwischen
der Firma ....
und
dem Betriebsrat
wird nachfolgende Vereinbarung geschlossen:

Präambel

Die gesamtwirtschaftliche Lage in der Bauwirtschaft macht es erforderlich, die Unternehmensphilosophie, betreffend die Fertigungstiefe und -breite, neu zu definieren. Insbesondere die Schaffung neuer Strukturen zur Wettbewerbs- und Arbeitsplatzsicherung verdeutlichen das Erfordernis, die zur Zweckerreichung notwendigen organisatorischen und personellen Maßnahmen bedarfsgerecht und abgestimmt zu gestalten. Vor diesem Hintergrund verabreden sich die Betriebsparteien mit dem Ziel, die Hinzuziehung von Nachunternehmern sozialverträglich und bedarfsorientiert auszurichten.

Die Betriebsparteien vereinbaren, dass mit der wirtschaftlichen Entscheidung über die Ausdehnung des Nachunternehmereinsatzes in erster Linie die Sicherung von Stammarbeitsplätzen erreicht werden soll. Geschäftsleitung und Betriebsrat werden das Betriebsverfassungsgesetz im jeweiligen Anwendungsfall arbeitsplatzsichernd berücksichtigen.

Diese Betriebsvereinbarung hat das Ziel, den Unterrichtungsanspruch des Betriebsrats nach § 80 i. V. m § ...... TV rechtzeitig, umfassend und formgerecht zu erfüllen. Danach ist der Betriebsrat über jede Nachunternehmertätigkeit nach Art, Ort und Zeit vor Abschluss der entsprechenden Verträge zu informieren.

§ 1 Geltungsbereich

a) räumlich:
Diese Betriebsvereinbarung gilt für alle Nachunternehmertätigkeiten der Firma ....
(einschließlich verbundener Unternehmen, an denen die Firma .... mindestens 50 v. H. der Anteile hält) in .... (Ort, Land, Bund, grenzüberschreitend etc.).

b) fachlich
Für die Gewerke .... (z. B. Schalungsarbeiten etc.)

§ 2 Zeitpunkt und Form der Unterrichtung

Über den geplanten Nachunternehmereinsatz ist der Betriebsrat so rechtzeitig und umfassend zu informieren, wie es § 106 BetrVg für den Wirtschaftsausschuss vorsieht. Für die Unterrichtung des Betriebsrats ist ausschließlich das ordnungsgemäß ausgefüllte Formblatt ....
zu verwenden. Außerhalb der gesetzlichen Empfangsberechtigten gilt der Unterrichtungsanspruch als erfüllt, wenn Kollege/in .... (ggf. weitere Betriebsratsmitglieder benennen) zuständigkeitshalber den Empfang schriftlich bestätigt.

§ 3 Zulässigkeit von Fremdfirmenarbeit

Der Einsatz betriebsfremder Arbeitnehmer/innen ist unzulässig, wenn der Arbeitgeber nicht nachweist, dass das beabsichtigte Arbeitsergebnis durch eine (auch befristete) Neueinstellung nicht erreicht wird.

Zulässig ist nur der Einsatz von Fremdfirmenbeschäftigten solcher Firmen, welche die Gewähr bieten, dass alle Vorschriften des Arbeitsschutzes eingehalten sowie die Sozialversicherungsbeiträge ordnungsgemäß abgeführt werden und die ferner die Arbeitsbedingungen ihrer Beschäftigten auf dem Niveau branchenüblicher Tarifverträge geregelt haben. Diese Bedingungen und der Hinweis auf die Konsequenzen bei Nichtbeachtung sind in den Vertrag mit der Fremdfirma aufzunehmen.

Der Arbeitgeber verpflichtet sich ausdrücklich, keine Scheinselbständigen zu beschäftigen. Im Falle eines Verstoßes gegen die genannten Bedingungen ist der Vertrag fristlos zu kündigen. Die Fremdfirma wird bei einer weiteren Auftragsvergabe nicht mehr berücksichtigt.

§ 4 Personalplanung

Der Arbeitgeber erstellt eine schriftliche Personalplanung, über die er den Betriebsrat i. S. v. § 92 Abs. 1 Satz 1 BetrVG unterrichtet und die er mit ihm gem. § 92 Abs. 1 Satz 2 BetrVG berät. Im Rahmen der Personalplanung ist anzustreben, den Einsatz von Fremdfirmenarbeitnehmer/innen durch Neueinstellung zu vermeiden. Es wird ferner angestrebt, den Einsatz von Fremdfirmenbeschäftigten im Bereich .... ab .... durch eine entsprechende Qualifizierungsplanung für die eigenen Beschäftigten des Betriebes entbehrlich zu machen.

§ 5 Verfahren zur Unterrichtung

Der Nachunternehmer-Vertrag ist dem Betriebsrat in Kopie zu überlassen. Der Nachunternehmer ist mit Name, Anschrift, Rechtsform, Unternehmenszweck und Beschäftigtenzahl zu benennen.

Der Betriebsrat ist über den tatsächlichen Beginn und den Ort der Arbeitsleistung sowie die auszuführenden Arbeiten aktualitätsbezogen zu unterrichten.

Jede Änderung des Nachunternehmereinsatzes ist dem Betriebsrat unverzüglich mitzuteilen.

Der Arbeitgeber wird sicherstellen, dass der Betriebsrat ohne Ankündigung die Arbeitsstelle (Baustelle etc.) des Nachunternehmers zum Zwecke der Ausübung seiner Kontroll- und Überwachungsrechte betreten kann.

Über die Ausübungsform der dem Betriebsrat zustehenden Rechte entscheidet der Betriebsrat nach Art, Ort und Zeit nach pflichtgemäßem Ermessen mit der den Arbeitgeber treffenden Kostenfolge.

Räumt ein Gesetz und/oder Tarifvertrag den Erfüllungsgehilfen des Nachunternehmers und/oder dem Betriebsrat des Werkbestellers einen Informations- und/oder Unterrichtungsanspruch zur ordnungsgemäßen Durchführung des Nachunternehmereinsatzes ein, ist sicherzustellen, dass der Betriebsrat die Erfüllungsgehilfen des Nachunternehmers und umgekehrt ungehindert während der Arbeitszeit aufsuchen können.

Der Betriebsrat hat das Recht, die Fremdfirmenbeschäftigten, insbesondere bezüglich Tätigkeit und Einordnung in den betrieblichen Arbeitsablauf, Unfall- und Gesundheitsgefahren, Veränderungen des Arbeitsbereichs, zu unterrichten.

Vor dem beabsichtigten Einsatz betriebsfremder Arbeitnehmer/innen, die aufgrund eines Werkvertrages mit Arbeiten beschäftigt werden sollen, die für die Verwirklichung des Betriebszwecks unentbehrlich sind, ist die Zustimmung des Betriebsrats nach § 99 BetrVG einzuholen.

§ 6 Rechte der Fremdfirmenbeschäftigten

Die Fremdfirmenbeschäftigten sind berechtigt, während der Arbeitszeit die Sprechstunde des Betriebsrates aufzusuchen sowie an Betriebsversammlungen und entsprechenden Teilversammlungen teilzunehmen.

Den Fremdfirmenbeschäftigten steht auch das Beschwerderecht nach §§ 84 ff. BetrVG zu.

§ 7 Interessensausgleich/Sozialplan

Erbringt der Nachunternehmer Leistungen, die der Arbeitgeber in der Vergangenheit mit eigenen Arbeitnehmern realisiert hat, verpflichten sich die Betriebsparteien, unverzüglich in Verhandlungen über den Abschluss eines Interessenausgleichs/Sozialplans einzutreten. Einigen sich die Betriebsparteien in freien Verhandlungen nicht, entscheidet die Einigungsstelle für beide verbindlich.

§ 8 Kurzarbeit/Betriebsbedingte Kündigungen

Für die Dauer des Nachunternehmer-Einsatzes sowie sechs Monate nach seiner Beendigung schließen die Betriebsparteien Kurzarbeit und betriebsbedingte Kündigungen aus. Im Nichteinigungsfalls über Kurzarbeit und/oder betriebsbedingte Kündigungen unterwerfen sich die Betriebsparteien dem Spruch einer Einigungsstelle.

§ 9 Salvatorische Klausel

Etwa ungültige Bestimmungen dieser Vereinbarung berühren nicht die Rechtswirksamkeit der Betriebsvereinbarung im Ganzen. Sollten Bestimmungen dieser Vereinbarung unwirksam sein oder werden oder sollten sich in dieser Vereinbarung Lücken herausstellen, so wird infolgedessen die Gültigkeit der übrigen Bestimmungen nicht berührt. Anstelle der unwirksamen Bestimmungen oder zur Ausfüllung einer Lücke ist eine angemessene Regelung zu vereinbaren, die dem am nächsten kommt, was die Betriebsparteien gewollt haben oder nach dem Sinn und Zweck der Vereinbarung gewollt haben würden, sofern sie den Punkt bedacht hätten. Beruht die Ungültigkeit einer Bestimmung auf einem darin angegebenen Recht der Leistung oder Zeit, so hat unter Berücksichtigung des vorstehend Gesagten ein gesetzlich zulässiges Recht an die Stelle zu treten.

§ 10 Schlussbestimmungen

Diese Betriebsvereinbarung tritt am .... in Kraft und kann mit einer Kündigungsfrist von ...., erstmals zum ...., gekündigt werden. Diese Betriebsvereinbarung wirkt in ihrer Gesamtheit so lange nach, bis sie durch eine andere Abmachung ersetzt wird.

Unterschrift Geschäftsleitung   Unterschrift Betriebsrat

3.40 Beschäftigungssicherung

3.40.1 Einleitung

Inwieweit Lohnverzicht Arbeitsplätze retten oder angeschlagene Unternehmen am Leben erhalten kann, ist sicherlich umstritten. Die Erfahrungen in der Praxis sind unterschiedlich. In einigen Tarifbereichen ist allerdings im Wege betrieblicher Öffnungsklauseln tarifvertraglich die Möglichkeit geschaffen worden, vom Tarifentgelt abzuweichen, sofern damit die Arbeitsplätze gesichert oder sonstige nachteilige Maßnahmen wie Standortverlagerung etc. verhindert werden können. Ein Beispiel aus diesem Bereich ist die entsprechende tarifliche Regelung für das Baugewerbe in Ostdeutschland. Der zunehmende Kostendruck und das Interesse der Betriebsräte am Erhalt von Standorten bzw. der Vermeidung von Personalabbau führt in der betrieblichen Praxis nicht selten zu einem Unmaß an Kreativität der Betriebsparteien. Betriebsvereinbarungen in diesem Sinne müssen nicht unbedingt bedeuten, dass wirtschaftliche Schwierigkeiten zwangsläufig zu Personalabbau führen, sondern dass eine Erschwerung betriebsbedingter Kündigungen auch Produktivitätspotenziale freisetzen kann. Dazu werden nachfolgend zwei Betriebsvereinbarungen zur »Beschäftigungssicherung« abgedruckt.

Eine hierzu erarbeitete Muster-Betriebsvereinbarung ist nachfolgend abgedruckt.

3.40.2 Betriebsvereinbarung zur Beschäftigungssicherung

Zischen der Firma .... (nachfolgend »Arbeitgeber« genannt)
und dem
Betriebsrat der Firma .... (nachfolgend »Betriebsrat« genannt)
wird auf der Grundlage der in den Entgelt-Tarifverträgen im Baugewerbe im Beitrittsgebiet (ausgenommen Berlin-Ost) enthaltenen Beschäftigungssicherungsklausel die nachfolgende Betriebsvereinbarung abgeschlossen.

§ 1 Grundsätze

Arbeitgeber und Betriebsrat beabsichtigen übereinstimmend, mit dieser Regelung gemeinsam einen wichtigen Beitrag zur Sicherung der Arbeitsplätze und zur Verbesserung der Wettbewerbsfähigkeit sowie der Ertragskraft des Unternehmens zu leisten. Basis hierfür bilden die Tarifverträge zur Neuregelung der Löhne und Gehälter vom 20. 5. 1998, die mit Wirkung vom 1. 4. 1998 in Kraft getreten sind.

§ 2 Geltungsbereich

1. Betrieblicher Geltungsbereich
   Diese Betriebsvereinbarung gilt für den Betrieb der Firma ..../für die nachfolgend aufgezählten Betriebsteile der Firma .... im Beitrittsgebiet (ausgenommen Berlin-Ost).

2. Persönlicher Geltungsbereich
   Von dieser Betriebsvereinbarung werden alle unter das Betriebsverfassungsgesetz fallenden Arbeitnehmer im Sinne des § 5 Abs. 1 BetrVG erfaßt. Es besteht Einigkeit darüber, dass diese Betriebsvereinbarung sinngemäß auch auf leitende Angestellte und sonstige Führungskräfte angewendet werden soll.

§ 3 Maßnahmen der Beschäftigungssicherung

1. Mit Wirkung ab dem .... werden die seit dem 1. April 1998 geltenden Tariflöhne und -gehälter (= Basiswert 100%) einheitlich auf ....% festgelegt (Achtung: Eine Abweichung ist höchstens um 10%, gemessen an dem vollen Tarifentgelt, zulässig!). Diese hiermit betrieblich vereinbarten Löhne und Gehälter treten an die Stelle der entsprechenden tariflich geregelten Gesamttarifstundenlöhne und Gehälter. Hiervon ausgenommen sind die zu ihrer Berufsausbildung Beschäftigten sowie Bauwerker, die nach Berufsgruppe VII 2 (Mindestlohn) entlohnt werden.
   Für Arbeitnehmer, die im Leistungslohn arbeiten, gilt folgende Regelung: (z. B. keine Abweichung bei der Bezahlung von Leistungslohnmehrstunden, für diese Stunden Anspruch auf den vollen Tariflohn, d. h. ohne Bauzuschlag).
   Die Betriebsvereinbarung kommt nicht zur Anwendung für Zeiten der Entsendung bzw. des vorübergehenden Einsatzes von Arbeitnehmern in den alten Bundesländern. § 5 Nr. 6 des Bundesrahmentarifvertrages für das Baugewerbe bleibt unberührt.

2. Im Gegenzug hierzu verpflichtet sich der Arbeitgeber, während der Geltungsdauer dieser Betriebsvereinbarung:
   (hier sind eine oder möglichst mehrere der nachfolgend genannten Maßnahmen zur Beschäftigungssicherung aufzuführen)
   a) keine betriebsbedingten Kündigungen auszusprechen; dies gilt auch für betriebsbedingte arbeitgeberseitig veranlasste Aufhebungsverträge

b) keine Bauleistungen wegen geringerer Arbeitskosten an Nachunternehmer zu vergeben, sofern diese von der Stammbelegschaft des Betriebes erbracht werden können

c) keine Kurzarbeit für den gesamten Betrieb oder einzelne Betriebsteile zu beantragen bzw. durchzuführen

d) die derzeit in Ausbildung befindlichen Auszubildenden zu übernehmen und entsprechend ihrer Qualifikation für die Dauer von mindestens 6 Monaten zu beschäftigen, sofern diese während der Geltungsdauer dieser Betriebsvereinbarung ihre Ausbildung erfolgreich beenden.

e) Weitere Maßnahmen der Beschäftigungssicherung durchzuführen (die an dieser Stelle konkret und verbindlich zu nennen sind), wie z.B. Schaffung von .... neuen Arbeitsplätzen in den Bereichen YZ, keine Umstrukturierungen oder Ausgliederungen von Betriebsteilen bzw. Zusammenlegungen, keine Standortverlagerung bzw. -schließung, Vorlage eines Konzeptes zur Verbesserung der wirtschaftlichen Basis und Wettbewerbsfähigkeit etc. des Betriebes/des Unternehmens.

§ 4 Rechtsfolgen bei Nichteinhaltung der gegenseitigen Verpflichtungen

1. Erfüllt der Arbeitgeber die im § 3 Ziff. 2 festgelegten Verpflichtungen nicht, so endet diese Betriebsvereinbarung mit sofortiger Wirkung ohne Nachwirkung. In diesem Fall haben die von dieser Betriebsvereinbarung erfassten Arbeitnehmer rückwirkend ab dem Beginn der Laufzeit Anspruch auf Nachzahlung des Differenzbetrages zwischen Tarifentgelt (Basiswert 100%) und betrieblich vereinbartem Entgelt; die Nachzahlung wird sofort fällig und ist mit der nächsten Lohn- bzw. Gehaltsabrechnung auszuzahlen.

2. Eine anderweitige Regelung kann nur im Einvernehmen zwischen Arbeitgeber und Betriebsrat unter Hinzuziehung der bezirklichen Organisationsvertreter getroffen werden.

§ 5 Unterrichtungsrecht des Betriebsrats

1. Der Arbeitgeber ist verpflichtet, den Betriebsrat, auf Verlangen unter Vorlage sachdienlicher Unterlagen, über die Voraussetzungen für die Fortführung dieser Betriebsvereinbarung zur Beschäftigungssicherung zu unterrichten.

2. Der Betriebsrat kann hierzu erforderlichenfalls Sachverständige hinzuziehen.

§ 6 Verfahrensfragen, Laufzeit

1. Sofern noch Nachteile für die betroffenen Arbeitnehmer auftreten, die nicht erkannt wurden, werden die Parteien über einen angemessenen und dem Sinn der Vereinbarung Rechnung tragenden Ausgleich verhandeln.

2. Im Übrigen gelten die entsprechenden tariflichen Regelungen zur Beschäftigungssicherung.

3. Bei Streitigkeiten über die Auslegung dieser Betriebsvereinbarung entscheidet eine paritätische Kommission, in die Arbeitgeber und Betriebsrat je .... Vertreter entsenden unter Hinzuziehung der bezirklichen Organisationsvertreter.

4. Diese Betriebsvereinbarung beginnt mit Wirkung ab .... und endet vorbehaltlich der Regelung des § 4 dieser Vereinbarung durch Fristablauf am .... ohne Nachwirkung.

Ort, Datum, Unterschriften

3.40.3 Betriebsvereinbarung »Beschäftigungssicherungsvertrag«

Präambel

(1) Auf Basis der gemeinsamen Ziele der Unternehmensleitung und der Beschäftigten der X AG sowie deren Betriebsrat wird anlässlich der zu erwartenden Veränderungen des Marktes zwischen den Betriebsparteien eine Betriebsvereinbarung zur Sicherung und offensiven Fortentwicklung des Unternehmens sowie der Anzahl und Qualität der Arbeitsplätze am Flughafen Frankfurt abgeschlossen.

(2) ...

(3) Die verschärften Wettbewerbsanforderungen resultieren insbesondere aus der Umsetzung der EU-Richtlinie zur Marktöffnung bei den Bodenverkehrsdiensten. Die Veränderung der wirtschaftlichen Rahmenbedingungen wird von der Unternehmensleitung offen und transparent zu den Beschäftigten und deren Interessenvertretung kommuniziert. Nur gut informierte MitarbeiterInnen können im Unternehmensinteresse handeln.

(4) Die Betriebsparteien wollen sich künftig verstärkt über Maßnahmen zur Sicherung und Entwicklung der bestehenden, satzungsgemäßen und neuen Geschäftsfelder verständigen. Vorschläge der Beschäftigten und des Betriebsrats sollen hier vermehrt eingebracht und umgesetzt werden. Dies betrifft insbesondere die Wahrnehmung aller Geschäftschancen, die einen positiven Ergebnisbeitrag leisten. Dazu ist eine Erhöhung der Konkurrenzfähigkeit der X AG erforderlich.

(5) ...

(6) ...

(7) Eine systematische Personalentwicklung auf allen Ebenen mit den Elementen einer strategisch orientierten Bedarfsermittlung, Planung, Steuerung, Beratung und Durchführung von angepassten Qualifizierungsmaßnahmen ist unverzichtbar.

(8) ...

(9) Unternehmensleitung und Betriebsrat erarbeiten gemeinsam unter Einbeziehung der Beschäftigten Maßnahmen und eine Methodik zur Erreichung einer höheren Flexibilität der Personalkosten, um so mit veränderten Marktanforderungen offensiv umgehen zu können, ohne dabei die tariflichen Bedingungen zu unterschreiten.

(10) Unternehmensleitung und Betriebsrat verständigen sich auf das Ziel einer stärkeren Beteiligung der Beschäftigten am Erfolg des Unternehmens.

(11) Bei festgestellten Veränderungen des Marktes mit entsprechenden Auswirkungen auf die Erlös- und Kostenstruktur der X AG werden zunächst alle Möglichkeiten des SA:FE-Programms ausgeschöpft, durch Einsparung von Sachkosten, erlössteigernde Maßnahmen und die weitere Optimierung der Geschäftsprozesse die Wirtschaftlichkeit der X AG zu sichern. Wenn die entsprechenden Maßnahmenbündel des SA:FE- Programms nicht ausreichen, können wie im nachstehenden Verfahren beschrieben auch freiwillige und übertarifliche Leistungen temporär ausgesetzt, eingeschränkt oder aufgehoben werden. Verbessert sich die Wettbewerbsfähigkeit der Bodenverkehrsdienste, werden diese Kürzungen entsprechend zurückgenommen. Die jeweiligen gültigen tariflichen Bedingungen bleiben gesichert. Kürzungen außertariflicher Leistungen werden in sozialer Ausgewogenheit vorgenommen. Die Durchführung ist vollständig in Kapitel 3 geregelt.

(12) Unter Nutzung der nachstehend beschriebenen Instrumentarien sagt die Unternehmensleitung der X AG zu, bis zum 31. 12. … auf den Ausspruch betriebsbedingter Kündigungen im gesamten Unternehmen wegen Preisveränderungen bei den Bodenverkehrsdienstleistungen zu verzichten.

(13) Vorsorglich werden für den möglichen Wegfall von Aufgaben bei der X AG aufgrund der Übernahme dieser Aufgaben durch Dritt- und Selbstabfertiger unverzüglich Kriterien für eine Sozialauswahl vereinbart, die die bestehenden Personalstrukturen erhalten (z. B. Lebensalter, Betriebszugehörigkeit, Qualifikation, Funktion, …).

(14) Bei Meinungsverschiedenheiten zwischen den Betriebsparteien über Auslegung und Durchführung dieser Betriebsvereinbarung sowie dann, wenn die Kommission gemäß Kapitel 1 zu keinem einvernehmlichen Prüfungsergebnis bezüglich der Anwendung des Berechnungsmodells entsprechend der Anlage 2 zum Kapitel 3 kommt, entscheidet die Einigungsstelle auf Antrag einer Seite. Die Betriebsparteien unterwerfen sich dem Spruch der Einigungsstelle gemäß § 76 Abs. 6 BetrVG.

1. Grundsätze zur Information und Planung der Unternehmensentwicklung

(1) Im Rahmen der regelmäßigen Berichterstattung der Unternehmensleitung zur wirtschaftlichen Lage des Unternehmens wird zukünftig der Betriebsrat insbesondere über Maßnahmen und Erfolge des Projektes SA:FE unterrichtet.

(2) Zur Vorbereitung der Mitwirkungsrechte des Betriebsrats bilden Unternehmensleitung und Betriebsrat eine gemeinsame Kommission SA:FE unter Beteiligung der Arbeitnehmervertreter im Aufsichtsrat, die mindestens monatlich zusammentritt. Für diese Kommission werden von beiden Seiten jeweils fünf VertreterInnen benannt.

(3) Die Kommission beschäftigt sich insbesondere mit folgenden Themen:
- Sicherung bestehender und Entwicklung neuer Umsatzerlöse
- Möglichkeiten zur Verbesserung der Kostenstrukturen (insbesondere Sachkosten, Personalkosten, Optimierung der Geschäftsprozesse und Arbeitsabläufe)
- Beschaffungsentscheidungen über Leistungen Dritter, für die das Unternehmen eigene Ressourcen vorhält.

- Modelle für die Beteiligung der Beschäftigten an Produktivitätsfortschritten und am Erfolg des Unternehmens sowie Möglichkeiten zur Beteiligung der Beschäftigten am Kapital der X AG. Bei einer Kapitalerhöhung der X AG durch Börsengang wird sich der Vorstand dafür einsetzen, dass MitarbeiterInnen Belegschaftsaktien vergünstigt erwerben können.
- Festlegung von gemeinsamen Zielen zur Sicherung der Anwendung von Tarifverträgen in Tochterunternehmen

Darüber hinaus überprüft die Kommission die Anwendung des Berechnungsmodells entsprechend der Anlage 2 zum Kapitel 3 dieser Vereinbarung und stellt das Ergebnis einvernehmlich fest.

2. Maßnahmen zur Entwicklung der personellen Ressourcen

Unternehmensleitung und Betriebsrat sehen weiteren Handlungs- und Regelungsbedarf in den folgenden Feldern:

- Arbeitszeitregelungen
- Personal- und Führungskräfteentwicklung
- Berufliche Aus- und Weiterbildung
- Organisationsentwicklung
- Qualitätssicherung und -steuerung
- Gesundheitsschutz und Arbeitssicherheit
- Integration Schwerbehinderter
- Beschäftigung Leistungsgeminderter
- Verbesserung der Anwesenheitsquote
- Leistungsgerechte Bezahlungssysteme

Die Unternehmensleitung verpflichtet sich, im Rahmen von SA:FE gemeinsam mit dem Betriebsrat zu den genannten Punkten bis zum 30. 6. ... Konzepte zu entwickeln bzw. fortzuschreiben und die Umsetzung einzuleiten. Grundsätze und Ziele werden in einer Anlage formuliert.

3. Regelungsmechanismus bei Personalstrukturkostenanpassungen

(1) Zur Sicherung von Arbeitsplätzen und der Wettbewerbsfähigkeit des Unternehmens verständigen sich die Betriebsparteien auf folgende Grundsätze:

(2) Bei nachgewiesenen Preisreduzierungen im Zusammenhang mit der Zulassung von Dritt- und Selbstabfertigern am Flughafen Frankfurt wird eine Gefährdungsrechnung zur Ermittlung des erforderlichen Anpassungsbedarfs der freiwilligen außertariflichen Sozialleistungen erstellt (Anlage 2).

(3) Als Referenzbasis für die Berechnungen wird die Hochrechnung ... (Stand 30. 6. ...), die noch keiner Beeinträchtigung durch Preisreduzierungen aus der Marktöffnung der Bodenverkehrsdienste unterliegt, angenommen. Die einzusparende Summe (Kompensationsrechnung) wird jeweils jährlich auf der Basis der beschriebenen Parameter aktualisiert.

(4) Der Nachweis der Preisreduzierungen für das jeweils kommende Jahr wird bis spätestens 15. 11. eines Jahres von der Unternehmensleitung erklärt und durch einen Wirtschaftsprüfer

bestätigt. In 1998 wird dieser Nachweis abweichend von diesem Grundsatz für das Geschäftsjahr … bis zum 31. 12. … erbracht.

(5) Die Aussetzung oder Reduzierung von Sozialleistungen wird nur dann umgesetzt, wenn es
nicht gelingt, die Preisreduzierungen durch Kostensenkungen (z. B. Sachkostenreduzierungen,
Senkung des Krankenstandes, Nutzung von Absenkungen in Tarifverträgen, neue Arbeitszeit-
modelle) und erlössteigernde Maßnahmen im Rahmen des SA:FE-Programms zu kompensieren.

(6) In jedem Fall wird die Summe der zu reduzierenden Sozialleistungen (gemäß Anlage 1) auf
die Höhe der im SA:FE Programm geplanten Sachkosteneinsparungen/Erlössteigerungen begrenzt. Liegen die realisierten Einsparungen bei den Sozialleistungen über den realisierten
Sachkosteneinsparungen/Erlössteigerungen, wird der Unterschiedsbetrag im Folgejahr verrechnet. Im Projektcontrolling wird dies plausibel dargestellt. Unterjährige Zinseffekte aus den
genannten Maßnahmen bleiben unberücksichtigt.

(7) Die in der Anlage 1 aufgelisteten freiwilligen außertariflichen Sozialleistungen werden
entsprechend dieser Vereinbarung wie in Tabelle 4 ff. beschrieben ab dem 1. 1. eines jeden
Jahres ausgesetzt oder gekürzt. Eventuelle Kürzungen von monatlichen betrieblich vereinbarten
Zahlungen werden allerdings nicht vor dem 1. 3. … umgesetzt.

(8) Die in Anlage 1 beschriebenen Kürzungen der Sozialleistungen erfolgen nach Vorliegen des
Ergebnisses der nach Anlage 2 vorgenommenen Rechnung und Feststellung durch die Kommission gemäß Kapitel 1. Bei der Staffelung der Aussetzung der in Anlage 1 beschriebenen Sozialleistungen haben die Betriebsparteien den Grundsatz der sozialen Ausgewogenheit berücksichtigt.

(9) Kürzungen von Sozialleistungen, die in … ergebniswirksam werden, gehen in die Berechnung des Anpassungsbedarfs für … ein.

(10) Die Anspruchsgrundlage für Treueprämie und Betriebszulage entfällt frühestens ab 1. 1. …

(11) In den Folgejahren wird zum vereinbarten Stichtag die eingetretene Über- bzw. Unterkompensation bei den Personalstrukturkosten des laufenden Geschäftsjahres durch die Unternehmensleitung dokumentiert. Die realisierte Über- bzw. Unterkompensation wird mit dem
Anpassungsbedarf für das nächste Jahr verrechnet.

(12) Spätestens sechs Monate vor Auslaufen dieser Vereinbarung werden die Betriebsparteien
eine Bewertung vornehmen, inwieweit die getroffenen Anpassungsmaßnahmen zur Verbesserung der Wettbewerbsfähigkeit beigetragen haben. Grundlage dafür ist ein externes Gutachten
über die Wettbewerbsfähigkeit der Preise der Bodenverkehrsdienste.

(13) Die Behandlung einer nach Anlage 1, Tabelle 0, Zeile (9) ermittelten Über- oder Unterdek-
kung für das Jahr … wird im Rahmen dieser Bewertung einvernehmlich geregelt.

4. Beschäftigungssicherung

(1) Grundlagen der Personalbedarfsplanung und Einbeziehung des Betriebsrats

Im Rahmen der Personalplanung wird die Bemessung der Personalkapazitäten unter Einbeziehung sich abzeichnender Geschäftsvolumina auf Basis der am Standort vorhandenen Funktionen regelmäßig mit dem Betriebsrat beraten.

(2) Möglichkeiten für bereichsübergreifenden Personaleinsatz

Zur Vermeidung von Kapazitätsengpässen kann geeignetes Personal bereichsübergreifend eingesetzt werden.

(3) Interne Stellenausschreibung

Das bestehende Verfahren wird ergänzt um eine gezielte Qualifizierung interner Bewerber, wenn dadurch mit vertretbarem Aufwand eine interne Besetzung offener Stellen ermöglicht wird. Einzelheiten werden in einer abzuschließenden Betriebsvereinbarung »Interne Stellenausschreibung« geregelt.

(4) Ringtausch

Alle Möglichkeiten zum Ringtausch werden zur Vermeidung von betriebsbedingten Kündigungen nach Absprache zwischen Betriebsrat und Geschäftsführung genutzt. Ringtausch liegt vor, wenn ein/e MitarbeiterIn seine/ihre Bereitschaft zum Abschluss eines Aufhebungsvertrages bekundet, dessen/deren Arbeitsplatz nicht abgebaut werden soll. Dem/der MitarbeiterIn ist die Möglichkeit zur Beendigung des Beschäftigungsverhältnis einzuräumen, wenn der frei werdende Arbeitsplatz von einem/einer MitarbeiterIn besetzt werden kann, dessen/deren Arbeitsplatz entfällt.

(5) Betriebsbedingter Wechsel zu Tochterunternehmen/Recht auf Aufhebungsvertrag

Nimmt ein/e MitarbeiterIn aus betriebsbedingten Gründen ein Arbeitsplatzangebot eines X AG-Tochterunternehmens an und scheidet dort innerhalb einer Frist von 12 Monaten aus, erhält er/sie von der X AG die Abfindung, die er/sie erhalten hätte, wenn er/sie anstelle des Wechsels unmittelbar bei der X AG ausgeschieden wäre. Dies gilt nicht, wenn der/die Mitarbeiter/in bei dem Tochterunternehmen aus verhaltens- oder personenbedingten Gründen ausscheidet.

(6) Grundsätze für Beschaffungsentscheidungen

Für beschäftigungsrelevante Beschaffungsentscheidungen durch den zuständigen Bereich verständigen sich die Betriebsparteien auf folgende Grundsätze:

- Bei Beschaffungsentscheidungen werden unter dem Gesichtspunkt der Arbeitsplatzsicherung neben dem Kostenaspekt auch qualitative Kriterien (wie Qualität, Flexibilität, Zuverlässigkeit) in die Bewertung einbezogen.
- Unter der Voraussetzung von gleicher Qualifikation und vorhandenen Kapazitäten wird grundsätzlich nicht fremdvergeben, wenn im Rahmen einer Vollkostenbetrachtung die Fremdleistung nicht mehr als 15% und/oder Euro 50 000 günstiger ist.
- Bei Vergabeentscheidungen hat der betroffene Bereich des Unternehmens die Möglichkeit eines »Last Calls«.
- Eine Prüfung der Beschaffungsentscheidungen durch den zuständigen Bereich nach diesen Grundsätzen findet statt auf der Basis der jeweiligen Plananmeldungen für Fremdleistungen sowie unterjährig bei einem Einzelvolumen ab Euro 250 000.
- Dem Betriebsrat wird im Bedarfsfall eine Einsichtnahme eingeräumt.
- Über die organisatorische Umsetzung der genannten Grundsätze wird in der Kommission SA:FE berichtet.

(7) Einsatz von Leiharbeitskräften

Der Einsatz von Leiharbeitskräften, ein Neuabschluß oder die Verlängerung von Werkverträgen – soweit diese nicht gemäß Ziffer (6) bereits geprüft wurden – kann nur erfolgen, wenn keine eigenen freien Kapazitäten vorhanden sind. Dies gilt nur unter der Voraussetzung vergleichbarer Qualifikationen.

(8) Möglichkeiten zur Arbeitszeitverkürzung

Unter der Voraussetzung einer tarifvertraglichen Öffnung prüfen Unternehmensleitung und Betriebsrat bei vorhandenen Überkapazitäten die Möglichkeiten zur Absenkung der regelmäßigen wöchentlichen Arbeitszeit für die Beschäftigten.

Dabei werden auch Möglichkeiten zur bereichsspezifischen Absenkung der regelmäßigen wöchentlichen Arbeitszeit geprüft.

(9) Möglichkeiten zur Arbeitszeitverlängerung

Unternehmensleitung und Betriebsrat verständigen sich darauf, bei Einführung entsprechender tariflicher Öffnungsklauseln die Möglichkeiten einer Arbeitszeitverlängerung zu prüfen. Die Anrechenbarkeit dieser Maßnahmen auf das SA:FE Programm ist gegeben; die Betriebsparteien werden sich rechtzeitig über die Modalitäten verständigen.

(10) Anreize für Teilzeit

Im Rahmen einer Teilzeitoffensive werden neue Modelle zur Gestaltung von Teilzeitarbeitsbedingungen einvernehmlich zwischen Betriebsrat und Unternehmen entwickelt. Unter Berücksichtigung der betrieblichen Erfordernisse sollen Teilzeitmodelle erarbeitet werden, die stundenweise, tageweise oder blockweise arbeitsfreie Zeit ermöglichen.

(11) Altersteilzeit

Der Entwurf einer Betriebsvereinbarung wird auf der Basis des Tarifvertrages von der Unternehmensleitung vorgelegt.

Alle oben in den Ziffern (1) bis (11) genannten Möglichkeiten sollen verantwortungsvoll und sozialverträglich ausgeschöpft werden, um betriebsbedingte Beendigungskündigungen möglichst zu vermeiden. Entsprechende Vereinbarungen sind bei Bedarf unverzüglich zu verhandeln.

Die Betriebsparteien verständigen sich darauf, bis 31. 12. ... eine Vereinbarung abzuschließen, die die Möglichkeiten zur Absicherung der sozialen Besitzstände bei einem Betriebsübergang von Mitarbeiterinnen/Mitarbeitern zu Selbst- oder Drittabfertigern konkretisiert.

5. Salvatorische Klausel

Diese Vereinbarung wird einer rechtlichen Begutachtung durch einen anerkannten Arbeitsrechtler unterzogen.

...

6. Verlängerung der Gewährung des Sonderzuschlags

Die Betriebsparteien vereinbaren, dass die Vereinbarung vom 26. 6. ... über die Gewährung eines Sonderzuschlags, zuletzt geändert durch die Vereinbarung vom 20. 12. ..., ohne Nachwirkung bis zum 31. 12. ... verlängert wird. Die Höhe der Zahlungen richtet sich nach den Bestimmungen dieser Betriebsvereinbarung über die Beschäftigungssicherung. Die jeweiligen Beträge des monatlichen Sonderzuschlags werden nach den entsprechenden Tabellen in Anlage 1 zu dieser Betriebsvereinbarung ermittelt.

Durch die Verlängerung der Vereinbarung über den Sonderzuschlag wird erreicht, dass die Neuregelungen in dieser Betriebsvereinbarung bei kollektiver Betrachtungsweise für die Mitarbeiterinnen und Mitarbeiter insgesamt nicht ungünstiger sind.

7. Schlussbestimmungen

Die Vereinbarung tritt mit Unterzeichnung in Kraft und endet am 31. 12. ... ohne Nachwirkung. Bestehende Betriebsvereinbarungen und Regelungsabsprachen, die von den Regelungen dieser Vereinbarung tangiert werden, werden im Sinne der hier getroffenen Festlegungen unverzüglich angepasst.

Anlage 1: Maßnahmen zur Anpassung der Personalstrukturkosten

Anlage 2: Berechnungsmodell zum Regelungsmechanismus für Personalstrukturkostenanpassungen (Schritt 1 bis 4)

3.41 Interessenausgleich und Sozialplan

3.41.1 Einleitung

Im Falle von Betriebsänderungen gemäß § 111 BetrVG hat der Unternehmer einen Interessenausgleich mit dem Betriebsrat – im Falle der Nichteinigung über die Einigungsstelle – zu versuchen. Der Betriebsrat kann seinerseits zum Ausgleich der wirtschaftlichen Nachteile für die betroffenen Arbeitnehmer einen Sozialplan fordern. Kommt es hierüber nicht zu einer Einigung, kann die Einigungsstelle angerufen werden, die verbindlich entscheidet.

Naturgemäß gibt es keinen Sozialplan »von der Stange«, sondern dieser muss schon nach den gesetzliche Vorgaben auf die konkreten betrieblichen Verhältnisse abgestellt werden. Dies gilt umso mehr für den Interessenausgleich, der die geplante unternehmerische Maßnahme und damit im Zusammenhang stehende Regelungen zwischen Arbeitgeber und Betriebsrat festlegt. Nachfolgend dokumentieren wir einen Interessenausgleich- und Sozialplantext sowie einen Sozialplan, der im Zusammenhang mit der Fusion zweier Unternehmen entstanden ist. Dabei ist das eine Unternehmen auf das andere verschmolzen worden. Hierbei ist es gelungen, im Wege einer separaten Vereinbarung, die ebenfalls dokumentiert ist, die Betriebsratsstrukturen beider Unternehmen für eine angemessene Übergangszeit zu erhalten bzw. zu sichern. Hierzu wird auf das vom Bund-Verlag herausgegebene »Handbuch Interessenausgleich und Sozialplan – Ein praktischer Ratgeber« verwiesen.

3.41.2 Betriebsvereinbarung (Interessenausgleich) zur Standortsicherung

Die Geschäftsleitung der Firmen ....
und
der Betriebsrat ....
schließen über die Durchführung von Strukturmaßnahmen an dem Standort .... folgende
Betriebsvereinbarung ab:

1. Regelungsgegenstand und Geltungsbereich

Die Geschäftsführung hält die Durchführung der begonnenen Strukturveränderungen zur
Sicherung wettbewerbsgerechter Kostenstrukturen für erforderlich.

Das Ziel des Betriebsrates ist die Erhaltung der seitherigen Arbeitsplätze in dem Werk ....

Zur Lösung dieses Interessengegensatzes wird nachfolgender Interessenausgleich vereinbart.

Der Geltungsbereich dieser Vereinbarung erstreckt sich
- sachlich/räumlich auf die Durchführung der Maßnahmen gem. Ziffer 3 dieser Vereinbarung
- persönlich auf die Mitarbeiter, deren Arbeitsplätze durch Verlagerung, Entfall oder Veränderung wegen Strukturmaßnahmen betroffen sind sowie die übrigen im Betrieb verbleibenden Mitarbeiter, die unter den Geltungsbereich des Betriebsverfassungsgesetzes fallen.

2. Interessenausgleich

Die Unterzeichner sind sich einig, dass der Standort .... auch weiterhin als Produktionsbetrieb langfristig fortzubestehen hat.

Die mit den Strukturmaßnahmen verbundenen Personalanpassungen werden nach Art und
Umfang auf ein sozial vertretbares Maß beschränkt. Dazu haben die Unterzeichner unter
Beachtung der §§ 111 und 112 BetrVG Einvernehmen über die nachfolgenden Bestimmungen
erzielt.

3. Betriebsänderung

3.1 Im Rahmen einer Betriebsänderung werden Betriebsteile entsprechend der Darlegung in
den Anlagen 1 bis 5 teilweise oder ganz stillgelegt. Die im Flachheizkörper- und Rohrheizkörperwerk bestehenden Betriebsteile der Produktion werden in wirtschaftlicher
Weise neu geordnet (siehe Anlagen 1 und 2).

Die Hilfs- und Nebenbetriebe der von den Maßnahmen betroffenen Betriebsteile werden
auf die künftigen Produktionserfordernisse hin entsprechend der Neuordnung angepaßt
(siehe Anlagen 3 und 4).

3.2 Alle geplanten Maßnahmen sollen im Rahmen des sich aus den Anlagen 1 bis 5 ergebenden Terminplanes abgewickelt werden.

3.3 Die geplanten personellen Auswirkungen aus der Durchführung der vorstehend bezeichneten Strukturmaßnahmen ergeben sich aus dem beigefügten Personalplan (Stellenplan
und Anforderungsprofil, Anlagen 1 bis 4).

3.4 Die Rechte des Betriebsrates gem. § 102 BetrVG werden in der Durchführung jeder Planungsstufe gewährleistet. Änderungen in der Betriebs- oder Personalplanung werden gem. §§ 111 ff. BetrVG dem Betriebsrat unverzüglich unter Angabe der betriebswirtschaftlichen Daten und Vorlage der entsprechenden Unterlagen mitgeteilt und mit ihm beraten.

4. Standortplanung

4.1 Die Geschäftsführung plant für den Standort .... langfristig folgende Betriebszwecke:
- Sitz der Hauptverwaltung des Unternehmens
- zentraler Standort für Entwicklungsaufgaben und Versuch
- Standort für zentrale kaufmännische und technische Verwaltung
- zentraler Standort für Fertigung entwicklungsnaher Versuchsteile, Kleinserien für alle Bereiche sowie anspruchsvoller Spezialbau
- Standort des zentralen Maschinenbaus und Hauptsitz für den Werkzeugbau
- Sitz der Aus- und Weiterbildung für die Durchführung der Erstausbildung und Weiterbildung aller Standorte
- Dickschichtfertigung
- Elektronikfertigung ...
- Gießerei
- Rohrheizkörperwerk (neu geordnet, Anlage 1)
- Flachheizkörperwerk (neu geordnet, Anlage 2)

Die vorstehend bezeichneten Betriebszwecke sind, wo erforderlich, in Anlage 6 zu dieser Vereinbarung näher aufgeführt.

4.2 Die Geschäftsführung erklärt, dass im jetzigen Zeitpunkt Planungen für weitere Betriebsänderungen im Sinne des BetrVG im oben angegebenen Planungshorizont nicht vorliegen.

Sie sieht auf der Grundlage des heutigen Wissens durch diese Betriebszwecke und die weltweite Entwicklung des Unternehmens eine mittelfristige Sicherung der neu geordneten Arbeitsplätze am Standort.

5. Unternehmens- und Personalplanung

5.1 Negative Auswirkungen auf die Arbeitsplätze sowie auf die Qualifikation aufgrund der Strukturveränderungen sollen im Rahmen einer vorausschauenden Unternehmensplanung durch rechtzeitig ergriffene, geeignete Maßnahmen gering gehalten oder nach Möglichkeit vermieden werden.

Zur Umsetzung dieser Absicht enthält diese Vereinbarung Regelungen über
- die Beratung von Alternativen für Entwicklung und Produktion mit dem Betriebsrat
- die interne und externe Weiterbildung.

5.2 Die Geschäftsführung unterrichtet die Belegschaft und berät mit dem Betriebsrat fortlaufend und umfassend die mittel- und langfristige Entwicklung. Information und Beratung beinhalten Produktions- und Investitionsplanung einschließlich der beabsichtigten Rationalisierungsmaßnahmen und ihrer möglichen Auswirkungen auf die Arbeitnehmer.

5.3 Auf der Grundlage der kurzfristigen Personalplanung und der Fortschreibung der bestehenden Ist-Analyse der Mitarbeiterstruktur für die beiden Werke wird jährlich eine Weiterbildungsplanung erstellt und jeweils im ersten Quartal eines Jahres mit dem Betriebsrat beraten. Bestehende Pläne werden weiterentwickelt.

6. Beratung über Produktpalette/Auftragslage

6.1 Geschäftsführung und Betriebsrat stimmen darin überein, dass zur Sicherung der Beschäftigung ständig alle Möglichkeiten zur Erweiterung der Produktpalette/Produktentwicklung/Auftragssituation zu prüfen sind. Die Geschäftsführung unterrichtet den Betriebsrat quartalsweise über diesbezügliche Aktivitäten.

Im Einvernehmen mit der Geschäftsleitung benannte Vertreter des Betriebsrates sind berechtigt, an Informationsbesprechungen der Geschäftsleitung teilzunehmen. Darüber hinaus bestehen Informationsrechte im Rahmen des Aufsichtsrates und der regelmäßigen Wirtschaftsausschusssitzungen. Dies gilt insbesondere auch für folgende Angelegenheiten:

- Produktentwicklung
- Entscheidung über Produktion und über Standort
- Entscheidung zur Verlagerung von Produkten bzw. Produktbereichen oder Produktionsanlagen; Entscheidung über Maßnahmen bei Auftragsspitzen (jeweils unter Mitteilung der Kalkulationsgrundlagen, Vergleichsrechnungen, Break-even)
- Investitionsplanung und -entscheidung (bevor diese endgültig feststeht)

6.2 Vorschläge und Anregungen, die der Betriebsrat und die Belegschaftsmitglieder in die Beratungen einbringen, werden ebenfalls auf ihre Realisierungsmöglichkeiten ernsthaft geprüft.

Der Betriebsrat kann Mitglieder in angemessener Zahl in bestehende betriebliche Arbeitskreise über Produktentwicklung und Gestaltung der Produktion zur Mitarbeit entsenden. Im Einzelfall kann die Hinzuziehung kompetenter Belegschaftsmitglieder ohne Minderung des Arbeitsentgeltes vereinbart werden.

Zu diesen Arbeitskreisen können kompetente Berater sowie Forschungsinstitute nach Absprache und im Einvernehmen mit der Geschäftsleitung hinzugezogen werden.

Vorschläge des Betriebsrates und der Belegschaft sind unverzüglich zu überprüfen. Deren Ablehnung muss sachlich begründet werden.

7. Innerbetriebliche Umstrukturierung

7.1 Zur Reduzierung der Produkt- bzw. Fertigungskosten, der Verbesserung der Qualität und der Verkürzung der Durchlaufzeiten in Produktion, Entwicklung und Vertrieb sind folgende Maßnahmen erforderlich:
- Straffung der Produktpalette (z. B. Variantenanalyse)
- Vereinheitlichung der Bauteile durch Standardisierung
- Einsatz von Wiederhol-/Normteilen

- Optimierung der Informationsflüsse
- Einsatz optimaler Informations-, Dokumentations- und Kommunikationsmittel
- Erweiterung der Möglichkeit einer Nutzung von Datenbanken für internes Entwicklungs-, Konstruktions- und Fertigungs-Know-how
- Verbesserung der Beschaffungsmöglichkeiten externer Informationen (Patente etc.)
- Entwicklung von Fertigungsinseln
- Minimierung von Stillstandszeiten
- vorbeugende Instandhaltung
- verstärkter Einsatz der BDE und PPS
- termingerechte Bereitstellung von Werkzeugen u. Ä.
- Einführung von Prinzipien der Gruppenarbeit
- möglichst genaue kostenmäßige Erfassung und In-Rechnung-Stellung der Leistungen, die für ausländische Werke der .... Gruppe erbracht werden
- Einführung eines Controlling

7.2 Darüber hinaus wird an der Entwicklung eines dafür geeigneten Entlohnungssystems unter besonderer Berücksichtigung des Gedankens einer Prämienentlohnung und der angestrebten tarifvertraglichen Lösungen gearbeitet.

8. Weiterbildung

Interne und externe Weiterbildung für Mitarbeiter, die von Strukturmaßnahmen betroffen sind.

8.1 Geschäftsführung und Betriebsrat stimmen darüber überein, dass die künftigen Strukturveränderungen mit veränderten Qualifikationsanforderungen an die Mitarbeiter verbunden sein werden und auf diese Veränderungen durch geeignete und rechtzeitige Weiterbildungsmaßnahmen zu reagieren ist.
Hierzu gehören:
- Weiterbildungsmaßnahmen, die sich aus dem Bedarf der Firma im Rahmen der Personalentwicklungsplanung ergeben
- Weiterbildungsmaßnahmen, die sich aus den Weiterbildungsinteressen der Mitarbeiter zur Sicherung und Weiterentwicklung ihrer Kenntnisse, Fertigkeiten und Erfahrungen ergeben
- Qualifizierungsmaßnahmen, die zu einem anerkannten Ausbildungs-, Fortbildungsabschluss (z. B. als Facharbeiter, Meister oder Techniker) führen.

8.2 Zur Verbesserung der Strukturen auf den unteren Führungsebenen wird eine Qualifizierung dieses Personenkreises im Sinne von moderner Menschenführung angestrebt.

8.3 Einzelheiten zur Durchführung von Weiterbildungsmaßnahmen werden in einer gesonderten Betriebsvereinbarung geregelt.

9. Aus- und Weiterbildung

9.1 Die Aus- und Weiterbildung wird entsprechend den Zukunftsaufgaben des Unternehmens ihre Qualität weiter verbessern und die Attraktivität des Unternehmens als Ausbildungsstätte am Arbeitsmarkt entsprechend steigern.

Angesichts der damit verbundenen hohen Aufwendungen sollen Ergänzungen für die berufliche Aus- und Weiterbildung aus Gründen der Kostensenkung auch für weitere umliegende Firmen ermöglicht werden.

9.2 Die Geschäftsleitung sichert zu, dass der Bereich der betrieblichen Aus- und Weiterbildung auf hohem Niveau weiter durchgeführt wird.

10. Intelligente Kurzarbeit

10.1 Falls Kurzarbeit erforderlich ist, wird sie unter Einbehaltung der tarifvertraglichen und gesetzlichen Bestimmungen durchgeführt.

10.2 In der Zeit der Kurzarbeit werden mit den betroffenen Arbeitnehmern gebotene und nicht kurzarbeitergeldschädliche innerbetriebliche Qualifizierungsmaßnahmen durchgeführt. Geschäftsleitung und Betriebsrat nehmen umgehend Verhandlungen mit dem zuständigen Arbeitsamt auf.

Unter diesen Maßnahmen wird unbeschadet des bestehenden Weiterbildungsprogrammes die Vermittlung folgender Kenntnisse/Informationen verstanden:
- Verbesserung der fachlichen und sozialen Kompetenz
- Kenntnisse über die Produkte
- Kenntnisse zur betrieblichen Ablauforganisation
- Kenntnisse zur Verbesserung der Qualität
- Verbesserung der Zusammenarbeit in einzelnen Abteilungen
- betrieblicher Umweltschutz
- Verbesserung der Kenntnisse über die Arbeitssicherheit
- Kenntnisse über die Rechte und Pflichten der Arbeitnehmer.

11. Personalanpassungsmaßnahmen

11.1 Von der Firma .... an .... gemeldete freie Arbeitsplätze werden gemäß den innerbetrieblichen Regelungen zur Besetzung ausgeschrieben. Im Rahmen der Beziehungen zu örtlichen Behörden oder befreundeten Firmen wird sich .... für die Vermittlung entsprechender Tätigkeiten außerhalb des Unternehmens ebenfalls wirksam einsetzen. Dies gilt insbesondere für Vermittlungen in die Firmen der .... Gruppe.

11.2 Die auf den wegfallenden Arbeitsplätzen beschäftigten Mitarbeiter werden hinsichtlich einer Tätigkeit an den neuen Standorten unterstützt.

11.3 Soweit wegen nicht ausreichender Versetzungsmöglichkeiten weitere Personalanpassungen erforderlich werden, wird folgende Vereinbarung getroffen:

11.3.1 Soweit eine Versetzung bereits zukünftig festgesetzt werden kann, eine Freigabe vom seitherigen Arbeitsplatz unter Berücksichtigung der betrieblichen Belange jedoch noch nicht möglich ist, sollen betroffene Mitarbeiter frühestmöglich eine Zusage für ihren zukünftigen Arbeitsplatz erhalten. Jeder betroffene Arbeitnehmer erhält das Recht, sich über den vorgesehenen Arbeitsplatz an Ort und Stelle zu informieren. Eine Entgeltminderung wegen der hierzu erforderlichen Freistellung von der Arbeit erfolgt nicht.

11.3.2 Arbeitsplätze, die derzeit durch Leiharbeiter oder Mitarbeiter mit befristeten Arbeitsverträgen besetzt sind und für von Strukturmaßnahmen betroffene Werksangehörige geeignet sind, werden nach Absprache mit dem beteiligten Betriebsrat reserviert und vorrangig intern besetzt.

Voraussetzung ist jeweils, dass die Qualifikation betroffener Mitarbeiter den Anforderungen der Aufgabe entspricht oder durch Maßnahmen gem. Ziffer 8 kurzfristig erreicht wird. Ausnahmen von dieser Regelung werden einvernehmlich mit dem Betriebsrat geregelt.

11.3.3 Es besteht Einigkeit, dass eine Fremdvergabe von Aufträgen und der Abschluß von Werkverträgen nicht vorgenommen werden, sofern freie Kapazitäten mit entsprechender Qualifikation bestehen und die Wirtschaftlichkeit gegeben ist. Der Betriebsrat wird über eventuell dennoch erfolgende Fremdvergaben und den Abschluss von Werkverträgen vorher mit Begründung informiert.

11.3.4 Es besteht Einigkeit, dass im Planungszeitraum keine Leiharbeitnehmer eingestellt werden, sofern freie Kapazitäten mit entsprechender Qualifikation verfügbar sind.

11.3.5 Im Zeitraum der Umstrukturierung wird kein so genannter Mitarbeiterpool eingerichtet, in dem ehemalige Beschäftigte auf Abruf für einen befristeten Arbeitseinsatz bereitstehen.

11.3.6 Mehrarbeit soll im Einzelnen bis Ende … ab der ersten Stunde auch durch bezahlte Freistellung ausgeglichen werden.

12. Auslandsverlagerungen

Es wird angestrebt, die Verlagerungen von Großserien an ausländische Standorte möglichst zu vermeiden. Voraussetzung ist, dass die Produkte unter Berücksichtigung evtl. notwendiger Investitionen zu wettbewerbsfähigen Preisen hergestellt werden können.

13. Schlussbestimmungen

13.1 Der Betriebsrat erhält einen Abwicklungsplan über den zeitlichen, sachlichen und personellen Umfang der Maßnahmen (siehe Ziffer 3). Zeitliche Verschiebungen innerhalb dieses Planes werden mit dem Betriebsrat abgestimmt.

13.2 Dem Betriebsrat wird über den bekannten Personalbedarf anderer Betriebe während der Verlagerungsphase regelmäßig berichtet. Die personellen Anpassungen im Hinblick auf vorgesehene Versetzungen an neue Standorte, andere Betriebe, Eintritt in den Vorruhestand, Ausscheiden durch Aufhebungsvertrag sowie natürliche Fluktuation werden unverzüglich dem Betriebsrat mitgeteilt.

Bestimmungen der Tarifverträge, soweit Rechtsanspruch besteht, sowie die Rechte des Betriebsrates bei personellen Einzelmaßnahmen werden durch diese Vereinbarung nicht berührt.

Soweit Schwerbehinderte betroffen sind, wird der Schwerbehindertenvertretung die Mitwirkung im Rahmen dieser Vereinbarung ermöglicht.

13.3 Bei Meinungsverschiedenheiten über die Anwendung dieser Vereinbarung entscheidet die Einigungsstelle verbindlich. Die Anlagen 1 bis 5 sind Bestandteil dieser Vereinbarung.

13.4 Diese Vereinbarung tritt mit dem Tage der Unterzeichnung in Kraft und endet nach Durchführung der in dieser Vereinbarung geregelten Bestimmungen.

14. Salvatorische Klausel

Sollten einzelne Bestimmungen dieses Interessenausgleichs unwirksam sein oder werden oder in Widerspruch zu tariflichen oder gesetzlichen Regelungen stehen, so bleiben die übrigen Regelungen bestehen. Die unwirksame oder in Widerspruch stehende Regelung ist durch eine Regelung zu ersetzen, die dem von den Parteien gewollten Ziel möglichst nahe kommt.

Ort, Datum, Unterschriften

(aus: AiB Heft 10/1993)

3.41.3 Sozialplan

Zwischen der XY-GmbH
und dem Betriebsrat der XY-GmbH
wird folgender Sozialplan nach § 112 BetrVG vereinbart:

Die Beteiligten sind sich darüber einig, dass der Fremdfirmeneinsatz im Transportbereich eine Betriebsänderung im Sinne des § 111 BetrVG darstellt. Die Betriebsänderung findet derart statt, dass dem Fahrpersonal der Beton- und Mörtelmisch-Fahrzeuge der Ankauf ihrer Fahrzeuge angeboten wird. Durch Abschluss eines Frachtvertrages soll Verfügbarkeit einerseits als auch wirtschaftliche Absicherung andererseits gewährleistet werden.

Dieser Sozialplan wird zum Ausgleich bzw. zur Milderung der wirtschaftlichen Nachteile geschlossen, die den Mitarbeitern infolge dieser Betriebsänderung entstehen. Er berücksichtigt sowohl die sozialen Belange der betroffenen Mitarbeiter als auch die wirtschaftliche Lage des Unternehmens.

§ 1 Geltungsbereich

1. Der Sozialplan gilt für alle unter das Betriebsverfassungsgesetz fallenden Mitarbeiter der ...., die am .... in einem ungekündigten Arbeitsverhältnis stehen und denen aus Anlass der genannten Betriebsänderung wirtschaftliche Nachteile entstehen.

2. Der Sozialplan ist unabhängig davon anzuwenden, ob das Arbeitsverhältnis betriebsbedingt gekündigt oder gem. § 8 Ziff. 2 beendet wird, oder ob es im gegenseitigen Einvernehmen auf Veranlassung des Arbeitgebers endet, sofern Ursache der Beendigung die Betriebsänderung ist.

3. Der Sozialplan gilt auch für personelle Einzelmaßnahmen, die nicht auf die Beendigung des Arbeitsverhältnisses gerichtet sind, deren Ursache aber ebenfalls die Betriebsänderung ist.

4. Die Regelungen dieses Sozialplans gelten auch für Beschäftigte in einem befristeten Arbeitsverhältnis bei Ausscheiden vor der vereinbarten Frist aufgrund der Betriebsänderung. Ferner gelten diese Regelungen für alle betriebsbedingten Kündigungen während der gesamten Laufzeit des Sozialplans.

5. Mitarbeiter, denen verhaltens- bzw. personenbedingt ordentlich oder außerordentlich gekündigt wird, erhalten keine Leistungen aus diesem Sozialplan.

6. Keine Ansprüche aus dem Sozialplan haben Arbeitnehmer, die leitende Angestellte gem. § 5 Abs. 3 BetrVG sind.

§ 2 Laufzeit

Dieser Sozialplan tritt am .... in Kraft und läuft bis zum 31. 12 .... Sollten die personellen Maßnahmen bis zu diesem Zeitpunkt noch nicht vollständig durchgeführt sein, wird auf Antrag einer Seite der Sozialplan bis zum 31. 12. ... verlängert.

§ 3 Übertarifliche/außertarifliche Leistungen

Es besteht Einvernehmen darüber, dass übertarifliche und/oder außertarifliche Leistungen bis zum 31. 12. ... nicht durch Widerruf oder Änderungskündigung gekürzt oder eingestellt werden. Durch Lohn- bzw. Gehaltserhöhungen findet bis zum 31. 12. ... eine Aufzehrung nicht statt.

§ 4 Darlehen

Die den Mitarbeitern der .... gewährten Darlehen sind entsprechend der vertraglichen Abmachung abzuwickeln. Die vereinbarten Laufzeiten sind auch bei Beendigung der Arbeitsverhältnisse einzuhalten, sofern Anlass der Beendigung die Betriebsänderung ist.

§ 5 Werkdienstwohnungen/Werkwohnungen

Mitarbeitern, die in einer Werkdienstwohnung/Werkwohnung wohnen, wird der Wohnraum nicht während der Dauer dieses Sozialplans gekündigt.

§ 6 Direktversicherung

Die .... verpflichtet sich, eine von den Mitarbeitern der .... gewünschte Weiterführung der steuerbegünstigten Direktversicherung sicherzustellen.

§ 7 Betriebliche Altersversorgung

Verhandlungen über die betriebliche Altersversorgung der durch die Betriebsänderung betroffenen Arbeitnehmer werden gesondert geführt. Einigen sich die Beteiligten in dieser Frage nicht, entscheidet die anzurufende Einigungsstelle für die Beteiligten verbindlich.

§ 8 Versetzungen

1. Mitarbeitern, die eine im Zusammenhang mit der Betriebsänderung stehende Versetzung in einen anderen Betrieb ablehnen und deren Arbeitsverhältnis aus diesem Grunde beendet wird, erhalten die Leistungen nach dem Sozialplan.

2. Mitarbeiter, denen wegen des Wegfalls ihres Arbeitsplatzes eine Weiterbeschäftigung in einem anderen Betriebsteil an einem anderen Ort, in einem anderen Betrieb der ...., einer Tochter oder Beteiligungsgesellschaft bzw. Konzerngesellschaft angeboten wird, haben Anspruch auf a) eine der eigentlichen Versetzung vorgeschalteten zeitweisen Abstellung für die Dauer von drei Monaten, sofern der aufnehmende Betrieb hiergegen keine sachlich begründeten Einwände erheben kann; b) Erstattung der zusätzlichen Fahrtkosten für die täglichen Fahrten zum neuen Arbeitsplatz bei beibehaltener Wohnung sowie der betriebsüblichen Pauschbeträge für Verpflegungsmehraufwendungen für die Dauer von zwölf Monaten, einschließlich der Zeiten einer der Versetzung eventuell vorgeschalteten zeitweisen Abstellung; c) Übernahme der Kosten für den Umzug zum neuen Arbeitsplatz wie der Kosten für die Wohnungssuche; d) einen befristeten monatlichen Mietkostenzuschuss in Höhe von maximal Euro 100,– zur Deckung erhöhter Mietkosten für zwei Jahre. Der Zuschuss wird nur in Höhe nachgewiesener Mehrkosten bei der Kaltmiete gewährt. Dieser monatliche Mietkostenzuschuss erhöht sich auf Euro 200,–, sofern bisher eine Werkdienstwohnung/Werkwohnung bewohnt wurde.

3. Umsetzungen bzw. Versetzungen sollen auf zumutbare Arbeitsplätze entsprechend den nachfolgend genannten Zumutbarkeitskriterien erfolgen:
   a) Die funktionelle Zumutbarkeit ist gegeben, wenn die Anforderungen des neuen Arbeitsplatzes der Qualifikation (Ausbildung, Erfahrung, bisherige Tätigkeit) des Arbeitnehmers entsprechen oder wenn dieser die erforderliche Qualifikation durch eine vom Unternehmen angebotene fachgerechte und zumutbare Qualifizierungsmaßnahme zu erwerben in der Lage ist.
   b) Die materielle Zumutbarkeit ist gegeben, wenn die Verdienstmöglichkeiten am neuen Arbeitsplatz denen des bisherigen entsprechen. Eine Versetzung, die mit Abgruppierung verbunden ist, ist unzumutbar.
   c) Die zeitliche Zumutbarkeit ist gegeben, wenn Dauer und Lage der Arbeitszeit des neuen Arbeitsplatzes der des bisherigen entspricht. Das Angebot eines Teilzeitarbeitsplatzes an einen bisher Vollzeitbeschäftigten ist unzumutbar; ebenso das Angebot eines Schichtarbeitsplatzes an einen bisher nicht im Schichtbetrieb Beschäftigten. Nachtschicht, sofern sie nicht schon bisher zu leisten war, gilt als unzumutbar.
   d) Die räumliche Zumutbarkeit ist gegeben, wenn die Annahme des neuen Arbeitsplatzes nicht zu einer Verlängerung des täglichen Anfahrtsweges um mehr als .... Minuten oder nicht zu einem Wechsel des Wohnsitzes führt.
   e) Die gesundheitliche Zumutbarkeit ist gegeben, wenn die Arbeitsumgebungseinflüsse zu keinen das bisherige Maß übersteigenden Belästigungen und Beeinträchtigungen des Arbeitnehmers führen.

f) Die soziale Zumutbarkeit ist gegeben, wenn die Annahme des neuen Arbeitsplatzes für den betroffenen Arbeitnehmer keine soziale Härte darstellt. Ein sozialer Härtefall liegt unwiderlegbar dann vor, wenn die Versetzung
   - die jetzige oder künftige Betreuung und Versorgung pflegebedürftiger Familienangehöriger erschwert,
   - aufgrund einer vorliegenden gesundheitlichen Beeinträchtigung den Arbeitnehmer besonders belastet.

g) Lehnt ein Arbeitnehmer einen ihm angebotenen, zumutbaren Arbeitsplatz ab, so erhält er beim Ausscheiden aus dem Betrieb 50% der sich aus dem Sozialplan ergebenden Leistungen.

h) Wird der angebotene Arbeitsplatz von einem anderen Arbeitnehmer besetzt, dem sonst betriebsbedingt gekündigt würde, dann hat der die Versetzung ablehnende Arbeitnehmer Anspruch auf die volle Abfindung.

i) Nimmt ein Arbeitnehmer das Angebot eines nach den Zumutbarkeitskriterien unzumutbaren Arbeitsplatzes dennoch an, so erwirbt er für diesen Fall folgende Rechte:

   aa) Teilnahme an erforderlichen Fortbildungs- bzw. Umschulungsmaßnahmen, die der Arbeitgeber in Abstimmung mit dem Betriebsrat und dem Betroffenen rechtzeitig zu veranlassen hat. Die Qualifizierungsmaßnahmen können inner- und außerbetrieblich erfolgen und sind grundsätzlich während der betrieblichen Arbeitszeit durchzuführen. Von der erforderlichen Freistellung bleibt das Arbeitsverhältnis unberührt. Die Umschulung erfolgt auf Kosten des Arbeitgebers, soweit nicht andere Stellen, etwa aufgrund des SGB III, in Anspruch genommen werden können. Während der Dauer der Qualifizierungsmaßnahmen wird dem Arbeitnehmer das bisherige Einkommen weitergezahlt (Berechnungsgrundlage ist die Lohnfortzahlung im Krankheitsfall). Wird durch die Qualifizierungsmaßnahme die durchschnittliche wöchentliche Arbeitszeit überschritten, so wird dem Beschäftigten entsprechender Freizeitausgleich gewährt. Darüber hinaus erhält er für die die regelmäßige Arbeitszeit überschreitende Dauer der Qualifizierungsmaßnahmen die tariflichen Überstundenzuschläge.

   bb) Bei Versetzung/Umsetzung auf einen neuen Arbeitsplatz wird dem Arbeitnehmer eine angemessene Anlern- und Einarbeitungszeit von mindestens sechs Monaten gewährt, welche auf seinen Antrag um weitere sechs Monate verlängert werden kann.

   cc) Rückgruppierungen aus Anlass einer Versetzung sind ausgeschlossen. Bis zur Versetzung gezahlte Zulagen werden weiter bezahlt. Eine Anrechnung von Tariferhöhungen auf übertarifliche Zulagen findet nicht statt. Bei Leistungslöhnen wird für einen Zeitraum von zwei Jahren das bisherige Durchschnittseinkommen garantiert.

   dd) Arbeitnehmer, die auf einen neuen Arbeitsplatz versetzt/umgesetzt werden, erhalten für die Dauer von zwei Jahren seit der Versetzung/Umsetzung einen Sonderkündigungsschutz und können während dieses Zeitraums nur aus wichtigem Grund (§ 626 BGB) gekündigt werden. Für Arbeitnehmer, die an einer Qualifizierungsmaßnahme teilnehmen, verlängert sich die Dauer des Kündigungsschutzes um die Dauer der Maßnahme.

j) Über die Zumutbarkeit eines Arbeitsplatzes entscheidet bei Meinungsverschiedenheiten zwischen Betriebsrat und Arbeitgeber eine paritätische Kommission, die mit je drei Vertretern des Arbeitgebers und des Betriebsrats besetzt ist. Kommt auch hier kein Einvernehmen zustande, entscheidet eine Einigungsstelle nach § 76 Abs. 6 BetrVG verbindlich.

§ 9 Abfindungsregelung

Mitarbeiter, deren Arbeitsverhältnis entweder durch betriebsbedingte Kündigung oder zur Vermeidung einer solchen Kündigung durch Aufhebungsvereinbarung beendet wird, haben Anspruch auf eine Abfindung. Dasselbe gilt für Mitarbeiter, die eine im Zusammenhang mit der Betriebsänderung stehende Versetzung in einen anderen Betrieb ablehnen und deren Arbeitsverhältnis aus diesem Grund endet. Die Abfindung wird wie folgt festgelegt:

1. Als Grundbetrag 90% des monatlichen Bruttogehalts/-lohns × Anzahl der vollen Jahre der Betriebszugehörigkeit. Als Jahr der Betriebszugehörigkeit gelten die Jahre seit dem Eintritt bzw. dem ermittelten fiktiven Eintritt bei der .... bzw. der .... Sechs Monate und mehr werden als ein volles Jahr der Betriebszugehörigkeit gerechnet. Maßgebend ist das/der monatliche Bruttogehalt/-lohn einschließlich vermögenswirksamer Leistungen im Monat des Ausscheidens, ohne Überstundenbezahlung. Einmalige Zahlungen (z.B. Gratifikationen, Sonderzahlungen usw.) werden nicht berücksichtigt. Zum Ausgleich des Weihnachtsgeldes und des zusätzlichen Urlaubsgeldes wird das/der zugrunde zu legende Bruttogehalt/-lohn mit dem Faktor 1.07 multipliziert.

2. Darüber hinaus erhalten Mitarbeiter ab einer vollendeten Betriebszugehörigkeit von fünf Jahren Euro 1250,– und für jedes weitere vollendete Jahr der Betriebszugehörigkeit weitere Euro 250,–.

3. Für Arbeitnehmer im Alter zwischen dem vollendeten 44. und dem 54. Lebensjahr einschließlich erhöht sich die Abfindung um Euro 750,– pro vollendetem Lebensjahr ab dem 44. Lebensjahr. Für Mitarbeiter ab dem vollendeten 55. Lebensjahr erhöht sich die Abfindung um Euro 8250,–.

4. Für jedes unterhaltsberechtigte Kind wird ein einmaliger Zuschuss von Euro 1500,– gewährt.

5. Schwerbehinderte Menschen und Gleichgestellte erhalten zusätzlich einen einmaligen Zuschuss in Höhe von Euro 2500,–.

§ 10 Fälligkeit der Abfindung

Alle Abfindungsansprüche sind bei Beendigung des Arbeitsverhältnisses fällig. Erhebt der Mitarbeiter vor Beendigung des Arbeitsverhältnisses eine gegen die Wirksamkeit der Kündigung gerichtete Kündigungsschutzklage, tritt die Fälligkeit erst mit rechtskräftiger Erledigung des Verfahrens ein.

§ 11 Gerichtliche Abfindung

Wird Mitarbeitern vom Arbeitsgericht eine Abfindung zugesprochen, werden die Leistungen aus diesem Sozialplan auf die Abfindung angerechnet.

§ 12 Urlaub und Urlaubsgeld

Ausscheidende Arbeitnehmer erhalten für das Jahr ihres Ausscheidens einen vollen Jahresurlaub, sofern das Arbeitsverhältnis nach dem 31. 3. ... endet, ansonsten gilt die tarifvertragliche Regelung; außerdem wird das volle Urlaubsgeld gezahlt. Kann der Urlaub nicht in Freizeit gewährt werden, so ist er abzugelten.

§ 13 Vermögenswirksame Leistungen

Die vermögenswirksamen Leistungen werden nach dem Ausscheiden noch 12 Monate weitergezahlt.

§ 14 Dienstjubiläum

Arbeitnehmer, die nach ihrem Ausscheiden noch im selben oder dem darauffolgenden Kalenderjahr ein Dienstjubiläum begehen würden, erhalten die dafür vorgesehene Leistung mit dem Zeitpunkt ihres Ausscheidens.

§ 15 Wiedereinstellungsanspruch

Arbeitnehmer, die in den Geltungsbereich dieses Sozialplans fallen, werden bei einer Wiederbewerbung innerhalb von zwei Jahren – beginnend mit ihrem tatsächlichen Ausscheiden – anderen Bewerbern gegenüber bei gleicher Qualifikation bevorzugt. Die bisherige Zeit ihrer Betriebszugehörigkeit wird auf das neue Arbeitsverhältnis angerechnet. Der Arbeitgeber verpflichtet sich, ausgeschiedenen Arbeitnehmern, die dies wünschen, jeweils die für sie in Frage kommenden internen und externen Stellenausschreibungen zukommen zu lassen. Der Arbeitnehmer informiert den Arbeitgeber über jede Änderung seiner Wohnanschrift.

§ 16 Zeugniserteilung

Jeder Mitarbeiter der .... erhält auf Wunsch ein qualifiziertes Zeugnis, das seinem beruflichen Fortkommen dienlich ist.

§ 17 Härtefallregelung

In Härtefällen behalten sich die Geschäftsleitung und der Betriebsrat eine gemeinsam zu treffende Einzelfallregelung vor. Bei Nichteinigung entscheidet die Einigungsstelle verbindlich.

Ort, Datum, Unterschriften

3.41.4 Konzern-Sozialplan

gemäß § 112 BetrVG zwischen der
X AG und der Y AG – im Folgenden »Unternehmen« genannt – diese zugleich stellvertretend für deren sämtliche Tochtergesellschaften auf der einen Seite sowie den

Konzern-/Gesamtbetriebsräten der X AG und der Y AG – im Folgenden »GBR/KBR« genannt –
auf der anderen Seite

§ 1 Anlass/Ziel

Zum Ausgleich bzw. zur Milderung der wirtschaftlichen Nachteile, die den Arbeitnehmern
infolge der aus Anlass der Verschmelzung der X AG auf die Y AG geplanten Betriebsänderungen
gemäß dem Interessenausgleich vom .... entstehen können, wird der nachstehende Sozialplan vereinbart. Er berücksichtigt sowohl die sozialen Belange der betroffenen Arbeitnehmer
als auch die wirtschaftliche Lage der zu verschmelzenden Unternehmen.

Dieser Sozialplan gilt für die X AG und die Y AG und für sämtliche Tochtergesellschaften dieser
Unternehmen.

§ 2 Geltungsbereich

1. Die Regelungen dieses Sozialplans gelten für alle Arbeitnehmer, die von den im Interessen-
   ausgleich vom 21. 3. ... beschriebenen Maßnahmen betroffen sind. Er gilt somit auch für
   Arbeitnehmerinnen und Arbeitnehmer, die sich im Mutterschafts- oder Elternurlaub/
   Elternzeit bzw. im Wehr- oder im Zivildienst befinden. Er gilt nicht für leitende Angestellte.

2. Keine Leistungen aus dem Sozialplan erhalten Arbeitnehmer, die aufgrund rechtswirksamer,
   fristloser arbeitgeberseitiger Kündigung ausscheiden oder deren Arbeitsverhältnis aus ver-
   haltens- oder personenbedingten Gründen rechtswirksam fristgerecht gekündigt wird.

3. Dieser Sozialplan ist unabhängig davon anzuwenden, ob das Arbeitsverhältnis betriebsbedingt gekündigt wird oder zur Vermeidung einer arbeitgeberseitigen betriebsbedingten
   Kündigung im gegenseitigen Einvernehmen oder zur Vermeidung einer arbeitgeberseitigen
   betriebsbedingten Kündigung durch Eigenkündigung unter Einhaltung der geltenden Kündigungsfristen endet.
   Er gilt auch bei allen personellen Einzelmaßnahmen, die nicht auf die Beendigung des
   Arbeitsverhältnisses gerichtet sind.

4. Mitarbeiter, die auf den Veränderungslisten als zu entlassen aufgeführt sind oder die einen
   Altersteilzeitvertrag angeboten bekommen und die eine Eigenkündigung erklären, erhalten
   eine Abfindung nach den Bestimmungen dieses Sozialplans. Im Übrigen gilt § 5 Ziffer 9.

5. Im Rahmen der Schließung von Standorten und auf Grund von Synergieeffekten, die durch
   die weitere Konkretisierung der Fusionsplanung eintreten können, kann es zu weiteren
   betriebsbedingten Entlassungen oder Versetzungen kommen, die mit den o. a. Maßnahmen
   im Zusammenhang stehen und deren Folge sind. Auf diese Maßnahmen findet der Sozialplan
   ebenfalls Anwendung.

   Bei betriebsbedingten Kündigungen sowie Aufhebungsverträgen und Versetzungen, die
   während der Laufzeit dieses Sozialplans ausgesprochen bzw. abgeschlossen werden, wird
   vermutet, dass sie auf Grund oder in Folge von Maßnahmen erfolgen, die im Interessenausgleich vom .... genannt sind.

Dies gilt jedoch nicht, wenn diese weiteren personellen Einzelmaßnahmen im Zusammenhang mit einer Betriebsänderung auf Grund einer neuen unternehmerischen Entscheidung erfolgen. In diesem Fall ist der Interessenausgleich, nicht jedoch der Sozialplan, neu zu verhandeln. Die Beweislast für das Vorliegen einer neuen Betriebsänderung trägt die Unternehmensleitung.

6. Es werden vor Abschluss von Interessenausgleich und Sozialplan keine betriebsbedingten Entlassungen eingeleitet. Kündigungen erfolgen unter Beachtung von § 613a BGB.

7. Der Verzicht auf Ansprüche aus diesem Sozialplan bedarf der Zustimmung des Betriebsrats.

§ 3 Schriftliches Angebot/Entscheidungsfrist

1. Jeder zum Wechsel auf einen anderen Arbeitsplatz vorgesehene Arbeitnehmer erhält vor dem Zeitpunkt des beabsichtigten Wechsels vom Arbeitgeber ein entsprechendes schriftliches Angebot, welches die Vertragsbedingungen beinhaltet, über die Fortsetzung des Arbeits- oder Ausbildungsverhältnisses an dem neuen Standort.

Der Arbeitnehmer erhält Gelegenheit, sich auf Kosten des Unternehmens vor Ort über den neuen Arbeitsplatz umfassend zu informieren. Dies gilt auch, wenn das Besichtigen des neuen Arbeitsplatzes mit einer Dienstreise verbunden ist.

Für die Annahme oder Ablehnung des Angebots wird dem betroffenen Mitarbeiter eine Frist von drei Wochen eingeräumt, beginnend mit dem Erhalt des Angebots.

2. Leistungen gemäß diesem Sozialplan erhalten auch diejenigen Arbeitnehmer, die ihr Arbeitsverhältnis innerhalb von neun Monaten nach der überbetrieblichen Versetzung beenden wollen, sofern die Zumutbarkeit gem. § 7 bei Annahme des Arbeitsplatzangebots nicht gegeben war. Auch in diesem Fall wird das Arbeitsverhältnis ordentlich, betriebsbedingt durch den Arbeitgeber gekündigt.

§ 4 Leistungen bei Versetzungen

Wird ein Arbeitnehmer versetzt, erwirbt er folgende Ansprüche:

1. Ausgleich für erhöhte Fahrtkosten:
Ist der neue Arbeitsplatz weiter als der bisherige Arbeitsplatz vom Wohnort des Arbeitnehmers entfernt, so erfolgt eine Entschädigung von Mehrkosten nach folgenden Grundsätzen:
Benutzt der Arbeitnehmer für die Fahrt zur Arbeitsstelle (Hin- und Rückfahrt) ein öffentliches Verkehrsmittel, so erfolgt die Erstattung der Mehrkosten auf Basis der entstandenen und nachgewiesenen Kosten für das günstigste öffentliche Verkehrsmittel als vom Arbeitgeber pauschal zu versteuernden Fahrtkostenzuschuss. Diese Fahrtkostenzuschüsse werden für einen Zeitraum von 3 Jahren zu 100% sowie daran anschließend für weitere 2 Jahre zu 50% gewährt.
Fahrkostenerstattungen nach der Betriebsordnung werden angerechnet.
Benutzt der Arbeitnehmer für die Fahrt zur Arbeitsstelle (Hin- und Rückfahrt) sein eigenes Fahrzeug, so erfolgt die Fahrkostenabrechnung durch die Zahlung eines vom Arbeitgeber pau-

schal zu versteuernden Kilometergeldes von 0,40 Euro für jeden Mehrkilometer für einen Zeitraum von drei Jahren zu 100% sowie daran anschließend für weitere zwei Jahre zu 50%. Arbeitnehmer mit Firmen-PKW sind von dieser Regelung ausgenommen.

2. Auslösung:

Für den tarifvertraglichen Anspruch auf Auslösung gilt der bisherige Einstellungsort während der Laufzeit des Sozialplans als Betrieb i.S.v. § 7 BRTV/RTV.

3. Betriebliche Altersversorgung:

Bei der betrieblichen Altersversorgung bleiben alle Besitzstände einschl. künftiger Zuwächse erhalten.

4. Umzugskosten:

Wechselt der Arbeitnehmer aufgrund der überbetrieblichen Versetzung seinen Wohnort und verkürzt er dadurch seine Anfahrt zum neuen Arbeitsplatz um mehr als 50% oder um mindestens 10 km, so hat er Anspruch auf Erstattung der nachgewiesenen Umzugskosten entsprechend der bei der X AG gültigen Richtlinie.

5. Besitzstandswahrung:

Wird ein Arbeitnehmer von einem Standort in den alten Bundesländern an einen Standort im Beitrittsgebiet versetzt, so finden auf das Arbeitsverhältnis die bisher geltenden tariflichen Bestimmungen in ihrer jeweiligen Fassung Anwendung.

Hat die Versetzung eines Arbeitnehmers eine Reduzierung des Entgelts zur Folge, so hat der Arbeitnehmer Anspruch auf das bisherige Entgelt für die Dauer von 5 Jahren. § 7 dieses Sozialplans bleibt unberührt.

6. Annahme eines unzumutbaren Arbeitsplatzes:

Wenn ein Arbeitnehmer das Angebot der Fortsetzung des Arbeitsverhältnisses an einem anderen Ort annimmt, obwohl ihm dies nach § 7 des Sozialplans nicht zumutbar ist, und für die Fahrt von und zur Arbeit ein eigenes Kfz benutzt, erhält er zusätzlich für das erste Jahr DM 3500,00/Euro 1750,00 als pauschale, vom Arbeitgeber pauschal zu versteuernde Fahrtkostenerstattung.

§ 5 Leistungen bei Beendigung des Arbeitsverhältnisses

Ausscheidende Arbeitnehmer erhalten für das Jahr ihres Ausscheidens das 13. Monatseinkommen gemäß den jeweils geltenden Tarifverträgen.

1. Für das Jahr des Ausscheidens erhalten die Arbeitnehmer den Jahresurlaub und das zusätzliche Urlaubsgeld gem. den jeweils geltenden Tarifverträgen.

2. Alle Arbeitnehmer, die im Jahre ihres Ausscheidens oder im folgenden Kalenderjahr ihr 10. oder 25. Dienstjubiläum begehen, erhalten die in der entsprechenden Betriebsvereinbarung geltenden Zuwendungen in voller Höhe als weiteren Abfindungsbetrag. Bei 40- oder 50-jährigem Dienstjubiläum sind die folgenden beiden Kalenderjahre maßgeblicher Anknüpfungspunkt.

3. Gewährte Arbeitgeberdarlehen, auch Vorschüsse, werden unter unveränderten Bedingungen fortgesetzt. Bei Vorliegen eines Härtefalls (z.B. Arbeitslosigkeit) können auf Antrag des

Darlehensnehmers günstigere Rückzahlungskonditionen oder eine Stundung der Rückzahlung gewährt werden.

4. Die Arbeitnehmer erhalten Abfindungen gemäß nachstehender Formel:

$A = BE \times BZ \times P$ Dabei bedeutet:

A = Abfindungsbetrag (brutto)
BE = Brutto-Monatseinkommen
BZ = Jahre der Betriebszugehörigkeit
P = Prozentsatz gemäß nachstehender Tabelle

Bei vollendetem Lebensjahr zum Zeitpunkt des Ausscheidens:

bis 22	22,0%	bis 44	44,0%
bis 23	23,0%	bis 45	45,0%
bis 24	24,0%	bis 46	46,0%
bis 25	25,0%	bis 47	47,0%
bis 26	26,0%	bis 48	48,0%
bis 27	27,0%	bis 49	49,0%
bis 28	28,0%	bis 50	50,0%
bis 29	29,0%	bis 51	51,0%
bis 30	30,0%	bis 52	52,0%
bis 31	31,0%	bis 53	53,0%
bis 32	32,0%	bis 54	54,0%
bis 33	33,0%	bis 55	55,0%
bis 34	34,0%	bis 56	56,0%
bis 35	35,0%	bis 57	57,0%
bis 36	36,0%	bis 58	58,0%
bis 37	37,0%	bis 59	59,0%
bis 38	38,0%	bis 60	60,0%
bis 39	39,0%	bis 61	61,0%
bis 40	40,0%	bis 62	45,7%
bis 41	41,0%	bis 63	30,4%
bis 42	42,0%	bis 64	15,1%
bis 43	43,0%	bis 65	0,0%

Stichtag für die Berechnung von Alter und Betriebszugehörigkeit ist der Tag der rechtlichen Beendigung des Arbeitsverhältnisses. Bei der Betriebszugehörigkeit gelten die vollendeten Dienstjahre, wobei angebrochene Jahre von mindestens sechs Monaten auf volle Jahre aufgerundet werden.

Die Anrechnung von Betriebszugehörigkeitszeiten richtet sich nach der Betriebsordnung der X AG bzw. der Y AG.

Voraussetzung für den Erhalt einer Abfindung ist eine Betriebszugehörigkeit von mindestens sechs Monaten.

6. Das Monatseinkommen wird wie folgt berechnet:

Bei Angestellten – das im letzten vollen Kalendermonat vor dem Ausscheiden einzelvertraglich zustehende Monatsgehalt (Effektivgehalt), ohne Berücksichtigung von vermögenswirksamen Leistungen, des anteiligen Urlaubsgeldes und des anteiligen 13. Monatseinkommens bzw. evtl. Jahressondervergütungen oder etwaiger Überstundenzahlungen.

Bei Lohnempfängern – das im letzten vollen Kalendermonat vor dem Ausscheiden einzelvertraglich zustehende Monatsentgelt (Effektivlohn/Bemessungsgrundlage 169 Std./Monat bzw. die jeweilige tarifliche monatliche Arbeitszeit), ohne Berücksichtigung von vermögenswirksamen Leistungen, des anteiligen Urlaubsgeldes und des anteiligen 13. Monatseinkommens bzw. evtl. Jahressondervergütungen oder etwaiger Überstundenzahlungen.

7. Arbeitnehmer erhalten für jedes Kind zu der nach dieser Betriebsvereinbarung festgelegten Abfindung einen zusätzlichen Abfindungsbetrag von DM 2000,–/Euro 1000,–. Ab dem zweiten Kind beträgt die zusätzliche Abfindung DM 3000,–/Euro 1500,–. Voraussetzung ist, dass für das Kind ein Kinderfreibetrag in der Lohnsteuerkarte eingetragen ist oder glaubhaft gemacht wird, dass die Voraussetzungen für einen Kinderfreibetrag nach § 32 Abs. 1 bis Abs. 5 EStG gegeben sind.

8. Schwerbehinderte und ihnen nach §§ 2 Abs. 3, 68 SGB IX Gleichgestellte erhalten einen zusätzlichen Abfindungsbetrag in Höhe von DM 5000,–/Euro 2500,–.

9. Beenden von der Maßnahme betroffene Mitarbeiter ihr Arbeitsverhältnis einvernehmlich vor Ablauf ihrer Kündigungsfrist, so erhalten sie 30% des ansonsten für die Zeit bis zum Ablauf der Kündigungsfrist geschuldeten Entgelts (Bruttoentgelt ohne Arbeitgeberanteile zur Sozialversicherung) als zusätzliche Abfindung.

Der Arbeitgeber kann die Zustimmung zur vorzeitigen einvernehmlichen Beendigung nur aus dringenden betrieblichen Gründen verweigern.

10. Alle Abfindungsansprüche sind zur rechtlichen Beendigung des Arbeitsverhältnisses fällig und werden nach den zum Zeitpunkt der Abrechnung gültigen gesetzlichen Steuervorschriften mit der letzten Lohn-/Gehaltsabrechnung ausgezahlt. Erhebt der Mitarbeiter vor Beendigung des Arbeitsverhältnisses eine gegen die Wirksamkeit der Kündigung gerichtete Kündigungsschutzklage, tritt die Fälligkeit erst mit rechtskräftigem Abschluss des Verfahrens ein. Wird Mitarbeitern vom Arbeitsgericht eine Abfindung zugesprochen, werden die Leistungen aus diesem Sozialplan auf die Abfindung angerechnet.

Die Abfindungsansprüche sind vom Zeitpunkt des Zugangs der Kündigung an bzw. mit Unterzeichnung des Auflösungsvertrages oder Altersteilzeitvertrages vererblich.

11. Gekündigte Mitarbeiter und solche, die einen Altersteilzeitvertrag abschließen, erhalten – sofern steuerlich unbedenklich – im zweiten auf die Kündigungserklärung folgenden Monat eine Abschlagszahlung auf die ihnen nach diesem Sozialplan zustehende individuelle Abfindung in Höhe von 30%, höchstens jedoch DM 20 000,–/Euro 10 000,–. Dies gilt nicht, wenn der Mitarbeiter Kündigungsschutzklage erhebt.

12. Auf Verlangen des Arbeitnehmers wird dieser zum Zweck der Arbeitssuche bis zum Umfang von zwei Tagen bezahlt freigestellt.

13. Ansprüche aus der betrieblichen Altersversorgung bleiben durch diesen Sozialplan unberührt. Jeder ausscheidende Mitarbeiter erhält bei seinem Ausscheiden eine schriftliche Mitteilung über die Höhe der erworbenen Versorgungsanwartschaft.

14. Will ein Mitarbeiter, der im Betrieb mit den zur Kündigung anstehenden Mitarbeitern vergleichbar ist, freiwillig ausscheiden, so ist dieser Wunsch, sofern nicht der zur Kündigung anstehende Mitarbeiter widerspricht, vorrangig zu berücksichtigen.

15. Mitarbeiter, die in einem Betrieb beschäftigt sind, in dem die sog. Beschäftigungssicherungsklausel zur Anwendung kommt, haben für die Dauer von 12 Monaten vor dem Zeitpunkt ihres Ausscheidens Anspruch auf das ungekürzte tarifliche Entgelt.

§ 6 Vereinbarung von Altersteilzeit

Grundsatz:

Zur Vermeidung einer Überalterung im fusionierten Unternehmen wird – unterstützt von beiden Betriebsparteien – vorrangig angestrebt, älteren Mitarbeitern über eine attraktive Altersteilzeitregelung im Rahmen dieses Sozialplans den Weg eines kontinuierlich gleitenden Übergangs vom Erwerbsleben in den Ruhestand zu ermöglichen. Basis hierfür sind die gesetzlichen und tariflichen Regelungen.

1. Bei Mitarbeitern, die das 57. Lebensjahr vollendet haben und mindestens eine 10jährige Betriebszugehörigkeit aufweisen und die aus betriebsbedingten Gründen gemäß § 2 gekündigt werden müssen oder eine Aufhebungsvereinbarung zur Vermeidung einer fusionsbedingten Kündigung anstreben, wird vorrangig ein Altersteilzeitvertrag für maximal 3 Jahre angeboten (Blockmodell). Das schriftliche Angebot enthält eine vorläufige Berechnung der Einzelbeträge nach den Buchstaben a) bis d).

Der Mitarbeiter erhält in der Altersteilzeit neben dem Altersteilzeitentgelt:

a) die gesetzlichen Aufstockungsbeträge in Höhe von mindestens 20% des Altersteilzeitgeltes, jedoch mindestens 70% des Vollzeitnettoentgeltes (vgl. Ziff. 5)

b) Aufstockungsbeträge zur gesetzlichen Rentenversicherung bis zu 90% der gesetzlichen Beiträge des Vollzeitentgeltes (vgl. Ziff. 7)

c) zusätzliche Aufstockungsbeträge gemäß Ziffer 5 b)

d) eine Abfindung als Ausgleich für Rentenminderungen.

Die Aufstockungsbeträge gemäß a)–c) sowie die Abfindung gemäß d) werden durch Umwandlung der um 3 Prozentpunkte erhöhten Abfindung gemäß § 5 Ziff. 5 finanziert.

Es gelten folgende Grundsätze:

Höhe des Altersteilzeitentgeltes (Grundsätze)

Das Entgelt des Mitarbeiters während der Altersteilzeit setzt sich zusammen aus:

- dem Altersteilzeitentgelt
- den Aufstockungszahlungen auf das Altersteilzeitnettogehalt
- den Einmalzahlungen
- sowie den Aufstockungszahlungen zur Rentenversicherung

Die Höhe des Altersteilzeitentgelts beträgt sowohl in der Arbeits- als auch in der Freistellungsphase die Hälfte des bisherigen Vollzeitbruttomonatsentgelts. Die Berechnung des Vollzeitbruttomonatsentgelts richtet sich nach den gesetzlichen, tariflichen und betrieblichen Bestimmungen.

Berechnungsgrundlage bei **gewerblichen Mitarbeitern** ist der Gesamttarifstundenlohn zuzüglich einer gezahlten Betriebszulage sowie sonstige nicht aufwandsbezogene Zulagen, multipliziert mit dem Faktor 169 bzw. der jeweiligen tariflichen Monatsarbeitszeit.

Berechnungsgrundlage bei **Angestellten und Polieren** ist das Tarifgrundgehalt einschließlich
gezahlter Betriebszulage zuzüglich übertariflicher Zulagen. Nicht zum Vollzeitmonatsbrutto-
entgelt gehören aufwandsbezogene Zulagen bzw. Entgelte, wie z. B. Auslösung, Kontofüh-
rungsgebühr, Gewinnbeteiligungen.

Entgelt in der Arbeitsphase

In der Arbeitsphase sind in das zu halbierende Vollzeitbruttomonatsentgelt
(Altersteilzeitbruttoentgelt) auch die nach den tariflichen und betrieblichen Bestimmungen
anfallenden variablen leistungsabhängigen Entgeltsbestandteile mit einzubeziehen. Dies gilt
auch für Sonn-, Nacht- und Feiertagszuschläge. An den tariflichen Erhöhungen nimmt das
Altersteilzeitentgelt in der Arbeitsphase in vollem Umfang teil.

Entgelt in der Freistellungsphase

In der Freistellungsphase werden in das zu halbierende Vollzeitbruttomonatsentgelt (Altersteilzeitbruttoentgelt) die variablen leistungsabhängigen Entgeltsbestandteile aus dem Durchschnitt
der letzten voll abgerechneten 12 Monate der Arbeitsphase miteinbezogen. An den tariflichen
Erhöhungen nimmt das Altersteilzeitentgelt in der Freistellungsphase in vollem Umfang teil.

Gesetzlicher Aufstockungsbetrag:

Zusätzlich zum Altersteilzeitentgelt erhält der Mitarbeiter während der Dauer der Altersteilzeit
einen monatlichen Aufstockungsbetrag von mindestens 20% des Teilzeitbruttoentgelts. Der
Aufstockungsbetrag ist so zu bemessen, dass der Mitarbeiter in der Arbeitsphase mindestens
70% des um die gesetzlichen Abzüge, die bei Mitarbeitern gewöhnlich anfallen, verminderten
Vollzeitbruttomonatsentgelts gem. § 6 Ziff. 2 erhält; in der Freistellungsphase mindestens 70
des um die gesetzlichen Abzüge, die bei Mitarbeitern gewöhnlich anfallen, verminderten
Vollzeitbruttomonatsentgelts gemäß § 6 Ziff. 3 (sog. Mindestnettobetrag).

Zusätzlicher Aufstockungsbetrag:

Der Aufstockungsbetrag berechnet sich in Abhängigkeit von der Betriebszugehörigkeit wie folgt:

Ab 10 Jahre Betriebszugehörigkeit   85% des Vollzeitnettoentgelts

Ab 15 Jahre Betriebszugehörigkeit   90% des Vollzeitnettoentgelts.

Für Zeiten des Bezuges von Krankengeld, Kurzarbeitergeld oder Winterausfallgeld wird der
unveränderte Aufstockungsbetrag zum Altersteilzeitentgelt bezahlt.

Für den Begriff der Betriebszugehörigkeit ist der Zeitpunkt des Übergangs in die Altersteilzeit
maßgeblich. Ebenfalls berücksichtigt werden Zeiten der Betriebszugehörigkeit, die dem Mitarbeiter entweder vertraglich zugesichert wurden oder aber auf der Grundlage von § 613 a Abs. 1
Satz 1 BGB anzuerkennen sind.

Hinsichtlich der Einmalzahlungen wird wie folgt verfahren:
Während der Arbeitsphase erhält der Mitarbeiter 100% der tariflichen Sonderzahlungen sowie 100% seiner vertraglichen vereinbarten Gewinnbeteiligung. Abweichend hiervon wird das 13. Monatseinkommen über den gesamten Zeitraum der Altersteilzeit hälftig gewährt.

Während der Freistellungsphase entfallen die Ansprüche auf tarifliche Sonderzahlungen, auf Urlaubsgewährung, auf das tarifliche zusätzliche Urlaubsgeld sowie auf die vertraglich vereinbarte Gewinnbeteiligung. Hinsichtlich der Urlaubsvergütung gewerblicher Mitarbeiter gelten die tarifvertraglichen Bestimmungen.

Aufstockung zur gesetzlichen Rentenversicherung:
Das Unternehmen entrichtet während der Dauer der Altersteilzeit über die auf das monatliche Altersteilzeitentgelt entfallenden Beiträge zur gesetzlichen Rentenversicherung hinaus zusätzliche Beiträge zur gesetzlichen Rentenversicherung mindestens in Höhe des Beitrags, der auf den Unterschiedsbetrag zwischen 90% des bisherigen Arbeitsentgelts und dem Arbeitsentgelt für die Altersteilzeit entfällt, jedoch höchstens bis zur Beitragsbemessungsgrenze.

Abfindung bei Beendigung des Altersteilzeitarbeitsverhältnisses:
Der Mitarbeiter erhält eine zusätzliche Abfindung zum Ausgleich von Rentenminderungen.

Die Abfindung ermittelt sich aus der Differenz zwischen der um 3% erhöhten Abfindung gemäß § 5 Ziff. 5 und den zu erbringenden Aufstockungsbeträgen zum Teilzeitentgelt bzw. zur Rentenversicherung. Für die Berechnung der Abfindung ist der Zeitpunkt des Beginns der Altersteilzeit maßgeblich.

Gültigkeit:
Die vorstehenden Regelungen über die Altersteilzeit haben Ausnahmecharakter und gelten nur für solche Altersteilzeitverhältnisse, die im Zusammenhang mit den in § 1 genannten Betriebsänderungen (Verschmelzung der X AG auf die Y AG) abgeschlossen werden.

Insolvenzsicherung:
Eine Betriebsvereinbarung für die Y AFG zur Absicherung der Alterseilzeit im Insolvenzfall wird kurzfristig abgeschlossen.

§ 7 Ausschluss von Leistungen

Von Leistungen nach diesem Sozialplan ausgenommen sind Arbeitnehmer, die nach In-Kraft-Treten des Sozialplans einen zumutbaren anderen Arbeitsplatz ablehnen und denen deshalb gekündigt wird. Die Zumutbarkeit wird wie folgt beurteilt:

1. **Die funktionale Zumutbarkeit** ist gegeben, wenn die Anforderungen des neuen Arbeitsplatzes den beruflichen Kenntnissen und Fähigkeiten des Arbeitnehmers entsprechen oder wenn dieser die erforderlichen Qualifikationen durch eine vom Arbeitgeber angebotene, sachgerechte und zumutbare Qualifizierungsmaßnahme zu erwerben in der Lage ist.

2. **Die materielle Zumutbarkeit** ist gegeben, wenn die Verdienstmöglichkeiten am neuen Arbeitsplatz denen des bisherigen entsprechen.

3. **Die zeitliche Zumutbarkeit** ist gegeben, wenn Dauer und Lage der Arbeitszeit der bisherigen entsprechen.

Das Angebot eines Teilzeitarbeitsplatzes an einen bisher Vollzeitbeschäftigten ist danach unzumutbar. Dies gilt auch im umgekehrten Fall.

4. Die **räumliche Zumutbarkeit** für Arbeitnehmer ist gegeben, wenn die Annahme des neuen Arbeitsplatzes nicht zu einer Verlängerung der Gesamtwegezeit um mehr als 70 Minuten oder zu einer Gesamtwegezeit von mehr als 2,5 Stunden führt.

Maßgebend ist die Zeit für die Benutzung öffentlicher Verkehrsmittel oder einer vom Arbeitgeber bereitgestellten Transportmöglichkeit. Im letzteren Fall regelt das Nähere eine örtliche Betriebsvereinbarung, die nicht erzwingbar ist.

Bei Arbeitnehmern, denen ein Firmenwagen auch zum privaten Gebrauch überlassen worden ist, ist die räumliche Zumutbarkeit gegeben, wenn die Annahme des neuen Arbeitsplatzes nicht zu einer Verlängerung der Gesamtwegezeit um mehr als 85 Minuten oder zu einer Gesamtwegezeit von mehr als 2,5 Stunden führt. Maßgebend ist die Zeit, die auf der schnellsten Pkw-Route zu typischen Zeiten durchschnittlich benötigt wird.

5. Die **gesundheitliche Zumutbarkeit** ist gegeben, wenn die Tätigkeit und/oder die Einflüsse der Arbeitsumgebung zu keinem das bisherige Maß deutlich übersteigenden Belastungen oder Beeinträchtigungen des Arbeitnehmers führen.

6. Die **soziale Zumutbarkeit** ist gegeben, wenn die Annahme des neuen Arbeitsplatzes für den betroffenen Arbeitnehmer keine soziale Härte darstellt.

Ein <u>sozialer Härtefall</u> liegt insbesondere dann vor, wenn

a) durch die Versetzung die Betreuung oder Versorgung eines pflegebedürftigen Angehörigen wesentlich erschwert wird oder

b) der betroffene Arbeitnehmer aufgrund einer gesundheitlichen Beeinträchtigung durch die Versetzung besonders belastet wird oder

c) der betroffene Arbeitnehmer seinen Betreuungs- oder Versorgungspflichten gegenüber minderjährigen Kindern nicht mehr wie bisher in dem erforderlichen Umfang nachkommen kann.

7. Ein Umzug ist jedenfalls dann unzumutbar, wenn

a) der Arbeitnehmer mindestens ein schulpflichtiges Kind über 10 Jahre hat,

b) der Arbeitnehmer mindestens ein Kind in einer beruflichen Ausbildung hat,

c) der Ehe- oder Lebenspartner des Arbeitnehmers eine eigene Berufstätigkeit ausübt, die nicht nur geringfügig ist,

d) der Arbeitnehmer selbstgenutztes Wohnungseigentum besitzt,

e) der Arbeitnehmer eine landwirtschaftliche Nebentätigkeit ausübt,

f) der Arbeitnehmer zum Zeitpunkt des Abschlusses des Sozialplans eine berufliche Fortbildung betreibt, die am neuen Standort nicht fortgeführt werden kann.

§ 8 Arbeitszeugnis

Jeder Arbeitnehmer, dessen Arbeitsverhältnis aufgrund der im Interessenausgleich vom 21. 3. ... beschriebenen Maßnahme beendet wird, erhält innerhalb von drei Wochen nach In-Kraft-Treten des Sozialplans auf Wunsch ein wohlwollendes qualifiziertes Zwischenzeugnis und bei Beendigung des Arbeitsverhältnisses ein dem entsprechendes Zeugnis. Dies gilt auch dann, wenn der Mitarbeiter versetzt wird bzw. sein Vorgesetzter wechselt.

§ 9 Meinungsunterschiede

Bei Streitigkeiten zwischen dem Gesamtbetriebsrat oder Konzernbetriebsrat und dem Unternehmen über die Auslegung dieses Sozialplans entscheidet eine paritätische Kommission, bestehend aus je drei Mitgliedern. Kommt es auch hier zu keiner Entscheidung, so entscheidet die Einigungsstelle nach § 76 Abs. 6 BetrVG verbindlich.

§ 10 In-Kraft-Treten und Laufzeit

Dieser Sozialplan tritt mit Wirkung vom 1. 1. ... in Kraft und gilt bis einschließlich 31. 12. .... Er kann nicht gekündigt werden.

Ort, Datum, Unterschriften

Protokollnotiz zum Sozialplan vom 21. 3. 2001

Arbeitgeber und Betriebsrat gehen davon aus, dass die im Rahmen der im Interessenausgleich vom .... beschriebene Maßnahme erklärten Kündigungen sozial gerechtfertigt sind und es deshalb für die betroffenen Mitarbeiter nicht zu Sperrzeiten im Sinne von § 144 SGB III kommen kann.

Der Arbeitgeber, unterstützt vom Betriebsrat, wird die betroffenen Mitarbeiter bei der formalen Abwicklung der Meldung bei der Arbeitsverwaltung in der erforderlichen Weise unterstützen. Die arbeitgeberseitige Unterstützung schließt auch den unwahrscheinlichen Fall einer gerichtlichen Auseinandersetzung mit der Arbeitsverwaltung ein.

Sollte es dennoch zu dem höchst unwahrscheinlichen Fall der Verhängung einer Sperrfrist kommen, so werden Arbeitgeber und Betriebsrat eine Regelung treffen, in welcher Weise die wirtschaftlichen Folgen der Sperrfrist auszugleichen sind.

Ort, Datum, Unterschriften

3.41.5 Betriebsvereinbarung »Fusion«

zwischen
Y-AG/X-AG
und
Konzernbetriebsrat/Gesamtbetriebsrat der Y-AG/X-AG

Betriebliche Strukturen

Die Parteien dieser Vereinbarung gehen von dem in der Rechtsprechung des BAG entwickelten Betriebsbegriff aus. Danach handelt es sich um einen Betrieb im betriebsverfassungsrechtlichen

Sinne, wenn die in einer Betriebsstätte vorhandenen, materiellen Betriebsmittel für die verfolgten arbeitstechnischen Zwecke zusammengefasst geordnet und gezielt eingesetzt werden und wenn der Einsatz der menschlichen Arbeitskraft aus einem einheitlichen Leitungsapparat in personellen und sozialen Angelegenheiten gesteuert wird (BAG vom 14. 9. 1988 AP-Nr. 9 zu § 1 BetrVG 1972).

Die Parteien gehen übereinstimmend davon aus, dass die Zusammenlegung der Betriebe an den im Interessenausgleich vom 21. 3. ... genannten Standorten lediglich handelsrechtliche Bedeutung hat.

Zur Wahrung der betriebsverfassungsrechtlichen Kontinuität sollen jedoch in den zusammengelegten Betrieben der Y-AG und der X-AG beide Betriebsräte bis zur nächsten Neuwahl, die turnusmäßig im Zeitraum 1. März bis 31. Mai 2002 anstehen, im Amt bleiben. Die Unternehmensleitung wird entsprechende Leitungsstrukturen einrichten.

Die obigen Ausführungen gelten für die Jugend- und Auszubildendenvertretungen und Schwerbehindertenvertretungen beider Unternehmungen entsprechend.

Zuständiger Betriebsrat und seine personelle Zusammensetzung

Die Betriebsräte werden sich an den jeweiligen Standorten auf einen Ansprechpartner für die jeweilige Niederlassungsleitung einigen und die Niederlassungsleitung hierüber schriftlich informieren. Die Betriebsräte werden ihre Sitzungen gemeinsam abhalten.

Die Parteien sind sich darüber einig, dass ein Zusammenwachsen der bisher selbständigen Belegschaften einer angemessenen Vertretung der Interessen aller Arbeitnehmer an den jeweiligen Standorten bedarf. Zu diesem Zweck werden die Betriebsräte an den Standorten sich gegenseitig in allen Fragen abstimmen, die einer gemeinsamen Willensbildung bedürfen.

Fortbestand von Betriebsvereinbarungen

Alle Betriebsvereinbarungen gelten auch nach der Eintragung der Verschmelzung bzw. von Ausgliederungen im Handelsregister kollektivrechtlich fort. Die Y-AG ist Rechtsnachfolger der bei der X-AG abgeschlossenen Betriebsvereinbarungen. Die Betriebsvereinbarungen können daher nur gegenüber dem Betriebsrat gekündigt werden. Sie werden nicht Bestandteil der Arbeitsverträge.

Bis zum Zeitpunkt der turnusmäßigen Betriebsratswahl im Jahre ... werden die Betriebsräte gemeinsam mit der jeweiligen Niederlassungsleitung alles unternehmen, die Arbeitsbedingungen, soweit sie durch Betriebsvereinbarung geregelt sind, zu vereinheitlichen.

Gesamt- und Konzernbetriebsrat

Alle Gesamtbetriebsvereinbarungen und Konzernbetriebsvereinbarungen gelten auch nach der Eintragung der Verschmelzung bzw. von Ausgliederungen im Handelsregister kollektivrechtlich fort. Die Y-AG ist Rechtsnachfolgerin der bei der X-AG abgeschlossenen Gesamtbetriebsvereinbarungen. Die Gesamt-/Konzernbetriebsvereinbarungen können daher nur gegenüber dem Gesamtbetriebsrat der Y-AG gekündigt werden. Sie werden nicht Bestandteil des Arbeitsvertrages.

Bis zum 31. 3. ... werden Konzern-/Gesamtbetriebsrat gemeinsam mit der Geschäftsleitung alles unternehmen, um die Arbeitsbedingungen, soweit sie durch Gesamtbetriebsvereinbarung geregelt sind, zu vereinheitlichen. Für die betriebliche Altersversorgung sind die Besonderheiten des BetrAVG zu berücksichtigen.

Die Mitglieder des Gesamtbetriebsrats der X-AG gelten als gemäß der »Betriebsvereinbarung über die Zusammensetzung des GBR und die Entsendung in diesen« vom 1. 1. ... in den Gesamtbetriebsrat der Y-AG entsandt. Dies gilt entsprechend für die Entsendung durch die (Gesamt)Betriebsräte der Konzerntöchter der X-AG in den Konzernbetriebsrat der Y-AG.

Die obigen Ausführungen gelten für die Gesamtjugend- und Gesamtschwerbehindertenvertretungen beider Unternehmungen entsprechend.

Europäischer Betriebsrat

Bei der X-AG gilt eine Vereinbarung über die Errichtung eines Europäischen Betriebsrats. Je ein Arbeitnehmervertreter aus Belgien und Frankreich werden zu GBR/KBR-Sitzungen beigezogen.

Ort, Datum, Unterschriften

3.42 Strukturkurzarbeitergeld

3.42.1 Einleitung

Strukturkurzarbeitergeld ist eine Leistung des Arbeitsamtes. Sie wird in ähnlicher Höhe wie das Arbeitslosengeld gezahlt. Die wesentlichste Voraussetzung für diese Leistung ist, dass – grob gesprochen – der Arbeitgeber eine Betriebsänderung mit Personalabbau vorsieht, die interssenausgleichs- und sozialplanpflichtig ist (vgl. § 175 Abs. 1 SGB III und §§ 111 f. BetrVG).

Strukturkurzarbeitergeldregelungen bringen den Beschäftigten erhebliche Vorteile:

- Die Suche auf dem Arbeitsmarkt wird nachhaltig unterstützt.
- Es werden regelmäßig mehr Qualifizierungen angeboten als sie Arbeitslose erhalten.
- Kurzarbeitergeld und Zuschuss des Arbeitgebers liegen deutlich höher als das Arbeitslosengeld.
- Beim anschließenden Arbeitslosengeldbezug gibt es regelmäßig nur Vorteile.
- Ein zwölfmonatiger Kurzarbeitergeldbezug verhindert die Anrechnung von Abfindungen.

Auch Arbeitgeber, die öffentliche Hand und die Gewerkschaften profitieren regelmäßig von derartigen Regelungen. Der Personalabbau gestaltet sich meist relativ reibungslos und die Vermittlungsquoten sind erheblich höher als bei Arbeitslosen. Einen Überblick über die Materie gibt Growe, AiB 98, Heft 5.

Die folgenden Mustervereinbarungen zeigen die wichtigsten Regelungen. Die Checkliste soll helfen, die Qualität von Beratern für Strukturkurzarbeitergeldregelungen einschätzen zu können.

3.42.2 Vertrag über die Bildung von Auffangstrukturen Interessenausgleich, Sozialplan und Firmentarifvertrag

Zwischen Arbeitgeber, dem Betriebsrat und der Gewerkschaft wird im Hinblick auf die Stillegung eines Teiles des Betriebes folgende Vereinbarung, auch gem. §§ 111 und 112 BetrVG, abgeschlossen:

Ziff. 1–6 Interessenausgleich (nicht abgedruckt)

7 Sozialplan

Zum Ausgleich bzw. zur Milderung der wirtschaftlichen Nachteile, die den zu entlassenden Beschäftigten durch die Betriebsänderung und die damit verbundenen Entlassungen entstehen, vereinbaren die Parteien hiermit den als Anlage 1 beigefügten Sozialplan.

8 Beschäftigungs- und Qualifizierungsgesellschaft

8.1 Sämtlichen zu kündigenden Beschäftigten des Arbeitgebers wird **angeboten,** in die (Namen) Beschäftigungs- und Qualifizierungsgesellschaft (»BQG«) zum (Datum) einzutreten und mit der BQG ein Arbeitsverhältnis zu begründen.

Zu diesem Zweck verpflichtet sich der Arbeitgeber, allen zu kündigenden Beschäftigten den dieser Vereinbarung als Anlage 2 beigefügten **Vertrag über den Wechsel des Arbeitsverhältnisses** anzubieten und ihn abzuschließen. Dieser Vertrag ist integraler Bestandteil des vorliegenden Vertrages. Beschäftigte haben längstens innerhalb von ..... Arbeitstagen die Möglichkeit, diesen Vertrag zu unterschreiben. Diese ......-Tages-Frist läuft, nachdem die schriftliche Kündigung des Arbeitgebers zugegangen ist **und** der Arbeitgeber den Abschluss dieses Vertrages über den Wechsel des Arbeitsverhältnisses schriftlich angeboten hat.

8.2 Dieser **Vertrag über einen Wechsel des Arbeitsverhältnisses** hat eine **Befristung** des Arbeitsverhältnisses zwischen der BQG und den betroffenen Beschäftigten vorzusehen, und zwar für folgende Zeiträume:
- für Beschäftigte vor Vollendung des 40. Lebensjahres 10 Monate;
- für Beschäftigte nach Vollendung des 40. Lebensjahres, aber vor Vollendung des 50. Lebensjahres 15 Monate;
- für die älteren Beschäftigten sowie die Schwerbehinderten 18 Monate, gerechnet jeweils ab (Datum)

9 Kurzarbeit

Soweit die BQG die übernommenen Beschäftigten nicht beschäftigen kann, sei es mit Aufträgen der Arbeitgeber, sei es mit Aufträgen Dritter, werden die Beschäftigten auf Kurzarbeit Null (= Wochenarbeitszeit null Stunden) gesetzt.

10 Zuschuss zum Kurzarbeitergeld

10.1 Die BQG zahlt den Beschäftigten Zuschüsse zum Kurzarbeitergeld, so dass die Beschäftigten insgesamt …% ihres bisherigen Nettoentgeltes ausgezahlt erhalten. Das Entgelt berechnet sich entsprechend …..

10.2 Der Arbeitgeber stattet die BQG mit entsprechenden Geldern aus. Er wird die vorstehend geregelten Zahlungen aufgrund monatlicher Vorausberechnung der BQG **am 15.** eines Kalendermonats für den folgenden Monat an den Treuhänder des Betriebsrates und der Beschäftigten erbringen. Die BQG hat **Endabrechnungen** gegenüber dem Arbeitgeber so früh wie möglich vorzunehmen. Differenzen sind laufend auszugleichen.

10.3 Auch sofern mit dem Vertrag über den Wechsel des Arbeitsverhältnisses übernommene Beschäftigte **vor Ablauf der** in Ziff. 8.2 vorgesehenen **Beschäftigungsfristen** aus den Diensten der BQG **ausscheiden,** verbleibt es dabei, dass der Arbeitgeber an die BQG die Leistungen gem. Ziff. 10.2 zu bezahlen hat, die die BQG an die betroffenen Beschäftigten und Sozialversicherungsträger bis zum Auslauf von deren Beschäftigungsdauer gem. Ziff. 8.2 bezahlt hätte.

Dies gilt nicht, wenn Beschäftigte unbefristet bei dem Arbeitgeber oder gesellschaftsrechtlich verbundenen Gesellschaften tätig werden. Dann hat die BQG die zeitanteiligen Beträge an den Arbeitgeber zu erstatten.

10.4 Für Zeiten, für die Beschäftigte der BQG tatsächlich beschäftigt werden, sei es durch Aufträge des Arbeitgebers, sei es durch Aufträge Dritter, sei es als Leihbeschäftigte, fallen diese Leistungen nicht an, sondern sind vom jeweiligen Auftraggeber zu zahlen.

10.5 Über die **Verwendung von überschüssigen Mitteln** entscheidet der Betriebsrat nach freiem Ermessen, das sich allein nach den Interessen der Beschäftigten der BQG richtet. Er kann diese Mittel zu weiteren Qualifizierungsmaßnahmen, zur Verlängerung von allen oder einzelnen Arbeitsverhältnissen oder für Zwecke gem. § 175 Abs. 1 Satz 3 SGB III verwenden. Eine Rückführung an die Gesellschafter ist nur zulässig, wenn allen verbliebenen Beschäftigten eine Verweildauer von 24 Monaten bezahlt worden ist.

11 Unterstützung der BQG

11.1 Der **Betriebsrat** wird die BQG ständig beraten und unterstützen. Die Beschäftigten haben das Recht, sich an den Betriebsrat des jetzigen Arbeitgebers zu wenden. Der Betriebsrat ist berechtigt und verpflichtet, die Beschäftigten der BQG so zu behandeln, als wenn sie noch nicht ausgeschieden wären.

11.2 Der Arbeitgeber wird der BQG alle erforderlichen Daten zur Personalabrechnung u. Ä. geeignete **Räume** und die **Ausrüstung** für Beratungen und Fortbildungsveranstaltungen unentgeltlich zur Verfügung stellen.

11.3 Der Arbeitgeber wird der BQG DM/Euro .....,– für die Durchführung von beruflichen **Qualifizierungsmaßnahmen** zur Verfügung stellen.

12 Bürgschaften

...

13 Allgemeine Bestimmungen

13.1 ...

13.2 Die BQG hat einen **Anerkennungstarifvertrag** mit der Gewerkschaft .... geschlossen. Die **tarifvertraglichen Bestimmungen**, die bisher für die Arbeitsverhältnisse gegolten haben, gelten für alle Beschäftigten weiter. Dies gilt nicht, wenn
- die Voraussetzungen auf Arbeitnehmerseite nicht (mehr) bestehen,
- im vorliegenden Vertrag, der auch ein Tarifvertrag ist, nichts Abweichendes bestimmt ist (z. B. Befristung und Bezahlung bei Kurzarbeit Null).

...

13.3 Voraussetzung für den Wechsel der Beschäftigten in die BQG sowie die Leistungsverpflichtungen des Arbeitgebers nach der vorliegenden Vereinbarung ist, dass die **Voraussetzungen** für den Bezug von Kurzarbeitergeld (§ 175 SGB III) vorhanden sind und entsprechende Genehmigungen der Arbeitsverwaltung vorliegen.

13.4 Diese Vereinbarung wird unter der auflösenden Bedingung abgeschlossen, dass die **Bürgschaften** gemäß Ziff. 12 **fristgemäß** gestellt werden.

Anlage Vertrag über Wechsel des Arbeitsverhältnisses

zwischen Herrn/Frau A, dem bisherigen Arbeitgeber und der Beschäftigungs- und Qualifizierungsgesellschaft (BQG).

1 Grundlage

Auf der Grundlage des Vertrages über die Bildung von Auffangstrukturen vom (Datum) treffen alle drei vertragschließenden Parteien nachfolgende Regelungen:

2 Beendigung des Arbeitsverhältnisses mit dem bisherigen Arbeitgeber und Wechsel in die BQG

2.1 Herr/Frau A und der bisherige Arbeitgeber sind sich einig, dass sie das Arbeitsverhältnis zwischen ihnen aus betriebsbedingten Gründen einvernehmlich zum 31. 3. ... beenden.

2.2 Gleichzeitig begründen Herr/Frau A und die BQG mit Wirkung zum 1. 4. ... ein befristetes Arbeitsverhältnis.

3 Weitere Tätigkeit im Interesse des bisherigen Arbeitgebers

Der bisherige Arbeitgeber erklärt, dass er evtl. Bedarf an zusätzlichen Arbeitskräften haben wird, falls überraschende Situationen auftreten. Herr/Frau A erklärt sich ausdrücklich einverstanden, für den bisherigen Arbeitgeber zu den bisherigen Arbeitsbedingungen weiterzuarbeiten, falls er/sie benötigt wird.

4 Verweildauer in der BQG

4.1 Herr/Frau A hat eine **individuelle Kündigungsfrist** von zwei Monaten zum Monatsende. Entsprechend dieser Frist garantiert die BQG ihm/ihr ohne Einbringung von Ansprüchen auf Sozialplanabfindung eine Verweildauer von 5 Monaten.

4.2 Herr/Frau A und die BQG vereinbaren ein befristetes Arbeitsverhältnis mit einer Gesamtlaufzeit von 5 Monaten. Somit ist das Arbeitsverhältnis mit der BQG befristet vom 1. 4. ... bis zum 31. 8. ....

4.3 Gleichzeitig ist das Beschäftigungsverhältnis **bedingt** befristet. Es endet – ohne dass es einer Kündigung bedarf – mit Wegfall der Gewährung von Kurzarbeitergeld durch die Arbeitsverwaltung, aber nicht vor dem Zeitpunkt, zu dem das Arbeitsverhältnis unter Einbehaltung der individuellen Kündigungsfrist seitens des bisherigen Arbeitgebers betriebsbedingt ordentlich gekündigt worden wäre, wenn nicht der vorliegende dreiseitige Vertrag vereinbart worden wäre, also nicht vor dem 31. 5. ....

5 Bedingungen in der BQG

5.1 **Ziel** der Beschäftigung bei der BQG ist, die Möglichkeiten der Qualifizierung und der Beschäftigung bei anderen Arbeitgebern zu verbessern und um überraschend auftretende Arbeitsanforderungen des bisherigen Arbeitgebers erfüllen zu können.

5.2 Die BQG und Herr/Frau A sind sich einig, dass in der BQG gegebenenfalls auch **KuG Null** gem. § 175 SGB III gearbeitet werden kann.

5.3 Im Falle der Kurzarbeit erhält Herr/Frau A einen **Zuschuss** zum Kurzarbeitergeld, so dass er/sie monatlich 80% seines/ihres letzten Nettoentgeltes ohne Berücksichtigung von Überstunden und Überstundenzuschlägen erhält.

Evtl. persönliche Freibeträge bleiben unberücksichtigt. Das maßgebliche monatliche Nettoentgelt beträgt z. Zt.

Euro ....

80% hiervon betragen

Euro ....

Tariferhöhungen führen zu entsprechenden Anpassungen.
Nimmt Herr/Frau A an Qualifikationsmaßnahmen mit Zustimmung der BQG teil, erhöht sich der Zuschuss des Arbeitgebers zum Kurzarbeitergeld für jeden Tag der Teilnahme um DM/Euro ....

5.4 Herr/Frau A hat gemäß dem Sozialplan vom 20. 3. ... einen Anspruch auf eine Abfindungszahlung in Höhe von

Euro ....

5.5 Bei **Arbeitseinsatz**, z. B. für den bisherigen Arbeitgeber, bleibt die bisherige Entgelthöhe beim bisherigen Arbeitgeber auch für das Beschäftigungsverhältnis mit BQG maßgeblich.

Statt eines Urlaubsgeldes und 13. Monatsentgeltes werden bei Arbeitseinsatz zusätzlich 10% sofort gezahlt.

5.6 Die BQG zahlt auch alle **Pflichtleistungen,** vor allem die vollen Sozialversicherungsbeiträge während der Kurzarbeit für Herrn/Frau A.

5.7 Der bisherige Arbeitgeber sorgt für die **finanzielle Ausstattung** der BQG zur Leistung der Ziff. 5.3, 5.4 und 5.6. Es handelt sich insoweit um einen echten Vertrag zugunsten Dritter, so dass sowohl die BQG als auch Herr/Frau A Zahlung an die BQG verlangen können.

5.8 Die BQG hat einen Anerkennungstarifvertrag mit der Gewerkschaft .... abgeschlossen. Die **tarifvertraglichen Bestimmungen,** die bisher für die Arbeitsverhältnisse gegolten haben, gelten damit auch für alle Beschäftigten weiter. Dies gilt nicht, wenn

- die Voraussetzungen auf Arbeitnehmerseite nicht (mehr) bestehen,
- im abgeschlossenen Vertrag über die Bildung von Auffangstrukturen vom (Datum), der auch ein Tarifvertrag ist, nichts Abweichendes bestimmt ist (z. B. Befristung, Bezahlung bei Kurzarbeit Null).

In jedem Fall gelten die tarifvertraglichen Regeln über die **Ausschlussfristen** beiderseits.

6 Vorzeitiges Ausscheiden aus der BQG und Abfindung

6.1 Herr/Frau A ist berechtigt, jederzeit ohne Einhaltung einer **Kündigungsfrist** aus dem Arbeitsverhältnis mit der BQG auch vorzeitig auszuscheiden.

6.2 **Zusätzliche** Ansprüche gegen die BQG oder den bisherigen Arbeitgeber entstehen durch ein vorzeitiges Ausscheiden **nicht.**

6.3 **Abmahnungen und Kündigungen** der BQG sind nur mit Zustimmung des Betriebsrats wirksam. Die Zustimmung des Betriebsrats kann durch die Einigungsstelle ersetzt werden. Vorsitzender der Einigungsstelle ist Frau/Herr (Gewerkschaftssekretär). Jede Seite benennt zwei Besitzer.

7 Treuhänder/in

Herr/Frau A ermächtigt hiermit Frau/Herrn ....., das vorliegende Angebot der einvernehmlichen Vertragsaufhebung an den bisherigen Arbeitgeber weiterzuleiten. Sie /Er ist zu dieser Weiterleitung gegenüber dem bisherigen Arbeitgeber bzw. der BQG nur berechtigt, wenn durch Einzahlungen auf dem Treuhandkonto bzw. durch anderweitige Sicherheiten die Gewähr dafür geboten ist, dass Herr/Frau A die ihm/ihr zustehende Sozialplanabfindung und die Möglichkeit erhält, die zugesagte Verweildauer (Ziff. 4) in der BQG zurückzulegen und der Bescheid der Arbeitsverwaltung für die prinzipielle Anerkennung von Strukturkurzarbeit vorliegt.

8 Erklärungen und Verpflichtungen des Herrn/Frau A

Herr/Frau A erklärt:

8.1 Herr/Frau A verpflichtet sich, der BQG jede **anderweitige bezahlte Tätigkeit** unverzüglich mitzuteilen. Zuwiderhandlungen kann zum Verlust zukünftiger Zahlungen und zu Schadensersatz führen.

8.2 Herr/Frau A verpflichtet sich, Arbeitsstellen anzunehmen, die zu seiner/ihrer bisherigen Tätigkeit weitgehend gleichwertig sind.

9 Erledigungsklausel für Arbeitsverhältnis mit dem bisherigen Arbeitgeber

9.1 Mit Erfüllung dieser Vereinbarung sind **sämtliche gegenseitigen Ansprüche** aus dem Arbeitsverhältnis zwischen Herrn/Frau A und dem bisherigen Arbeitgeber und anlässlich dessen Beendigung, gleich aus welchem Rechtsgrund, erledigt. Mit der Zustimmung zu diesem Vertrag nimmt der bisherige Arbeitgeber diesen Verzicht an.

9.2 Diese Erledigung gilt ausdrücklich **nicht** für Entgeltansprüche bis zum Datum des Ausscheidens einschließlich aller Urlaubsansprüche, Freizeitguthaben aus Arbeitszeitverkürzung, Gleitzeit und flexible Arbeitszeiten, den Ansprüchen auf unverfallbare Versorgungsanwartschaften, aus dem betrieblichen Vorschlagswesen, auf Erfindervergütung sowie dem Anspruch auf ein wohlwollendes Zeugnis und auf Arbeitspapiere.

9.3 Herr/Frau A verpflichtet sich hiermit, eine etwaige vor dem Arbeitsgericht anhängige **Kündigungsschutzklage** gegen den bisherigen Arbeitgeber **zurückzunehmen.**

10 Vorgehen und Reihenfolge der Unterschriften

1. Zunächst unterschreibt der bisherige Arbeitgeber und

2. die BQG vier Exemplare.

3. Dann unterschreiben die Beschäftigten und

4. lassen Frau/Herrn .... als Treuhänder/in drei Exemplare über den Betriebsrat zukommen.

5. Sobald die geforderten Sicherheiten vorliegen und

6. der erste Bescheid der Arbeitsverwaltung über die Gewährung von Kurzarbeitergeld vorliegt,

7. reicht die/der Treuhänder/in je ein von allen drei Vertragsparteien unterschriebenes Exemplar an diese zurück.

Erst dann ist der Vertrag zustande gekommen.

Checkliste:

Einige Fragen für Betriebsräte bezüglich Berater, die anbieten, Strukturkurzarbeitergeldvereinbarungen für den Betriebsrat abzuschließen.

1. Wie erfahren ist der Berater beim Aushandeln
   - von Interessenausgleichen und Sozialplänen?
   - von Strukturkurzarbeitergeldvereinbarungen?

2. Ist gewährleistet, dass die Betroffenen ihr Entgelt und ihr Kurzarbeitergeld pünktlich und mit korrekter Lohnabrechnung erhalten? Wie war die Zusammenarbeit mit dem Arbeitsamt?

3. Wer wählt die Bildungsträger aus? Mit welchem Ausbildungs- und Erfahrungshintergrund? Mit welchen konkreten Erfolgen?

Wer ist in der Lage, die Qualität eines Unterrichts zu beurteilen? Gibt die Beschäftigungs- und Qualifizierungsgesellschaft den Betroffenen im Anschluss an die Qualifizierungsmaßnahme die Möglichkeit, den Unterricht zu bewerten?

4. Wurden qualifizierte Existenzberatungen vermittelt? Mit welchem Ausbildungs- und Erfahrungshintergrund? Mit welchen konkreten Erfolgen?

5. Werden Stabilisierungsmaßnahmen für Vorruheständler angeboten?

6. Können erfolgreiche Projekte nachgewiesen werden? Waren Betroffene, der Betriebsrat, der betreuende Gewerkschaftssekretär und der Arbeitgeber in den letzten Projekten zufrieden? Ist ein ernsthafter Interessenausgleich abgeschlossen oder ist im Grunde nur eine Strukturkurzarbeitergeldvereinbarung durchgezogen worden? Hatte der Berater in den letzten Projekten genügend Zeit zur Betreuung?

7. Mit welchen Gewerkschaften hat die Beschäftigungs- und Qualifizierungsgesellschaft Anerkennungstarifverträge abgeschlossen?

8. Wie wird das finanzielle Verhalten der Beschäftigungs- und Qualifizierungsgesellschaft kontrolliert?

(**Hinweis:** Text Dietrich Growe, Fachanwalt für Arbeits- und Sozialrecht in Mannheim)

3.43 Europäischer Betriebsrat

3.43.1 Einleitung

Mit Wirkung vom 1. 11. 1996 ist das (deutsche) Europäische Betriebsräte-Gesetz (EBRG) vom 28. 9. 1996 in Kraft getreten. Damit hat Deutschland die EG-Richtlinie 94/45/EG des Rates vom 22. 9. 1994 in nationales Recht umgesetzt.

Nach In-Kraft-Treten des EBRG sind Europäische Betriebsräte, deren zentrale Leitung in Deutschland sitzt, unter Beachtung der Bestimmungen des EBRG zu bilden. Als wichtigster Punkt muss festgehalten werden, dass ein deutsches Betriebsratsgremium (KBR oder GBR) **nicht befugt ist,** mit seiner Konzern- bzw. Unternehmensleitung eine Vereinbarung zur Arbeit eines Europäischen Betriebsrates abzuschließen.

Eine solche Vereinbarung kann nur von einem sog. »besonderen Verhandlungsgremium« unter Beteiligung der Arbeitnehmervertreter von ausländischen Beteiligungen verhandelt und unterzeichnet werden. Die Zusammensetzung des besonderen Verhandlungsgremiums richtet sich nach dem EBRG, seine Wahlen nach den jeweils gültigen nationalen Bestimmungen.

Wegen der doch recht unterschiedlichen Arbeitnehmervertretungssysteme in anderen europäischen Mitgliedstaaten empfehlen wir, die jeweils zuständige Europäische Branchenföderation (alle in Brüssel ansässig) bei den Verhandlungen zu beteiligen und deren Generalsekretär für den Europäischen Gewerkschaftsbund die Vereinbarung mit unterzeichnen bzw. ratifizieren zu lassen.

3.43.2 Vereinbarung zur Arbeit eines Europäischen Betriebsrates

zwischen der
XYZ-AG
(Zentrale Leitung)
mit Hauptsitz Konzernstraße 111 in 55555 X-Stadt
(nachfolgend XYZ-AG genannt)
und den
Interessenvertretern der Arbeitnehmer/innen
der Unternehmensgruppe XYZ-AG
wird zur Arbeit des Europäischen Betriebsrates (EBR) Folgendes vereinbart:

Einleitung
Aufgrund der Richtlinie 94/45/EG des Rates vom 22. 9. 1994 über die Einsetzung eines Europäischen Betriebsrates und des deutschen Umsetzungsgesetzes – dem Europäische Betriebsräte-Gesetz (EBRG) vom 28. September 1996 – unter Berücksichtigung der europaweiten Aktivitäten der XYZ-AG kommen die vertragschließenden Parteien überein, dass ein EBR als Informations- und Anhörungsgremium aller in den Unternehmen beschäftigten Arbeitnehmer/innen gebildet wird. Die Beteiligten vereinbaren nachfolgende Regelungen über die Rechte und Pflichten des Europäischen Betriebsrates.

§ 1 Geltungsbereich
1. Die Vereinbarung gilt für alle ArbeitnehmerInnen der XYZ-AG und erstreckt sich auf die Betriebe, Niederlassungen, Filialen, Geschäftsstellen bzw. Unternehmen in den Staaten des Europäischen Wirtschaftsraumes (EWR-Staaten), der Schweiz sowie alle EU-assoziierten Länder in Mittel- und Osteuropa.

2. Der Unternehmensgruppe XYZ-AG zuzurechnende Betriebe/Unternehmen sind diejenigen, auf die die XYZ-AG einen beherrschenden Einfluss ausüben kann. Für die Fähigkeit, einen beherrschenden Einfluss auszuüben, gelten die in § 6 EBRG oder bei Töchtern in anderen Mitgliedstaaten die dort gültigen Vermutungsregeln in Umsetzung von Artikel 3 Abs. 2 der EU-Richtlinie.

3. Die Zentrale Unternehmensleitung hält den Europäischen Betriebsrat durch Ergänzung der in Anlage 1 enthaltenen Liste sämtlicher von der Vereinbarung betroffenen Betriebe/Unternehmen ständig auf dem neuesten Stand.

§ 2 Zusammenarbeit

1. Die Zentrale Leitung des Unternehmens und der Europäische Betriebsrat arbeiten mit dem Willen zur Verständigung und Beachtung ihrer jeweiligen Rechte und gegenseitigen Verpflichtungen zusammen.

2. Die Zentrale Leitung von XYZ-AG sorgt dafür, dass Vereinbarungen und Abreden, die mit dem Europäischen Betriebsrat abgestimmt wurden, auch durchgeführt werden. Dies gilt insbesondere für abhängige Unternehmen und dazugehörige Betriebe.

§ 3 Zusammensetzung

1. Der Europäische Betriebsrat wird bei der Spitze der Unternehmensgruppe (Zentrale Leitung) gebildet. Er besteht aus höchstens 30 Mitgliedern.

2. Mitglieder sollen in erster Linie betriebliche Arbeitnehmervertreter sein. Die Zentrale Leitung der Unternehmensgruppe und abhängige Unternehmen und dazugehörige Betriebe können keine Mitglieder ernennen.

3. Das Verfahren zur Entsendung der nationalen Vertreter und ihrer Ersatzmitglieder in den Europäischen Betriebsrat ist in den einzelnen Ländern zu regeln. Es richtet sich nach den jeweiligen nationalen Rechten oder Gepflogenheiten.

4. Aus jedem Mitgliedstaat (bzw. einem in § 1 Abs. 1 genannten Land), in dem sich ein oder mehrere Betriebe/Unternehmen befinden, werden mindestens zwei Vertreter in den Europäischen Betriebsrat entsandt. Hauptamtliche Mitarbeiter einer Gewerkschaft können Mitglied des Europäischen Betriebsrates sein.

5. Die Verteilung der weiteren Sitze wird durch das Verhältnis der nationalen Beschäftigungszahlen bestimmt. Maßgebend ist die Beschäftigtenzahl der im Durchschnitt während der letzten zwei Jahre beschäftigten Arbeitnehmer.

6. Auf der Grundlage der oben genannten Grundsätze ermittelt sich die Anzahl der zusätzlichen Vertreter aus den einzelnen Ländern wie folgt:

Variante A – Konzern/Unternehmen mit mehr als 10 000 Beschäftigten
Bei Beschäftigung von mindestens 20 v.H. der ArbeitnehmerInnen = 1 Zusatzmandat
   Beschäftigung von mindestens 30 v.H. der ArbeitnehmerInnen = 3 Zusatzmandate
   Beschäftigung von mindestens 40 v.H. der ArbeitnehmerInnen = 5 Zusatzmandate
   Beschäftigung von mindestens 50 v.H. der ArbeitnehmerInnen = 7 Zusatzmandate
   Beschäftigung von mindestens 60 v.H. der ArbeitnehmerInnen = 9 Zusatzmandate
   Beschäftigung von mindestens 70 v.H. der ArbeitnehmerInnen = 11 Zusatzmandate
   Beschäftigung von mindestens 80 v.H. der ArbeitnehmerInnen = 13 Zusatzmandate

Variante B – Konzern/Unternehmen mit weniger als 10 000 Beschäftigten
Bei Beschäftigung von mind. 20 v.H. der ArbeitnehmerInnen = 1 Zusatzmandat
   Beschäftigung von mind. 30 v.H. der ArbeitnehmerInnen = 2 Zusatzmandate
   Beschäftigung von mind. 40 v.H. der ArbeitnehmerInnen = 3 Zusatzmandate
   Beschäftigung von mind. 50 v.H. der ArbeitnehmerInnen = 4 Zusatzmandate
   Beschäftigung von mind. 60 v.H. der ArbeitnehmerInnen = 5 Zusatzmandate

Beschäftigung von mind. 70 v. H. der ArbeitnehmerInnen = 6 Zusatzmandate

Beschäftigung von mind. 80 v. H. der ArbeitnehmerInnen = 7 Zusatzmandate

7. Die personelle Zusammensetzung des Europäischen Betriebsrates wird der Zentralen Leitung mitgeteilt.

8. Der Sitz des Europäischen Betriebsrates ist in Deutschland bei der Zentralen Leitung der XYZ-AG, Konzernstraße 111 in 55555 X-Stadt, Büro des (Konzern- bzw. Gesamt-)Betriebsrates.

§ 4 Mandatsdauer

1. Die Mitgliedschaft im Europäischen Betriebsrat endet vier Jahre nach der Wahl bzw. Benennung des Mitgliedes. Die dann neu vorzunehmende Entsendung erfolgt nach § 3. Die Wiederwahl ist zulässig.

2. Die Mitglieder des Europäischen Betriebsrates können entsprechend den Regelungen zu ihrer Wahl bzw. Benennung von denjenigen Arbeitnehmervertretern abberufen werden, die sie in den Europäischen Betriebsrat entsandt haben. Verliert ein Mitglied des EBR sein Mandat durch Abberufung oder Ausscheiden aus dem Unternehmen bzw. der Unternehmensgruppe, so ist dieser Platz durch ein Mitglied aus dem betroffenen Land zu ersetzen.

§ 5 Unterrichtung und Anhörung

1. Der Europäische Betriebsrat ist auf jeden Fall hinsichtlich solcher Angelegenheiten zu unterrichten und anzuhören, die die XYZ-AG insgesamt oder mindestens zwei der Betriebe/Unternehmen in verschiedenen Mitgliedstaaten bzw. Ländern gemäß § 1 Abs. 1 betreffen. Die XYZ-AG informiert den Europäischen Betriebsrat schriftlich vierteljährlich über die in Abs. 2 genannten Themen und erläutert die Auswirkungen der Unternehmensstrategie.

2. Die Unterrichtung und Anhörung bezieht sich insbesondere auf
   - die Struktur der XYZ-AG
   - ihre wirtschaftliche und finanzielle Situation
   - die voraussichtliche Entwicklung der Geschäfts-, Produktions- und Absatzlage
   - die Beschäftigungslage und ihre voraussichtliche Entwicklung
   - die Investitionen
   - grundlegende Änderungen der Organisation
   - die Einführung neuer Arbeits- und Fertigungsverfahren
   - die Verlagerung der Produktion, Dienstleistungen, Forschung
   - Fusionen, Verkleinerungen oder Schließungen von Unternehmen, Betrieben oder wichtigen Teilen dieser Einheiten
   - Massenentlassungen
   - Stand und Entwicklungstendenzen der Qualifikation der Beschäftigten
   - Aus- und Weiterbildungsaktivitäten
   - Fragen der Entlohnung
   - Entwicklung der Arbeitszeit
   - Entwicklung der Arbeitsbedingungen

- Fragen des Arbeits- und Umweltschutzes
- Entwicklung von Sozialleistungen
- Produktions- und Investitionsprogramme
- Rationalisierungsvorhaben
- sonstige Vorgänge und Vorhaben, welche die Interessen der ArbeitnehmerInnen des Unternehmens (bzw. der Unternehmergruppe) wesentlich berühren können.

3. Die Unterrichtung und Anhörung muss so rechtzeitig erfolgen, dass die erarbeiteten Standpunkte des Europäischen Betriebsrates in die Entscheidung der XYZ-AG einfließen können.

4. Die Unterrichtung des Europäischen Betriebsrats durch die Zentrale Leitung der XYZ-AG erfolgt auf der Grundlage eines von der Zentralen Leitung vorgelegten Berichts, der dem EBR mindestens vier Wochen vor der Anhörung zugegangen sein muss.

5. Die Zentrale Leitung ist verpflichtet, den Europäischen Betriebsrat hinsichtlich der von ihm für erforderlich erachteten Themen anzuhören, das heißt, sie mit ihm zu beraten und ggf. zu verhandeln.

6. Treten außergewöhnliche Umstände ein, die erhebliche Auswirkungen auf die Interessen der Arbeitnehmer haben, so hat der Europäische Betriebsrat das Recht, zusammenzutreten und über diese Maßnahmen von der Zentralen Leitung der XYZ-AG unterrichtet und angehört zu werden. Dies trifft insbesondere bei der beabsichtigten Verlegung oder Schließung von Unternehmen bzw. Betrieben und/oder Massenentlassungen zu.

7. Diese Sitzung zur Unterrichtung und Anhörung erfolgt unverzüglich auf der Grundlage eines Berichts der Zentralen Leitung der XYZ-AG oder einer anderen geeigneteren Leitungsebene, zu dem der Europäische Betriebsrat binnen einer angemessenen Frist seine Stellungnahme abgeben kann. Zu dieser Sitzung können vom EBR die Interessenvertreter/innen der betroffenen Standorte als zusätzliche Sachverständige auch dann eingeladen werden, wenn sie nicht im EBR vertreten sind.

8. Wenn der Europäische Betriebsrat einen Geschäftsführenden Ausschuss gebildet hat, so können die in Absatz 6 und 7 genannten Rechte von diesem Ausschuss wahrgenommen werden.

9. Die unternehmerische Maßnahme wird vor vollständiger Unterrichtung und Anhörung des Europäischen Betriebsrats nicht durchgeführt. Kommt es in Fällen, bei denen der Europäische Betriebsrat gemäß § 5 Abs. 6 dieser Vereinbarung anzuhören und zu unterrichten ist, zu Meinungsverschiedenheiten zwischen der Unternehmensleitung und dem EBR, so ist auf Verlangen einer der Parteien die Entscheidung über die geplante Maßnahme für die Dauer von bis zu einem Monat auszusetzen. Auch in diesem Fall hat der EBR das Recht, unbeschadet der in § 7 dieser Vereinbarung enthaltenen Regelung, einen Sachverständigen hinzuziehen.

10. Unter Beteiligung des Sachverständigen sowie Vertretern der zuständigen Arbeitgeber- und Arbeitnehmerorganisation ist während der Aussetzungsfrist der Versuch einer einvernehmlichen Lösung zwischen Unternehmensleitung und Europäischem Betriebsrat zu unternehmen.

§ 6 Sitzungen

1. Der Sitzungsort wird vom Vorsitzenden des Europäischen Betriebsrates in Absprache mit dem Geschäftsführenden Ausschuss bestimmt. Die Konstituierung des Europäischen Betriebsrates findet am Sitz der XYZ-AG statt. Der EBR ist insbesondere dann berechtigt, seine Sitzung an anderen Standorten abzuhalten, wenn dies die auf der Sitzung zu behandelnden Themen erfordern.

2. Neben der regelmäßigen gegenseitigen Information und Beratung trifft sich der Europäische Betriebsrat mindestens zweimal im Jahr und nach Bedarf zu einer ordentlichen Sitzung mit der Unternehmensleitung der XYZ-AG zum Zwecke der Unterrichtung und Anhörung.

3. Außerordentliche Treffen werden durchgeführt, wenn außergewöhnliche Umstände eintreten oder 25% der Mitglieder des Europäischen Betriebsrates oder die VertreterInnen von mindestens zwei Ländern dies fordern.

4. Vor diesen Sitzungen hat der EBR die Möglichkeit, eine interne Sitzung abzuhalten und nach der gemeinsamen Sitzung eine Auswertung vornehmen zu können.

§ 7 Zusammenarbeit innerhalb des Europäischen Betriebsrates

1. Entscheidungen des Europäischen Betriebsrates werden durch Beschluss mit einfacher Mehrheit der anwesenden EBR-Mitglieder gefasst.

2. Der Europäische Betriebsrat kann mindestens einen externen Sachverständigen als ständigen Berater festlegen. Dieser hat das Recht, an den Sitzungen des EBR und an Sitzungen des Geschäftsführenden Ausschusses bzw. der weiteren Ausschüsse teilzunehmen. Der EBR kann für seine Arbeit weitere Sachverständige in Anspruch nehmen, soweit dies erforderlich ist. Ein(e) Beauftragte/r der EXYZ-Föderation nimmt mit beratender Stimme an den Sitzungen teil.

3. Der Europäische Betriebsrat wählt eine(n) Vorsitzende(n) und zwei Stellvertreter(innen), die aus verschiedenen Ländern kommen sollen. Der EBR ist berechtigt, sich eine Geschäftsordnung zu geben, in der u.a. bestimmt werden kann, dass ein Geschäftsführender Ausschuss gebildet wird. Der EBR kann weitere Ausschüsse bilden.

4. Der Europäische Betriebsrat arbeitet mit allen in den Betrieben der einzelnen Länder vertretenen repräsentativen Gewerkschaften und deren europäischen Dachorganisationen zusammen.

5. Mitglieder des Europäischen Betriebsrates haben zu jedem Betrieb des Unternehmens der Unternehmensgruppe ein Zugangsrecht. Dies gilt auch für die Sachverständigen.

§ 8 Kosten

1. Die Zentrale Leitung von XYZ-AG stattet den Europäischen Betriebsrat mit den erforderlichen finanziellen und materiellen Mitteln aus, damit dieser seine Aufgaben in angemessener Weise wahrnehmen kann.

2. Die Zentrale Leitung trägt insbesondere die für die Veranstaltung der Sitzungen anfallenden Kosten einschließlich der Dolmetscher- und Übersetzungskosten sowie die Aufenthalts- und

Reisekosten für die Mitglieder des EBR, der Ausschüsse und der Sachverständigen. Alle übrigen Kosten trägt die jeweilige nationale Gesellschaft oder Niederlassung, bei der das EBR-Mitglied beschäftigt ist.

3. Mitglieder des EBR sind von ihrer beruflichen Tätigkeit für die Arbeit im EBR ohne Minderung des Entgelts zu befreien.

§ 9 Schutz der Mitglieder des Europäischen Betriebsrates

1. Die Mitglieder und Ersatzmitglieder des Europäischen Betriebsrates dürfen bei ihrer Tätigkeit nicht behindert werden. Sie dürfen wegen ihrer Tätigkeit im EBR nicht benachteiligt oder begünstigt werden. Dies gilt auch für die berufliche Entwicklung.

2. Die Mitglieder und Ersatzmitglieder des Europäischen Betriebsrates können während ihrer Amtsperiode und in den folgenden zwei Jahren nur gekündigt werden, wenn die jeweiligen nationalen Gesetze dies erlauben und der EBR zugestimmt hat.

§ 10 Geheimhaltungspflicht

1. Die Mitglieder und Ersatzmitglieder des Europäischen Betriebsrates sind verpflichtet, Geschäftsgeheimnisse, die ihnen wegen ihrer Zugehörigkeit zu diesem Gremium bekannt geworden und von der Arbeitgeberseite ausdrücklich als geheimhaltungsbedürftig bezeichnet worden sind, nicht an Dritte weiterzugeben. Dies gilt auch nach ihrem Ausscheiden aus dem EBR. Sachverständige, die der EBR hinzuzieht, sind in gleicher Weise zur Geheimhaltung verpflichtet, ebenso der/die Beauftragte der EFBH.

2. Die Geheimhaltungspflicht gilt nicht innerhalb der EBR und nicht gegenüber betrieblichen Arbeitnehmervertretern, die nach dem im jeweiligen Land geltenden Recht selbst zur Geheimhaltung verpflichtet sind. Ebensowenig gilt sie gegenüber ArbeitnehmervertreterInnen im Aufsichtsrat, Einigungsstellen und Schlichtungsverfahren.

3. Die Mitglieder des Europäischen Betriebsrates berichten in ihren Heimatländern über die Tätigkeit des Gremiums entsprechend den nationalen Gepflogenheiten. Sie dürfen dabei keine Geschäftsgeheimnisse preisgeben.

§ 11 Qualifizierung

1. Die Mitglieder des Europäischen Betriebsrates haben einen Qualifizierungsanspruch, soweit für sie Schulungs- und Weiterbildungsmaßnahmen im Rahmen ihrer Tätigkeit erforderlich sind. Dies gilt insbesondere für Fremdsprachen, Arbeitsrecht und Ökonomie für die von dieser Vereinbarung betroffenen Länder.

2. Die bezahlte Freistellung beträgt mindestens 4 Wochen während der Mandatsdauer. Die Kostenübernahme für Freistellung, Seminargebühren sowie Reise- und Aufenthaltskosten richten sich nach § 8.

§ 12 Geltung nationaler Rechte

Diese Vereinbarung berührt weder die den Arbeitnehmern und ihren Vertretern nach einzelstaatlichem Recht zustehenden Rechte auf Unterrichtung, Anhörung und Qualifizierung, noch sonstige Rechte der Arbeitnehmer bzw. ihrer Vertreter, es sei denn, sie würden durch diese Vereinbarung verbessert.

§ 13 Vertragssprache

Das Original dieser Vereinbarung wird in deutscher Sprache verfasst und dient damit auch bei eventuellen Auslegungsschwierigkeiten als Rechtsgrundlage. Im Übrigen wird diese Vereinbarung in die jeweiligen offiziellen Staatssprachen für die Länder gemäß § 1 übersetzt.

§ 14 Schlichtungsstelle

1. Zur Schlichtung von Streitigkeiten aus der Durchführung dieser Vereinbarung wird eine paritätisch besetzte Schlichtungsstelle am Sitz der XYZ-AG gebildet.

2. Jede Seite entsendet in der Regel drei Mitglieder in die Schlichtungsstelle. Zudem einigen sich beide Seiten auf einen neutralen Vorsitzenden. Kommt eine Einigung über den Vorsitzenden nicht zustande, so entscheidet das für Arbeitsrecht zuständige Gericht am Sitz der Leitung der XYZ-AG oder ein Gericht, auf das sich beide Seiten einigen.

3. Die Schlichtungsstelle verhandelt mit dem Ziel einer einvernehmlichen Einigung. Kann diese nicht erzielt werden, so entscheidet die Schlichtungsstelle durch Beschluss, wobei jedem Mitglied und dem Vorsitzenden eine Stimme zusteht.

§ 15 Streitigkeiten

1. Für Streitigkeiten, die aus Rechten und Pflichten dieser Vereinbarung resultieren und die nicht nach § 14 gelöst werden, können die Beteiligten das Arbeitsgericht anrufen, das für die Zentrale Leitung der XYZ-AG zuständig ist.

2. Weichen die Zentrale Leitung bzw. ein anderes Unternehmen oder dazugehörige Betriebe der XYZ-AG von einer Vereinbarung ab, die mit dem Europäischen Betriebsrat abgeschlossen wurde, so haben die Arbeitnehmer, die dadurch wirtschaftliche Nachteile erleiden, einen Anspruch auf eine angemessene Entschädigung. Diese richtet sich nach dem jeweiligen nationalen Recht bzw. den nationalen Gepflogenheiten. Davon ausgenommen ist das Schlichtungsverfahren gemäß § 14.

§ 16 Veränderungen der Vereinbarung

Bei wesentlichen Veränderungen der Struktur der XYZ-AG, der Zahl der Betriebe/Unternehmen oder der Länder gemäß § 1 werden Verhandlungen über eine entsprechende Anpassung dieser Vereinbarung aufgenommen, ohne dass sich eine Vertragspartei auf die Laufzeit dieser Vereinbarung berufen darf.

§ 17 Laufzeit der Vereinbarung

1. Diese Vereinbarung tritt am Tage der Unterzeichnung in Kraft und kann mit einer Frist von sechs Monaten zum Ende eines Kalenderjahres, frühestens zum 31. 12. ..., gekündigt werden.

2. Im Falle der Kündigung werden zwischen Europäischem Betriebsrat und der Zentralen Leitung Verhandlungen mit dem ernsten Willen aufgenommen, eine neue Vereinbarung abzuschließen. Die Vereinbarung wirkt bis zum Abschluss einer neuen Vereinbarung nach.

X-Stadt, den .... November 2001

Zentrale	Besonderes	Generalsekretär der
Leitung der XYZ-AG	Verhandlungsgremium	XYZ-Föderation für den
		Europäischen Gewerkschaftsbund

4. Rechtsprechungsübersicht

4.1 Durchführungsanspruch

Leitsatz

1. Der Anspruch auf Durchführung der in einer Betriebsvereinbarung getroffenen Regelung beinhaltet zugleich einen Anspruch auf Unterlassung solcher Maßnahmen, die mit der Regelung nicht vereinbar sind. Derartige Unterlassungsansprüche bestehen insbesondere, wenn die Betriebsvereinbarung einen bestimmten Bereich abschließend regelt.
2. Dem Anspruch des Betriebsrats auf Unterlassung betriebsvereinbarungswidriger Maßnahmen steht die in Voraussetzungen und Rechtsfolgen engere Norm des § 23 Abs. 3 BetrVG nicht entgegen.
3. Der Anspruch auf Durchführung einer Betriebsvereinbarung hängt nicht davon ab, ob und in welchem Umfang ein Mitbestimmungsrecht des Betriebsrats hinsichtlich der in ihr geregelten Materie bestand. Die Betriebsvereinbarung kann auch eine freiwillige im Sinne von § 88 BetrVG sein.
ArbG Köln, Beschluß vom 10. 12. 1991 – 16 8V 239/91
AiB 1992, 650

Leitsatz

Der Anspruch des Betriebsrats aus einer Betriebsvereinbarung oder einem Einigungsstellenspruch auf Unterlassung entgegenstehenden Verhaltens ist kein Anspruch auf Unterlassung mitbestimmungswidrigen Verhaltens, so daß es auf die Entscheidung der Streitfrage des Bestehens eines allgemeinen Unterlassungsanspruches nicht ankommt. Der Anspruch auf Durchführung einer nicht gekündigten Betriebsvereinbarung hängt nicht von dem Bestehen eines Mitbestimmungsrechtes ab.
BAG, Beschluß vom 13. 10. 1987 – 1 ABR 51/86
AiB 1988, 158 Rechtsprechungsübersicht

Leitsatz

Der Anspruch des Betriebsrats auf Durchführung einer Betriebsvereinbarung hat nicht die Befugnis des Betriebsrats zum Inhalt, vom Arbeitgeber aus eigenem

Recht die Erfüllung von Ansprüchen der Arbeitnehmer aus dieser Betriebsvereinbarung zu verlangen. Ein Antrag des Betriebsrats, mit dem er die Verurteilung des Arbeitgebers zur Erfüllung von Ansprüchen der Arbeitnehmer aus einem Sozialplan begehrt, ist unzulässig.

BAG, Beschluß vom 17. 10. 1989 – 1 ABR 75/88
AiR 1995, 185 Rechtsprechungsübersicht

Leitsatz
Der Betriebsrat kann nach § 77 Abs. 1 BetrVG verlangen, daß der Arbeitgeber eine Betriebsvereinbarung durchführt. Auf Antrag ist der Inhalt der Betriebsvereinbarung festzustellen.

BAG, Beschluß vom 24. 2. 1987 – 1 ABR 18/85
AiB 1995, 113 Rechtsprechungsübersicht

Leitsatz
Der Anspruch auf Durchführung einer nicht gekündigten Betriebsvereinbarung hängt nicht davon ab, ob und in welchem Umfang ein Mitbestimmungsrecht bei der Regelung dieser Angelegenheiten bestand. Der Betriebsrat kann verlangen, daß der Arbeitgeber keine Arbeitsverträge abschließt, in denen der Arbeitnehmer verpflichtet wird, seine Arbeitsleistung entsprechend dem Arbeitsanfall zu erbringen. Dies ergibt sich aus der Betriebsvereinbarung vom 4. 7. 1985. Diese Betriebsvereinbarung hat der Arbeitgeber nach § 77 Abs. 1 Satz 1 BetrVG im Betrieb durchzuführen.

BAG, Beschluß vom 13. 10. 1987 – 1 ABR 51/86
AiB 1995, 113 Rechtsprechungsübersicht

Leitsatz
1. Der Arbeitgeber kann sich in einer Betriebsvereinbarung verpflichten, die Einhaltung eines mit dem Betriebsrat vereinbarten Alkoholverbots nur mit den ebenfalls in der Betriebsvereinbarung genannten Mitteln (Kontrolle durch Vorgesetzte, freiwilliger Alkoholtest durch Werksarzt) zu überwachen.
2. Der Arbeitgeber muß eine Betriebsvereinbarung so durchführen, wie sie abgeschlossen wurde. Betriebsvereinbarungswidrige Maßnahmen können dem Arbeitgeber vom Gericht auf Antrag des Betriebsrats (Unterlassungsantrag) untersagt werden.

BAG, Beschluß vom 10. 11. 1987 – 1 ABR 55/86
AiB 1988, 90

Leitsatz

1. Haben Betriebsrat und Arbeitgeber die Durchführung von Inventurarbeiten in einzelnen Filialen in einer Betriebsvereinbarung geregelt, so darf der Arbeitgeber einseitig von der Betriebsvereinbarung abweichende Inventuren ohne Einigung mit dem Betriebsrat nicht durchführen.

2. Hat der Betriebsrat der abweichenden Regelung nicht zugestimmt, so ist der Arbeitgeber verpflichtet, aktiv das Gespräch zu suchen, um eine Einigung zu erzielen, wenn er die geplante Inventur durchführen will.

ArbG Lingen, Beschluß vom 15. 1. 1988 – 2 BV Ga 2/88
AiB 1988, 43

Leitsatz

Der Arbeitgeber verletzt eine Betriebsvereinbarung, durch die die gleitende Arbeitszeit eingeführt worden ist, wenn er im dienstlichen Interesse liegende Schulungs- und Informationsveranstaltungen für Kundenberater außerhalb der Kernzeit, aber innerhalb der Gleitzeit ohne Zustimmung des Betriebsrats ansetzt. Dies gilt auch, wenn den Arbeitnehmern das Erscheinen zu der Veranstaltung freigestellt wird.

BAG, Beschluß vom 18. 4. 1989 – 1 ABR 3/88
AiB 1989, 356

Leitsatz

Der Anspruch des Betriebsrats auf Durchführung einer Betriebsvereinbarung hat nicht die Befugnis des Betriebsrates zum Inhalt, vom Arbeitgeber aus eigenem Recht die Erfüllung von Ansprüchen der Arbeitnehmer aus dieser Betriebsvereinbarung zu verlangen. Ein Antrag des Betriebsrates, mit dem er die Verurteilung des Arbeitgebers zur Erfüllung von Ansprüchen der Arbeitnehmer aus einem Sozialplan begehrt, ist unzulässig.

BAG, Beschluß vom 17. 10. 1989 – 1 ABR 75/88
AiB 1990, 311

Leitsatz

Eine Personalleiterin, die, mit dem Ziel, eine mit dem Betriebsrat geschlossene Betriebsvereinbarung über Mehrarbeit zu umgehen, toleriert, daß ein Mitarbeiter der Personalabteilung die Stempeluhr zum üblichen Arbeitsschluß bedient, dann aber weiterarbeitet, und die, um einem Arbeitnehmer Nachteile bei Zahlung des Arbeitslosengeldes zu ersparen, nach Abschluß des Aufhebungsvertrages den Arbeitsvertrag des ausscheidenden Arbeitnehmers bzgl. der Kündigungsfrist ändert, kann gemäß § 626 BGB fristlos ohne vorherige Abmahnung gekündigt werden.

LAG Bremen, Urteil vom 31. 1. 1997 – 4 Sa 85/96 und 111/96
EzA CD-ROM

Leitsatz

Ist der Arbeitgeber aufgrund einer Betriebsvereinbarung zu jährlichen Gehaltsüberprüfungen verpflichtet, so lassen auch mehrfache Gehaltserhöhungen nach denselben Kriterien regelmäßig keine betriebliche Übung entstehen, die den Arbeitgeber zu weiteren Gehaltserhöhungen verpflichten.

BAG, Urteil vom 16. 9. 1998 – 5 AZR 598/97
AP Nr. 54 zu § 242 BGB Betriebliche Übung

Leitsatz

Ein Arbeitgeber, der in einer Publikation über offene Stellen und über die aus Anlaß eines Arbeitsplatzwechsels gewährten finanziellen Leistungen unterrichtet, weist damit regelmäßig nur auf Voraussetzungen hin, unter denen die Zahlung eines Nachteilsausgleichs in Betracht kommt. Der Arbeitnehmer kann die Leistung daher regelmäßig nur beanspruchen, wenn er sie ausdrücklich mit dem Arbeitgeber vereinbart oder sie in einer kollektiven Regelung (Tarifvertrag/Betriebsvereinbarung) enthalten ist.

BAG, Urteil vom 25. 1. 2000 – 9 AZR 140/99
EzA CD-ROM

4.2 Zustandekommen

Leitsatz

Eine vom Betriebsratsvorsitzenden ohne entsprechenden Betriebsratsbeschluß abgeschlossene Betriebsvereinbarung kann vom Betriebsrat durch schlüssiges Verhalten gebilligt und dadurch wirksam werden.

LAG Köln, Urteil vom 5. 10. 1988 – 2 Sa 696/88
AiB 1994, 306 Rechtsprechungsübersicht

Leitsatz

1. Eine Betriebsvereinbarung kann nur durch Unterzeichnung einer einheitlichen Urkunde durch Arbeitgeber und Betriebsrat zustande kommen.
2. Unterzeichnet der Arbeitgeber die Fotokopie eines ihm zugesandten Protokolls einer Betriebsratssitzung, in dem der Beschluß des Betriebsrats enthalten ist, mit dem Betriebsvereinbarungsvorschlag des Arbeitgebers einverstanden zu sein, so kommt dadurch weder eine Betriebsvereinbarung noch eine Regelungsabrede zustande.
3. Der Betriebsrat ist an seinen Beschluß, mit dem Betriebsvereinbarungsvorschlag des Arbeitgebers einverstanden zu sein, nicht gebunden. Er kann ihn jederzeit auf-

heben, ohne hierdurch irgendeine Verpflichtung zum Abschluß der Betriebsvereinbarung bzw. zur Unterzeichnung des Arbeitgebervorschlags durch den Betriebsratsvorsitzenden einzugehen.

LAG Berlin, Beschluß vom 6. 9. 1991 – 2 Ta 8V 3/91
AiB 1992, 294

Leitsatz
1. Die nach § 77 Abs. 2 Satz 1 BetrVG für Betriebsvereinbarungen vorgeschriebene Schriftform ist gewahrt, wenn die Betriebsvereinbarung auf eine schriftliche, den Arbeitnehmern bekannt gemachte Gesamtzusage des Arbeitgebers verweist. Der Text der Gesamtzusage muß weder in der Betriebsvereinbarung wiederholt noch als Anlage angeheftet werden.
2. Der Betriebsrat kann seine nach § 77 Abs. 4 Satz 2 BetrVG erforderliche Zustimmung zu dem Verzicht eines Arbeitnehmers auf Rechte aus einer Betriebsvereinbarung formlos erteilen. Er muß aber unmißverständlich zum Ausdruck bringen, daß er mit dem Verzicht einverstanden ist. Es genügt nicht, daß sich der Betriebsrat aus der Angelegenheit heraushalten will und »eine neutrale Haltung« einnimmt.

BAG, Urteil vom 3. 6. 1997 – 3 AZR 25/96
AP Nr. 69 zu § 77 BetrVG 1972

4.3 Unzulässige/zulässige Regelungen

Leitsatz
1. Eine Betriebsvereinbarung, mit der ausschließlich die Erhöhung der bisherigen Vergütung und Weihnachtsgratifikation geregelt wird, ist wegen Verstoßes gegen § 77 Abs. 3 BetrVG nichtig, wenn entsprechende tarifliche Regelungen bestehen oder üblich sind. Dies gilt auch dann, wenn der Arbeitgeber nicht tarifgebunden ist.
2. Die Erklärung des Arbeitgebers, die zu einer nichtigen Betriebsvereinbarung geführt hat, kann ausnahmsweise in ein entsprechendes Vertragsangebot an die Arbeitnehmer umgedeutet werden, wenn besondere Umstände darauf schließen lassen, daß der Arbeitgeber sich unabhängig von der betriebsverfassungsrechtlichen Regelungsform binden wollte. Dieses Angebot können die Arbeitnehmer annehmen, ohne daß es einer ausdrücklichen Annahmeerklärung bedarf (§ 151 BGB).

BAG, Urteil vom 24. 1. 1996 – 1 AZR 597/95
AP Nr. 8 zu § 77 Tarifvorbehalt

Leitsatz

Gewährt ein Arbeitgeber einem Arbeitnehmer Freistellung zur Teilnahme an einer Bildungsveranstaltung nach dem Arbeitnehmerweiterbildungsgesetz in Nordrhein-Westfalen und wird durch eine Betriebsvereinbarung später für den Arbeitnehmer in dieser Zeit eine Freischicht festgelegt, so ist die Freistellung nach dem AWbG nachträglich unmöglich geworden. Der Arbeitgeber wird von der Verpflichtung zur bezahlten Freistellung frei.

BAG, Urteil vom 15. 6. 1993 – 9 AZR 65/90
AiB 1994, 124

Leitsatz

1. Die Zuständigkeit für die Datenermittlung zur Ermittlung von Vorgabezeiten kann in einer Betriebsvereinbarung geregelt werden. Diese Regelung ist für die Betriebsparteien dann verbindlich.
2. Nach der ständigen Rechtsprechung des BAG kann der Betriebsrat auch die Unterlassung von Handlungen des Arbeitgebers verlangen, die gegen eine Betriebsvereinbarung verstoßen.
3. Dieser Anspruch kann auch durch einstweilige Verfügung geltend gemacht werden.

LAG München, Beschluß vom 12. 12. 1990 – 5 Ta BV 61/89
AiB 1991, 269

Leitsatz

§ 77 Abs. 3 BetrVG, wonach Arbeitsentgelt und sonstige Arbeitsbedingungen, die durch Tarifvertrag geregelt sind oder üblicherweise geregelt werden, nicht Gegenstand einer Betriebsvereinbarung sein können, steht dem Mitbestimmungsrecht aus § 87 BetrVG nicht entgegen.

Die Mitbestimmung des Betriebsrats nach § 87 Abs. 1 wird durch den Tarifvorrang des § 87 Abs. 1 Eingangssatz BetrVG nur dann ausgeschlossen, wenn eine inhaltliche und abschließende tarifliche Regelung über den Mitbestimmungsgegenstand besteht. Der Tarifvorrang des § 87 Abs. 1 Eingangssatz BetrVG soll nur eingreifen, wenn der Arbeitgeber bereits durch den Tarifvertrag rechtlich gebunden ist, er also sein einseitiges Bestimmungsrecht verloren hat.

BAG, Beschluß vom 3. 12. 1991 – GS 2/90
AiB 1995, 102 Rechtsprechungsübersicht

Leitsatz

1. Sieht eine Gleitzeit-Vereinbarung vor, daß ein Gleitzeitguthaben in den Folgemonat übertragen werden kann und dann abzubauen ist, verringert sich die Ar-

beitszeit in dem Folgemonat um die Guthabenstunden. Der Gleitzeitsaldo muß durch entsprechend geringere Arbeitszeit in dem Folgemonat ausgeglichen werden, er darf nicht in Geld ausbezahlt werden.
2. Die Kompliziertheit einer Gleitzeit-Betriebsvereinbarung rechtfertigt nicht, daß der Arbeitgeber Überstunden ohne Genehmigung des Betriebsrats anordnet oder entgegennimmt. Der Arbeitgeber muß dafür sorgen, daß von dem Betriebsrat nicht genehmigte Mehrarbeit unterbleibt. Dazu kann er z. B. ankündigen, daß von dem Betriebsrat nicht genehmigte Mehrarbeit nicht gewollt ist und auch nicht bezahlt wird.
BAG, Beschluß vom 23. 6. 1992 – 1 ABR 11/92
AiB 1993, 117

Leitsatz
Der Tarifvorbehalt nach § 77 Abs. 3 BetrVG bezieht sich nicht nur auf (materielle) Arbeitsbedingungen). Sind Ausschlußfristen für die Geltendmachung von Ansprüchen aus dem Arbeitsverhältnis tarifvertraglich geregelt, so können durch Betriebsvereinbarung auch für die Geltendmachung von Akkordlohnansprüchen keine Ausschlußfristen geregelt werden, sofern nicht die tarifliche Regelung insoweit eine Öffnungsklausel enthält.
BAG, Urteil vom 9. 4. 1991 – 1 AZR 406/90
AiB 1995, 178 Rechtsprechungsübersicht

Leitsatz
1. Die Einführung eines Zwei-Schicht-Systems durch Betriebsvereinbarung beseitigt nicht günstigere einzelvertragliche Arbeitszeitregelungen des Arbeitnehmers.
2. Die Umsetzung einer solchen Betriebsvereinbarung gegenüber einem Arbeitnehmer, der arbeitsvertraglich allein zu für ihn günstigeren Arbeitszeiten im Ein-Schicht-System zur Arbeitsleistung verpflichtet ist, kann nicht im Wege des Direktionsrechts, sondern nur durch Ausspruch einer rechtswirksamen Änderungskündigung erfolgen.
LAG Düsseldorf, vom 22. 5. 1991 – 4 Sa 290/91
AB 1991, 433

Leitsatz
1. Sieht eine Betriebsvereinbarung vor, daß der Unterschied zwischen der tatsächlich gearbeiteten Arbeitszeit pro Woche (40 Stunden) und der tariflichen Arbeitszeit (36 Stunden) durch Freischichten ausgeglichen wird, so verstößt die – vom Arbeitgeber angebotene und mit einzelnen Arbeitnehmern vereinbarte – Abgeltung der Freischichten in Geld gegen die Betriebsvereinbarung.

2. Individualrechtliche Vereinbarungen darüber, daß Freischichtguthaben ganz oder teilweise in Geld abgegolten werden, verstoßen gegen zwingende Mitbestimmungsrechte des Betriebsrats gemäß § 87 Abs. 1 Nr. 2 und 3 BetrVG. Die Arbeit an den eigentlich freien Tagen bedeutet eine (vorübergehende) Verlängerung der betriebsüblichen Arbeitszeit.

3. Die finanzielle Abgeltung von Freischichtguthaben kommt der Wiedereinführung der 40-Stunden-Woche durch die Hintertür gleich. Sie ist auch unter Berücksichtigung des Günstigkeitsprinzips unzulässig. Sie ist für die Arbeitnehmer nicht günstiger als die Freizeitentnahme. Die Einsparung von Arbeitskräftereserven und Mehrarbeitszuschlägen kommt allein dem Arbeitgeber zugute. Die Schaffung und Sicherung von Arbeitsplätzen geschieht nicht nur im gesellschaftlichen Interesse, sondern ist auch ein vitales Interesse einzelner Arbeitnehmer.

4. Der Betriebsrat kann vom Arbeitgeber verlangen, es zu unterlassen, den Freizeitausgleich in Geld abzugelten.

ArbG Arnsberg, Beschluß vom 16. 8. 1995 – 3 BV 6/95
AB 1995, 744

Leitsatz

Aufgrund eines Mitbestimmungsrechts kann der Betriebsrat stets nur eine Regelung verlangen, die der Arbeitgeber außerhalb des Betriebsverfassungsrechts auch allein treffen könnte. Ist der Arbeitgeber aufgrund eines ihm gegenüber bindend gewordenen Verwaltungsaktes verpflichtet, eine bestimmte Maßnahme vorzunehmen, kann der Betriebsrat unter Berufung auf sein Mitbestimmungsrecht keine davon abweichende Regelung verlangen.

BAG, Beschluß vom 26. 5. 1988 – 1 ABR 9/87
AiB 1995, 179 Rechtsprechungsübersicht

Leitsatz

1. Bei der Einführung einer einheitlichen Arbeitskleidung hat der Betriebsrat nach § 87 Abs. 1 Nr.1 BetrVG mitzubestimmen.

2. In einer Betriebsvereinbarung, durch die ›zur Verbesserung des äußeren Erscheinungsbildes und Images‹ des Arbeitgebers eine einheitliche Arbeitskleidung eingeführt wird, können die Betriebspartner nicht regeln, daß die Arbeitnehmer einen Teil der Kosten (hier knapp 50%) für die Gestellung der Arbeitskleidung zu tragen haben.

BAG, Urteil vom 1. 12. 1992 – 1 AZR 260/92
AiB 1993, 462

Leitsatz

§ 5 Nr. 3 Abs. 2 BRTV-Bau schließt eine Regelung der Vergütung für die außerhalb der Arbeitszeit erfolgende Beförderung von Arbeitskollegen in einem vom Arbeitgeber gestellten Fahrzeug zur Baustelle durch Betriebsvereinbarung nicht aus.

BAG, Urteil vom 1. 12. 1992 – 212 AZR 234/92
AiB 1993, 462

Leitsatz

Eine Betriebsvereinbarung, nach der das Arbeitsverhältnis der im Betrieb beschäftigten Arbeitnehmer mit dem Ablauf des Monats endet, in welchem der Arbeitnehmer das 65. Lebensjahr vollendet, enthält kein Verbot der Weiterbeschäftigung eines Arbeitnehmers über die Altersgrenze hinaus, es sei denn, ein solches Verbot fände in der Betriebsvereinbarung deutlichen Ausdruck. Deshalb ist der Betriebsrat in der Regel nicht berechtigt, seine Zustimmung zur Weiterbeschäftigung dieses Arbeitnehmers zu verweigern.

BAG, Beschluß vom 10. 3. 1992 – 1 ABR 67/91
AiB 1992, 533

Leitsatz

1. Eine Betriebsvereinbarung, die für einen bestimmten Zeitraum Kurzarbeit vorsieht, enthält die Regelung, daß in einem Zeitraum nicht gearbeitet wird und die Arbeitnehmer statt dessen Kurzarbeitergeld erhalten. Der Begriff ›Kurzarbeit‹ ist ein eindeutiger rechtstechnischer Begriff, der von jedem im Arbeitsleben Stehenden mit dem Bezug von Kurzarbeitergeld in Verbindung gebracht wird.
2. Wenn die betrieblichen Voraussetzungen für die Einführung von Kurzarbeit entfallen, so trägt die Arbeitgeberseite das finanzielle Risiko, wenn das Arbeitsamt kein Kurzarbeitergeld zahlt.
3. Der Arbeitgeber muß in diesem Falle allerdings nicht den vollen Lohn zahlen, solange die Betriebsvereinbarung ungekündigt ist, sondern lediglich Vergütung in Höhe des Kurzarbeitergeldes.

LAG Rh-Pf, Urteil vom 14. 9. 1989 – 5 Sa 539/89
AiB 1991, 59

Leitsatz

Ist die Bestimmung einer Betriebsvereinbarung, das Arbeitsverhältnis ende durch Eintritt der Erwerbsunfähigkeit des Arbeitnehmers, dahin auszulegen, das Arbeitsverhältnis solle zu dem Zeitpunkt enden, zu dem nach den rentenrechtlichen Vorschriften (§ 1247 Abs. 2 RVO, § 34 Abs. 2 AnVG) die Voraussetzungen einer

Erwerbsunfähigkeit vorliegen, so ist diese Beendigungsklausel wegen nicht hinreichender Bestimmtheit des Auflösungszeitpunktes unwirksam.

BAG, Urteil vom 27. 10. 1988 – 2 AzR 109/88
AiB 1989, 364

Leitsatz

1. Eine Betriebsvereinbarung, nach der für Mitarbeiter das Arbeitsverhältnis ohne Kündigung mit Ablauf des Monats endet, in dem der Arbeitnehmer das 65. Lebensjahr vollendet, ist dahin auszulegen, daß das Arbeitsverhältnis bei Erreichen der vorgesehenen Altersgrenze vorbehaltlos nur enden soll, wenn der betroffene Arbeitnehmer zu diesem Zeitpunkt auch ein gesetzliches Altersruhegeld zu beanspruchen hat.
2. Die Wirksamkeit einer Altersgrenze dieses Inhalts ist darüber hinaus nicht davon abhängig, ob zusätzlich eine auf die Altersgrenze abgestellte betriebliche Altersversorgung besteht. Es bleibt dahingestellt, ob im Wege einer Billigkeitskontrolle Härteklauseln für Arbeitnehmer einzufügen sind, die durch das gesetzliche Altersruhegeld nicht ausreichend wirtschaftlich versorgt sind.
3. Wird eine Altersgrenze für die Beendigung des Arbeitsverhältnisses erstmals durch eine Betriebsvereinbarung eingeführt, dann wirkt sie auch zuungunsten der Arbeitnehmer, die auf unbestimmte Zeit eingestellt worden sind, wenn die Arbeitsverträge unter dem Vorbehalt späterer Betriebsvereinbarungen stehen, d.h. ›betriebsvereinbarungsoffen‹ ausgestaltet worden sind.

BAG, Urteil vom 20. 11. 1987 – 2 AZR 284/86
AiB 1988, 290

Leitsatz

Der Betriebsrat kann von seinem Initiativrecht in einer mitbestimmungspflichtigen Angelegenheit auch dann Gebrauch machen, wenn er lediglich die bisherige betriebliche Praxis zum Inhalt einer Betriebsvereinbarung machen will.

BAG, Beschluß vom 8. 8. 1989 – 1 ABR 62/88
AiB 1995, 102 Rechtsprechungsübersicht

Leitsatz

Der Arbeitgeber kann sich in einer Betriebsvereinbarung dem Betriebsrat gegenüber verpflichten, teilzeitbeschäftigte Mitarbeiter nur zu den zuvor im Arbeitsvertrag festgelegten festen Arbeitszeiten zu beschäftigen. Er kann sich weiter verpflichten, Arbeitsverträge nur mit festen Arbeitszeiten abzuschließen, unter Verzicht auf Abrufmöglichkeiten entsprechend dem Arbeitsanfall. (Anmerkung: Nach der Betriebsvereinbarung ist der Arbeitgeber nicht nur gehindert, teilzeitbeschäftigte Arbeitnehmer im Betrieb entsprechend dem Arbeitsanfall zu wechselnden

Arbeitszeiten einzusetzen. Er hat sich gegenüber dem Betriebsrat darüber hinaus noch verpflichtet, keine Arbeitsverträge abzuschließen, die ihm diese Möglichkeit später – wenn die Beschränkungen aus der jetzigen Betriebsvereinbarung weggefallen sind – eröffnen würden. Der Betriebsrat hat sich in der Betriebsvereinbarung vom 4. 7. 1985 nicht nur den Einfluß auf die tatsächliche Beschäftigung der Teilzeitarbeitnehmer im Betrieb gesichert. Er hat auch Einfluß genommen auf den Inhalt der Arbeitsverträge.

Darf der Arbeitgeber mit den Arbeitnehmern keine Arbeitsverträge mit der Verpflichtung abschließen, die Arbeitsleistung sei entsprechend dem Arbeitsanfall zu erbringen, ist sichergestellt, daß er von diesem System der Arbeitszeit nach Arbeitsanfall keinen Gebrauch machen kann. Durch die Beeinflussung der Vertragspraxis kann der vereinbarte Einsatz der Arbeitnehmer zu festen Arbeitszeiten entsprechend den Abreden in der Betriebsvereinbarung am besten gesichert werden. Das ›Muster‹ eines Arbeitsvertrags, der die in der Betriebsvereinbarung beschriebenen Anforderungen nach Festlegung der Arbeitszeit erfüllt, wird in der Betriebsvereinbarung in Bezug genommen.)

BAG, Beschluß vom 13. 10. 1987 – 1 ABR 51/86
AB 1995, 106 Rechtsprechungsübersicht

Leitsatz

1. Betriebsvereinbarungen nach § 87 Abs. 1 BetrVG können entgegenstehende einzelvertragliche Abreden verdrängen.
2. Durch Betriebsvereinbarungen nach § 88 BetrVG kann in entgegenstehende oder weitergehende einzelvertragliche Rechte zu Lasten der Arbeitnehmer nur eingegriffen werden, wenn die Einzelarbeitsverträge unter dem Vorbehalt einer ablösenden Betriebsvereinbarung stehen, sie also ›betriebsvereinbarungsoffen‹ sind.
3. Betriebsvereinbarungen wirken nur normativ, soweit sie im Rahmen der Kompetenzen der Betriebspartner wirksam abgeschlossen sind.

BAG, Urteil vom 12. 8. 1982 – 6 AZR 1117/79
AiB 1995, 177 Rechtsprechungsübersicht

Leitsatz

Es ist zulässig, dem Betriebsrat rechtsgeschäftliche Vertretungsmacht mit dem Ziele einzuräumen, daß er namens der vertretenen Arbeitnehmer einzelvertragliche Regelungen mit dem Arbeitgeber aushandelt. Arbeitgeber und Arbeitnehmerschaft gehen im Zweifel davon aus, daß der Betriebsrat als betriebsverfassungsrechtliches (kollektives) Organ mit dem Arbeitgeber verhandelt.

BAG, Urteil vom 19. 7. 1977 – 1 AZR 483/74
AiB 1995, 177 Rechtsprechungsübersicht

Leitsatz

Sollen Rechte eines Arbeitnehmers durch eine Betriebsvereinbarung geändert werden, so bedarf es dazu jedenfalls einer ausdrücklichen Regelung in der Betriebsvereinbarung.

BAG, Urteil vom 4. 3. 1982 – 6 AZR 594/79
AiB 1995, 178 Rechtsprechungsübersicht

Leitsatz

1. Der Betriebsrat hat nach § 87 Abs. 1 Nr.4 BetrVG mitzubestimmen, ob Lohn oder Gehalt bar oder bargeldlos gezahlt werden sollen. Sollen Löhne oder Gehälter auf Bankkonten der Arbeitnehmer überwiesen werden, erstreckt sich das Mitbestimmungsrecht des Betriebsrats auf die Frage, ob und in welchem Umfang die hierfür entstehenden Kosten vom Arbeitgeber zu erstatten sind (ständige Rechtsprechung des Senats; vgl. zuletzt Beschluß vom 31. 8. 1982 – 1 ABR 8/81 – BAGE 39, 351 = AP Nr. 2 zu § 87 BetrVG 1972 Auszahlung).

2. Die Auflage eines Zuwendungsgebers (hier: Bundesrepublik Deutschland) an den Zuwendungsempfänger (Arbeitgeber), keine höhere Vergütung zu zahlen als im öffentlichen Dienst, ist keine gesetzliche Regelung im Sinne des § 87 Abs. 1 Eingangssatz BetrVG, die das Mitbestimmungsrecht des Betriebsrats ausschließen könnte (Beschluß des Senats vom 27. 1. 1987 – 1 ABR 66/85 – AP Nr. 42 zu § 99 BetrVG 1972).

3. Eine tarifliche Regelung schließt Mitbestimmungsrechte des Betriebsrats nur aus, wenn der Arbeitgeber an den Tarifvertrag gebunden ist (Beschluß des Senats vom 24. 2. 1987 – 1 ABR 18/85 – AP Nr. 21 zu § 77 BetrVG 1972.

4. Eine nur tarifübliche Regelung (§ 77 Abs. 3 BetrVG) schließt Mitbestimmungsrechte des Betriebsrats nicht aus (ebenfalls Bestätigung des Beschlusses vom 24. 2. 1987 – 1 ABR 18/85 – AP Nr. 21 zu § 77 BetrVG 1972).

BAG, Beschluß vom 24. 11. 1987 – 1 ABR 25/86
AiB 1995, 178 Rechtsprechungsübersicht

Leitsatz

1. Der Betriebsrat kann einer vom Arbeitgeber geplanten Eingruppierung die Zustimmung mit der Begründung verweigern, die vom Arbeitgeber angewandte Vergütungsgruppenordnung sei nicht diejenige Ordnung, die im Betrieb zur Anwendung kommen müsse.

2. Der Betriebsrat hat nach § 87 Abs. 1 Nr. 10 BetrVG mitzubestimmen, wenn der Arbeitgeber die bislang im Betrieb zur Anwendung gekommene Vergütungsordnung ändert.

3. Dieses Mitbestimmungsrecht wird nicht dadurch ausgeschlossen, daß der Arbeitgeber aufgrund von Auflagen des Bundes als Zuwendungsgeber verpflichtet

ist, seine Arbeitnehmer nach einer geänderten Vergütungsordnung – der Anlage 1 a zum BAT nach Maßgabe des sogenannten Absenkungserlasses vom 27. 12. 1983 – zu vergüten.

4. Die Tatsache, daß ein Arbeitgeber die Geltung eines Tarifvertrages, von dessen Geltungsbereich er nicht erfaßt wird, einzelvertraglich mit seinen Arbeitnehmern vereinbart, führt nicht dazu, daß in seinem Betrieb Arbeitsbedingungen im Sinne von § 77 Abs. 3 BetrVG üblicherweise tariflich geregelt sind.

5. Der Abschluß von Firmentarifverträgen mit einzelnen privaten Forschungseinrichtungen begründet keine übliche tarifliche Regelung im Sinne von § 77 Abs. 3 BetrVG für den gesamten Bereich privater Forschungseinrichtungen.

BAG, Beschuß vom 27. 1. 1987 – 1 ABR 66/85
AiB 1995, 178 Rechtsprechungsübersicht

Leitsatz

Eine Betriebsvereinbarung, die nach § 2 des Manteltarifvertrages für die gewerblichen Arbeitnehmer der niedersächsischen Metallindustrie vom 18. 7. 1984 bei einer Betriebsnutzungszeit von 40 Stunden den Ausgleich zu einer niedrigeren individuellen regelmäßigen wöchentlichen Arbeitszeit durch Freischichten vorsieht, kann bestimmen, daß eine Zeitgutschrift nur für jeden geleisteten Arbeitstag erfolgt. Eine solche Regelung verstößt weder gegen gesetzliche noch gegen tarifliche Vorschriften.

BAG, Urteil vom 2. 12. 1987 – 5 AZR 557/86
AiB 1995, 179 Rechtsprechungsübersicht

Leitsatz

1. Zur Regelung der individuellen regelmäßigen wöchentlichen Arbeitszeit für Arbeitnehmer sind in erster Linie die Tarifvertragsparteien berufen. Sie können die Bestimmung jedenfalls im Rahmen weiterer Vorgaben Arbeitgeber und Betriebsrat überlassen.

2. Betriebsvereinbarungen über die Dauer der individuellen wöchentlichen Arbeitszeit der Arbeitnehmer gelten unmittelbar und zwingend für alle in den Geltungsbereich der Betriebsvereinbarung fallenden Arbeitnehmer des Betriebs. Günstigere Regelungen in einzelnen Arbeitsverträgen gelten weiter.

3. Die negative Koalitionsfreiheit der nicht tarifgebundenen Arbeitnehmer des Betriebs wird durch den Abschluß von Betriebsvereinbarungen über die Dauer der wöchentlichen Arbeitszeit nicht verletzt.

BAG, Beschluß vom 18. 8. 1987 – 1 ABR 30/86
AiB 1995, 100 Rechtsprechungsübersicht

Leitsatz

1. Der Arbeitgeber kann sich in einer Betriebsvereinbarung verpflichten, die Einhaltung eines mit dem Betriebsrat vereinbarten Alkoholverbots nur mit den ebenfalls in der Betriebsvereinbarung genannten Mitteln (Kontrolle durch Vorgesetzte, freiwilliger Alkoholtest durch Werksarzt) zu überwachen.

2. Der Arbeitgeber muß eine Betriebsvereinbarung so durchführen, wie sie abgeschlossen wurde. Betriebsvereinbarungswidrige Maßnahmen können dem Arbeitgeber vom Gericht auf Antrag des Betriebsrats (Unterlassungsantrag) untersagt werden.

BAG, Beschluß vom 10. 11. 1987 – 1 ABR 55/86
AiB 1995, 184 Rechtsprechungsübersicht

Leitsatz

In Ausübung des Mitbestimmungsrechts kann die mitbestimmungspflichtige Angelegenheit auch durch Betriebsvereinbarung geregelt werden.

BAG, Beschluß vom 24. 2. 1987 – 1 ABR 18/85
AiB 1989, 14 Rechtsprechungsübersicht

Leitsatz

In einer Betriebsvereinbarung kann bestimmt werden, daß Zeiten der Teilnahme an einem Arbeitskampf nicht zur Kürzung des Entgelts, sondern zur Belastung des Gleitzeitkontos führen. Die Chancengleichheit im Arbeitskampf wird durch eine solche Regelung nicht verletzt.

BAG, Beschluß vom 30. 8. 1994 – 1 ABR 10/94
AiB 1995, 2

Leitsatz

Wird in einer Betriebsvereinbarung vollständig oder teilweise inhaltlich ein für den Betrieb geltender Tarifvertrag mit der Folge übernommen, daß der Tarifvertrag auch auf nicht organisierte oder anders organisierte Arbeitnehmer eines Betriebes ausgedehnt wird, so ist dieses unzulässig. Solche dynamischen Blankettverweisungen sind grundsätzlich nicht zulässig.

LAG Hamburg, Urteil vom 7. 6. 1995 – 4 Sa 115/94
AiB 1996, 374

Leitsatz

1. Eine die Arbeitnehmer belastende Betriebsvereinbarung kann ausnahmsweise zurückwirken, wenn die betroffenen Arbeitnehmer mit einer rückwirkend belastenden Regelung rechnen mußten und sich hierauf einstellen konnten.

2. Eine auf den Zeitpunkt einer Tariferhöhung zurückwirkende Betriebsvereinbarung über die Anrechnung übertariflicher Zulagen kommt in Betracht, wenn der Arbeitgeber zunächst mitbestimmungsfrei das Zulagenvolumen und – unter Beibehaltung der bisherigen Verteilungsrelationen – auch die einzelnen Zulagen kürzt, zugleich aber bekanntgibt, daß er eine Änderung der Verteilungsrelationen erreichen will und dem Betriebsrat eine entsprechende rückwirkende Betriebsvereinbarung vorschlägt.

3. Ob die Unwirksamkeit einer zunächst mitbestimmungswidrig vorgenommenen Anrechnung nachträglich durch eine rückwirkende Betriebsvereinbarung geheilt werden kann, erscheint dem Senat zweifelhaft.

BAG, Urteil vom 19. 9. 1995 – 1 AZR 208/95 AiB 1996, 381

Leitsatz

1. Eine Betriebsvereinbarung, mit der ausschließlich die Erhöhung der bisherigen Vergütung und Weihnachtsgratifikation geregelt wird, ist wegen Verstoßes gegen § 77 Abs. 3 BetrVG nichtig, wenn entsprechende tarifliche Regelungen bestehen oder üblich sind. Dies gilt auch dann, wenn der Arbeitgeber nicht tarifgebunden ist.

2. Die Erklärung des Arbeitgebers, die zu einer nichtigen Betriebsvereinbarung geführt hat, kann ausnahmsweise in ein entsprechendes Vertragsangebot an die Arbeitnehmer umgedeutet werden, wenn besondere Umstände darauf schließen lassen, daß der Arbeitgeber sich unabhängig von der betriebsverfassungsrechtlichen Regelungsform binden wollte. Dieses Angebot können die Arbeitnehmer annehmen, ohne daß es einer ausdrücklichen Annahmeerklärung bedarf (§ 151 BGB).

**BAG, Urteil vom 24. 1. 1996 – 1 ABR 597/95
AiB 1997, 110**

Leitsatz

1. Wird ein erstinstanzliches Urteil verspätet, nach Ablauf der Fünfmonatsfrist abgefaßt, so ist es ausreichend, wenn sich die vor Urteilszustellung abgefaßte Berufungsbegründung mit den möglichen und hypothetischen Entscheidungsgründen befaßt.

2. Sind in einem betrieblichen Bereich tarifliche Regelungen über die Entgelthöhe und Anpassung von Entgelten üblich, so entfalten diese gegenüber Betriebsvereinbarungen Sperrwirkung nach § 77 Abs. 3 BetrVG. Dies gilt insoweit auch dann, wenn die Betriebsvereinbarung zugleich Fragen der erzwingbaren Mitbestimmung regelt.

3. Eine unwirksame Betriebsvereinbarung kann in eine vertragliche Einheitsregelung umgedeutet werden. Eine Umdeutung kommt aber nur dann in Betracht,

wenn und soweit besondere Umstände die Annahme rechtfertigen, der Arbeitgeber habe sich unabhängig von den Regelungen der Betriebsvereinbarung auf jeden Fall verpflichten wollen, die in der Betriebsvereinbarung vorgesehenen Leistungen zu erbringen.

4. Sind im Rahmentarifvertrag die allgemeinen Grundsätze für die Entgeltzahlung nach der überwiegend ausgeübten Tätigkeit in einer Vergütungsgruppe geregelt und im Gehaltstarifvertrag die Gruppenmerkmale der einzelnen Vergütungsgruppen, so kann bei Allgemeinverbindlichkeit des Entgelttarifvertrages zumindest dann eine »Eingruppierung« erfolgen, wenn die Tätigkeit in den Tätigkeitsbeispielen umschrieben wird.

5. Übertarifliche Vergütungsbestandteile können bei Tariflohnerhöhungen aufgesogen werden.

BAG, Urteil vom 5. 3. 1997 – 4 AZR 532/95
AP Nr. 10 zu § 77 BetrVG Tarifvorbehalt

Leitsatz

Durch Betriebsvereinbarung kann auch dann eine geringere Anzahl freizustellender Betriebsratsmitglieder als nach der gesetzlichen Mindeststaffel vereinbart werden, wenn dadurch kein Mitglied einer Minderheitsliste freigestellt wird.

BAG, Beschluß vom 11. 6. 1997 – 7 ABR 5/96
AP Nr. 22 zu § 38 BetrVG 1972

Leitsatz

1. Betriebsrat und Arbeitgeber können für noch nicht geplante, aber in groben Umrissen schon abschätzbare Betriebsänderungen einen Sozialplan in Form einer freiwilligen Betriebsvereinbarung aufstellen. Darin liegt noch kein (unzulässiger) Verzicht auf künftige Mitbestimmungsrechte.

2. Soweit ein solcher vorsorglicher Sozialplan wirksame Regelungen enthält, ist das Mitbestimmungsrecht des Betriebsrats nach § 112 BetrVG verbraucht, falls eine entsprechende Betriebsänderung später tatsächlich vorgenommen wird.

BAG, Beschluß vom 26. 8. 1997 – 1 ABR 12/97
AP Nr. 117 zu § 112 BetrVG 1972

Leitsatz

1. Zum Alterssicherungsbetrag im Sinne von § 6 des Manteltarifvertrags der Metallindustrie für die Regierungsbezirke Nordwürttemberg und Nordbaden des Landes Baden-Württemberg (Verdienstsicherung für ältere Arbeitnehmer) gehören auch betrieblich vereinbarte freiwillige übertarifliche Zulagen.

2. Tarifliche Regelungen über die Verdienstsicherung älterer Arbeitnehmer wollen in der Regel die Arbeitnehmer vor altersbedingten Verdiensteinbußen schützen.

3. Durch die tarifliche Regelung wird die Rechtsnatur übertariflicher Zulagen nicht geändert. Der Arbeitgeber kann im Rahmen der allgemein anerkannten arbeitsrechtlichen Grundsätze diese Zulagen kürzen.

4. Dasselbe gilt für eine Betriebsvereinbarung, durch die eine übertarifliche »Ausgleichszulage« allgemein für alle Arbeitnehmer des Betriebs gekürzt wird. Diese Kürzung müssen auch ältere Arbeitnehmer mit Verdienstsicherung hinnehmen.

BAG, Urteil vom 15. 10. 1997 – 3 AZR 443/96
AP Nr. 10 zu § 4 TVG Verdienstsicherung

Leitsatz

1. Eine tarifvertragliche Regelung entfaltet die Sperrwirkung nach § 77 Abs. 3 BetrVG nur innerhalb ihres räumlichen Geltungsbereiches.

2. Soweit eine tarifvertragliche Regelung besteht oder üblich ist, die die Höhe des Arbeitsentgelts bestimmt, können die Betriebspartner nach § 77 Abs. 3 BetrVG nicht durch Betriebsvereinbarung übertarifliche Zulagen einführen, die an keine besonderen Voraussetzungen gebunden sind.

3. Hingegen sind sie durch § 77 Abs. 3 BetrVG nicht gehindert, die Anrechnung von Tariferhöhungen auf übertarifliche Zulagen auszuschließen.

4. Im Parteiprozeß darf das Gericht auch ohne entsprechenden Parteivortrag Tatsachen, deren Gegenteil offenkundig ist, seinem Urteil nicht zugrunde legen (in Übereinstimmung mit BAG Urteil vom 17. April 1996 – 3 AZR 56/95 – AP Nr. 35 zu § 16 BetrAVG – nicht entscheidungserhebliche Divergenz zu BAG Urteil vom 30. September 1976 – 2 AZR 402/75 – BAGE 28, 196 = AP Nr. 3 zu § 9 KSchG 1969).

BAG, Urteil vom 9. 12. 1997 – 1 AZR 319/97
AP Nr. 11 zu § 77 BetrVG 1972 Tarifvorbehalt

Leitsatz

1. Der Arbeitgeber kann kraft seines Direktionsrechts die Anzahl der in Folge zu leistenden Nachtschichten festlegen, soweit durch Arbeitsvertrag, Betriebsvereinbarung oder Tarifvertrag keine Regelung getroffen ist.

2. Es gibt keine gesicherten arbeitsmedizinischen Erkenntnisse darüber, ob eine kurze oder längere Schichtfolge die Gesundheit der Arbeitnehmer stärker beeinträchtigt.

BAG, Urteil vom 11. 2. 1998 – 5 AZR 472/97
PersR 1998, 391

Leitsatz

1. Die Betriebspartner sind befugt, durch Betriebsvereinbarung ein betriebliches Rauchverbot zu erlassen, um Nichtraucher vor den Gesundheitsgefahren und Be-

lästigungen des Passivrauchens zu schützen; jedoch müssen sie dabei gemäß § 75 Abs. 2 BetrVG in Verbindung mit Art. 2 Abs. 1 GG den Verhältnismäßigkeitsgrundsatz beachten, weil ihre Regelung die allgemeine Handlungsfreiheit der Raucher beeinträchtigt.

2. Die erforderliche Abwägung der Belange des Betriebes sowie der Raucher und der Nichtraucher hängt weitgehend von den betrieblichen Gegebenheiten und Besonderheiten der jeweiligen Belegschaft ab. Diese zu beurteilen, ist in erster Linie Sache der Betriebspartner, denen deshalb ein weiter Gestaltungsfreiraum zukommt.

3. Ein generelles Rauchverbot im Freien kann in der Regel nicht mit dem Gesundheitsschutz der Nichtraucher begründet werden.

4. Ein Rauchverbot mit dem Ziel, Arbeitnehmer von gesundheitsschädlichen Gewohnheiten abzubringen, überschreitet die Regelungskompetenz der Betriebspartner.

BAG, Urteil vom 19. 1. 1999 – 1 AZR 499/98
AiB 1999, 404

Leitsatz

1. Die Regelungssperre des § 77 Abs. 3 BetrVG betrifft nicht Regelungsabreden und vertragliche Einheitsregelungen, sondern nur Betriebsvereinbarungen.

2. Eine vertragliche Einheitsregelung, die das Ziel verfolgt, normativ geltende Tarifbestimmungen zu verdrängen, ist geeignet, die Tarifvertragsparteien in ihrer kollektiven Koalitionsfreiheit (Art. 9 Abs. 3 GG) zu verletzen. Das liegt insbesondere dann nahe, wenn ein entsprechendes Regelungsziel zwischen Arbeitgeber und Betriebsrat in Form einer Regelungsabrede vereinbart wird.

3. Zur Abwehr von Eingriffen in die kollektive Koalitionsfreiheit steht der betroffenen Gewerkschaft ein Unterlassungsanspruch entsprechend § 1004 BGB zu (ständige Rechtsprechung). Diese kann gegebenenfalls auch verlangen, daß der Arbeitgeber die Durchführung einer vertraglichen Einheitsregelung unterläßt.

4. Die Verfahrensart, in der ein solcher Unterlassungsanspruch zu verfolgen ist, muß zwar hier nicht geklärt werden, der Senat neigt aber zu der Ansicht, daß das Beschlußverfahren geboten ist, wenn der Betriebsrat in irgendeiner Form bei der Schaffung oder Realisierung der betrieblichen Einheitsregelung aktiv beteiligt war.

5. Es ist daran festzuhalten, daß bei einem Günstigkeitsvergleich von tariflichen und vertraglichen Regelungen nach § 4 Abs. 3 TVG nur sachlich zusammenhängende Arbeitsbedingungen vergleichbar und deshalb zu berücksichtigen sind (ständige Rechtsprechung). § 4 Abs. 3 TVG läßt es nicht zu, daß Tarifbestimmungen über die Höhe des Arbeitsentgelts und über die Dauer der regelmäßigen Arbeitszeit mit einer betrieblichen Arbeitsplatzgarantie verglichen werden.

BAG, Beschluß vom 20. 4. 1999 – 1 ABR 72/98
AiB 1999, 538

Leitsatz

1. Eine Tariföffnungsklausel gem. § 77 Abs. 3 Satz 2 BetrVG kann nur von den Parteien desjenigen Tarifvertrages vereinbart werden, der für eine Betriebsvereinbarung geöffnet werden soll.

2. Die zuständigen Tarifvertragsparteien können eine Betriebsvereinbarung auch rückwirkend genehmigen. Die rückwirkende Kürzung tariflicher Ansprüche (hier Verlängerung der Wochenarbeitszeit ohne Lohnausgleich) ist allerdings begrenzt durch die Grundsätze des Vertrauensschutzes.

3. Das schutzwürdige Vertrauen auf unveränderten Fortbestand einer tariflichen Regelung entfällt, wenn die zuständige Gewerkschaft ihre Mitglieder darüber informiert, daß sie eine ungünstigere Betriebsvereinbarung genehmigt hat. Das gilt auch dann, wenn diese Genehmigung zunächst unwirksam ist, weil sie nicht mit dem eigentlich zuständigen Arbeitgeberverband, sondern nur mit dem Arbeitgeber vereinbart wurde, der an der abweichenden betrieblichen Regelung beteiligt war.

BAG, Urteil vom 20. 4. 1999 – 1 AZR 631/98
EzA CD-ROM

Leitsatz

Nach § 4b EntgeltFG i.d.F. vom 1. Oktober 1996 kann eine Betriebsvereinbarung die Kürzung einer Sondervergütung (Weihnachtsgeld) auch für solche Arbeitsunfähigkeitstage des Arbeitnehmers vorsehen, die auf einem Arbeitsunfall beruhen.

BAG, Urteil vom 15. 12. 1999 – 10 AZR 626/98
EzA CD-ROM

Leitsatz

Arbeitnehmer können nicht durch Betriebsvereinbarung verpflichtet werden, die Kosten für das Kantinenessen auch dann zu tragen, wenn sie es nicht in Anspruch nehmen.

BAG, Urteil vom 11. 7. 2000 – 1 AZR 551/99
EzA CD-ROM

Leitsatz

Schließen Betriebsrat, Arbeitgeber und zuständige Gewerkschaft einen »Konsolidierungsvertrag«, der die Verkürzung von Ansprüchen aus einem Tarifvertrag vorsieht, in dessen fachlichem und räumlichem Geltungsbereich sich der Betrieb befindet, so handelt es sich im Zweifel um einen Tarifvertrag, denn eine Betriebsvereinbarung mit diesem Inhalt wäre nach § 77 Abs. 3 BetrVG unwirksam.

BAG, Urteil vom 7. 11. 2000 – 1 AZR 175/00
EzA CD-ROM

4.4 Auslegung/Billigkeitskontrolle

Leitsatz

1. Betriebsvereinbarungen sind wie Gesetze auszulegen. Maßgeblich ist der in der Betriebsvereinbarung selbst zum Ausdruck gelangte Wille der die Vereinbarung abschließenden Parteien; Raum für die Feststellung eines vom Wortlaut abweichenden Parteiwillens besteht daneben nicht.
2. Betriebsvereinbarungen unterliegen der gerichtlichen Billigkeitskontrolle. Maßstab ist die Verpflichtung der Betriebsorgane, dem Wohl des Betriebes und der Arbeitnehmer unter Berücksichtigung des Gemeinwohls zu dienen; innerhalb dieser Verpflichtung haben sie den billigen Ausgleich zwischen den Interessen der Belegschaft und dem Betrieb sowie den Ausgleich zwischen den verschiedenen Teilen der Belegschaft selbst zu suchen.
3. Stuft ein Sozialplan die Abfindungen für von einer Betriebsstillegung betroffene Arbeitnehmer nach dem Alter und der Dauer der Betriebszugehörigkeit ab und bestimmt er zugleich, daß bei einer Unterbrechung der Betriebszugehörigkeit, die länger als sechs Monate gedauert hat, die davor liegenden Betriebszugehörigkeitsjahre nicht angerechnet werden, so ist eine solche Regelung aus Billigkeitserwägungen nicht zu beanstanden.

BAG, Urteil vom 11. 6. 1975 – 5 AZR 217/74
AiB 1995, 179 Rechtsprechungsübersicht

Leitsatz

Eine unwirksame Betriebsvereinbarung kann durch Umdeutung analog § 140 BGB zum Inhalt der Einzelverträge der Arbeitnehmer werden. Das setzt jedoch voraus, daß besondere tatsächliche Umstände vorliegen, aus denen der Arbeitnehmer nach Treu und Glauben schließen durfte, daß sich der Arbeitgeber über die betriebsverfassungsrechtliche Verpflichtung hinaus für eine bestimmte Leistung binden wollte (Weiterführung u.a. von BAG, Urteil vom 13. 8. 1980 – 5 AZR 325/78 – AP Nr. 2 zu § 77 BetrVG 1972).

BAG, Urteil vom 23. 8. 1989 – 5 AZR 391/88
AiB 1995, 185 Rechtsprechungsübersicht

Leitsatz

Eine zwischen den Betriebspartnern ergangene rechtskräftige gerichtliche Entscheidung über den Inhalt einer Betriebsvereinbarung wirkt auch gegenüber den Arbeitnehmern, die Ansprüche aus der Betriebsvereinbarung geltend machen (im

Anschluß an die Entscheidung des Ersten Senats, Urteil vom 10. 11. 1987 – 1 AZR 360/86 –, BAGE 56, 304 = Ap Nr. 15 zu § 113 BetrVG 1972).

BAG, Urteil vom 17. 2. 1992 – 10 AZR 448/91
AiB 1992, 651

Leitsatz

1. Wird eine Betriebsvereinbarung geschlossen, die eine ältere Betriebsvereinbarung ablösen soll, gilt die Zeitkollisionsregel: Die jüngere Norm ersetzt die ältere (ständige Rechtsprechung des Senats, vgl. BAGE 54, 261 = AP Nr. 9 zu § 1 BetrAVG Ablösung).

2. Führt die ablösende Betriebsvereinbarung zu einer Kürzung der Versorgungsanwartschaften, unterliegt sie einer Rechtskontrolle. Die Betriebsparteien müssen die Grundsätze des Vertrauensschutzes und der Verhältnismäßigkeit beachten. Abzuwägen sind die Änderungsgründe gegen die Bestandsschutzinteressen der betroffenen Arbeitnehmer. Je stärker in Besitzstände eingegriffen wird, desto schwerer müssen die Änderungsgründe wiegen (ebenfalls Bestätigung von BAGE 54, 261 = AP Nr. 9 zu § 1 BetrAVG Ablösung).

3. Sind Eingriffe in Versorgungsanwartschaften aus wirtschaftlichen Gründen notwendig, müssen sie in sich ausgewogen und verhältnismäßig sein. Bei den notwendigen Anpassungen haben Arbeitgeber und Betriebsrat einen Gestaltungsspielraum.

BAG, Urteil vom 22. 5. 1990 – 3 AZR 128/89
AiB 1993, 428 Rechtsprechungsübersicht

Leitsatz

Soll das Verfahren zur Anhörung des Betriebsrats bei Kündigungen in Anwendung des § 102 Abs. 6 BetrVG z.B. durch Einführung einer Beratungspflicht im Falle eines Widerspruchs des Betriebsrats erweitert werden, so muß eine dem § 102 Abs. 1 Satz 3 BetrVG entsprechende Sanktion bei Verstoß gegen eine solche Beratungspflicht in der betreffenden Betriebsvereinbarung deutlich geregelt werden.

BAG, Urteil vom 6. 2. 1997 – 2 AZR 168/96
AP Nr. 86 zu § 102 BetrVG 1972

Leitsatz

Die Nichtzulassung der Revision durch das Landesarbeitsgericht kann nicht mit der Grundsatzbeschwerde angefochten werden, wenn die Parteien über die Auslegung einer Betriebsvereinbarung streiten, die zwischen dem Hauptvorstand einer Gewerkschaft und deren Gesamtbetriebsrat zur Regelung der Vergütung der bei der Gewerkschaft beschäftigten Arbeitnehmer abgeschlossen ist. § 72 a Abs. 1 Nr. 2 ArbGG privilegiert ausschließlich Rechtsstreitigkeiten über die Auslegung eines Tarifvertrages i. S. v. § 1 TVG (Fortführung BAG Beschluß vom 24. Februar 1981 – 6 AZN 471/81 – AP Nr. 15 zu § 72 a ArbGG 1979 Grundsatz).

BAG, Beschluß vom 22. 6. 1999 – 9 AZN 289/99
EzA CD-ROM

4.5 Betriebliche Versorgungsordnung

Leitsatz

1. Eine betriebliche Versorgungsordnung in der Form einer vertraglichen Einheitsregelung kann durch eine Betriebsvereinbarung ersetzt werden, und zwar auch zum Nachteil der Arbeitnehmer. Dabei sind die Grundsätze von Recht und Billigkeit, insbesondere der Vertrauensschutzgedanke, zu beachten.

2. Schutzwürdig sind vor allem die Teile der Versorgungsanwartschaften, die bereits vor Inkrafttreten der Neuregelungen erdient wurden. Eine Kürzung dieses Teilwertes ist nur in seltenen Ausnahmefällen zulässig.

3. Schutzwürdig sind ferner die zugesicherten Steigerungsbeträge der Anwartschaften, deren Voraussetzungen bei Inkrafttreten der Neuregelung noch nicht erfüllt sind. Aber dieser Teil der Versorgungsanwartschaften ist gegenüber Neuregelungen weniger geschützt. Insoweit sind die sachlichen Gründe, die eine Änderung gebieten, gegenüber den Interessen der Arbeitnehmer abzuwägen.

4. Besteht in einem Unternehmen mit 18 Betrieben in 3 Betrieben eine wesentlich günstigere Versorgungsregelung und will der Arbeitgeber für alle Betriebe eine einheitliche Regelung schaffen, den Dotierungsrahmen jedoch nur geringfügig erweitern, so rechtfertigt ein solches Vorhaben nicht den Eingriff in bereits erdiente Anwartschaften. Dagegen ist die Kürzung der Steigerungsbeträge in einem solchen Fall dann nicht zu beanstanden, wenn eine Übergangsregelung dafür sorgt, daß ältere Arbeitnehmer gar nicht oder entsprechend ihrem Lebensalter weniger stark von Kürzungen betroffen sind.

5. Sieht eine Versorgungsordnung vor, daß die Betriebsrente zusammen mit einem anrechenbaren Teil der Sozialversicherungsrente 86% des letzten Bruttoeinkommens nicht übersteigen darf, so kann eine Neuregelung diese Obergrenze dahin abändern, daß 100% des letzten Nettoeinkommens maßgebend sind, und zwar auch für bereits erdiente Teile von Versorgungsanwartschaften. Das Vertrauen der Versorgungsberechtigten darauf, eine höhere Gesamtversorgung erwarten zu können, ist nicht schutzwürdig.

6. In einem Unternehmen mit mehreren Betrieben ist der Gesamtbetriebsrat zuständig, wenn die betriebliche Altersversorgung einheitlich für das ganze Unter-

nehmen neu geregelt wird. Diese Zuständigkeit gilt auch für Übergangsregelungen, die dem Schutz der Besitzstände in einzelnen Betrieben dienen.
BAG, Urteil vom 8. 12. 1981 – 3 AZR 53/80
AiB 1993, 427 (Teil 1 von 2) Rechtsprechungsübersicht

Leitsatz

Wird eine Betriebsvereinbarung, in der die Anpassung der Betriebsrenten geregelt ist, von einer späteren abgelöst, so unterliegt die später abgeschlossene einer Rechtskontrolle. Sah die frühere Betriebsvereinbarung eine Anpassung der Betriebsrenten nach der Entwicklung der Gehalts- oder Lohnsätze der Beschäftigten vor, so ist es nicht zu beanstanden, wenn sich die spätere Betriebsvereinbarung nach der Veränderung des Preisindexes für die Lebenshaltung aller privaten Haushalte richtet.
BAG, Urteil vom 16. 7. 1996 – 3 AZR 398/95
AiB 1996, 569

Leitsatz

1. Eine Versorgungsordnung, die ausschließlich für Arbeitnehmer in gehobenen Positionen gilt, verstößt nicht gegen den Gleichbehandlungsgrundsatz.
2. Sie verletzt das verfassungsrechtliche Gleichberechtigungsprinzip (Art. 3 Abs. 2 GG) oder das Lohngleichheitsgebot des Art. 199 EWG-Vertrag auch dann nicht, wenn sie unverhältnismäßig mehr Männer als Frauen begünstigt, weil Frauen nur in geringer Zahl in gehobene Positionen gelangt sind.
3. Wenn eine Versorgungsordnung die Gruppe der Begünstigten mit Begriffen kennzeichnet, die nicht geschlechtsneutral gefaßt sind, sondern nur die männliche Sprachform verwenden (z. B. der Prokurist, Meister, Schichtführer), so sind damit im Zweifel männliche und weibliche Arbeitnehmer gleichermaßen gemeint.
BAG, Beschluß vom 11. 11. 1986 – 3 ABR 74/85
AiB 1995, 179 Rechtsprechungsübersicht

Leitsatz

1. Betriebsvereinbarungen über eine betriebliche Altersversorgung sind kündbar. Die Kündbarkeit wird durch Vereinbarung eines allgemeinen Widerrufsvorbehalts nicht ausgeschlossen.
2. Der Senat unterscheidet zwischen der Kündbarkeit einer Betriebsvereinbarung und den Rechtsfolgen einer Kündigung. Betriebsvereinbarungen über Leistungen der betrieblichen Altersversorgung unterscheiden sich von Betriebsvereinbarungen über andere freiwillige Leistungen:
a) Leistungen der betrieblichen Altersversorgung erhält der Arbeitnehmer erst, wenn er seinerseits vorgeleistet hat. Die Leistung, die durch Versorgung entgolten wird, ist die dem Arbeitgeber während der gesamten Dauer des Arbeitsverhältnis-

ses erwiesene Betriebstreue, die Gesamtheit der ihm erbrachten Dienste. Die vom Arbeitgeber zugesagte Gegenleistung kann nicht wegfallen, ohne daß es dafür rechtlich billigenswerte Gründe gibt.

b) Das gilt auch, wenn die betriebliche Altersversorgung in einer Betriebsvereinbarung zugesagt wird. Deshalb werden die aufgrund einer Betriebsvereinbarung erworbenen Besitzstände der betroffenen Arbeitnehmer kraft Gesetzes nach den Grundsätzen des Vertrauensschutzes geschützt. Je stärker in Besitzstände eingegriffen wird, desto gewichtiger müssen die Änderungsgründe sein. Bestätigung des Urteils des Senats vom 18. 4. 1989, BAGE 61, 323 AP Nr. 2 zu § 1 BetrAVG Betriebsvereinbarung.

BAG, Beschluß vom 10. 3. 1992 – 3 ABR 54/91
AiB 1992, 751

Leitsatz

1. Der Arbeitgeber kann eine Betriebsvereinbarung über eine betriebliche Altersversorgung, soweit nichts anderes vereinbart ist, mit einer Frist von drei Monaten kündigen (§ 77 Abs. 5 BetrVG). Eine Nachwirkung (§ 77 Abs. 6 BetrVG) tritt nicht ein.

2. Die aufgrund der gekündigten Betriebsvereinbarung erworbenen Besitzstände der betroffenen Arbeitnehmer werden kraft Gesetzes nach den Grundsätzen der Verhältnismäßigkeit und des Vertrauensschutzes geschützt. Je stärker in Besitzstände eingegriffen wird, desto gewichtiger müssen die Änderungsgründe sein.

3. Die Änderungsgründe sind ebenso abzustufen wie bei der Ablösung einer Betriebsvereinbarung durch eine neue Betriebsvereinbarung (BAGE 54, 261 = AP Nr. 9 zu § 1 BetrAVG Ablösung).

a) Der bereits erdiente und nach den Grundsätzen des § 2 BetrAVG errechnete Teilbetrag kann nur in seltenen Ausnahmefällen entzogen werden.

b) Zuwächse, die sich aus variablen Berechnungsfaktoren ergeben, können nur aus triftigen Gründen geschmälert werden, soweit sie zeitanteilig erdient sind.

c) Für Eingriffe in Zuwachsraten, die noch nicht erdient sind, genügen sachliche Gründe.

BAG, Urteil vom 18. 4. 1989 – 3 AZR 688/87
AiB 1993, 429 Rechtsprechungsübersicht

Leitsatz

1. Gewährt eine Betriebsvereinbarung Ansprüche auf Beihilfen im Krankheitsfall gleichermaßen für aktive Arbeitnehmer und Pensionäre, so kann eine ablösende Betriebsvereinbarung, die nur noch die aktive Belegschaft begünstigt, nicht mehr in die Besitzstände derjenigen Pensionäre eingreifen, die sich bei Inkrafttreten der ablösenden Regelung bereits im Ruhestand befanden.

2. Diese erwerben bei Eintritt in den Ruhestand einen entsprechenden Individualanspruch, der betrieblicher Gestaltung nur noch insoweit zugänglich ist, als auch die aktive Belegschaft Kürzungen hinnehmen muß.

BAG, Urteil vom 13. 5. 1997 – 1 AZR 75/97
AP Nr. 65 zu § 77 BetrVG 1972

Leitsatz

1. Zu den Grundsätzen, die Arbeitgeber und Betriebsrat bei dem Aufstellen einer Versorgungsordnung durch Betriebsvereinbarung zu beachten haben, gehört der Grundsatz der Gleichbehandlung.

2. Der Grundsatz der Gleichbehandlung gilt auch für die Ermittlung der für die Berechnung einer Betriebsrente maßgeblichen Bemessungsgrundlagen (rentenfähiger Arbeitsverdienst).

3. Einzelne Lohnbestandteile können unberücksichtigt bleiben, wenn es hierfür sachliche Gründe gibt.

a) Arbeitgeber und Betriebsrat können den Versorgungsbedarf so beschreiben, daß nur das Festgehalt, nicht auch Provisionen, zum rentenfähigen Arbeitsverdienst gehören.

b) Der Ausschluß von variablen Lohnbestandteilen aus der Bemessungsgrundlage kann auch durch Gründe der Klarheit und der einfachen Handhabung gerechtfertigt sein.

c) Die Grenze der zulässigen Gestaltung einer Betriebsvereinbarung ist überschritten, wenn die Gruppe der Außendienstmitarbeiter tatsächlich keine oder keine angemessene Betriebsrente erhalten kann.

BAG, Urteil vom 17. 2. 1998 – 3 AZR 578/96
AP Nr. 38 zu § 1 BetrAVG Gleichbehandlung

Leitsatz

1. Der Wegfall der Geschäftsgrundlage wegen planwidriger Überversorgung löst ein Anpassungsrecht des Arbeitgebers aus. Es besteht auch gegenüber den mit einer unverfallbaren Versorgungsanwartschaft ausgeschiedenen Arbeitnehmern. Die Veränderungssperre des § 2 Abs. 5 BetrAVG steht nicht entgegen.

2. Der Arbeitgeber ist nicht gehindert, bei der Ausübung seines Anpassungsrechts gegenüber den mit einer unverfallbaren Versorgungsanwartschaft ausgeschiedenen Arbeitnehmern die zulässigen Anpassungsregelungen einer Betriebsvereinbarung oder eines Spruchs der Einigungsstelle zu übernehmen. Wie weit die Regelungsbefugnis der Betriebspartner und der Einigungsstelle reicht, konnte der Senat offenlassen.

3. Ob eine planwidrige Überversorgung vorliegt, hängt von dem in der jeweiligen Versorgungsordnung angestrebten Versorgungsgrad ab. Wenn das Versorgungs-

ziel einer Gesamtzusage festgestellt werden soll, kommt es nicht auf die tatsächlichen Verhältnisse bei Beginn des einzelnen Arbeitsverhältnisses an. Maßgeblicher Zeitpunkt ist die Erteilung der Gesamtzusage.

4. Scheidet ein Arbeitnehmer vorzeitig aus dem Arbeitsverhältnis aus, so sind die in der Versorgungsordnung festgelegten Gesamtversorgungsobergrenzen bereits bei der Berechnung des Teilanspruchs nach § 2 Abs. 1 BetrAVG zu berücksichtigen. Sie sind nicht erst auf die zeitanteilig ermittelte Rente anzuwenden (Bestätigung der bisherigen Rechtsprechung des Senats, vgl. Urteil vom 12. November 1991 – 3 AZR 520/90 – BAGE 69, 19, 23 ff. = AP Nr. 26 zu § 2 BetrAVG, zu II 3 der Gründe [EzA § 2 BetrAVG Nr. 12 – d. Red.]).

BAG, Urteil vom 28. 7. 1998 – 3 AZR 100/98
EzA CD-ROM

Leitsatz

1. Betriebsvereinbarungen sind nach § 77 Abs. 5 BetrVG kündbar. Die Ausübung des Kündigungsrechts bedarf keiner Rechtfertigung und unterliegt keiner inhaltlichen Kontrolle. Dies gilt unabhängig vom Regelungsgegenstand, also auch dann, wenn es um eine betriebliche Altersversorgung geht (Bestätigung von BAG Urteil vom 18. April 1989 – 3 AZR 688/87 – BAGE 61, 323 = AP Nr. 2 zu § 1 BetrAVG Betriebsvereinbarung, zu III 1 a der Gründe [EzA § 77 BetrVG 1972 Nr. 28 – d. Red.]; Beschluß vom 10. März 1992 – 3 ABR 54/91 – BAGE 70, 41, 45 = AP Nr. 5 zu § 1 BetrAVG Betriebsvereinbarung, zu II 2 b der Gründe [EzA § 77 BetrVG 1972 Nr. 46 – d. Red.].

2. Die Kündigung einer Betriebsvereinbarung über betriebliche Altersversorgung bewirkt nicht lediglich eine Schließung des Versorgungswerks für die Zukunft. Auch Arbeitnehmer, die zum Zeitpunkt des Ausspruchs der Kündigung durch die Betriebsvereinbarung begünstigt wurden, sind von der Kündigung betroffen.

3. Die Wirkung der Kündigung einer Betriebsvereinbarung über betriebliche Altersversorgung ist mit Hilfe der Grundsätze des Vertrauensschutzes und der Verhältnismäßigkeit zu begrenzen. Je weiter der Arbeitgeber mit seiner Kündigung in Besitzstände und Erwerbschancen eingreifen will, um so gewichtigere Eingriffsgründe braucht er. Dabei ist auf das Prüfungsschema zurückzugreifen, das der Senat für ablösende Betriebsvereinbarungen entwickelt hat (zuletzt BAG Urteil vom 26. August 1997 – 3 AZR 235/96 – BAGE 86, 216, 221 f. = AP Nr. 27 zu § 1 BetrAVG Ablösung, zu B III 2 a der Gründe [EzA § 1 BetrAVG Ablösung Nr. 17 – d. Red.].

4. Soweit hiernach die Wirkung der Kündigung einer Betriebsvereinbarung über betriebliche Altersversorgung beschränkt sind, bleibt die Betriebsvereinbarung als Rechtsgrundlage erhalten. Die nach Kündigung der Betriebsvereinbarung

verbleibenden Rechtspositionen genießen unverändert den Schutz des § 77 Abs. 4 BetrVG.

BAG, Urteil vom 11. 5. 1999 – 3 AZR 21/98
EzA CD-ROM

Leitsatz

Bei Beschäftigten, auf die die tariflichen Bestimmungen der Alterssicherung des § 6 des Manteltarifvertrages für Arbeiter und Angestellte der Metallindustrie für Nordwürttemberg/Nordbaden vom 1. April 1990 anzuwenden sind, kann der tarifvertraglich abgesicherte variable Lohnanteil gekürzt werden, wenn nach dem Stichtag der Alterssicherung eine neue Betriebsvereinbarung abgeschlossen wird, die eine Prämien-/Akkordhöchstgrenze (»Deckelung«) vorsieht, der Alterssicherungsbetrag aber oberhalb der Höchstgrenze liegt (Fortsetzung von BAG Urteil vom 15. Oktober 1997 – 3 AZR 443/96 – BAGE 87, 10 = AP Nr. 10 zu § 4 TVG Verdienstsicherung [EzA § 4 TVG Verdienstsicherung Nr. 4 – d. Red.].

BAG, Urteil vom 28. 7. 1999 – 4 AZR 295/97
EZA CD-ROM

4.6 Ablösung von Einheitsregelungen/Gesamtzusagen durch Betriebsvereinbarung

Leitsatz

Soweit es sich nicht um arbeitsvertragliche Ansprüche auf Sozialleistungen handelt, die auf einer arbeitsvertraglichen Einheitsregelung, einer Gesamtzusage oder einer betrieblichen Übung beruhen, kommt einer Betriebsvereinbarung gegenüber arbeitsvertraglichen Vereinbarungen keine ablösende Wirkung in dem Sinne zu, daß die Normen der Betriebsvereinbarung an die Stelle der vertraglichen Vereinbarung treten. Durch eine Betriebsvereinbarung kann der Inhalt des Arbeitsvertrages nicht geändert werden.

Soweit Normen einer Betriebsvereinbarung für den Arbeitnehmer günstiger sind als die arbeitsvertragliche Vereinbarung, verdrängen sie diese lediglich für die Dauer ihrer Wirkung, machen diese aber nicht nichtig.

BAG, Urteil vom 21. 9. 1989 – 1 AZR 454/88
AiB 1995, 180 Rechtsprechungsübersicht

Leitsatz

1. Zum Vorbehalt der Ablösung durch eine nachfolgende Betriebsvereinbarung.
2. Der Beschluß des Großen Senats vom 16.9.1986 wirkt nicht generell auf vorherige Ablösungen von vertraglichen Einheitsregelungen durch Betriebsvereinbarungen zurück. Das Vertrauen von Arbeitgeber und Betriebsrat auf die ständige Rechtsprechung des Bundesarbeitsgerichts verdient den Vorzug vor den Interessen der Arbeitnehmer an der unbeschränkten Anwendung der später vom Großen Senat entwickelten Grundsätze.

BAG, Urteil vom 20. 11. 1990 – 3 AZR 473/89
AiB 1993, 428 Rechtsprechungsübersicht

Leitsatz

1. Vertraglich begründete Ansprüche der Arbeitnehmer auf Sozialleistungen, die auf eine vom Arbeitgeber gesetzte Einheitsregelung oder eine Gesamtzusage zurückgehen, können durch eine nachfolgende Betriebsvereinbarung in den Grenzen von Recht und Billigkeit beschränkt werden, wenn die Neuregelung insgesamt bei kollektiver Betrachtung nicht ungünstiger ist.
2. Ist demgegenüber die nachfolgende Betriebsvereinbarung insgesamt ungünstiger, ist sie nur zulässig, soweit der Arbeitgeber wegen eines vorbehaltenen Widerrufs oder Wegfalls der Geschäftsgrundlage die Kürzung oder Streichung der Sozialleistungen verlangen kann.
3. Es kommt nicht darauf an, ob die in einer solchen Betriebsvereinbarung geregelten Angelegenheiten der erzwingbaren Mitbestimmung unterliegen (§ 87 Abs. 1 BetrVG) oder nur als freiwillige Betriebsvereinbarungen (§ 88 BetrVG) zustande kommen.

BAG, Urteil vom 16. 9. 1986 – GS 1/82
AiB 1993, 428 Rechtsprechungsübersicht

Leitsatz

1. Regelt eine Betriebsvereinbarung die bisher auf arbeitsvertraglicher Einheitsregelung beruhenden wesentlichen Arbeitsbedingungen insgesamt neu, kommt ihr auch hinsichtlich vertraglich gewährter Sozialleistungen keine ablösende Wirkung in dem Sinne zu, daß ihre Normen an die Stelle der vertraglichen Vereinbarung treten würden. In einem solchen Fall ist kein kollektiver Günstigkeitsvergleich möglich.
2. Gegenüber der arbeitsvertraglichen Regelung nicht ungünstigere Normen der Betriebsvereinbarung können allenfalls für die Dauer ihres Bestandes die individualrechtlichen Vereinbarungen verdrängen.

BAG, Urteil vom 28. 3. 2000 – 1 AZR 366/99
EzA CD-ROM

4.7 Kündigung/Nachwirkung Wegfall der Geschäftsgrundlage

Leitsatz

Nach § 77 Abs. 6 gelten gekündigte Betriebsvereinbarungen nach der Kündigungsfrist nur in den Angelegenheiten weiter, die der zwingenden Mitbestimmung unterliegen, z.B. nach § 87 Abs. 1. Dies gilt auch für den Teil einer nicht mitbestimmungspflichtigen Betriebsvereinbarung, der mit der übrigen Vereinbarung einen
unauflösbaren Bestandteil bildet (hier: Pflicht des Arbeitgebers zur Beschäftigung
von 135 Personen im Zusammenhang mit einer von ihm gewünschten Regelung
zur Mehrarbeit).

LAG Köln, Beschluß vom 27. 4. 1995 – 10 Ta BV 69/94
AiB 1996, 250

Leitsatz

Wird in einer Betriebsvereinbarung über Weihnachtsgratifikationen bestimmt, daß
ältere Besitzstände erhalten bleiben, bedeutet dies allein noch nicht, daß die ordentliche Kündbarkeit dieser Betriebsvereinbarung stillschweigend ausgeschlossen
werden soll.

BAG, Beschluß vom 17. 1. 1995 – 1 ABR 19/94
AiB 1995, 792

Leitsatz

1. Die Betriebspartner können einen Sozialplan jederzeit einvernehmlich mit Wirkung für die Zukunft abändern.
2. Ein für eine bestimmte Betriebsänderung vereinbarter Sozialplan kann, soweit
nichts Gegenteiliges vereinbart ist, nicht ordentlich gekündigt werden. Anderes
kann für Dauerregelungen in einem Sozialplan gelten, wobei Dauerregelungen nur
solche Bestimmungen sind, nach denen ein bestimmter wirtschaftlicher Nachteil
durch auf bestimmte oder unbestimmte Zeit laufende Leistungen ausgeglichen
oder gemildert werden soll.
3. Ob ein Sozialplan insgesamt oder hinsichtlich seiner Dauerregelungen außerordentlich gekündigt werden kann, bleibt unentschieden.
4. Im Falle einer zulässigen ordentlichen und auch außerordentlichen Kündigung
eines Sozialplanes wirken seine Regelungen nach, bis sie durch eine neue Regelung
ersetzt werden. Die ersetzende Regelung kann Ansprüche der Arbeitnehmer, die
vor dem Wirksamwerden der Kündigung entstanden sind, nicht zuungunsten der
Arbeitnehmer abändern. Das gilt auch dann, wenn die Arbeitnehmer auf Grund
bestimmter Umstände nicht mehr auf den unveränderten Fortbestand des Sozialplanes vertrauen konnten.

5. Ist die Geschäftsgrundlage eines Sozialplanes weggefallen und ist einem Betriebspartner das Festhalten am Sozialplan mit dem bisherigen Inhalt nach Treu und Glauben nicht mehr zuzumuten, so können die Betriebspartner die Regelungen des Sozialplanes den veränderten tatsächlichen Umständen anpassen. Verweigert der andere Betriebspartner die Anpassung, entscheidet die Einigungsstelle verbindlich.

6. Die anpassende Regelung kann auf Grund des anzupassenden Sozialplanes schon entstandene Ansprüche der Arbeitnehmer auch zu deren Ungunsten abändern. Insoweit genießen die Arbeitnehmer keinen Vertrauensschutz.

BAG, Beschluß vom 10. 8. 1994 – 10 ABR 61/93

Leitsatz

1. Die Kündigung einer Betriebsvereinbarung über eine freiwillige Leistung unterliegt grundsätzlich keiner inhaltlichen Kontrolle (Bestätigung der ständigen Rechtsprechung des BAG: zuletzt BAG Beschluß vom 10. 3. 1992 – 3 ABR 54/91 – AiB 1992, 751).

2. Die Regelungen einer teilmitbestimmten Betriebsvereinbarung über freiwillige Leistungen gelten nach Ablauf der Kündigungsfrist nicht weiter, wenn der Arbeitgeber mit der Kündigung beabsichtigt, die freiwillige Leistung vollständig entfallen zu lassen (Bestätigung der ständigen Rechtsprechung des BAG: Senatsbeschluß vom 21. 8. 1990, AiB 1991, 87).

3. Die teilmitbestimmte Betriebsvereinbarung über freiwillige Leistungen (hier zusätzliches Weihnachtsgeld) wirkt gemäß § 77 Abs. 6 BetrVG nach, wenn der Arbeitgeber mit der Kündigung beabsichtigt, das zur Verfügung gestellte Volumen zu reduzieren und den Verteilungsschlüssel zu ändern.

BAG, Urteil vom 26. 10. 1993 – 1 AZR 46/93
AiB 1994, 310

Leitsatz

1. Die rückwirkende Kündigung eines Sozialplans ist unzulässig.

2. Die außerordentliche Kündigung eines Sozialplans, der nicht als Dauerregelung vereinbart ist, ist nicht möglich.

3. Ein Sozialplan ist eine Betriebsvereinbarung besonderer Art, die aufgrund ihrer Zielsetzung besonderen Bestandsschutz genießt.

KG Suhl, Beschluß vom 4. 12. 1991 – 6 BV 3/91
AiB 1992, 102

Leitsatz

Kündigt der Arbeitgeber eine Betriebsvereinbarung über eine freiwillige Leistung, so wirken ihre Regelungen nach Ablauf der Kündigungsfrist nicht nach. Die Arbeitnehmer haben nach Ablauf der Betriebsvereinbarung keinen Anspruch mehr auf die in der Betriebsvereinbarung geregelten Leistungen (im Anschluß an die Entscheidung des Achten Senats vom 9. Februar 1989 – 8 AZR 310/87 – und des Dritten Senats vom 18. April 1989 – 3 AZR 688/87).

BAG, Beschluß vom 21. 8. 1990 – 1 ABR 73/89
AiB 1991, 87

Leitsatz

1. Eine Betriebsvereinbarung über ein freiwilliges übertarifliches Weihnachtsgeld, mit dem auch vergangene langjährige Betriebstreue belohnt werden soll, kann ohne Einschränkung unter den Voraussetzungen des § 77 Abs. 5 BetrVG gekündigt werden.
2. Die Betriebsvereinbarung wirkt nach Ablauf der Kündigungsfrist weder nach § 77 Abs. 6 BetrVG noch nach § 4 Abs. 5 TVG analog nach.

BAG Urteil vom 26. 4. 1990 – 6 AZR 278/88
AB 1991, 89

Leitsatz

1. Eine einheitsvertragliche Versorgungsordnung, die volldynamische Betriebsrenten mit einer Gesamtversorgungsobergrenze von 75% der Aktivenbezüge vorsieht, kann wegen Wegfalls der Geschäftsgrundlage an die veränderte Rechtslage angepaßt werden, wenn die Abzüge für Steuern und Sozialversicherungsbeiträge insgesamt um ca. 50% ansteigen und dies zur Folge hat, daß Betriebsrentner über eine Gesamtversorgung von 115% der Nettobezüge vergleichbarer aktiver Arbeitnehmer verfügen. Eine denkbare und auch nicht ohne weiteres unbillige Form der Anpassung besteht darin, die Bezugsgröße der Ruhegeldberechnung zu ändern und an die Stelle der Bruttobezüge die Nettobezüge der aktiven Arbeitnehmer zu setzen.
2. Die der Anpassung dienende Neuregelung ist nach § 87 Abs. 1 Nr. 10 BetrVG mitbestimmungspflichtig. Es genügt eine formlose Regelungsabrede mit dem Betriebsrat. Die Versorgungszusage ist dann vom Arbeitgeber im Rahmen der Regelungsabrede einseitig zu ändern.

Wird der Betriebsrat übergangen, so ist die Neuregelung unwirksam; das gilt im Zweifel auch, soweit Betriebsrentner betroffen sind.

BAG, Urteil vom 9. 7. 1985 – 3 AZR 546/82
AiB 1993, 428 Rechtsprechungsübersicht

Leitsatz

1. Eine Betriebsvereinbarung kann nicht durch eine Regelungsabrede abgelöst werden.

2. Gehen Arbeitsverhältnisse aufgrund eines Betriebsübergangs auf einen Erwerber über und besteht in dessen Unternehmen eine Betriebsvereinbarung mit gleichem Regelungsgegenstand wie im übernommenen Betrieb, so richten sich die Ansprüche dieser Arbeitnehmer nach der Betriebsvereinbarung im neuen Unternehmen.

3. Der Jubilar-Zusatzurlaub betrifft keine Frage der betrieblichen Lohngestaltung nach § 87 Abs. 1 Nr. 10 BetrVG.

4. Ansprüche von Arbeitnehmern aufgrund betrieblicher Übung können nur entstehen, wenn dafür noch keine andere Anspruchsgrundlage besteht.

BAG, Urteil vom 27. 6. 1985 – 6 AZR 392/81
AiB 1995, 182 Rechtsprechungsübersicht

Leitsatz

1. Die Nachwirkung einer einen Tarifvertrag ergänzenden Betriebsvereinbarung gemäß § 77 Abs. 6 BetrVG kann durch Betriebsvereinbarung ausgeschlossen werden.

2. In einem Beschlußverfahren zwischen Betriebsrat und Arbeitgeber über die Nachwirkung einer solchen ergänzenden Betriebsvereinbarung sind die Tarifvertragsparteien nicht zu beteiligen.

BAG, Beschluß vom 9. 2. 1984 – 6 ABR 10/81

Leitsatz

1. Betriebsvereinbarungen sind nach § 77 Abs. 5 BetrVG kündbar. Die Ausübung des Kündigungsrechts bedarf keiner Rechtfertigung und unterliegt keiner inhaltlichen Kontrolle. Die Grundsätze des Vertrauensschutzes und der Verhältnismäßigkeit begrenzen aber die Kündigungswirkungen. Soweit hiernach Versorgungsbesitzstände unangetastet bleiben, ist deren Rechtsgrundlage weiterhin die gekündigte Betriebsvereinbarung (Bestätigung des Senatsurteils vom 11. Mai 1999 – 3 AZR 21/98 – [EzA § 1 BetrAVG Betriebsvereinbarung Nr. 1 – d. Red.]).

2. Der Betriebsrat ist befugt, im arbeitsgerichtlichen Beschlußverfahren feststellen zu lassen, welche Wirkungen die Kündigung hat und in welchem Umfang die Betriebsvereinbarung noch fortgilt. Es spricht alles dafür, daß die Entscheidung über einen solchen Antrag auch den Arbeitgeber und die betroffenen Arbeitnehmer im Verhältnis zueinander bindet. Eine konkrete Billigkeitskontrolle im Individualverfahren ist hierdurch nicht ausgeschlossen.

BAG, Beschluß vom 17. 8. 1999 – 3 ABR 55/98
AiB 2000, 509

4.8 Regelungsabrede

Leitsatz

1. Soweit nichts anderes vereinbart ist, kann eine Regelungsabrede analog § 77 Abs. 5 BetrVG mit einer Frist von drei Monaten gekündigt werden.

2. In mitbestimmungspflichtigen Angelegenheiten wirkt eine gekündigte Regelungsabrede analog § 77 Abs. 6 BetrVG nach.

BAG, Beschluß vom 23. 6. 1992 – 1 ABR 53/91
AB 1992, 585

Leitsatz

Eine Betriebsvereinbarung kann nicht durch eine Regelungsabrede abgelöst werden. (Anmerkung: Der Sechste Senat hat im Urteil vom 27. 6. 1985 entschieden, eine Betriebsvereinbarung könne nicht durch eine Regelungsabrede abgelöst werden. Er hat seine Entscheidung damit begründet, eine Regelungsabrede entfalte keine normative Wirkung, sie sei daher gegenüber der Betriebsvereinbarung also eine niederrangige Rechtsquelle. Eine Betriebsvereinbarung als höherrangiges Recht könne daher nicht durch eine inhaltlich gleichlautende Regelungsabrede abgelöst werden.

Da die Regelungsabsprache keine normative Wirkung auf den Inhalt des Arbeitsverhältnisses entfalte, könne durch eine Regelungsabrede auch nicht die normative Wirkung von Inhaltsnormen beseitigt werden. Dem schließt sich der Senat an.)

BAG, Urteil vom 20. 11. 1990 – 1 AZR 643/89
AiB 1995, 112 Rechtsprechungsübersicht

Leitsatz

§ 87 Abs. 1 BetrVG schreibt für die Ausübung des Mitbestimmungsrechts des Betriebsrats in den dort aufgeführten Angelegenheiten keine Formen vor. Es kommt allein darauf an, daß die Mitbestimmung des Betriebsrats verwirklicht, d.h. eine Angelegenheit nicht ohne vorheriges Einverständnis des Betriebsrats geregelt wird. Hierzu bedarf es deshalb keiner förmlichen Betriebsvereinbarung nach § 77 Abs. 2 BetrVG. Vielmehr genügt eine formlose Betriebsabsprache (Regelungsabrede).

Eine Änderung der Arbeitsverträge hinsichtlich der Arbeitszeit und der Lohnzahlungspflicht für die Dauer der Kurzarbeitsperiode (oder Mehrarbeitsperiode) ohne Rücksicht auf den Willen der Arbeitnehmer kann jedoch nur durch eine förmliche Betriebsvereinbarung nach § 77 Abs. 2 BetrVG herbeigeführt werden. Nur sie wirkt gemäß § 77 Abs. 4 BetrVG unmittelbar und zwingend auf die Arbeitsverhältnisse ein.

Die Wirkung der formlosen Regelungsabrede erschöpft sich dagegen in der Aufhebung der betriebsverfassungsrechtlichen Beschränkung der Rechte des Arbeitgebers, begründet aber keine Rechte im Verhältnis zu den Arbeitnehmern. Kann die beschlossene Regelung vom Arbeitgeber gegenüber den Arbeitnehmern nicht im Wege des Direktionsrechts durchgesetzt werden, bedarf es zur wirksamen Änderung der Arbeitsverträge einer vertraglichen Vereinbarung oder einer Änderungskündigung.

BAG, Urteil vom 14. 2. 1991 – 2 AzR 415/90
AiB 1995, 111 Rechtsprechungsübersicht

Leitsatz

1. Soweit nicht anders vereinbart ist, kann eine Regelungsabrede analog § 77 Abs. 5 BetrVG mit einer Frist von drei Monaten gekündigt werden.
2. In mitbestimmungspflichtigen Angelegenheiten wirkt eine gekündigte Regelungsabrede analog § 77 Abs. 6 BetrVG nach.

BAG, Beschluß vom 23. 6. 1992 – 1 ABR 53/91
AiB 1995, 182 Rechtsprechungsübersicht

4.9 Gesamtbetriebsrat/Konzernbetriebsrat

Leitsatz

1. Aus der arbeitsvertraglichen Fürsorgepflicht ergibt sich nach den Umständen des Einzelfalles ein Anspruch auf Vertragsänderung allenfalls dann, wenn der Arbeitnehmer hieran ein erhebliches Interesse hat und dem Arbeitgeber die Berücksichtigung des Änderungswunsches unschwer möglich und zumutbar ist.
2. Die Wahl des Wohnsitzes ist jedenfalls dann ausschließlich dem privaten Risikobereich des Arbeitnehmers zuzurechnen, wenn ihm dessen Verlegung an den Betriebssitz möglich und zumutbar ist, insbesondere bei Hilfeleistung des Arbeitgebers.
3. Der Geltungsbereich einer Gesamtbetriebsvereinbarung erstreckt sich nicht auf später errichtete betriebsratsfähige, aber betriebsratslose Betriebe des Unternehmens. Eine Übernahme von nicht in die originäre Regelungskompetenz des Gesamtbetriebsrats fallenden Gesamtbetriebsvereinbarungen für neu errichtete Betriebe setzt einen förmlichen Beschluß des Betriebsrates des neuen Betriebes analog § 50 Abs. 2 BetrVG voraus.
4. Eine betriebsverfassungsrechtliche Pflicht zur unternehmensweiten Stellenausschreibung besteht grundsätzlich nicht. Ob eine solche durch Gesamtbetriebsvereinbarung begründet werden könnte, bleibt unentschieden.

LAG München, Urteil vom 8. 11. 1988 – 2 Sa 691/88 AiB 1989, 97

Leitsatz

1. Eine Betriebsvereinbarung nach § 47 Abs. 5 BetrVG hat der zunächst kraft Gesetzes (§ 47 Abs. 2 BetrVG) zu bildende Gesamtbetriebsrat abzuschließen.

2. Die Betriebsvereinbarung nach § 47 Abs. 5 BetrVG darf nur die (herabgesetzte) Mitgliederzahl des nunmehr zu bildenden Gesamtbetriebsrats regeln und die gemeinsame Entsendung von Mitgliedern in dieses Gremium durch Betriebsräte von Betrieben, die unter Gesichtspunkten der räumlichen Nähe und (oder) gleichartiger Interessen zusammengefaßt sind. Der gesetzliche Gesamtbetriebsrat (§ 47 Abs. 2 BetrVG) ist zu Entsendung von Mitgliedern in den verkleinerten Gesamtbetriebsrat nicht berufen.

3. Die Vorschrift des § 47 Abs. 2 S. 3 BetrVG ist auch bei der Neubildung des Gesamtbetriebsrats nach § 47 Abs. 5 BetrVG zu beachten.

BAG, Beschluß vom 15. 8. 1978 – 6 ABR 56/77
AiB 1981, 126

Leitsatz

1. In einem Unternehmen mit mehreren Betrieben ist der Arbeitgeber frei, den Belegschaften betriebsratsloser Betriebe die Zahlung von Umsatzprämien zuzusagen. In Betrieben mit Betriebsrat bedarf er dazu jeweils der Zustimmung des Betriebsrats.

2. Eine (überbetriebliche) Gleichbehandlung von Arbeitnehmern in Betrieben mit Betriebsrat, in denen bisher noch keine Einigung über die Einführung von Umsatzprämien erfolgt ist, mit Arbeitnehmern in betriebsratslosen Betrieben, in denen der Arbeitgeber die Zahlung von Umsatzprämien zugesagt ist, ist arbeitsrechtlich nicht geboten.

BAG, Urteil vom 25. 4. 1995 – 9 AZR 690/93
AiB 1996, 55

Leitsatz

1. Bei tatsächlicher Ausgliederung und rechtlicher Verselbständigung einer Restaurantabteilung aus Einzelhandelsbetrieben von Warenhäusern fallen die nunmehr selbständigen Restaurantbetriebe unter den Geltungsbereich der Tarifverträge des Gaststättengewerbes und nicht mehr des Einzelhandels.

2. Eine Gesamtbetriebsvereinbarung kann nicht die Vergütung, den Urlaub und die Arbeitszeit für Arbeitnehmer einer auszugliedernden Betriebsabteilung regeln.

BAG, Urteil vom 1. 4. 1987 – AZR 77/86
AiB 1995, 179 Rechtsprechungsübersicht

Leitsatz

Die Gleichbehandlung mit anderen Arbeitnehmern stellt kein dringendes betriebliches Erfordernis im Sinne von § 1 Abs. 2 Satz 1 KSchG dar, das die Verschlechterung einer arbeitsvertraglichen Vergütungsregelung im Wege der Änderungskündigung bedingen kann (vgl. zuletzt Senatsurteil vom 1. Juli 1999 – 2 AZR 826/98 – BB 1999, 2562, m.w.N. [EzA § 2 KSchG Nr. 35 – d. Red.]); auch daß sich der Arbeitgeber auf eine die angestrebte Neuregelung vorgebende (Gesamt-)Betriebsvereinbarung berufen kann, erleichtert die Änderungskündigung nicht.

BAG, Beschluß vom 20. 1. 2000 – 2 ABR 40/99
AiB 2000, 578

4.10 Einigungsstelle

Leitsatz

1. Der Senat hält an seiner Rechtsprechung fest, daß die Durchführung des Einigungsstellenverfahrens keine Prozeßvoraussetzung für ein arbeitsgerichtliches Beschlußverfahren ist, in dem über das Bestehen eines Mitbestimmungsrechts des Betriebsrats und damit über die Zuständigkeit der Einigungsstelle in einer bestimmten Angelegenheit gestritten wird.

2. Das Verfahren nach § 98 ArbGG zur Bestellung eines Vorsitzenden und zur Bestimmung der Zahl der Beisitzer einer Einigungsstelle muß unabhängig von einem schwebenden Beschlußverfahren über die Zuständigkeit der Einigungsstelle durchgeführt werden. Eine Aussetzung des Verfahrens nach § 98 ArbGG bis zum Abschluß dieses Beschlußverfahrens ist nicht zulässig.

3. Auch im arbeitsgerichtlichen Beschlußverfahren muß der Antragsteller den Streitgegenstand mit seinem Antrag grundsätzlich so bestimmen, daß die eigentliche Streitfrage selbst mit Rechtskraftwirkung zwischen den Beteiligten entschieden werden kann. Für einen Antrag auf Feststellung, daß hinsichtlich eines vom Betriebsrat dem Arbeitgeber vorgelegten umfassenden Entwurfs einer Betriebsvereinbarung weder in seiner Gesamtheit noch in seinen Einzelregelungen ein Mitbestimmungsrecht besteht, ist regelmäßig ein Rechtsschutzinteresse nicht gegeben.

BAG, Beschluß vom 24. 11. 1981 – 1 ABR 42/79
AiB 1995, 183 Rechtsprechungsübersicht

Leitsatz

1. Der Betriebsrat hat gegen den Arbeitgeber nach § 77 Abs. 1 BetrVG einen Anspruch auf Durchführung von Einigungsstellensprüchen. Dieser Anspruch besteht auch bei Anfechtung des Spruchs durch den Arbeitgeber. Eine zeitweilige Aufhe-

bung (Suspendierung) kann nur in Betracht kommen, wenn der Spruch offensichtlich rechtswidrig ist.

2. Bei Regelungen über Arbeitszeiten durch Einigungsstellenspruch ergibt sich der erforderliche Verfügungsgrund für eine einstweilige Verfügung bereits daraus, daß Arbeitszeiten schon aus tatsächlichen Gründen nicht korrigiert werden können.

3. Der Spruch der Einigungsstelle muß während der Dauer des arbeitsgerichtlichen Beschlußverfahrens, in dem die Rechtswirksamkeit überprüft wird, vollzogen werden. Das Mitbestimmungsrecht würde sonst in unzumutbarer Weise beeinträchtigt.

LAG Berlin, Beschluß vom 8. 11. 1990 – 14 Ta BV 5/90
AiB 1995, 185 Rechtsprechungsübersicht

Leitsatz

1. Bei der Frist von zwei Wochen zur Geltendmachung der Überschreitung des Ermessens nach § 76 Abs. 5 S. 4 BetrVG handelt es sich um eine materiellrechtliche Ausschlußfrist. Sie wird nicht gewahrt, wenn beim Arbeitsgericht innerhalb von zwei Wochen die Feststellung der Unwirksamkeit eines Sozialplans ohne jede Begründung beantragt wird. Eine nach Ablauf der Frist nachgeschobene Begründung für den Feststellungsantrag heilt den Mangel nicht.

2. Wird geltend gemacht, es sei unzulässig, in einem Sozialplan unabhängig von den individuellen unterschiedlichen Nachteilen für alle Arbeitnehmer pauschale Abfindungen zu beschließen, so handelt es sich nach Inkrafttreten von § 112 Abs. 5 BetrVG um die Geltendmachung eines Ermessensfehlers.

BAG, Beschluß vom 26. 5. 1988 – 1 ABR 11/87
AiB 1995, 184 Rechtsprechungsübersicht

Leitsatz

1. Es gehört zu den elementaren Grundsätzen des Einigungsstellenverfahrens, daß die abschließende mündliche Beratung und Beschlußfassung in Abwesenheit der Betriebsparteien erfolgt.

2. Ein Verstoß gegen diesen Verfahrensgrundsatz führt zur Unwirksamkeit des Einigungsstellenspruchs.

BAG, Beschluß vom 18. 1. 1994 – 1 ABR 43/93
AiB 1995, 184 Rechtsprechungsübersicht

Leitsatz

1. Werden in Einigungsstellenverfahren schrittweise Einzelabstimmungen über einzelne Regelungen eines Gesamtkomplexes mit unterschiedlichen Mehrheiten

durchgeführt, so ist eine Schlußabstimmung über den Gesamtkomplex erforderlich.

2. Ein Verstoß gegen dieses Erfordernis führt jedoch dann nicht zur Unwirksamkeit des Einigungsstellenspruches, wenn aus dem Gesamtverhalten der Einigungsstelle und ihrer Mitglieder deutlich wird, daß der im Wege der Einzelabstimmungen beschlossene Regelungskomplex auch in seiner Gesamtheit von der Mehrheit der Einigungsstellenmitglieder getragen wird.

3. Dem Mitbestimmungsrecht des Betriebsrates unterfällt nicht nur die Frage, ob in mehreren Schichten gearbeitet werden soll und wann jeweils die einzelnen Schichten beginnen und enden sollen. Es umfaßt auch den Schicht- und Dienstplan selbst.

4. Bei einem einzelnen Schicht- oder Dienstplan handelt es sich seinerseits um eine Betriebsvereinbarung, die gemäß § 77 Abs. 6 BetrVG nach ihrem Ablauf (z.B. infolge Befristung) Nachwirkung entfaltet.

5. Es stellt keine Überschreitung der Grenzen des Ermessens der Einigungsstelle dar, wenn der Spruch der Einigungsstelle auch die kurzfristig notwendige Änderung eines Schicht-/Dienstplanes (z.B. wegen krankheitsbedingten Ausfalls einer Pflegekraft) von der Zustimmung des Betriebsrats abhängig macht.

6. Selbst wenn es sich bei einem Dialysezentrum, das Nierenkranken die regelmäßig erforderliche Blutwäsche ermöglicht, um einen Tendenzbetrieb im Sinne des § 118 Abs. 1 BetrVG handeln sollte, so wird die Tendenz eines solchen Betriebes durch die Aufstellung konkreter Schicht-/Dienstpläne nur insoweit betroffen, als die Grundentscheidung des ›Ob‹ der Schichtarbeit ansteht. Das ›Wie‹ der Schichtarbeit unterliegt auch in einem solchen Betrieb dem Mitbestimmungsrecht des Betriebsrates.

7. Tendenzträger kann nur sein, wer die Möglichkeit einer inhaltlich prägenden Einflußnahme auf die Tendenzverwirklichung hat. Dies ist nicht der Fall bei Krankenschwestern oder Pflegern in einem Krankenhaus oder eine Dialysestation.

BAG, Beschluß vom 18. 4. 1989 – 1 ABR 2/88
AiB 1989, 361 (Teil 1 von 2)

Leitsatz

1. Das Regelungsermessen der Einigungsstelle wird durch den Zweck des jeweiligen Mitbestimmungsrechts bestimmt. Dem Zweck dieses Mitbestimmungsrechts muß der Spruch der Einigungsstelle Rechnung tragen. Die getroffene Regelung muß sich als Wahrnehmung dieses Mitbestimmungsrechts darstellen.

2. Ein Spruch der Einigungsstelle über eine Provisionsregelung muß die Frage, in welchem Verhältnis die Provisionssätze der einzelnen Vertriebsrepräsentanten zueinander stehen sollen, jedenfalls insoweit selbst regeln, daß sich die Festsetzung unterschiedlicher Provisionssätze an bestimmten Kriterien zu orientieren hat. Er

darf die Festsetzung der Provisionssätze Kriterien dem Arbeitgeber allein überlassen.

BAG, Beschluß vom 17. 10. 1989 – 1 ABR 31/87
AiB 1995, 184 Rechtsprechungsübersicht

Leitsatz

Auch wenn bei der Bestellung des Vorsitzenden einer Einigungsstelle nicht die Vorfrage zu prüfen ist, ob die unter den Betriebspartnern strittige Frage in die Zuständigkeit der Einigungsstelle fällt, muß doch der Antragsteller einen Sachverhalt vortragen, der eine konkrete Meinungsverschiedenheit zwischen den Betriebspartnern ergibt, für deren Beilegung die Einigungsstelle nicht offensichtlich unzuständig ist.

LAG Hamm, Beschluß vom 16. 8. 1977 – 3 Ta BV 40/77
AiB 1995, 183 Rechtsprechungsübersicht

Leitsatz

1. Die Befugnis von Arbeitgeber und Betriebsrat zur Bestellung von Beisitzern einer Einigungsstelle ist nicht auf einen bestimmten Personenkreis beschränkt.
2. Ein Betriebsrat ist befugt, auch betriebsfremde Personen als Beisitzer zu bestellen, die nur bereit sind, gegen Honorar tätig zu werden, wenn er andere Personen, die sein Vertrauen genießen, nicht findet.

BAG, Beschluß vom 14. 1. 1983 – 6 ARB 67/79
AiB 1995, 183 Rechtsprechungsübersicht

Leitsatz

Der Spruch einer Einigungsstelle, durch den betrieblichen Vorgesetzten untersagt wird, Mitarbeiter auf ihren Gesundheitszustand hin zu befragen, ist nicht rechtsunwirksam.

ArbG Hamburg, Beschluß vom 17. 12. 1990 – 21 BV 15/90
AiB 1991, 92

Leitsatz

1. Einem Arbeitnehmer soll auch dann im Sinne von § 1 Abs. 5 Satz 1 KSchG i. d. F. des Gesetzes vom 25. September 1996 (BGBl. I S. 1476) gekündigt werden, wenn die Kündigung im Interessenausgleich von dem Widerspruch des Arbeitnehmers gegen den Übergang seines Arbeitsverhältnisses gemäß § 613a BGB abhängig gemacht wird.
2. Eine Einigungsstellensitzung muß vor Unterzeichnung einer Betriebsvereinbarung nicht in jedem Falle unterbrochen werden, um eine Beschlußfassung des Be-

triebsrats mit den in der Sitzung der Einigungsstelle nicht anwesenden Betriebsratsmitgliedern herbeizuführen. Auch ohne Unterbrechung ist ein Handeln des Betriebsratsvorsitzenden im Rahmen der vom Betriebsrat gefaßten Beschlüsse (§ 26 Abs. 3 Satz 1 BetrVG) möglich.

BAG, Urteil vom 24. 2. 2000 – 8 AZR 180/99
AiB 2000, 699

Stichwortverzeichnis